本书获 2021 年贵州省出版传媒事业发展专项资金资助

贵州稀见文书汇编

清代普安州凤山书院学田档案

王德熙 林芊 / 主编

贵州大学出版社
Guizhou University Press

图书在版编目（C I P）数据

清代普安州凤山书院学田档案 / 王德熙，林芊主编
. -- 贵阳 : 贵州大学出版社，2021.12
（贵州稀见文书汇编）
ISBN 978-7-5691-0499-8

Ⅰ. ①清… Ⅱ. ①王… ②林… Ⅲ. ①学田－契约－文书档案－盘县－清代 Ⅳ. ①F329.734

中国版本图书馆CIP数据核字(2021)第251048号

清代普安州凤山书院学田档案

QINGDAI PUAN ZHOU FENGSHAN SHUYUAN XUETIAN DANGAN

主　　编：王德熙　林　芊

出 版 人：闵　军
责任编辑：文桂芳
装帧设计：陈　艺　方国进

出版发行：贵州大学出版社有限责任公司
地址：贵阳市花溪区贵州大学北校区出版大楼
邮编：550025　电话：0851-88291180
印　　刷：贵阳精彩数字印刷有限公司
开　　本：787 毫米 ×1092 毫米　1/16
印　　张：39.5
字　　数：754 千字
版　　次：2021 年 12 月第 1 版
印　　次：2021 年 12 月第 1 次印刷

书　　号：ISBN 978-7-5691-0499-8
定　　价：168.00 元

前　言

一、凤山书院学田档案来源及在馆收藏情况

1. 档案来源

本书内各件契约文书资料，均收藏于贵州省盘州市档案馆。该馆将馆藏档案分为三部分：第一部分是“清代档案”；第二部分是“民国档案”（1926 年至 1949 年）；第三部分是“中华人民共和国成立后档案”（1950 年及以后）。本书的契约文书资料就是其中的“清代档案”，全宗号 149。

从当前档案馆的收藏规范看，清代档案的编号有两种方式。第一种方式是全宗号 XX- 目录号 XX- 案卷号 XX，清代档案全宗号是 149，根据文献内容分为 12 个案卷，形成编号分别为“全宗号 149- 目录号 1- 案卷号 1”（图 1）等 1—12 个案卷；第二种方式是“全宗号 XX- 年度 XX- 保管期限 XX- 机构（问题）XX- 起止件号 XX- 合号 XX”，清代档案全宗号是 149，根据文献内容分别编号，如“全宗号 149，年度 1791—1795，保管期限永久，机构（问题），起止件号 1—22，盒号 1”（图 2），其中“起止件号 1—22，盒号 1”表示盒号 1 内共收藏有 22 件文献档案。全宗号 149 共有 12 个盒号。上述两种不同编号方式可能是不同时期整理档案的结果。

图 1　全宗号 149- 目录号 1- 案卷号 1

图 2　全宗号 149-1-22-1

2. 清代档案在馆情况

凤山书院学田契约文书等是清代文献，当是民国时期建档收藏的。档案何时进入馆内，现档案馆没有直接记录，只能根据其他文献史料理出一些线索。据记载，民国时期盘县政府设有教育科，这部分档案因与教育有关系，按理应当是教育科保存档案。从文献上保留的信息可以看到，民国时期就进行过清理。现在契约文书上就有编号，图 3 是一件道光时期的契约，契纸上就钤有一枚“盘县整理教育学产委员会图记”的图章，该件契约在此次整理时编号为“第贰拾号”。该次编号共编 210 号，但有两种写法，第一种是如图 3 那样是汉字数字，另一种是阿拉伯数字。

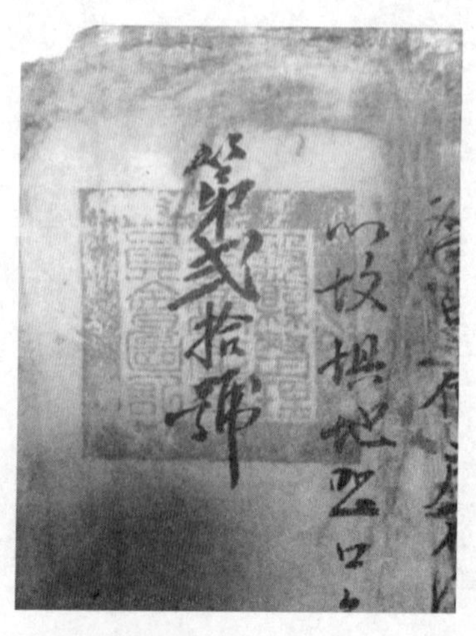

图 3　盖有“盘县整理教育学产委员会图记”章的第 20 号契约

但是，“盘县整理教育学产委员会图记”（盘州厅在1913年被改称为盘县）印章的具体时间没有查到。从书院历史可做些推断，清末废科举，凤山书院并未如贵州其他多数县那样立刻转身为新学普通学堂（中学堂或者两等小学堂），数年后才在其中短时间内举办过桑蚕学校，但它是以文昌宫的形式存在的，并发挥着其本地文化高地象征及影响力。最重要的转折是在民国十七年（1928年）和民国二十五年（1936年）。据今天凤山书院大门前台基上一块纪念碑上镌刻的文字介绍，民国十七年（1928年），盘安普联立中学[①]迁入文昌宫内教学，民国二十五年（1936年）又在文昌宫内创办省立盘县师范学校。最大的可能是在这两次事件中，文昌宫（原凤山书院）改变为盘安普联立中学或省立盘县师范学的学校身份，从而主管部门清理书院学田，对契约文书进行逐一登记钤印；最有可能的是其中的一次清理后，契约文书等交由县政府教育主管部门保管，或者此时进入县政府档案室。1950年盘县解放时，国民政府档案被转移至新政权——盘县公安局保存。1959年盘县档案馆成立，上述档案由之前的公安局全部转移进馆。1985年盘县档案馆在整理馆藏档案时，对部分档案进行修整表糊，当时就包括这部分清代契约。[②]另有资料记载，1985年整理时有明清档案13卷，[③]而最终是在2005年重新编号，形成12卷，显然是1985年以后再经过整理后重新编的号。现全宗内除一件康熙四十六年（1707年）的卖田契外，基本上是按“年号”分类进行分盒编号，不知为何康熙时的这一件被编入清光绪时的第11盒内。

由于目前所见到的契约文书上，由“盘县整理教育学产委员会图记”印章确认的编号异常醒目，因此有必要做些解释。首先，是汉字数字与阿拉伯数字编号。为何要用两种方式编号？从目前收集到的契约文书看，从104号开始用阿拉伯数字编号，至210号止。104号之前则都是汉字数字。其次，编号的依据、原则是什么？至少从目前的情况来看，并非以时间为序，如一件1813年的契约文书（“嘉庆十八年四月二十九日杨周氏卖田契”）的编号是“第肆号”，而一件1816年的文书（“嘉庆二十一年十月十八日廖登龙分关合同”）是“第贰号”；同样，一件1834年的契约文书（“道光十四年七月初七日廖登龙同子卖田契”）是“第叁号”。从时间先后来看，显然，这样的编号次序不是以文献产生的时间先后为依据的。

---

① 盘安普联立中学，即由盘县（今盘州）、晴隆、普安三县联合举办的中学。晴隆县曾经称安南县，普安县即今天的普安县。

② 参见刘希忠的《盘县解放前和解放初档案工作概况》，载中国人民政治协商会议盘县特区委员会文史资料委员会编《盘县特区文史资料》第10辑，1988，第33—35页。黔刊字第M——0419号。

③ 贵州省盘县特区地方志编纂委员会编《盘县特区志》，方志出版社，1998，第825页。

当然，还有其他可能，如依据文献原始归户性或者内容性质，等等。由于缺少资料，这里无从辨析。

3. 档案形成时间

全宗号 149 内的文献，最早的一件为康熙四十六年（1707 年），最晚的一件是光绪三十三年（1907 年）。一方面，凤山书院建立前就在不断地接受相关人士的田产捐赠，如在康熙、乾隆、嘉庆等时期的田契就是凤山书院创建前接受的捐赠；另一方面，凤山书院创建后也不断地购置与经营田产。因此，形成了自康熙及以后的乾隆、嘉庆、道光、咸丰、同治、光绪等各时期的田产契约及相应的各种文书，它们作为产权证据都保存在凤山书院。

光绪三十一年（1905 年），清朝统治者废科举、兴学校，教育领域发生巨大变化，建立起新的基层教育机构。普通教育由儒学、书院纷纷改建为学堂，普安州儒学和凤山书院也顺应潮流改建为桑蚕学堂，而学校管理机构也被新式的“劝学所”取代，所以一些文书上钤有“劝学所记”章印，即表明是此间产生的文书。

虽然全宗号 149 为清代文献，但从内容看显然有民国时期形成的档案，如一本名为“城乡各寺庙公租佃户等款”的底簿内就有一件“项局长任内移交购买游击署执照一张”的证明和“公债票一包”，其中所称的“购买游击署执照一张”是清代文书，而此“移交”证明文书则是民国时期产生的，因为局长的职称与“公债”事项皆是民国时期才有，显然是在原清代登记册簿的基础上添加了民国时期产生的档案，将两者混装于清代全宗内。同样，“城乡各寺庙公租佃户等款”的底簿内还出现了县长一职，盘州厅在民国二年（1913 年）改称盘县，设县长职位，这也表明该底簿中有民国时期的文书。

二、凤山书院学田档案构成及主要内容

1. 类型

虽然整个档案按照馆藏共为一全宗，但实际上根据内容性质的不同，全宗号 149 内的文书可分为五种类型。

第一，土地买卖及相关的契约文书。图 4 就是一件康熙四十六年（1707 年）的土地买卖契约。

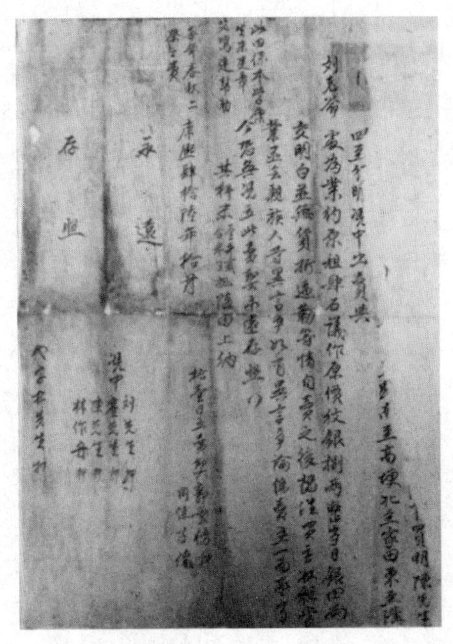

图 4　康熙四十六年（1707 年）的土地买卖契约

土地买卖及相关的契约文书在各时期的件数分别是：康熙时期 1 件、乾隆时期 22 件、嘉庆时期 37 件、道光时期 65 件、咸丰时期 14 件、同治时期 1 件、光绪时期 1 件。共有 141 件。学田是要向国家缴纳田赋的，完纳赋税时会相应收到一张赋税证照，即“执照”，它是学田契约文书的有机组成部分之一；这样的赋税“执照”有 79 件。它们构成了凤山书院学田的主体。

第二，册籍账簿。册籍账簿共有两本。一本是“丹霞山杨屯田名册”（图 5）。封面上题有光绪二十七年（1901 年）四月二十一日，当可判断是成册时间。

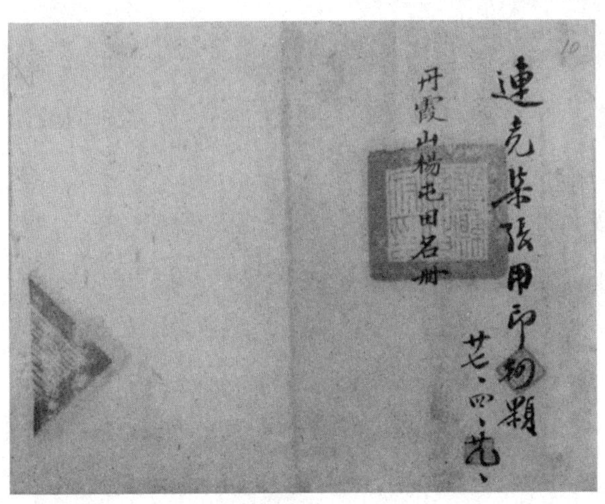
連克柒張用印契類
丹霞山楊屯田名册
廿七、四、廿一、

图 5　丹霞山杨屯田名册

另有一本册籍账簿，因封面上题有“府”字（图6），姑妄称之为“府”字册簿。该册簿封面题有“光绪三十三年九月三十日”和“共用印二十六颗”，可知前者是成册时间，后者则是官方对此次整理成册的认可，因为用印的印章是“普安厅同知关防”。“用印二十六颗”即是在册内26处（主要是在骑缝处）钤有“普安厅同知关防”印。“府”字册簿内实际上收入两册田赋与租户底簿，分别是“各租石数目并各佃户姓名”底簿一本、“城乡庙租公租等款”底簿一本。

图6 “府”字册簿

第三，官文书。官文书是官方颁发的各类证书或者反映表达官方意志的文件，本档案中的官文书主要是捐买品衔证书，名称为“实收”，共有“实收”捐买品衔证书15件；咸丰时普安州当局向社会出售品衔，其目的是为书院运行筹措资金，因为“咸同回乱”[①]期间，书院“软硬件”等都遭到相当大的毁损。

第四，助捐银（钱）人员名册。有名册一本，由于“原始”档案保存不规范，故不知该助捐银（钱）人员名册。

第五，杂类文书。另有一些散件，内容有与文书直接关联的，如有记载书院逐年的开支账目单据；或者与书院有关联的文书，如修理城墙所付材料与工匠钱；等等。

2. 形制、件数及具体内容

（1）土地买卖、租佃、当契、赋税文书等。

土地买卖契约文书纸形尺寸（长 × 高）虽然大体上都是45cm×55cm，但也有

① 咸丰三年（1853年），贵州爆发人民群众反抗清廷统治的起义，起义迅速演变为全省性的少数民族大起义，直到同治三年（1864年）才被镇压下去。这次起义后来史称“咸同少数民族大起义”，在贵州东部称为“张秀眉与姜映芳起义”，而在西部，因起义军中回族义军对统治者打击沉重，故清廷文书中称之为“回乱”。

个别尺寸不一的，如康熙契为36cm×50cm、乾隆五十九年（1794年）正月十九日的契约为36cm×48cm、乾隆十五年（1750年）正月十一日的讨帖为23cm×25cm，最大的一件是嘉庆黄文惠卖田与通学先生的契约，为71cm×55cm。

这类契约文书都是凤山书院经营田地形成的文书。凤山书院的常规经费，除官府拨付的儒学常费外，还有凤山书院自营田土、出租并从中收租谷的各种费用。这些土地除少数为社会人士捐赠外，大都是书院自主购置，故形成了许多与土地买卖相关联的契约文书。凤山书院创建于嘉庆十二年（1807年），但有许多文书是书院创建前的买卖契约，这类文书有三种情形：一是书院购买田地时，连同该次购进田土的“上手契”一同转归书院所有；另一种是之前的普安州儒学经营学田时形成的契约文书；还有一种是书院在接受捐助田产时，连同这些田产的原始契约一同收藏了。

税务文书有官版契尾，模板尺寸为17cm×20cm。乾隆四十四年（1779年）五月一日的官版契尾，印制框线内是42cm×46cm，整个纸形大小是45cm×49cm；田赋缴纳“执照”有79件，道光时期的有42件、咸丰时期的有37件。

（2）册籍账簿。

如上所述，成册的册籍账簿有两本，分别是“丹霞山杨屯田名册”和“府”字册簿。“丹霞山杨屯田名册”长60cm、高25cm。“丹霞山杨屯田名册”中的内容，不过是对田亩数及相应收租数的统计与确认。丹霞山是盘州（1811年称普安直隶厅）境内的名山，上有享誉西南的著名寺庙护国寺，明崇祯时著名旅行家和地理学家徐霞客专门到护国寺考查。但该册籍与凤山书院田契同在一起，并与“城乡庙租公租等款”分开，应当不是寺院庙产，而是学田类型。

“府”字册簿一本，长60cm、高25cm，共17页，每页对折合成一册。实际上“府”字册簿内收有两册账簿，其一是“各租石数目并各佃姓名”底簿（图7），其二是“城乡庙租公租等款”底簿（图8）。本书录文所用的文献版图均是由盘州市档案馆提供的扫描图片，在扫描工作中因扫描仪的限制，将“各租石数目并各佃姓名”底簿和“城乡庙租公租等款”底簿原件单页分割后再扫描，形成录文时的图版，故录入时的文献件数多于原册页码。

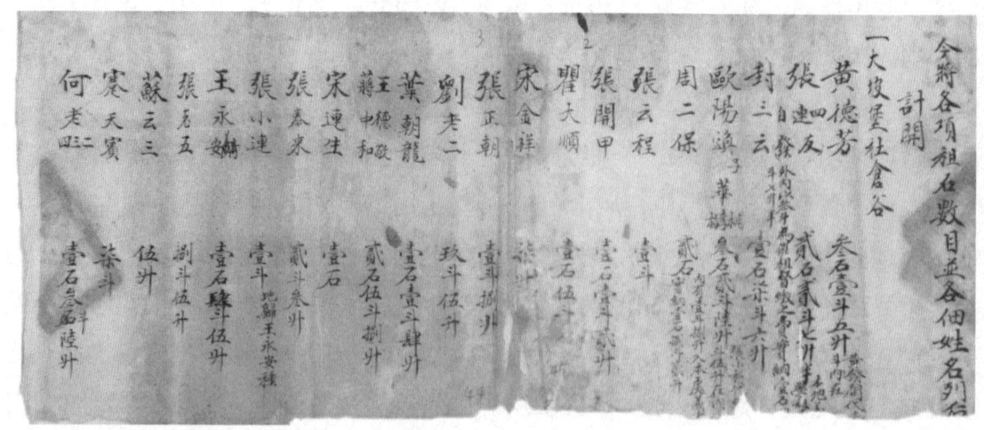

图 7 “各租石数目并各佃姓名”底簿

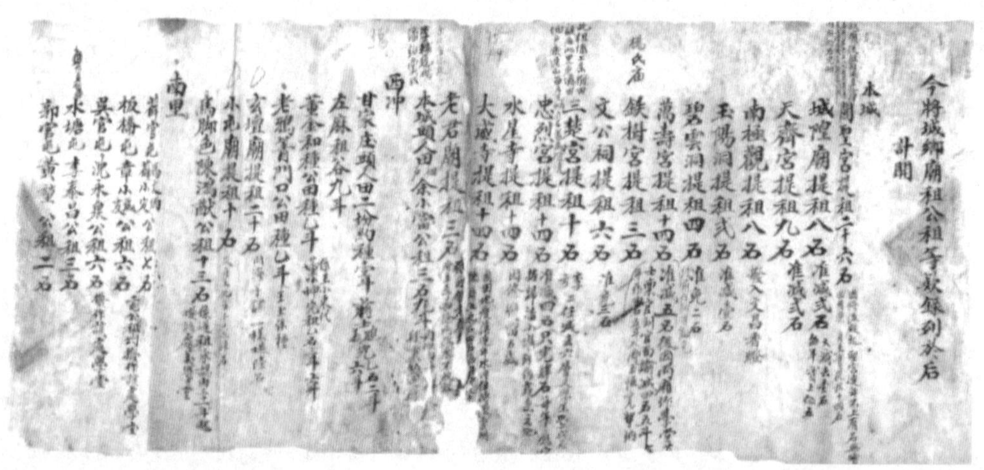

图 8 “城乡庙租公租等款”底簿

“各租石数目并各佃姓名”底簿，分别登记了凤山书院分布在全州各地的田产、承租人姓名、承租人每年租谷额度等项细目以及租谷使用项目，在这些项目中有文会试宾兴租石、武会试宾兴谷、膏火租谷、乡试宾兴谷、岁修租谷、束修租谷等共 6 种不同名称，是书院事务中的 6 类经营活动，每一类都有自己专门的经费开支渠道。

与此类似，“城乡各寺庙公租等款”底簿共 11 页，分别登记了当时盘州境内城乡各地的寺庙公租等款项细目。

（3）捐买品衔文书。

捐买品衔（实收）文书共 15 件，文书纸形尺寸为 55cm×55cm，内框线为 45cm×47cm。

（4）印章。

由于本书所载的是翻印后的图片，部分信息会有所缺失，因此，这里须特别强调其中一个信息，即契约及一些文书上所钤印的图章。凡乾隆至嘉庆十六年（1811 年）前的契约及文书上所钤的印章，皆为正方形（边长为 5.5cm），是满汉文同印，汉文为“普安州之印”或“普安州直隶州知州之印”。凡嘉庆十六年（1811 年）至光绪年间契约及文书上所钤印章，皆为满汉文同印，汉文为“普安直隶同知关防”，印章为长方形，尺寸是 5.5cm×8.5cm。改印章的原因是在嘉庆十六年（1811 年），普安直隶州改直隶州知州为同知，直至清光绪时。而凡钤有“盘县整理教育学产委员会图记”印章者，印章尺寸为正方形，边长为 5cm。

三、契约文书的归属性质——凤山书院学田契约及相关文书

1. 凤山书院与普安州儒学

盘州市档案馆藏清代档案（全宗 149 号）原无具体名称，由于我们在收集、文字转录时，发现该全宗内的文书绝大部分与清代普安直隶州凤山书院有直接关系，故在录入与编辑时命名为“凤山书院学田契约文书”；之所以将其命名为“凤山书院学田契约文书”，有以下理由。

据光绪十五年（1889 年）成书的《普安直隶厅志》载，“凤山书院在城西门内山半，嘉庆十二年建”，有斋房、讲堂、山长内室、凉亭。[①] 建院不久，又在院内建筑文昌阁[②]。书院，一方面是地方传统文化的机构，另一方面又是地方最高教学机构，尤其在科举时代是最为重要的教学机构。普安凤山书院还承担着每年的府试工作。为维持这些活动正常举行，凤山书院每年都有一定的经费支持，学田田租就是其中之一。

虽然凤山书院在嘉庆十二年（1807 年）才创建，但它是官方普安州儒学的直接承续者，是以普安州儒学的另一种面貌呈现。实际上嘉庆十二年（1807 年）所建的凤山书院，就是建筑在原普安州儒学旧址上的，原儒学的学田当然也就纳入到凤山书院内而有学田性质，这就是有许多嘉庆十二年（1807 年）前的土地买卖契约文书的原因之一。

① 光绪《普安直隶厅志》，收入《中国地方志集成·贵州府县志辑》第 14 册，巴蜀书社，2006，第 378 页。

② 一件“嘉庆十八年十月十四日李有松同子卖房屋地基、园圃树木契”内写道：“请凭中证出卖与通学先生以为文魁二阁起造之基。”文书中的“文魁二阁”即民间通常所说的文昌阁。由此可见，此时文昌阁已开始建造。

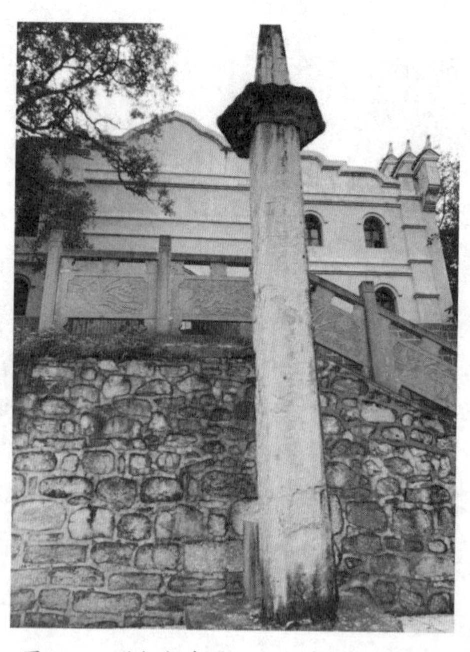

图 9　21 世纪初在原址上复建的凤山书院

关于普安州儒学，根据嘉靖时编纂的《普安州志》记载，儒学在州治右，创建于永乐十五年（1417 年）十二月，同年还建有文庙。儒学后毁，嘉靖元年（1522 年）在原址上重建，嘉靖年间多有修葺。儒学有宾兴银，弘治元年（1488 年）苗银一百两，正德三年（1508 年）时又增一百两，共宾兴银二百两，发给本卫殷实之家，生息、每两银月息二分。[①] 又据乾隆《普安州志》引明代万历后期贵州巡抚郭子章（青螺）所著《黔志》(应为《黔记》——编者注）言，“普安州儒学在治西”，并按注称“治西有学正学署基址”，又称州学在城外营盘山。[②] 可见儒学在乾隆时已移往营盘山。自明代嘉靖以来，州学皆建于凤凰山山麓，嘉庆十二年（1807 年）在州学原址上创建书院，故书院名“凤山书院”。

至清末时，凤凰山山麓的凤山书院皆在当时的州治城墙内；[③] 而迁移到城外营盘山的州学，关于其具体运行情况，史料记载得极少。重要的是，从书院遗存的上述文献可以发现，后来书院已与州儒学融为一体，成为一个教学机构，至清末书院被改为新式学堂。

① 嘉靖《普安州志》，收入《中国地方志集成·贵州府县志辑》第 15 册，巴蜀书社，2006，第 23 页。

② 乾隆《普安州志》，收入《中国地方志集成·贵州府县志辑》第 15 册，巴蜀书社，2006，第 104 页。

③ 从许多文书中可以看到，为修葺城墙，书院多次出支用工。

2. 凤山书院学田契约及相关文书

全宗149号中，有许多明确书院学田产权的文书。如一件道光二十二年（1842年）七月二十八日邓地一等卖田契文书，买方就直书为凤山书院：

立卖田契人邓地一、邓国泽、邓国钧，愿将所执杨蹄坝田壹石贰斗种，上下四至老契载明，左齐李滔坟，右齐尾巴田为界，出卖与凤山书院名下管理。议作银价叁百陆拾两整，彼日银田两交明白。其有田上科米陆斗陆升，不得移累邓姓。恐口无凭，立卖字为据。

凭中人　谢从之

　　　　黄履元

　　　　范畹亭

　　　　屠礼庵

道光贰拾贰年七月二十八日　　立卖契人邓地一、邓国泽押

邓国钧亲笔

当然，更多是没有直书凤山书院的，但其性质明确表明是学田。如康熙四十六年（1707年）十月十一日陈先生卖地契的契纸上有一处附注："此田系本学廪生朱建章、父鸣廷帮助。每年春秋二祭之费。"文中"本学廪生"显然是指馆儒学生，该田是其父捐赠给儒学作为每年春秋大典所用的。凤山书院建立后，既作为儒学的实际运作机构，也是该田的产权实际所有者。

同样，一件"嘉庆十八年十月十四日李有松同子卖房屋地基、园圃树木契"内写道："请凭中证出卖与通学先生以为文魁二阁起造之基。"此次买卖中的买主通学先生，显然是指书院的教师。这是一次凤山书院直接经营学田的事件。在田地买卖双方当事人中，通学先生往往指代为凤山书院作为买方。如一次发生在嘉庆二十一年（1816年）十一月十五日李盛荣等卖田事务中，李盛荣等将田"出卖与普安直隶厅合属通学列台先生名下"。此后，许多契约中的买主都明确为通学先生，或者是通学先生中的某一位。

许多田地租佃契约文书，明确标明当事人是通学先生经手，从而可以肯定其学田性质。如咸丰九年（1859年）十二月初四日程起高佃田契所载，程起高自愿佃到通学张先生所管宾兴学田一分耕种。下面一件同治二年（1863年）正月十八日王显等讨佃田契，更是标准的佃书院田契：

立讨田约人王显、王质、王烈，弟兄无田耕种，请凭证讨到朱二先生、张大

先生学中名下田四坋，约种玖斗伍升。言定每年上租拾贰石，秋收之日挑纳上学仓，不得短少。倘有短少，将耕牛作抵。立讨为据。

凭中人　陆大爷押

同治二年正月十八日　　立讨字人王显押、王质押、王烈押

代字　王子芳押

上引契约表明，书院将学田出租给人耕种，以收取田租。通过“佃户田租册簿”文献可知，书院有各种租佃项目：文会试宾兴租石、武会试宾兴谷、膏火租谷、乡试宾兴谷、岁修租谷、束修租谷。

通过如上情况可以看出，全宗 149 号内的清代档案文书都是学田文书，尤其是凤山书院建立后，都是凤山书院学田文书和与书院相关的文书。

目　录

凡　例

一、本书所编录的契约文书，源自贵州省盘州市档案馆，原文件卷宗编号为“清代档案”。该卷宗又分为第一卷至第十二卷，每卷收藏契约文书若干件。本书在编辑录入时，遵照原卷序列，依次逐卷编排录入。

二、因为“清代档案”在区分每一卷时，也一定程度上按照文书类型进行了归类编排，故本书也依据文书类型设置了标题，如“卷三　纳户执照”，等等。

三、大体上，“清代档案”每一卷契约文书是依照清代年号按年代先后排序，但也有数卷排序较混乱，因而本书在编辑录入时，对排序较乱的部分进行了调整，改为依照清代年号按年代先后排序。这样既保存了原档案馆编藏卷宗的原貌，又兼顾了契约文书次序的整齐划一，以利于读者阅读。如“康熙四十六年十一月十一日陈先生卖地契”原收藏在第 11 卷第 11 号，而在本书内则调整至清代卷的第 1 位次。

四、本书在编辑录入时，为原契约文书设置了标题。文书标题对契约文书内容做简单提要，并统一时间表示方式。如“乾隆十七年七月二十四日秦志等卖田地基土山场契”，表示本件契约是秦志等人出卖田地基土山场，完成时间在乾隆十七年七月二十四日。为了保持文书整体形式的一致性，本书年号纪年不做公元纪年注释，题名中的数字均用汉字小号。文书时间原作“廿”“卅”者，题名中一律改为“二十”“三十”。“清代档案”中收录有许多“官版”文书，因印制清晰、规范，一般没有阅读障碍，在录入时不加标点，直接照原版格式录入。

五、本书编入的契约文书，原件上有“契”“约”“字”“据”“书”“施白”等不同称谓，除个别内容特殊外，在录入时标题基本统一称作“契”。

六、本书在编录契约文书时，一般使用简体字，直录原文，不任意更改。全文录文中的时间、金额等数字均遵从原文。

七、录入时，若原文漫漶难辨，或文字有残缺者，均做技术处理。凡缺字者用“□”“⊐”“▭”“⊏”等符号表示。“□”示意所缺或难以识别的字；“⊐”“▭”“⊏”示意缺字或难于识别字数超过三字者，且分别表示前缺、中缺、后缺。

八、虽然文字残损，但可据残余笔画或上下文推知者，径直补入相应文字，无须再加其他符号。凡无法拟补者，或字迹模糊无从识读者，从缺字例。字迹清晰，但不能识读者，则存疑照录。原文有颠倒字者，径改；有废字符号者，不录；有重叠符号者，直接补足重叠文字，均不作注；有修改、涂改符号者，能确定作废者，只录修改后之文字。原文于行外补字者，径补入行内；原文有衍文者，则一律照录；原文有漏字者，据其意于“[ ]”内补入相应文字；错字、同音假借字亦照录，加正字于“( )”内；异体字径改。以上所做的技术处理，均不作注。

九、对编辑录入的契约文书，除少数须特别说明外，均不作注。

十、契约文书中多使用“○”“+”“×”等符号，皆为“画押”符号，统一录为“押”字，且录为楷体字。

十一、凡“契尾”中填写有“△”或“○”或花符者，本书录文一概用“○”符号代替。

卷一

清代买卖、租佃、借当田契、分关书

康熙四十六年十月十一日陈先生卖地契

□买明陈先生□。南至高埂，北至家田，东至沟，四至分明。凭中出卖与刘老爷处为业，约原租肆石，议作原价纹银捌两整。当日银田两交明白，并无货折逼勒等情。自卖之后，认（任）从买主收租管业，并无亲族人等异言争［论］。如有异言争论，系卖主一面承当。今恐无凭，立此卖契永远存照。

其科米壹斗贰合叁勺亩随田上纳。

此田系本学廪生朱建章、父鸣廷帮助。

每年春秋二祭之费。

康熙肆拾陆年拾月拾壹日　　立卖契郭云榜押

同侄子俨

永远存照

凭中　刘先生押

赛先生押

陈先生押

林作舟押

代字　□先生押

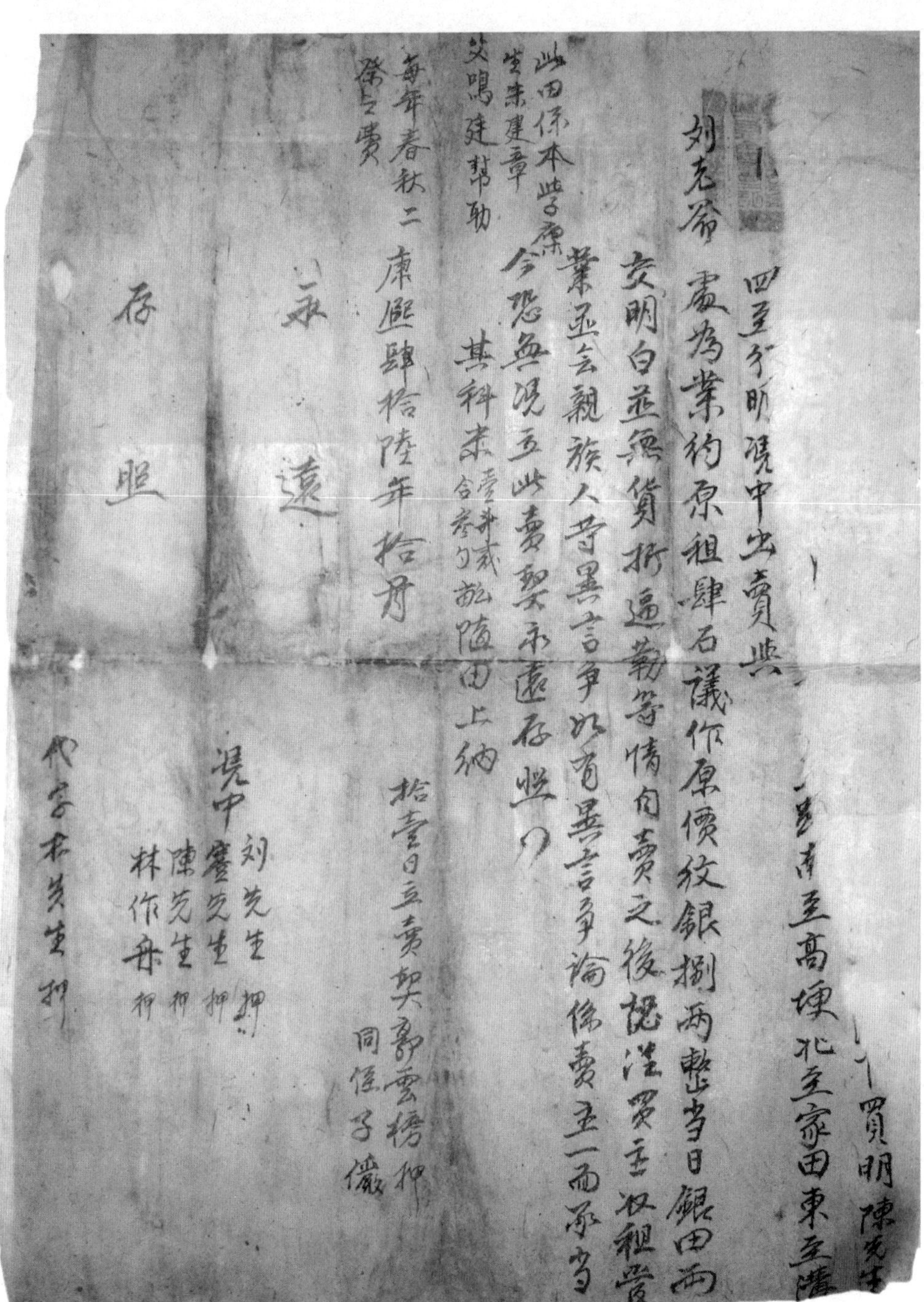
……買明陳先生……
……南至高埂北至家田東至溝
四至分明憑中出賣與
劉老爺處為業，約原租肆石，議作原價紋銀捌兩整，當日銀田兩
交明白，並無貨折逼勒等情。自賣之後，認從買主收租管
業，並無親族人等異言爭。如有異言爭論，係賣主一面承當。
今恐無憑，立此賣契永遠存照。
其科米壹升貳合叁勺□，隨田上納。
此田係本學康生朱建章父鳴建幫勒
每年春秋二祭之費
康熙肆拾陸年拾月
拾壹日立賣契人鄧雲榜押
同侄子儀
永遠
存照
憑中 劉先生押
盧先生押
陳先生押
林作舟押
代字 朱先生押

乾隆十五年正月十一日孔小鸡等佃旱地契

立讨旱地人孔小鸡、赵阿伯，今讨到王二老爹名下老虎箐旱地一形耕种。彼时言定每年作旱粮乙[①]石，秋收之日挑送上门，不得短少。如若短少，将二人耕牛作抵，不得异言。恐后无凭，立约为据。

乾隆十五年正月十一日　　立讨帖人孔小鸡押

赵阿伯押

凭中人　叶大耶（爷）押

梁姑爹押

代字人　楮化南押

① 契约中的“一”常写作“乙”，为避免添笔作“二”“三”。

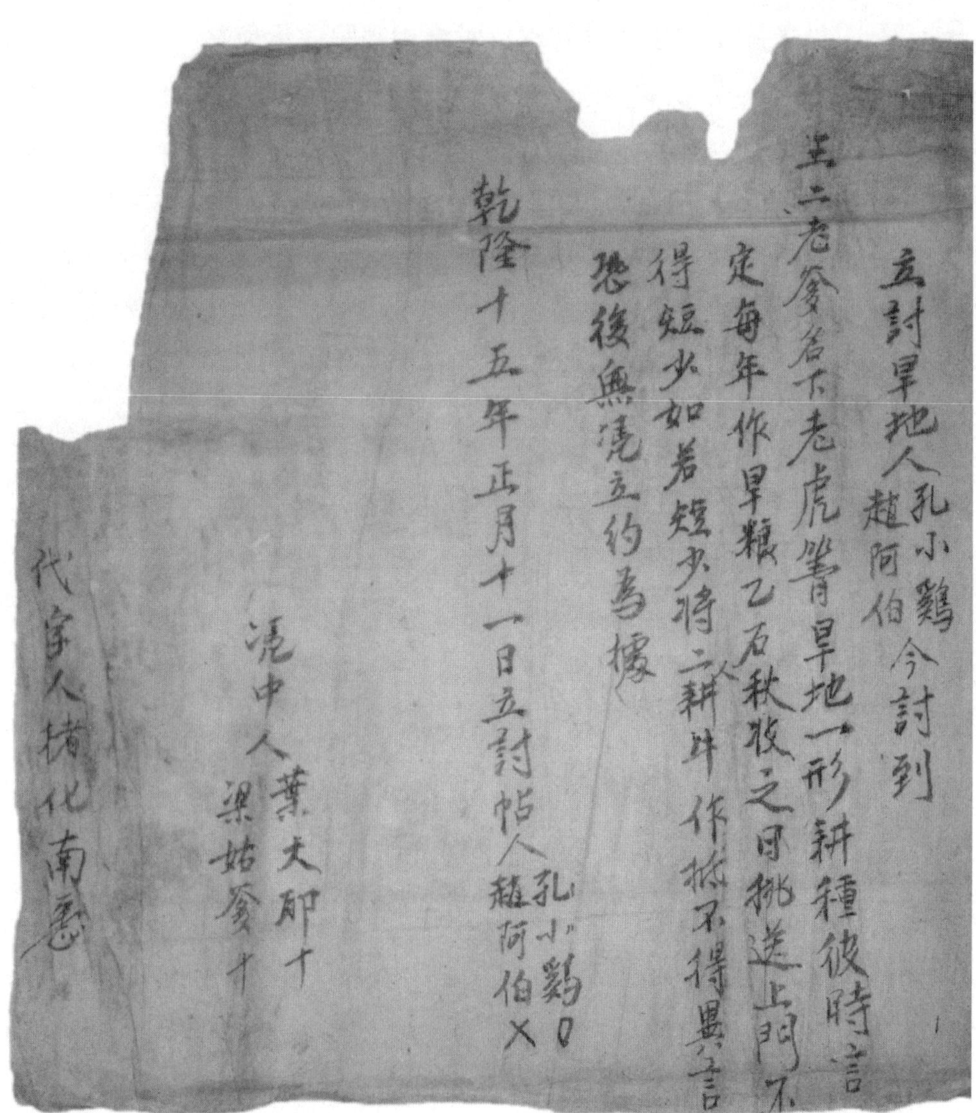

立討旱地人孔小鷄趙阿伯今討到

王二老爹名下老虎箐旱地一形耕種彼時言

定每年作旱糧乙石秋收之日挑送上門不

得短少如若短少將二耕牛作抵不得異言

恐後無憑立約為據

乾隆十五年正月十一日立討帖人孔小鷄 ○ 趙阿伯 ×

憑中人葉丈耶十 梁姑爹十

代字人楮化南

乾隆十六年十月初六日张维相等脱业承顶契[①]

第玖柒号

立脱业承顶文约人张维相、张维辅，今将祖遗分授岁用田柒分，约种陆分，每年上纳岁用银壹钱贰分贰厘五毛，地名坐落官沟脚下，东至河，西至大田高埂，南至官沟，北至王宅田，凭中承顶与王公士名下。彼时得受纹银贰拾伍两整，亲手收明，并无私债准拆（折），系是二比情愿。其粮差随田上纳，不与张处相干，认（任）凭王处开挖耕种，张承顶处人等不得异言争论，亦不得借端翻悔。今恐人心不古，立此承顶永远为据。

上同父文耀押　画字银五钱

乾隆十六年十月初六日　　立脱业承顶人张维相押

张维辅押

同胞兄维佐押

永远存照

凭中人　冯天老押

马现龙押

代字人　张射斗押

① 契约文书右上角部盖有红印。红印是加盖在用红笔书写的编号年上。此件编号为“第玖柒号”。这部文书基本上都在此部位书写有编号，或写成“第玖柒号”，或写成“124”。编号显然是后来的文书整理者所为，都整理在红印上。

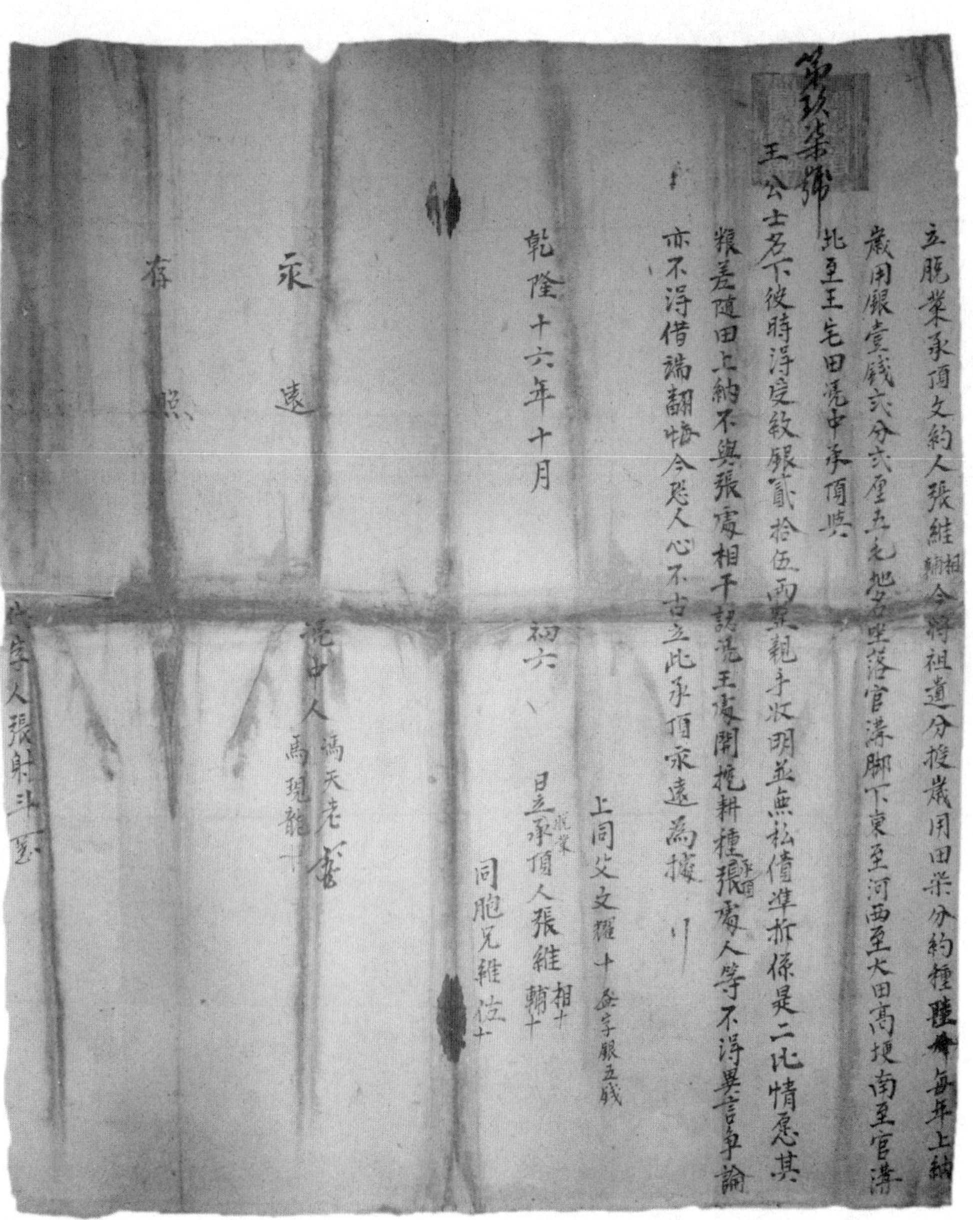

第玖柒號

立脫業承頂文約人張維翰相今將祖遺分授歲用田栄分約種[illegible]每年上納

歲用銀壹錢六分弍厘五毛地名坐落官溝脚下東至河西至大田高埂南至官溝

北至王宅田憑中承頂與

王公士君名下彼時得受紋銀貳拾伍兩其銀親手收明並無私債準折係是二比情愿其

粮差随田上納不與張霄相干認憑王處開挖耕種張霄人等不得異言爭論

亦不得借端翻悔今恐人心不古立此承頂永遠為據

上同父文耀十 [illegible]字銀五錢

乾隆十六年十月初六日立脫業承頂人張維翰相十

同胞兄維位十

憑中人 禹天老 禹現龍十

代字人張射斗

永遠存照

乾隆十七年七月二十四日秦志等卖田地基土山场契

154

立杜绝永远卖明田地基土并四至山场人秦志、秦怀、秦阿三，为因乾隆六年有父所卖明田四段，一处地名庙头，约种一斗，大小六丘；一处地名草达湾，约种三斗；一处地名秦代榜，约种二斗；一处地名水井凹，约种二斗。四处约种共合捌斗。尽问亲房人等无人承交，请凭本屯亲友人等，出卖与萧姑爹名下永远为业。彼日得受补足田价银伍拾二两整，亲手领讫，父在日补过银二十两，前后三共得受价银壹百二拾二两整。并无私债货物准拆（折），亦无逼迫等情。自补之后，任从萧处管业耕种住坐，子孙永远不能借口搬找赎取，亦不得移差于萧处。如有差粮，系是秦志弟兄一面承当。此田其科二亩随田上纳，四至之内任从萧处开垦报亩升科。今恐人心不古，立此杜绝永远为据。

乾隆拾柒年七月二十四日　　立杜绝永远卖明田契人秦怀押

秦志押

秦阿三押

再批：自卖之后，任从萧处将契税契过各（割），当日立有过各（割）一结为据。

永远管业

凭中人　陆翰臣押　化（画）字钱二百文

旧耶（舅爷）余富山押　化（画）字钱二百文

张乡约押　钱二百文收

妹夫廖时贵押　化（画）字钱二百文

毛把事押　化（画）字钱一百伍十文

代笔人　叔秦朝俊押　化（画）字钱二百文

154

立杜絶永遠賣明田地基土并四至山場人秦志德 三房爲因乾隆六年有父所賣明田四段一處地

名廟頭約種一斗大小六坵一處地名草達灣約種斗三一處地名秦代榜約種二斗一處地名水

井四約種二斗四處約種共合捌斗儘問親房人等無人承交請憑本忌親友人等出賣與

蕭姑蔘名下永遠爲業彼日得受補足田價銀伍拾二兩整親手領訖又在日補過銀二十兩前後共得

價銀壹百二拾二兩整並無私債貨物準折亦無逼迫等情自補之後任從蕭處管業耕種住坐永遠子

孫不能藉口撇找贖取亦不得陵差于蕭處如有差粮係是秦志弟兄一面承當此田其科二畝隨田上納四

至之內任從蕭處開墾報畝升科今恐人心不古立此杜絶永遠爲據

乾隆拾柒年　七月　二十四　日立杜絶永遠賣明田契人秦志德十 三房

再批自賣之後任從蕭處將契税過各當日五有過各一結爲據

永遠

管業

陸翰臣 化字錢二百文

憑中人 舊耶余富山 十化字錢二百文

張鄉約 今二百文收

妹夫廖時貴 十化字錢二百文

毛把事 化字錢一百伍文

代筆人叔秦朝俊 化字錢二百文

乾隆二十年八月十三日蒋尊荣退佃田契

第玖捌号

立吐退田契人蒋尊荣，为因粮差难当，情愿将顶明何开先岁用田一亩伍分，地名土硐脚下，上至大路，下齐马家田，西抵李家田，北至马家田，大小共十二丘，约种贰斗，凭中出吐退永远退明与王宗德名下管业耕种。当日三面议作价纹银捌拾柒两，画字在内，亲手领明。此系二比情愿，并无私债货物准折，亦非逼勒成。自吐退之后，认（任）凭王处永远管业，蒋宅亲族内外人等，不得异言争论以及搬找赎取。如有此情，系蒋处一面承当，老契一并揭明。其有随田钱粮，不得干连蒋处。今恐人心不古，立此吐退为据。

乾隆贰拾年捌月十三日　　立吐退田契人蒋尊荣押

永远存照

凭业主中证　高东炳押

张洪政押

何开先押

冯天池押

何世美押

代字　桑茂华押

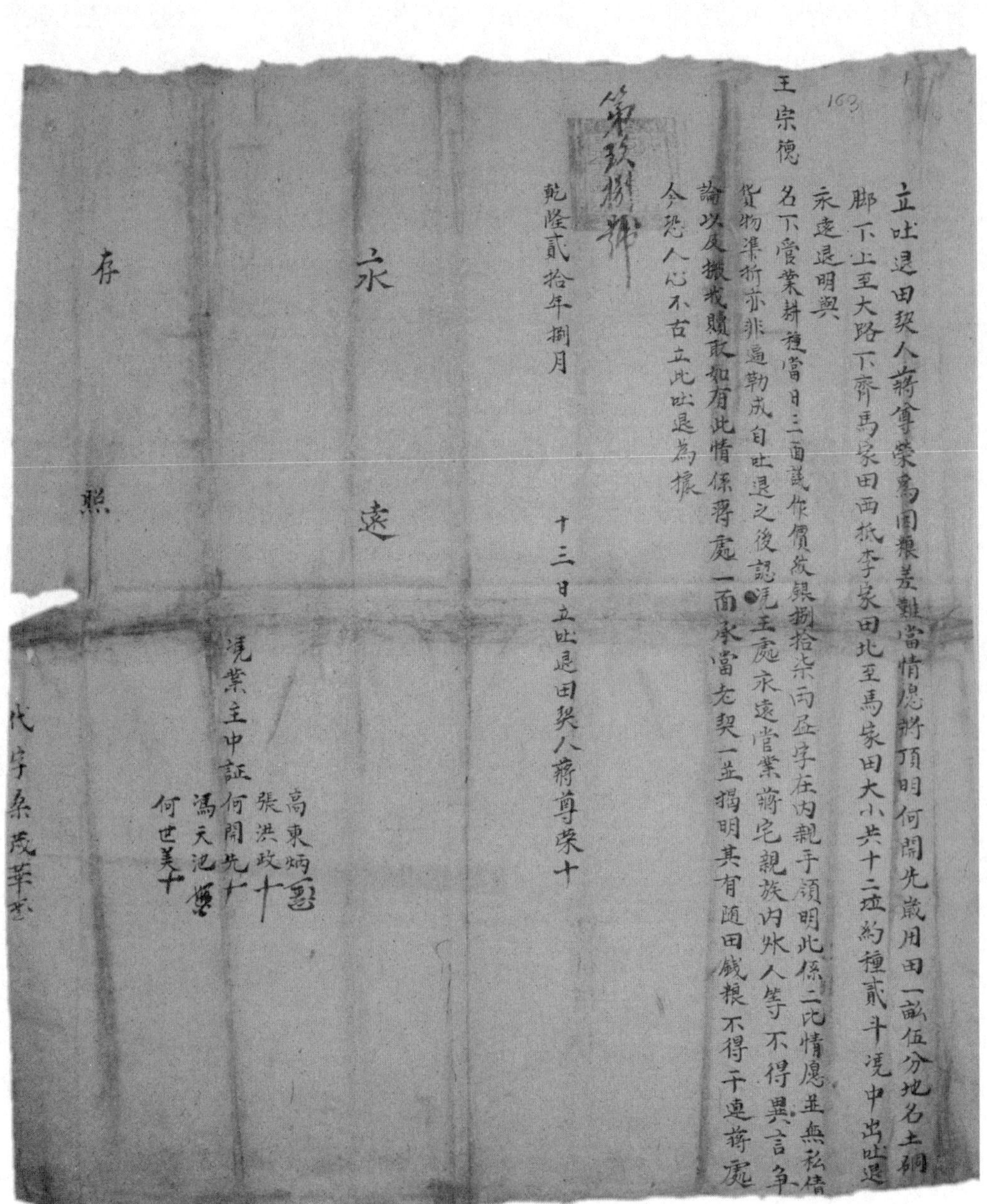

立吐退田契人蔣尊榮爲因粮差難當情愿將頂明何開先歲用田一畝伍分地名土硐
脚下上至大路下齊馬家田西抵李家田北至馬家田大小共十二坵約種貳斗凭中出吐退
永遠退明與
王宗德
名下管業耕種當日三面議作價紋銀捌拾柒両正字在内親手領明此係二比情愿並無私債
貨物準折亦非逼勒成自吐退之後認凭王處永遠管業蔣宅親族内外人等不得異言争
論以及撤找贖取如有此情係蔣處一面承當老契一並揭明其有隨田錢粮不得干連蔣處
今恐人心不古立此吐退爲據

乾隆貳拾年捌月　　十三日立吐退田契人蔣尊榮十

永　　遠

凭業主中証　何開先十　高東炳　張洪政十　馮天池　何世美十

存　　照

代字糸茂華

乾隆二十三年十二月初八日王师贤卖田契

第玖玖号

立永远卖断田契文约人王师贤同子国辅、国佐、仲儒等，今将分授祖遗科田壹分，地名狮子口，约种肆斗。东至山，南至沟，西至河，北至坝，四至分明。请凭亲族中证出卖与李会选名下为业。彼时得受卖价银壹百贰拾两整，画字在内。即日银田两交明白，此系二比情愿，并无私债货物准折，亦无逼勒等情。自卖之后，任从李处管业耕种、更名改删（册）、过割税契。日后王处子孙亲族人等不得异言争论，亦不得搬找赎取。恐口无凭，立永远卖断田契为据。

其科二亩随田上纳。

乾隆贰拾三年十二月初捌日　　立永远卖明文约人王师贤押

同子王国辅押、王国佐押、王仲儒押

同叔王曰明押、王曰聪押

同弟王师曾押、王师尧押

永远管业

凭中人　蒋学仕押

姚开先押

李自新押

张席珍押

凭　许乡约押

张保正押

依口代字人　王师周押

乾隆贰拾肆年四月十伍日，为因父身故无处办，缺少棺木，请凭乡老亲族恳乞李大姑爹尊前，念父郎旧（娘舅）至情，义帮吹银捌两整以为棺木之资，日后不得倚田为尤找补赎取。恐口无凭，立批明永远为据。

日后察（查）出老契，以为故纸。

王师周再笔押

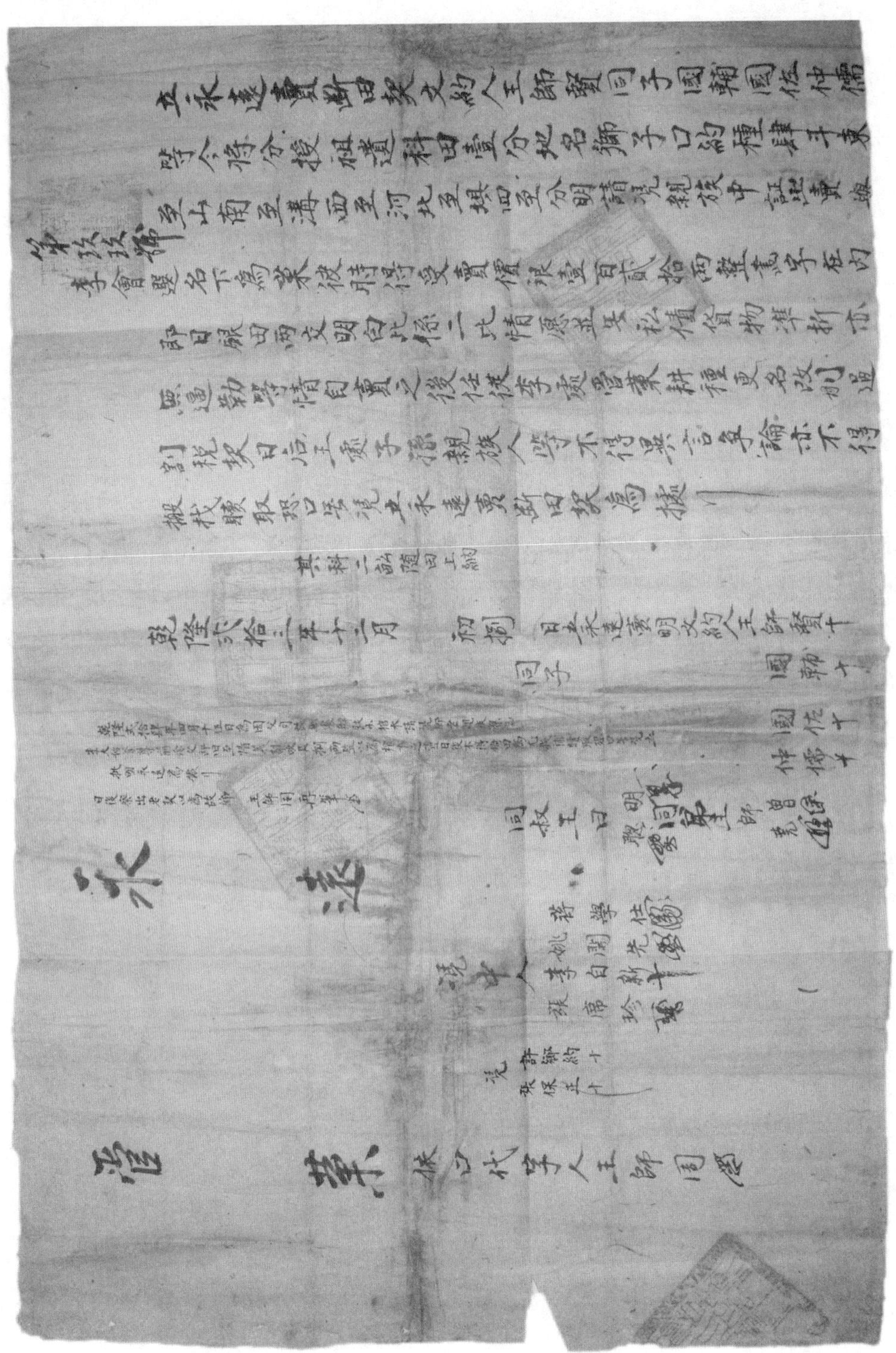

乾隆二十九年九月十六日李洪美吐退田契

119

立吐退田契文约人李洪美，今将自置粮田壹亩，地名金家榜，约种壹斗，大小贰拾肆丘。东至彭家田，南至王家田，西至王家田，北至王家田，四至分明。凭中吐退与张在位名下为业耕种。当日得受田价足色文（纹）银伍拾两整。彼时银田两交明白，此系二彼（比）情愿，并无私债货物准折，亦无逼勒等情。自吐退之后，认（任）从张处子孙耕种管业。其有李处族内人等，不致异言争论、搬找赎取。若有此情，自愿将纸赴官以一罚十。其有差粮随田上纳，不以（与）李处相干。今恐人心不古，立此吐退田契为据。

乾隆二十九年九月十六日　　立吐退田契文约人李洪美押

同男李文翰押

吐退为据

凭中人　张政恭押

白　纯押

董时清押

亲笔押

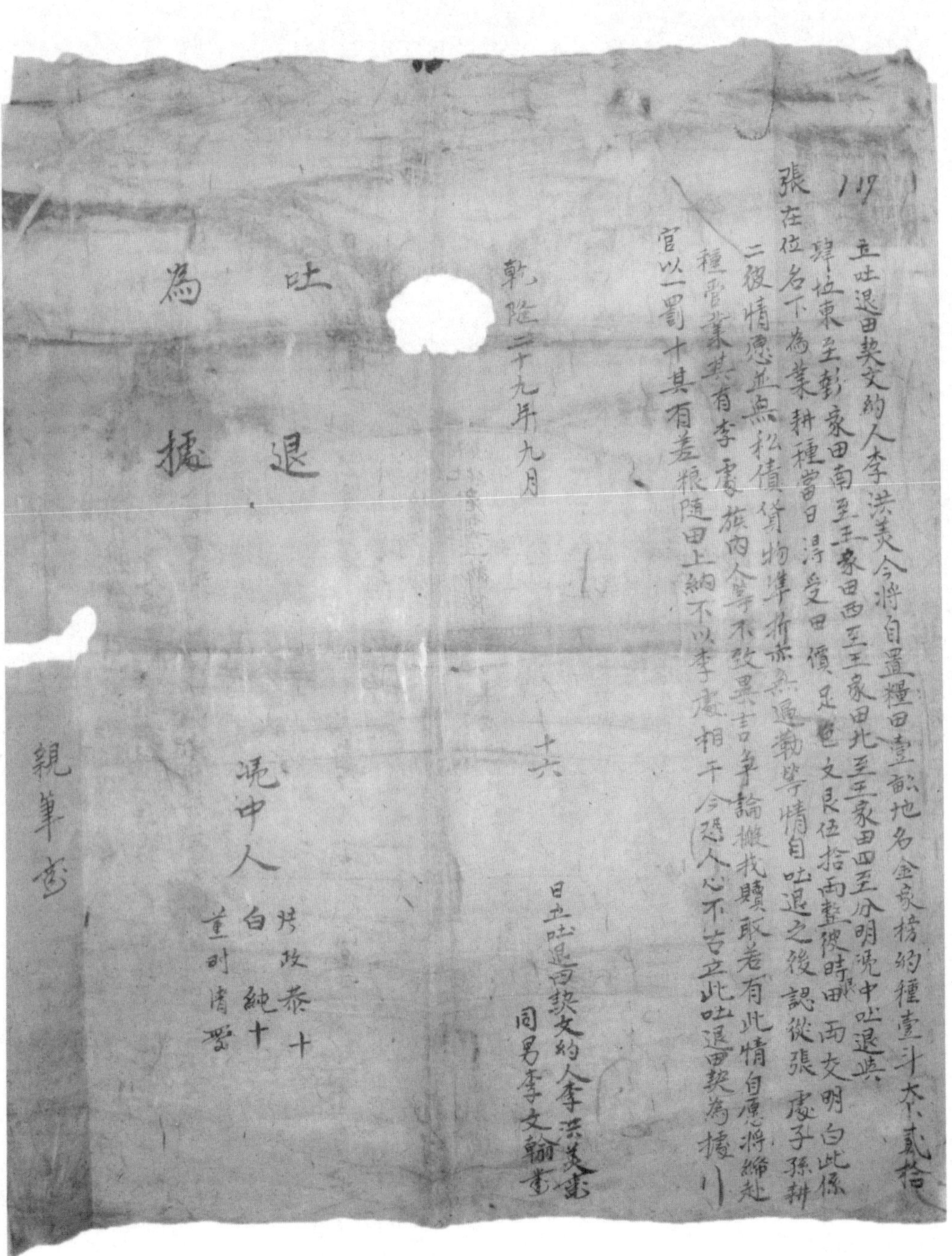
117

立吐退田契文約人李洪美，今將自置糧田壹畝，地名金家榜，約種壹斗太(大)，貳拾肆坵，東至彭家田，南至王家田，西至王家田，北至王家田，四至分明，憑中吐退與張在位名下為業耕種，當日得受田價足色文銀伍拾兩整，彼時銀田兩交明白。此係二彼情愿，並無私債貨物準折，亦無逼勒等情。自吐退之後，認從張處子孫耕種管業。其有李處族内人等不致異言爭論，撒找贖取，若有此情，自愿將締赴官以一罰十。其有差粮隨田上納，不以李處相干。今恐人心不古，立此吐退田契為據。

吐退為據

憑中人 朱政恭十 白純十 董时清

乾隆二十九年九月十六日立吐退田契文約人李洪美

同男李文翰

親筆

乾隆三十年十二月十八日契尾

契　尾

普安州　某州府厅县印号

贵州等处承宣布政使司　永　为遵

旨议奏事奉

抚部院宪牌准

户部咨开河南司案呈所有本部议覆河南布政使富　条奏买卖田产将

契尾粘连用印存贮申送府州藩司查验等因一折于本年拾贰月拾贰日奏

本日奉

旨依议钦此相应抄录司班并颁发格式行文贵州巡抚钦遵办理可也等因咨移

到本部院准此合就檄行为此仰司官吏查照票内准部咨奉

旨及粘单内事理即便钦遵刊刷酌量颁发移行遵照办理仍刷样呈送备查毋违

须至契尾者

计开

业户　李会选　买到王师贤科田壹分　坐落狮子口

用价银　〇千壹百贰拾捌两〇钱　税银〇拾叁两捌钱肆分〇厘

布字壹百柒拾

右给与业户李会选　准此

乾隆三十年十二月十八日

用价银〇千壹百贰拾捌两〇钱　税银〇拾叁两捌钱肆分〇厘

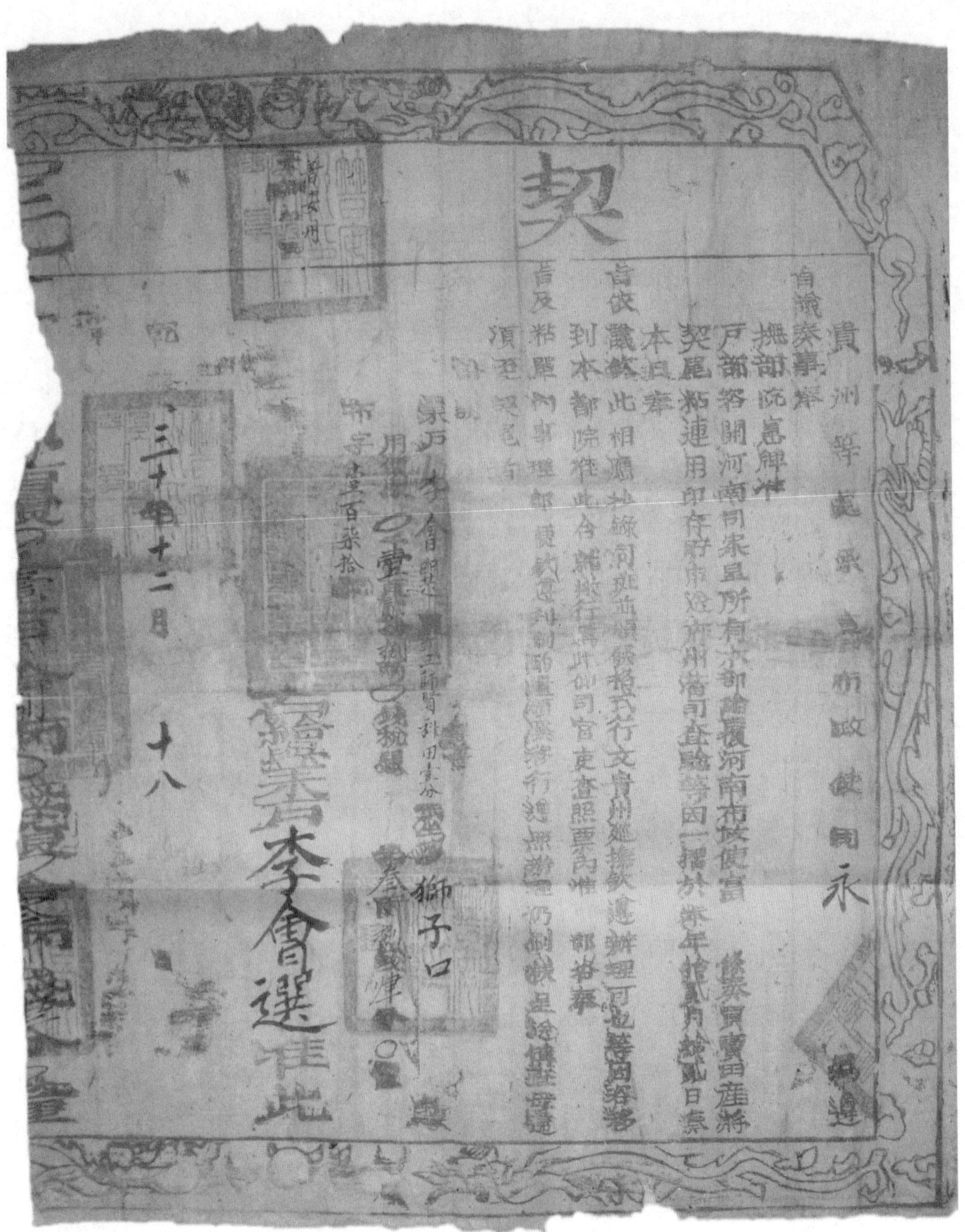

契

貴州等處承宣布政使司 永

旨議奏事案准

撫部院[illegible]准

戶部咨開河南司案呈所有六部議覆河南布政使富[illegible]條奏買賣田產將

契尾粘連用印存府州縣備查驗等因一摺於[illegible]年[illegible]月[illegible]日奏

本日奉

旨依議欽此相應[illegible]行文貴州巡撫欽遵辦理可也等因咨部

到本部院准此合就檄行[illegible]仰司官吏查照票內[illegible] 部指奉

旨及粘單內事理[illegible]

須至[illegible]

業戶李會選[illegible]用價銀壹[illegible]兩[illegible]

布字壹百柒拾[illegible]號

獅子口

李會選

三十[illegible]年十二月 十八

乾隆三十五年四月二十日林之檀卖田契

第柒贰号

立永远杜卖田契文约人林之檀，今因缺用，情愿将祖遗父分本名下科田壹段，约种贰斗，实租伍石，计科五分，座（坐）落余家堡，地名葛藤田，东西至沟，南至王家田，北至口，四至分明，请凭亲友出卖与王贡爷先生处永远为业。当日凭中议作卖价制钱陆拾捌千整，画字在内。彼银钱田两交明白，其中并无私债货物准拆（折），亦无逼勒成交等情。自卖之后，听凭王处税契过割，子孙永远管业，林处子孙以及亲族人等永远不得异言、搬找赎取。倘有此情，认（任）从王姓执契鸣官，甘认翻悔之究无辞。恐后无凭，立此永远杜卖田契为照。

乾隆叁拾伍年四月二十日　　立杜卖田契文约人林之檀

同叔祖林人表　外受画字钱壹千文

上同父林文煊

同弟林之梓

抄契为据

凭中人　周　佩

彭聚山

余登彩

林文介

凭佃户　陇一贤

车老四

张者色

唐阿支

代笔人　方仕周

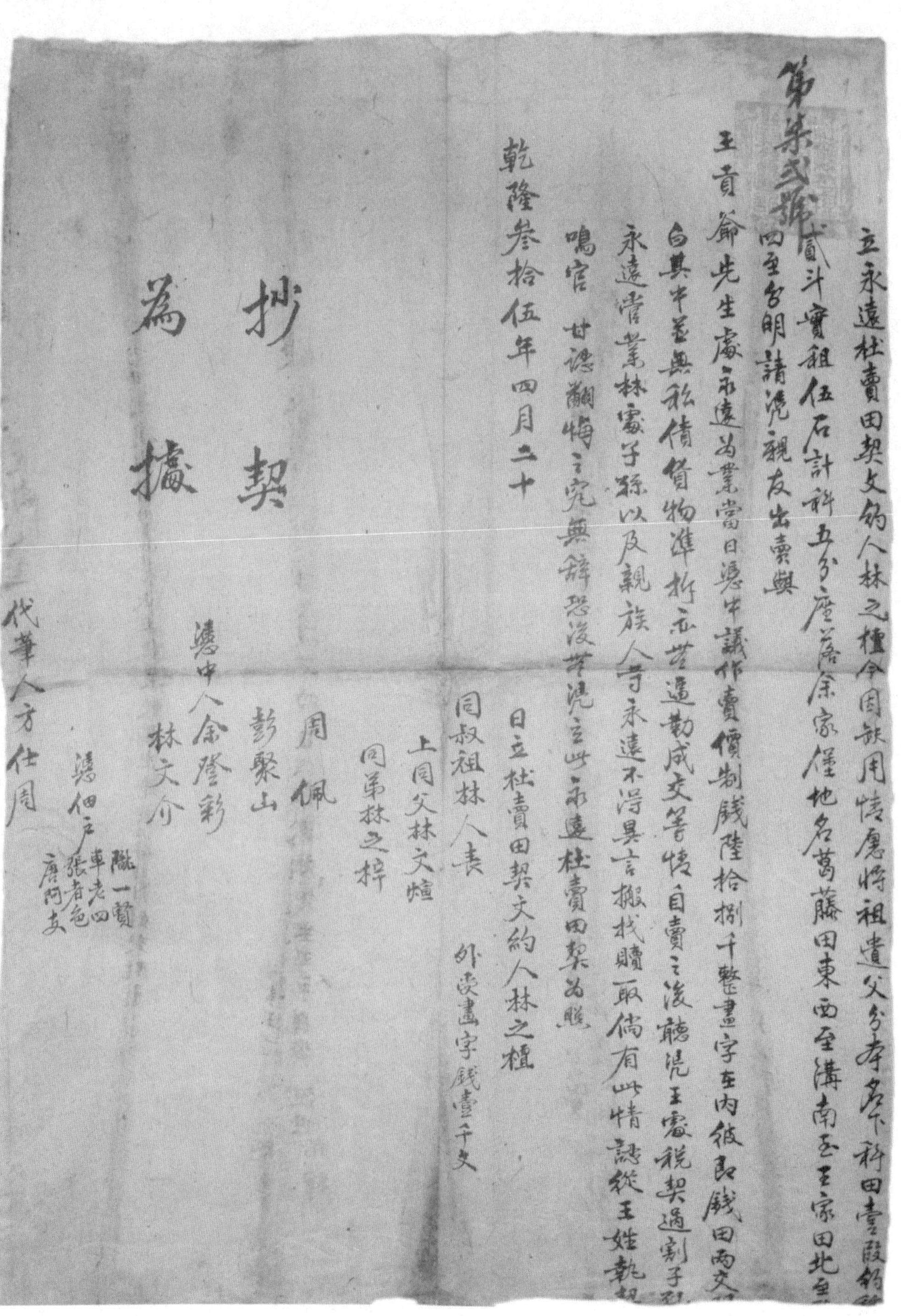

第柒弍號

立永遠杜賣田契文約人林之檀今因缺用情愿將祖遺父分本名下秧田壹段約
貳斗實租伍石計秧五分座落余家堡地名葛藤田東西至溝南至王宗田北至
四至分明請憑親友出賣與
王貢爺先生處永遠爲業當日憑中議作賣價制錢陸拾捌千整畫字在內彼日錢田兩交
自其中並無私債貨物準折亦莫逼勒成交等情自賣之後聽憑王處稅契過割子孫
永遠管業林處子孫以及親族人等永遠不得異言搬找贖取倘有此情認從王姓執契
鳴官甘認翻悔之究無辭恐後無憑立此永遠杜賣田契爲照

抄契爲據

乾隆叁拾伍年四月二十　日立杜賣田契文約人林之檀

同叔祖林人表　外交畫字錢壹千文
上同父林文煊
同弟林之梓
周佩
彭聚山
憑中人余登彩
林文介
憑佃户張者色　唐阿友　車老四
代筆人方仕周

乾隆三十六年三月初七日白玉成等甘结契

第柒柒号

□甘结人白玉成同原业主支宗仪，今于□张结到□等，将支家屯科二分山林树木、屋基园圃一并出卖［与］梁处为业。凭中卖明□投税，永远管业，日后不致异言，甘结是实。

乾隆三十六年三月初七日　　立结人白玉成押

支宗仪押

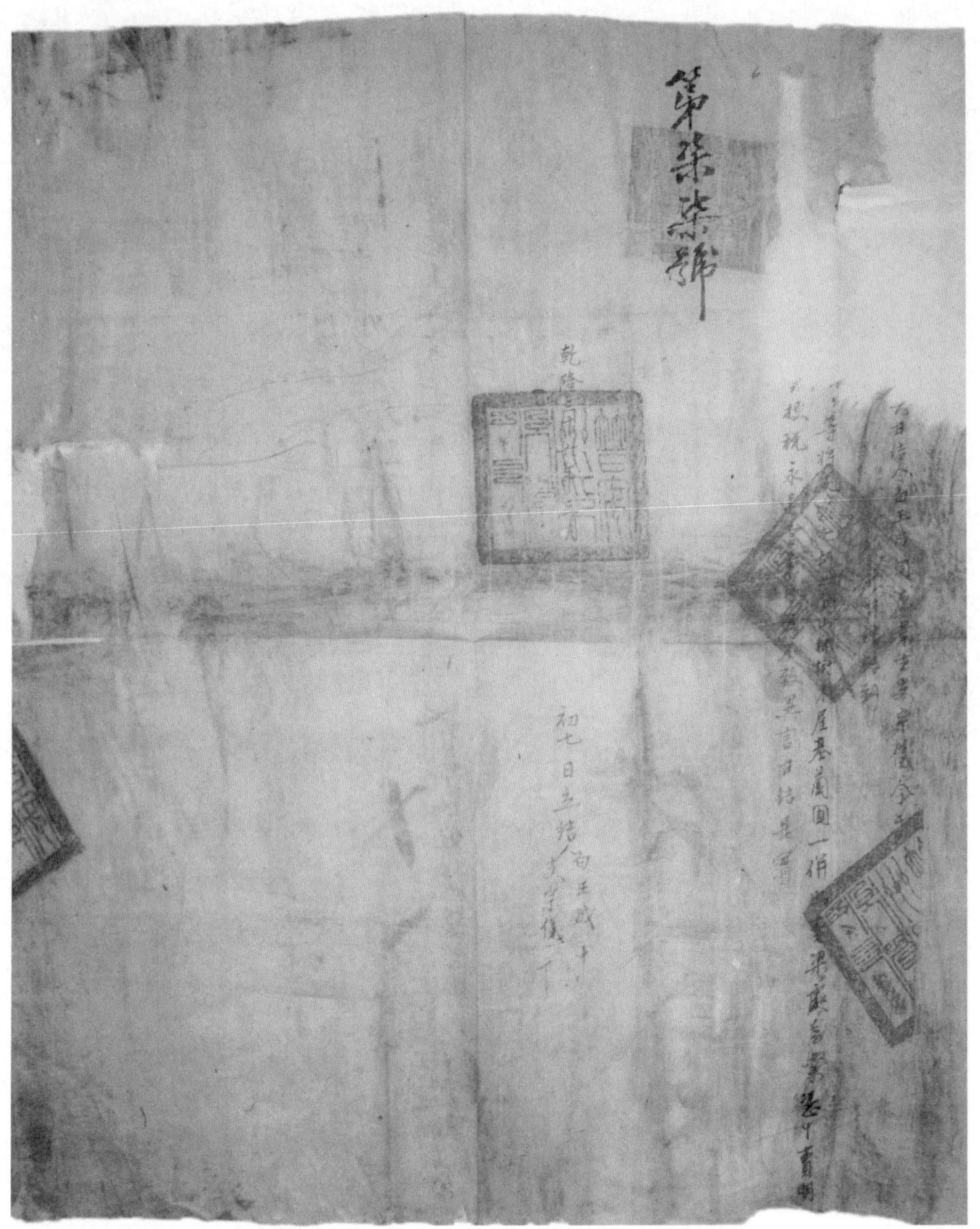

乾隆三十九年九月十九日王连玉立讨字

第捌号

立讨字人王连玉，今讨到周连仪名下祖茔山产壹段，地名白家埪荒山一段，自行开垦熟田一丘，每年纳粗（租）捌斗。其山认（任）从开垦，三年之后此田作粗（租），不得短少。如有短少，任从田主扯田另安，不得异言。今恐无凭，立约为据。外在彼住坐，不得干异（预）他事。如有此情，任凭周姓扯田另安，异（亦）不得忘（妄）想公本，附批存照。

乾隆三十九年九月十九日　　立讨字人王连玉押

□始合后

凭中人　周三叔押

　　　　陈　元押

代笔　　郑先谟押

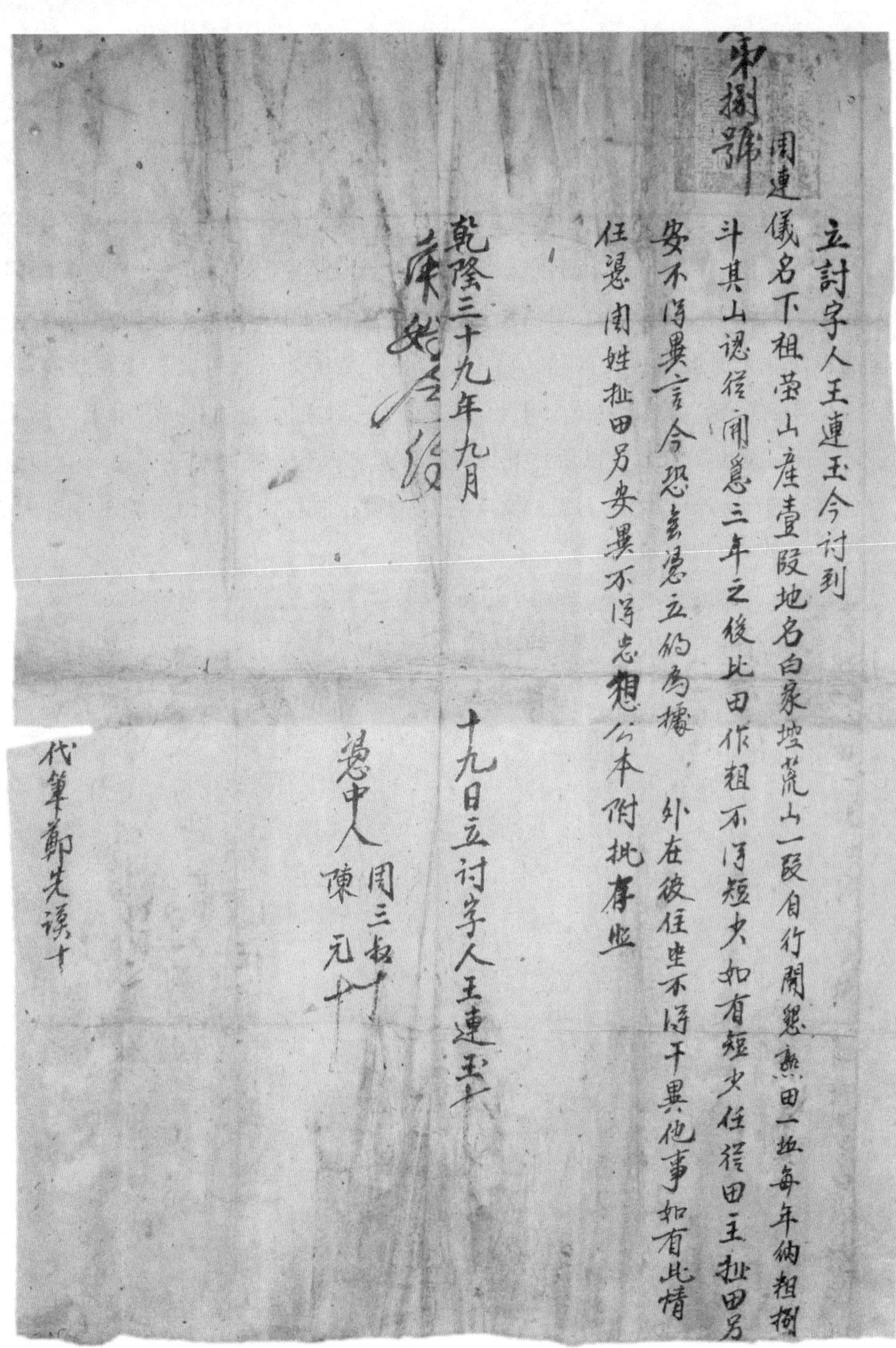

永樹歸

立討字人王連玉今討到
周連儀名下祖塋山産壹陂地名白泉塆荒山一段自行開墾熟田一坵每年納租榖
斗其山退從開墾三年之後此田作租不得短欠如有短少任從田主扯田另
安不得異言今恐無憑立約爲據　外在後任坐不得干異他事如有此情
任憑周姓扯田另安異不得忠想公本附批存照

康姓存後

乾隆三十九年九月　十九日立討字人王連玉十

憑中人　周三叔十
陳　元十

代筆鄭先謨十

乾隆四十年九月十六日梁永刚卖田契

第柒陆号

立卖明田契文书人梁永刚，今将置明支家屯田二分、山厂（场）一路、园圃一块、屋基壹所、树木一林，仍照原契丘段四至，约种捌斗，请凭中证出卖与年奉先名下为业。三面议作时价铜钱玖拾陆千文整，即日钱契两相交明，亦内并无私债准折，亦无逼迫等情。自卖之后，认（任）从年处永远管业，梁姓亲族内外人等不得异言争论。其田因无力守业，已经尽过原主以及过主，俱系无力赎取，甘心认（任）凭出卖。自今以后，此田价值千金亦不致搬赎等情。若有异言争论，执契呈官，自干（甘）认罪无辞。文契任凭纳税，原科四亩随田上纳。今恐人心不古，立此卖契永远存照。

前后原契甘结共六纸，一并揭交收执。

乾隆四十年九月十六日　　立卖契人梁永刚押

卖契存照

凭中人　梁华栋押　一百文

支宗杰押　三百文

徐君辅押　一百文

许　梅押

江耀龙押　一百文

白　建押　一百［文］

黄永昌押　一百［文］

余文魁押　一百［文］

徐正芳押　一百［文］

白玉山押　一百［文］

年奉玉押　一百［文］

代字　张远志押

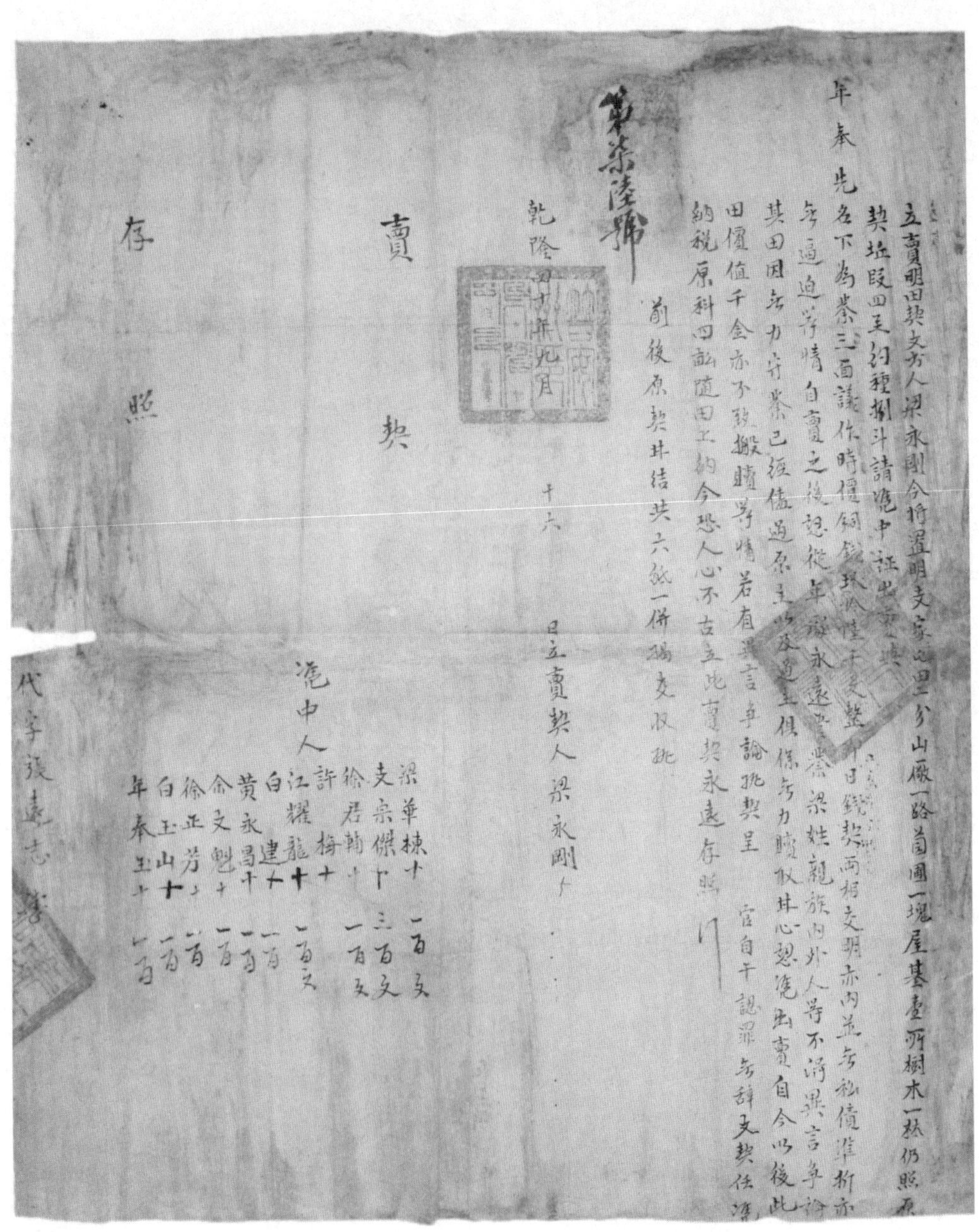

立賣明田契文字人梁永剛，今將置明支家內田土分山嶺一路菌園一塊屋基臺所樹木一概仍照原
契坵段田至約種斛斗，請憑中証出賣與
年奉先名下為業，三面議作時價銅錢玖拾[illegible]千文整，其日錢契兩相交明，亦內並無私債準折，亦
無逼迫等情，自賣之後，聽從年姓永遠[illegible]業，梁姓親族內外人等不得異言爭論，
其田因無力守業，已經儘過原主[illegible]及[illegible]主，俱係無力贖取，甘心憑中出賣，自今以後此
田價值千金，亦不致搬贖等情，若有異言爭論，執契呈官，自干認罪無辭，支契任從
納稅，原科田畝隨田上納。今恐人心不古，立此賣契，永遠存照。
前後原契并結共六紙一併繳交收執

第柒陸號

乾隆[illegible]十六[illegible]月　日立賣契人梁永剛 十

憑中人
梁華棟 十 一百文
支宗傑 十 三百文
徐君翰 十 一百文
許梅 十
江耀龍 十 一百文
白建 十 一百
黃永昌 十 一百
余文魁 十 一百
徐正芳 十 一百
白玉山 十 一百
年奉玉 十 一百

代字張遠志 筆

賣契

存照

乾隆四十一年二月初五日孙贤魁等卖房契

立永远杜卖房产文契人孙贤魁同子孙晶、孙昌，为因缺乏，情愿将买明张姓地基园圃一所，大小共一十贰间，园子壹块，上至徐家园子，下抵习宅园埂，左至庙树，右至大街，四至分明，凭中□明卖与张起明处，永远子孙管业住坐。彼时凭中得受足色纹银壹百肆拾两整，画字在内。彼时银房两交明白，其中并无私债货物准折，亦无逼勒等情，此系二比情愿。自卖之后，任从张处税契过割、永远子孙为业，孙处子孙、房族人等不得借故搬找赎取，永无异言，复生觊覦。若有此情，俱系卖主一力承耽（担）。恐后无凭，立此永远杜卖文契为据。

外有屋产老契壹张，凭中揭交张处存照。

乾隆肆拾壹年贰月初伍日　　立永远杜卖房产人孙贤魁押

同子孙晶押、孙昌押

杜契存据

凭中人　江耀龙押

吉明佐押

八叔孙廷玉押

王万春押

张吉瑷押

袁宅安押

冯德庵押

刘钧平押

谢援翠押

本城乡老　袁裕国押

郭洵文押

朱天俊押

代笔人　李世乡押

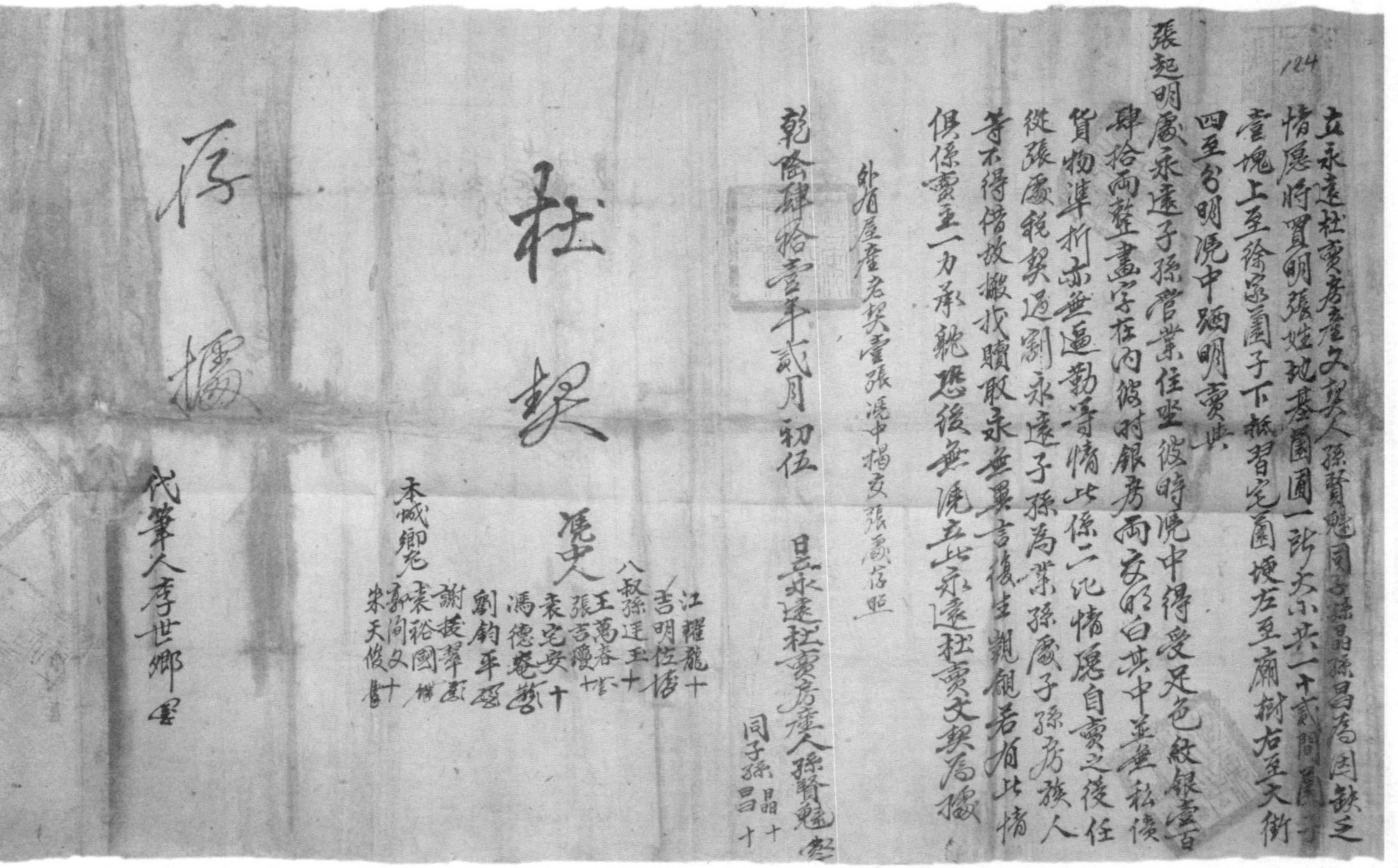

124

立永遠杜賣房屋文契人孫賢魁同子孫昌孫晶為因缺乏
情愿將買明張姓地基園圃一所大小共一十貳間
壹塊上至徐家園子下抵習宅園埂左至廟樹右至大街
四至分明憑中踩明賣與
張起明處永遠子孫管業住坐彼時憑中得受足色紋銀壹百
肆拾兩整盡字在內彼時銀房兩交明白其中並無私債
貨物準折亦無逼勒等情此係二比情愿自賣之後任
從張處稅契過割永遠子孫為業孫處子孫房族人
等不得借故撒找贖取永無異言後生覬覦若有此情
俱係賣主一力承耽恐後無憑立此永遠杜賣文契為據

外有屋老契壹張憑中揭交張處存照

乾隆肆拾壹年貳月初伍 日立永遠杜賣房屋人孫賢魁
同子孫 晶十 昌十

杜契

憑中人 江耀龍十 吉明佐 八叔孫廷王十 王萬春 張吉遷 袁宅安十 馮德 劉鈞平 謝援 袁裕國 郭向文 宋天俊 本城鄉老

存據

代筆人李世鄉

乾隆四十一年八月初七日余弘亮卖田契

第玖壹号

立卖明田契文约人余弘亮，今因缺少使用，自愿将父遗分受科田一分，坐落地名落水坑，约种乙斗，大小二丘，请凭中证出卖与黄文会名下为业。三面议定作卖价铜钱贰拾捌千文整，画字在内。即日钱田两交明白，并无私债货物逼迫等情。自卖之后，认（任）从黄处耕种管业，余处亲族人等不得异言争论。如有异言，系是余处一面承当。其科陆分随田上纳，不与余处相干。恐口无凭，立卖契永远为据。

乾隆四十一年八月初七日　　立卖明田契人余弘亮押

永远管业

凭　伯余文魁押

　　叔余文彩押

凭姑父范　升押

凭中　支继直押

　　　支颖春押

凭祖　肖天弼押　画字钱壹千

代笔　陈格言押

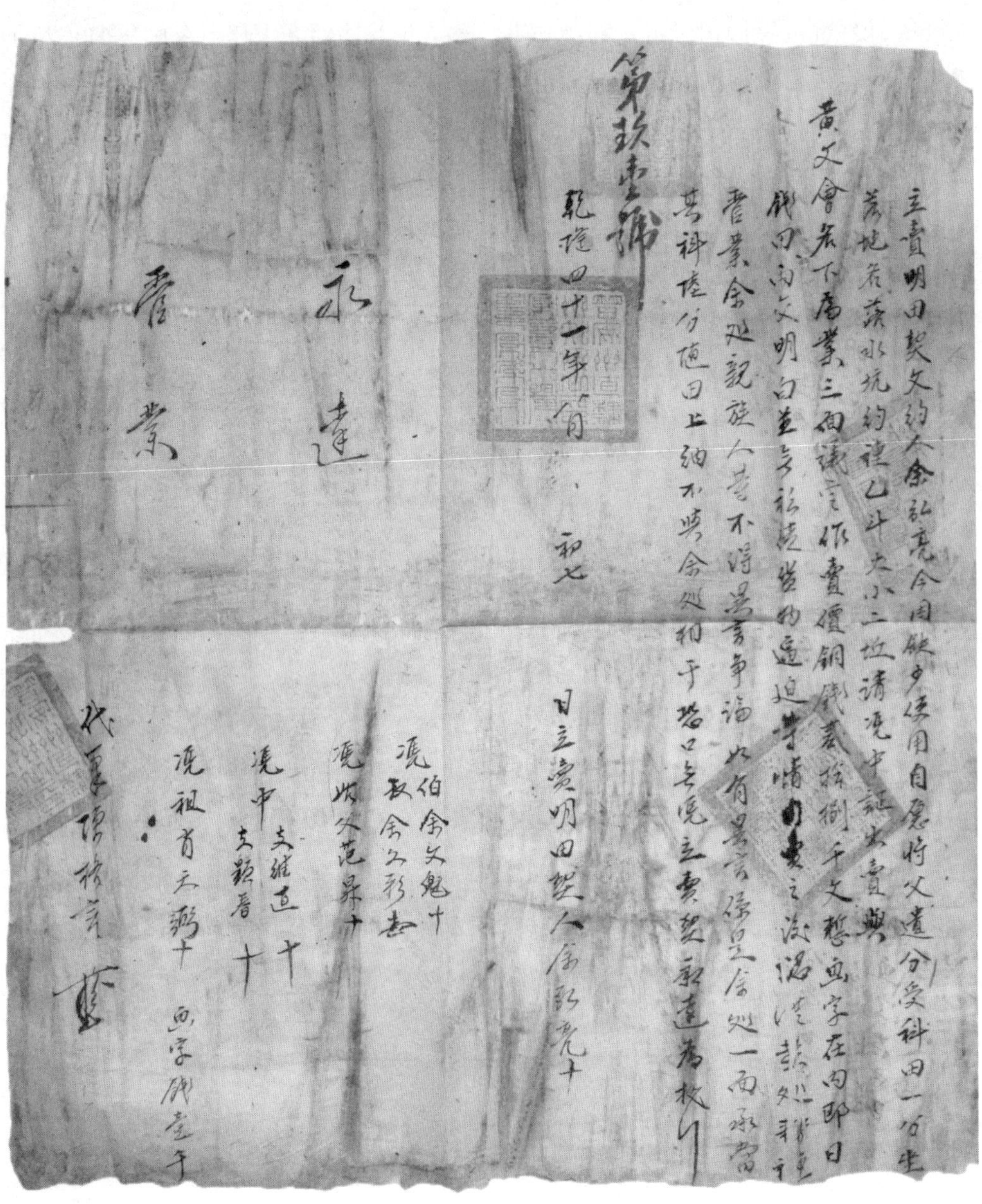

立賣明田契文約人余弘亮今因缺少使用自愿将父遺分受科田一分坐落地名蔣水坑約種乙斗大小二坵請憑中証出賣與黄文會名下為業三面議定作賣價銅錢叁拾捌千文整画字在内即日錢田兩交明白並无私債准折逼迫等情自賣之後聽從黄處耕種管業余姓親族人等不得異言爭論如有異言係是余姓一面承當其科糧分随田上納不與余姓相干恐口無憑立賣契永遠為據

憑伯余文魁十
憑叔余文彩押
憑姊夫范昇十
憑中 朱維直十
朱顯晉十
憑祖首天鵬十
代筆陳榜

画字錢壹千

乾隆四十一年 月 初七 日立賣明田契人余弘亮十

永遠管業

第玖壹號

乾隆四十一年十一月二十日胡介周等卖田契

159

立杜卖明田契人胡介周同子胡敏、胡斌，今将祖分授己名下长房田，后因祖当出，业经介周赎回田壹分，约种伍斗，座（坐）落地名大榜，东底（抵）人行小路，南至大学田，西底（抵）铺田，北至官田、谢家田，四至分明，央中上门出杜卖明与唐尚书名下为业。彼日议定足色纹银贰百陆拾两整，本族人等画字在内。彼日银田两交清白，其中并无私债货物准折，并非逼勒等情。此系祖遗孙卖，不致包卖他人寸土，族内人等不致异言。倘有一（异）言争论，系是卖主一面承当。其有梁处当契揭交唐处收存，后有老契以为故纸。自卖之后，认（任）凭唐处管理耕种、税契过阁（割）为业。其科贰亩叁分随田上纳。日后子孙永斩葛藤，有力不致称云赎取，无力不致找补。如有找补之情，将纸赴公，自干（甘）罚究无辞。恐口无凭，立杜卖明文契一纸，永远唐姓子孙为据。

乾隆肆拾壹年拾壹月贰拾日　　立杜卖明田契人胡介周押

同子胡敏押、胡斌押

永远存照

凭亲族　　叔胡思舜押　画字钱壹千贰百文

弟胡之松押　画字钱六百文

胡之奇押　画字钱六百文

胡之岳押　画字钱六百文

胡之楚押　画字钱六百文

谢　濬押　画字钱壹千文

廖如鹏押　画字钱壹千贰百文

张法尧押　画字钱壹千文

廖如柏押　画字钱三百文

王兆鹏押　画字钱六百文

廖荣珍押　画字钱伍百文

张文弼押　画字钱三百文

廖如龙押　画字钱三百文

代笔人　　胡备六押　壹千贰百文

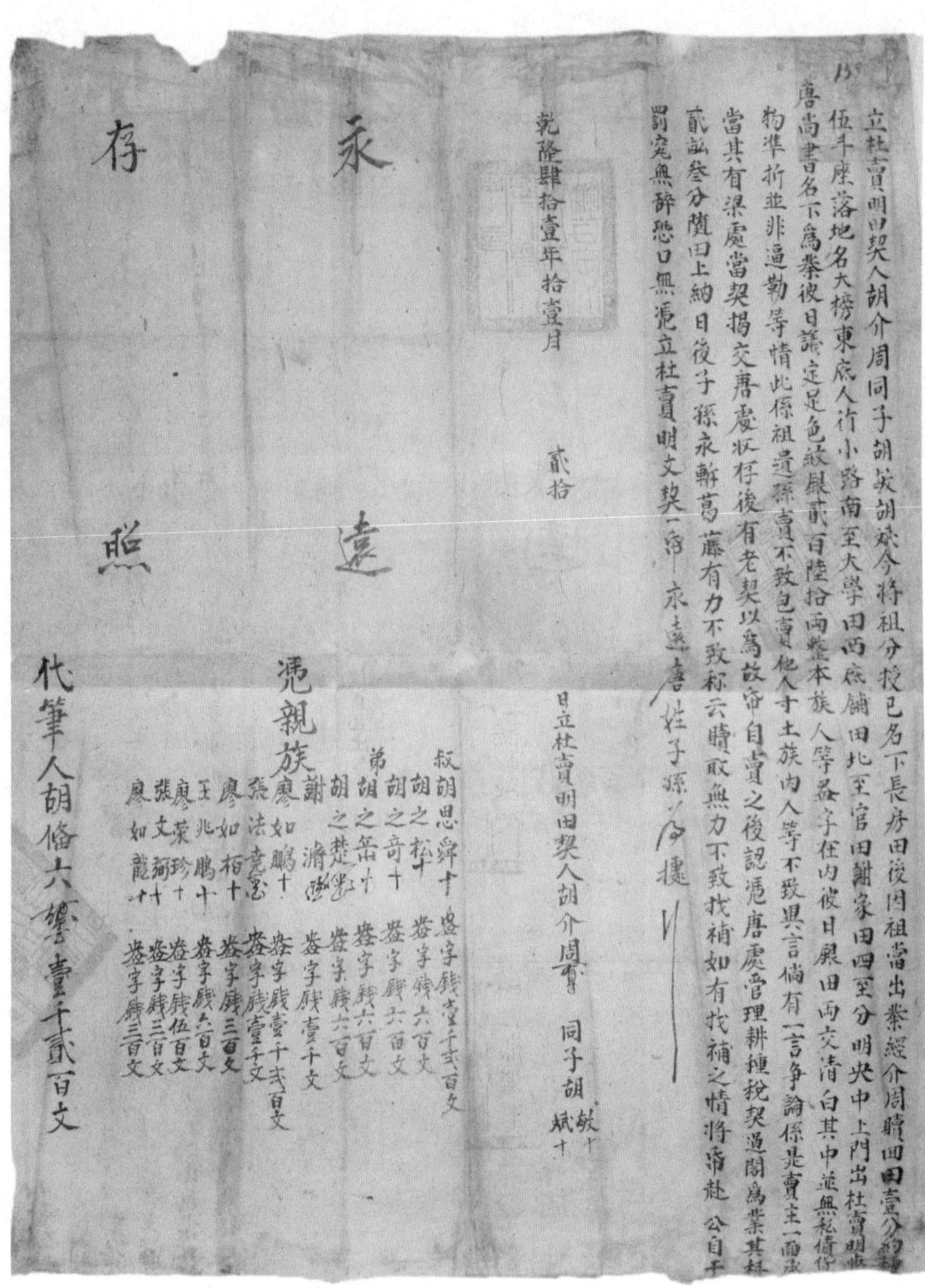

立杜賣明田契人胡介周同子胡敏胡斌今將祖分授己名下長房田後因祖當出絫經介周贖回田壹分約種伍千座落地名大榜東底人行小路南至大學田西底舗田北至官田謝家田四至分明央中上門出杜賣明與唐尚書名下爲業彼日議定足色紋銀貳百陸拾兩整本族人等各子在內彼日親田兩交清白其中並無私債貨物準折並非逼勒等情此係祖遺孫賣不致包賣他人寸土族內人等不致異言倘有一言爭論係是賣主一面承當其有渠處當契揭交唐慶收存後有老契以爲故帋自賣之後認憑唐慶管理耕種稅契過割爲業其糧貳畝叁分隨田上納日後子孫永斬葛藤有力不致稱云贖取無力不致找補如有找補之情將帋赴 公自干罰究無辭恐口無憑立杜賣明文契一帋 永遠唐姓子孫存據

永遠存照

乾隆肆拾壹年拾壹月 貳拾 日立杜賣明田契人胡介周 同子胡敏十 胡斌十

憑親族
叔胡思舜十 畫字錢壹千弍百文
胡之松十 畫字錢六百文
胡之奇十 畫字錢六百文
弟胡之笛十 畫字錢六百文
胡之楚 畫字錢六百文
謝瀹 畫字錢壹千文
廖如鵬十 畫字錢壹千弍百文
張法竟 畫字錢壹千文
廖如栢十 畫字錢三百文
王兆鵬十 畫字錢六百文
廖榮珍十 畫字錢伍百文
張文獅十 畫字錢三百文
廖如龍十 畫字錢三百文

代筆人胡倫六 畫壹千貳百文

乾隆四十三年十二月二十一日李象忠当田契

第壹零壹号

立当明田契文约人李象忠，今将科田壹段，着（坐）落地名狮子口，约种叁斗。四至载明王姓老契，请凭中证出当与刘亲爹名下。彼时议作当价足色纹银贰百两整。即日银田两交明白，并无私债货物准折，亦无逼勒等情。自当之后，认（任）凭当主管业安佃收租。足满叁年银到归赎，二比不致刁难措勒。今欲有凭，立当明田契文书为据。

计揭王姓卖纸税契一张，刘处收存。

乾隆肆拾叁年十二月二十一日　　立当田契文书人李象忠押

当契为据

凭中　李象义押

刘爷爷押

李正贤押

李象智押

代字　李静山押

乾隆四十九年九月初六日，李象忠当屋无银，请凭弟兄优补银叁拾两整，赎屋之日青（清）还，不得短少分文。

凭中　李象义押

李象智押

代字　李正茂押

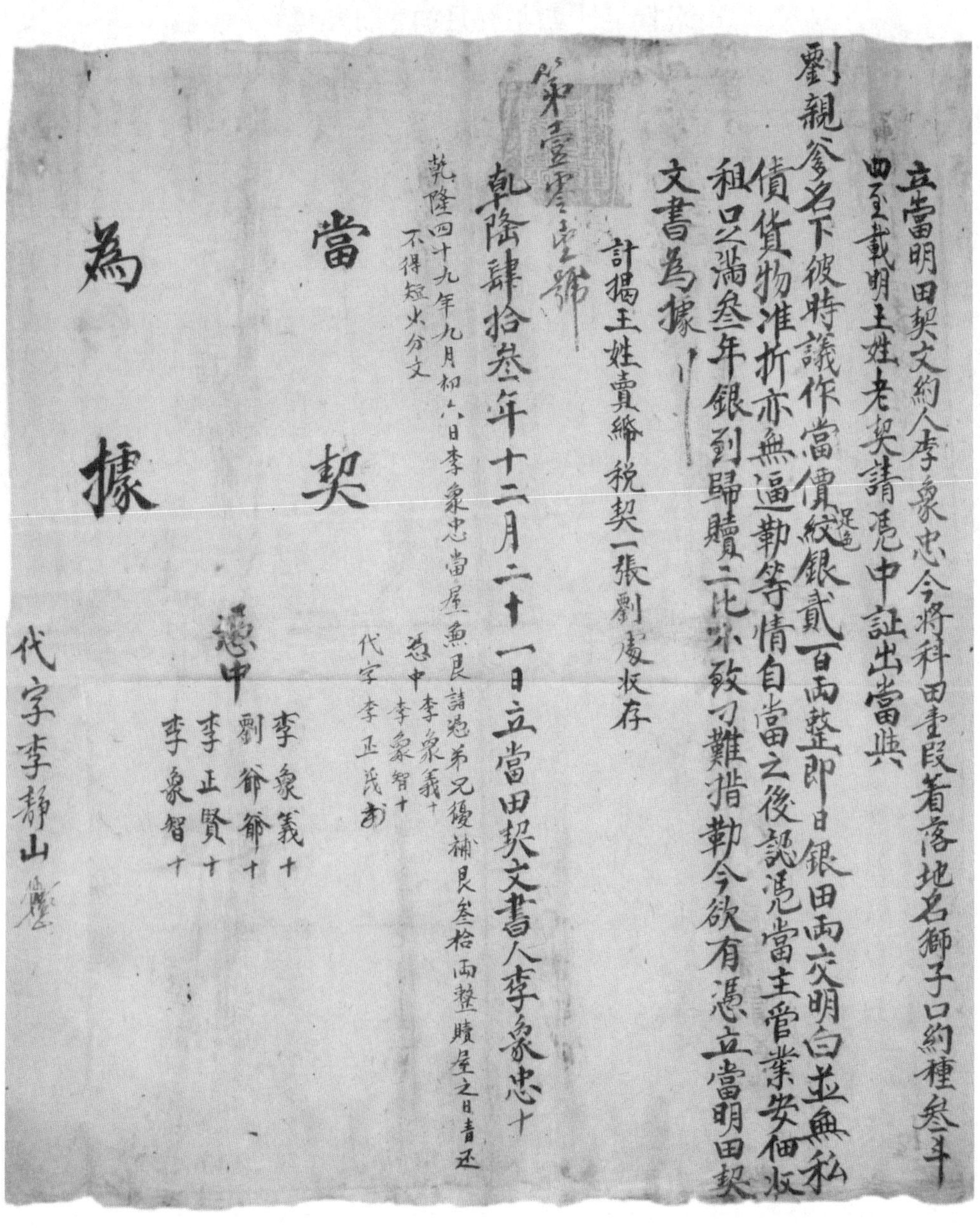

立當明田契文約人李象忠今將科田壹段着落地名獅子口約種叁斗
四至載明王姓老契請憑中証出當與
劉親爺名下彼時議作當價紋銀貳百兩整足色即日銀田兩交明白並無私
債貨物准折亦無逼勒等情自當之後認憑當主管業安佃收
租日後滿叁年銀到歸贖二比不致刁難措勒今欲有憑立當明田契
文書為據
計揭王姓賣鄉稅契一張劉處收存
第壹[illegible]號
乾隆肆拾叁年十二月二十一日立當田契文書人李象忠十
乾隆四十九年九月初六日李象忠當屋無艮請憑弟兄復補艮叁拾兩整贖屋之日青还
不得短少分文
憑中 李象義十
李象智十
代字 李正茂书
當契
為據
憑中 李象義十
劉爺爺十
李正賢十
李象智十
代字李靜山

乾隆四十四年五月初二日契尾

第玖拾号

契　尾

普安州　某州府厅县印号

贵州等处承宣布政使司　李　为遵
旨议奏事奉
抚部院宪牌准
户部咨开河南司案呈所有本部议覆河南布政使富　条奏买卖田产将
契尾粘连用印存贮申送府州藩司查验等因一折于本年拾贰月拾贰日奏
本日奉
旨依议钦此相应抄录司班并颁发备（格）式行文贵州巡抚钦遵办理可也等因咨移
到本部院准此合就檄行为此仰司官吏查照票内准　部咨奉
旨及粘单内事理即便钦遵刊刷酌量颁发移行遵照办理仍刷样呈送备查毋违
须至契尾者
计开
业户　黄文彬　□钱登万田一分　坐落地名落水坑
用价银　〇千〇百叁拾玖两〇钱　税银　〇拾壹两壹钱柒分〇厘
布字壹百柒拾贰号
右给与业户黄文彬　准此
乾隆四十四年五月初二日
用价银　〇千〇百叁拾玖两〇钱　税银　〇拾壹两壹钱柒分〇厘

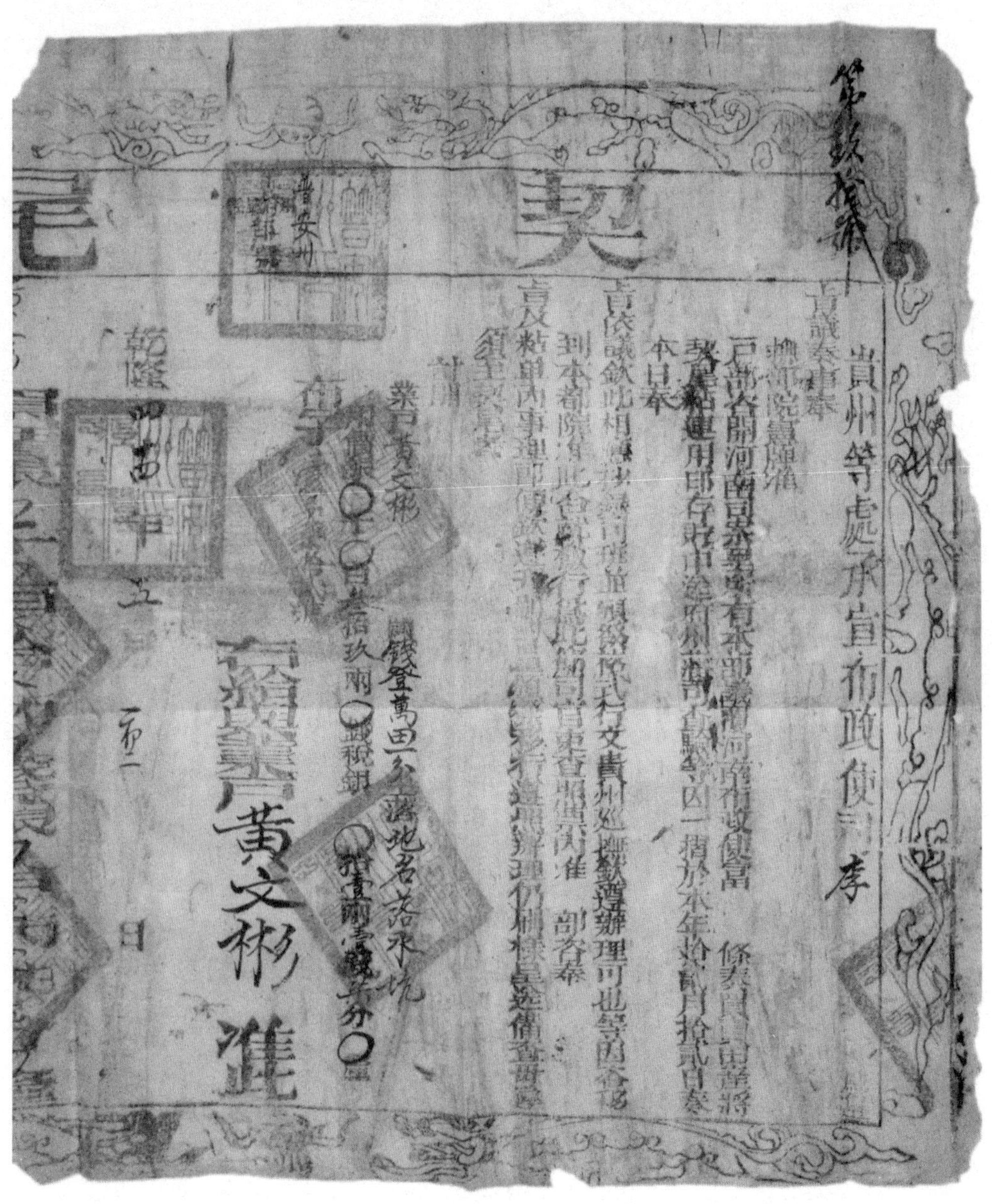

乾隆五十二年十二月十五日支惟林等卖基址树木契

第柒伍号

立永远卖明脱业文契人支惟林同侄陈纲，为因先年父将祖遗产业杜卖明与梁、许二姓，转卖与年姓为业。今因弟兄当，侵其屋基，四至复载分明，东至门前路，南至石龙，西至柿花树，北至石墙，院内有枧果树木前未卖入契内。今因父故欲葬，凭族复将基址树木脱业卖明与年奉先名下为业展（掌）管。三面议作卖价铜钱拾柒千文整，亲手领讫明白，其中并无私债货物准拆（折），亦无逼勒等情。自卖明脱业之后，内外族亲人等不致异言。倘有一（异）言，系惟林叔侄一力承耽（担），若后反覆（复），将字鸣公，干（甘）认套哄之咎。恐后无凭，立永远卖明脱业文契存照。

乾隆五拾二年十二月十五日　　立永远卖脱业文契人支惟林押

同侄陈纲押

执契管业

凭堂叔　支忠荣押　画字钱壹千文

凭堂弟兄　支惟朋押

支惟达押

支惟庄押　同受画字钱贰千文

凭亲族　卢世恭押　画字钱二百文

支惟华押　画字钱二百文

陈良宗押　画字钱二百文

代字人　朱亮工押　画字［钱］五百文

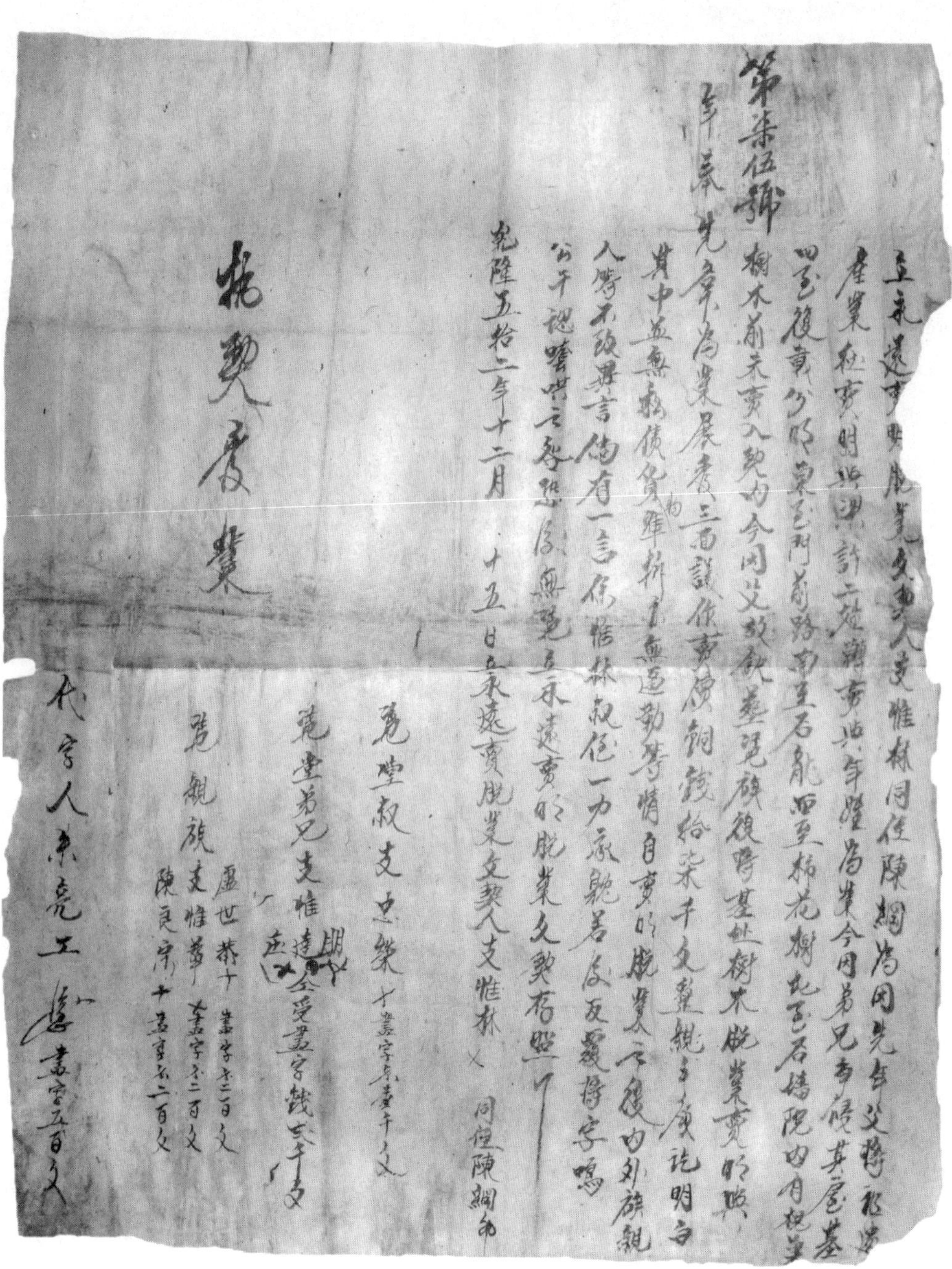

第柒伍號

立永遠賣明脫業文契人支惟林同侄陳綱，爲因先年父將祖遺產業[illegible]賣明與許二姓[illegible]弟兄共年[illegible]爲業，今因弟兄商議其屋基四至：後貳分所界至門前路，南至石龍，西至棉花樹，北至石墻院內，自有[illegible]樹木前未賣入契內，今因父故缺錢[illegible]，[illegible]族親將基址樹木脫業賣明與本族先年爲業㞕表三面議作賣價銅錢拾柒千文整，親手領訖明白。其中並無[illegible]債貨準折，亦無逼勒等情，自賣明脫業之後，內外族親人等不敢異言，倘有一言，係惟林叔侄一力承耽，若反覆，將字呈公干認[illegible]。恐後無憑，立永遠賣明脫業文契存照。

乾隆五拾二年十二月十五日立永遠賣脫業文契人支惟林 同侄陳綱

憑堂叔 支忠榮 十書字錢壹千文

憑堂弟兄 支惟達 全受書字錢六千文

憑親族 支惟[illegible] 十書字錢二百文

盧世恭 十書字錢二百文

陳良宗 十書字錢二百文

代字人 朱亮工 書字錢五百文

杜契存業

乾隆五十五年十月□□□日赵永泰等卖明房基园圃树木契

106

立永远卖明房基园铺（圃）树木人赵永泰、永昌，为因缺乏费用，情愿将祖遗房基园铺（圃）一所，东至郭家大园埂，南至戴洪兴园埂，斜顺至戴洪智房后高埂，西至街，北至饶家园埂，四至分明，凭中出卖与司马昌弟兄名下住坐。彼日议作卖价足色纹银贰拾两，钱肆拾千文整。即日银契两相交明，并无私债货物准拆（折），亦非逼勒等情。自卖之后，认（任）从司姓弟兄住坐起造，赵姓弟兄亲族内外人等不得异言争论。如有此情，系赵姓弟兄一力承耽（担）。日后有力不得赎取，无力不得搬找。倘有异言，自认套哄之咎无辞。今恐人心不古，书立卖明文契存据。

卖契存照

凭中人　任秀文押

陈文寿押

张玉□押

杨　林押

任廷灿押

郭继圣押

黎永泰押

任侣琼押

乾隆五十五年十月□□□日　　立永远卖明文契人赵永泰押

赵永昌亲笔押

父赵连坤押

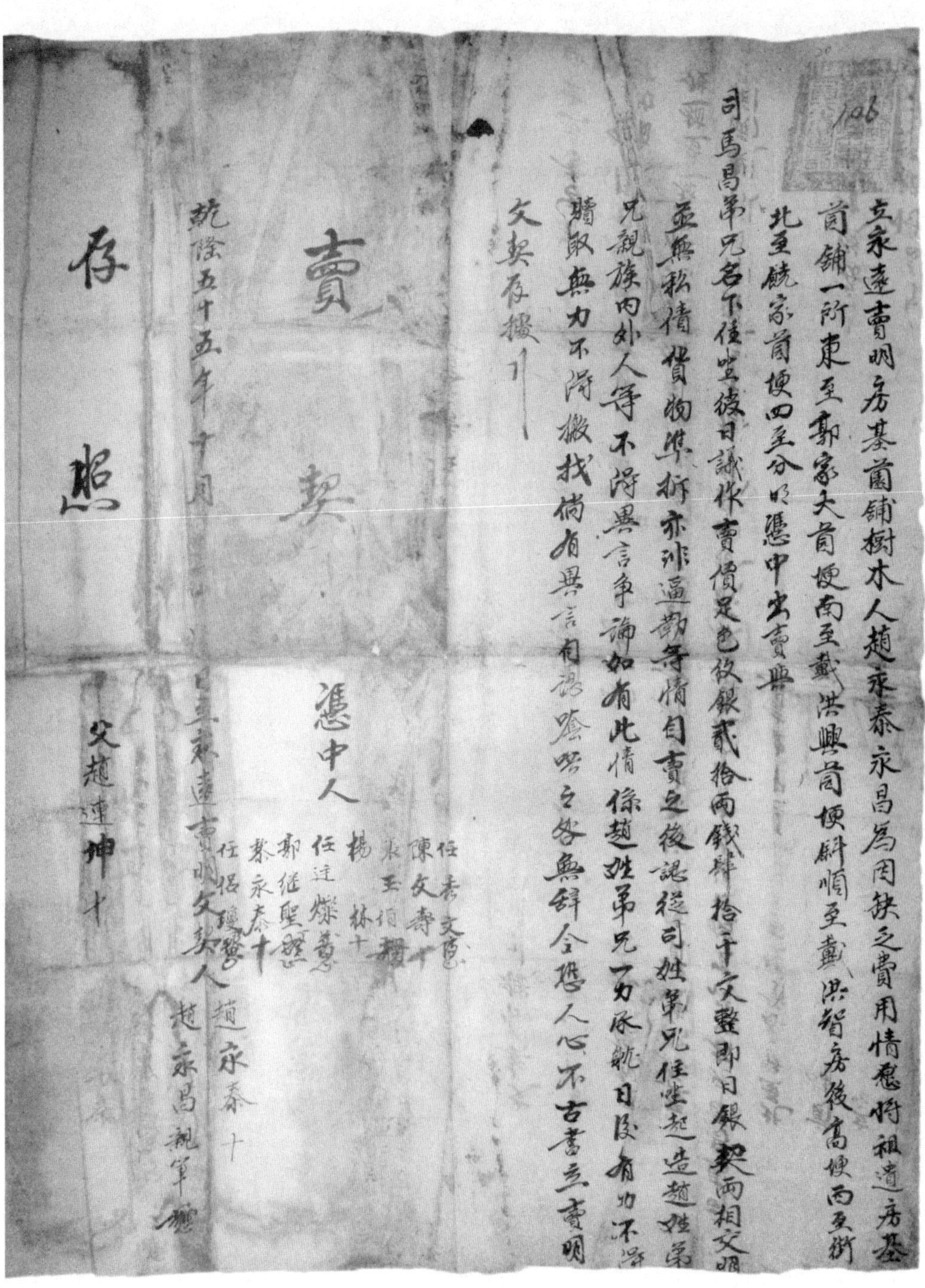

立永遠賣明房基菌鋪樹木人趙永泰永昌為因缺乏費用情愿將祖遺房基
前鋪一所東至郭家夫前埂南至戴洪興前埂斛順至戴洪智房後高埂西至街
北至饒家前埂四至分明憑中出賣與
司馬昌弟兄名下住坐後日議作賣價足色紋銀貳拾兩錢肆拾千文整即日銀契兩相交明
並無私債貨物準折亦非逼勒等情自賣之後認從司姓弟兄住坐起造趙姓弟
兄親族內外人等不得異言爭論如有此情係趙姓弟兄一力承耽日後有力不得
贖取無力不得撒找倘有異言有認噡唔之咎無辭今恐人心不古書立賣明
文契存據

賣契

存照

乾隆五十五年十月　日立永遠賣明文契人　趙永泰十　趙永昌親筆

憑中人　任秀文　陳文壽十　張玉伯押　楊　林十　任廷燦尊　郭從聖　蔡永泰十　任据瓊

父趙連坤十

乾隆五十六年正月初十日黄文会等送田契

第玖贰号

立送田契人黄文会同弟媳造氏，又同子黄本儒、小定，将买明蒋姓落水坑田一分，约种贰斗，大小叁丘。北至河埂，西至张家田，东至庙山，南至花尔草塘口子，四至分明。请族中屯邻凭证出送与郑先睿姑爷名下为业。自送之后，认（任）从郑姓子孙永远为业耕种，弗得当卖。若有当卖，其田仍归黄姓。但于送后，黄姓弟兄子孙亲族内外人等不能异言争论。其夫差粮草，郑姓一面承耽（担），随田上纳，不得违误刁拗。恐口无凭，立此送契为据。

乾隆五十六年正月初十日　　立送字［人］黄文会押

同造氏押

又同子黄本儒押、小定押

送契为业　　照验[①]

凭么公　黄　墉押

凭屯邻　谢纯仁押

李文纲押

支维直押

罗明睿押

支显春押

花时开押

凭族兄　黄文睿押

黄文彧押

黄文声押

黄文美押

黄文照押

黄文郁押

冯天德押

代字人　王调元押

① 契纸上有红色的“照验”两字，应当是凭契上税后，税务单位在契约上加盖验讫。

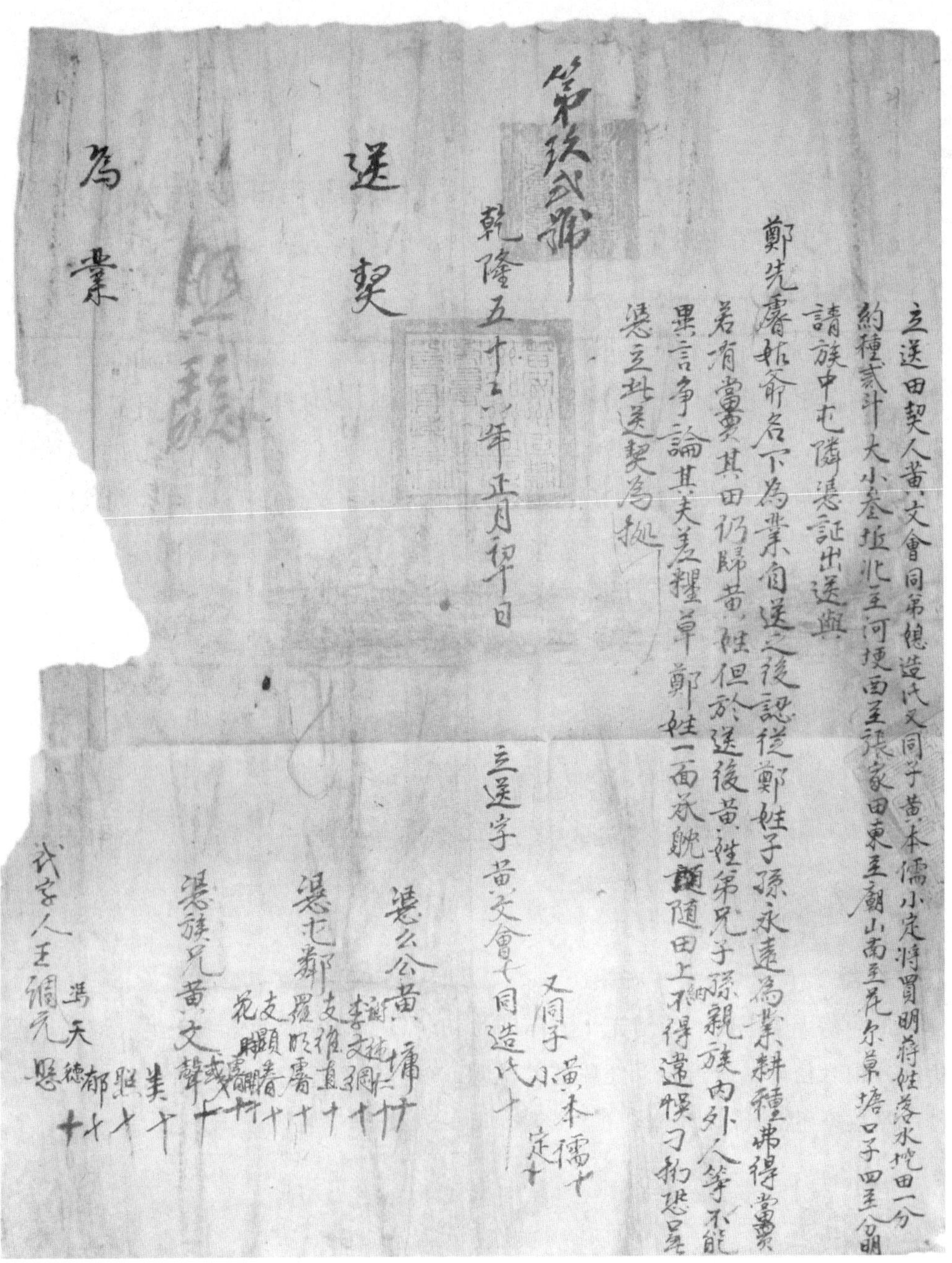
立送田契人黄文會同弟𠍇造氏文同子黄本儒小定將買明蔣姓落水坵田一分約種式斗大小叁坵北至河埂西至張家田東至廟山南至花尔草塘口子四至分明請族中乜隣凴証出送與
鄭先霽姑爺名下為業自送之後認從鄭姓子孫永遠為業耕種弗得當賣若有當賣其田仍歸黄姓但於送後黄姓弟兄子孫親族内外人等不能異言争論其夫差糧草鄭姓一面承辦随田上納不得違悞刁难恐后無凴立此送契為据
乾隆五十六年正月初十日
立送字黄文會同造氏十
又同子黄本儒十
小定十
凴么公黄墉十
凴乜鄰李文璉十
謝文仁十
支維直十
羅昭霽十
凴族兄黄文聲十
支頭春十
花時雨十
美十
照十
都十
代字人王綢元十
馮天德十
懸十
送契
為業

乾隆五十六年二月十六日张金玉当田契

118

立当田契文约人张金玉，为因缺用，情愿将父分受粮田壹亩，地名金家榜，约种壹斗，大小十三丘，东至彭家田，南至王家田，西至王家田，北至王家田，四至分明，凭中出当与何起龙大哥名下管理耕种。彼时得受当价玖柒文（纹）银贰拾捌两整，亲手领明应用。自当之后，认（任）从何处安佃耕种，张处不得异言。其有夫差粮草，张姓上纳，不以（与）何姓相干。日后不拘远近，银到归赎，二比不得刁难。今恐人心不古，立此当契为据。

乾隆伍拾陆年二月十六日　　立当田契人张金玉押

外批：老契一纸，接（揭）交何处收存。

当契为据

凭中　　贾瑞凤押

黄定国押

张裕和押

金　耀押

侄张应斗押

亲笔

张应榜无力上粮，于道光十五年四月初一日批补银壹两伍钱上纳。道光十四年，分粮米伍斗二升五合，经凭催差说明，以后粮石随田上纳。日后张姓有力取赎，照数算还粮米，此记。

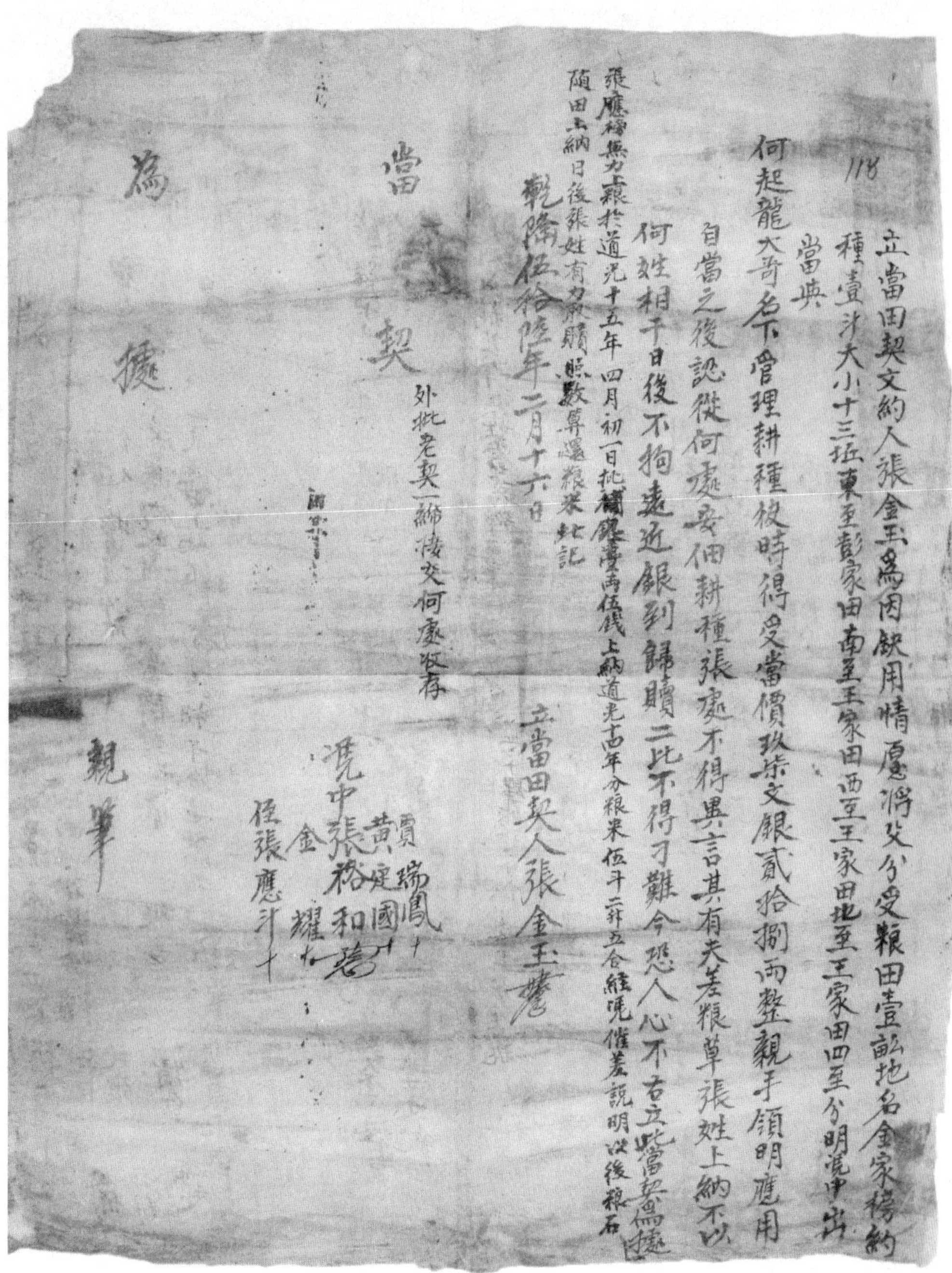

118

立當田契文約人張金玉爲因缺用情愿將父分受粮田壹畝地名金家橯納
種壹斗大小十三坵東至彭家田南至王家田西至王家田北至王家田四至分明憑中出
當與
何起龍大哥名下管理耕種彼時得受當價玖柒文銀貳拾捌兩整親手領明應用
自當之後認從何處安佃耕種張處不得異言其有夫差粮草張姓上納不以
何姓相干日後不拘遠近銀到歸贖二比不得刁難今恐人心不古立此當契爲據
張應揚無力上粮於道光十五年四月初一日批補銀壹兩伍錢上納道光十四年分粮米伍斗二升五合經憑催差說明以後粮石
隨田上納日後張姓有力取贖照數算還粮米此記
乾隆伍拾陸年二月十六日
立當田契人張金玉 押
外批老契一紙據父何處收存
憑中 黄瑞鳳 十 賈定國 十 張裕和 押 金耀 押
侄張應斗 十
當契
爲據
親筆

乾隆五十六年三月二十六日赵应泰等当房屋地基园圃契

109

立当房屋地基园圃人赵应泰、赵应昌，为因搬移兰花箐，离州实远不能两顾，弟兄商议情愿将祖置南门内历住正草房贰间、厢房贰间，地基园圃、果树俱各在内，东至郭家园埂，南至戴家檐坎，西至大街，北至饶家园埂，四至分明。凭中出当与张鸣珂名下住房管理。彼时凭中议作当价玖叁色纹银壹拾贰两整。即日银业两交清白，其中并无私债货物准折，亦无逼迫成交等情。自当之后，任凭张处住坐，赵姓内外亲族人等不得异言争论。其房言定陆年以后银到归赎，二比不得刁难。恐后无凭，立此当契为据。

批：内涂叁字，改陆字，言定年限之外，赵姓取赎，张姓止收原价。如年限不满，赵姓取赎，张处修盖工价、木草照数算归，不得短少并照。

乾隆伍拾陆年叁月贰拾陆日　　立当房屋地基园圃人赵应泰押

赵应昌押

当契存据

凭中人　谭良辅押

熊师奇押

后批凭　王有廉押

依口代笔人　方显邦押

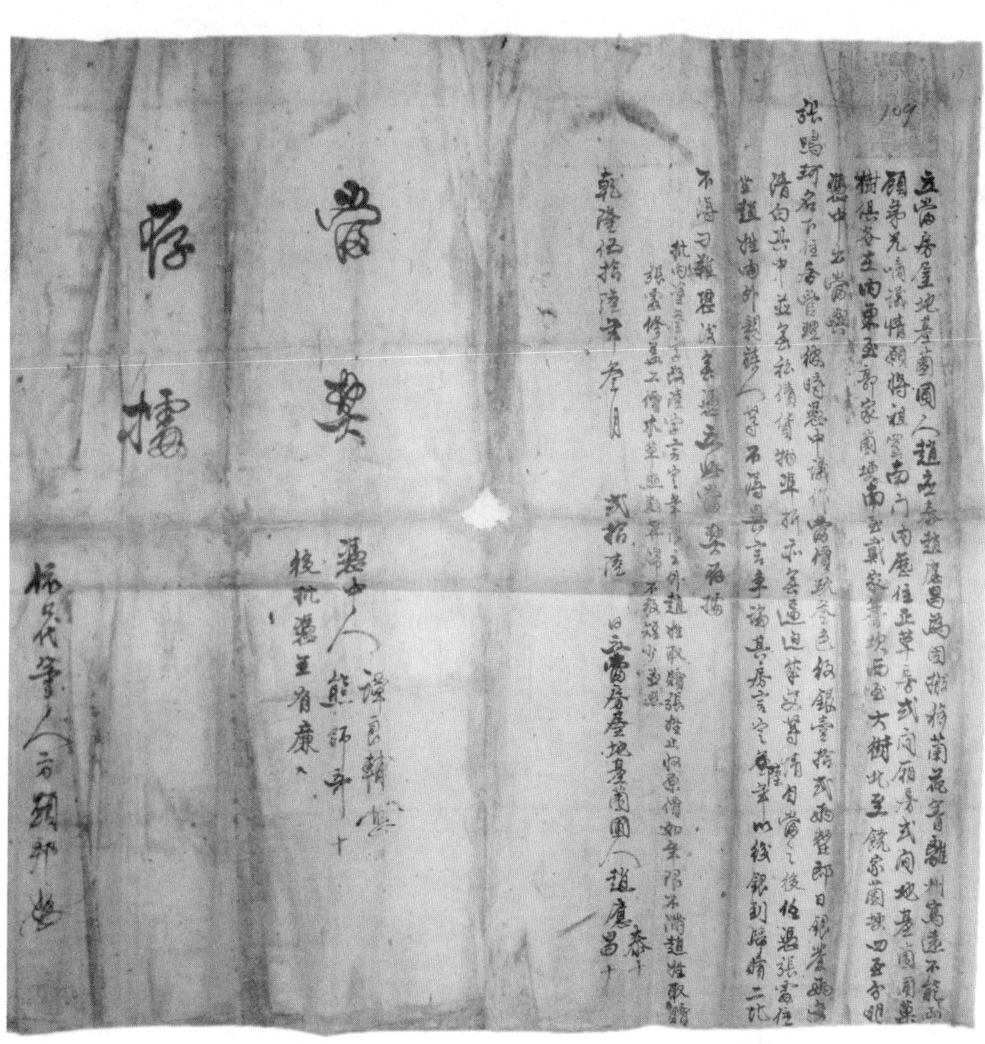

乾隆五十九年正月十九日王朝模等吐退田契

141

立吐退田契文书人王朝模同子允昭、二哇，为因缺少费用，无处出办，父子商议情愿将祖遗分受门口丁差田一分、大秧田一丘，共约种一斗五升，请凭中证出立吐退与侄子王允文名下管业耕种。彼时得受吐退价置（值）九八纹银柒拾两整，即日银田两交明白，其中并无私债货物准折，亦无逼勒等情，此系父子叔侄心悦诚服。自吐退之后，契明价定，认（任）从侄子永远管业耕种，不得找补取赎、异言争论。倘日后父子亲身有力，算其差粮，义让取赎。恐口无凭，立此吐退一纸为据。

乾隆五十九年正月十九日　　立吐退文契人王朝模押

同子允昭押、二哇押

吐退为据

凭中人　贺应泰押

曹仲礼押

王　玉押

贺溪山押

王体仁押

张发科押

王允传押

王允升押

王允谐押

代字　王敦化押

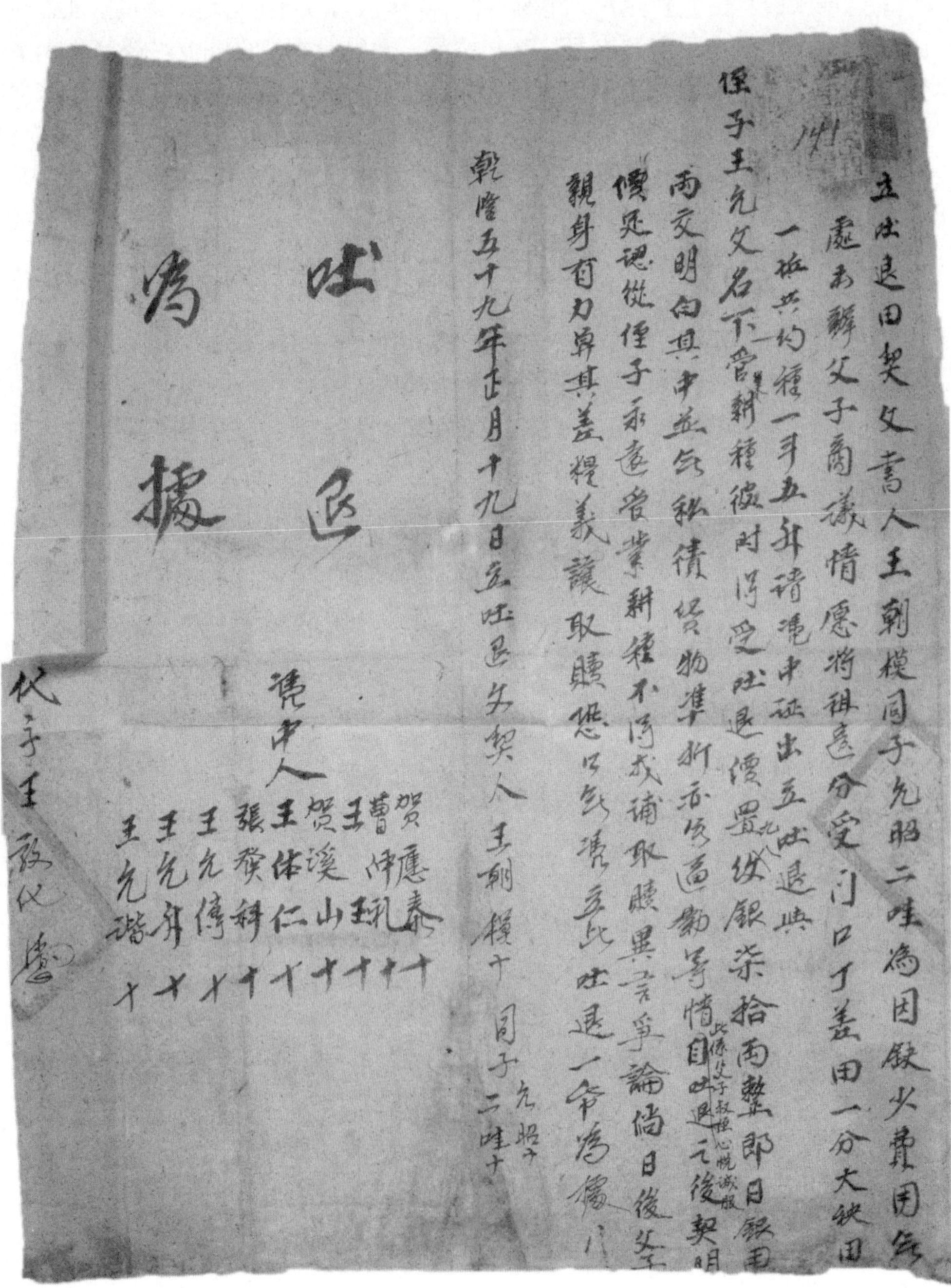

141

立吐退田契文書人王朝樸同子允昭二哇為因缺少費用無
處出辦父子商議情愿將祖遺分受門口丁差田一分大秧田
一坵共约種一斗五升請憑中証出立吐退典
侄子王允文名下管耕種彼时得受吐退價買紋銀柒拾兩整即日銀田
兩交明白其中並無私債貨物準折亦係逼勒等情自吐退之後契明（此係父子叔侄心悦誠服）
價足聽從侄子永遠管業耕種不得找補取贖異言爭論倘日後父子
親身有力算其差糧義讓取贖恐口無憑立此吐退一紙為據

吐退

為據

乾隆五十九年正月十九日立吐退文契人王朝樸十 同子允昭二哇十

憑中人
賀應泰十
曹仲禮十
王玉十
賀溪山十
王体仁十
張發科十
王允傳十
王允身十
王允諧十

代字王啟代書

嘉庆二年七月二十八日王宏声送田契

第玖陆号

立送明水田文契生王宏声，祖籍洪都，寄居滇南，自金马坊平彝里落业盘州，由来旧（久）矣。今生叨列衣冠，略知福果，久欲隆祀典于庙堂，奈蓄积无多，嗣男俱已成名，谨将自顶岁用田壹分、大小肆丘，约种贰斗伍升，坐落潘家冲，东南至王世远田，西至张姓官田，北至沟，原租壹拾伍石，内拨拾石，凭中立契送入至圣文庙。拨贰石入文阁，拨贰石入魁阁，永作焚献之资，其余壹石以为岁用之费。自送之后，任从通学轮派管理，生系心甘情愿，一送永送，凡诸后辈子孙再无异言。倘有情欲退悔，自甘认咎。恐口无凭，立此送明文契为据。

实计原契贰纸，壹并揭附送字收存。

嘉庆贰年柒月贰拾捌日　　立送字生王宏声押

同子珩押、珺押

孙世远押

送契存照

凭通学　张　玟押　冯焕文押

王连仲押

任　佩押　屠秉和押

杨品藩押　董道泰押

王汝明押

陈文学押　黄允安押

江汉中押　史华国押

黄文学押

王师训押　张廷瑶押

方佩井押　王　玟押　张学海押

董一清押　周继濂押　方学曾押

陈荫桂押　王怀宽押　蒋上进押

蓝　佩押　张　瑶押　张学珠押

李为栋押　郭仲连押

袁礼浩押　方时宪押

伍宗员押

宋　焜押　张正心押

王世禄押

董运泰押　艾清芳押

高　晓押

田君荣押

□□□押

书契　任　珑押

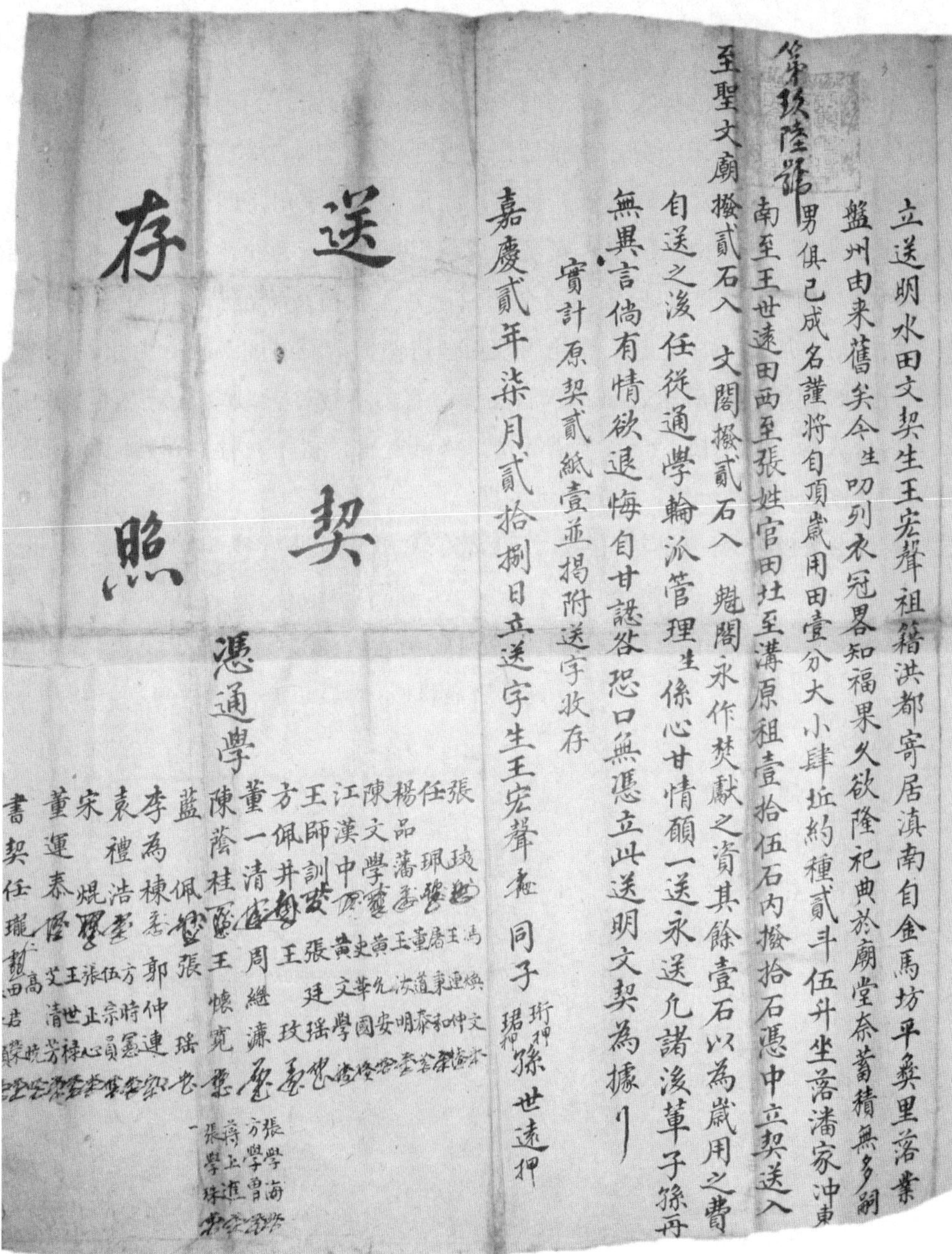
立送明水田文契生王宏聲祖籍洪都寄居滇南自金馬坊平彝里落業
盤州由来舊矣今生叨列衣冠畧知福果久欲隆祀典於廟堂奈蓄積無多嗣
男俱已成名謹將自項歲用田壹分大小肆坵約種貳斗伍升坐落潘家冲東
南至王世遠田西至張姓官田北至溝原租壹拾伍石內撥拾石憑中立契送入
至聖文廟撥貳石入 文閣撥貳石入 魁閣永作焚獻之資其餘壹石以為歲用之費
自送之後任從通學輪流管理生係心甘情願一送永送凡諸後輩子孫再
無異言倘有情欲退悔自甘認咎恐口無憑立此送明文契為據
實計原契貳紙壹並揭附送字收存
嘉慶貳年柒月貳拾捌日立送字生王宏聲 押 同子 琑押 璐押 孫世遠押

送契
存照

憑通學
張琰 任瑚 楊品藩 陳文 江漢中 王師訓 方一佩 董一清 陳蔭桂
藍佩 李為棟 袁禮浩 宋焜 董運泰
書契任瓏

嘉庆三年二月二十一日唐尚书同子杜卖田契

158

立永远杜卖脱业田契人唐尚书同子唐显科、唐显荣，为因家下缺用，父子叔侄商议情愿将自置科田一分，约种□□，座（坐）落地名大榜田。东底（抵）人行小路，南至大学田，西底（抵）铺田，北至官庄谢家田，四至分明。□姓并未存留寸土升合，俱央中上门出杜卖明与周承纪先生名下为业。凭众议定拾足纹银叁百两整，画字在内。即日银田两交明白，并无私债货物准折，亦非逼勒等情。自卖明之后，唐姓心甘悦服，任凭周姓管理耕[illegible]俵、请税过阁（割）为业。其科二亩三分随田上纳，日后唐姓子孙永斩葛藤，有力不致称云赎取，无力不致找补。如有内外人等节外生枝、一言半语等情，将纸赴官，自干（甘）罚咎无辞。恐口无凭，立杜卖明田契一纸，周□永远为据。

其有老契接（揭）与周姓存收，日后恐有片纸支（只）字，以为故纸，并批为记。

嘉庆三年二月二十一日立永远杜卖脱业田契人唐尚书押

同子唐显科押、唐显荣押

永远为据

凭胞弟　唐尚忠押

凭中人　胡云奇押

梁文榜押

刘际轩押

花　茂押

汪起元押

凭堂侄　唐显甲押

唐显禄押

凭原主　胡　凯押　外受画字银贰两

胡占武押　外受画字银贰两

代笔人　谭明儒押

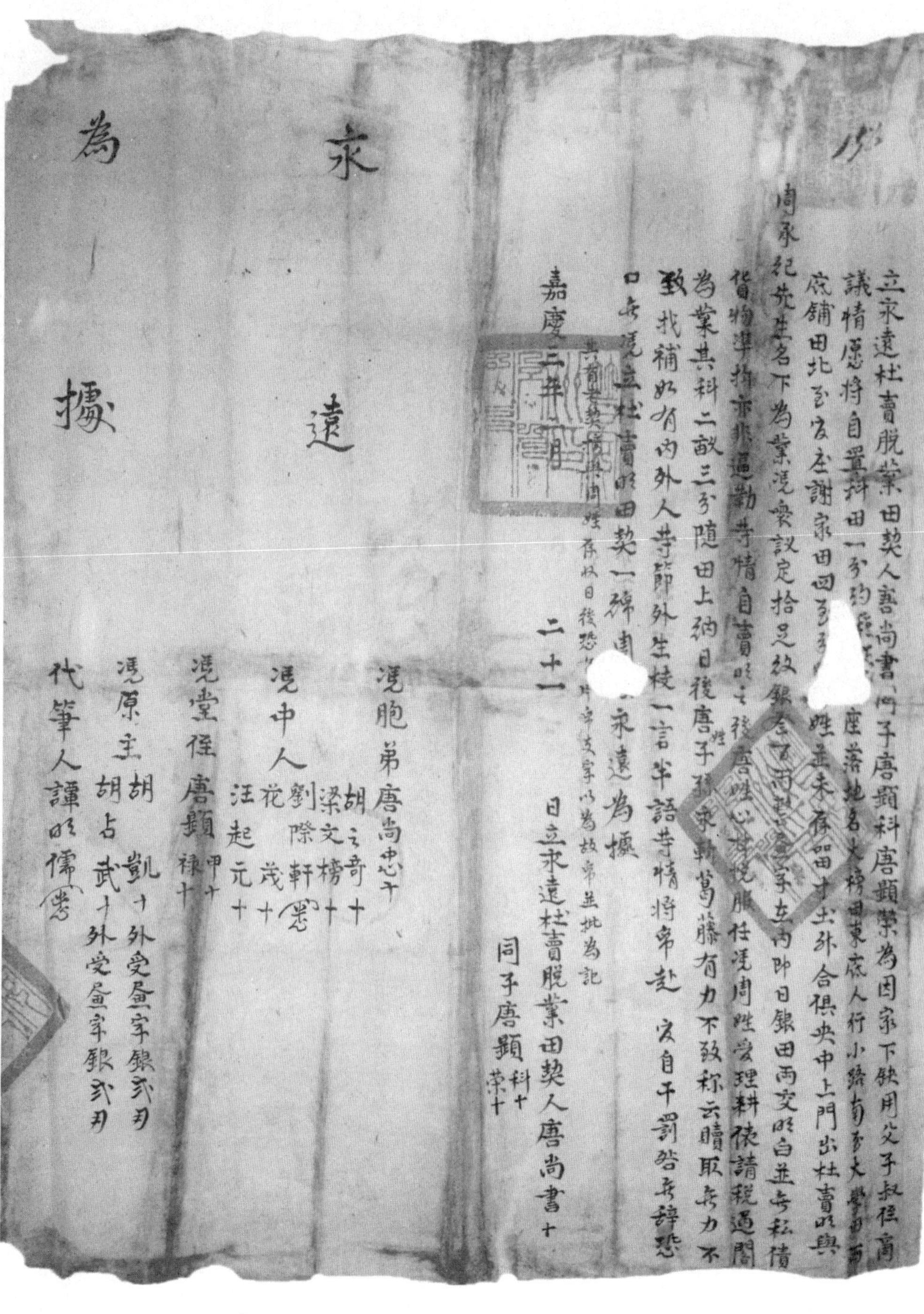

嘉庆三年三月初六日契尾

尾　契

普安州　某州府厅县印号

贵州等处承宣布政使司　　常　　　　　　　　　　　　为遵
旨议奏事奉
抚部院宪牌准
户部咨开河南司案呈所有本部议覆河南布政使富　　条奏买卖田产将
契尾粘连用印存贮申送府州藩司查验等因一折于本年拾贰月拾贰日奏
本日奉
旨依议钦此相应抄录司班并颁发格式行文贵州巡抚钦遵办理可也等因咨移
到本部院准此合就檄行为此仰司官吏查照票内准部咨奉
旨及粘单内事理即便钦遵刊刷酌量颁发移行遵照办理仍刷样呈送备查毋违
须至契尾者
计开
业户　周承纪　买唐尚书田一契　坐落地名均载契内
用价银〇千叁百〇拾〇两〇钱　税银〇拾玖两〇钱〇分〇厘
布字肆拾肆号　　　　　　　右给与业户周承纪　准此
嘉庆叁年叁月初六日
周承纪　买价银〇千叁百〇拾〇两〇钱　税银〇拾玖两〇钱〇分〇厘

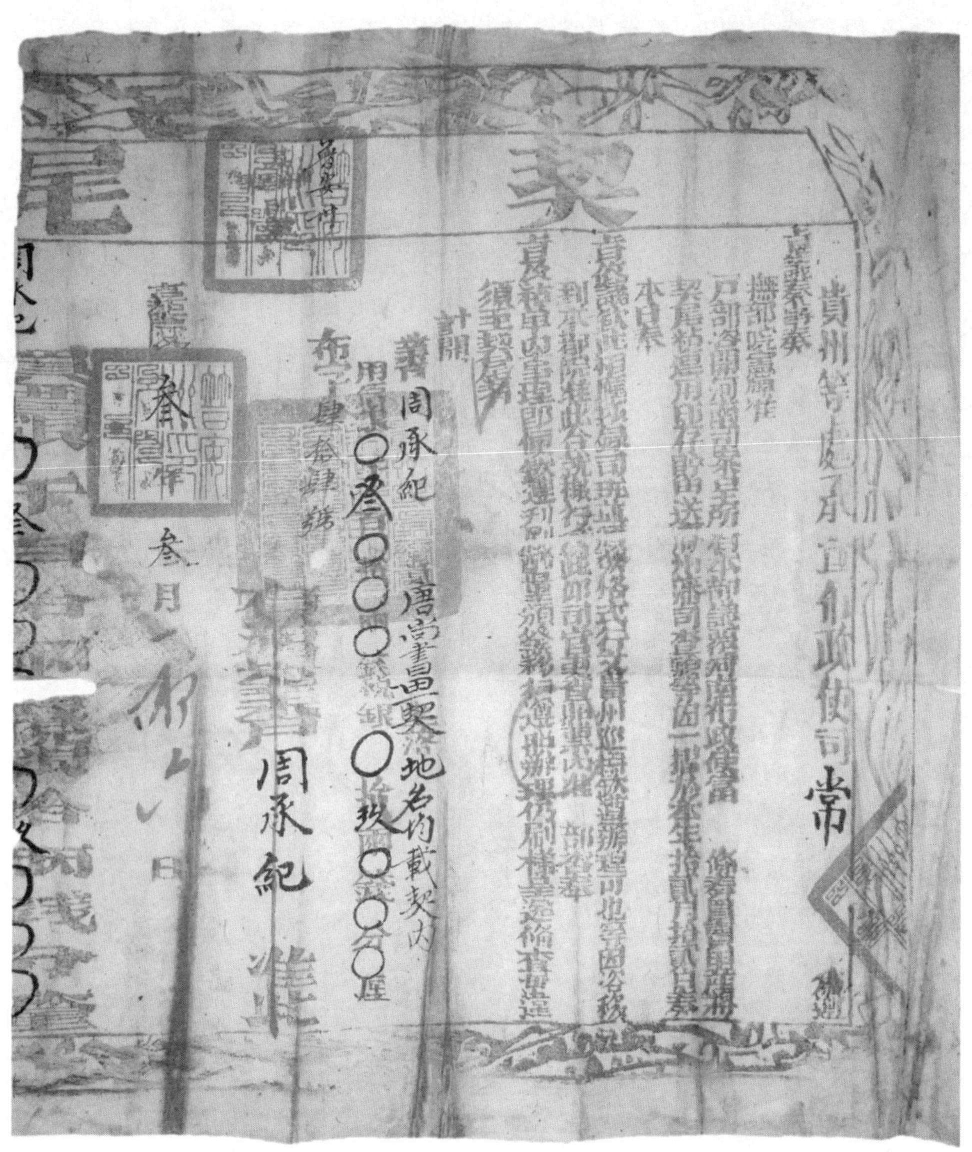

嘉庆四年二月十一日谢梁氏同侄谢钟怀等卖田契

190

立永远杜卖田契人谢梁氏同侄谢钟怀、谢钟和，请凭胞兄谢钟思、谢钟高协同出卖。今将祖置科田一分，约种四斗，地名台子田，上齐大路，下齐余姓高埂田，左至周、董二姓田，右至大路，四至分明。其有秧田三丘，在哨楼后、董姓秧田下，上半二斗沟坝系在蔡姓房脚下，祖分授父的面分，父又分授予等弟兄二人；下半二斗水沟在董姓田内，接出系祖分授伯父面分，伯父又将下半二斗曾当与徐姓，作银叁拾捌两。不幸伯父身故，丢伯母居孀，侄幼过寄（继）谢钟怀为子，养伯母辅侄。彼此家下缺少用度，伯母子侄弟兄商议，情愿将此下半二斗赎出，共上半二斗共合四斗，一并凭中合卖与胡伦名下为业。议作足色纹银壹百两，九呈（成）银叁拾捌两整，画字在内。即日银田两交明白。二比心干（甘）情愿，并无私债货物准折，亦非逼勒等情。自卖之后，前后老契、徐姓当字一并揭交胡姓收存，永斩葛藤，任凭胡姓子孙永远管业，谢姓内外子孙人等不致搬找赎取。倘有此情，并妄生枝叶，将契鸣官，自干（甘）罚咎。其有科二亩，随田上纳，不与卖主相干。此□任凭胡姓开挖，请税拨册。恐口无凭，立杜卖永远为据。

嘉庆四年二月十一日　　立杜卖田契人谢梁氏押，同侄谢钟怀押、谢钟和押，协同胞兄谢钟思、谢钟高押、谢钟岳押

于嘉庆七年七月二十九日仍是原代宗人谢雷批写科粮五分，胡姓节（即）年纳科贰亩五分，此据。

永远存照

凭中人　谭明儒押
花必翠押
崔宗景押
贺廷相押
胡之纲押
吴世林押
鄢乡约押
胡之棋押
马元富押
余廷书押
陈红发押
徐红开押
谢显才押

代字人　谢睿德押

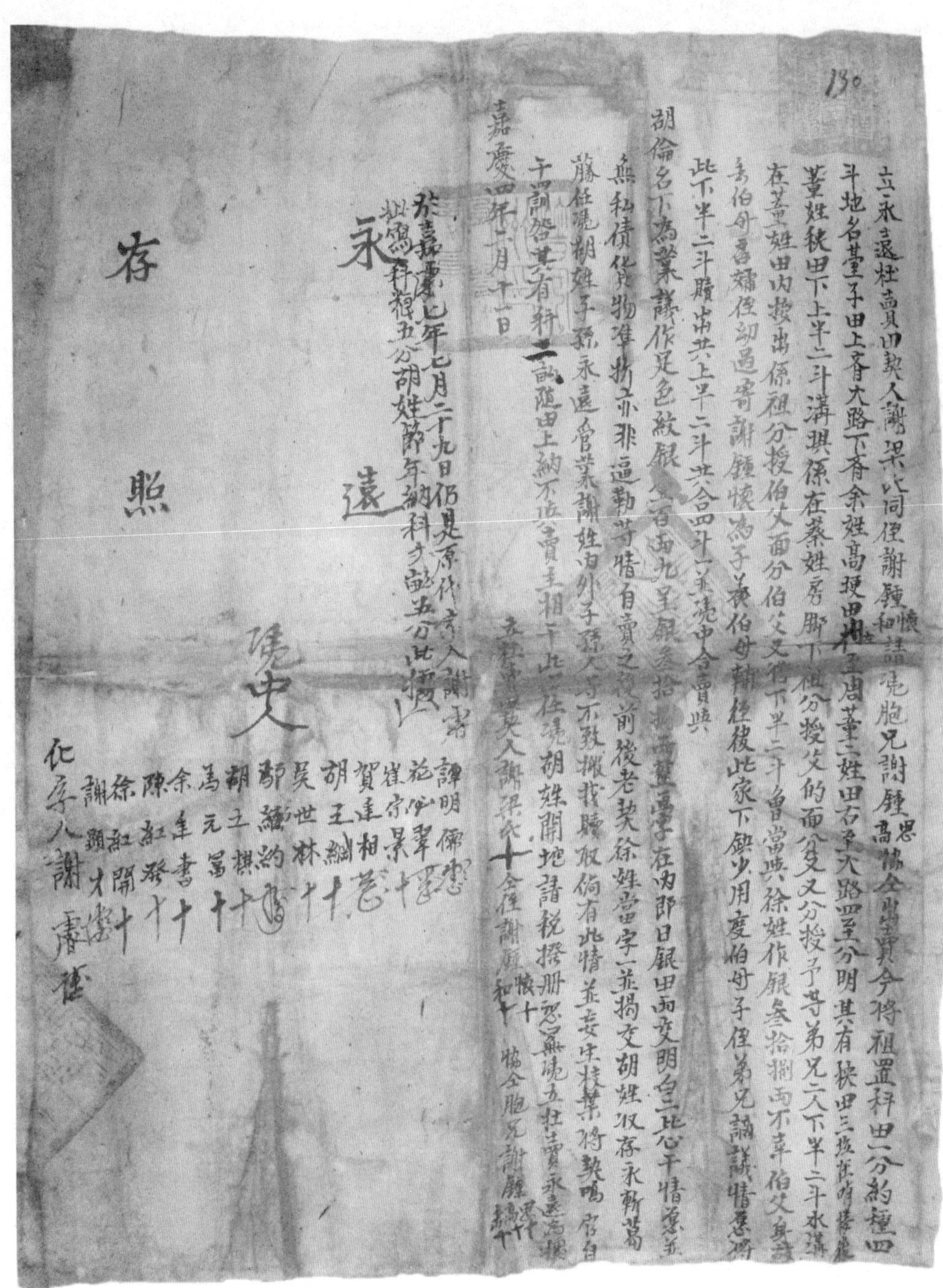

嘉庆四年五月二十日契尾

尾　契

普安州　某州府厅县印号

贵州等处承宣布政使司　常　为遵
旨议奏事奉
抚部院宪牌准
户部咨开河南司案呈所有本部议覆河南布政使富　条奏买卖田产将
契尾粘连用印存贮申送府州藩司查验等因一折于本年拾贰月拾贰日奏
本日奉
旨依议钦此相应抄录司班并颁发备（格）式行文贵州巡抚钦遵办理可也等因咨移
到本部院准此合就檄行为此仰司官吏查照票内准部咨奉
旨及粘单内事理即便钦遵刊刷酌量颁发移行遵照办理仍刷样呈送备查毋违
须至契尾者
计开
业户　胡伦　买　谢梁氏田一分　坐落地名均在契内
用价银　〇千壹百叁拾捌两〇钱　税银　〇拾肆两壹钱肆分〇厘
布字壹百号
右给与业户胡伦准此
嘉庆肆年伍月廿日
胡伦　用价银　〇千壹百叁拾捌两〇钱　税银　〇拾肆两壹钱肆分〇厘

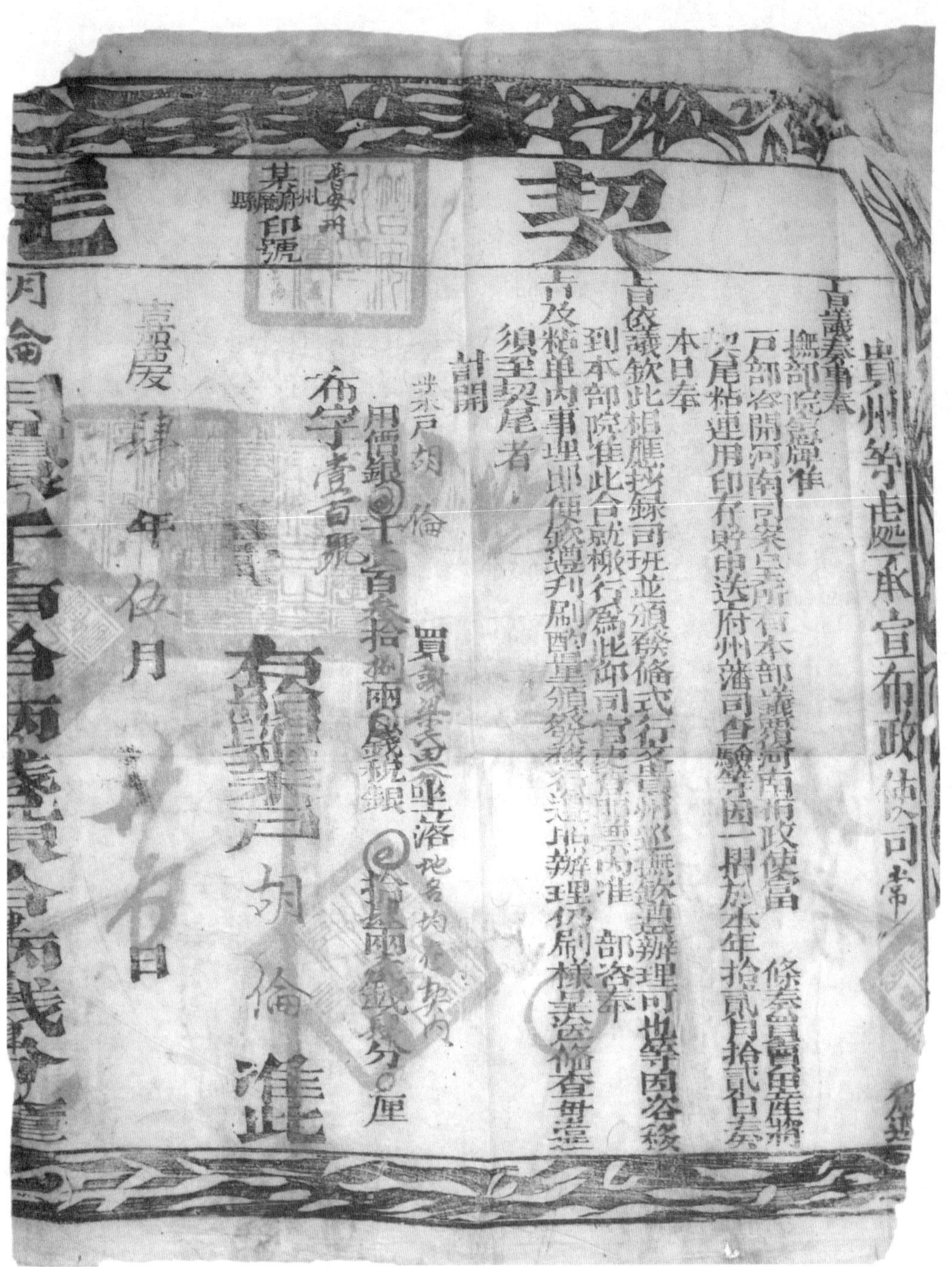

嘉庆六年六月十六日赵应宽应昌卖房基契

108

立永远卖明房基文契人赵应宽、应昌弟兄二人，今将祖遗房基一处，坐落地名南门内，宴姓宅上坎房基一段，前至街，后至郭姓园埂，左至饶姓园坎，右抵宴姓园坎上；又地一块，下齐刘姓园坎、戴姓屋檐，四至分明，凭中出卖与通学先生董贡爷等以作修造书院石厂（场）造房居住。即日议作价银九䟴（成）色银叁拾贰两整。彼日银基交明，其中并无私债逼勒等情。自永远卖明之后，任从通学管理，赵姓内外人等不得异言争论，沾染寸土。倘有等情，将契赴公，自干（甘）重罪无辞。恐后无凭，立此永远卖明房基一纸为据。

内改壹字，添二字。

卖契存照

凭中人　张光宇押

许君重押

郭崇阶押

张洪太押

潘遵溪押

肖维珍押

冯善长押

黄裕壹押

汪朝礼押

杨忠葵押

嘉庆六年六月十六日　　立永远卖明房基文契人赵应宽押

赵应昌

亲笔押

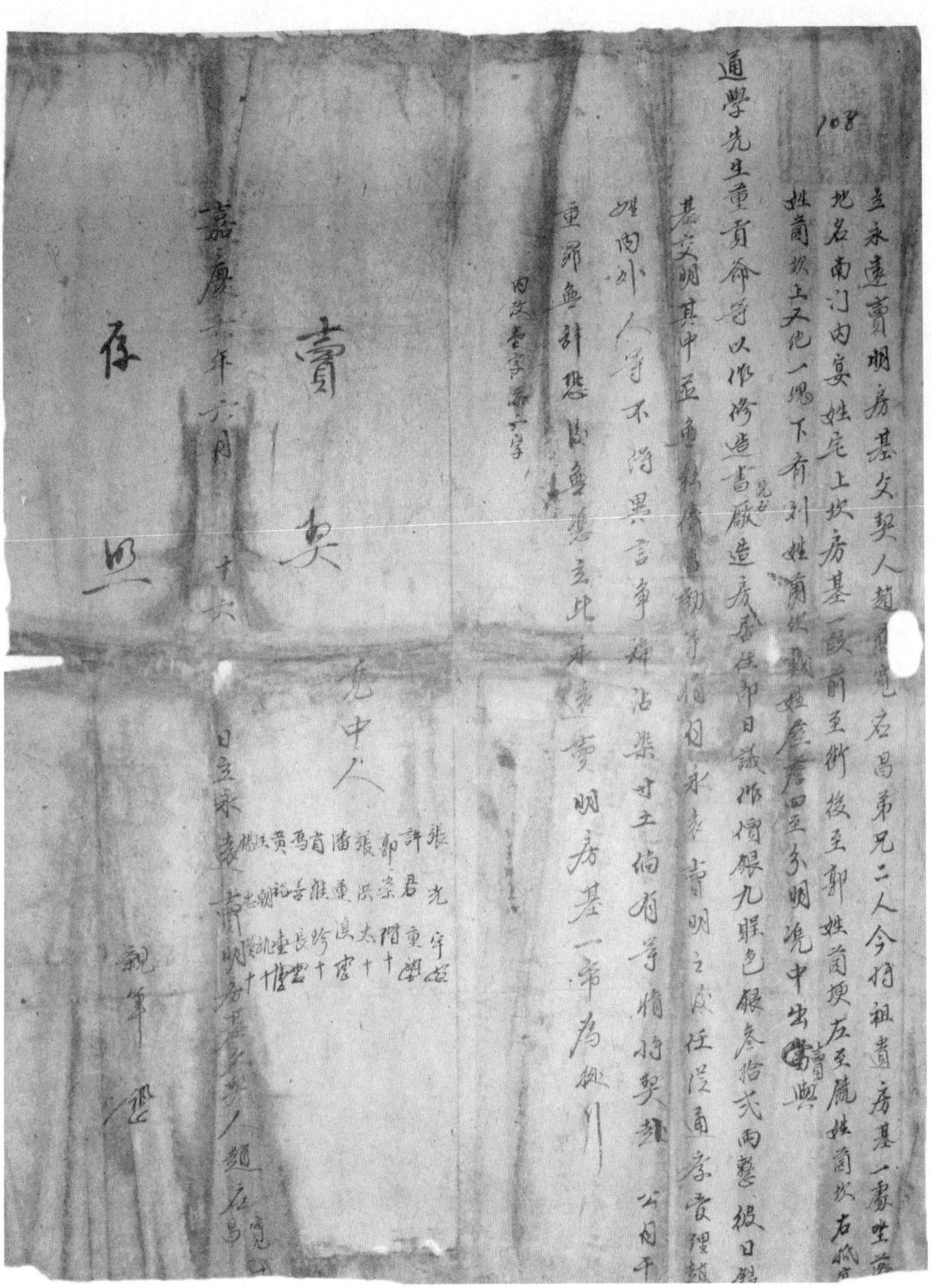
108

立永遠賣明房基文契人趙[illegible]、右昌弟兄二人，今將祖遺房基一處，坐落地名南门内吳姓宅上坎房基一段，前至街，後至郭姓菌埂，左至龐姓菌坎，右抵[illegible]姓菌坎上又他一塊，下有孙姓菌坎、戴姓屋，四至分明，憑中出賣與

通學先生重貢爺等以作修造書院，造房，當任中日議作價銀九[illegible]色銀叁拾弍兩整，彼日[illegible]基交明，其中並無私債准勒等情，自永賣明之後，任從通學管理，[illegible]造，内外人等不得異言爭論，沾染寸土。倘有等情，將契赴公[illegible]重罰無辞，恐后無憑，立此永遠賣明房基一帋為據。

内改壹字，添一字

賣契

憑中人 張光宇 押　許君重 押　郭宗太 十　張洪階 十　潘重淩 十　肖維吟 押　馬其長 十　黃[illegible]重 押　任朝凱 十　楊忠[illegible] 十

嘉慶[illegible]年六月十六日立永遠賣明房基文契人趙[illegible]、右昌 親筆

存照

嘉庆七年四月十八日谢梁氏等再卖田契

128

再立永远杜断脱业文契人谢梁氏同侄钟和、钟槐，为因上年将祖伯父台子科田壹分，约种四斗，四至前契载明，凭中出杜卖与胡伦名下。作价足色纹银壹伯（百）两，九呈（成）银叁拾捌两，二共壹伯（百）叁拾捌两整。业经价明契足，请税过割，永无找赎之例。奈伯母梁氏年高，日食难度，请地方亲友人等，央求胡处义送银陆两伍钱与谢梁氏衣衾棺木之资，又银陆两伍钱与钟和、钟槐弟兄等为脱业之资，二共银壹拾叁两整。谢姓弟兄内外人等心干（甘）悦服，再不致伸云，此田亦不得望生枝叶。为恐日后伯母去世，不致一言半语。倘有内外人等异言，不拘公私理论，自干（甘）罪咎无辞。立永远杜断脱业文契为据。

嘉庆柒年四月十八日　再立永远杜断脱业文契人谢梁氏

钟和押

钟槐押

断后脱业

永远为照

凭中地方亲友人　周大先生

徐祯祥

贺廷相

谢客长

鄢乡约

马头人

花必翠

陈洪发

凭胞兄人　谢钟思押

谢钟高押

代笔　谢杨璨押

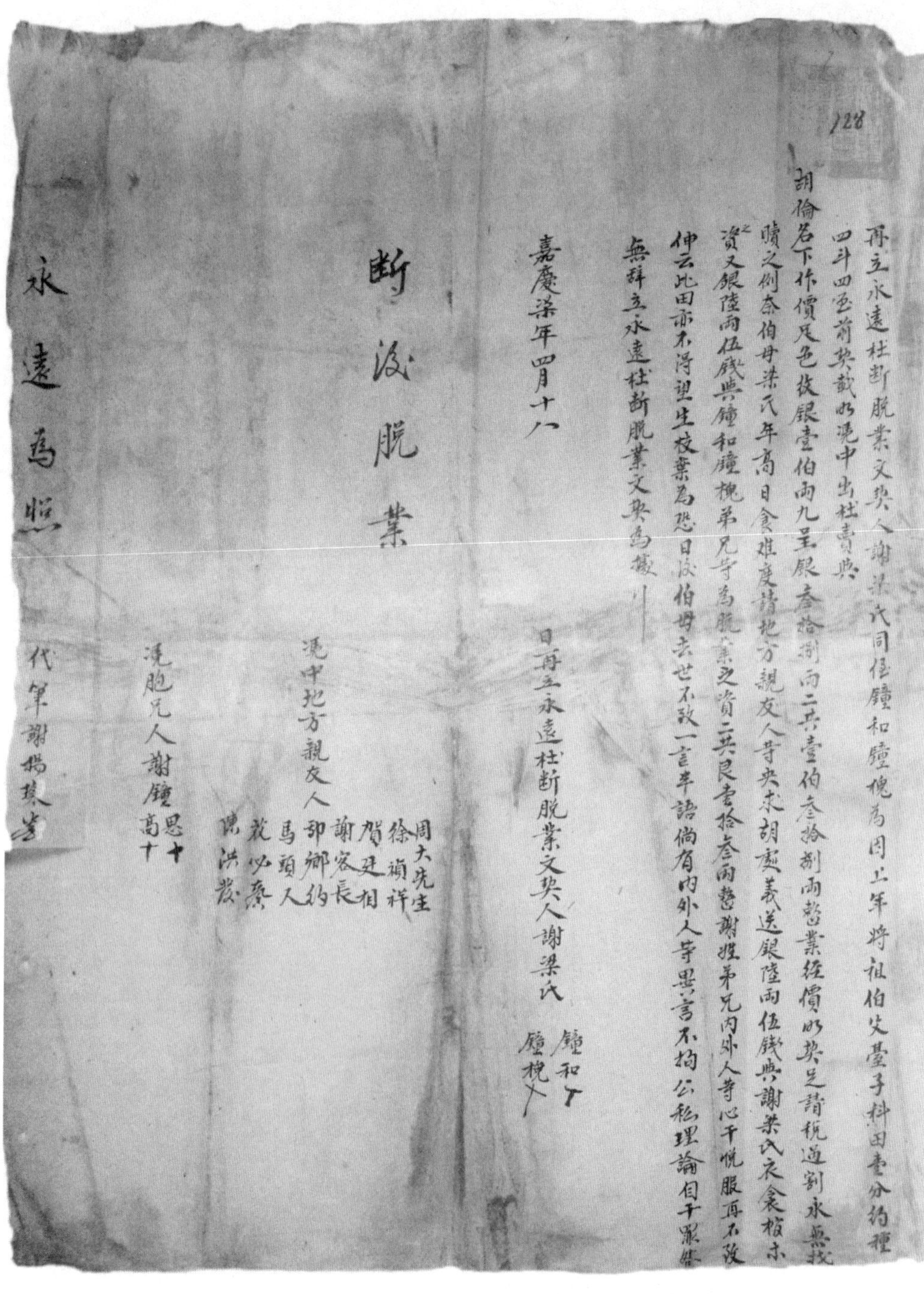

128

再立永遠杜斷脫業文契人謝梁氏同侄鍾和、鍾槐，爲因上年將祖伯父墓子科田壹分，約種
四斗四升，前契載明，憑中出杜賣與
胡倫名下，作價足色紋銀壹伯兩九呈，銀叁拾捌兩，二共壹伯叁拾捌兩整。業經價明契足，請稅過割，永無找
贖之例。奈伯母梁氏年高，日食難度，請地方親友人等央求胡處，義送銀陸兩伍錢，與謝梁氏衣衾棺木
之資；又銀陸兩伍錢，與鍾和、鍾槐弟兄等爲脫業之資，二共艮壹拾叁兩整。謝姓弟兄內外人等心干悅服，再不得
仲云此田，亦不得望生枝葉。爲恐日後伯母去世，不致一言半語，倘有內外人等異言，不拘公私理論，自干衆皆
無辭。立永遠杜斷脫業文契爲據。

斷後脫業

嘉慶柒年四月十八日再立永遠杜斷脫業文契人謝梁氏
鍾和 十
鍾槐 十

憑中地方親友人
周大先生
徐禎祥
賀廷相
謝客長
邵卿行
馬頭人
萬以齋
陳洪發

憑胞兄人謝鍾思 十
鍾高 十

永遠爲照

代筆謝揚琪書

嘉庆七年五月十四日杨发聪等顶田契

158

立永远杜顶田契人杨发聪、发科、发明、发兴、发起等，为因父叔存日亏欠官项无出，曾将祖置水田壹分，地名发供田，约种叁斗，其田四至上抵刘姓五升种田，下抵周姓田，左抵周姓田，右抵罗姓田，凡在四至，并无寸土升合隐匿，凭众作价纹银陆拾两整。当明周处立有当契，后此田楄（平）分与杨仁、杨礼名下，杨智等无分。经今多年，毫无异议。奈予弟兄近日家贫，苦楚出乎无奈，只得彼此商议，复请中证将此田永远杜顶与周承纪名下为业。前后共作顶价纹银柒拾陆两整。即日银田两交，亲手凭众领明，并无私债货物逼勒等情。自杜顶之后，认（任）凭周处子孙永远耕俵管业，杨处弟兄、房族内外各色人等，永不致异议，找赎别故生端。倘有等情，系先当后顶，将契凭公，自干（甘）罪咎无辞。其屯粮一亩伍分，随田办理。老契原日一并揭交，日后片纸只字揭出，以为故纸。恐后无凭，立永远杜顶一纸为据。

内添证字壹个。

嘉庆柒年五月拾肆日　　立永远杜顶田契［人］杨发聪押

杨发科押

杨发明押

杨发兴押

杨发起押

杜顶为据

［凭］胞叔　杨　智　画字银贰钱

凭堂弟　杨发春　画字银肆钱

凭地方　鄢世华押　画字银贰钱

谢杨份押　画字银贰钱

司马昱押　画字银贰钱

李廷英押　画字银贰钱

李万金押　画字银贰钱

凭中　徐世兴押

荀朝臣押　画字银贰钱

王仕升押

代契　张维翰押

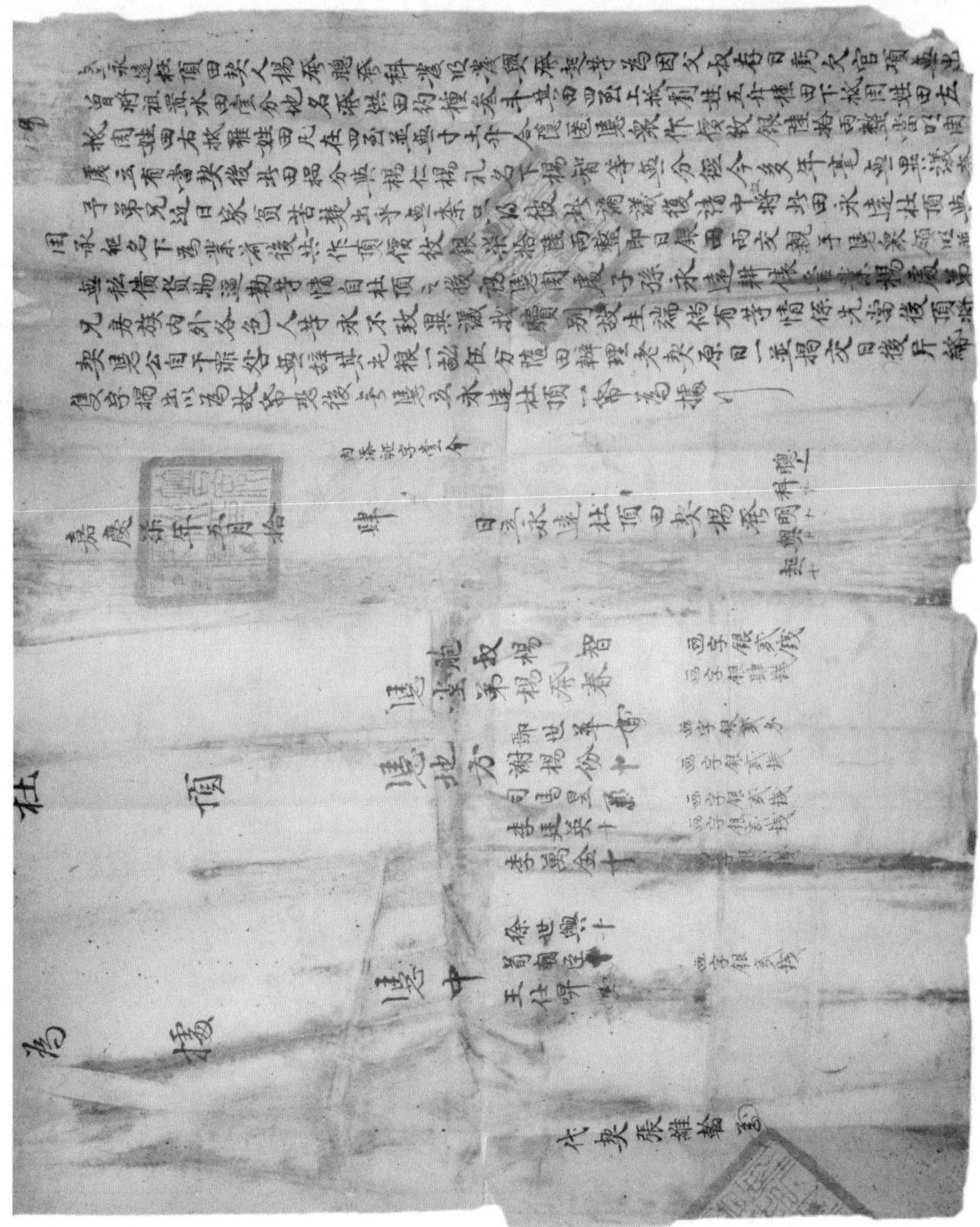

嘉庆七年七月二十一日契尾

尾契

普安州　某州府厅县印号

贵州等处承宣布政使司　百　为遵

旨议奏事奏（奉）

抚部院宪牌准

户部咨开河南司案呈所有本部议覆河南布政使富　条奏买卖田产将

契尾粘连用印存贮申送府州藩司查验等因一折于本年拾贰月拾贰日奏

本日奉

旨依议钦此相应抄录司班并颁发格式行文贵州巡抚钦遵办理可也等因咨移

到本部院准此合就檄行为此仰司官吏查照票内准　部咨奉

旨及粘单内事理即便钦遵刊刷酌量颁发移行遵照办理仍刷样呈送备查毋违

须至契尾者

计开

业户　周承纪　买杨发聪田　坐落地名均载契内

用价银　〇千〇百柒拾陆两〇钱　税银　〇拾贰两贰钱捌分〇厘

布字捌拾号　　　右给与业户周承纪准此

嘉庆七年七月廿一日

周承纪　用价银　〇千〇百柒拾陆两〇钱　税银　拾贰两贰钱捌分〇厘

嘉庆八年二月十九日任际唐同子卖田契

第壹零叁号

立永远卖明文书人任际唐同子为德，为因先祖买明科田壹分，地名官大坝，时因缺乏难出，自愿将祖遗分受名下科田一段，约种叁斗，其田东至沟，西齐河，南抵横沟，北至坝口，四至踏明，自愿请凭亲友出卖与张二爷，字国祥名下管业。彼时三面议定得受卖价足色纹银壹百陆拾贰两伍钱整，画字一并在内。即日银田两交明白，其中并无私债货物准折，亦无逼勒等情。自卖明之后，任凭张姓过割投税，子孙永远管业，安佃耕种收租。任姓弟兄子侄以及亲族内外诸色人等，不得异言争论。倘有此情，将纸赴公理论，自认妄骗之咎无辞。其有原科贰亩，随田上纳。今恐人心不古，特立卖明田契壹纸永远为据。

其有老契，系在玺弟执掌，田亩甚多，未便揭交，日后玺弟不致执契异言，又批。

凭中　任禹重押

周　盛押

张联魁押

陈际广押

冯善长押

刘汉荣押

冯云会押

陈宏典押

余永会押

任侣琼押

任绣文押

永远存照

嘉庆八年二月十九日　　亲笔立卖田契［人］任际唐押

同子任为德押

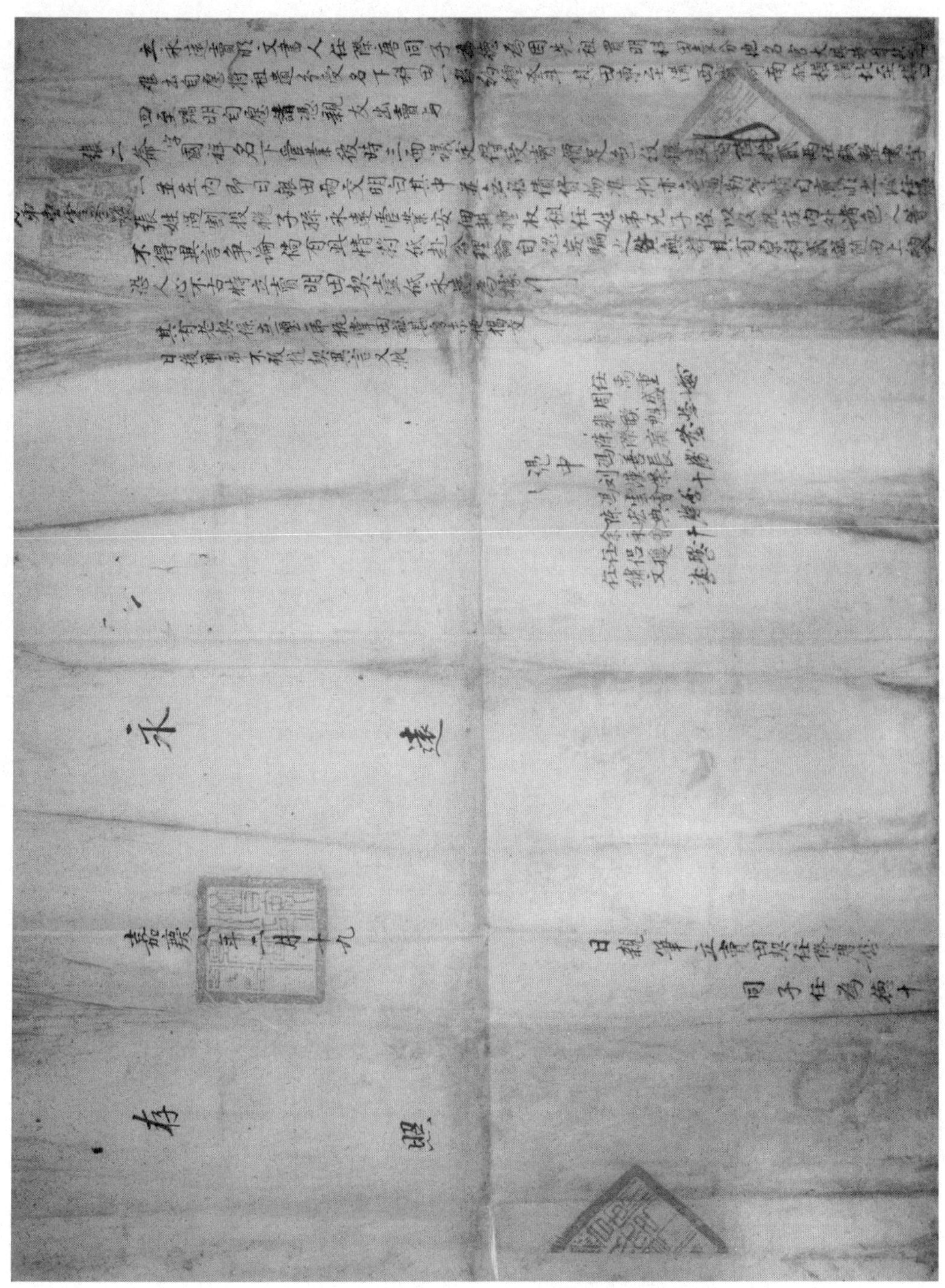

嘉庆八年三月十一日契尾

尾 契

普安州 某州府厅县印号

贵州等处承宣布政使司 董 为遵
旨议奏事奏（奉）
抚部院宪牌准
户部咨开河南司案呈所有本部议覆河南布政使富 条奏买卖田产将
契尾粘连用印存贮申送府州潘（藩）司查验等因一折于本年拾贰月拾贰日奏
本日奉
旨依议钦此相应抄录司班并颁发格式行文贵州巡抚钦遵办理可也等因咨移
到本部院准此合就檄行为此仰司官吏查照票内准 部咨奉
旨及粘单内事理即便钦遵刊刷酌量颁发移行遵照办理仍刷样呈送备查毋违
须至契尾者
计开
业户 张国祥 买任际唐［田］ 坐落均载契内
用价银 〇千壹百陆拾贰两伍钱 税银 〇拾肆两捌钱陆分陆厘
布字捌拾号
右给与业户张国祥 准此
嘉庆八年三月一十一日
张国祥 用价银 〇千壹百陆拾贰两伍钱 税银 〇拾肆两捌钱陆分陆厘

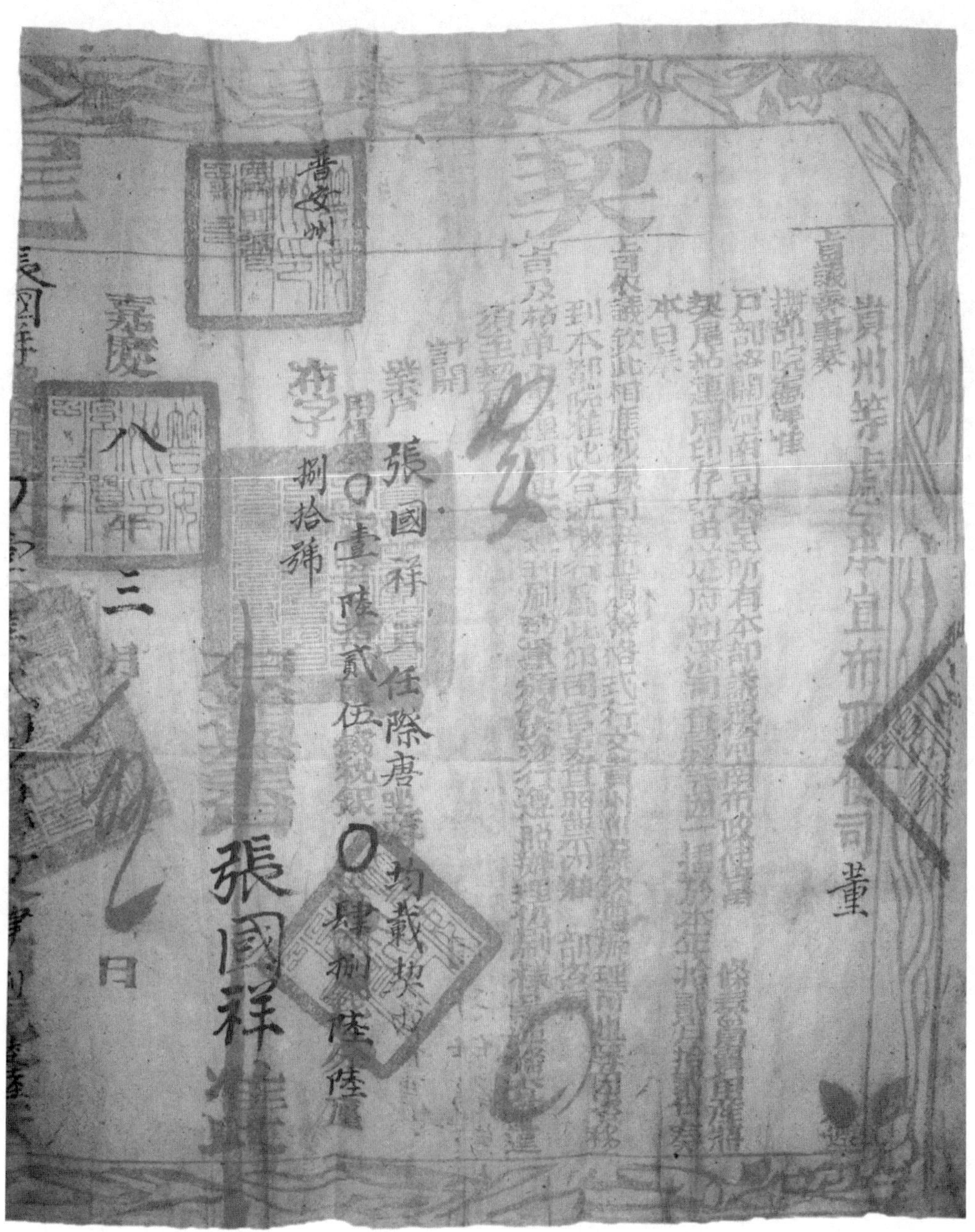

嘉庆十二年三月二十日杨仕芳同侄等卖田契

122

立永远卖明田契文约人杨仕芳同侄杨浩、杨洪文等，情缘先祖兆临寂世，所遗科田壹分，地名小观音，孙家坟面前，大小肆丘，与祖母蒋氏生作养膳，死作殡葬之资。今因祖母辞世，所需一切费用无出，叔侄公（共）同商议请凭中证踏明界址，东至路，南至沟，西至河，北至头人田，四至分明，约种乙斗伍升，料（科）米肆升伍合。情愿出卖与冯元文名下为业。彼时三面议作时价足色纹银壹伯（佰）壹拾贰两整，外画字银贰两。即日银契两交明白，于中并无私债货物、逼勒准拆（折）等情，此系价足契明，二比情愿。自卖明之后，其田听凭冯处投税过割，子孙永远耕管安佃收租，杨姓弟兄子侄、亲族内外人等，以及嫁娶丧葬红白事件不得借故异言、翻找赎取。倘有此情，任随冯处执字赴公，自认套哄之咎。恐口无凭，特立永卖明白文契存据。

共有老契二纸，一并揭交冯处收存。其料（科）随田上纳，又批。

族长杨仕俊受画字银贰两押

凭中　张朝凤押　陈宏典押　侄　杨　洪押

陈济广押　毛品级押　杨洪才押

刘　鍮押　孙上选押　杨洪高押

汪济川押　杨洪虎押

杨洪珍押

永远存据

嘉庆拾贰年三月二十日　立永远卖明田契人杨仕芳押

同侄杨浩押、杨洪文押

依口代字　汪淏若押

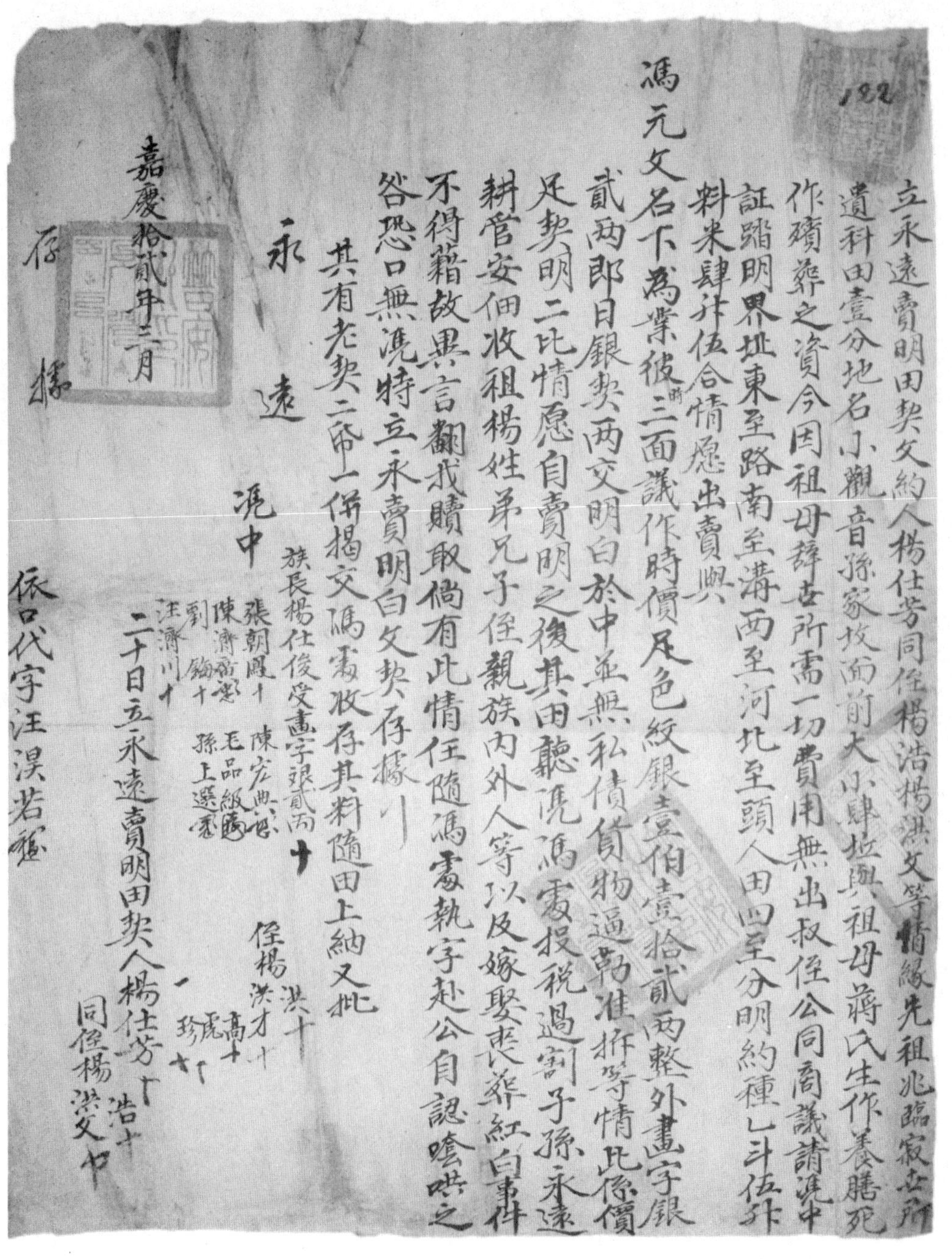

嘉庆十二年十一月二十三日王正乾卖田契

第伍贰号

立永远卖明田契人王正乾，为因缺用，情愿今将父分授名下私田壹分，地名桃树榜，约种壹斗，其田上抵月亮田，下齐张姓田，左抵本宅田，右齐陈姓田，四至分明，请凭中证出卖与何正国名下永远为业。彼时三面言定议作卖价足色纹银陆拾贰两整，画字并在内。即日银田两交明白，其中并无私债货物准折，亦非逼勒等情，此系二比情愿。自卖之后，任从何处子孙永远管业、过割税契。王姓子孙、族内人等以及原业主不得异言，永无找补，亦无赎取。倘有此情，系是卖主壹力承耽（担）。其科伍分，随田尚（上）纳。今有人心不古，立此卖明一纸为据。

嘉庆十二年十一月二十三日　　立永远卖明田人王正乾押

上同父王洪猷押

原主　张以通押

张以德押

张以才押

张以书押　共受画字银伍钱

卖契为据

凭中人　于国懋押

王正品押

王洪朝押

肖永先押

牟元龙押

何正周押

杨名达押

杨名远押

代字人　王登庸押

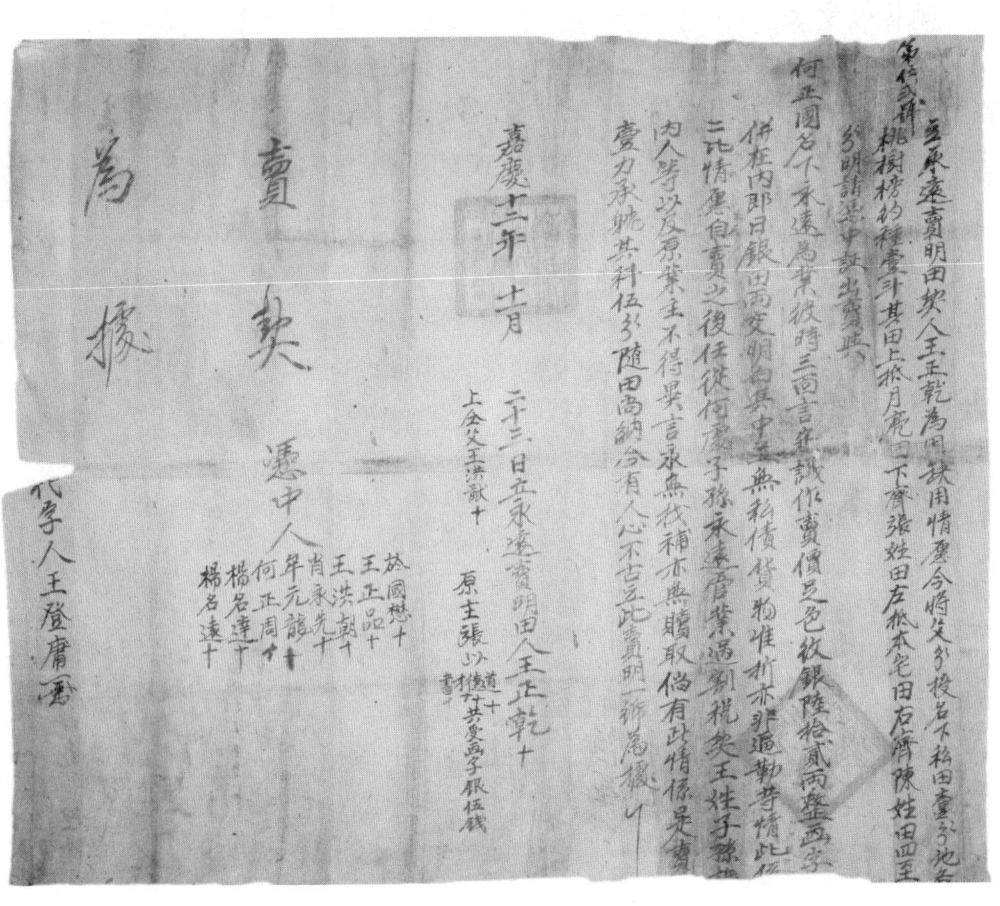

第伍式號

立永遠賣明田契人王正乾為因缺用情愿今將父分投名下私田壹分地名桃樹榜約種壹斗其田上抵月龍□下齊張姓田左抵本宅田右齊陳姓田四至分明請憑中証出賣與何正園名下永遠為業彼時三面言定議作賣價足色紋銀陸拾貳兩整兩字併在內即日銀田兩交明白其中並無私債貨物准折亦非逼勒等情此係二比情愿自賣之後任從何處子孫永遠管業遇到親族王姓子孫內人等以及原業主不得異言永無找補亦無贖取倘有此情係是賣壹力承耽其科伍分隨田尚納今有人心不古立此賣明一紙為據

嘉慶十二年十一月二十三日立永遠賣明田人王正乾十

上全父王洪猷十

原主張以道十 以揆十 共受画子銀伍錢

憑中人 於國懋十 王正品十 王洪朝十 肖永先十 牟元龍十 何正周十 楊名達十 楊名遠十

代字人王登庸

賣契為據

嘉庆十四年二月十一日郭仲连等讨阴地契

第拾柒号

立讨阴地人郭仲连、仲魁、仲鼎等，今讨到通学列位贡爷先生尊前，头寨宾兴学地界内阴地一形，砌立生基，以为将来殡葬父母坟茔。其地四至以生基为中，前后左右俱各穿心一十八步。嗣后葬坟，照至管理，不得以坟至外厝坟霸地。通学先生亦不得纵佃践踏，及至内再送别人搀越。欲后有凭，立此讨字为据。

内添穿心二字。

嘉庆拾肆年贰月拾壹日　　立讨字［人］郭仲鼎押

郭仲连押

郭仲魁押

亲笔

凭　张景云押

董贤圃押

任侣琼押

袁敦化押

李建庵押

董际盛押

张九华押

方健庵押

嘉庆十四年十二月二十四日年奉先同子等卖田地契

第柒捌号

立卖明田地文契人年奉先同子国斌、国止，孙成开，今因缺用无出，不能守业，父子公孙商议，情愿将买明梁永刚支家屯科田二分，约种捌斗，屋基一所，园圃一段，山厂（场）一路及树木，其田仍照原契四至丘段，请中逐一踏明，出卖与蒋百行弟兄名下管业。三面议作卖价足色纹银壹百伍拾肆两整，画字一并在内。即日亲手领明应用，银田两交明白。其中并无私债货物准折，亦无逼勒成交，此系二比心甘悦服。其田地自卖之后，任随蒋姓投税过割，子孙永远管业。年姓诸色人等均不得异言，日后年姓有力不得赎取，无力不得找补。倘有他情，任凭蒋姓执契鸣官，自干（甘）重罪无辞。其科粮四亩随田上纳。前后原契共五张，一并揭交。欲后有凭，立此卖契一纸永远为据。

外念奉先年老义送衣服、银贰两。

永远管业

嘉庆拾四年十二月二十四日　　立卖明田地文契人年奉先押

同子国斌押、国止押

孙成开押

凭中人　赵廷芳押

黄裕堂押

黄永昌押

张永玠押

刘建廷押

吴彰彩押

代字人　罗瑞亭押

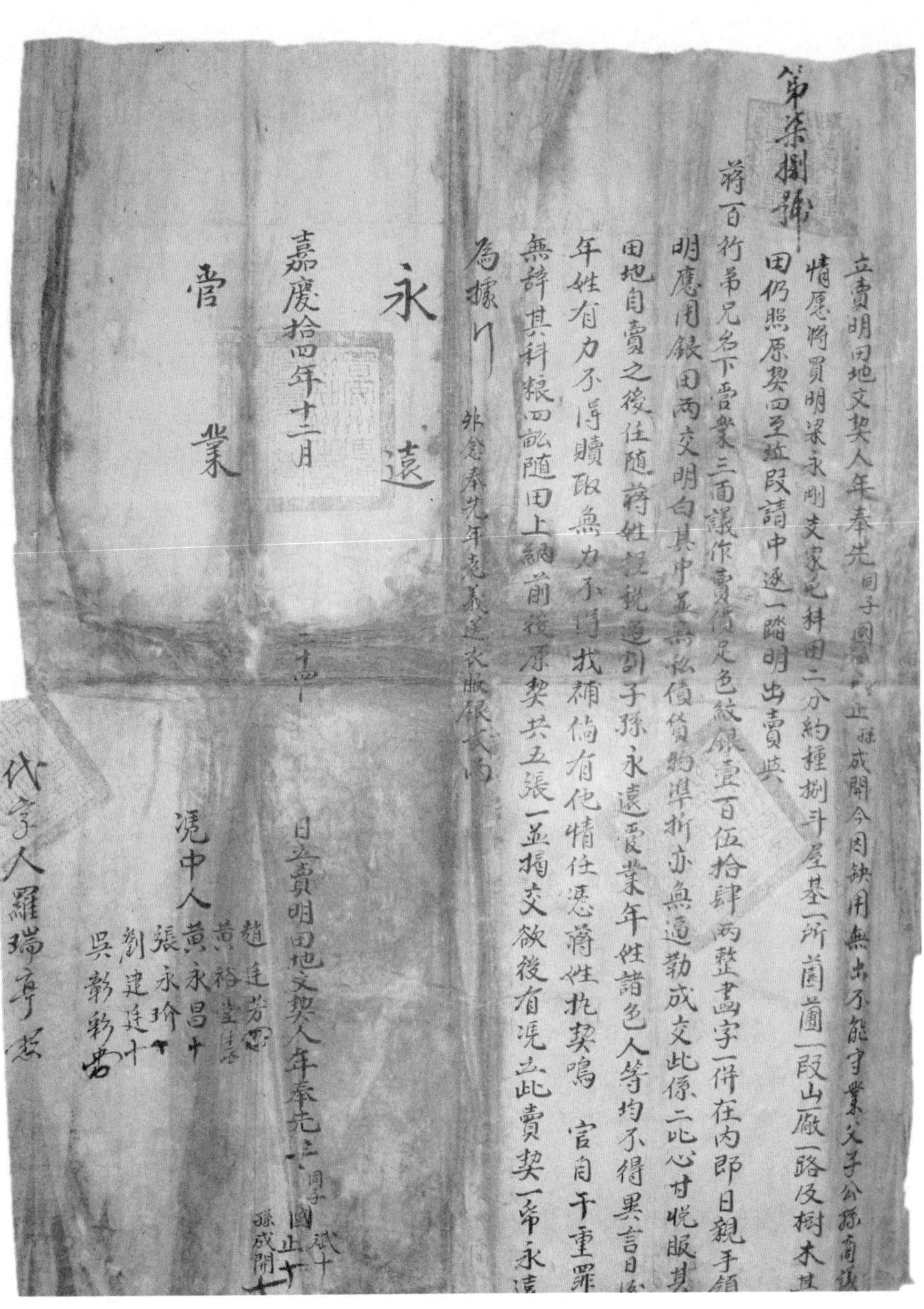

嘉庆十五年七月二十日黄文惠同子等卖田契

第捌玖号

立杜卖田契文约人黄文惠同子成儒、本儒、品儒，率外孙郑育桃、育禧、小四等，为因女婿郑先睿从前得受黄姓夿田二斗，今不幸先睿夫妇双故，埋费无出，公孙商议情愿将所授夿田壹坋，地名落水坑田壹丘，约种壹斗；又大窝子、石窝子田贰丘，约种壹斗，东至山梁，南至花尔草塘了口，西至张家田，北至齐埂，四至分明，请凭中证踏明出卖与通学先生以为文魁二阁焚献之资。彼时三面议定作正价九八色银陆拾两零四钱整，画字在外。即（彼）时文契银两相交领讫清白，其中并无私债货物准折，亦无逼勒等情，此系二比情愿。自卖之后，任从通学先生永远管业、安佃收租、税契拨册，黄郑内外亲族人等不得异言争论。如有争论，卖主一力耽（担）。恐口无凭，立杜卖永远为据。

其有科粮共壹亩四分，随田上纳。

外有老契二纸、送字一纸，共叁纸一并揭交。

水源系由古坝老沟流入田中。

嘉庆十五年七月二十日　　立卖田契人黄文惠押

同子品儒押、本儒押、成儒押　　共画字银贰两

率外孙郑育禧押、郑育桃押、郑小四押

凭中人　张中礼押

杨秉衡押

罗瑞亭押

宫邦宁押

张斗首押

李成贵押

代笔人　郑先儒押

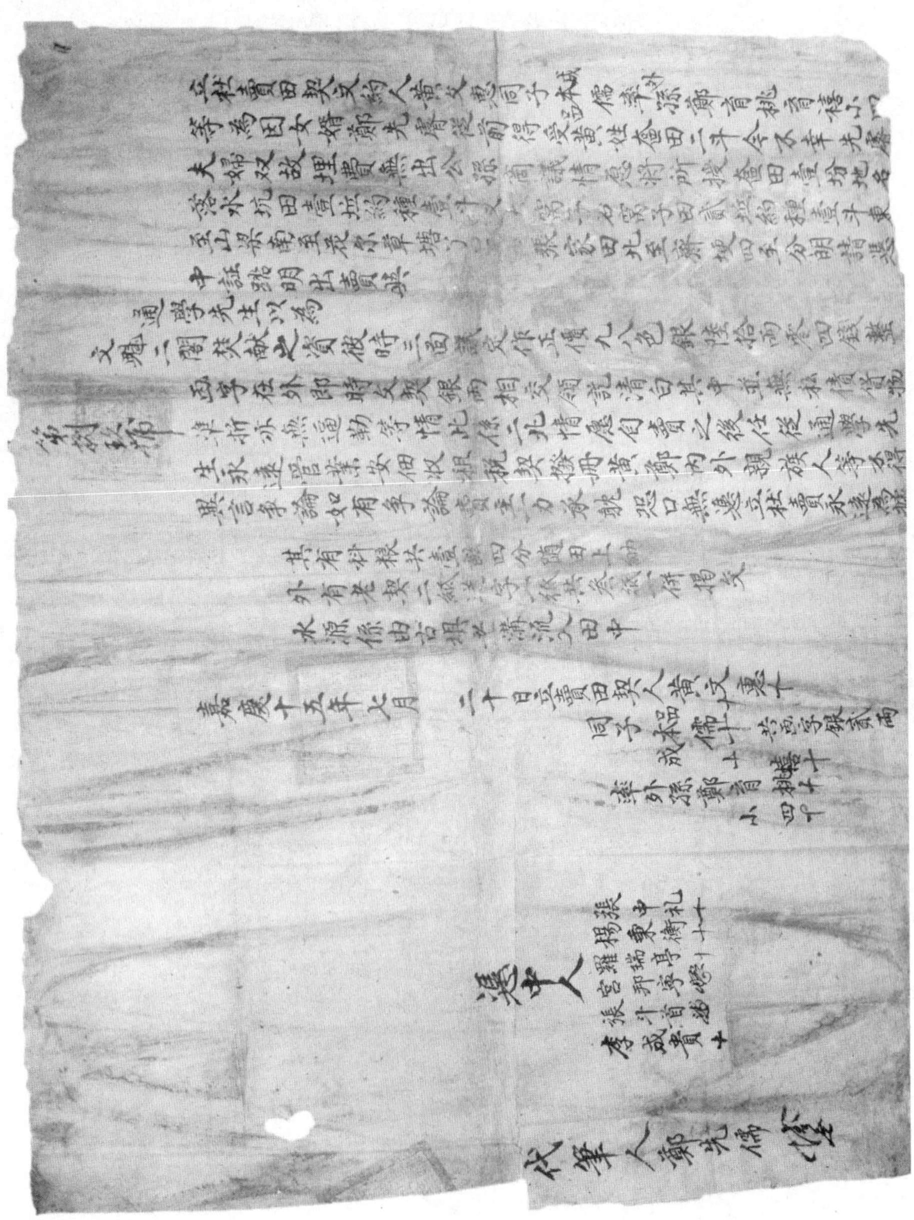

嘉庆十五年十月十一日契尾[1]

第柒玖号

尾契

普安直隶州　某州府厅县印号

贵州等处承宣布政使司　齐　　为遵

旨议奏事奉

抚部院宪牌准

户部咨开河南司案呈所有本部议覆河南布政使富　条奏买卖田

产将契尾粘连用印存贮申送府州藩司查验等因一折于本年拾贰

月拾贰日奏本日奉

旨依议钦此相应抄录司班并颁发格式行文贵州巡抚钦遵办理可也等

因咨移到本部院准此合就檄行为此仰司官吏查照票内准　部咨奉

旨及粘单内事理即便钦遵刊刷酌量颁发移行遵照办理仍刷样呈送备

查毋违须至契尾者

计开

业户　蒋百行　买年奉先科田二分　坐落支家屯

用价银　〇千壹百伍拾肆两〇钱　税银　〇拾肆两陆钱贰分〇厘

布字陆拾捌号

右给与业户蒋百行准此

嘉庆拾伍年拾月十一日

蒋百行用价银　〇千壹百伍拾肆两〇钱　税银　〇拾肆两陆钱贰分〇厘

① 契尾的纸形一样，只是页内印刷体字排行与以上各件有差异。最左边一行为半书。

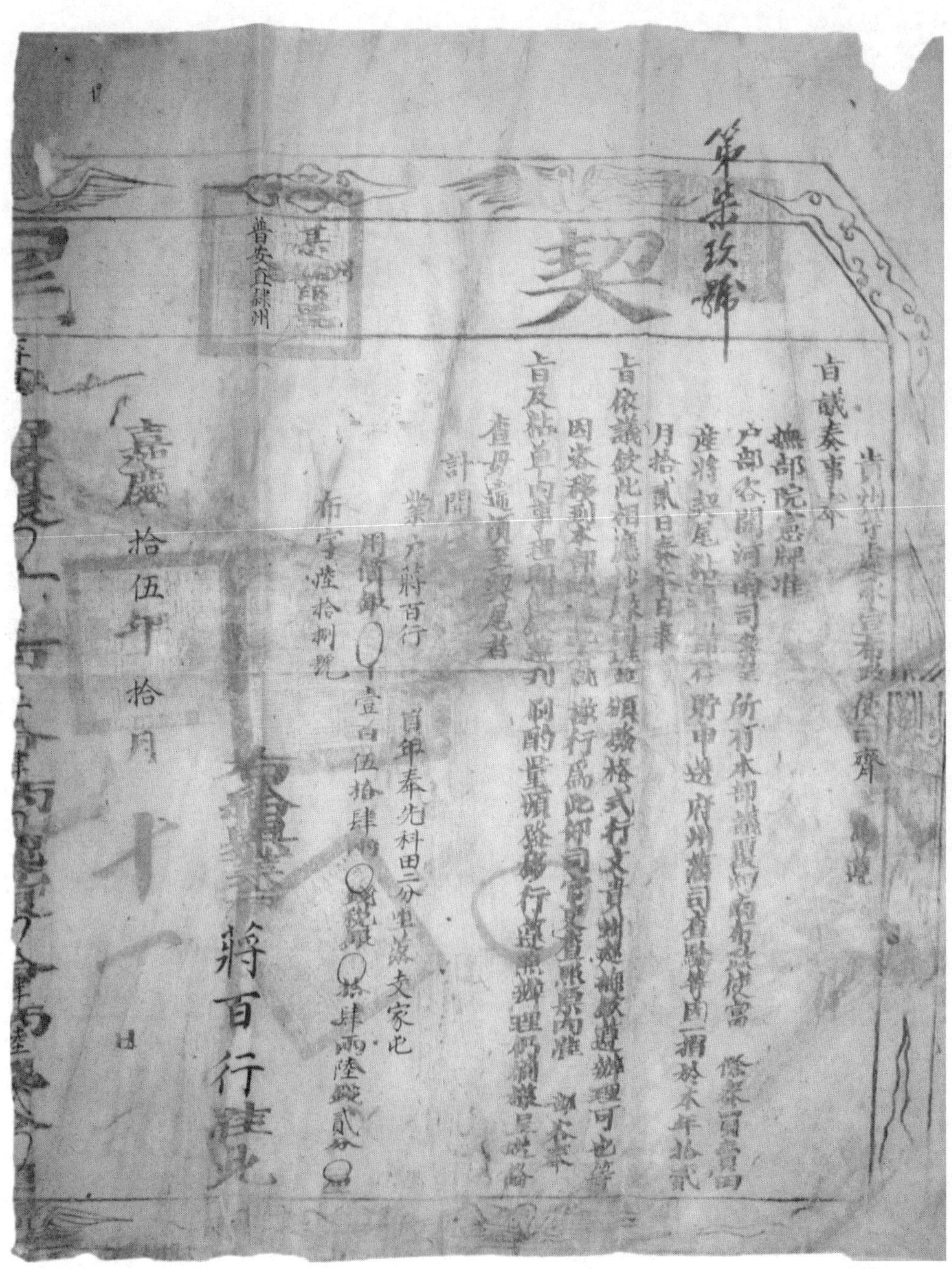

嘉庆十五年十二月十八日陆宽卖田契

第玖五号

立杜卖明田契人陆宽，为因缺用，自愿将父遗分受名下田壹丘，坐落地名何家坝尾巴田，约种贰斗，熟田、荒田大小十九丘，凭中踏明永远杜卖脱业与袁学乾名下永远为业。彼时三面议作卖价九呈（成）色银肆拾两整，亲手领明应用。于中并无私债货物准折、逼勒等情，此系二比心甘意愿。自卖明杜断之后，认（任）从袁姓世守管业、税契过割。其有何现之科米壹斗，以及应役夫差乙并随田纳运，不致贻累陆处，至于内外人等不致争论。日后价值多金，陆姓子孙不致异言挂齿。恐后人信难，凭立杜卖明永远文契为据。

凭中人　刘大本押　银乙钱

袁　信押　银乙钱

朱有荣押　银乙钱

袁志昌押　银乙钱

何天凤押　银乙钱

嘉庆拾伍年拾贰月十捌日　　立永远杜卖脱业田契人陆宽押

代字人　刘友仙押　银二钱

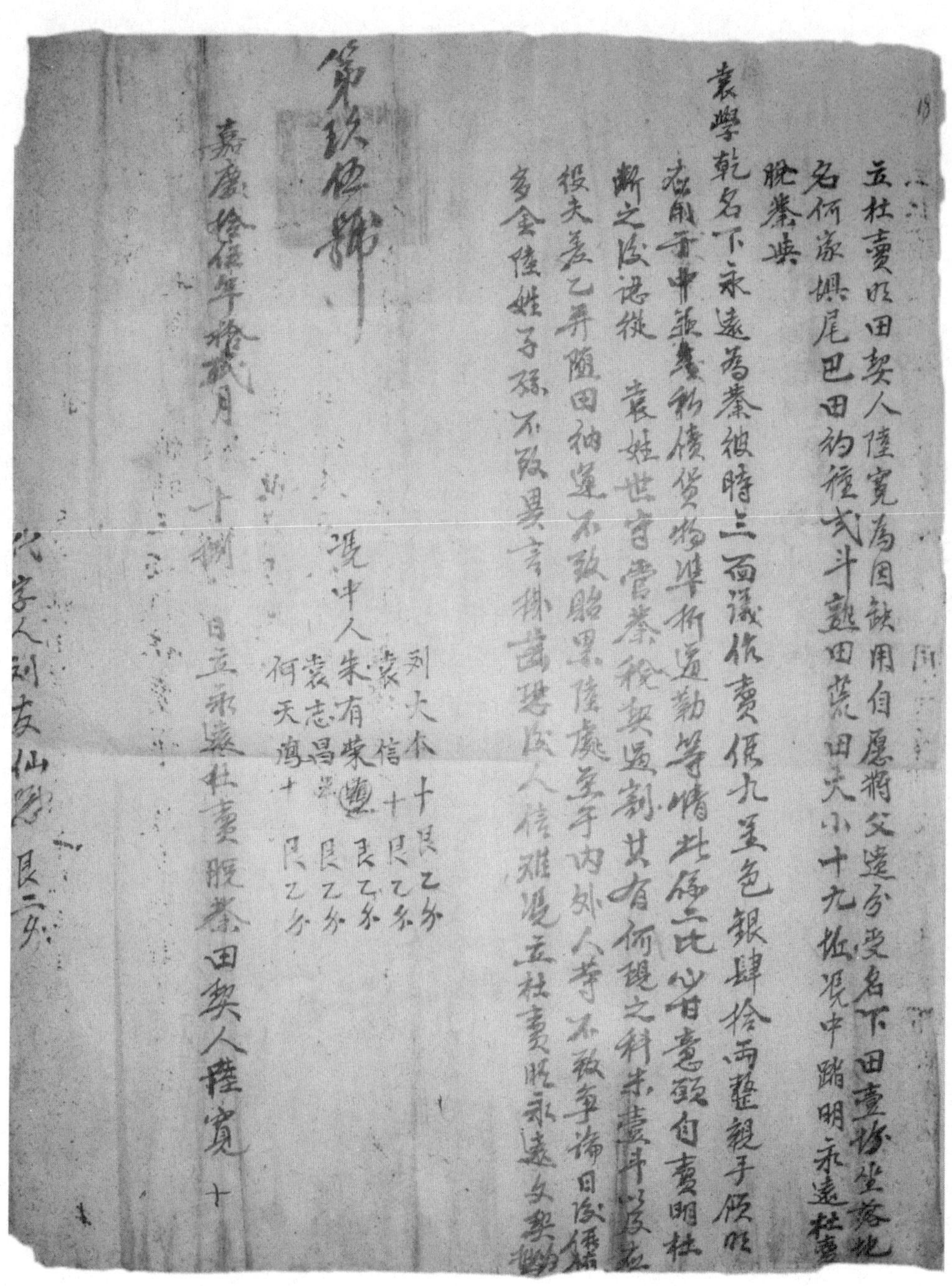

立杜賣晚田契人陸寬，為因缺用，自愿將父遺分受名下田壹𢁉，坐落地
名何家垻尾巴田，約種弍斗，載田荒田大小十九塊，凭中踏明，永遠杜賣
脫業與
袁學乾名下永遠為業。彼時三面議作賣價九三色銀肆拾兩整，親手領明
應用，並無中益私債貨物準折逼勒等情。此係二比心甘意願，自賣明杜
斷之後，認從　袁姓世守管業，稅契過割，其有何瑰之糾，米壹升，以後応
役夫差，乙并隨田納還，不致貽累。陸處至今內外人等，不致爭論；日後倘有
多金陸姓子孫，不致異言找補。恐後人信難憑，立杜賣脫永遠文契為據。

凭中人　朱有榮　銀乙分
　　　　袁志昌　銀乙分
　　　　何天鴻　十　銀乙分
　　　　袁信　十　銀乙分
　　　　劉大本　十　銀乙分

嘉慶拾伍年拾弍月　十捌　日立永遠杜賣脫業田契人陸寬　十

代字人劉友仙　銀二分

第玖佰號

嘉庆十七年十月二十二日林以升同子当田契

第伍柒号

立当田契文书人林以升同子林可举，为因缺少使用，无处出办，情愿请凭中证将祖遗分受已名下科田壹丘，约种一斗，地名平田，东至刘姓家田，南至河，西至王姓田，北至官田，四至分明，出当明与封万年名下管业耕种。彼时三面议作当价足色纹银捌拾柒两陆钱整，亲手领明交还张姓。当价陆拾贰两下剩银贰拾五两陆钱，父子亲手领明应用。即日银田两交清白。自当之后，认（任）从封姓耕种安佃，林姓亲支族内人等不致异言争论。日后本主有力银到归赎，无力不得找补转当他人。倘有一（异）言反复争论，将纸赴官，自任（认）套哄之咎。其田言定五年已满赎取，二比不得刁难。恐后无凭，立此当契文书为据。

嘉庆十七年十月二十二日　　立当田契文书人林以升押

同子林可举押

其戥系封姓竹亮戥称记。

当契存照

凭中人　王康盛押

张　洪押

王康宁押

封万贵押

代字人　蒋仰瞻押

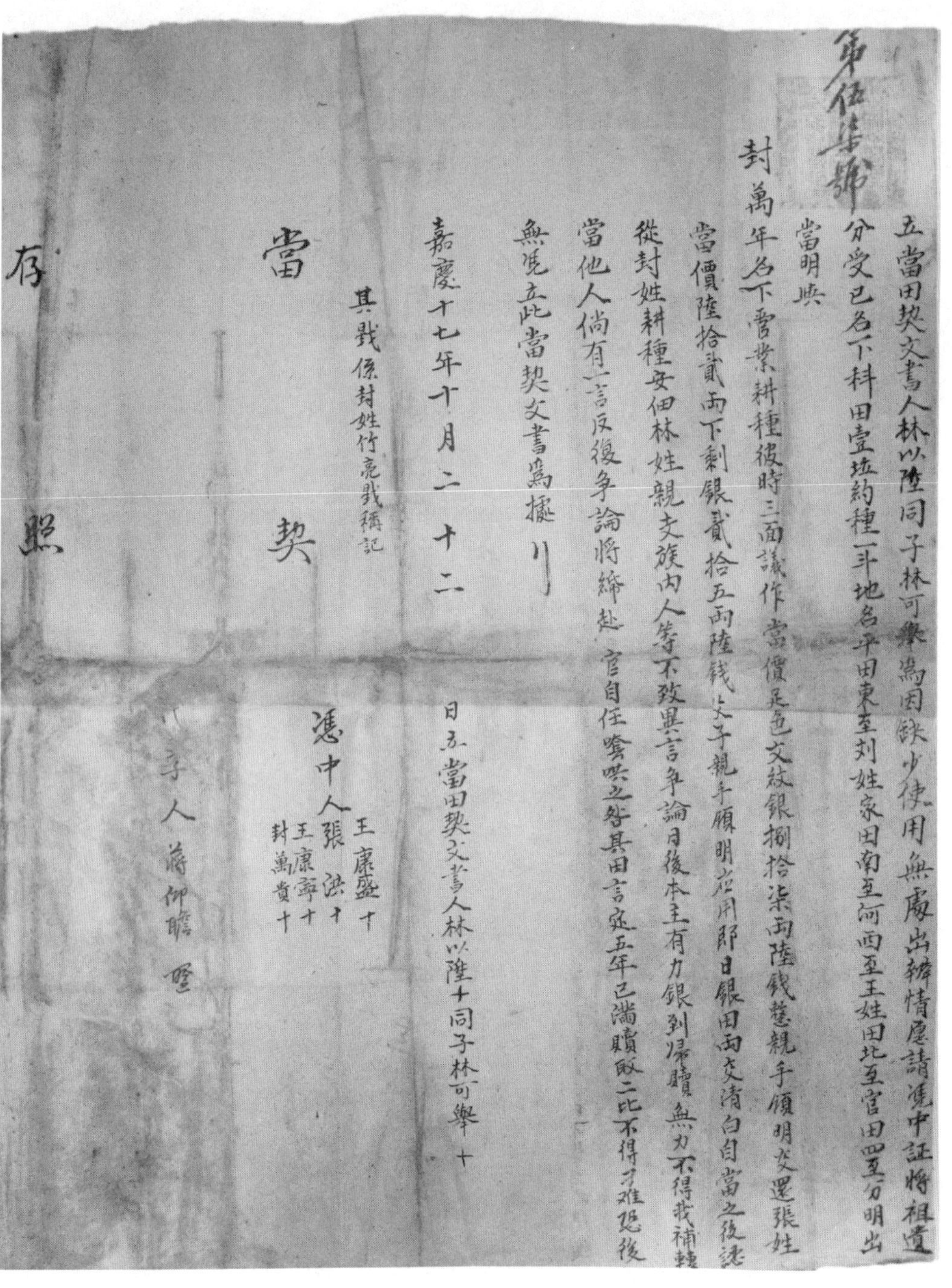
第伍集錦

立當田契文書人林以陞同子林可樂為因缺少使用無處出辦情愿請凴中証將祖遺分受己名下科田壹坵約種一斗地名平田東至刘姓家田南至河西至王姓田北至官田四至分明出當明典

封萬年名下管業耕種彼時三面議作當價足色文紋銀捌拾柒兩陸錢整親手領明交還張姓當價陸拾貳兩下剩銀貳拾五兩陸錢父子親手領明應用即日銀田兩交清白自當之後聽從封姓耕種安佃林姓親支族內人等不致異言爭論日後本主有力銀到帰贖無力不得找補轉當他人倘有一言反復爭論將締赴 官自任[illegible]哄之咎其田言定五年已滿贖取二比不得刁難恐後無凴立此當契文書為據 川

其戥係封姓竹亮戥稱記

嘉慶十七年十月二十二日立當田契文書人林以陞十 同子林可樂十

當契

凴中人 王康盛十 張洪十 王康寧十 封萬貴十

字人 蔣仰聰 押

存照

嘉庆十八年四月二十九日杨周氏卖田契

第肆号

立永远卖明田契文约人杨周氏，为因夫逝嗣乏，氏孤孀夫在时所欠许姓账项追逼无出，商同婿侄等，愿将夫买明李永珍白家坑田与边田叁丘，约种贰升，东至田埂，南至石口，西至廖家田，北至沟埂，四至分明，照原价出卖与廖大舟、讳起伦名下。当日得受价足色银肆两整，即日银田两交明白，其中并无私债货物准折。自卖之后，认（任）凭廖姓耕种、安佃、开垦，杨姓子侄、内外亲族人等不得异言。此系二［比］情愿，日后永不得搬找赎取。倘有此情，将纸赴官，自认套哄之咎。恐后无凭，立此永远卖明田契为据。

计交李姓原契壹纸。

嘉庆十八年四月廿九日　　立卖契孀妇杨周氏

凭中人　姚占玉押

婿张有能押

栗永自押

依口代字　秦秀峰押

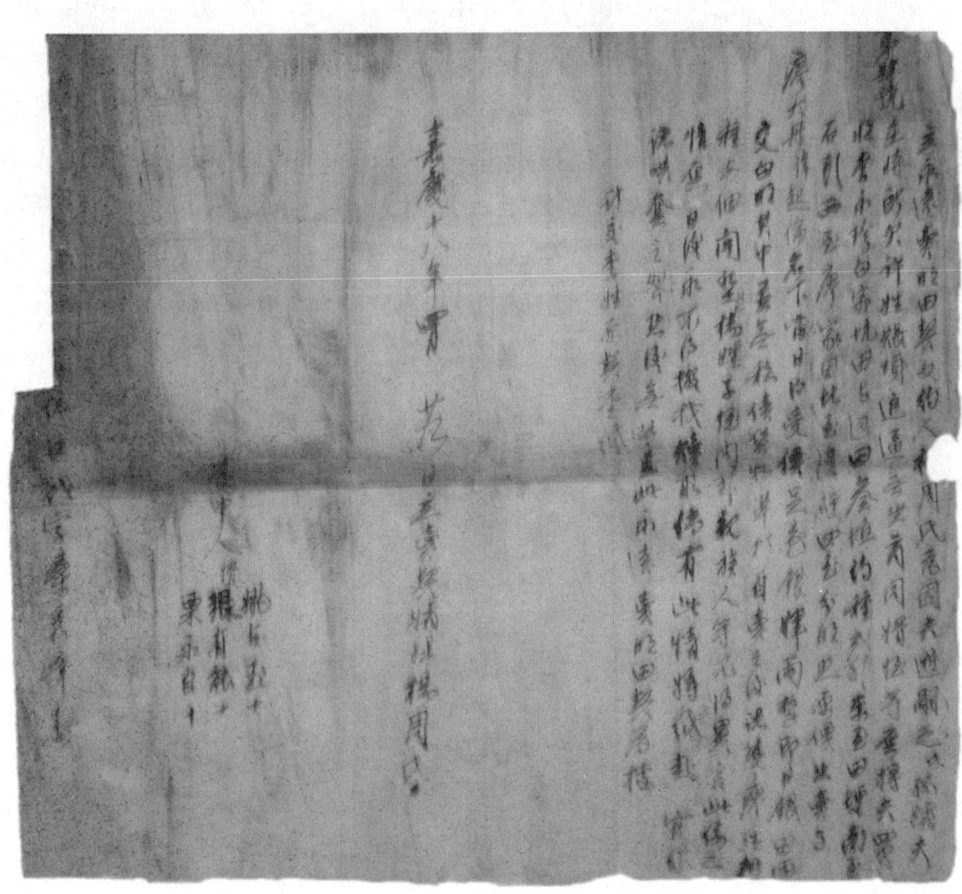

嘉庆十八年十月十四日李有松同子卖房屋地基园圃树木契

186

立永远杜卖房屋地基、园圃树木人李有松同母王氏，率子登富，今因乏用，情愿将祖买明周明隆之地分授己名下一半，地名西门坡，书院后房屋地基、园圃树木，凭中踏明五至，东至书院，西至李贤科园石梗，南至高埂下王姓地，又西至李姓高埂，一路展（碾）水井大路，北至大路为界，请凭中证出卖与通学先生以为文魁二阁起造之基。彼时三面议定正价九晅（成）色银肆拾叁俩（两）整，画字一并在内。即时地契价银两交明白，并无私债货物准折，亦无逼勒等情。自卖之后，认（任）凭通学先生起造房屋，经管园圃树木。日后李姓亲族、子孙人等不得异言争论、搬找赎起（取），并前次卖明之果木不致妄取枝叶。欲后有凭，立此杜卖文契为据。

其有老契一张，补契一张。因有李贤科分授上半，未便揭交，仍归贤科收执。又批。

内添肆字。

科甲蝉联

凭中人　堂弟李贤科押

余　高押

何士文押

张大见押

嘉庆拾捌年十月十四日　　立卖契人李有松押

同子登富押

亲笔押

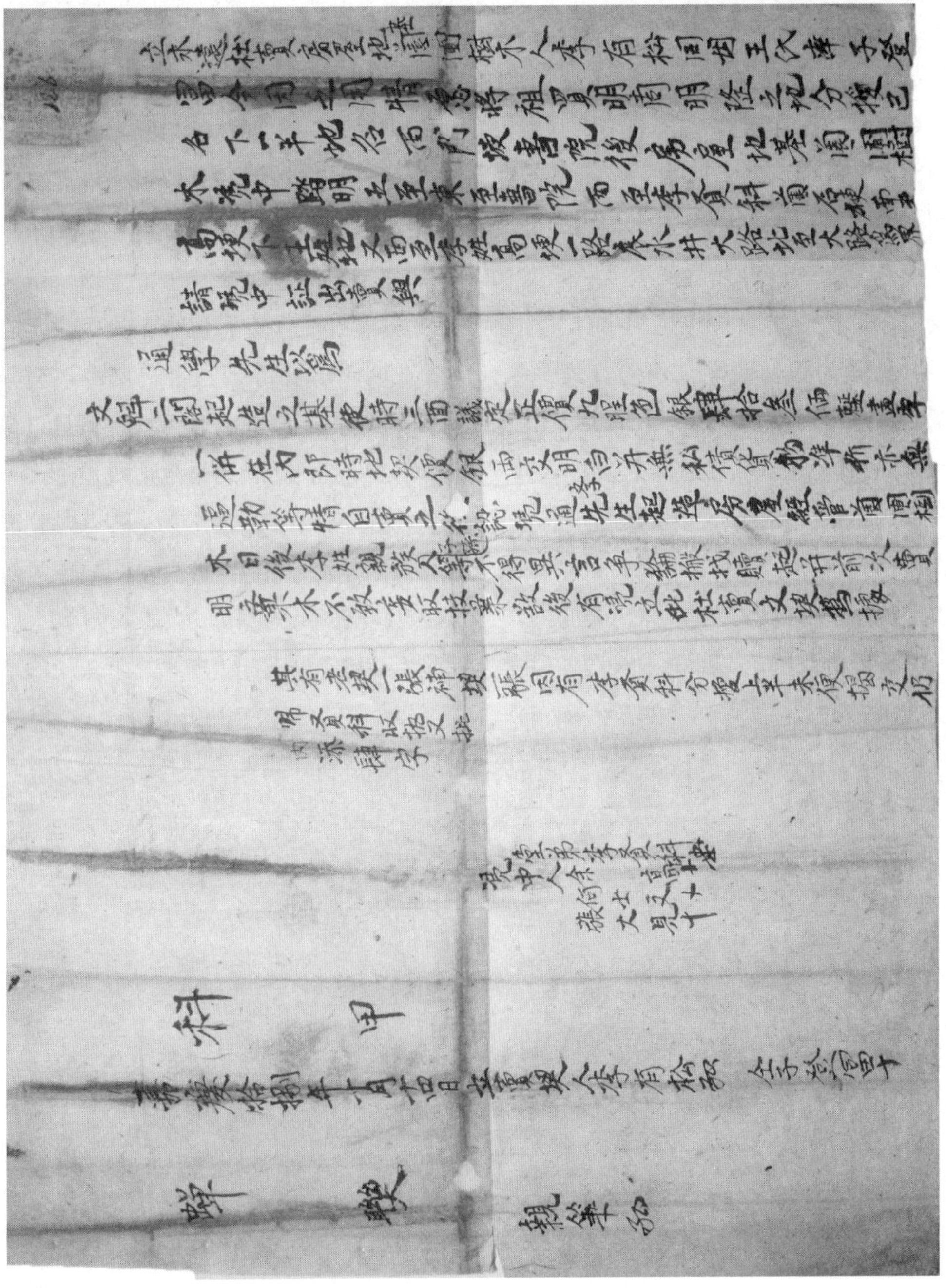

嘉庆十九年又二月二十八日胡占有等卖田契

131

立永远杜断卖明田契文书人胡占有、胡占和，为因负债无出，二处子母弟兄商议，情愿将祖展父受遗流（留）己名下私田壹分，坐落地名鄷家岭火塘子脚下，约种叁斗，上抵塘子与己名下大秧田，下抵胡占高田，左抵林姓田，右抵罗系荒田，四置（至）踏看明白，情因曾祖先年曾当与廖处多载，有堂叔祖之松于嘉庆四年备价赎取，占朋书立当契前后赎补二价共足色银柒拾壹两，又因占朋兄在填故殁，复向占武补九呈（成）色银叁两，三共柒拾四两整，今奈手中空乏，请凭族内永远杜断卖明与族兄胡占廷名下为业。又复补九呈（成）色银贰拾捌两，前后共作卖价银壹百零贰两整，外画子（字）在内，二处母亲画字三两，载契分明。即时银田两交明白，其中并无私债货物准拆（折），亦非逼勒等情，系是二彼（比）心甘悦服，其中并未包卖他人寸土。自卖之后，任凭族弟占廷请税过割，子孙永远耕管。占有、占和二处子母决不得妄称找补赎取，生非异言，其有内外房族诸色人等亦不得生非。倘有此情，系予弟兄一力承耽（担）。但有科粮二亩，随田上纳，不得移累卖主。恐口无凭，立永远卖明杜断一纸为据。

嘉庆拾九年又二月二十八日　　立杜断卖明田契文书人胡占有押

胡占和押

同母萧氏壹两五钱押、屠氏壹两五钱押

卖契为据

凭族内亲邻　李志贵押　　胡　有押

周三耶押　　胡　达押

罗起兴押　　胡　耀押

梁四耶（爷）押　　胡　启押

谢杨灿押　　胡　宽押

鄢乡约押　　胡　炳押

胡之纲四公押　　胡　斌押

谢客长押　　胡　朝押

胡之纪押　　胡　信押

胡之篦押　　胡　颖押

杨宗奇押　　胡　典押

代字人　胡　建押

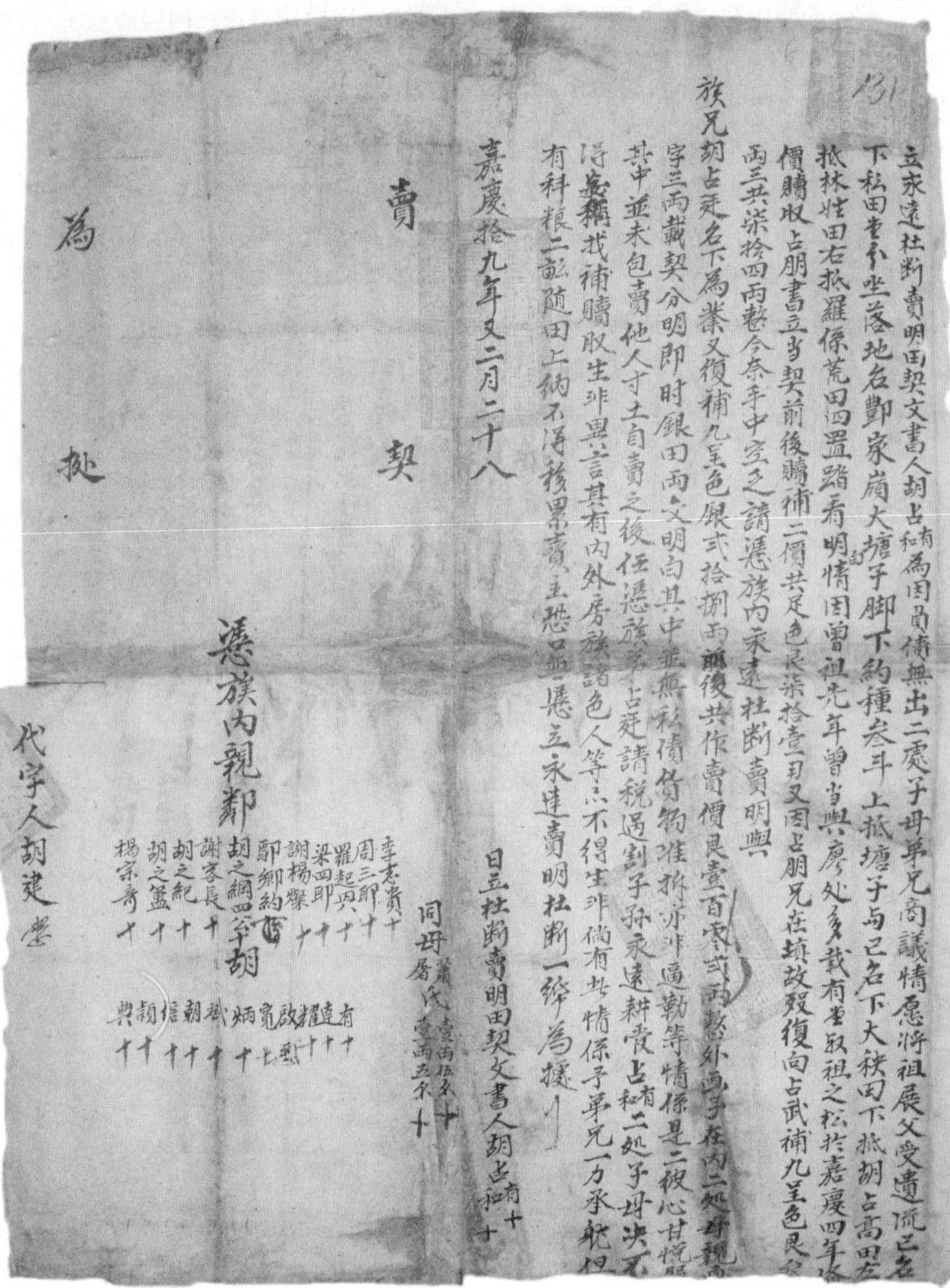
立永遠杜斷賣明田契文書人胡占有和為因負債無出二處子毋弟兄商議情愿將祖展父受遺流己名
下私田壹分坐落地名鄧家嶺大塘子脚下約種叁斗上抵塘子与己名下大秧田下抵胡占高田左
抵林姓田右抵羅係荒田四置踏看明情因曾祖先年曾当與廖处多載有堂叔祖之松於嘉慶四年
價贖取占朋書立当契前後贖補二價共足色艮柒拾壹両又因占朋兄在填故殁復向占武補九呈色艮
両三共柒拾四両整今奈手中空乏請憑族内永遠杜斷賣明與
族兄胡占廷名下為業又復補九呈色銀弍拾捌両前後共作賣價艮壹百零弍両整外画字在内二処母親
字三両載契分明即时銀田両交明白其中並無私債貨物准折逼勒等情係是二彼心甘悅服
其中並未包賣他人寸土自賣之後任憑族兄占廷請税過割子孫永遠耕管占有和二処子毋決不
得異稱找補贖取生非異言其有内外房族諸色人等亦不得生非倘有此情係子弟兄一力承躭但
有科粮二畝随田上納不得移累賣主恐口無憑立永遠賣明杜斷一紙為據

嘉慶拾九年又二月二十八　日立杜斷賣明田契文書人胡占有十　和十

同母蕭氏壹両伍名十
屠氏壹両五名十

憑族内親鄰
李志貴十　周三郎十　羅起興十　梁四郎十　謝楊燦十　鄢卿約　胡之綱　謝客長十　胡之紀十　胡之篕十　楊宗奇十
胡　有達十　耀十　啟十　寬七　炳十　斌十　朝十　信十　韻十　典十

代字人胡建

賣契

為批

嘉庆十九年八月十一日项永升等卖田契

104

立永远卖明田契文书人项永升、项永馨等，今因弟兄乏用，同居商议将自置买明冯姓地名薛官屯小马田，科田壹分，约种壹斗伍升，其田肆至，东至齐沟，南至齐、蒋姓坟下土台埂，三只梁子一平过，抵东西大沟为界，西至齐、李姓田大沟，北至齐交水沟为界，四至分明，并山厂（场）地土在内，凭证出卖与冯开勋弟兄名下为业。三面照时价议作卖价足色纹银壹百壹拾陆两，画字一并在内。彼时银田两交明白，并无私债货物准折，亦无逼勒等情。自卖之后，认（任）凭冯姓过割税契、耕种、安佃、收租，子孙永远管业。此系弟兄商议，经凭族间叔侄弟兄售卖，项姓族间人等决无异言及妄找妄索情事。倘有异言争论，系予弟兄耽（担）当，认其诱咎。其科壹亩贰分，随田冯姓完纳，不与卖主项姓相干。原买红契肆纸，揭交冯姓收执。欲后有凭，立此永远卖明文契为据。

永远存照

凭胞叔　项□礼押　　堂弟　项永茂押

　　　　□□押　　　　　　项永安押

　　　　□□押　　　　　　项永年押

凭中　冯彬文押

　　　冯修文押

　　　张　玺押

　　　郑育秉押

　　　黄灿然押

　　　陈在朝押

　　　张光宇押

　　　陈远议押

　　　冯奎文押

　　　李永学押

　　　唐文兴押

　　　周荃科押

　　　王作然押

　　　冯秉文押

　　　陈九皋押

　　　冯廷贵押

永远有照

嘉庆拾玖年捌月拾壹日　　立永远卖明文书人项永升押

　　　　　　　　　　　　　　　　　　　项永馨押

代字人　陈济广押

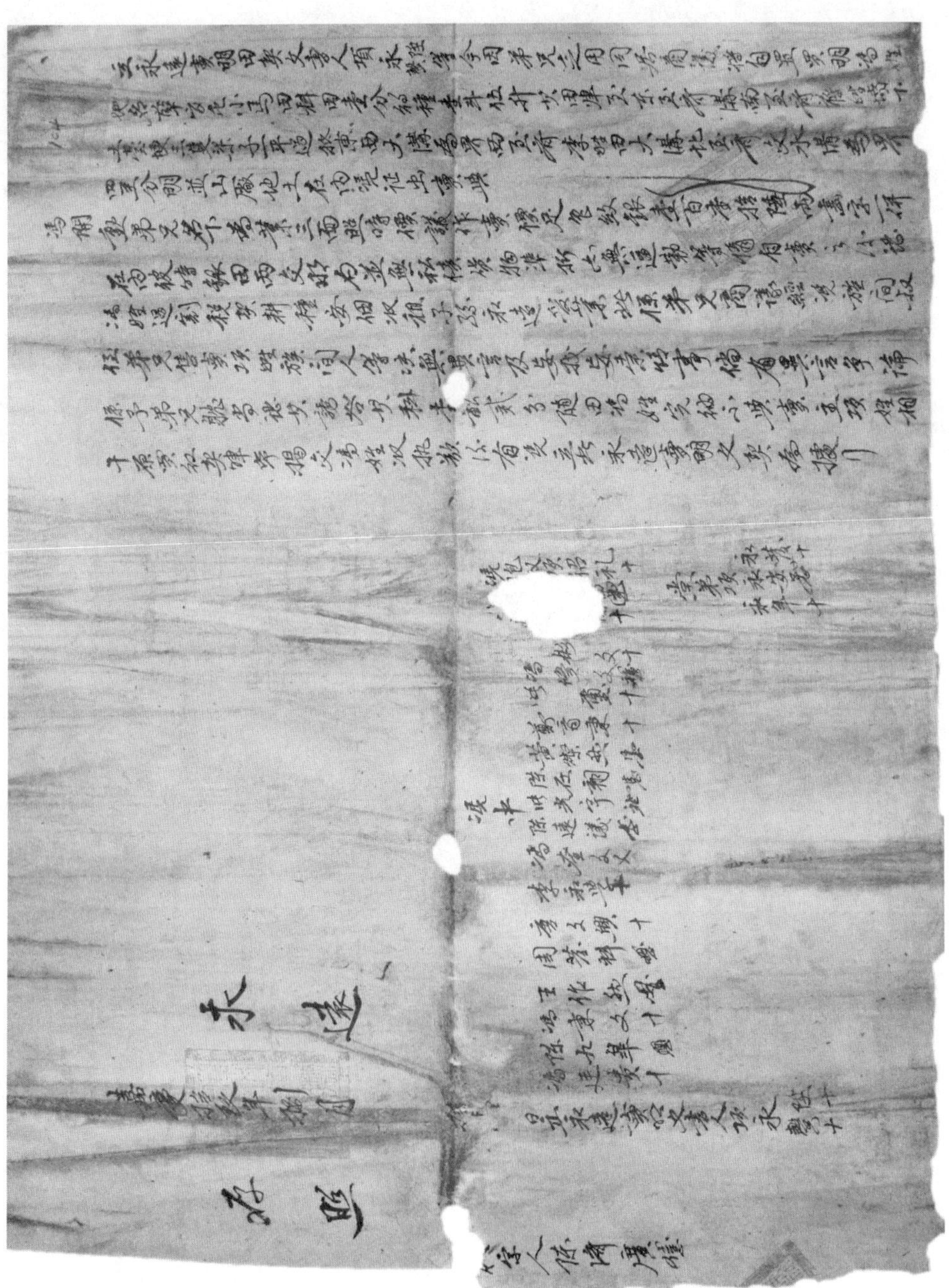

嘉庆十九年十一月二十四日王正乾立补契文书

立义补断绝文书人王正乾，为因缺乏费用，因父母年老，请中证上门哀求义补与何思孝名下九呈（成）色银叁两伍钱整，以（为）父母衣服之资。此日领明应用。自补之后，认（任）从何姓管业耕种安佃，日后父子永远在（再）不得找补。若有异言，系将纸赴公理论，自认套哄之咎无辞。恐口无凭，立此补契永远为据。

嘉庆十九年十一月二十四日　　立补契文书人王正乾押

父王洪献押

凭中人　杨名达押

杨名远押

张以道押

何正甫押

张以才押

依口代笔　杨开能押

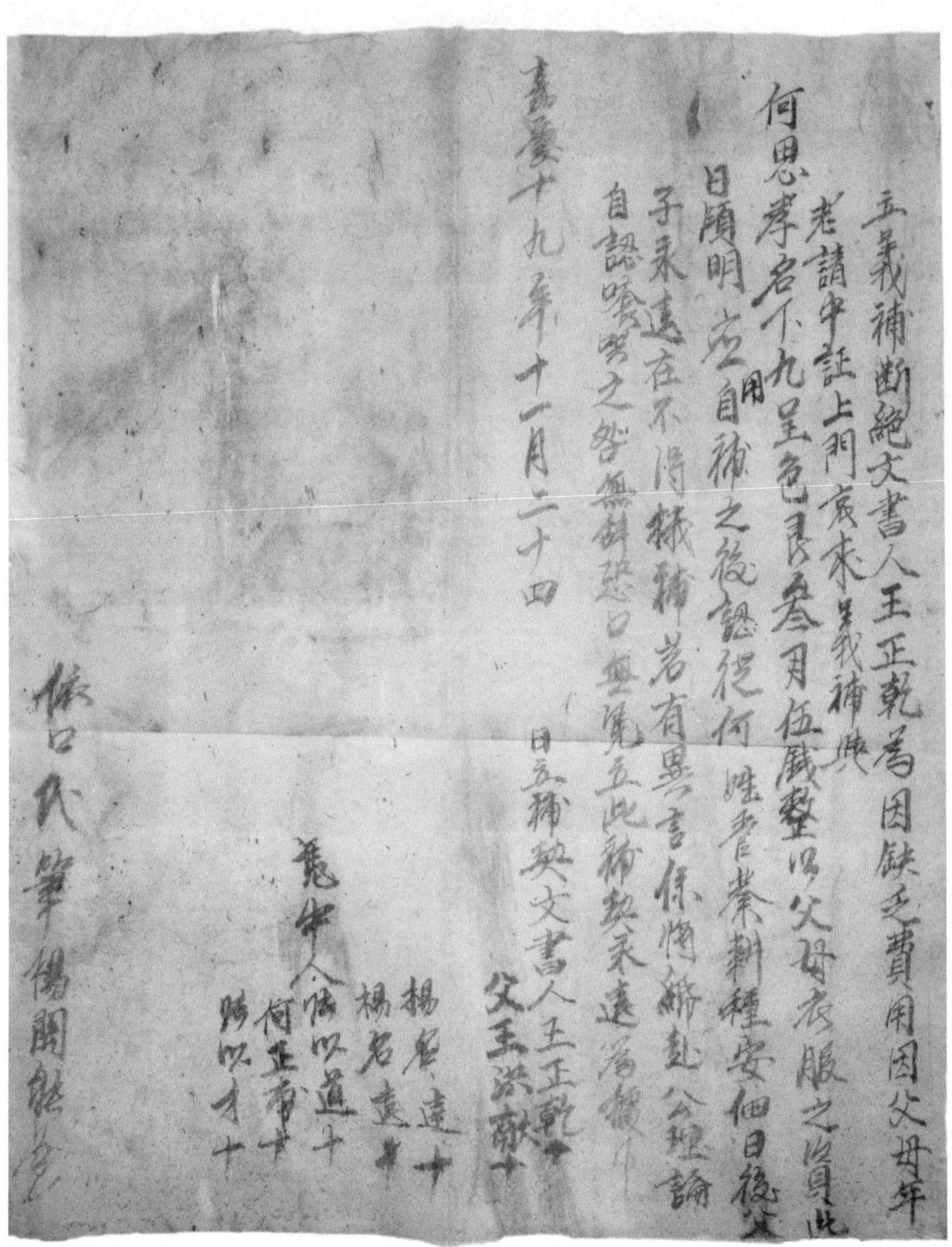

嘉庆十九年十二月二十六日李芳达当田契

拾叁号

立当田契文书人李芳达，今将祖遗科庄一所，地名狗场坡白家坑，约种贰石伍斗，其田地、山厂（场）俱各在内，除李姓当与汤姓，坑子内田壹分，原租柒石伍斗未赎，不在当契之内，其余四至照李姓红契，一并凭中出当明与陈文宽二祖丈名下管理、安佃耕种。彼时三面言定议作当价足色纹银肆百陆拾两整。即日银田两交明白，并无私债货物准折，亦无逼勒等情。自当之后，任从陈姓安佃耕种、收租管业。其田言定当至八年，银到归赎，二比不得措勒刁难。恐口无凭，立此当契存照。

其银系刘德茂铺内秤兑，长张瑶先生之秤，一秤长五分。其李姓红契一纸，揭与陈姓收存。

嘉庆拾玖年十二月二十六日　　立当田契人李芳达押

当契为据

凭中人　王　友押

廖恒仁押

桑文龙押

余元魁押

黄允浩押

陈发元押

蔡敦友押

黎永浩押

亲笔

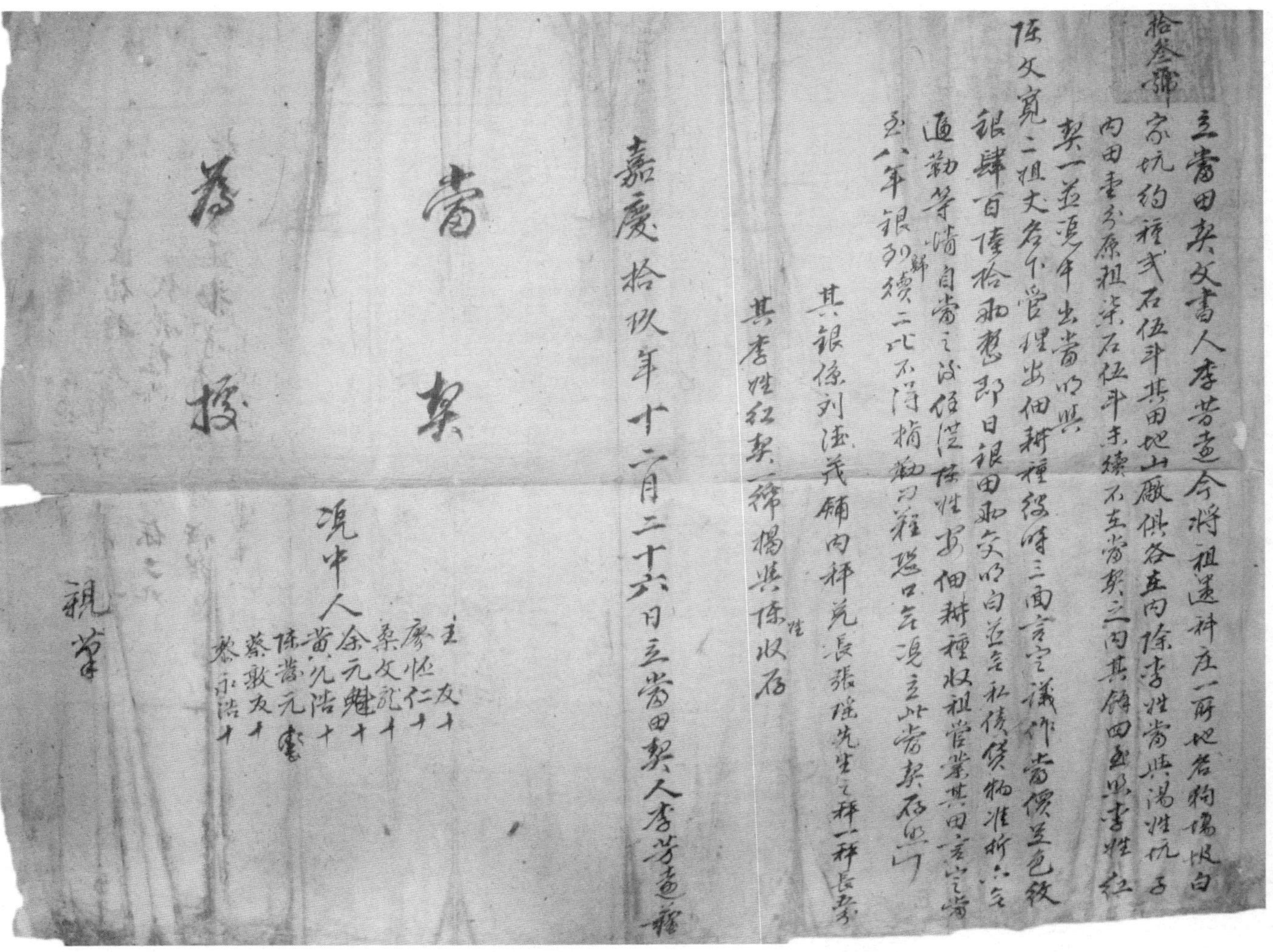

拾叁號

立當田契文書人李芳遠，今將祖遺科庄一所，地名狗場坝白
家坑，約種貳石伍斗，其田地山廠俱各在内，除李姓當與湯姓坑子
内田壹石，原祖栄石伍斗未續，不在當契之内，其餘田土照李姓紅
契一並憑中出當與
陈文寛二祖太名下管理，出佃耕種，經時三面言定，議作當價足色紋
銀肆百陸拾兩整，即日銀田兩交明白，並無私債貨物准折，亦無
逼勒等情。自當之後，任從陈姓另佃耕種收租管業。其田言定當
至八年，銀到（歸）田續，二比不得掯勒刁難，恐口無憑，立此當契存照。

其銀係劉法茂鋪内秤兑，長張瑤先生之秤一秤長等
其李姓紅契一紙揭與陈姓收存

嘉慶拾玖年十二月二十六日立當田契人李芳遠 押

當契

為據

憑中人 主友十 廖怡仁十 桑文就十 余元魁十 黄允浩十 陈漢元 押 蔡敦友十 黎永浩十

親筆

嘉庆二十一年三月十一日丁位盛等卖田地山场树林契

150

立永远杜断卖明田地山场树林文契人丁位盛同侄福寿，为因先年盛弟兄当在前，此时因负债难偿，追逼甚迫，无处出办，自思难守，尽问亲族人等无人承受，只得叔侄商议，愿将祖置明山场水田壹段分己名下，坐落地名阿杨田，约种贰斗，东至沟，南抵丁姓秧田下深沟，西抵袁家□门口以下，北至河沟，四至踏明清白，并无混杂，请中上门出卖与李隆政名下为业，即日得授卖价玖捌色银捌拾两整，内外画字一并在内。彼时亲手领足应用，并无私债货物准折。此系二比情愿，亦非逼勒等情。自卖明之后，任从李姓开垦、请税过割，向扦阴阳二宅，丁姓族亲子孙诸色异姓人等永不得异言阻挡、找补赎取等情。此系祖遗孙卖，并未包卖他人寸土。其田有站马银壹钱零伍厘，夫差粮草杂项等件一概随田办纳，不与卖主相干。倘有丁处挪移飞派，自干（甘）重咎。恐后无凭，特立此永远杜断卖明田地山场树林文契一纸，子孙永远执收为据。

外批：内添一字。

嘉庆贰拾壹年叁月拾壹日　　立永远杜断卖明田地山场树林文约人丁位盛押

侄福寿押

卖契子孙永远为据

凭　堂弟丁位寿　　画字钱壹千贰百文押

堂侄丁世德　　画字钱陆百文押

凭中人　姑父蒋崇仁　　画字钱押壹百文

旧（舅）父邹国栋　　画字钱押壹百文

吴文贵　　画字钱押壹百文

王宇昌　　画字钱押壹百文

蒋庆荣　　画字钱押壹百文

丁位坤　　画字钱押壹百文

代字人　蒋景星押　　画字钱陆百文

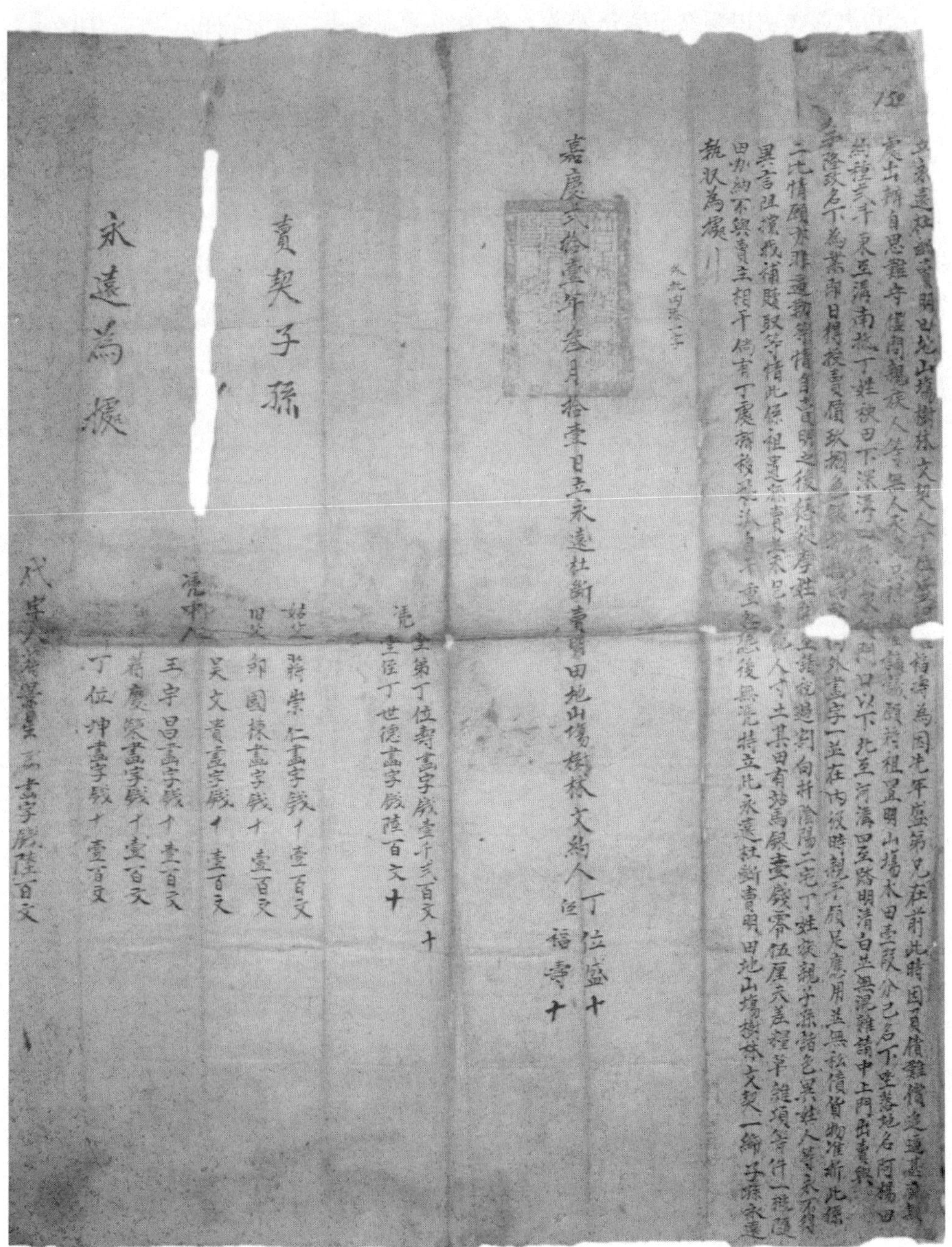

嘉庆二十一年十月初八日王洪朝卖田契

第伍伍号

立永远卖明田契文书人王洪朝，为因空乏，情愿将父置科田一分，坐落地名东瓜岭田，约种二斗五升，上齐二道水沟，下抵大河，左至杨姓田沟为界，右抵于姓田，凭中证踩踏界址，四至分明，立永远出卖与何思孝名下为业耕种管理。当日三面议作田价足色纹银贰百贰拾两整，画字一并在内，亲手领明。即日银契两交明白，于中并无私债货物准折，亦非逼迫等情，此系二比心甘悦服，其田业已价足契明。自卖之后，任从买主子孙耕种管业、安佃收租、税契过割，卖主子孙以及亲族内外人等不得异言争论。倘有异言争论，系是洪朝壹面承耽（担）。其科二亩随田上纳，不与王姓相干。今有人心不古，特立此永远卖明田契为据。

其有老契壹纸，当时揭交收执。

嘉庆二十壹年十月初八日　　立卖田契人王洪朝押

同子王正聪押

胞兄王风云押

胞弟王仲亲押

卖明田契　永远存照

凭中证　于国懋押

唐德升押

于金璧押

杨悬科押

张士龙押

牟元龙押

陈秋鸿押

石维璜押

陈德学押

杨开科押

于廷亮押

杨名远押

代笔　王云龙押

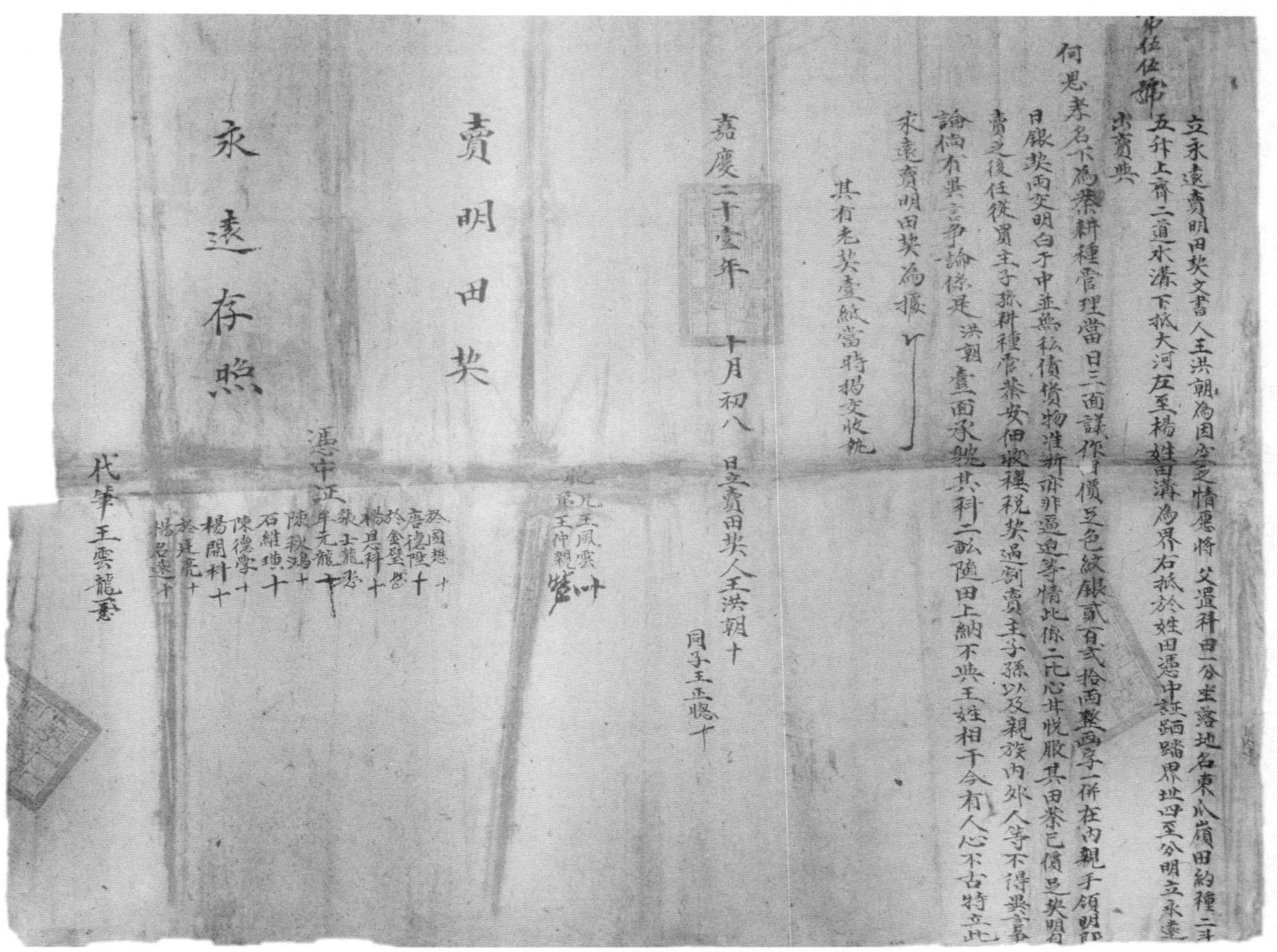

立永遠賣明田契文書人王洪朝為因空乏情愿將父遺科田一分坐落地名東瓜嶺田約種二斗
五升上齊二道水滿下抵大河左至楊姓田溝為界右抵於姓田憑中証踏踏界址四至分明立永遠
出賣與
何思孝名下為業耕種管理當日三面議作價足色紋銀貳百弍拾兩整酒字一併在內親手領明卽
日銀契兩交明白于中並無私債貨物准折亦非逼迫等情此係二比心甘悅服其田恭已價足契明將
賣之後任從買主子孫耕種管恭安佃收租稅契過割賣主子孫以及親族內外人等不得異言倘
論倘有異言爭論係是洪朝壹面承耽其科二畝隨田上納不與王姓相干今有人心不古特立此
永遠賣明田契為據
其有老契壹紙當將揭交收執

嘉慶二十壹年十月初八日立賣田契人王洪朝十
同子王正聰十

王鳳雲
王仲親

賣明田契

永遠存照

憑中証
於國棟十
唐德陞十
於金璧十
楊昆科十
蔡士龍十
年元龍十
陳秋鴻十
石維塘十
陳德學十
楊開科十
於廷亮十
楊名遠十

代筆王雲龍

嘉庆二十一年十月十八日廖登龙分关合同

第贰号

立分关廖登龙，今因父在日所遗田二分，一分龙滩口田，一分大路边田，分受廖登龙名下耕种管业，弟兄二人不得异言争论。今凭廖三爷、二叔二亲友，自立分关之后，各管各业。恐后无凭，立此分关永远为据。

嘉庆丙子年十月十八日　　立

凭中　王国新押

　　　廖起正押

　　　廖起秀押

　　　罗端采押

代笔　廖仁怀押

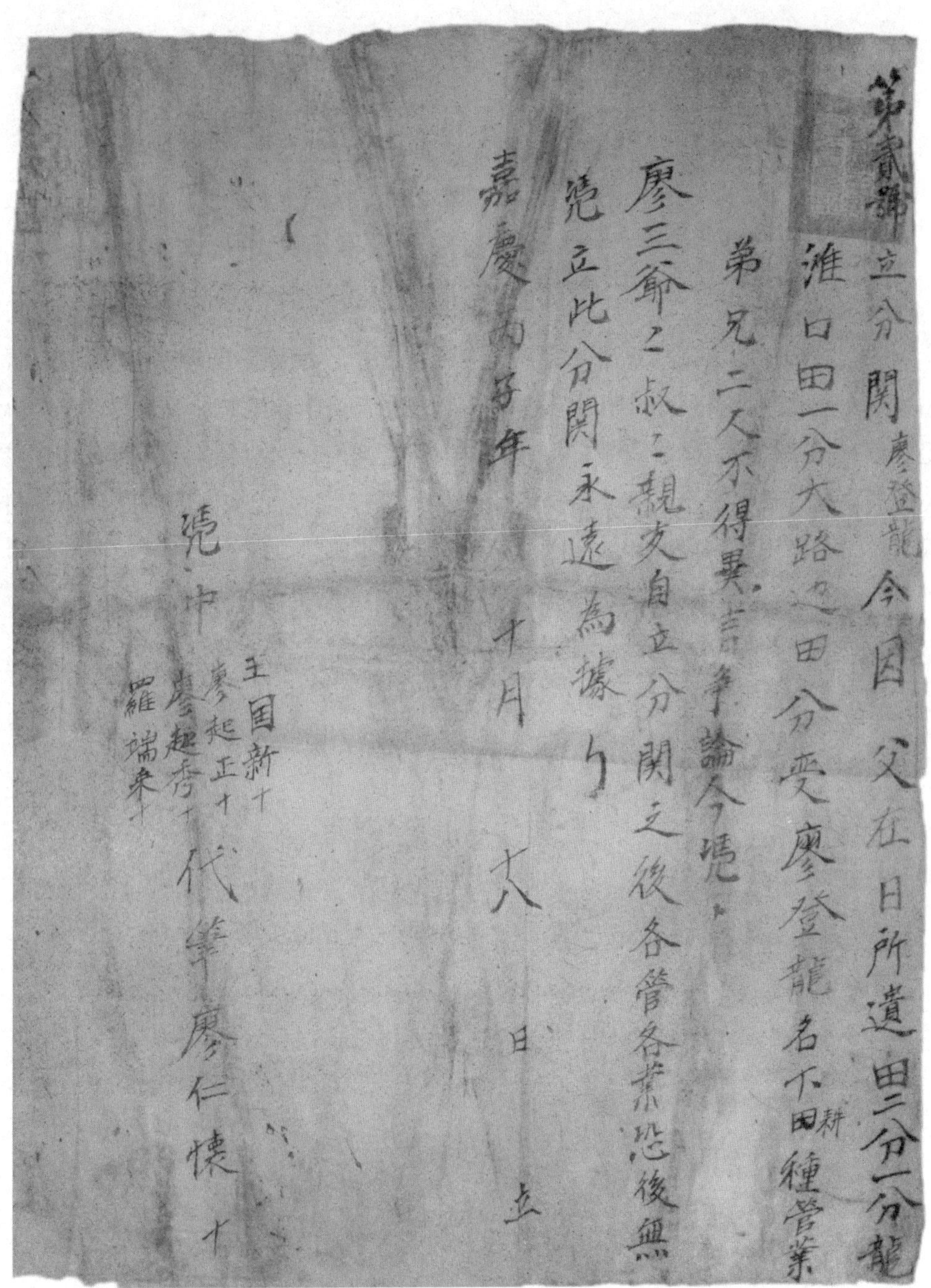
第貳號　立分閱廖登龍今因父在日所遺田二分一分龍
滩口田一分大路边田分受廖登龍名下田耕種管業
弟兄二人不得異言爭論今憑
廖三爺二叔二靚友自立分閱之後各管各業恐後無
憑立此分閱永遠為據
嘉慶丙子年　十月　十八　日　立
憑中　王国新十　廖起正十　廖起秀十　羅端來十　代筆廖仁慷　十

嘉庆二十一年十一月十五日周熊氏率子卖山场田地契

第陆号

立卖山场田地人周熊氏率子应元、应魁、老三，为因缺少使用，情愿将祖置白家坑山场荒地并开垦田一丘出卖与学中众位先生名下永远管业。彼时议作卖价足色银贰拾贰两整，画字一并在内。即日银田老契两交明白。其山场四至均在老契载明，内有周姓祖茔三冢，后至山顶，左齐黑石头，右齐高埂黑石头，前齐祖坟月台下，学中不得侵占。其余山场田地均入学中管耕，周姓宗族人等不得异言争论，而佃户不得借地践踏坟茔。恐口无凭，立此卖契为据。

其有周姓所买杨姓老契，交明学内存照。

凭中人　董辑五押

陈际广押

朱则圣押

张九锡押

潘蓝田押

嘉庆二十一年十一月十五日　　立卖山场田地人周熊氏率子老三押

应元押

应魁押

代笔人　郑堪与押

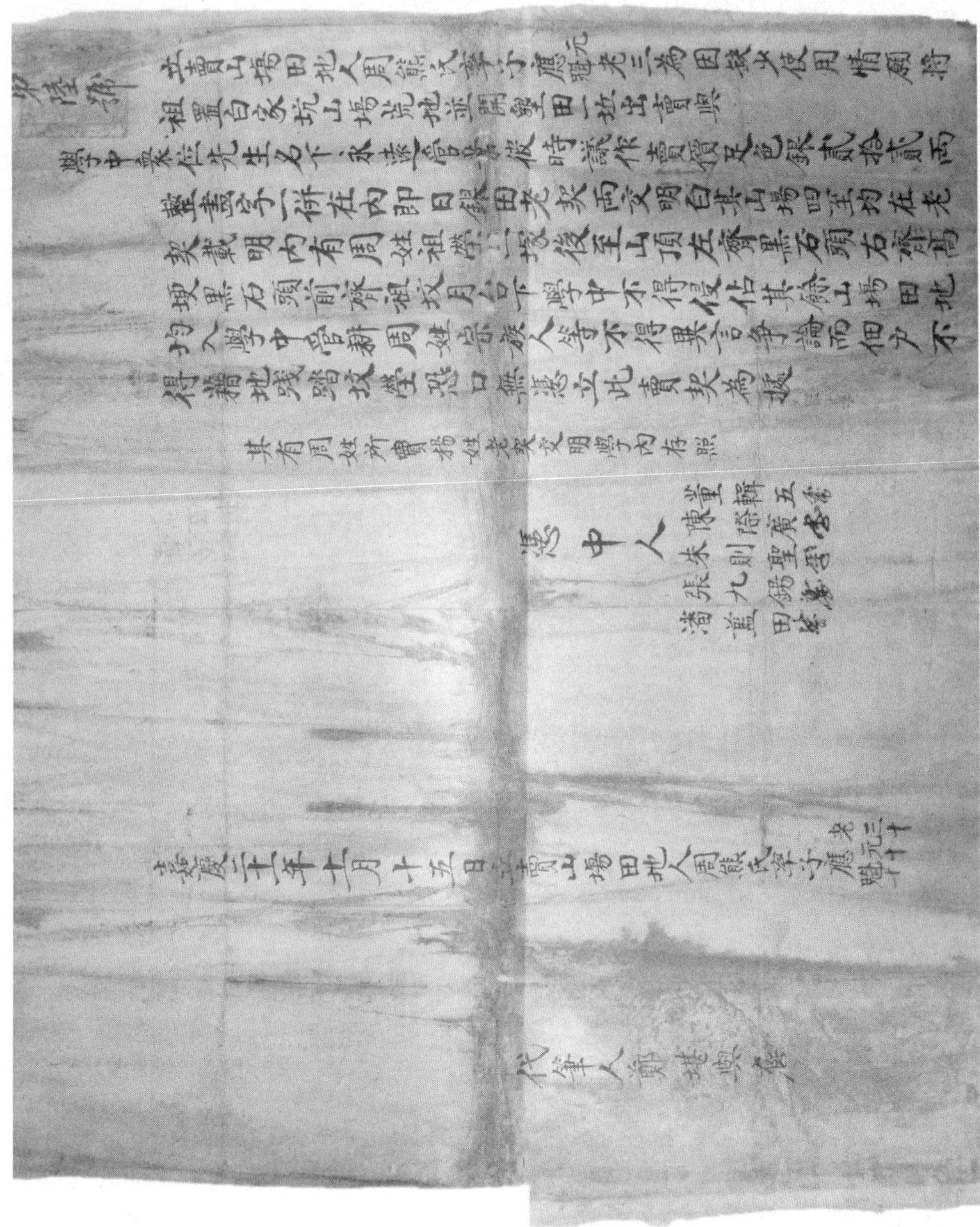
立賣山場田地人周熊氏率子應魁元老三為因缺少使用情願將
祖置白家坑山場荒地並開墾田一坵出賣與
學中眾位先生名下永遠管業彼時議作賣價足色銀貳拾貳兩
整盡字一併在內即日銀田老契兩交明白其山場四至均在老
契載明內有周姓祖塋一塚後至山頂左齊黑石頭右齊高
埂黑石頭前齊祖坟月台下學中不得侵佔其餘山場田地
均入學中管耕周姓宗族人等不得異言爭論而佃戶不
得藉地殘踏坟塋恐口無憑立此賣契為據

其有周姓所買揚姓老契交明學內存照

憑中人 董輯五 陳隆廣 朱則聖 張九錫 潘蔥田

嘉慶二十一年十二月十五日立賣山場田地人周熊氏率子應元魁老三十

代筆人鄭堪興

嘉庆二十一年十一月十五日李盛荣等卖田契

第玖号

立永远杜卖田契人李盛传、李盛荣、李盛观同侄发万，今因负债无出，兄弟叔侄商议，情愿将曾祖父自置白家坑新田、乔家田、筲箕田、茅草旁五处田地山场共为一产，请凭中证及李姓亲族人等踏明四至界址，其四至业经载明老契，原租伍拾叁石，出卖与普安直隶厅合属通学列台先生名下永作卷田。彼时三面议作时价足色银柒百零伍两，外画字银伍两。即日银田老契两交明白，其中并无私债货物准折，其科粮四亩一分六厘随田上纳，不与李姓相干。其田系曾祖父手置，吾祖父与叔祖父二人均分，叔祖乏嗣，例应归荣弟兄叔侄顶受，凡李姓亲族人等俱各无分。若有异言争论，系荣弟兄叔侄四人一力承当。自卖之后，任从通学永远管业、安佃收租、开垦投税。嗣后李姓子孙无力不得搬找，有力不得赎取。特立此杜卖田契存照。

此项功德系合厅士庶捐助。

凭中人　董瑞太

谢洪亮

刘汉荣

郭品相

张洪太

张朝凤

罗永太

范永昌

朱心睿

张品升

承办　范兴荣

王师训

任　佩

嘉庆二十一年十一月十五日　　立永远杜卖田契人李盛传、李盛荣、李盛观

盛观亲笔

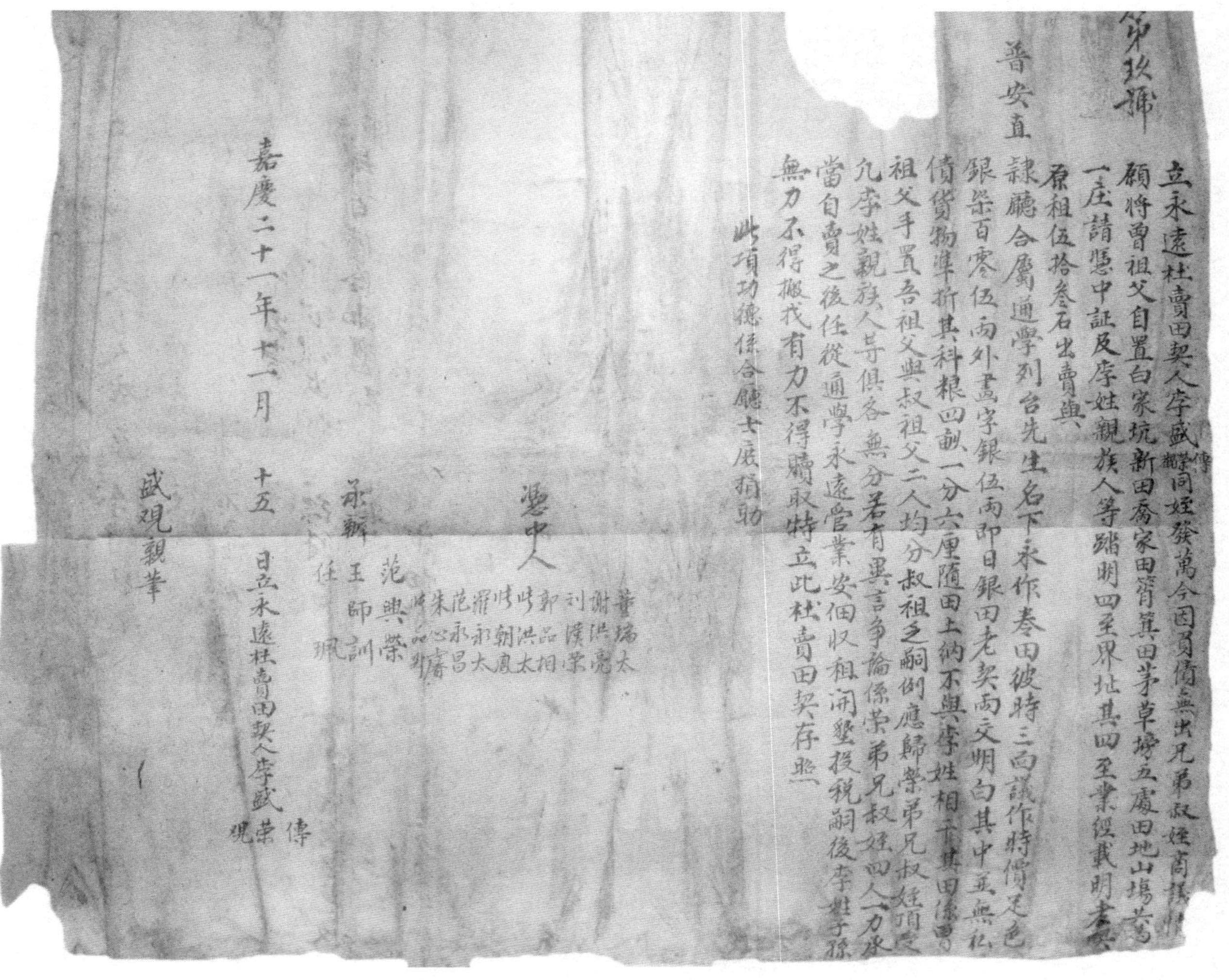
中玖挪

立永遠杜賣田契人李盛傳榮珉同姪發萬今因負債無出兄弟叔姪商議情
願將曾祖父自置白家坑新田喬家田背冀田茅草塝五處田地山塲□□
一庄請憑中証及李姓親族人等踏明四至界址其四至業經載明老契
原祖伍拾叁石出賣與
普安直
隸廳合屬通學列台先生名下永作養田彼時三面議作時價足色
銀柒百零伍兩外盡字銀伍兩即日銀田老契兩交明白其中並無私
債貨物準折其科粮四畝一分六厘隨田上納不與李姓相干其田係曾
祖父手買吾祖父與叔祖父二人均分叔祖乏嗣例應歸榮弟兄叔姪頂受
允李姓親族人等俱各無分若有異言爭論係榮弟兄叔姪四人一力承
當自賣之後任從通學永遠管業安佃收租開墾投税嗣後李姓子孫
無力不得搬找有力不得贖取特立此杜賣田契存照
此項功德係合廳士庶捐助

憑中人 黃瑞太 謝洪亮 劉漢榮 郭品相 時洪太 時朝鳳 羅永太 范永昌 朱心壽 時品升

承辦 范興榮 王師訓 任珮

嘉慶二十一年十二月十五日立永遠杜賣田契人李盛傳 榮 珉

盛珉親筆

嘉庆二十二年四月二十四日立领字

第拾号

领用价银氏张李氏、唐李氏，唐门李氏系李盛荣、盛传、盛观之叔祖李兆鳌嫡女。缘百家坑田一庄乃祖父分授与氏伯兆熊氏，父兆鳌兄弟各有一半。氏父乏□□堂侄，盛荣弟兄将此庄作价足色银柒百壹拾两卖与学中永作卷田。氏凭族内及学中亲谊议将此田价抽出伍拾陆两，以伍拾两为氏父母祭祀包坟念经之费外，陆两给氏姊妹三人分作遗念。余陆百伍拾肆两俱盛荣弟兄领明，是以氏姊妹连名领到斋长□、张、方、张、史、张各位先生处足色银伍拾陆两整。中间不致虚领，所领是实。

凭　王国琏押

　　黄二先生际阳押

　　王四公化雨押

　　周　达押

嘉庆二十二年四月二十四日　　立领字［人］唐李氏押

张李氏押

唐李氏押

依口代字　张九锡押

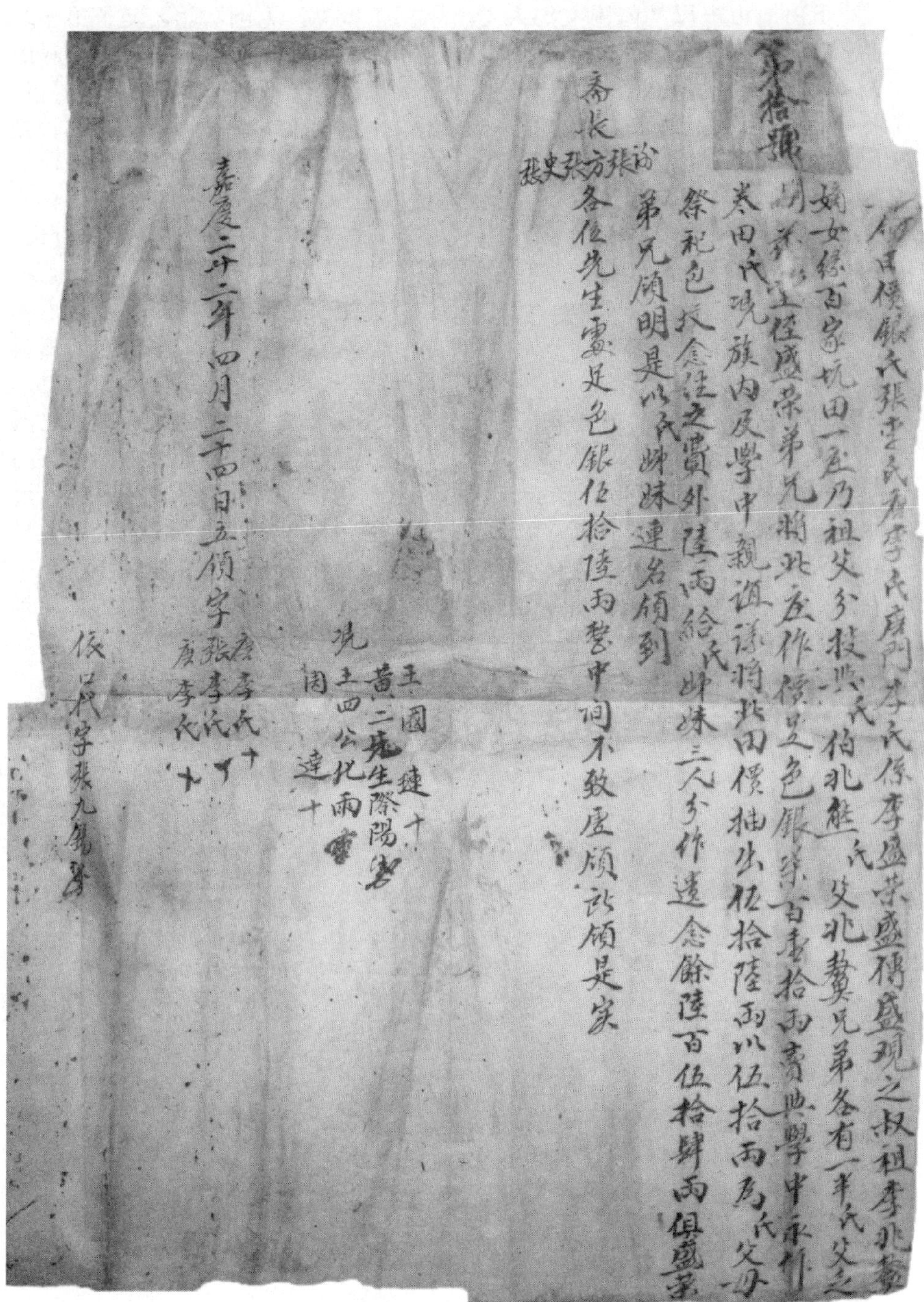

[illegible]拾號

仝日領銀氏張李氏房李氏庶門李氏係李盛榮盛傳盛現之叔祖李兆鰲

嫡女緣百家坑田一庄乃祖父分授與氏伯兆熊氏父兆鰲兄弟各有一半氏父之

一半[illegible]姪盛榮弟兄將此庄作價足色銀柒百壹拾兩賣典學中永作

[illegible]田氏現凡族內及學中親誼議將此田價抽出陸拾陸兩以伍拾兩為氏父母

祭祀色[illegible]念往之費外陸兩給氏姊妹三人分作遺念餘陸百伍拾肆兩俱盛榮

弟兄領明是以氏姊妹連名領到

齋長 張汾 張方 張史

各位先生處足色銀伍拾陸兩整中間不致虛領此領是實

見 王國璉十 黃二堯 生際陽 押

同 王四公 化雨 押 [illegible]達十

嘉慶二十二年四月二十四日立領字 房李氏十 張李氏十 庶李氏十

依口代字 張九鶴 押

嘉庆二十二年八月初六日支新甲同子卖田地山产屋基园圃契

第捌伍号

立杜卖田地山产屋基园圃文约人支新甲同子世高，为因缺用，父子弟兄商议，情愿将己名下与新亮同买支维才支家屯科田，田地山产园圃一分，祖遗科田一分，地名坐落一处龙晶凹，大小柒丘，上抵蒋姓田，下抵新亮田，左抵蒋姓田，右抵水沟；一处大秧田一丘，硬（埂）上一丘，祖遗四方田，大小四丘，约种壹斗，上抵蒋姓田，下抵支新位田，左抵路，右抵新亮秧田；一处大湾田一丘，上抵新亮田，下抵新亮田，左边横头二丘，右边横头一丘，硬（埂）下二丘，台子田一丘，上抵支维奉田，下抵联大湾田；一处厂（场）脚下一丘，上抵支世勋田，下抵支新禄田，内有屋基园圃，上抵路，下抵蒋姓田，左抵蒋姓园硬（埂），右抵新位园硬（埂），棕树树木、竹林一切在内，外有松山一座，左边一半抵路，右卖入契内，右边一半属新亮名下；一处松毛凹松山，左边二股在内，右边一股属新亮名下，前抵新龙田，后抵路。田总共科田叁斗贰升，大小贰拾壹丘，松山两座，暨山产园圃屋基、树木、竹林一并在内，其田水源由塘放运，新亮不得阻塞，四至勘明，请凭中证出卖与杨席亭名下为业。彼时三面议作卖价足色纹银玖拾伍两整，画字一并在内。即日银契两交，其中并无逼勒等情。自卖之后，任从杨姓过割税契、安佃耕种、起造埋葬、子孙永远管业，新甲父子兄弟暨新亮人等不得异言。其科一亩五分五厘随田上纳，不与卖主相干。至松山内有新甲堂叔维槐坟茔一所，除前后左右各一十八步，杨姓不得以产践踏，新甲宗族人等亦不得借坟越坝（霸）。其有买明维才契据一纸，接（揭）交杨姓收执。至祖遗四方田，无契只有分关，系支新甲收存。欲后有凭，特立此杜卖文契为据。

又批：内涂抵右二字，改四字，添总字。

卖契存照

凭中　杨宁川押
杨兴业押
王澍亭押
郑宜之押
邹兴槐押
支新礼押
支新亮押
支新位押
年国宾押
支新良押
支世仁押
伍庆之押
邹隆祥押

嘉庆二十二年八月初六日　立杜卖田契人支新甲押
同子世高押

永远管业

代笔　胞弟支新邦押

□契照

嘉庆二十二年九月初三日契尾

尾　契

普安厅　某州府厅县印号

贵州等处承宣布政使司　　　　为遵
旨议奏事奉
抚部院宪牌准
户部咨开河南司案呈所有本部议覆河南布政使富　条奏买卖田
产将契尾粘连用印存贮申送府州藩司查验等因一折于本年拾贰
月拾贰日奏本日奉
旨依议钦此相应抄录司班并颁发格式行文贵州巡抚钦遵办理可也等
因咨移到本部院准此合就檄行为此仰司官吏查照票内准　部咨奉
旨及粘单内事理即便钦遵刊刷酌量颁发移行遵照办理仍刷样呈送备
查毋违须至契尾者
计开
业户　何思孝　买王洪朝田一坋　坐落东瓜岭
用价银〇千贰百贰拾〇两〇钱　税银〇拾陆两陆钱〇分〇厘
布字壹百贰拾柒号
右给与业户何思孝准此
嘉庆二十二年九月初三日
何思孝用价银　〇千贰百贰拾〇两〇钱　税银　〇拾陆两陆钱〇分〇厘

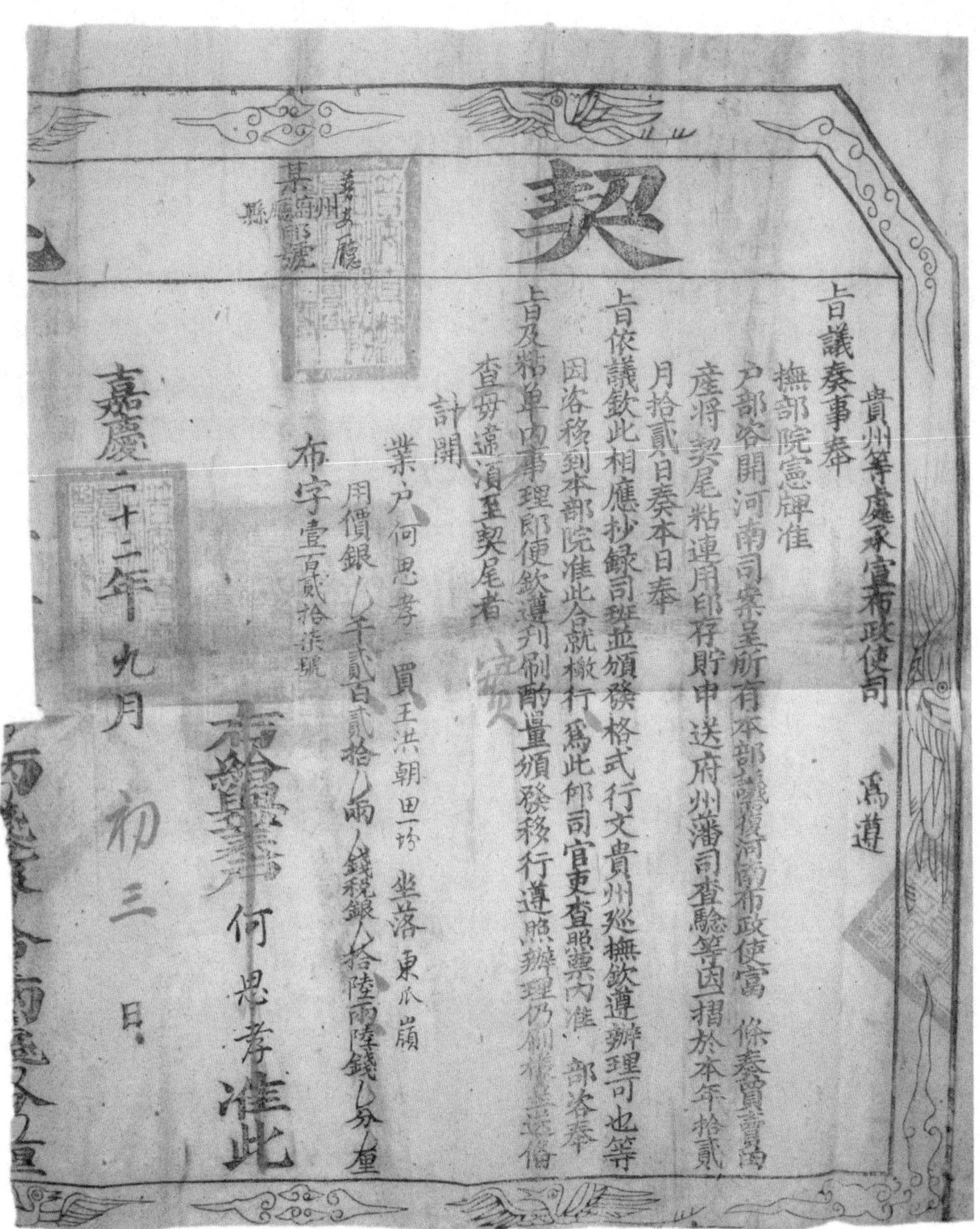

契

貴州等處承宣布政使司　為遵
旨議奏事奉
撫部院憲牌准
户部咨開河南司案呈所有本部議覆河南布政使富　條奏買賣田
產將契尾粘連用印存貯申送府州藩司查驗等因摺於本年拾貳
月拾貳日奏本日奉
旨依議欽此相應抄錄司稿並頒發格式行文貴州巡撫欽遵辦理可也等
因咨移到本部院准此合就檄行爲此仰司官吏查照粘單內准　部咨奉
旨及粘單內事理即便欽遵刊刷酌量頒發移行遵照辦理仍刷様呈送備
查毋違須至契尾者
計開
業户何思孝　買王洪朝田一坵　坐落東瓜嶺
用價銀　千貳百貳拾　兩　錢稅銀　拾陸兩陸錢　分　厘
布字壹百貳拾柒號
右給業户　何思孝　准此
嘉慶二十二年　九月　初三　日

嘉庆二十四年三月十八日张登科同子当田契

第玖肆号

立当田契文约人张登科同子福柱，为因缺用，父子商议情愿将本名下分受水田壹分，坐落地名徐家坝下蚕豆田乙丘，大四方田乙丘，长坝田大小贰丘，约种壹斗伍升，请凭中出当与通学先生名下为业。彼时三面言定议作当价足色银陆拾两正（整）。即日银田两相交明，其中并无私债货物准折，亦无逼勒等情。自当之后，任凭各位先生安佃收租，张姓族内外人等不得异言争论。日后有力之日，银到归赎，二比不得刁难。其有夫差粮草，并田上拖欠他人账项，系是张福梁一面承耽（担）。欲后有凭，立当契为据。

其有老契业已前失，日后翻出以为故纸。

当契为据

凭胞侄　张福梁押

凭中人　唐文华押

　　　　肖复春押

　　　　高为章押

嘉庆二十四年三月十八日　　立当田契文约人张登科

　　　　　　　　　　　　　　　　同子福柱押

代笔人　唐世炜押

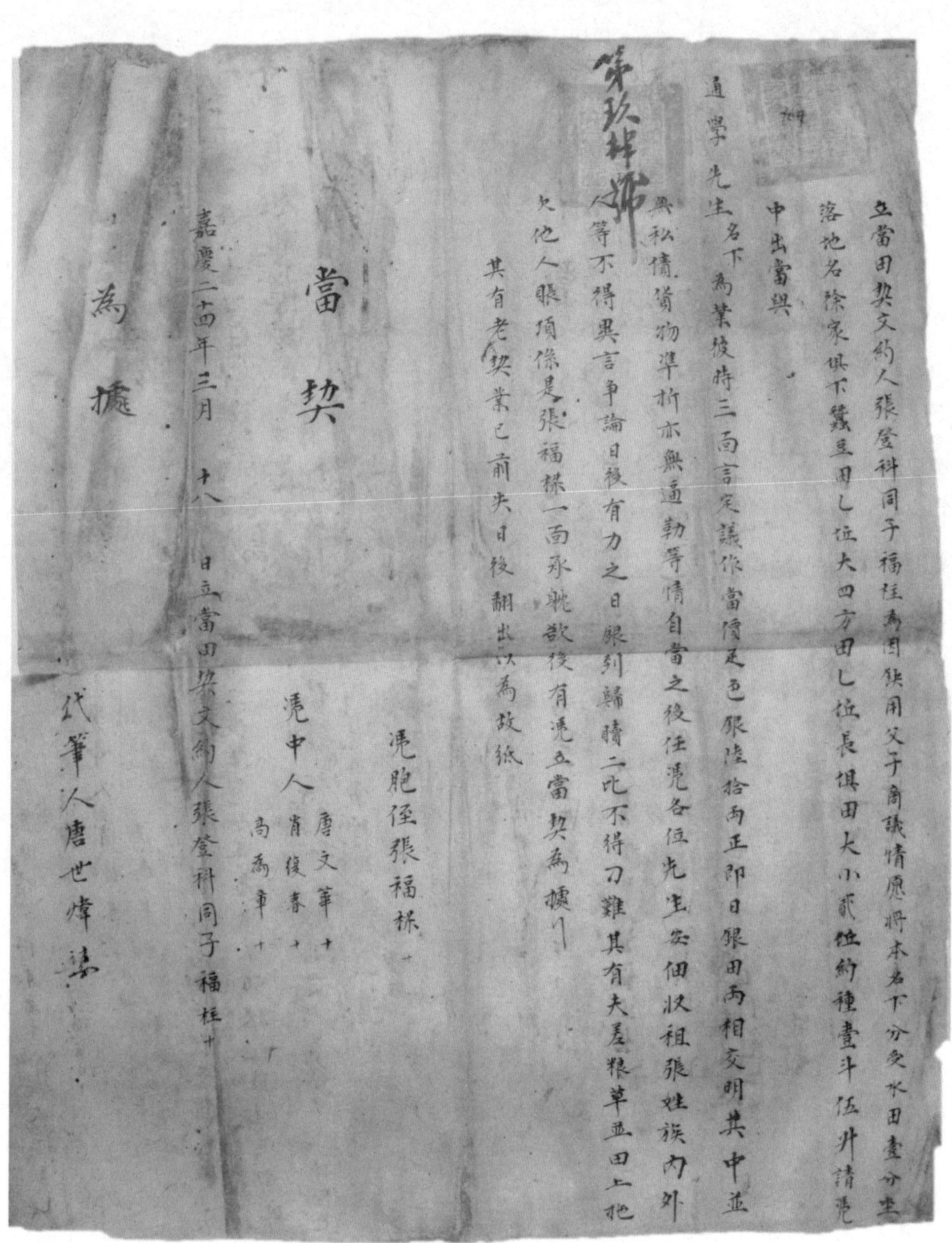

立當田契文約人張登科同子福桂為因缺用父子商議情愿將本名下分受水田壹分坐落地名徐家堡下蠶豆田乙坵大四方田乙坵長堪田大小貳坵約種壹斗伍升請凴中出當與

通學先生名下為業彼時三面言定議作當價足色銀陸拾兩正即日銀田兩相交明其中並無私債貨物準折亦無逼勒等情自當之後任凴各位先生安佃收租張姓族內外人等不得異言爭論日後有力之日銀到歸贖二比不得刁難其有夫差粮草並田上杷欠他人賬項係是張福林一面承耽欲後有凴立當契為據

其有老契業已前失日後翻出以為故紙

凴胞侄張福林 十

凴中人 唐文華 十 肖俊春 十 高為章 十

嘉慶二十四年三月十八日立當田契文約人張登科同子福桂 十

當契

為據

代筆人唐世煒 書

嘉庆二十四年四月十六日佃通学田契

170

立安田地通学王化雨、袁敦化、方绍周、张行玉、任倡瑗、史廷柱、谢华峰、黄际阳、张君泰等，为因黄正友具□，陈瑾霸耕黄正廉逆产，经府主徐审断，归学管理安佃，不准陈、黄二姓耕讨及隐匿侵占。□契当即会同踏勘四至后，开载明安佃与张臣恩亲耕。议作每月租谷叁石伍斗外，得受水口九八色银伍两，过张华玉铺四平码。秋成之日，该佃挑纳书院，不拘年岁丰欠，如数清完，不得短少升合。若有差欠，除将水口银两扣除外，扯田另安。其田地系官断归，理应遵依。今该佃张臣恩亲讨，自应亲耕，毋得讨后仍归陈、黄二姓耕种情弊。倘有此情，日后查出即将水口银两□官，罚入充公，扯退另安，勿谓言之不先也。此据。

内添会同、每年、伍两六字。

计开：

小冲河田一分，大小一十四丘。山地一分，四至列后。

上底（抵）团山下□，黄姓出当与石家地脚下。下底（抵）黄正和田上高埂。左齐山梁，左下齐黄毓翠田地高埂。右齐沟，右下齐黄正和田高埂。又山顶上左边岩子下四方地一大块，又左沟外地两小块，又桐子林路上地一块，四至内柿花树两大株。

凭原差　张天潮押

　　　　徐开学押

嘉庆二十四年四月十六日　　立安佃通学押

张君泰笔押

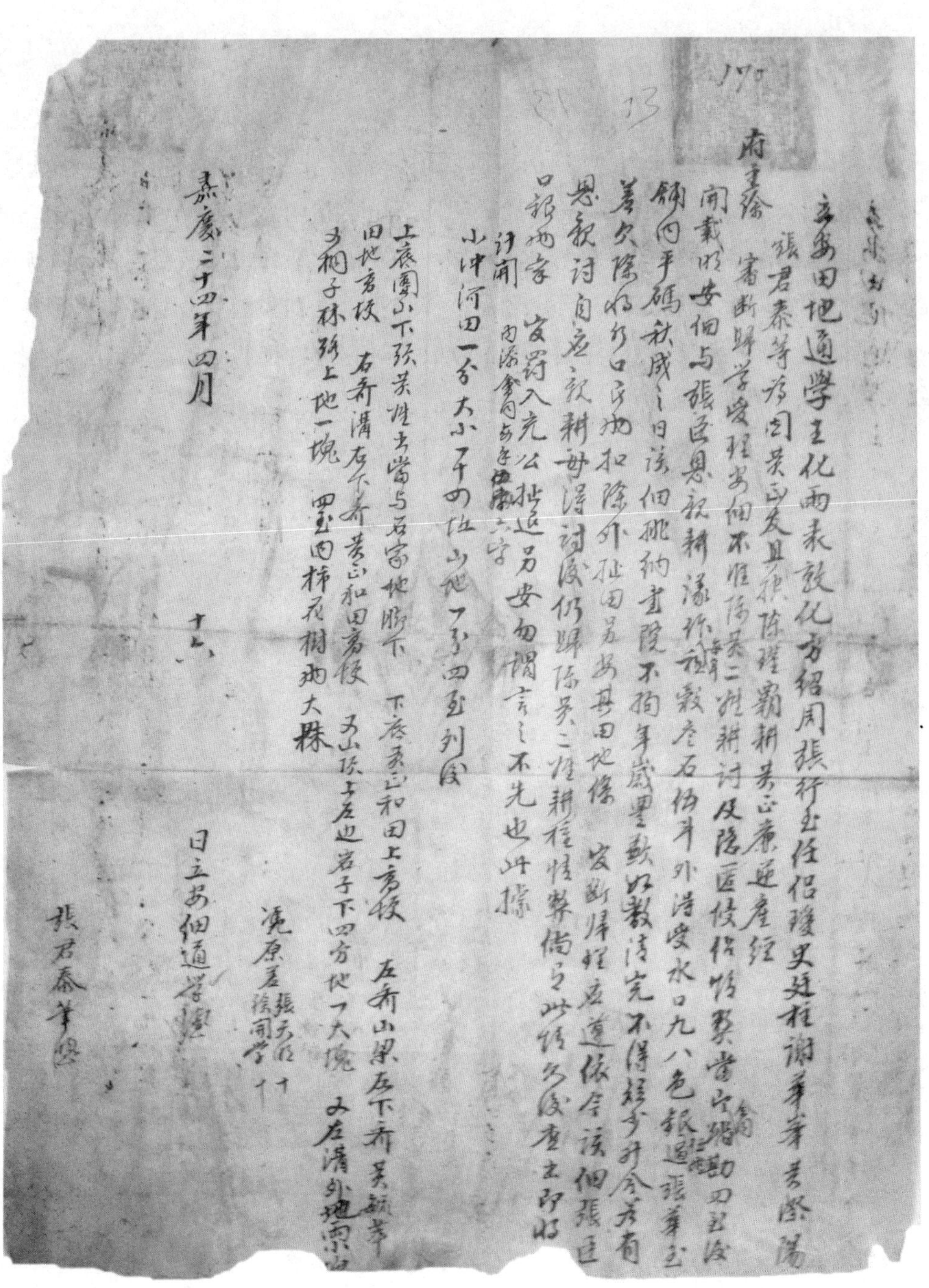
立安田地道學主化雨袁敦化方紹周張衍玉任侶瓊史廷桂謝華章黃堅陽
張君泰等爲因吳正友且龍陳瓊霸耕吳正康逆產經
府主徐審斷歸學受理安佃不准陳吳二姓耕討及陳匡倰伊情契當占賭勘田立案
聞載明安佃與張匡恩承耕添作租穀叁石伍斗外清受水口九八色銀退張華玉
領回手碼秋成之日該佃挑納書院不拘年歲豐歉照數清完不得短少升合若有
舊欠除將行口字抽和除外征田另安再田地條　安斷歸程應道依今該佃張匡
恩承討自應之承耕毋得討佃仍歸陳吳二姓耕種情弊倘有此情久後查出即將
口頭字　安爲入充公批追另安佃謂言之不先也此據
計開
小中河田一分大小不□四位山地丫子四至列後
上底園山下路吳姓當與石家地脚下　下底吳正和田上方坎　左齊山梁左下齊吳穎第
田地方坎　右齊溝右下齊吳正和田方坎　又山坎上左邊岩子下四方地丫大塊　又左溝外地
又桐子林路上地一塊　四至田柿花桐樹大株
憑原差張元佐十　族司學十
嘉慶二十四年四月十七日立安佃道學
張君泰筆

嘉庆二十五年九月二十九日张贵等卖房屋园圃地基契

125

立永远杜卖房屋园圃地基人张贵、张辅同子长寿、小九，今因缺用，弟兄父子商同愿将先父在日买明孙姓官井顺街房屋大小一十二间，园圃一段，右至大街，左至园墙脚底万寿宫后园，前至山墙脚底冯姓后园，后至山墙水沟底徐姓地界。因此房朽坏，自愿减价银，请凭中证踏明四至出卖与张汇川名下为业。彼时三面议作时价足色纹银壹百贰拾肆两整，画字一并在内。即日银房两交明白，并无私债货物准折，亦无逼勒等情。自卖之后，任从买主过割税契、盖造住坐、子孙永远管业辅等，族内人等不得异言、搬找赎取。其有孙姓买明张姓老契一纸，因年久失遗，日后翻出系属故纸。欲后有凭，立此永远杜卖文契存照。

外有红契一纸，揭交清白。

凭中人　支若兰押　田成岁押

卯天贵押　张永太押

唐文盛押　蒋孝连押

张品秩押

朱心睿押

史廷柱押

冯万益押

徐佩之押

张东阳押

王朝栋押

郑宜之押

许德纲押

王澍廷押

杨瑞庵押

金殿扬押

王朝富押

嘉庆二十五年九月二十九日　立杜卖房契人张贵押

张辅押

同子长寿押、小九押

张辅亲笔

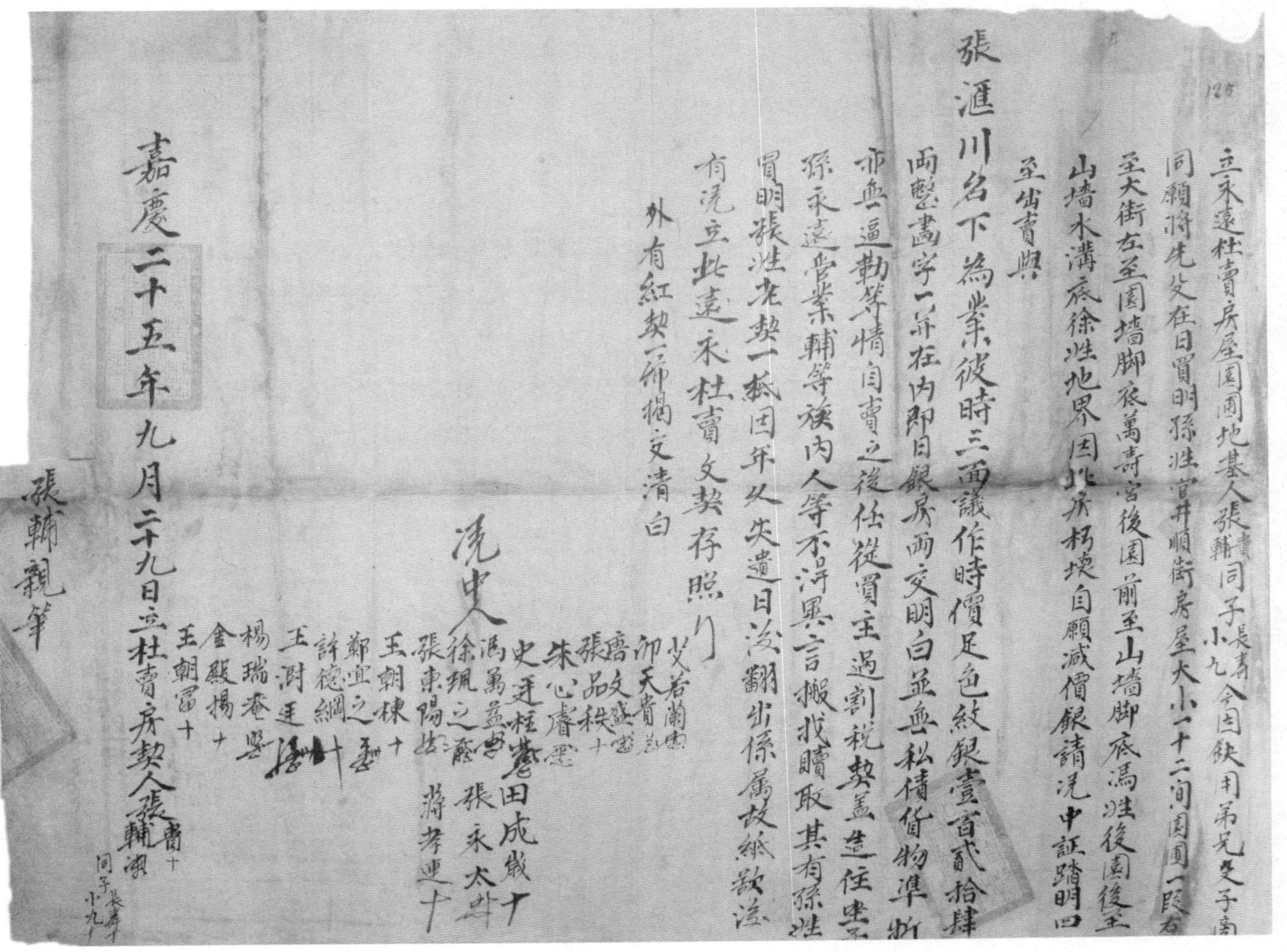

立永遠杜賣房屋園圃地基人張輔同子長壽、小九，今因缺用，弟兄父子商
同願將先父在日買明孫姓官井順街房屋大小一十二間，園圃一段，右
至大街，左至園墻脚，後至萬壽宮後園，前至山墻脚底馮姓後園，後至
山墻木溝底徐姓地界。因此，承杞境自願減價，敬請凭中証踏明四
至，出賣與
張
張滙川名下為業。彼時三面議作時價足色紋銀壹百貳拾肆
兩整，畫字一并在內，即日銀房兩交明白，並無私債貨物準折，
亦無逼勒等情。自賣之後，任從買主過割税契，蓋造住坐，
孫永遠管業，輔等族內人等不得異言搬找贖取。其有孫姓
買明張姓老契一紙，因年久失遺，日後翻出，係屬故紙。欲後
有凭，立此永遠杜賣文契存照。
外有紅契一紙，揭交清白。

凭中人 史若蘭 邱天貴 張啟文 張品秩 朱心睿 史廷桂 馮萬益 徐珮之 張東陽 王朝棟 鄭宜之 許德綱 玉澍廷 楊瑞菴 金殿揚 王朝富 田成岱 張永太 游孝連

嘉慶二十五年九月二十九日立杜賣房契人張輔 同子長壽、小九

張輔親筆

道光元年正月二十九日契尾

尾 契
某州府厅县印号
贵州等处承宣布政使司　　为遵 旨议奏事奉 抚部院宪牌准 户部咨开河南司案呈所有本部议覆河南布政使富　条奏买卖田 产将契尾粘连用印存贮申送府州藩司查验等因一折于本年拾贰 月拾贰日奏本日奉 旨依议钦此相应抄录司班并颁发格式行文贵州巡抚钦遵办理可也等因 咨移到本部院准此合就檄行为此仰司官吏查照票内准　部咨奉 旨及粘单内事理即便钦遵刊刷酌量颁发移行遵照办理仍刷样呈送备 查毋违须至契尾者 计开 业户　张汇川　买张贵张辅　坐落房园地基均在契内 用价银　〇千壹百贰拾肆两〇钱　税银　〇拾叁两柒钱贰分〇厘 布字肆拾贰号　　　　右给与业户张汇川准此 道光元年正月廿九日发普安厅 张汇川用价银　〇千壹百贰拾肆两〇钱　税银　〇拾叁两柒钱贰分〇厘

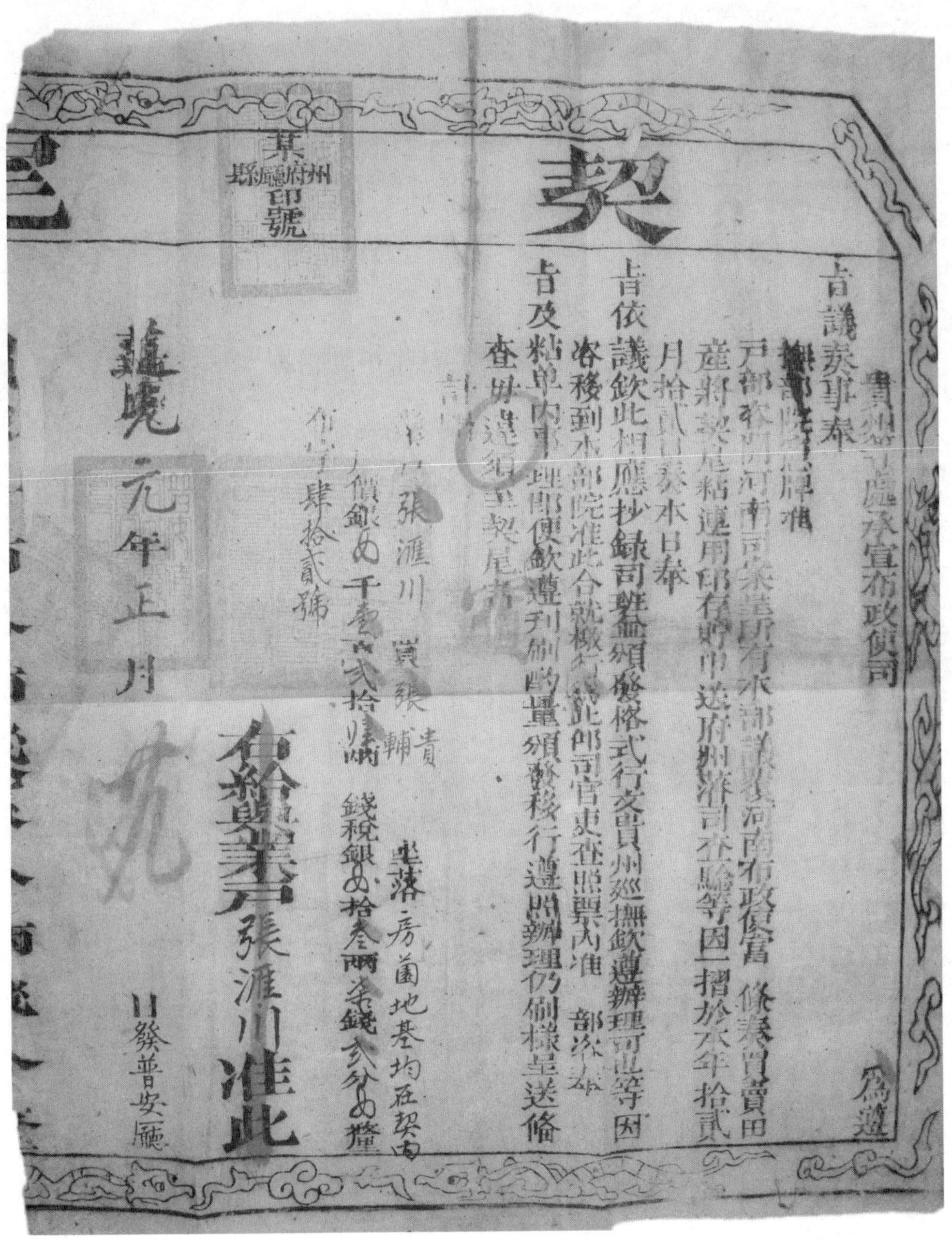

道光元年九月初七日张甫立借据

立借约人张甫，今因家下缺少费用，请中借到张十先生名下净钱乙千六百文整。妻张李氏同子张长寿清（亲）手领明应用。言定每年二分行利，不拘远近，本利清还。恐口无凭，立借约为据。

道光元年九月初七日　　立借约人张甫押

凭中人　袁二耶（爷）押

冯大耶（爷）押

马四耶（爷）押

许六耶（爷）押

代笔人　金占三押

立借約人張甫今因家下缺少費
用請中借到
張十先生名下淨錢乙千六百文整
妻張李氏仝子張長壽清手領
明應用言定每年二分行利不
拘遠近本利清還恐口無憑
立借約為據

道光元年九朔七日立借約人張甫十

憑中人 袁二耶十 馮大耶十 馬四耶十 許六耶十

代筆人 金占三十

道光元年九月二十八日契尾[1]

尾　契

某州府厅县印号

贵州等处承宣布政使司　　为遵
旨议奏事奉
抚部院宪牌准
户部咨开河南司案呈所有本部议覆河南布政使富　条奏买卖田
产将契尾粘连用印存贮申送府州藩司查验等因一折于本年拾贰
月拾贰日奏本日奉
旨依议钦此相应抄录司班并颁发格式行文贵州巡抚钦遵办理可也等
因咨移到本部院准此合就檄行为此仰司官吏查照票内准　部咨奉
旨及粘单内事理即便钦遵刊刷酌量颁发移行遵照办理仍刷样呈送备
查毋违须至契尾者
计开
业户　胡占廷　得买胡占有等水田　坐落地名载契
用价银　〇千壹百〇拾贰两〇钱　税银　〇拾叁两〇钱陆分〇厘
布字玖拾号
实发普安厅照例征收　　右给与业户胡占廷准此
道光元年九月廿八日
胡占廷用价银　〇千壹百〇拾贰两〇钱　税银　〇拾叁两〇钱陆分〇厘

① 表内最左行字为半书。

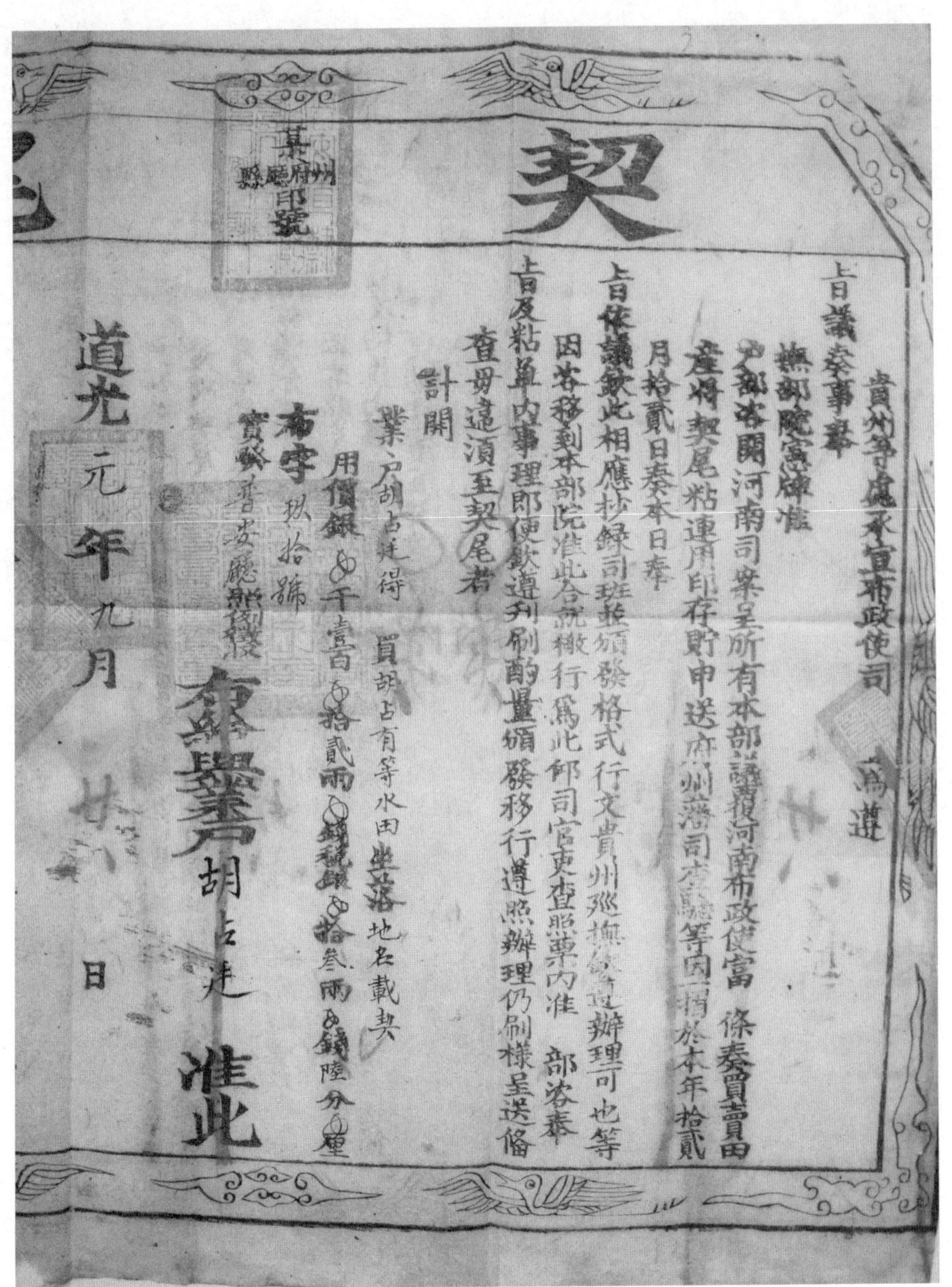

契

某府州廳縣印號

貴州等處承宣布政使司　為遵
旨議奏事案奉
撫部院富牌准
户部咨開河南司案呈所有本部議覆河南布政使富　條奏買賣田
產將契尾粘連用印存貯申送府州藩司查驗等因一摺於本年拾貳
月拾貳日奏本日奉
旨依議欽此相應抄錄司班頒發格式行文貴州巡撫欽遵辦理可也等
因咨移到本部院准此合就檄行爲此仰司官吏查照來內准　部咨奉
旨及粘單内事理即便欽遵刊刷酌量頒發移行遵照辦理仍刷樣呈送備
查毋違須至契尾者
計開
業户胡占廷得　買胡占有等水田坐落　地名載契
用價銀　千壹百　拾貳兩　稅銀　拾叁兩　錢陸分　釐
布字玖拾號
實發普安廳照例徵收
右給業户胡占廷　准此
道光元年九月　日

道光四年四月十九日张长寿借据

立借钱约人张长寿，今因缺用，请中借到张十先生员（名）下制钱壹千文整入手应用。其钱言定每月二分行息，不拘远近，本利一并相还，不得短少分文。恐口无凭，特立借字一纸为据。

凭中　许泣隆押

道光四年四月十九日　　立借钱约人张长寿押

代字　王广润押

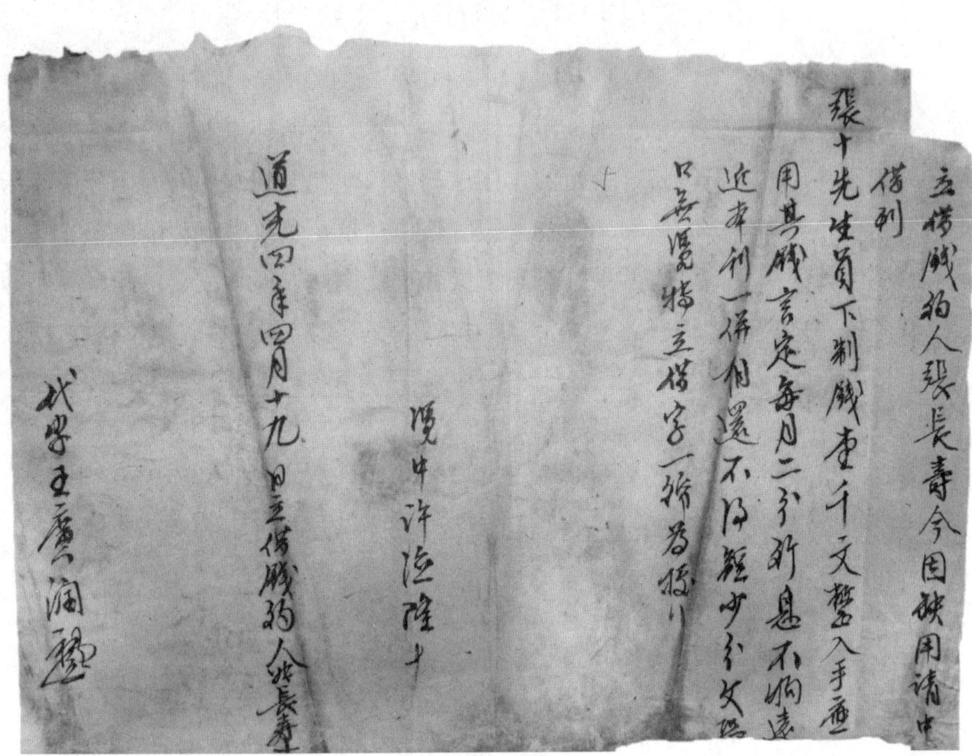

立借钱约人张长寿今因缺用请中
借到
张十先生(台)下制钱壹千文整入手应
用其钱言定每月二分行息不拘远
近本利一并相还不得短少分文恐
口无凭特立借字一纸为据
凭中许治隆十
道光四年四月十九日立借钱约人张长寿
代字王广渊(押)

道光四年闰七月初四日封万年转当田契

第伍陆号

立转当田契人封万年，为因缺用，情愿将当林以升西冲屯科田一分，地名平田，约种一斗，东至刘姓田，南至河，西至胡姓田，北至林姓田，四至分明，请凭中证踏明，出当与蒋百行名下管业，彼时议作当价足色纹银伍拾陆两整。即日亲手领明，银田两交清楚，其中并无私债货物准折，亦非逼勒成交，此系二比心甘悦服。自当之后，其田任随蒋姓管理，安佃收租，言定陆年后方准赎取，不致异言。恐后无凭，立转当田契一纸为据。

所有前当契二纸，揭交蒋姓收执。

其有内添二字，其有戳蒋姓贵平。

道光四年闰七月初四日　　立转当田契人封万年押

当契存照

凭中　林可观押

　　　封万贵押

代字人　封开藩押

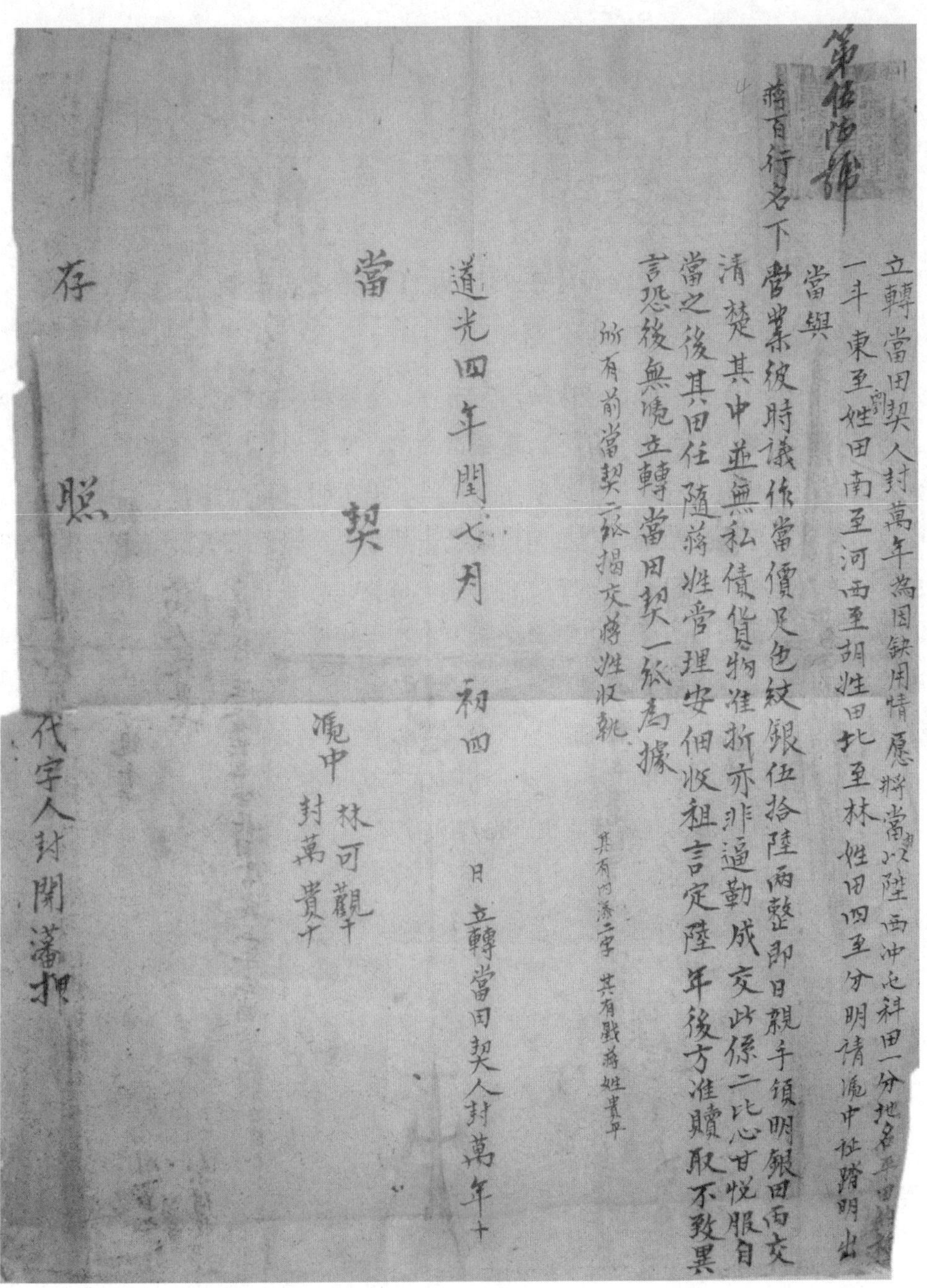

第伍[illegible]號

立轉當田契人封萬年為因缺用情愿將當契以陸西冲乜科田一分坵名平[illegible]
一斗 東至劉姓田南至河西至胡姓田北至林姓田四至分明請凴中祉踏明出
當與
蔣百行名下當業彼時議作當價足色紋銀伍拾陸兩整即日親手領明銀田兩交
清楚其中並無私債貨物准折亦非逼勒成交此係二比心甘悅服自
當之後其田任隨蔣姓管理安佃收租言定陸年後方准贖取不致異
言恐後無凴立轉當田契一紙為據

所有前當契二紙揭交蔣姓收執。 其有內添二字 其有戳蔣姓貴[illegible]

道光四年閏七月初四日 立轉當田契人封萬年十

當契

凴中 林可觀十
封萬貴十

存照

代字人封開滿押

道光四年十二月十五日王聘之卖田契

第伍捌号

立卖明田契人王聘之，今因缺用无出办，情愿将父分授已名下科田一分，坐落地名西冲坝湾，约种壹斗伍升。东至雷二田，南至河，西至王姓官田，北至林姓官田，大小共田二丘，凭中踏明四至丘段，出卖明与蒋百行名下管业。彼时三面议定作卖价足色纹银壹百叁拾两，画字一并在内。即日亲手领明，银田两交明白。其中并无私债货物准拆（折），亦非逼勒成交，此系二比心甘悦服。其田系父之分授，并非包卖他人寸土。自卖之后，任随蒋姓投税过割、安佃收租，王姓亲族人等不得异言争论。倘有别情，系聘之一人承耽（担）。其科壹亩叁分随田上纳。今恐无凭，立卖契一纸为据。

道光四年十二月十五日　　立卖明田契人王聘之亲书

其有老契一纸，揭交蒋姓收执。外有靴田不再（在）卖契之内，批明。

凭中　胞兄王温如押

王朝富押

林可观押

刘祥庵押

第伍捌號

立賣明田契人王腆之今因缺用無出辦情愿將父分授己名
下科田一分坐落地名西冲壩湾约種壹斗伍升東至雷二田南
至河西至王姓官田北至林姓官田大小共田二坵憑中踩明四至
坵段出賣明與
蔣百行名下管業彼時三面議定價足色紋銀壹百叁拾两
畫字一併在内即日親手領明銀田兩交明白其中併無私債貨
物准折亦非逼勒成交此係二比心甘悦服其田係父之分授並
非包賣他人寸土自賣之後任隨蔣姓投稅過割安佃收
租王姓親族人等不得異言爭論倘有別情係腆之一人承耽
其科畫畝叁分隨田上納今恐無憑立賣契一紙為據

道光四年十二月 十五 日立賣明田契人王腆之親書

胞兄王暠如押
憑中王朝富十
林可觀十
劉祥苞押

其有老契一紙揭交
蔣姓收執外有撒田
不再賣契立內批明

道光五年二月二十四日契尾

第伍玖号

尾　契

普安厅　某州府厅县印号

贵州等处承宣布政使司　　为遵

旨议奏事奉

抚部院宪牌准

户部咨开河南司案呈所有本部议覆河南布政使富　条奏买卖田

产将契尾粘连用印存贮申送府州藩司查验等因一折于本年拾贰

月拾贰日奏本日奉

旨依议钦此相应抄录司班并颁发格式行文贵州巡抚钦遵办理可也等因

咨移到本部院准此合就檄行为此仰司官吏查照票内准　部咨奉

旨及粘单内事理即便钦遵刊刷酌量颁发移行遵照办理仍刷样呈送备

查毋违须至契尾者

计开

业户　蒋百行　买王聘之　坐落田名坝湾

用价银　〇千壹百叁拾〇两〇钱　税银　〇拾叁两玖钱〇分〇厘

布字伍拾叁号

照例征收　　右给与业户蒋百行　准此

道光五年二月廿四日

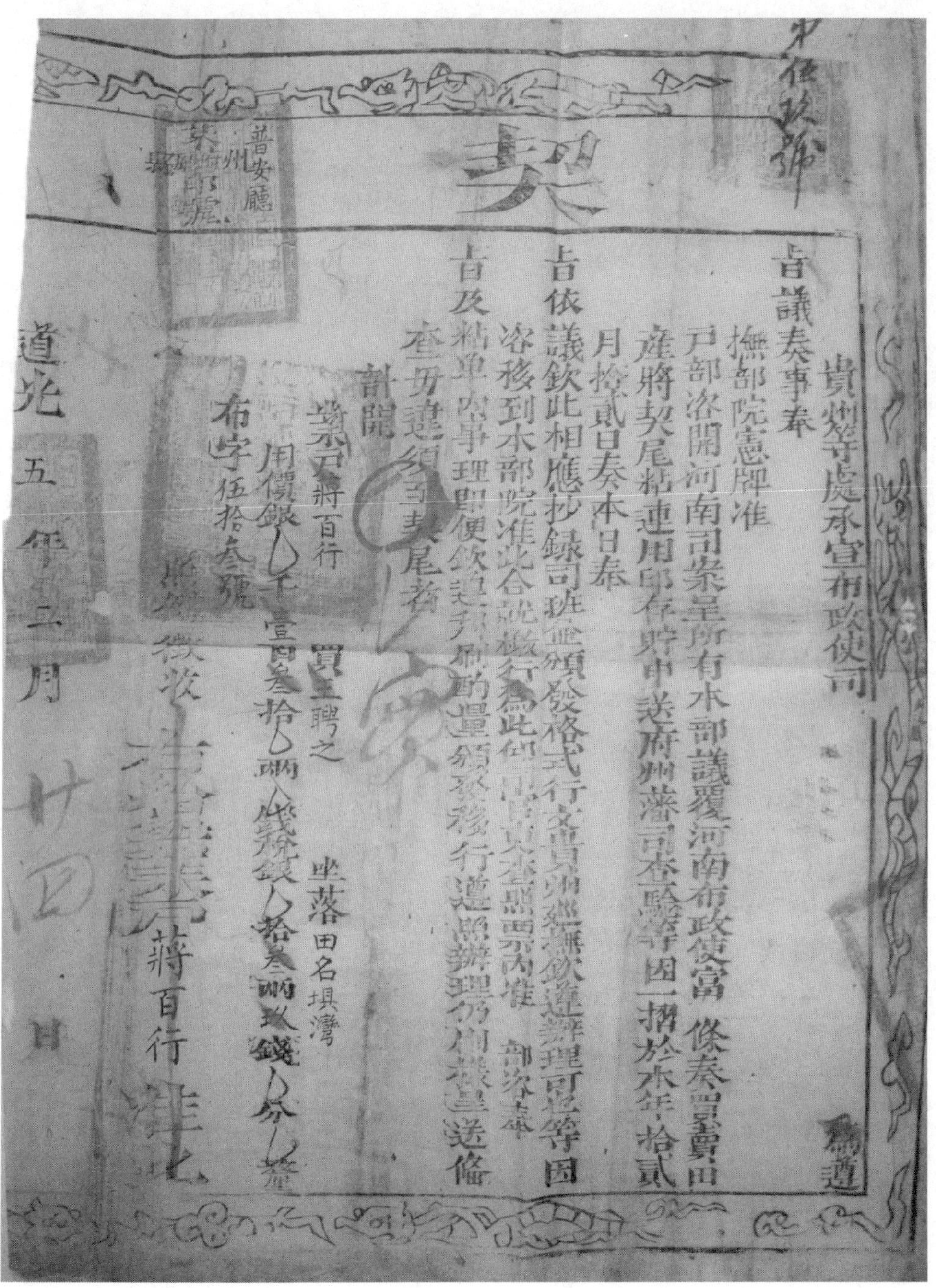

契

貴州等處承宣布政使司　為遵
旨議奏事奉
撫部院憲牌准
戶部咨開河南司案呈所有本部議覆河南布政使富　條奏買賣田
產將契尾粘連用印存貯申送府州藩司查驗等因一摺於本年拾貳
月拾貳日奏本日奉
旨依議欽此相應抄錄司班遵頒發格式行文貴州巡撫欽遵辦理可也等因
咨移到本部院准此合就檄行為此仰司官吏查照票內准　部咨奉
旨及粘單內事理即便欽遵刊刷契尾頒發各屬遵照辦理仍將遵行緣由造送備
查毋違須至契尾者

計開

業戶蔣百行　買王聘之　坐落田名塡灣

用價銀　千壹百叁拾　兩　錢稅銀　拾叁兩玖錢　分　釐

布字伍拾叁號

經　徵收　蔣百行　准此

道光五年二月廿四日

道光五年二月十六日林国荣当田契

145

立当田契文约人林国荣，为因缺乏应用，自愿将父分授已名下秧鸡田乙分，约种叁斗，大小八丘，其有四至红契载明；外有蒲草田、秧田二丘在内，一并出当明与张裕厚二哥名下。彼时凭中议作当价足色纹银陆拾两整。即日亲手领讫应用，并无私债扣克，亦无货物准拆（折），此系二比心甘悦服。自当之后，任从张姓安佃收租，林姓不得异言。其银不拘远近，银到归赎，二比不得刁难。今恐人心不古，特立当契一纸存照为据。

其田之红契，揭交张处收执，赎田之日一并揭回。

道光五年二月十六日　　立当田契文书人林国荣

其银不拘多少相还，张姓不得刁难，照租扣出（除），即日批记。

当契存照

凭中人　胞弟林国梓押

林国槿押

袁瑞庵姑爹押

胡启大旧（舅）押

刘梓华大耶（爷）押

堂弟林国机押

亲笔押

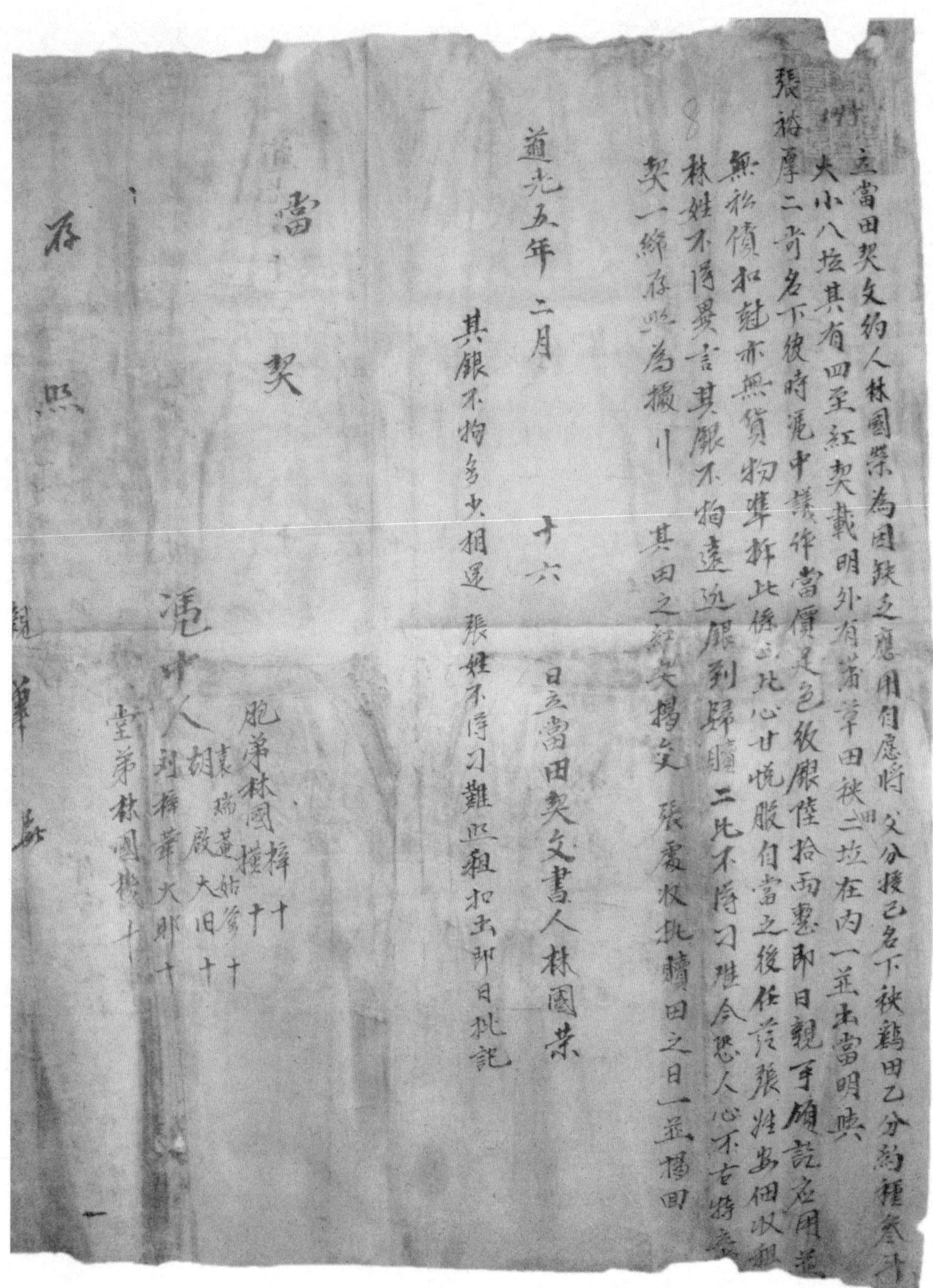

立當田契文約人林國榮爲因缺乏應用，自愿將父分授己名下秧鶴田乙分，約種叁斗大小八坵，其有四至，紅契載明，外有湳章田秧二坵在内，一並出當。明與張裕厚二哥名下，彼時憑中議作當價足色紋銀陸拾兩整，即日親手領訖應用，並無私債和尅，亦無貨物準折，此係出于心甘悅服。自當之後，任從張姓安佃收租，林姓不得異言。其銀不拘遠近，銀到歸贖，二比不得刁難。今恐人心不古，特立當契一紙存照爲據。

其田之紅契揭交張處收執，贖田之日一並揭回。

其銀不拘多少捐還，張姓不得刁難阻租，扣出即日批記。

道光五年二月十六日立當田契文書人林國榮

胞弟林國輝 十

憑中人 胡袁瑞蕙 姑爹 啟大 舊 十

劉輝華 大那 十

堂弟林國機 十

當契

存照

親筆

道光五年四月十一日张甫借据

立借约人张甫，为因缺用，立约借到张先生名下铜钱一千文整入手使用。其钱每月一分行息，不拘远近相还，不得短少分文。倘有短少，将字明（鸣）公理论。恐口无凭，立约为据。

凭中人　许德龙押

许贵友押

张文娣押

亲笔

道光五年四月十一日　　立字人张甫押

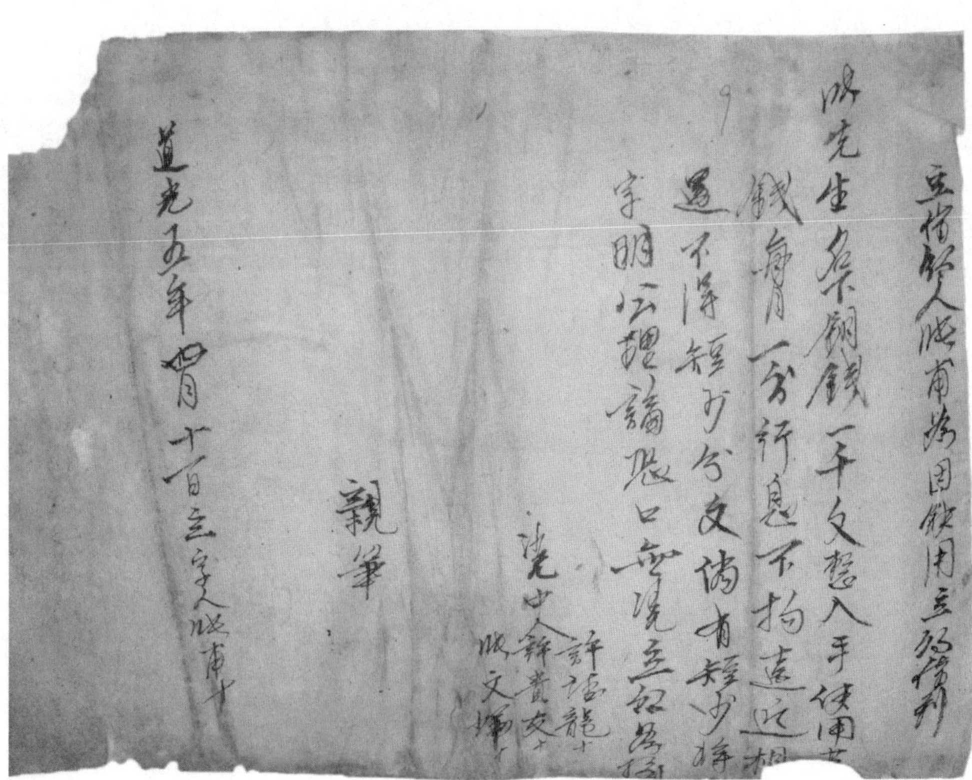

立借字人張甫十因缺用立字借到
張先生名下銅錢一千文整入手使用其
錢每月一分行息不拘遠近相
還不得短少分文倘有短少辞
字明公理論恐口無憑立借字為據
憑中人 許德龍十
鍾貴交十
張文煽十
親筆
道光五年四月十一日立字人張甫十

道光五年九月十四日郭辉凤讨阴地契

第叁捌号

立讨阴地郭辉凤，因长兄鸣凤身故，讨到通学先生头寨学地内阴地一穴，前后左右各壹丈。自葬之后，不得因坟坝（霸）地，学中佃户亦不得因耕种欺踏坟墓。恐后无凭，立讨字为据。

凭中　黄允安

王　珺

张汇川

艾清芳　公押

董贤圃

张景云

方健庵

道光五年九月十四日立

代字　许溶川押

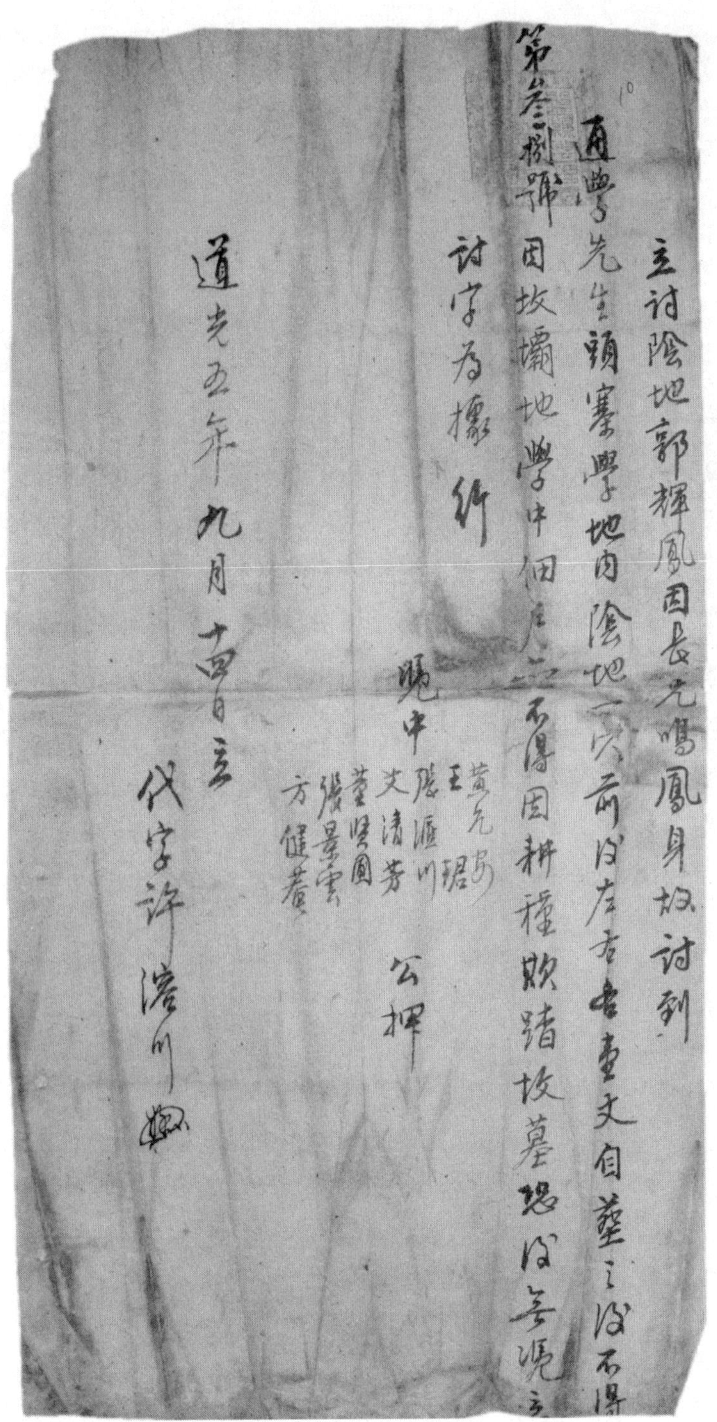
第叁樹鄰

立討陰地郭輝鳳因長兄鳴鳳身故討到

通灣先生頭寨學地内陰地一穴，前後左右壹丈，自葬之後，不得

因坟墻地學中佃户人等不得因耕種欺踏坟墓，恐後無憑，立

討字為據 行

憑中 黄光成 王琚 張滙川 文清芳 董賢圓 張景雲 方健菴 公押

道光五年九月十四日 立

代字 許滙川 押

道光五年十月二十二日林可顺卖田契

第捌拾号

立卖田契人林可顺，为因缺用，无从出办，情愿请凭亲族将父分授己名下祖遗私田壹丘，约种叁升，上齐高埂，下抵蒋姓买明王姓大田，左齐路，右齐沟，四至分明，请中踏明出卖明与蒋大先生百行名下管业。彼时议作卖价足色纹银叁拾两整，画字一并在内。即日银田两交明白，其中并无私债货物准折，亦无逼勒成交，此系二比心甘悦服。自卖之后，任凭蒋姓投税管理、安佃收租，林姓亲族内外人等不得异言，日后不得找补赎取等情。恐口无凭，立卖契为据。

其田系祖遗，并无老契。

添契字。

凭　　胞兄林可有押

　　　堂兄林可观押

凭中　　　王朝富押

道光五年十月二十二日　　立卖田契人林可顺押

代字人　张文纪押

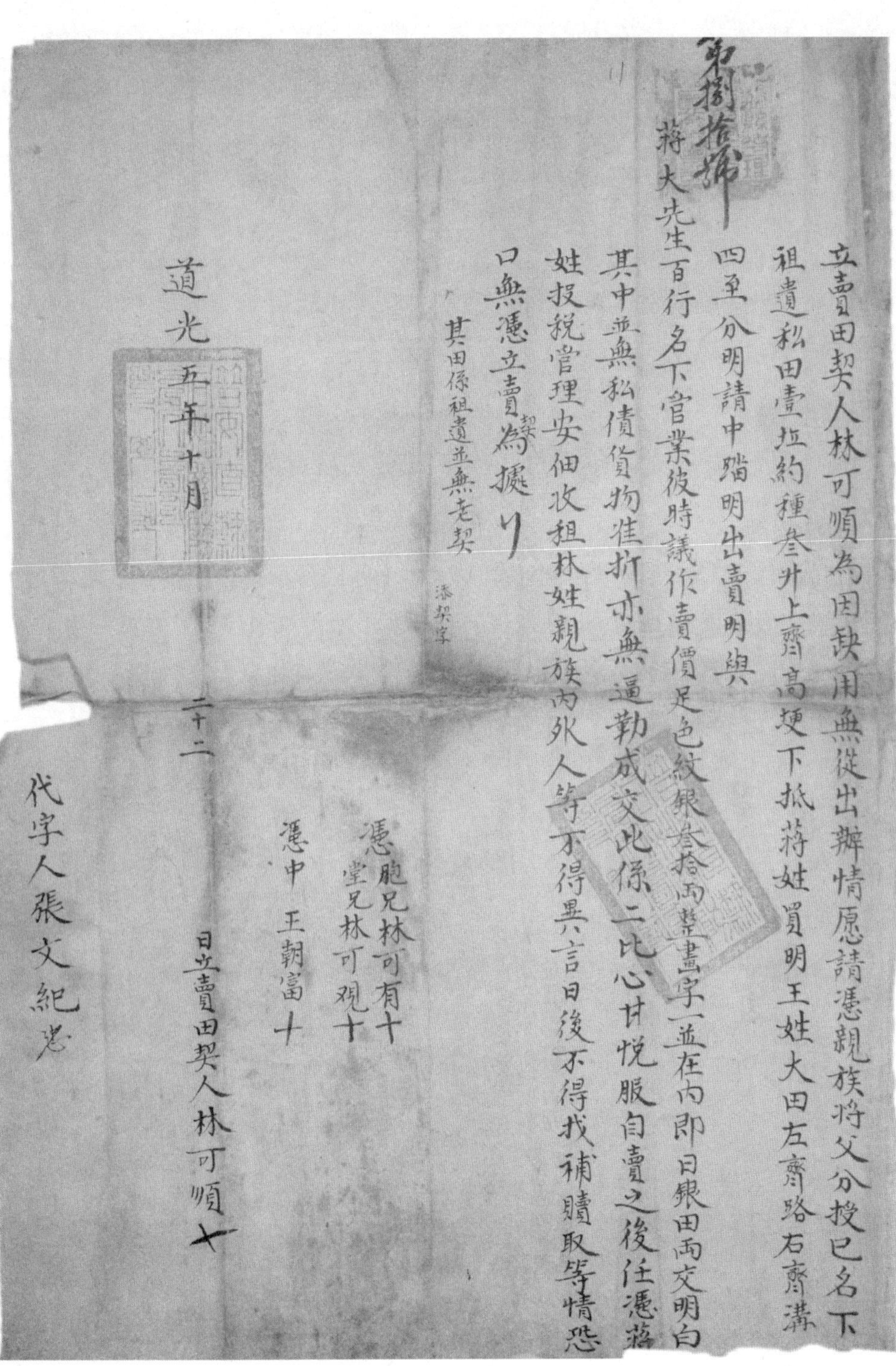
推割歸業

立賣田契人林可順為因缺用無從出辦情願請憑親族將父分授已名下
祖遺私田壹坵約種叁升上齊高埂下抵蔣姓買明王姓大田左齊路右齊溝
四至分明請中踏明出賣明與
蔣大先生百行名下管業彼時議作賣價足色紋銀叁拾兩整畫字一並在內即日銀田兩交明白
其中並無私債貨物准折亦無逼勒成交此係二比心甘悅服自賣之後任憑蔣
姓投稅管理安佃收租林姓親族內外人等不得異言日後不得找補贖取等情恐
口無憑立賣契為據
其田係祖遺並無老契

添契字

憑胞兄林可有 十
堂兄林可現 十
憑中 王朝富 十

道光五年十月二十二日立賣田契人林可順 十

代字人張文紀 筆

道光六年六月二十二日郑德昌讨阴地约

第肆捌号

立讨阴地人郑德昌，今讨到通学先生名下西门外学地内阴地一穴埋葬母亲，前后左右各壹拾捌步。自讨之后，任其埋葬，不得借坟坝（霸）强占学地。此系通学公（共）同踏勘义送，其佃户人等不得妄为践踏。恐口无凭，立讨字为据。

凭中人　陈大志

项德聪　公押

潘禄清

道光六年六月廿二日　　立讨字人郑德昌押

亲笔

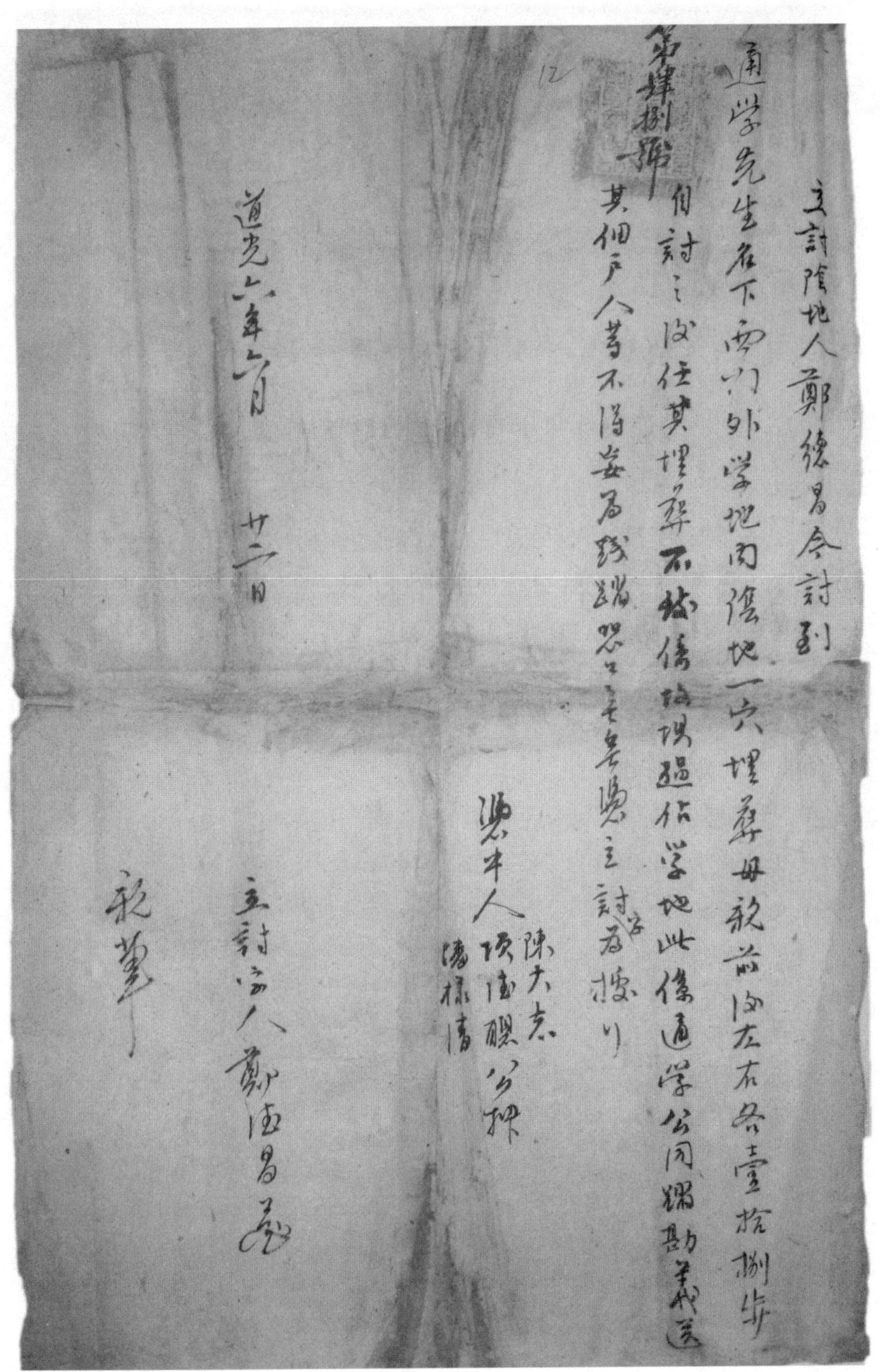

立討陰地人鄭德昌今討到
通學先生名下西門外學地內陰地一穴埋葬母親前後左右各壹拾捌步
第肆捌號
自討之後任其埋葬不論傍塊過佔學地此係通學公同踏勘義送
其佃戶人等不得妄爲滋端恐口無憑立討字爲據

憑中人 陳大忠
項德麒 仝押
潘標清

道光六年六月 廿二日

立討字人鄭德昌 押

親筆

道光八年十月二十六日何思孝当契

第伍肆号

立当田契文书人何思孝，为因缺用，情愿将买明王姓科田上半，约种壹斗二升半，上齐二道沟，左抵杨姓田，右抵于姓田，下齐本田。凭中踏明四至出当明与蒋大先生名下，足色银玖拾两整，亲手领明应用。其中并无私债货物准折，亦非逼勒等情，此系二比心甘悦服。自当之后，任从蒋姓管业、安佃收租，何姓不得异言，恐口无凭，立当契为据。

买明红契，揭交蒋姓收执。

外批：又加当银五两，共九十五两。

道光八年十月二十六日　　立当契人何思孝押

凭中人　张学引押

　　　　陈德学押

代字人　戴思名押

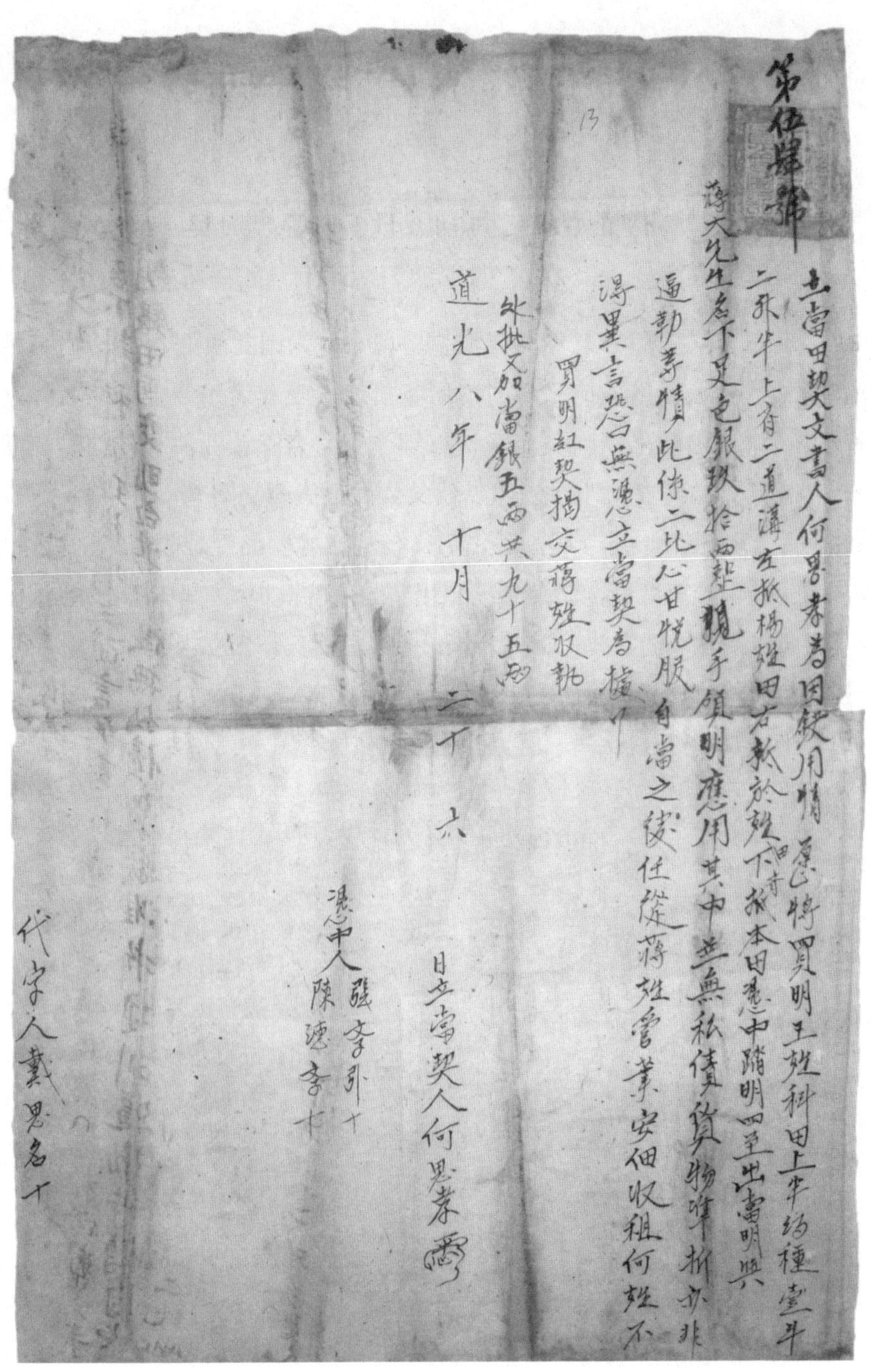
第伍肆號

立當田契文書人何畧孝為因缺用情愿將買明王姓科田上半紛種壹斗二升半上有二道溝左抵楊姓田右抵於姓田寺下抵本田憑中踏明四至出當明與蔣大先生名下足色銀玖拾兩整親手領明應用其中並無私債貨物準折亦非逼勒等情此係二比心甘悅服自當之後任從蔣姓管業安佃收租何姓不得異言恐口無憑立當契為據

買明紅契揭交蔣姓收執

外批又加當銀五兩共九十五兩

道光八年十月二十六日立當契人何畧孝

憑中人 陳璣 李引 十 陳德 李 十

代字人戴畧名 十

道光十年二月初五日王瑄等当田契

139

立当明田契人王瑄、王翰同侄槐仁、槐东，为因父负账项分给弟王昌名下，不幸昌身故，负账无出。弟兄商同情愿将祖遗分受养老田，坐落地名林家官田，约种壹斗，请凭中证出立当契当与谢二耶（爷）名下管业耕种。彼时议着（作）当价足色银肆拾陆两整，即日领明以偿父债。银田两交清楚，其中并无债项逼勒等情，此系二比情愿。自当明过手之后，任凭谢姓安佃管理收租，王姓诸色人等不得异言争论。若有此情，系瑄弟兄叔侄一力承耽（担）。其田不拘远近，银到归赎，不得刁难掯勒。倘有此情，凭公议论。今恐无凭，出立当契存据。

批明：夫差粮石，不与当主相干。

道光十年二月初五日　　立当契人王瑄押

王翰押

同侄槐仁押、槐东押

当契存照

凭中人　胞叔王允德押

彭东里押

邓芳村押

彭松兰押

白程章押

代字人　莫一焦押

立當明田契人王瑄王蘇同侄槐仁槐東爲因父負賬項分給弟王昌名下不幸昌身故負賬無出弟兄商同情愿將祖遺分受養老田坐落地名林家㘭田約種壹斗請憑中証出立當契當與謝二卯名下管業耕種彼時議價當價足色銀肆拾陸兩整即日領明以償父債銀田兩交清楚其中並無債項逼勒等情此係二比情愿自當明過手之後任憑謝姓安佃管理收租王姓諸色人等不得異言爭論若有此情係瑄弟兄叔侄一力承曉其田不拘遠近銀到歸贖不得刁難措勒倘有此情憑公議論今恐無憑出立當契存據

批明夫差粮石不與當主相干

道光十年二月初五日立當契人王瑄十 蘇十 同侄槐仁十 東十

外有當契存照

胞叔王允德十

憑中人 彭東里十 鄧秀村十 彭挺蘭十 白程章十

代字人莫一焦

道光十一年三月十一日王琯等出顶田契

105

立杜断顶明文契人王琯、王琡、王璋、王珵、王琛，为因负债无出，弟兄商议将祖顶明屯田一亩，约种乙斗，坐落地名三岔田上段，东至小河，南至坡顶，西至□家坟脚下，北至蔡姓屯田，四至分明，凭中上门出顶与杨凤翔名下为业。彼即三面议作顶价足色银壹百壹拾贰两整，画字一并在内。比（彼）时银田两交明白，弟兄领讫应用，并无准拆（折）等情。此系祖顶孙杜，亦未包顶存留寸土，内外人等不得异言。若有异言，弟兄一力承耽（担）。每年屯粮一石、拆（折）谷贰斗，夫差一并随田上纳，不与王姓相干。此系二比心干（甘）悦服，自顶之后，任从杨姓管理，王姓不得异言。其有老契一张，交与杨姓收执。恐后无凭，立杜顶一纸为据。

内改无字。一过坟茔三冢以前葬就。

道光十一年三月十一日　　立杜断顶明文契人王璋押

王琡押

王琯押

王珵押

王琛押

永远存照

凭中人　胡保正押

王　瑶押

张朝勋押

张朝瓒押

胡占廷押

谢恩盈押

杨宗伦押

王琯亲笔押

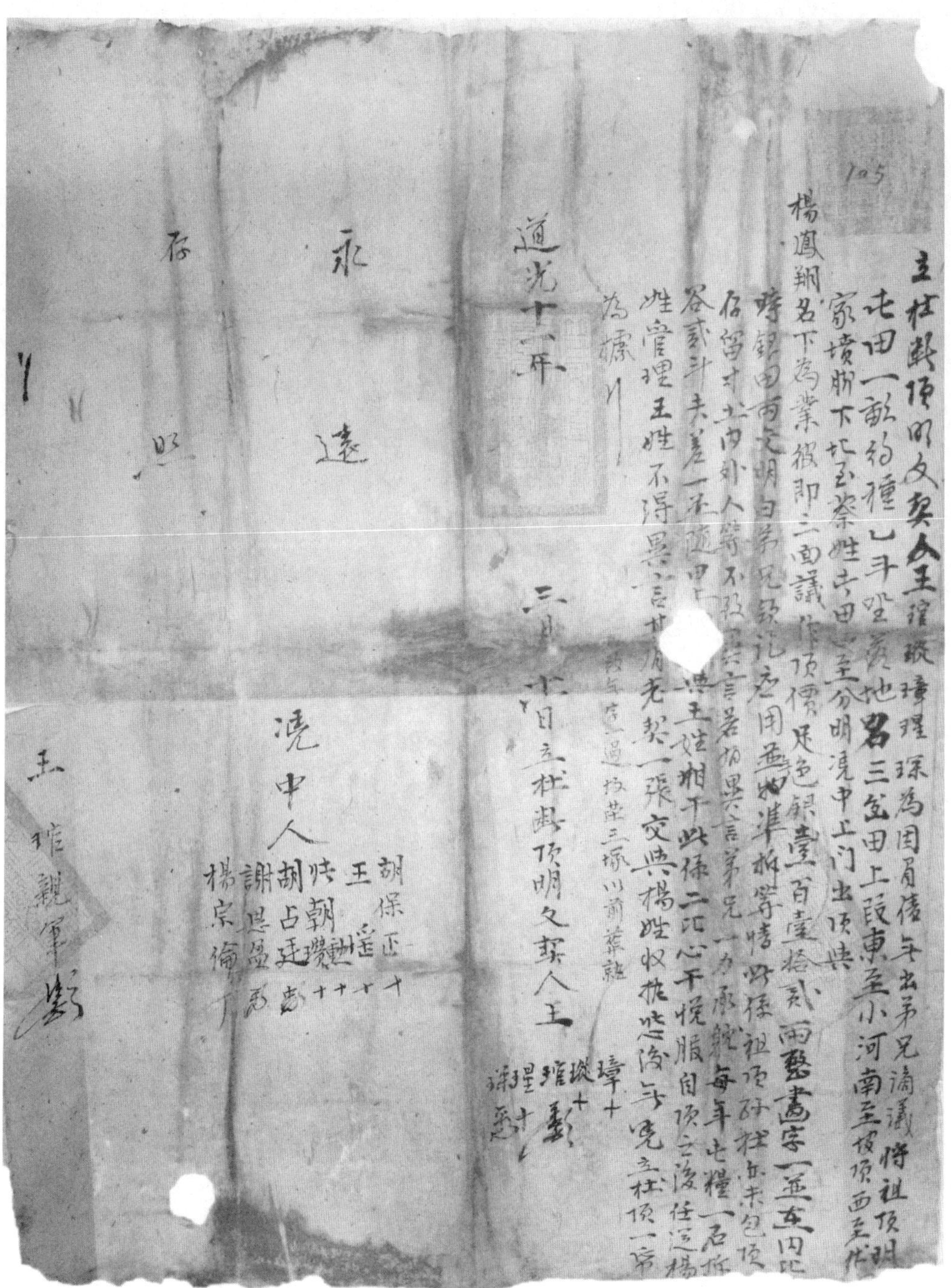

道光十一年十二月十二日何思顺卖田契

第伍叁号

立永远卖明田契人何思顺，今因乏用，情愿将父在日所卖桃树塝田一分，约种一斗，上抵月亮田，下抵张姓田，左抵任姓田，右抵陈姓田，请中踏明四至出卖与蒋大先生百行名下管业。彼时三面议作卖价足色银陆拾伍两乙钱伍分整，即日亲手领明，银田两交清白。其中并无私债货物准折，亦非逼勒成交，此系二比心甘悦服。其田自卖之后，任凭蒋姓管理、安佃收租，何姓内外人等永无异言。其科五分随田上纳。恐后无凭，立卖明田契为据。

其有红契一纸，揭交蒋姓收存。

外母周氏受画字纹银伍两押

卖契存据

凭　堂兄何思相押

　　堂弟何思亮押

凭中　陈　璋押

　　王大鹏押

　　张文辉押

　　黄赞宇押

　　董开统押

　　潘士进押

道光拾壹年拾贰月十二日　立永远卖明田契人何思顺押

代字人　何汝明押

第伍叁號

立永遠賣明田契人何思順今因乏用情愿將父在日所買挑樹場田一分
約種一斗上抵月亮田下抵張姓田左抵任姓田右抵陳姓田請中踏明四
至出賣典
蔣大先生百行名下管業彼時三面議作賣價足色銀陸拾伍兩乙錢伍分整即
日親手領明銀田兩交清白其中並無私債貨物準折非非逼勒成
交此係二比心甘悅服其田自賣之後任憑蔣姓管理安佃收租何姓內
外人等永無異言其料五分隨田上納恐後無憑立賣明田契為據
其有紅契一紙揭交蔣姓收存
外母周氏受盡字紋銀伍兩十

憑堂兄何思相十
弟何思亮十
憑中陳璋十
王大鵰十
張文輝十
黃贊宇十
董開統十
潘士進十

賣契

道光拾壹年拾貳月十二日立永遠賣明田契人何思順十

存據

代字人何汝明筆

道光十二年五月十五日王天佑讨阴地约

第拾捌号

立讨阴地人王天佑，为因父故，择葬于白家坑学地，立约讨到通学各台先生阴地一穴葬父。前后左右各三丈，并无孝帛酒水。自葬之后，王姓不得越界侵占，学中佃户亦不得践踏坟茔。日后王姓修砌佳城，通学勿致异言。恐口无凭，特立讨字为据。

合约为□

凭斋长　刘祥庵

朱绍程

刘喜亭　同押

谢佩之

郭庸南

道光拾贰年五月十五日　　立讨字人王天佑押

代笔学书　王天民押

第拾捌號

立討陰地人王天佑為因父故擇葬於白家坑學地立约討到
通學各台先生陰地一穴葬父前後左右各三丈並無孝帛酒水自葬之後
王姓不得越界侵佔學中佃户亦不得踐踏故塋日後王姓修砌佳
城通學勿致異言恐口無憑特立討字為據

憑齋長 劉祥菴 朱紹程 劉嘉亭 謝珮之 郭靄南 仝押

合同為記

道光拾弍年五月十五日立討字人王天佑 押

代筆學書王天民押

道光十二年六月初二日王仑兆等讨阴地契

第肆柒号

立讨阴地人王仑兆、王佳兆，今凭中证讨到通学先生卷田庄上，地名白家坑阴地壹穴以为父茔，前后左右各一十八步。自讨之后，子不得倚冢葬冢，学中佃民亦不得践踏坟茔。此系义讨义送，并无酒水孝帛之资。欲后有凭，立此讨字为据。

凭中　王二□卓然

黄大□起明

马三耶（爷）炳然

朱四耶（爷）一斋

曹大□太和

任圣□

道光十二年六月初二［日］　　立讨阴地人王仑兆

王崔兆

方体乾笔押

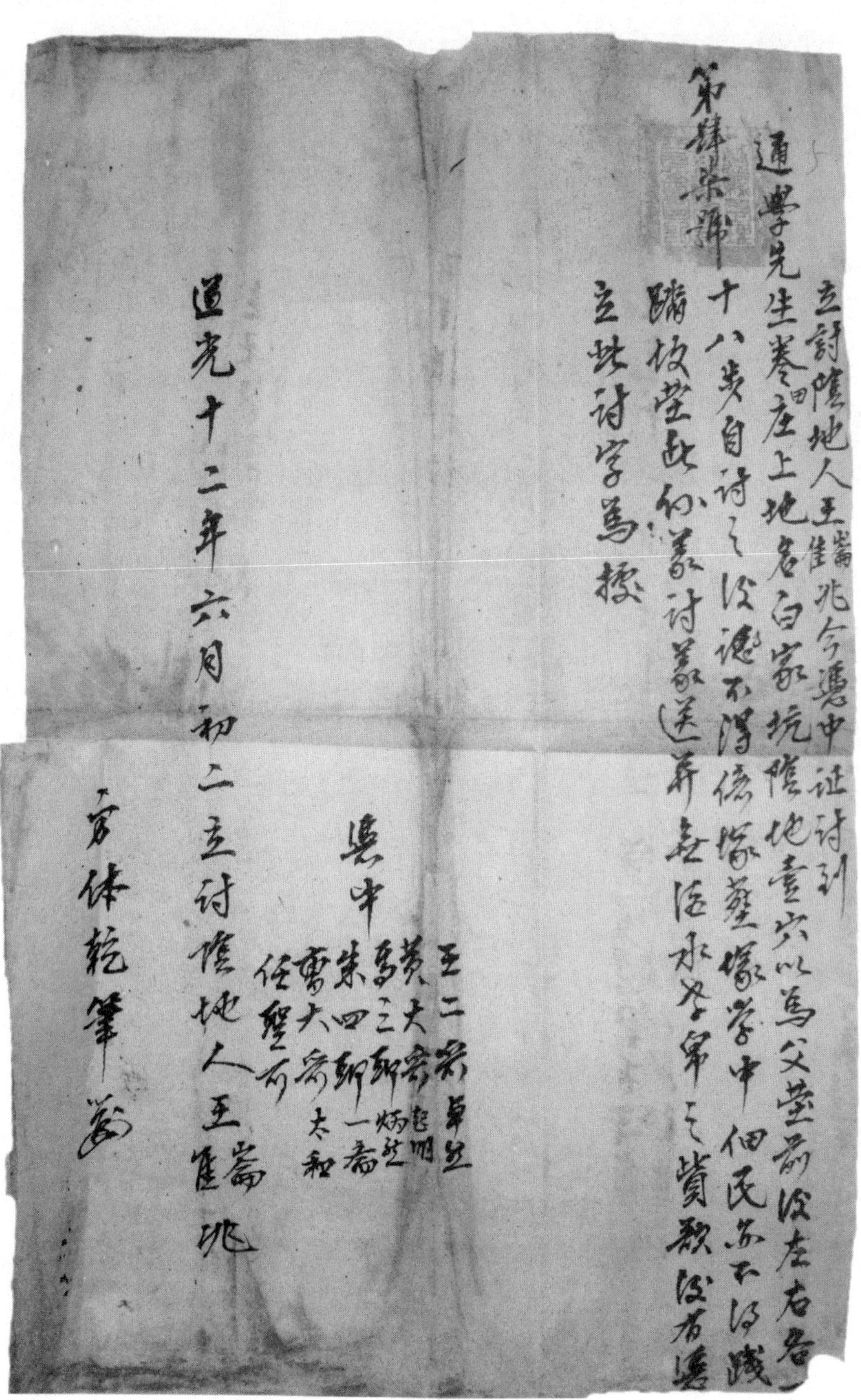

立討陰地人王佳嵩兆今憑中証討到
通學先生叅庄上地名白家坑陰地壹穴以為父塋前後左右各一
第肆柴鄉 十八步自討之後憑不得侵塚葬塚學中佃民亦不得踐
踏枝柴此外蓋討蓋送葬今後永遠之資款後有憑
立此討字為據

道光十二年六月初二立討陰地人王佳嵩兆

憑中 王二宗 卓然
黃大嵩 起明
馬三卿 炳然
朱四卿 一嵩
曹大嵩 太和
任璧方

方体乾筆

道光十二年七月初四日张向枢讨阴地契

第叁壹号

立讨阴地人张向枢，因母身故，讨到首事郭五、谢大先生几前经管卷田，地名白家坑阴地一穴葬母尸骸。上下左右各一十八步，不得于步外侵占，亦不得于步内另送他人。恐后无凭，特立讨字为据。

凭斋长　刘先生喜亭
　　　　朱先生绍程
　　　　刘先生祥庵　同押
　　　　王先生盛唐

张竹□笔

道光十二年七月初四日立

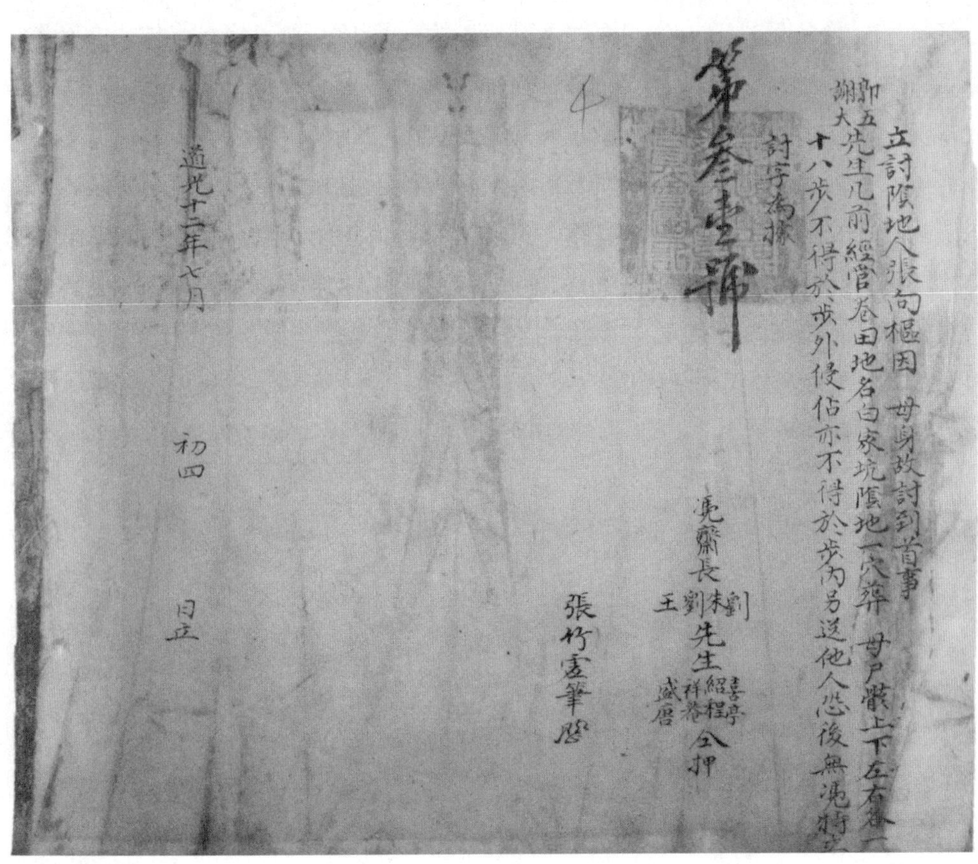

立討陰地人張向樞因 母身故討到首事鄧五謝大先生几前經管吞田地名白家坑陰地一穴葬 母尸骸上下左右各一十八步不得於步外侵佔亦不得於步內另送他人恐後無憑特立討字爲據

第叁壹號

凭齋長 劉喜亭 朱紹程 劉祥卷 王盛唐 先生 仝押

張竹壷筆押

道光十二年七月初四日立

道光十三年八月初四日陈其忠弟兄卖田契

166

立永远杜断卖明田契文约人陈其忠、其禄弟兄，今因困乏无出，兄弟商酌情愿将父置分受名下科田一分，约种七升半，大小四丘，坐落地名半坡，东至路，南至支姓田，西至支姓田，北至董姓田，一处地名小台子田外秧田半节（截），四至分明，请凭中证出卖与杨兴汉名下为业。彼时三面议作时价纹银贰拾柒两整，画字一并在内，亲手接受。即时银契两交明白，于中并无私债扣克、货物准折，亦无强逼成交，此系二比心甘意愿。自卖之后，认（任）随杨姓子孙永远管业、耕种守使、投税更册，陈姓亲族、子孙内外人等不得见物唾（垂）涎，妄生觊觎。倘有此情，系是陈其忠弟兄一力耽（担）当。其科米二升七合随田上纳。今恐人心不古，特立永远杜卖一纸为据。

外批：赎回桑姓当契一张，高姓当契一张，接（揭）交杨姓。此二契业经凭众□销。

外批：替赔粮银伍钱六分，在价殖（值）外。

卖明文书　永远为据

凭中人　许文明押

高云汉押

张洪美押

余洪元押

高云霖押

高云衢押

道光拾叁年捌月初四日　　立永远杜断卖明田契人陈其忠押

陈其禄押

代字亲笔押

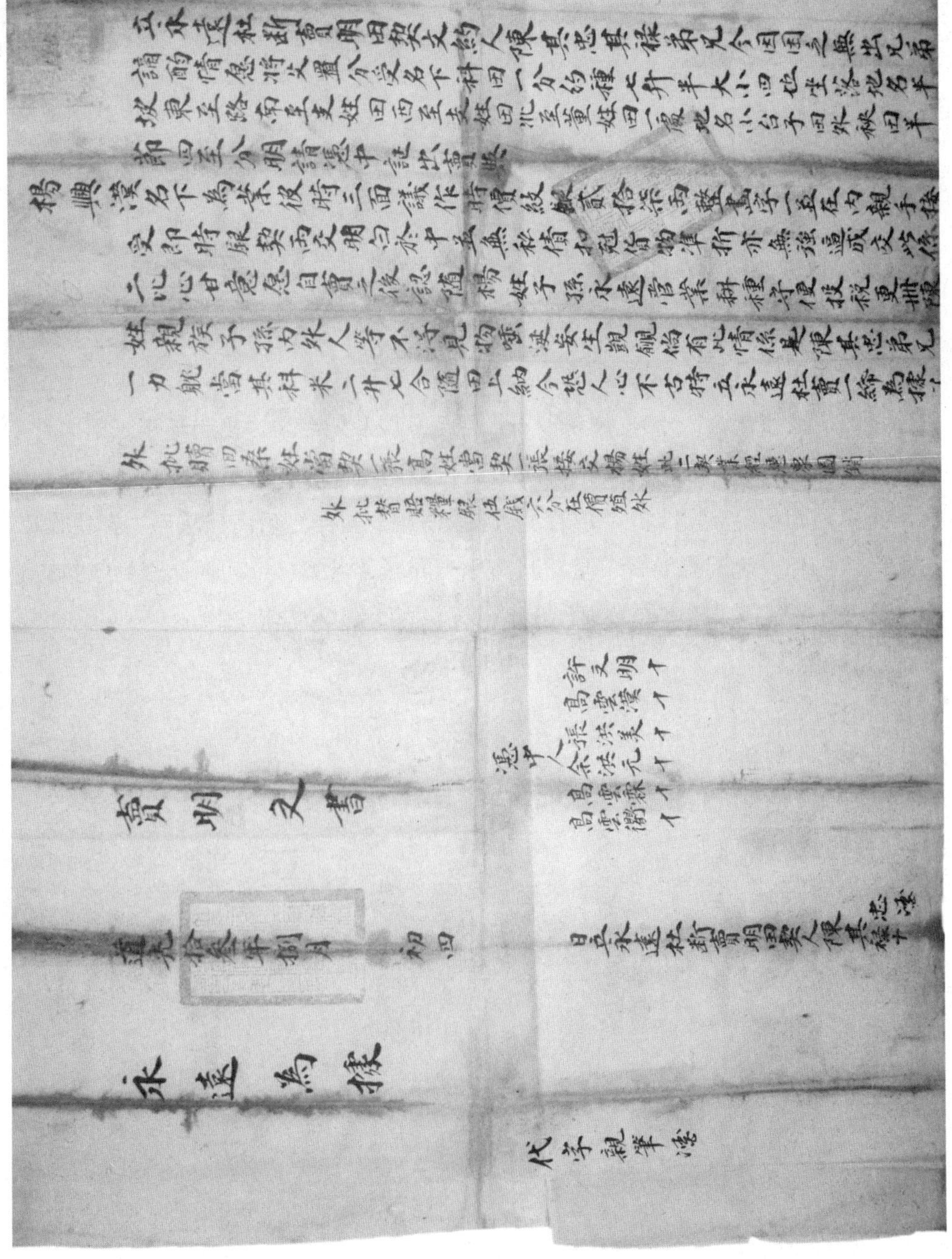

道光十三年九月初一日杨晓园当田地契

111　201

立当明田地文契人杨晓园，为因缺用，情愿请凭中证将祖父所当明杨士俊南门口小河田地各壹坋（分），原租叁石，四至丘段载明老契，出当与李玉田大哥名下管业、安佃收租。彼时议作当价纹银贰拾捌两整，即日亲手领明。此系二比情愿，其中并无私债货物准折，亦无逼勒成交等情。自当之后，任从当主管业收租，杨处亲族内外人等不得异言争阻。其田原当一纸、老契一纸，揭交李姓收执。有力之日银到归赎，二比不得刁难。今恐无凭，立此当契为据。

当契存照

凭中人　□一枝

刘熙介

陈思五　同押

冯鸣矣

张慎斋

道光拾叁年玖月初一日　　立当明田地文契人杨晓园亲笔

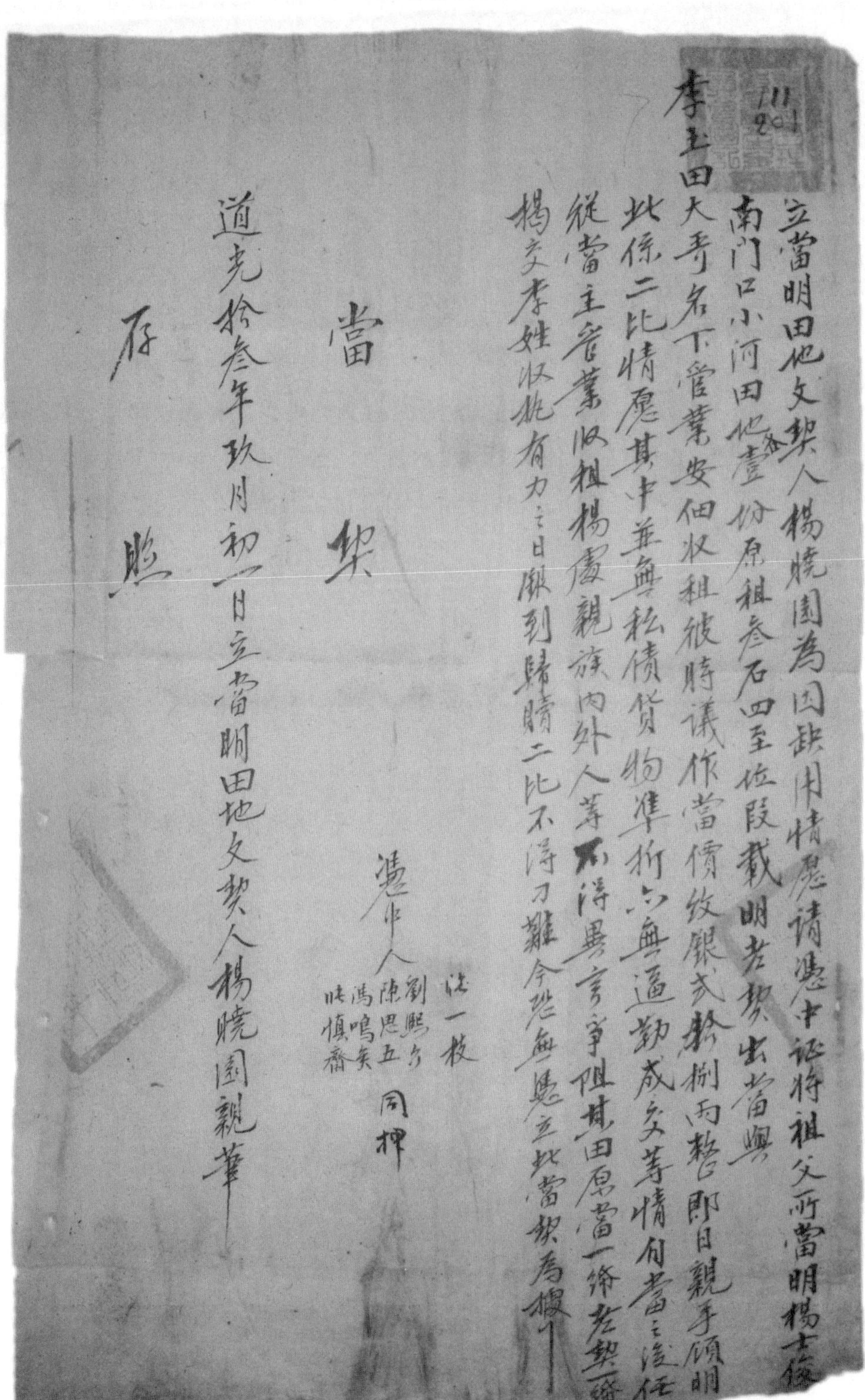
111
201

立當明田地文契人楊曉園為因缺用情愿請憑中証將祖父所當明楊士俊
南门口小河田地壹份原租叁石四至位段載明老契出當與
李玉田大哥名下管業安佃收租彼時议作當價紋銀贰拾捌两整即日親手領明
此係二比情愿其中並無私債貨物準折亦無逼勒成交等情自當之後任
從當主管業收租楊處親族內外人等不得異言争阻其田原當一紙老契一張
揭交李姓收執有力之日照到歸贖二比不得刁難今恐無憑立此當契為據

注一枚

憑中人 劉熙文 陳思五 馮鳴矣 時慎齋 同押

當契

存照

道光拾叁年玖月初一日立當明田地文契人楊曉園親筆

道光十四年六月二十六日杨学渊等讨阴地契

第肆伍号

立讨字人杨学渊、杨学澥同侄文澜，今讨到通学先生卷田庄阴地一穴葬母。前齐田埂，后抵古坟。左右各二丈，四至载明。自葬之后，杨姓不得越界侵占，学中亦不得于四至内另送他人。恐后无凭，特立讨字为据。

长发其祥

凭　谢佩之　刘禹门
　　王澍亭　冯伟堂　同押
　　刘喜亭　范竹亭
　　刘祥庵　张承农
　　郭翥南　谢青晖
　　朱绍程
　　范伯承
　　张汇川
　　刘让卿
　　谢譬之

道光十四年六月二十六日　　立讨字杨学渊亲笔
　　杨学澥
　　侄文澜

第肆伍號

道學先

立討字人楊學濬淵同侄文淵今討到

生拳田庄陰地一穴葬母前齊田塍後抵古坟左右各二丈

四至載明自葬之後楊姓不得越界侵佔學中亦不得

於四至內另送他人恐後無憑特立討字為據

憑 謝佩之 王澍亭 刘彦亭 刘祥臣 郭鬍南 朱紹程 范伯元 張滙川 刘謙卿 刘崗 馮偉堂 范竹亭 張元衆 謝聖驛 仝押

道光十四年六月二十六日立討字楊學濬淵親筆

道光十四年七月初七日廖登龙同子卖田契

第叁号

立永远杜卖田地文约人廖登龙同子定柱，今因负债无出，情愿将父买明杨、李二姓之田分授己名下一半，约种二斗，坐落地名白家坑，四至俱底（抵）卷田，内有大秧田壹丘，葫芦田壹丘，系胞兄廖登魁之业，不在所卖之内，凭中踏明出卖与通学先生朱心传、刘作霖、刘元吉、王运兆等以入卷庄。彼时议定足色银肆拾伍两整，画字一并在内，亲手领明。即日银契两交明白，并无私债货物准折，亦无逼勒等情。自卖之后，不得搬找赎取，任凭通学安佃收租。恐口无凭，立契为据。

其科米九合五勺随田上纳。有老契二张，分关一张，揭交通学收执。其契内添田字一字。

凭中人　廖起秀押

　　　　廖登魁押

　　　　蔡登友押

　　　　王　德押

道光拾肆年七月初七日　　立永远杜卖田地文契人廖登龙

　　　　　　　　　　　　　　　　　　　同子定柱押

代笔人　冯齐政

第叁號

立永遠杜賣田地文約人廖登龍仝子定桂，今因負債無出，情愿將
父買明楊李二姓之田分修(?)己名下一半，約種二斗，坐落地名白家
坑四玉俱底卷田內有大秧田壹坵、蒲芦田壹坵，係胞兄廖登聯之
業不在所賣之內，憑中踏明，出賣與
道學先生朱心傳、羽作霖、劉元吉、王運兆等出入卷庄，彼時議定足色銀肆拾伍兩整，畫字一并在
內，親手領明，即日銀契兩交明白，并無私債貨物准折，亦無逼勒等情。自
賣之後，不得攔栽贖取，任憑通學安佃收租，其口無憑，立契為據。
其斗米九合五勺，隨田上納，有老契二張，今同一時揭交通學收執，其契內添田字一字。

憑中人 廖起秀十 廖登聯十 蔡登友十 王德(?)

道光拾肆年七月初七日立永遠杜賣田地文契人廖登龍 同子定桂十

代筆人 馮齊政

道光十四年九月初十日戴待兴讨阴地契

第叁肆号

立讨阴地人戴待兴，今讨到通学斋长郭、王、刘、朱、刘、谢先生卷田学庄阴地二穴，左右各一丈，前至现理生基外一丈，后抵刘姓月台脚，四至分明。一穴现葬母，一穴日后葬父。自葬之后，通学不得将至内之地转送他人，戴姓不致以坟坝（霸）山。恐后无凭，立此讨字为据。

凭　杨心斋
　　张俯亭
　　陈焕彩
　　范竹亭　同押
　　刘禹门
　　宫宪武
　　杨子惠

道光拾四年九月初十日亲笔立

长发其祥

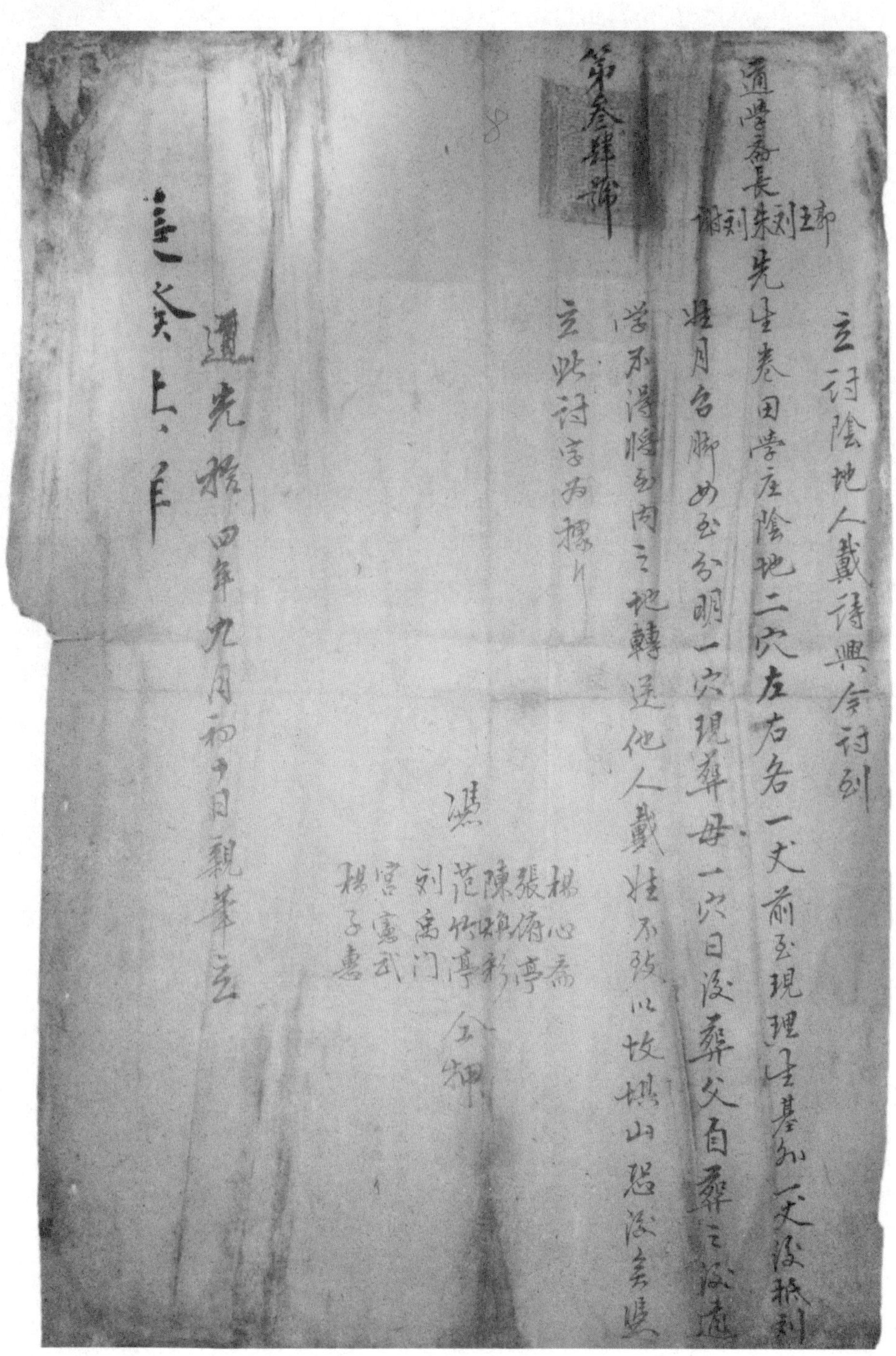

立討陰地人戴詩興今討到
通學齋長郭王劉朱劉謝先生眷田學庄陰地二穴左右各一丈前至現理生基外一丈後抵劉
姓月台脚止至分明一穴現葬母一穴日後葬父自葬之後
學不得將至内之地轉送他人戴姓不敢以故堪山惡後生艱
立此討字爲據

憑 楊心齋 張儒亭 陳[illegible]彩 范竹亭 劉肅门 曾憲武 楊子壽 公押

道光拾四年九月初十日親筆立

第叁肆號

道光十四年十二月初四日王一斋讨阴地契

第贰捌号

立讨阴地人王一斋，今讨到通学先生名下文笔山卷田学地阴地一穴葬亲，前后左右各一十八步。自送之后，王姓不得于所讨界外越占寸土，学中亦不得于所送界内另送他人，此据。

凭学中人　张慎斋

王盛唐

郭翥南

朱绍程　同押

刘喜亭

刘祥庵

谢譬之

道光十四年十二月初四日　　立讨阴地人王一斋亲笔

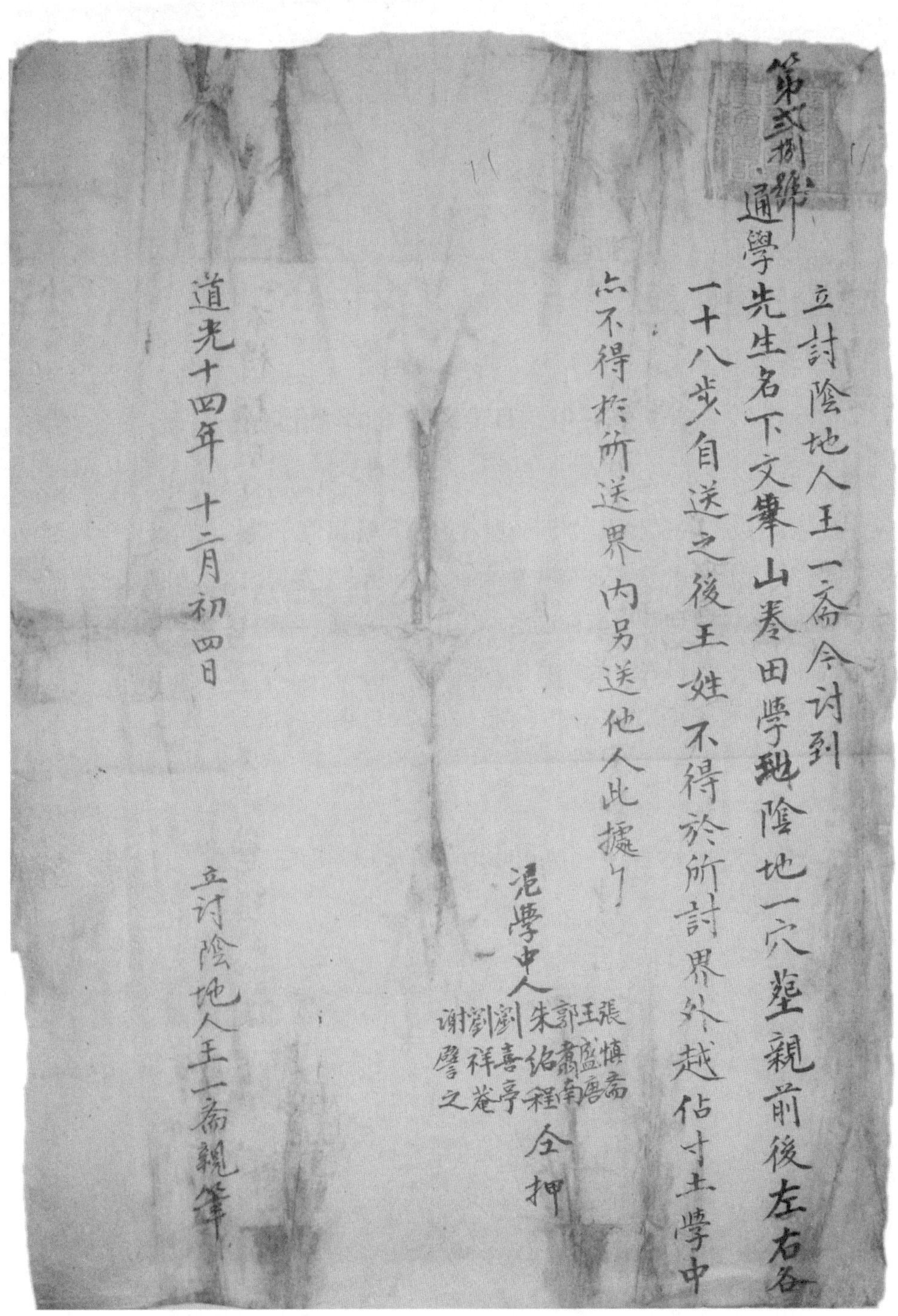
第贰捌號

立討陰地人王一斋今討到
通學先生名下文華山套田學地陰地一穴塟親前後左右各
一十八步自送之後王姓不得於所討界外越佔寸土學中
亦不得於所送界内另送他人此據

通學中人 張慎斋 王盛唐 郭書南 朱銘程 劉喜亭 劉祥菴 謝學之 仝押

道光十四年十二月初四日

立討陰地人王一斋親筆

道光十五年二月十六日王国明吐退契

第拾贰号

立出吐退字样人王国明，今因予所种龙潭口岭冈地一脚，系在卷田学地至内。经今查出，情愿出立吐退与通学先生台前，除先年当卖周、桑二姓熟地之外，并送伍姓野墓以冢，一切荒土概行退出，任凭学中管理。彼时得蒙先生等念予寒苦，义掷铜钱陆千文，即日钱字两交明白。自退之后，予不得再行越界争站（占）。倘有此情，自愿请官重究无辞。欲后有凭，立此吐退字样为据。

凭中人　陈金龙押

　　　　朱经魁押

道光十五年二月十六日　　立出吐退字样人王国明押

代字人　张大才押

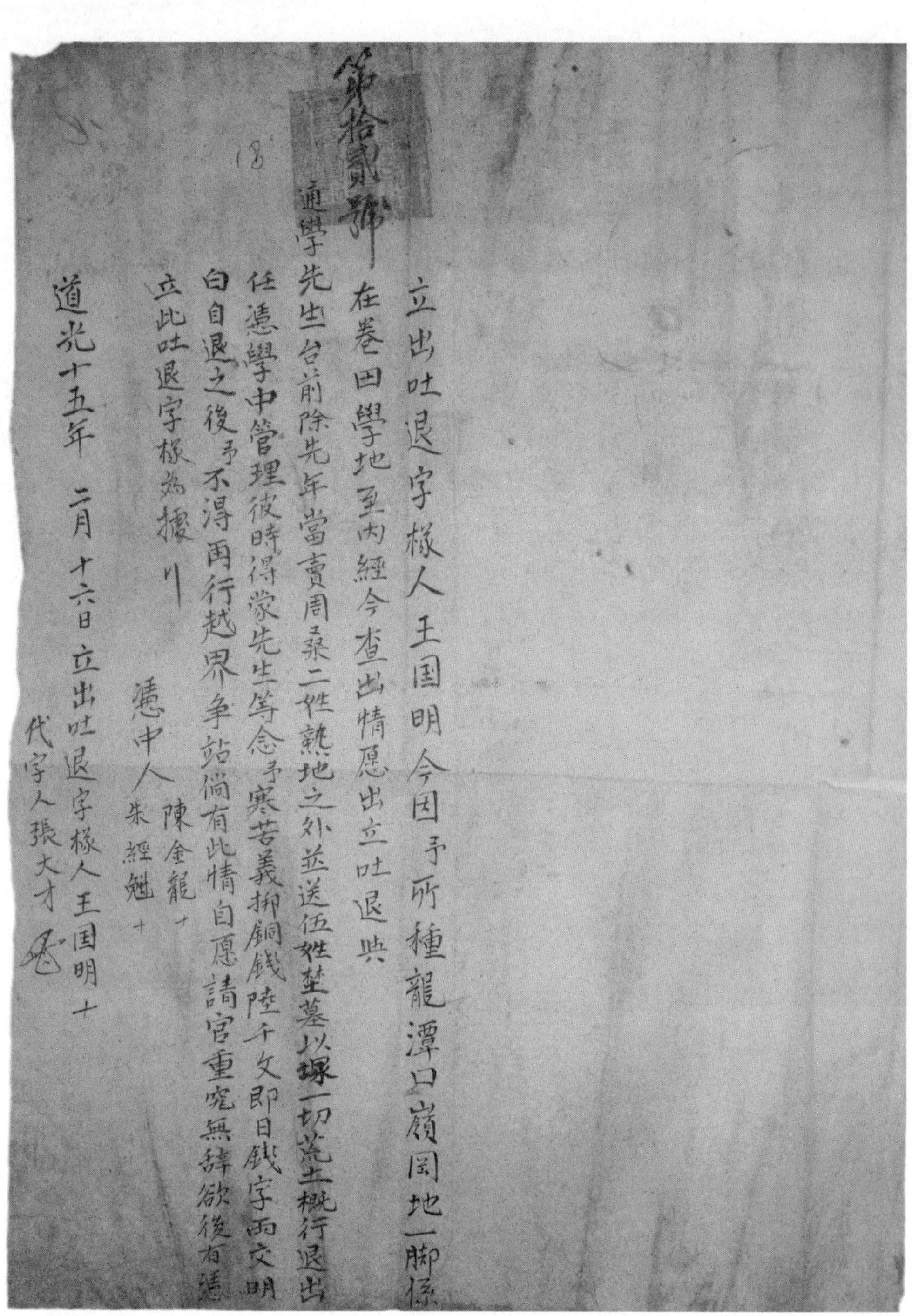
第拾貳號

18

立出吐退字椽人王国明今因手所種龍潭口嶺岡地一脚係在卷田學地至内經今查出情愿出立吐退與通學先生台前除先年當賣周聶二姓熟地之外並送伍姓塋墓以塚一切荒土概行退出任憑學中管理彼時得蒙先生等念手寒苦義抑銅錢陸千文即日錢字兩交明白自退之後手不得再行越界争站倘有此情自愿請官重究無辭欲後有憑立此吐退字椽為據

憑中人 陳金龍十 朱經魁十

道光十五年 二月十六日 立出吐退字椽人王国明十

代字人張大才

道光十五年二月十八日刘官保讨阴地契

第肆拾号

立讨阴地人刘官保，今讨到通学先生学地文笔山卷田庄内阴地贰穴，葬父及葬祖母，每穴穿心壹拾捌步。情愿义出功德九呈（成）色银拾两，并铜钱陆千，即日将此钱赎回学庄内南至失业与王国明荒土一段。自讨之后，任凭安葬，别无异言，此据。

合约为据

外添九呈色叁字，批据。

凭先生　刘祥庵

王盛唐

朱绍程

刘喜亭　同押

李秀林

范伯香

谢佩之

道光拾伍年贰月拾捌日　　立讨阴地［人］刘官保押

代笔　郭翥南押

第肆拾號

立討陰地人刘官保今討到

通學先生學地文筆山叁田庄内陰地弍穴葬父及葬祖母每

穴穿心壹拾捌步情愿義出功德九呈色銀拾両并銅錢陸千即日

將此錢贖回學庄内南至失業典王國明荒土一段自討之後任

憑安葬别無異言此據||

仝約為據

憑先生

刘祥菴

王盛唐

朱紹程

刘喜亭

李秀林

范伯香

謝琪之

仝押

外添九呈色叁字批據

道光拾伍年弍月拾捌日 立討陰地 刘官保 十

代筆郭薾南押

道光十五年三月初九日刘朝宠等讨阴地契

第叁叁号

立讨阴地人刘朝宠、刘朝汉，今讨到通学先生刘祥庵、朱绍程、刘喜亭、王盛唐卷田庄内阴地一穴，前一丈，后二丈，左右各一丈，安厝予弟朝元。自葬后，刘姓不得兴坟坝（霸）山，学中亦不得将至内之地转送他人。恐口无凭，立约为据。

凭　谢佩之

张汇川　同押

李玉田

道光十五年三月初九日立

朝宠亲笔押

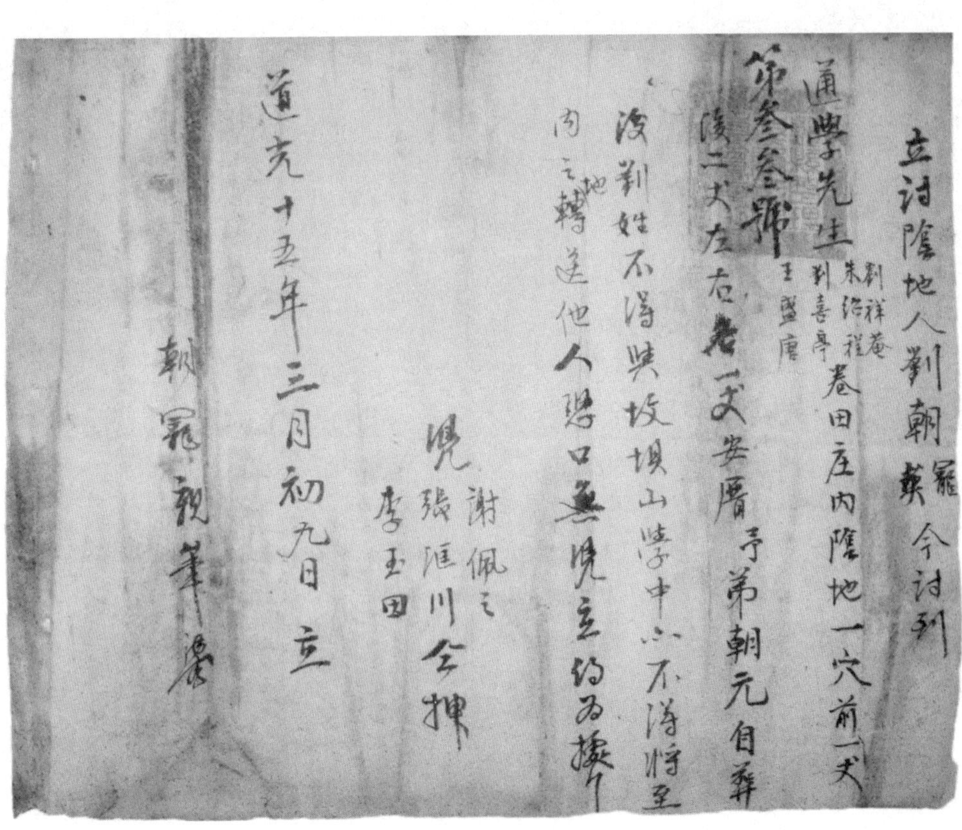

立討陰地人劉朝羅今討到
通學先生 劉祥菴 朱紹程 劉喜亭 王盛唐 卷田庄內陰地一穴前一丈
弟叄叄爺
後二丈左右各一丈安厝亡弟朝元自葬
後劉姓不得與坡頃山學中亦不得將至
內之地轉送他人恐口無憑立約為據
憑 謝佩之 張滙川 李玉田 仝押
道光十五年三月初九日 立
朝羅親筆書

道光十五年六月初三日李增荣讨阴地契

第肆陆号

立讨阴地人李增荣，今讨到通学先生台前文笔山学地阴地一穴葬母，前后左右各穿心拾捌步。自讨之后，任从日后安葬，学中佃户人等不得异言争论，李姓亦不得以坟坝（霸）山。恐口无凭，立讨字为据。

凭学中　张慎斋

王一斋

刘祥庵

朱绍程

王盛唐

刘喜亭　先生同押

张君太

冯香墀

张甫廷

蒋义安

道光十五年六月初三日　　立讨阴地［人］李增荣押

代笔　郭翥南押

第肆陰歸

立討陰地人李增榮今討到

通學先生台前文華山學地陰地一穴葬母前後左右各穿心拾捌

步自討之後任從日后安葬學中佃戶人等不得異言另

論李姓亦不得以坟塋山恐口無憑立討字為據

憑學中
張慎斋
王一斋
刘祥菴
朱紹程
王鑾唐
刘喜亭
張居太
馮香揮
張甫廷
蔣义安
先生仝押

道光十五年六月初三日立討陰地李增榮十

代筆郭彥南押

道光十五年闰六月初一日张正心讨阴地契

第叁陆号

立讨阴地张正心、正谊、正身，因母年迈，无有阴宅，讨到通学先生名下地名卷田阴地一穴，前后左右穿心一十八步，步外不致侵占，步内任随修补。恐后无凭，立讨字为据。

凭斋长　刘先生祥庵

刘先生喜亭

朱先生绍程　同押

王先生盛唐

道光十五年闰六月初一日立　　张正心亲笔

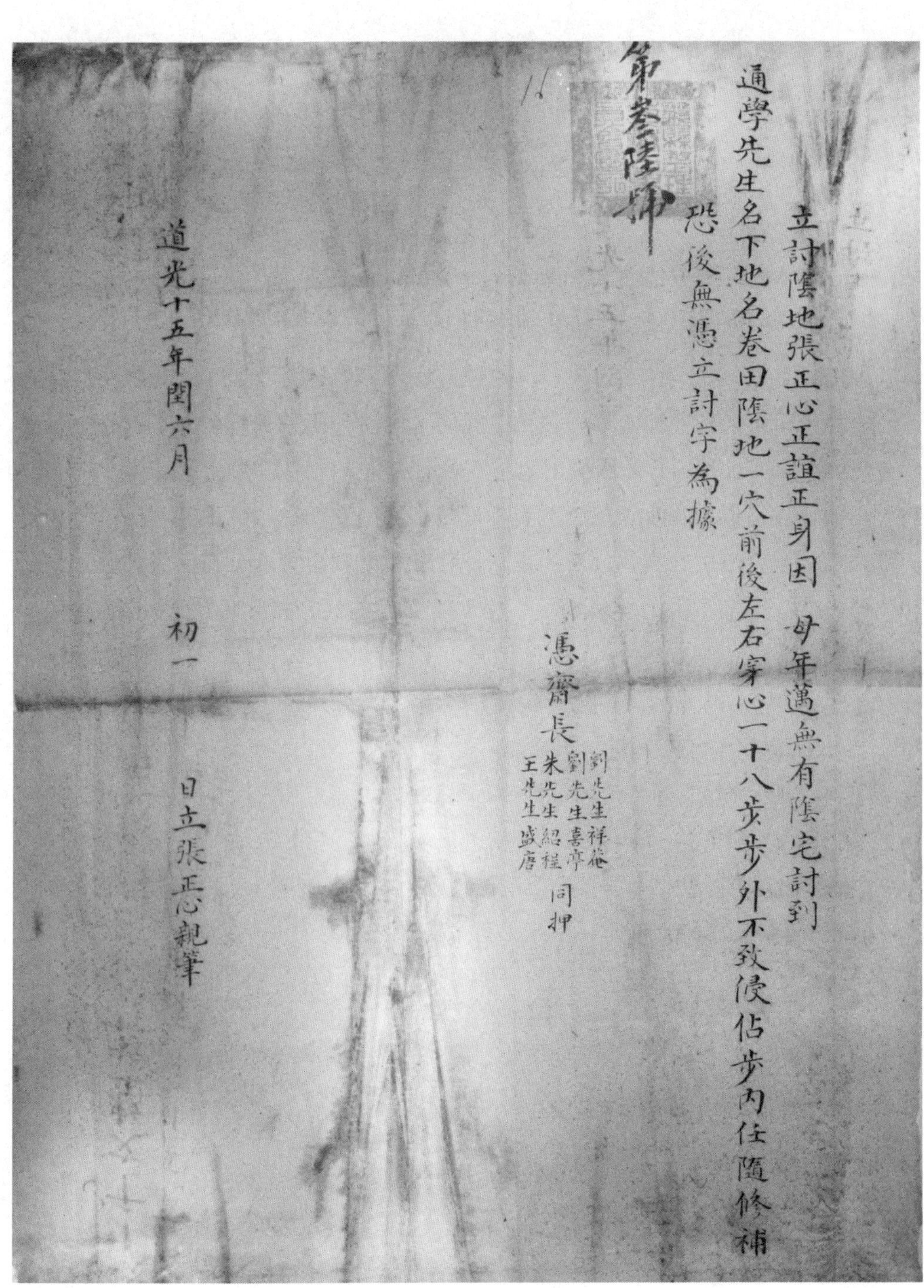

第叁陸號

立討陰地張正心正誼正身因 母年邁無有陰宅討到

通學先生名下地名巻田陰地一穴前後左右穿心一十八步步外不致侵佔步內任隨修補

恐後無憑立討字為據

憑齋長 劉先生祥菴 劉先生喜亭 朱先生紹程 王先生盛唐 同押

道光十五年閏六月初一日立張正心親筆

道光十五年七月初七日杨朝元当田地山场契

152

立当明田契人杨朝元，今因缺用，凭中自愿将当明三凡朝麟名下孙官屯科田四分，约种玖斗伍升，其田四至田地名俱载明红契，出当与袁信宽六弟名下为业。彼时三面议作当价足色纹银贰百两整，即日银田两交明白，并揭红契一纸、老契一纸、当契一纸与袁姓收执。自当之后，任从袁姓收租管业。日后银到归赎，二比不得刁难。其有随田山厂（场）一并在内。欲后有凭，特立此当明文契存照。

当契为据

凭中　朱向南押

赵鼎臣押

刘祥庵押

赵元勋押

道光拾五年七月初七日　　立当明田地山厂（场）文契［人］杨朝元亲笔押

其科二亩随田上纳。又批：本年租石系杨子惠收。

立當明田契人楊朝元今因缺用憑中自願將當明二凡朝爵名下孫官屯科田
四分約種玖斗伍升其田四至田地名俱載明紅契出當與
袁信寬六弟名下為業彼時三面議作當價足色紋銀貳百兩整即日領田兩交明白
並揭紅契壹紙老契壹紙當契壹紙與袁姓收執自當之後任從袁姓收租管業
日後限到歸贖二比不得刁難其有隨田山廠一並在內欲後有憑特立此當明文
契存照

當　契

憑中　朱向南押
趙鼎臣押
劉祥菴押
趙元勲押

道光拾五年七月初七日立當明田地山廠文契楊朝元親筆

為　據

其科二畝隨田上納又批本年租石係楊子恩收

道光十五年八月初一日王乐书卖房契

第捌叁号

立永远杜卖房契文书人王乐书，今因缺乏，将祖父所置分受己名下文庙吊井街上草房贰间，园圃二路树木在内，前抵大街，后抵文庙启圣宫老墙脚，右边中半节（截）抵夏姓园子顺至伊宅柱脚为界，左抵余姓屋基园硬（埂）为界，四至踏明，请凭亲友出卖与余明馨名下为业。彼时议作卖价叁拾陆两足色银整，画字一并在内。即日银契两交明白，其中并无逼勒等情，此系二比心干（甘）情愿。自卖之后，任随余姓投税修造，子孙永远住坐管业，王姓亲族人等不致异言。倘有此情，系王姓一力承耽（担）。恐口无凭，特立永远卖契为据。

永远存照

凭中　王怀受押　任景南押
蒋文彩押　李绍学押
张先之押　马腾云押
黄达洲押
王广润押
蒋金川押
张连甲押
李绍元押

凭堂兄　王乐道押

道光拾伍年捌月初一日　立卖明房契文书人王乐书押

代字人　刘占辅押

第捌叁號

立永遠杜賣房契文書人王樂書今因缺乏將祖父所置分受己名下文廟吊井街上草房叁間園圃二路樹木在內前抵大街後抵文廟砦聖宮老墻腳右边中半節抵夏姓園子順至伊宅柱腳為界左抵余姓屋基園硬為界四至踏明請憑親友出賣與余明馨名下為業彼時議作賣價叁拾陸兩足色銀整畫字一並在內即日銀契兩交明白其中並無逼勒等情此係二比心干情愿自賣之後任隨余姓捉税修造子孫永遠住坐管業王姓親族人等不致異言倘有此情係王姓一力承躭恐口無憑特立永遠賣契為據

永遠

存照

憑中　王懷先十　黄文彬十　張先之押　黄達洲十　王廣潤押　蔣金川十　張運甲十　李紹元十　任景南押　李紹學十　馬騰雲十　憑堂兄王樂道押

道光拾伍年捌月初一日立賣明房契文書人王樂書十

代字人刘占輔押

道光十五年十二月十六日张文林同子卖田契

立永远卖明田契人张文林同子绍旭、绍祥、小六，今将予得买林姓门口田贰分，上壹分东至沟，南至彭姓大田高埂，西至董姓大官田，北至沟；下壹分底（抵）齐坛庙田，大小七丘，约种贰斗，凭中踏明四至，情愿出卖与陈盛源名下为业。彼时三面言定议作卖价足色银柒拾壹两，画字一并在内。即日银田两交清白，其中并无私债货物准折，亦无逼勒等情。自卖之后，任从买主税契过割，子孙永远管业，张姓族内子侄人等不得异言、搬找赎取。钱粮二亩随田上纳。恐口无凭，特立永远卖明田契一纸为据。

外有老契一纸，揭交陈姓收存。

道光十五年十二月十六日　　立卖田契人张文林押

同子张绍旭押、张绍祥押、张小六押

卖契存照

凭中耽（担）当人　张学海押

凭中人　张光耀押

毛仁普押

陈佩之押

林学普押

林可发押

林可成押

许克宽押

凭源（原）业主　林国华押

林国选押

代字人　彭光裕押

立永遠賣明田契人張文林同子紹旭紹祥小六今將分得買林姓門口田
貳分上壹分東至溝南至彭姓大田高埂西至董姓大官田北至溝下壹分[illegible]
壩廟田大小七坵納糧貳斗憑中踹明四至情愿出賣與
陳盛源名下為業彼時三面言定議作賣價足色銀柒拾壹兩畫字一並在內
即日銀田兩交清白其中並無私債貨物準折亦無逼勒等情自賣
之後任從買主税契過割子孫永遠管業張姓族內子侄人等不得異言[illegible]
找贖取錢粮二兩隨田上納恐口無憑特立永遠賣明田契一紙為據

外有老契一紙揭交陳姓收存

道光十五年十二月十六日 立賣田契人張之林同子張紹旭 紹祥 小六十

賣契

憑中親當人 張學海 [illegible]
張光耀十
毛仁普十
陳佩之十
林孝普十

憑中人 林可發十
林可成十
許克寬十

憑源業主 林国華十
林国選十

存照

代字人彭光祿[illegible]

道光十六年七月十六日张连芳等讨阴地契

第叁贰号

立讨阴地人张连芳、张连科同侄登贵，今讨到通学先生学中卷田界内阴地壹穴，前后左右穿心壹拾捌步，讨明安厝老母。自讨之后，任凭予等安葬，学中佃民不得践踏予家坟茔，予等亦不得因冢葬冢、以坟霸山。恐后无凭，立讨字为据。

长发其祥

凭中　项德修

　　　范兴业

　　　陈文学

　　　黄义山　同押

　　　何世清

　　　邓士魁

道光十六年七月十六日　　立讨字人张连芳押

　　　　　　　　　　　　　　　张连科押

　　　　　　　　　　　　　　　侄登贵押

代字　吴秉衡押

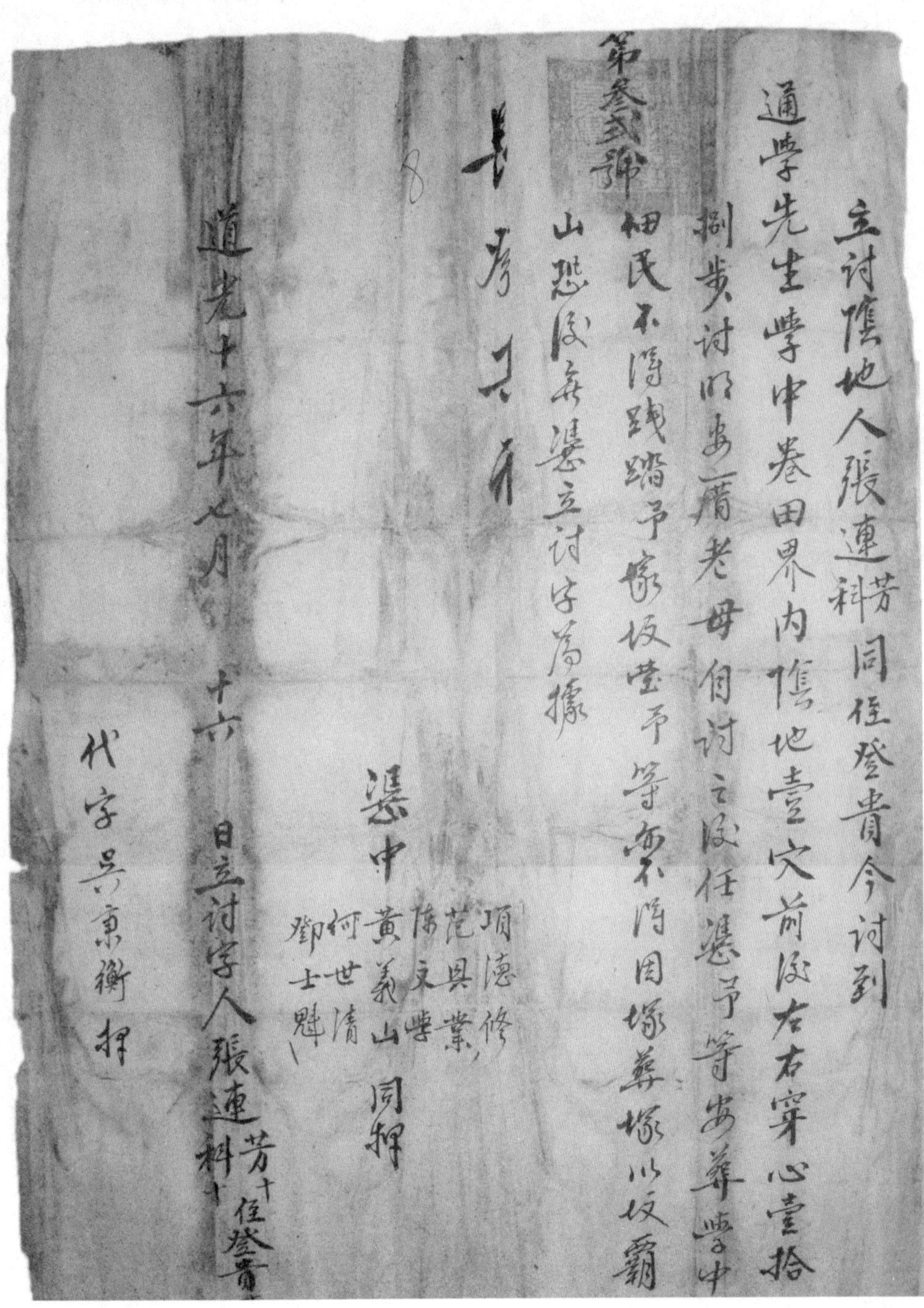

第叁贰號

立讨墳地人張連科芳同侄登貴今讨到
通學先生學中卷田界内墳地壹穴前後左右穿心壹拾
捌步讨明安厝老母自讨之後任憑予等安葬學中
佃民不得踐踏予塚坟茔予等亦不得因塚葬塚以坟霸
山恐後無憑立讨字爲據
長存其有

憑中 黄義山 項德修 范興業 陈文學 何世清 鄧士魁 同押

道光十六年七月十六日立讨字人張連科芳十 侄登貴十

代字吴秉衡 押

道光十六年八月初九日张应魁讨阴地契

第拾肆号

立讨阴地人张应魁，今讨到通学列位先生卷田庄阴地一形，砌立生基，以为将来宾（殡）葬己身坟茔。其地四至以生基为中，前后左右俱各穿心一十八步。嗣后葬坟照至管理，不得以坟霸地；通学先生亦不得纵佃践踏。恐口无凭，特立讨字为据。

凭　范竹亭

　　刘云五

　　谢从之　同押

　　李绣林

　　屠礼庵

道光十六年八月初九日　　立讨阴地人张应魁亲笔

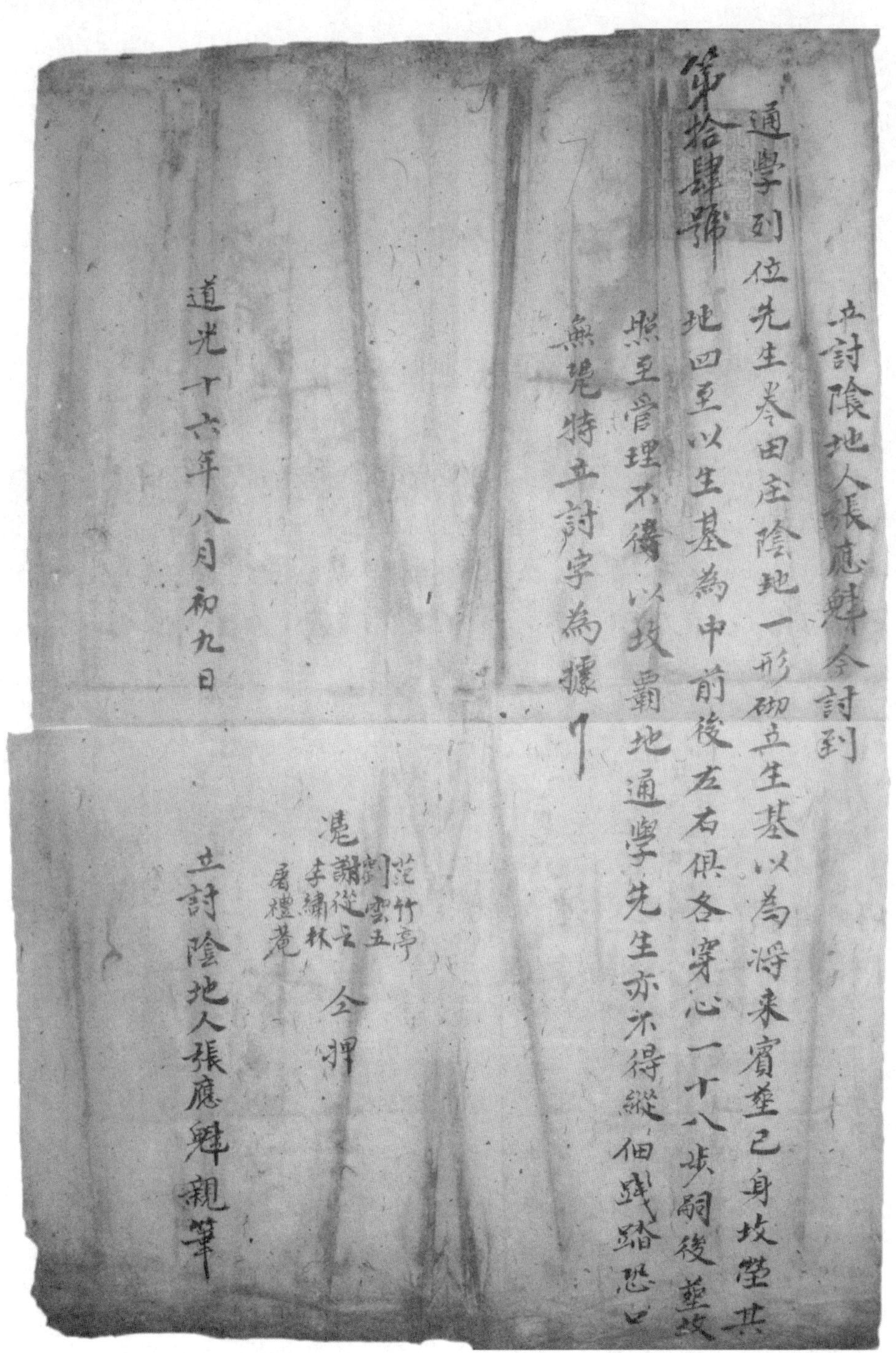

第拾肆號

立討陰地人張應魁今討到

通學列位先生眷田庄陰地一形砌立生基以為將來賓葬己身坟塋共地四至以生基為中前後左右俱各穿心一十八步嗣後葬坟照至管理不得以坟霸地通學先生亦不得縱佃践踏恐口無憑特立討字為據

憑 范竹亭 劉雲五 謝從云 李繡林 屠禮菴 仝押

道光十六年八月初九日

立討陰地人張應魁親筆

道光十六年十月初十日何世清等义助功德田亩契

116

立义助功德田亩人何世清、何世禄，因乾隆伍拾陆年有张金玉将伊父分授粮壹亩，约种壹斗，大小十三丘，地名金家榜，凭中当与予父为业，去当价纹银贰拾捌两整，每年收租叁石二斗。今予弟兄情愿将此田亩义助文昌宫，以为修理焚献之费。自义助之后，任随通学先生管理、安佃收租、永远管业。恐口无凭，特立此义助之字为据。

凭通学斋长先生　李贵繁

张应魁

谢云龙　同押

屠天秩

范兴蕙

刘廷彩

外批：其有张姓当契、老契并字角共肆张，接（揭）交六位斋长先生收执。

道光拾陆年十月初十日　　立义助功德田亩人何世清、何世禄亲笔

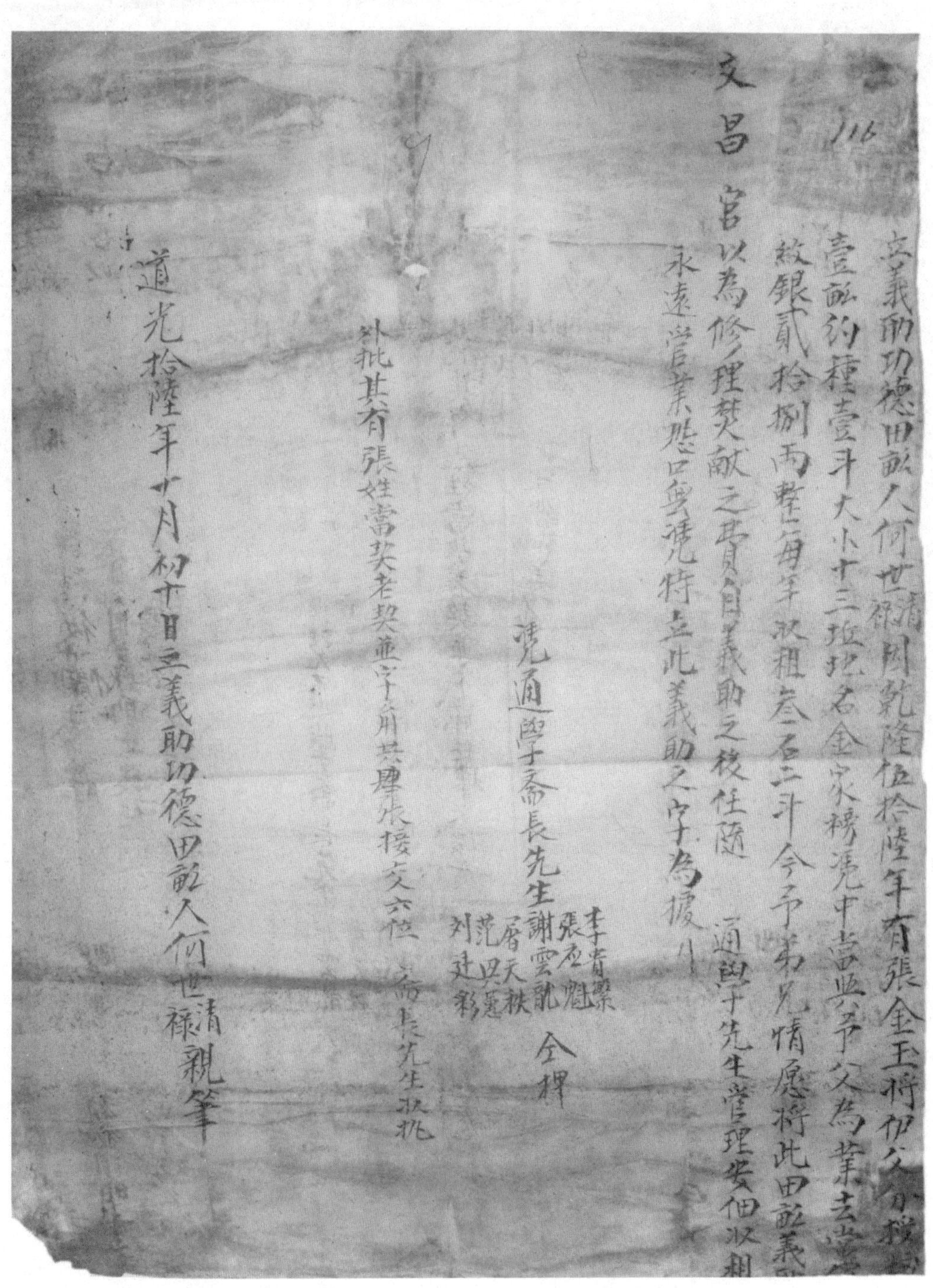

道光十七年八月初十日唐开甲等讨阴地契

第贰肆号

立讨通学阴地人门斗唐开甲、唐开榜，今讨到立讨通学斋长张先生、范先生、谢先生、刘先生、朱先生、刘先生、王先生、屠先生、李先生、刘先生名下文笔山学地阴地一穴葬父，前后左右穿心壹拾捌步。自葬之后，唐姓不得以坟霸山。恐口无凭，特立讨字为据。

凭学中人　张正身
郭辉凤
蒋义安　先生　同押
王世雍
王天佑
李荣芝

道光拾柒年捌月初拾日　　立讨通学阴地人唐开甲
唐开榜押

代笔人　李增荣押

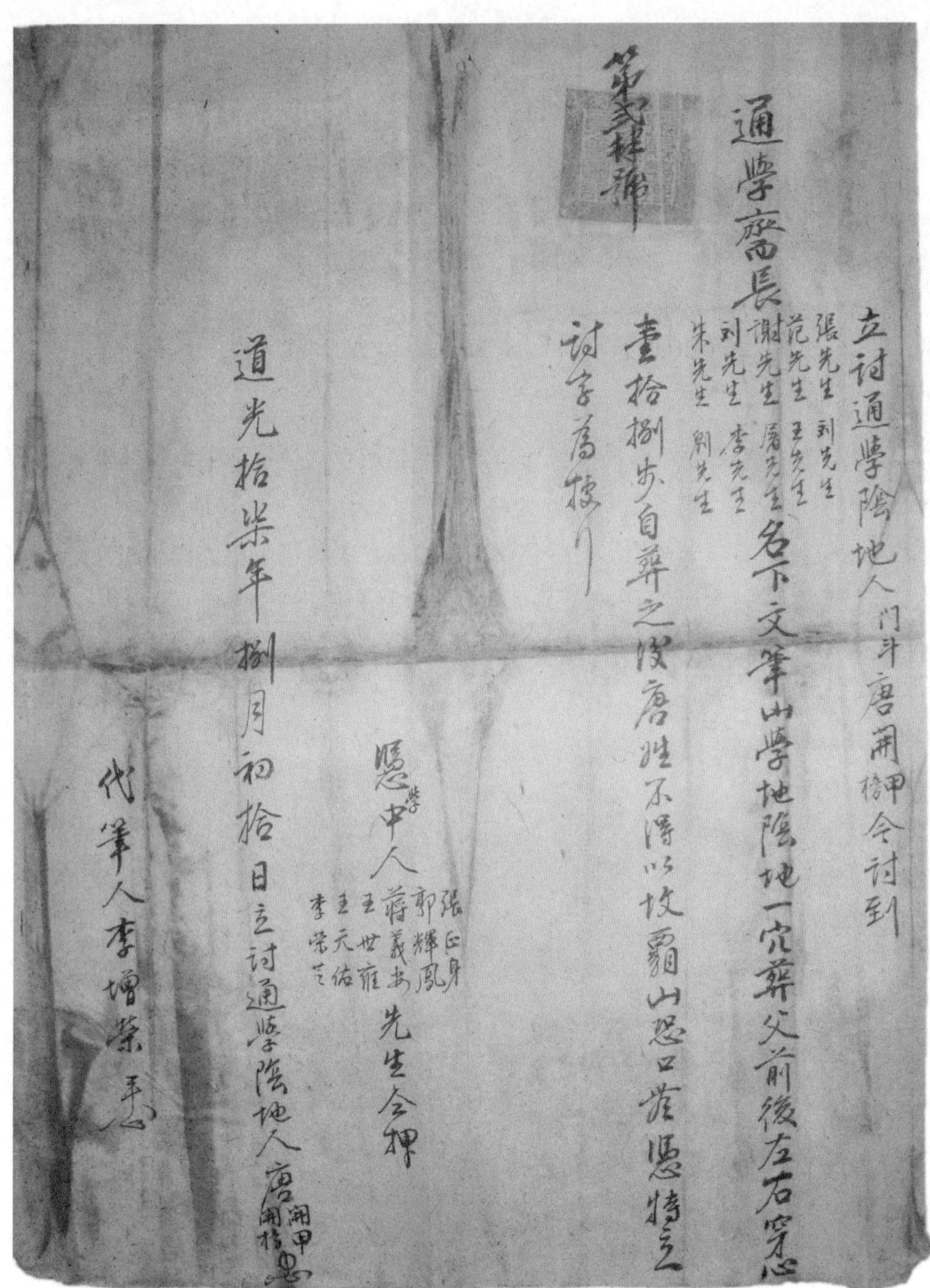

立討通學陰地人门斗唐開甲楊仝討到

張先生 劉先生
范先生 王先生
謝先生 唐先生
劉先生 李先生
朱先生 劉先生 名下文筆山學地陰地一穴葬父前後左右穿心

通學齋長

壹拾捌步自葬之後唐姓不得以扙霸山恐口無憑特立

討字為據

第弍肆號

憑學中人
張正身
郭輝凰
蔣義安
王世雍
王元佑
李榮芝 先生仝押

道光拾柒年捌月初拾日立討通學陰地人唐開甲 開楊 思

代筆人李增榮 手心

道光十七年九月二十五日谢云龙等讨阴地契

第贰柒号

立讨阴地人谢云龙、云书、云林等，今讨到通学列位贡爷先生尊前头寨宾兴学地界内阴地一形，砌立生基，以为将来殡葬母亲坟茔。其地四至以生基为中，前后左右俱各穿心一十八步。嗣后葬坟照至管理，不得以坟至外借坟霸地。通学先生亦不得纵佃践踏，及至内再送别人搀越。欲后有凭，立此讨字为据。

道光十七年九月二十五日　　立讨字人谢云龙、云书、云林亲笔押

凭　朱绍程

刘云五

范竹亭

李绣林　同押

屠礼庵

张斗亭

刘祥庵

第弍叁號

立討陰地人謝雲龍雲書雲林等今討到
通學列位貢爺先生尊前頭寨賓興學地界内陰地一形砌立生基
以為將来殯塟母親坟塋其地四至以生基為中前後左右
俱各穿心一十八步嗣後塟墳照至管理不得以坟至外
藉坟覇地通學先生亦不得縱佃踐踏及至内再選別人
攙越欲後有憑立此討字為據

道光十七年九月二十五日立討字人謝雲龍雲書雲林親筆立

憑
朱紹程
劉雲五
范竹亭
李繡林 同押
屠禮菴
張斗亭
劉祥菴

道光十七年十月初二日张应魁讨阴地契

第叁玖号

立讨阴地人张应魁，今讨到通学列位贡爷先生尊前西门外学地界内阴地一形，砌立生基，以为将来宾（殡）葬己身坟茔。其地四至以生基为中，前后左右俱各穿心一十八步。嗣后葬坟照至管理，不得以坟至外借坟霸地。通学先生亦不得纵佃践踏，及至内再送别人搀越。欲后有凭，特立此讨字为据。

长发其祥

凭　朱绍程

　　刘云五

　　李绣林

　　谢云龙　同押

　　屠礼庵

　　刘祥庵

　　范竹亭

道光十七年十月初二日　　立讨字人张应魁押

代字人　王体贵押

立討陰地人張應魁今討到

通學列位首爺先生尊前西門外學地界内陰地一形砌立生基以為將

第叁號歸來賓塋己身坟塋其地四至以生基為中前後左右俱各穿

心一十八丈嗣後塋坟照至管理不得以坟至外藉坟霸地通學

先生亦不得縱佃践踏及至内再送别人攙越欲後有凭特立討字為據

凴 來紹程 劉雲五 李綃林 謝雲龍 屠禮菴 劉祥菴 范竹亭 同押

道光十七年十月初二日立討字人張應魁押

代字人王體貴押

道光十八年十一月二十二日施德位卖田契

立卖明田契文书人施德位，为因缺少应用，无处出伴（办），情愿将祖遗分授己名下官田壹分，坐落地名高车田，约种壹斗贰升，上抵得有田，下抵刘姓田上河为界，左抵己名下田，右抵胞叔田为界，四至分明，请凭中证踏清出卖明与施德用名下管业耕种。彼时三面言定议作卖价足色银捌拾贰两整，画字一并在内。即日银契两交清白，其有屯粮壹分壹厘叁毫，谁（随）田上纳，不以（与）卖主相干。其有车坝在内，水系往胞叔秉聪田内放运。此系二比心干（甘）情愿，自卖明之后，任随德用过割税契、耕种安佃，德位弟兄子侄人等永无异言。倘有异言，系卖主一力承耽（担）。今恐人心不古，特立卖契存照。

卖契为据

凭中人　施永兴押

施德隆押

施秉坤押

施秉聪押

蒋尚开押

谭钟衍押

施德□押

道光拾捌年十一月二十二日　　立卖明田契文约人施德位押

代字人　郭德峻押

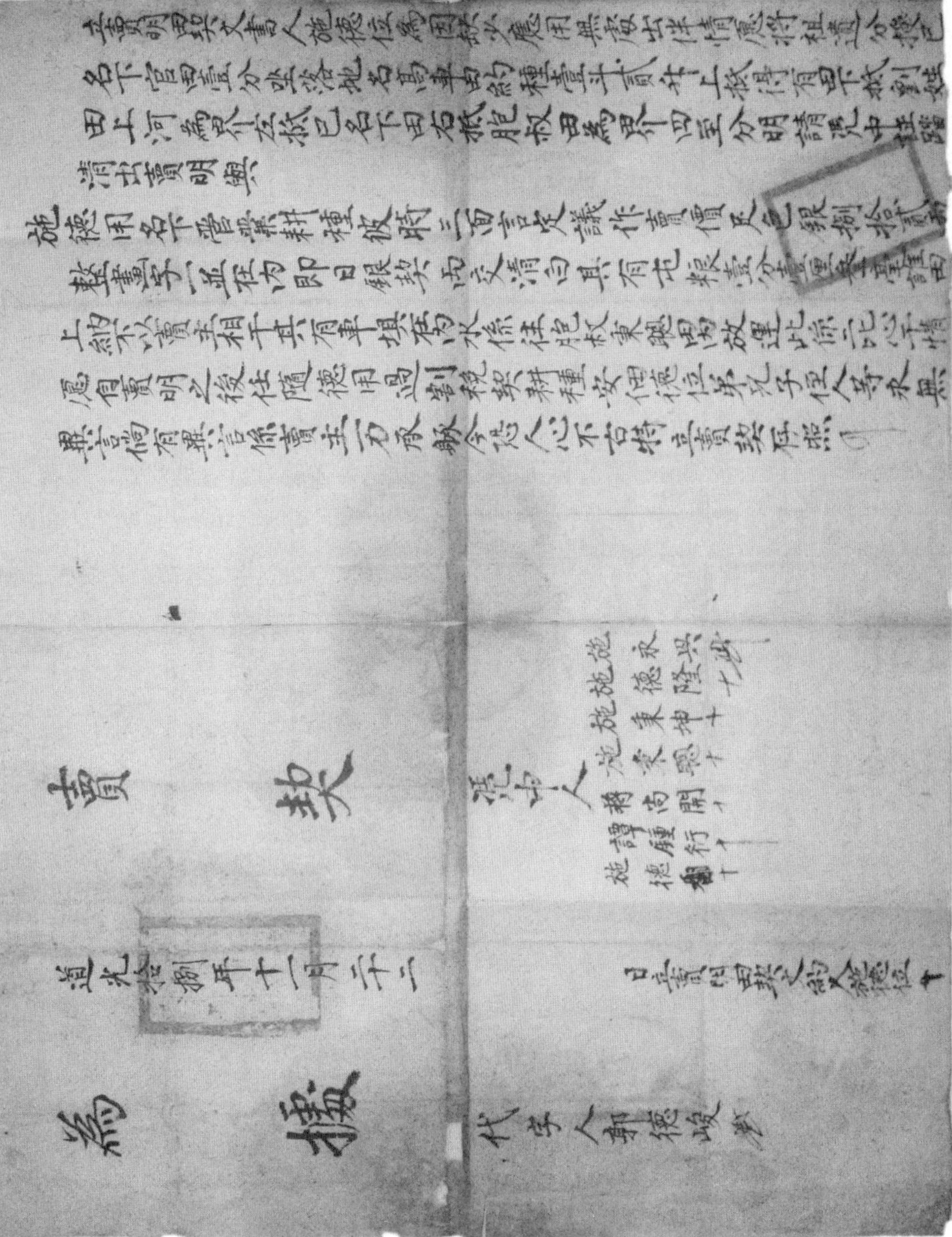

道光十九年六月初三日张绍旭等卖田契

132

立永远杜断卖明田契文书人张绍旭、绍孔，上同母唐氏，今因乏用，母子商议情愿将父买明林姓松林门口田二坋（分），上一坋（分）东至沟，南至彭姓大田高硬（埂），西至董姓官田，北至沟，下一坋（分）抵玄坛庙田，大小七丘，共约种二斗，前已卖与陈盛源为业，因田价不足，向伊找补，陈姓情愿退赎，绍旭弟兄备价赎清，现揭回红契为凭，请中踏明四至，杜卖与范贡爷员（名）下为业。彼时得受卖价足色纹银壹百两整，画字一并在内。即日银契两交明白，其中并无私债逼勒等情，此系二比心悦。自卖之后，任从范姓子孙永远管业耕佃、报税过割，张姓内外人等不得异言争论。倘有异言，绍旭一力承耽（担）。其贴站二亩随田上纳，不与张姓相干。今恐无凭，特立此□契存照。

外批：其有此田老契，因□□□处失落，日后翻出，以为故纸，□有赎回陈姓红契，并林姓当契俱揭交范姓收执。

凭叔祖　汇川押

凭中　张文辉押

张文榜押

蒋宜之押

张慎亭押

张文藩押

道光十九年六月初三日　　立永远杜卖田契张绍旭押

张绍孔押

代字　屠善庵押

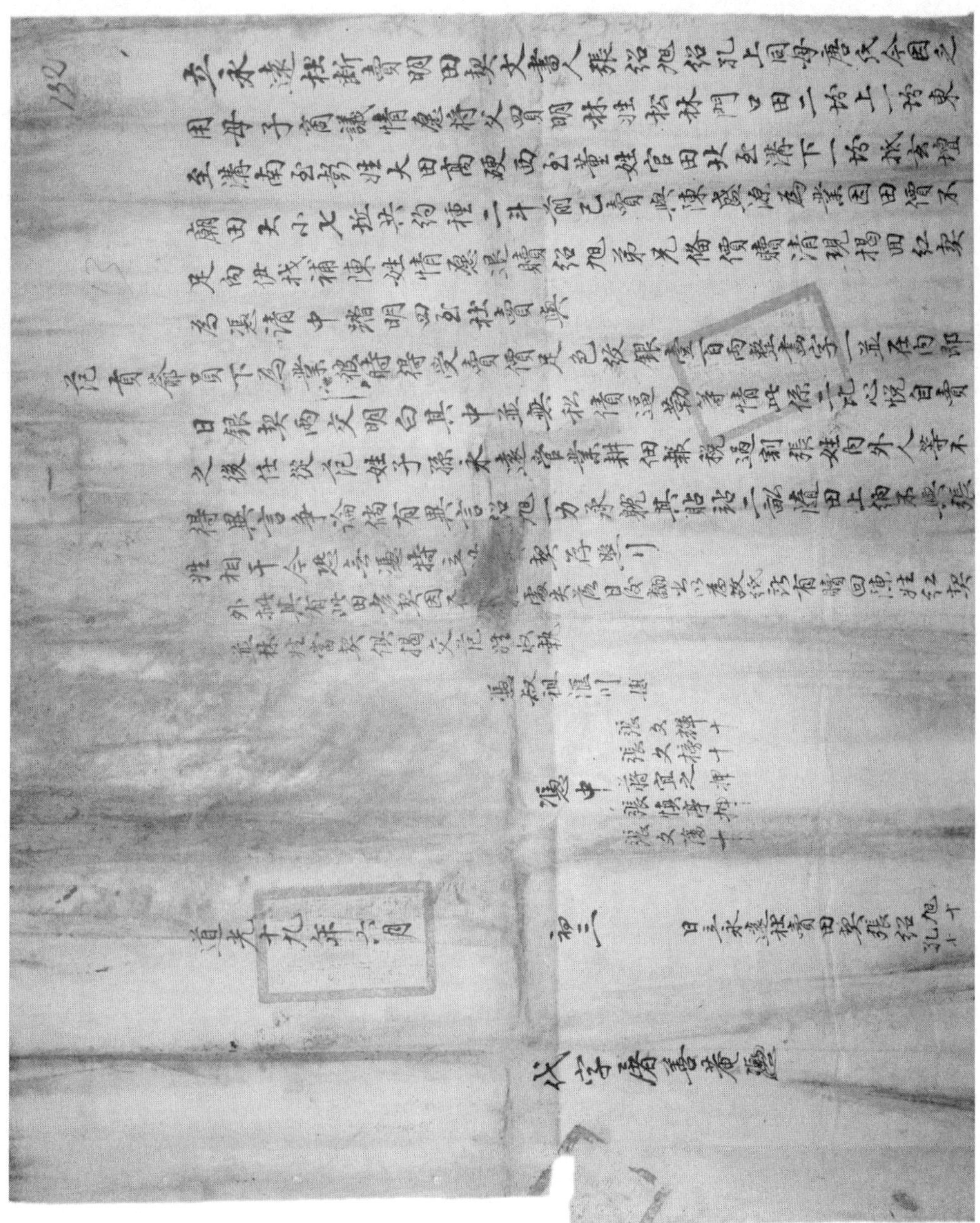

道光十九年十二月二十八日余名馨等卖房屋地基园圃契

第捌贰号

立永远卖明房屋地基园圃人余名馨同子绍坤，为因缺用，情愿将自置文庙左宅草房二间、屋基园圃二路，前抵大街，后抵启圣宫墙脚，左抵余姓墙脚，一路以上以树为界，右抵朱姓园埂，四至分明，请凭中证出卖与朱连贵名下为业。彼时三面议作卖价足色纹银叁拾柒两整，即日银房两交明白，并无私债货物准折，亦无逼勒等情，此系二比心干（甘）情愿。自卖之后，任凭朱姓起盖耕种、投税管理，余姓亲族人等不得异言争论，亦不得睹物生情、搬找赎取。恐口无凭，特立卖字为据。

业主　王乐书押　画字银伍钱

凭中人　蒋智义　黄如补

黄际阳　蒋文彩

张策三　李绍学　同押

朱玉章　赵福苏

朱连发

吴起祥

道光拾玖年十二月二十八日　立卖房屋地基人余名馨

同子绍坤押

亲笔押

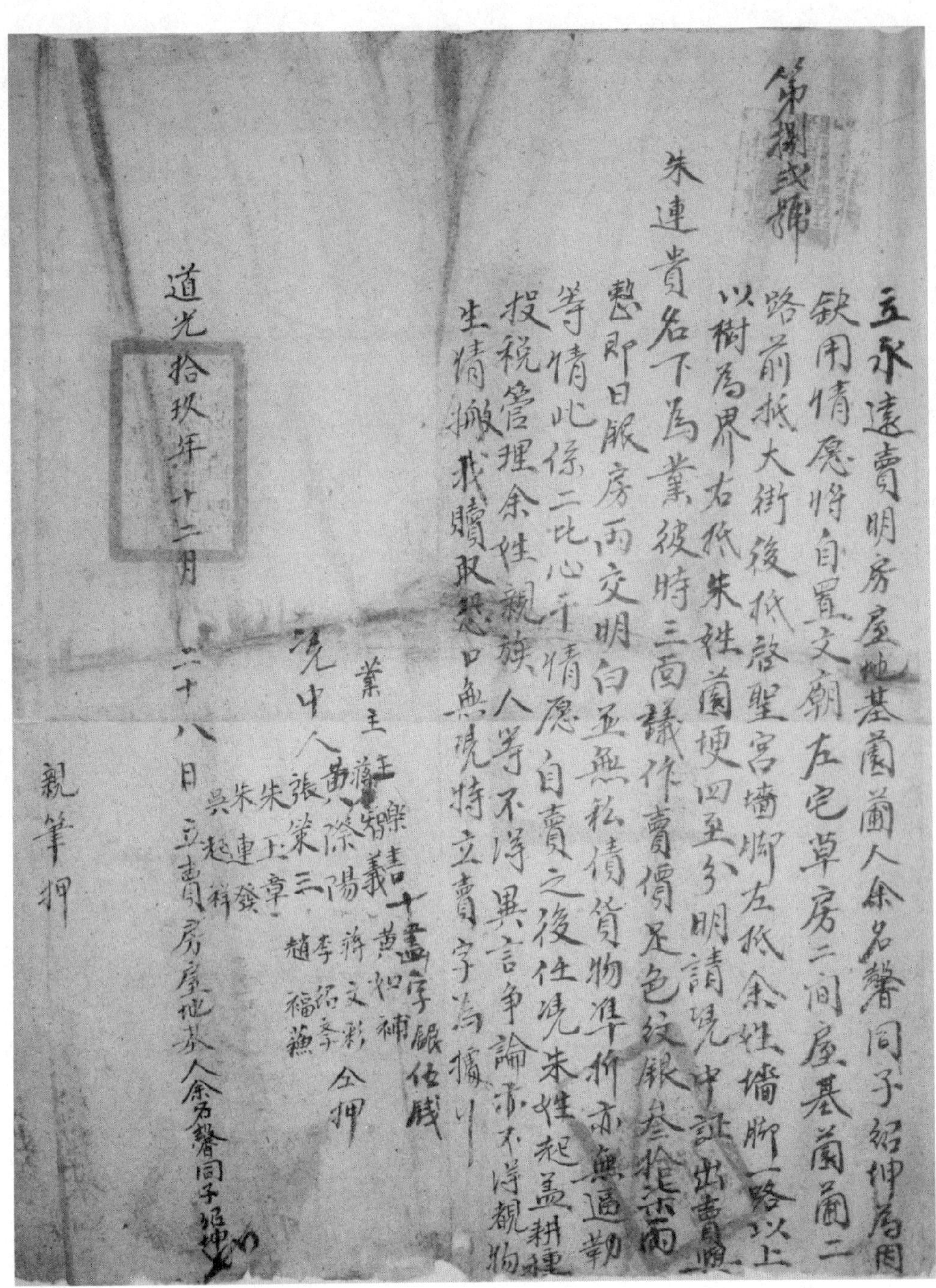

第捌弍號

立永遠賣明房屋地基薗圃人余名馨同子紹坤為因缺用情愿將自置文廟左宅草房二間屋基薗圃二路前抵大街後抵聖宮墻脚左抵余姓墻脚一路以上以樹為界右抵朱姓薗埂四至分明請憑中証出賣與

朱連貴名下為業彼時三面議作賣價足色紋銀叁拾弍両整即日眼同房兩交明白並無私債貨物準折亦無逼勒等情此係二比心甘情愿自賣之後任憑朱姓起蓋耕種投稅管理余姓親族人等不得異言爭論亦不得覩物生情撇找贖取恐口無憑特立賣字為據

業主

主 蒋智樂書 十畫字銀伍錢

憑中人 黄義 黄知補 蒋際陽 蒋文彩 張策三 李紹李 朱玉章 趙福蘸 朱連發 吳起祥 仝押

道光拾玖年十二月二十八日 立賣房屋地基人余名馨同子紹坤

親筆押

道光二十年二月二十四日契尾

尾 契

某州府厅县印号

贵州等处承宣布政使司　　为遵
旨议奏事奉
抚部院宪牌准
户部咨开河南司案呈所有本部议覆河南布政使富　条奏买卖田
产将契尾粘连用印存贮申送府州藩司查验等因一折于本年拾贰
月拾贰日奏本日奉
旨依议钦此相应抄录司班并颁发格式行文贵州巡抚钦遵办理可也等因
咨移到本部院准此合就檄行为此仰司官吏查照票内准　部咨奉
旨及粘单内事理即便钦遵刊刷酌量颁发移行遵照办理仍刷样呈送备
查毋违须至契尾者
计开
业户　范姓　买张绍旭　坐落地名载入契内
用价银　〇千壹百〇拾〇两〇钱　税银　〇拾叁两〇钱〇分〇厘
布字玖拾肆号　　右给与业户范姓准此
道光贰十年二月廿四日

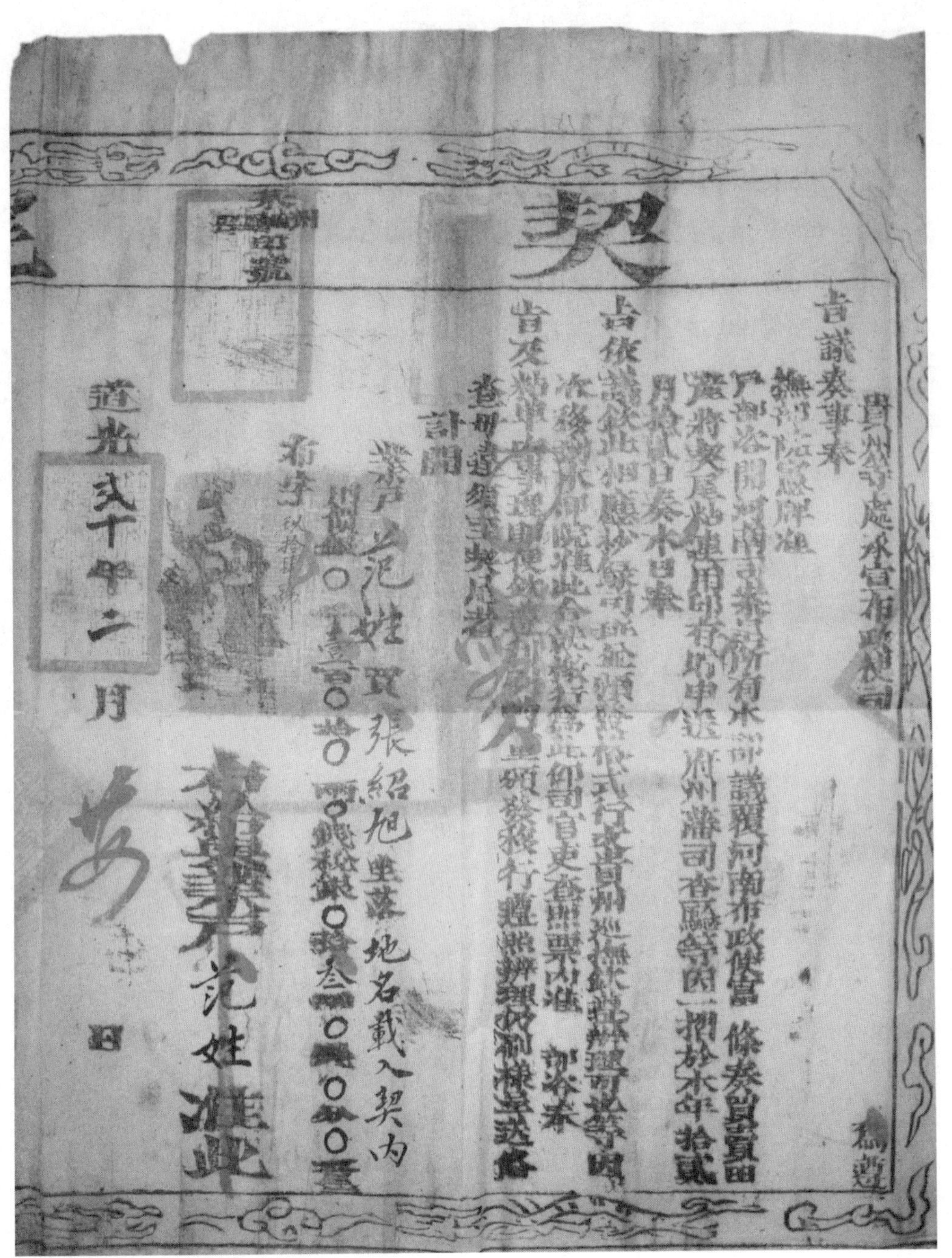

道光二十年六月初十日邓以纬等卖田园圃屋基山场契

147

立当堂永远卖明田契园圃屋基山厂（场）人邓以纬、以庄、以松同侄邓国轩，为因离家窎远，弟兄叔侄同堂兄商议，自愿将祖置何家坝、羊蹄坝尾巴田地园圃屋基山厂（场）一庄，约种壹石贰斗，以松、以堃二斗，共约种壹石四斗，上齐何家坝，下齐何家坟，后细腰，左齐河，右齐李家小山顶以分水为界，内有袁姓田贰斗，袁姓田里埂，庙山在外，凭差踏明四至，所有山木水石俱各在内，情愿当堂立契卖与邓以灵为业。彼时三面议着（作）卖价足色纹银肆百贰拾两整，即时亲手领明应用。其有科米陆斗陆升，认（任）随堂兄拨册投税、过割上纳，不得遗累卖主。所有李姓老契、补契乙并接（揭）与堂兄收执。自卖之后，认（任）凭堂兄子孙永远管业，堂弟兄叔侄子孙不得妄生异言，沾染丘角寸土。于中并无私债货物准拆（折），此系二比心甘情愿。恐口无凭，特立卖契一纸为据。

凭中人　胞叔邓云岱押　画字银贰两

堂弟邓以堃押　银壹两　张宋儒押　乙两

邓以约押　银壹两

屠达才押　画字银壹两

李登堂押　银壹两

冯继美押　银壹两

道光贰拾年六月初拾日　立当堂永远卖明文契人邓以松押

邓以纬押

邓以庄押

侄国轩押

卖契为据

外添堂约二字，即日批明。

以庄亲笔押

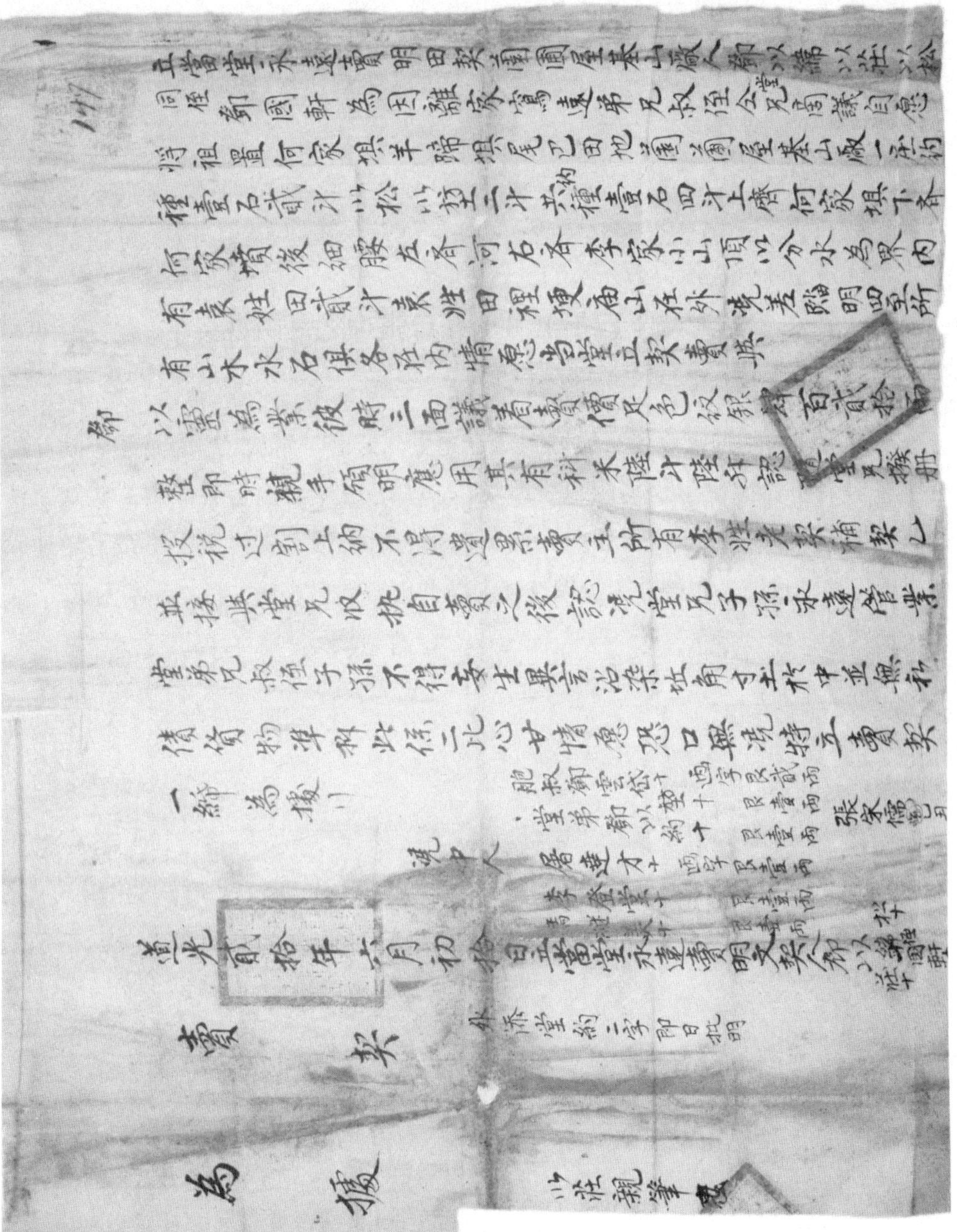

道光二十一年七月十九日张抑之讨阴地契

第肆肆号

立讨阴地人张抑之，今立约讨到通学先生刘云五、谢从之、范畹亭、屠礼庵、王序东等名下白家坑学地内阴地壹段坟，左右各三丈，前后各肆丈，凭众踏清，彼时自愿出功德银拾两以作公费之资。自讨之后，讨字界内学中不得另送他人，佃户不得践踏坟茔，张姓亦不得以坟坝（霸）山。欲后有凭，特立讨字为据。

长发其祥

凭中　范召亭

蒋宜之　同押

刘喜亭

张师灏

道光二十一年七月十九日　　立讨阴地人张抑之押

代笔　王序东押

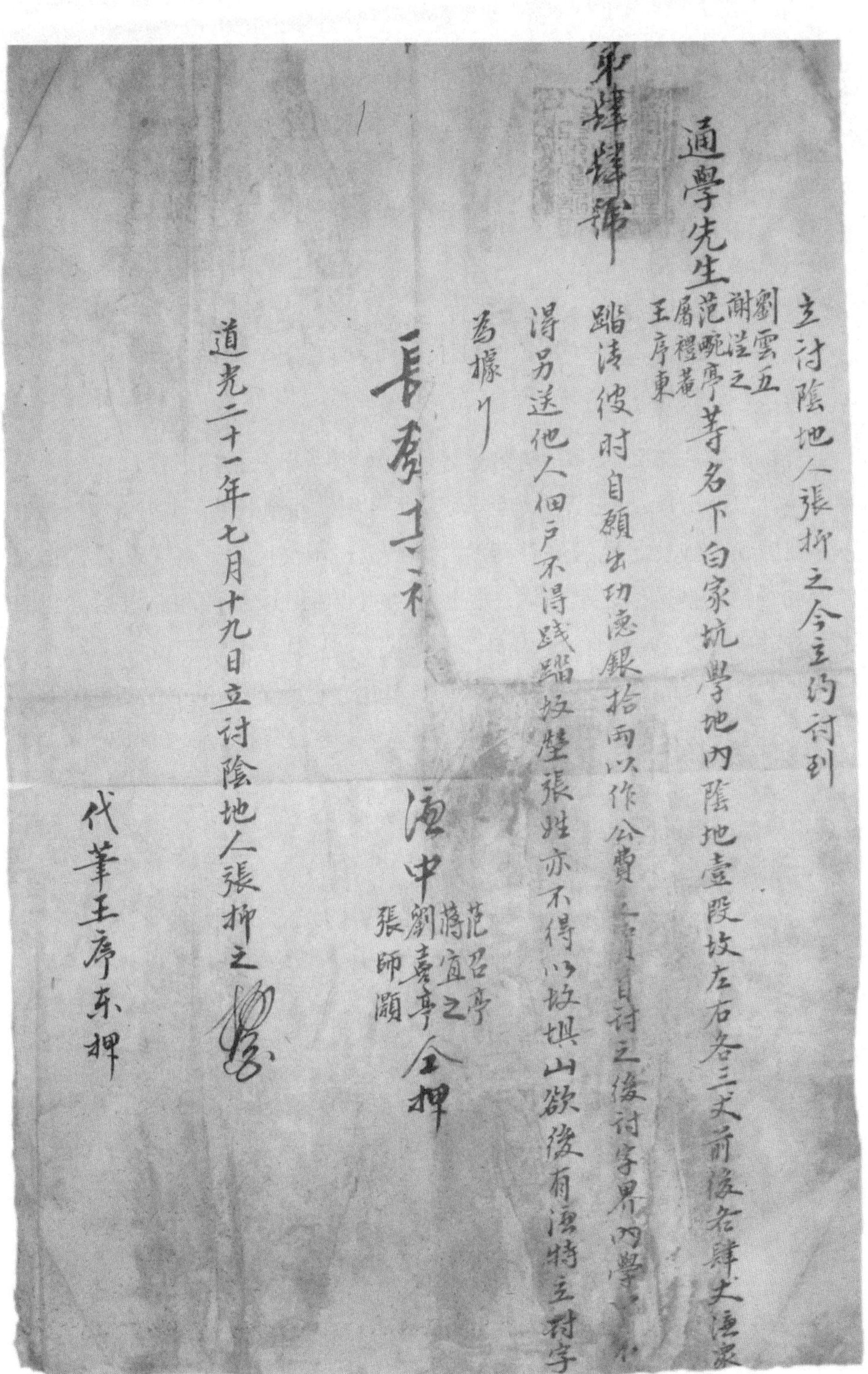

立討陰地人張抑之今立約討到
通學先生
劉雲五 謝湛之 范飏亭 屠禮菴 王序東 等名下白家坑學地內陰地壹段坟左右各三丈前後各肆丈憑衆
踏清彼时自願出功德銀拾兩以作公費，自討之後討字界內學不
得另送他人佃戶不得踐踏坟壁張姓亦不得以坟塋山欲後有憑特立討字
為據
長發其祥
憑中 范召亭 蔣宜之 劉喜亭 張師灝 仝押
道光二十一年七月十九日立討陰地人張抑之 押
代筆王序東押

道光二十一年十一月十六日刘元吉等转当田契

第壹百号

立转当田契人刘元吉、元辅弟兄等，今将祖当李姓科田一段，地名狮子口，约种叁斗，东至山顶，南至沟，西至河，北至坝，四至载明，请中转当与范兴兰名下。彼时议作当价足色银贰百两整，即日银田两交明白，并无私债货物准折，亦无逼勒等情。自转当之后，认（任）凭当主管业、安佃收租。日后银到归赎，二比不得刁难措勒。今欲有凭，立转当契为据。

外批：刘元吉外借足色银叁拾两，李姓赎田之日一并清还，不致短少，此据。

系贵平法（砝）码。其科二亩随田上纳。

其有李姓老契一张、当契一张，交范姓收存。

凭中　张郁亭押

　　　张抑之押

　　　朱子休押

　　　张师灏押

道光二十一年十一月十六日　　立转当人刘元吉、刘元辅等押

元吉亲笔押

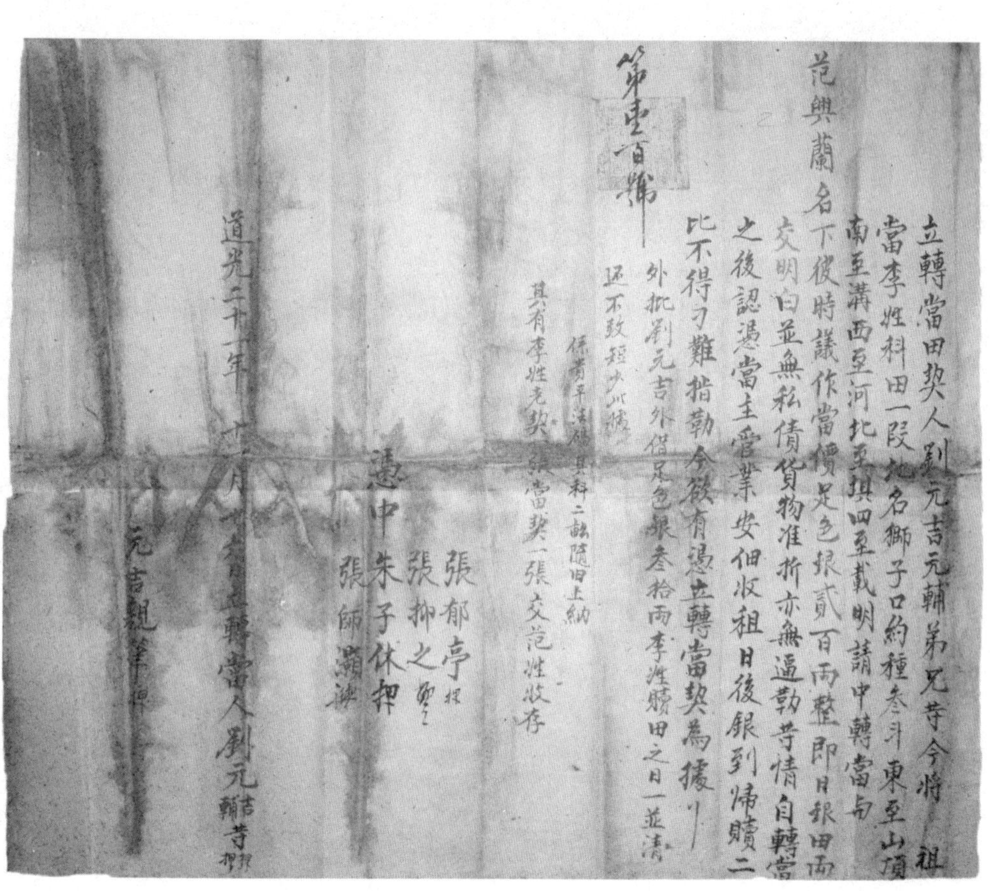

立轉當田契人劉元吉元輔弟兄等今將祖
當李姓科田一段地名獅子口約種叁斗東至山頂
南至溝西至河北至坦四至載明請中轉當与
范興蘭名下彼時議作當價足色銀貳百兩整即日銀田兩
交明白並無私債貨物准折亦無逼勒等情自轉當
之後認憑當主管業安佃收租日後銀到帰贖二
比不得刁難措勒今欲有憑立轉當契為據
外批劉元吉外借足色銀叁拾兩李姓贖田之日一並清
还不致短少此據
係青平法[illegible]其科二畝隨田上納
其有李姓老契一張當契一張交范姓收存

第壹百號

憑中 張郁亭 押
張抑之 押
朱子休 押
張師灝 押

道光二十一年[illegible]月[illegible]日立轉當人劉元吉 元輔 等 押
元吉親筆 押

道光二十一年十二月十八日王国磐讨阴地契

第肆叁号

立讨阴地字人王国磐，讨到范、谢、屠、张、王斋长先生尊前卷田庄上文笔山下阴地一穴以作葬母佳城。议定前六尺，后一丈，左右各五尺。尺数之内任凭王姓修理，尺数之外不得侵占寸土。此系义讨义送，并无酒水孝帛之资。恐口无凭，立讨字为据。

凭中　方体乾

　　　黄际阳

道光二十一年十二月十八日　　立讨阴地字人王国磐亲笔

第肆叁號

立討陰地字人王國磐討到

范謝曆張王

齋長先生尊前叅田庄上文筆山下陰地一穴以作葬母佳城議定前六尺後

一大左右各五尺〻數之内任憑王姓修理尺数之外不得侵佔寸土此

係義討義送並無酒水孝帛之資恐口無憑立討字為據

憑中 方体乾 黄滌陽

道光二十一年十二月十八日立討陰地字人王國磐親筆

道光二十二年七月二十三日收飞

飞　收
首事　范兴兰　今与收飞事实
收到　唐德寿　捐钱　贰百壹拾千文应
请发给实收此照
道光二十二年七月二十三日给

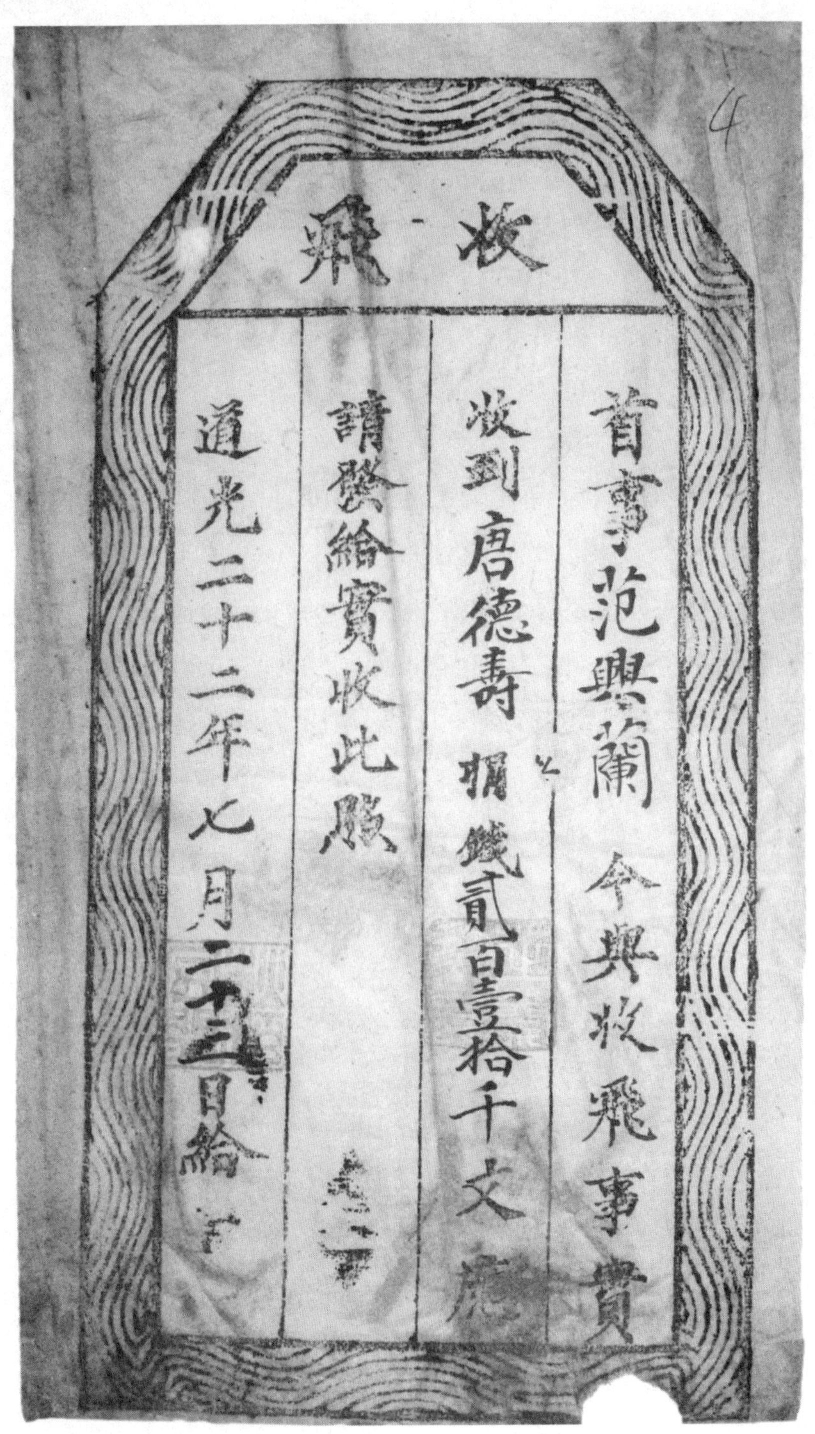

收飛

首事范興蘭 今與收飛事貫
收到唐德壽 捐錢貳百壹拾千文 整
請發給實收此照
道光二十二年七月二十三日給

道光二十二年七月二十八日邓地一等卖田契

146

立卖田契人邓地一、邓国泽、邓国钧，愿将所执杨蹄坝田壹石贰斗种，上下四至老契载明，左齐李滔坟，右齐尾巴田为界，出卖与凤山书院名下管理。议作价银叁百陆拾两整，彼日银田两交明白。其有田上科米陆斗陆升，不得移累邓姓。恐口无凭，立卖字为据。

凭中人　谢从之
　　　　黄履元
　　　　范畹亭
　　　　屠礼庵

道光贰拾贰年七月二十八日　　立卖契人邓地一、邓国泽押、邓国钧亲笔

146

立賣田契人鄧地一鄧國[illegible]今愿將所執楊歸垻田壹石貳斗種上下
四至老契載明左齐李[illegible]墳右齐尾巴田為界出賣與
鳳山書院名下管理議作價銀叁百陸拾兩整彼日銀田兩交明白其有田上
科米陸斗陸升不得移累鄧姓恐口無憑立賣字為據

憑中人 謝洪立 黄鷹元 范皖亭 唐礼菴

道光貳拾貳年 八月二十八日立賣契人鄧地一 鄧國偉 韵親筆

道光二十二年八月二十四日张抑之转当田契

144

立转当田契文约人张抑之，今将林国荣出当与予之田一坋（分），地名秧鸡田，约种三斗，其田大小拾丘，四至载明老契，凭中踏清转当与范贡爷、谢贡爷暨通学先生名下管理。彼时得受当价纹银伍拾两整，即日银田两交明白。自当之后，任凭学中先生安佃耕种，日后银到归赎，二比不得刁难。恐口无凭，特立转当一纸为据。

其有此田红契并原当一纸，揭与学中收存。

凭中人　黄吉旋
　　　　屠礼庵 同押

道光二十二年八月廿四日　　立转当田契人张抑之亲笔押

立轉當田契文約人張柳之今將林國棻出當與予之田一
坵地名秧鸡田約種三斗其田大小拾坵四至載明老契憑
中謝清轉當與
范貢爺
謝貢爺暨通彥先生名下管理彼時得受當價紋銀伍拾兩整即日
銀田兩交明白自當之後任憑彥中先生出佃耕種日後銀到
歸贖二比不得刁難恐口無憑特立轉當一紙為據
其有此田紅契併原當一紙揭與彥中收存

憑中人 黃吉旋
屠禮菴 仝押

道光二十二年八月廿四日立轉當田契人張柳之親筆

道光二十二年九月夏忠全等卖房屋园圃树木契

第捌壹号

立永远卖明房屋园圃树木文契人夏忠全同子子午等，因前买明余、刘二姓房屋地基园圃，前抵大街，后抵启圣宫墙外，左抵余姓墙，右抵文庙，今因修理圣庙监立牌坊，凭中踏明立约出卖与通学先生修理。彼时得受卖价纹银壹百两整，画字一并在内，亲手领明。此系心甘情愿，并无逼勒等情。自卖之后，认（任）凭学中修理，夏姓族内诸色人等不致异言。恐后无凭，立卖契一纸为据。

外有老契叁张，揭交学中收执。

内有古坟贰冢。

卖契存照

凭中人　胞弟夏世昌押

余小双押

前业主王乐书押

刘敢生押

屠运七　何　相

张懋功　毛品荣

何登荣　黄永富　同押

张为能　冯　玢

章正高

徐沛田

道光贰拾贰年玖月　日　立永远卖明房屋园圃文契人夏忠全押

同子子午押

代字人　郑德香押

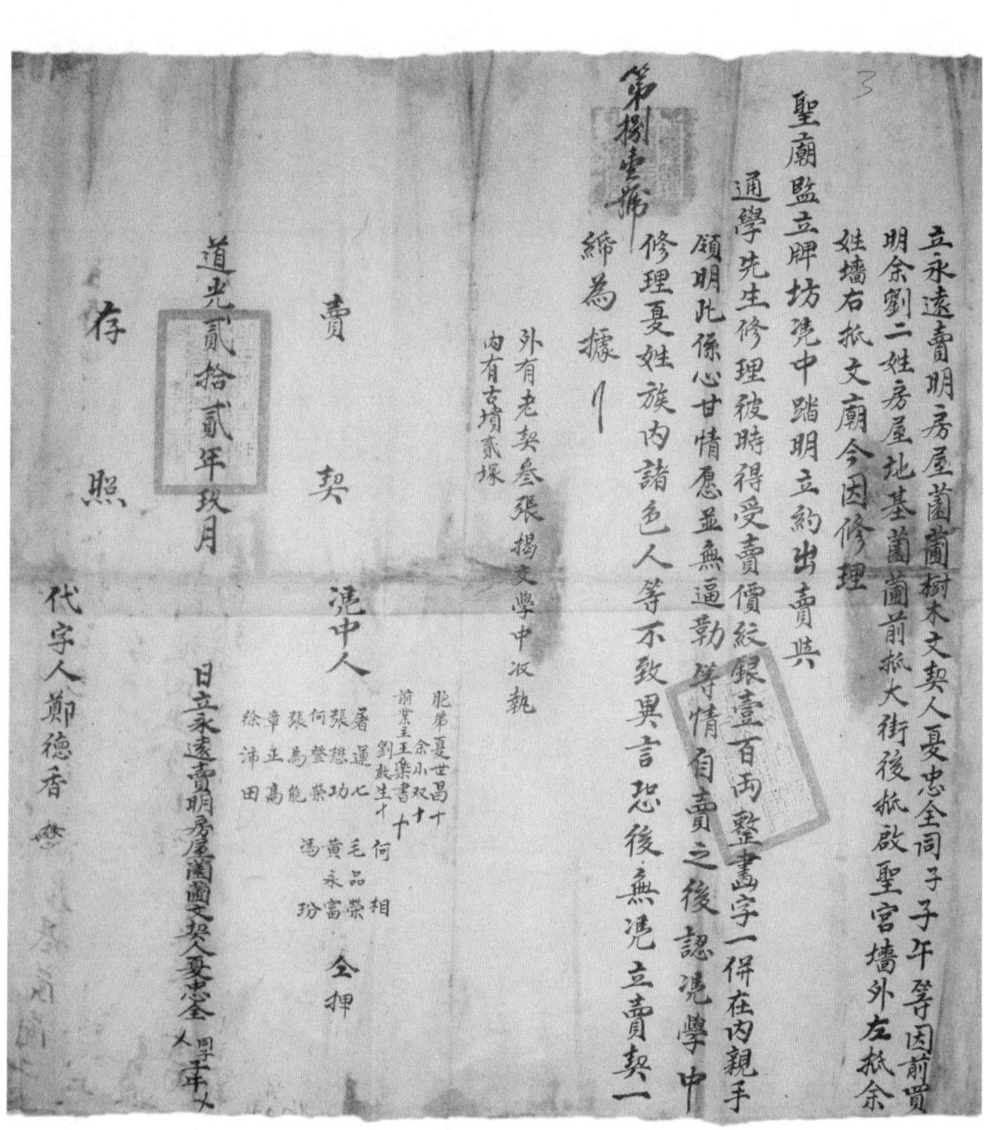

3

立永遠賣明房屋園圃樹木文契人夏忠全同子子年等，因前買明余劉二姓房屋地基園圃，前抵大街，後抵啟聖宮墻外，左抵余姓墻，右抵文廟。今因修理
聖廟，監立牌坊，凴中踏明，立約出賣與
通學先生修理。彼時得受賣價紋銀壹百兩整，畫字一併在內，親手
領明。此係心甘情愿，並無逼勒等情。自賣之後，認凴學中
修理，夏姓族內諸色人等不致異言。恐後無凴，立賣契一
紙為據。

第捌壹號

外有老契叁張，揭交學中收執。
內有古墳貳塚。

賣　契

凴中人　胞弟夏世昌十　余小双十　前業主王樂書十　劉啟生十
屠運七　張想功　何登榮　張為能　章立高　徐沛田
何相　毛品榮　黃永富　馮玢　仝押

道光貳拾貳年玖月　日立永遠賣明房屋園圃文契人夏忠全　同子　年

存　照

代字人鄭德香

道光二十二年九月二十日周锡䗲等卖田契

155

立卖契人周锡䗲、周锡□、周锡九，情愿将三板檀发洪屯田，大榜科田二分，四至载明老契，出卖与凤山书院为业。二共作足色银叁百柒拾捌两整，当时银田两交清白。恐口无凭，特立永远为照。

凭中　范伯香押

　　　屠礼庵押

　　　黄履元押

　　　梁华宇押

　　　罗益祥押

道光二十二年九月二十日　　周锡䗲押

　　　　　　　　　　　　　周锡□押　立

　　　　　　　　　　　　　周锡九押　亲笔

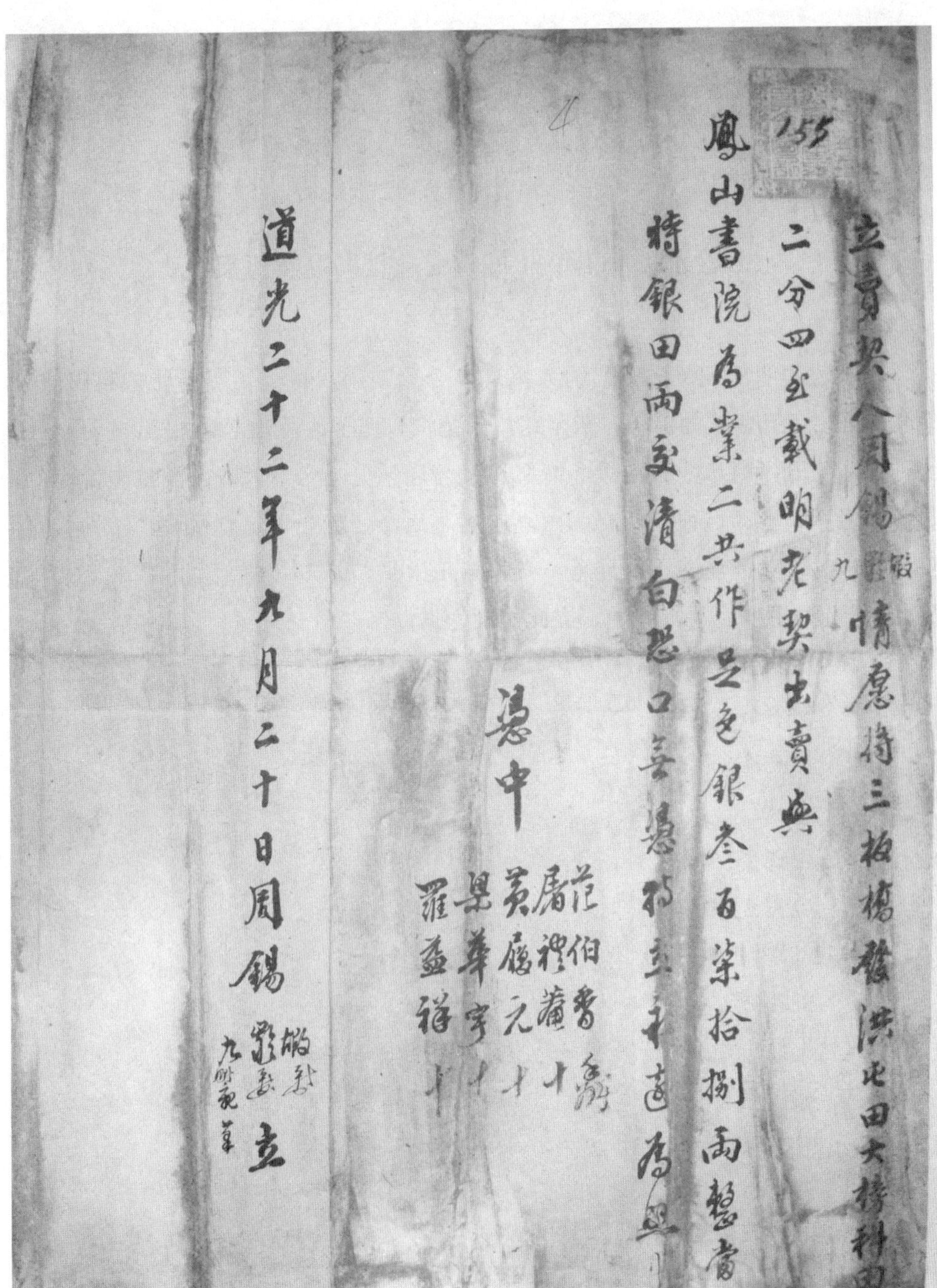
155

立賣契人周錫九情愿將三板橋發洪屯田大塘科田二分四至載明老契出賣與鳳山書院爲業二共作足色銀叁百柒拾捌兩整當時銀田兩交清白憑口無憑特立賣契爲照

憑中 范伯魯 屠禮齋 黄應元 吴華宇 羅益祥

道光二十二年九月二十日周錫九立

道光二十二年九月二十一日冯琮卖田契

119

立永远卖明田契父（文）约人冯琮，今因缺用，将祖买明杨仕芳科田壹分，地名小观音寺孙家坟面前田，东至路，南至沟，西至河，北至头人田，四至分明，约种□斗伍升，科米四升五合，情愿出卖与通学先生名下为业。彼时作价足色银壹佰零伍两整，即日银契两交明白。自卖之后，任随通学过割税契、耕种、安佃收租、永远管业，冯姓不致异言。其科随田上纳，不以（与）卖主相干。其有老契，揭交通学收执。恐后无凭，立此卖契为据。

凭中 张伟猷
黄吉旋
屠礼庵
谢从之 同押
范畹亭
金古香
刘禹门
刘让卿

道光二十二年九月二十一日　　立卖明田契人冯琮押

代笔 张□原

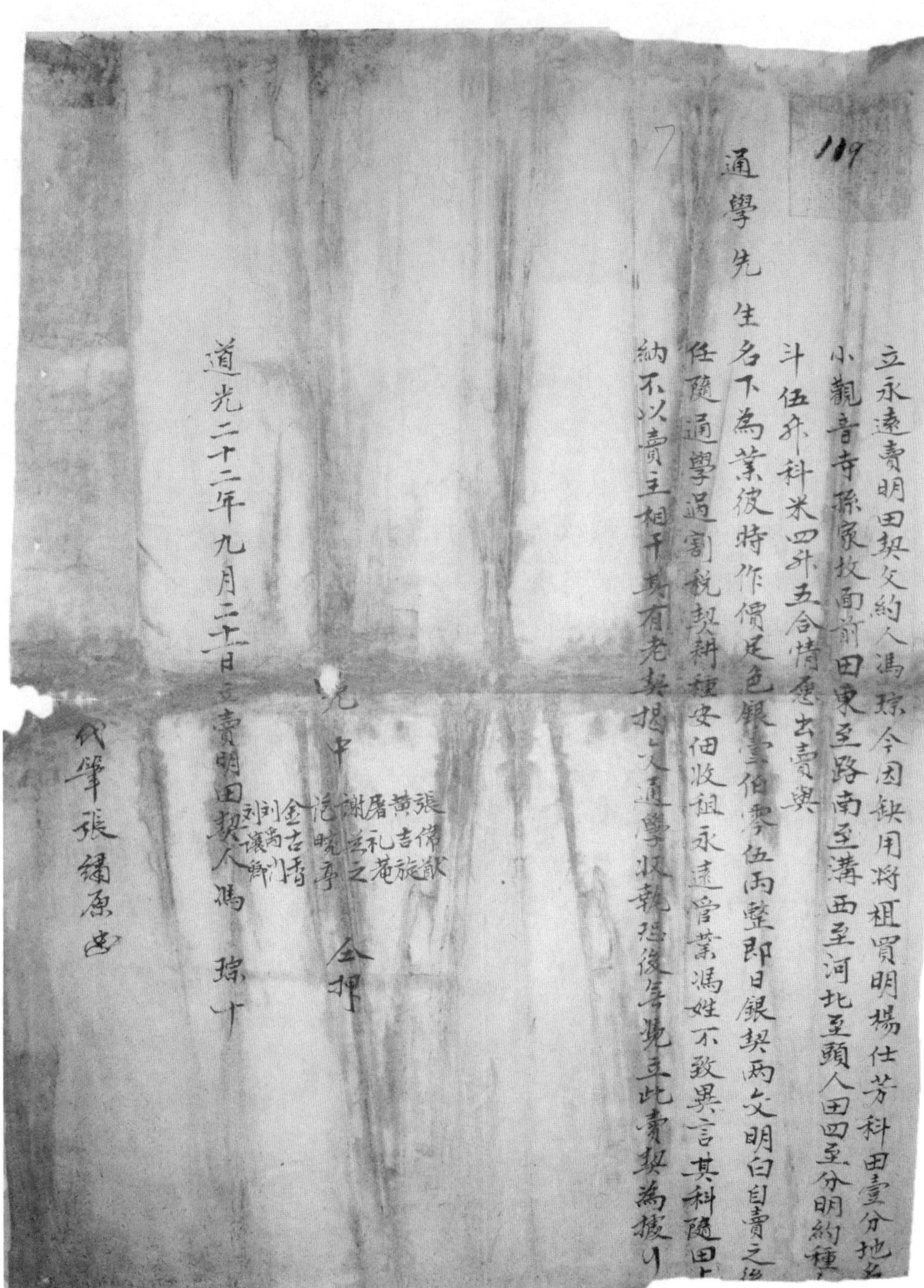

119

7

立永遠賣明田契文約人馮琮，今因缺用，將祖買明楊仕芳科田壹分，地名小觀音寺孫家坟面前田，東至路，南至溝，西至河，北至頭人田，四至分明，約種斗伍升，科米四升五合，情愿出賣與通學先生名下為業。彼時作價足色銀壹伯零伍兩整，即日銀契兩交明白。自賣之後，任隨通學過割稅契，耕種安佃收租，永遠管業，馮姓不致異言。其科隨田上納，不以賣主相干。其有老契揭與通學收執。恐後無憑，立此賣契為據。

憑中 張儒獻 黃吉旋 屠禮菴 謝玉之 范曉亭 金吉香 劉尚門 劉讓卿 仝押

道光二十二年九月二十二日立賣明田契人馮琮十

代筆張緒原書

道光二十二年十月二十六日朱心德讨阴地契

第叁伍号

立讨阴地人朱心德，今请凭中书字讨到屠、范、谢、张、王先生暨通学列位尊前卷田界内文笔山脚下阴地一穴，前以拜台为界，后抵水沟，左右至田为界，埋葬胞兄。彼时朱姓自愿出功德净钱十千文整。葬后不得越占卷田寸土，学佃亦不得践踏朱姓坟茔。恐后无凭，立讨字为据。

凭中　张慎斋

　　　刘祥庵

　　　许溶川　同押

　　　王盛周

道光二十二年十月二十六日　　立讨阴地字人朱心德押

朱定义笔

第叁伍號

5

立討陰地人朱心德今請憑中書字討到
屠范謝張王
先生暨通學列位尊前叅田界内文筆山脚下陰地一穴前
以拜台為界後抵水溝左右至田為界埋葬胞兄彼
時朱姓自願出功德淨錢十千文整葬後不得越佔叅
田寸土學佃亦不得踐踏朱姓坟塋恐後無憑立討
字為據

憑中 張慎齋 劉祥菴 許溶川 王盛周 仝押

道光二十二年十月二十六日立討陰地字人朱心德十

朱定義筆

道光二十二年十一月初八日张绍程讨阴地契

第贰玖号

立讨阴地人张绍程，今请中证讨到通学王、范、谢、张、屠列台先生卷田界内大路下阴地壹穴，以为母亲身后之地。前齐地埂，后抵高埂，左右各一丈。自讨之后，任凭张处安葬，通学不致异言，张姓亦不致越界侵占。恐口无凭，特立讨字为据。

外批：自愿出功德钱陆千文。

凭　张大耶（爷）文辉

蒋先生云簪

张贡爷汇川

刘先生喜亭　同押

范先生召亭

道光二十二年十一月初八日　　立讨阴地人张绍程押

代笔　刘朝宠押

第弍玖號
通學

立討陰地人張紹程今請中証討到
王范謝張屠
列台先生卷田界內大路下陰地壹穴以為母親身後之地前齊
地埂後抵高埂左右各一丈自討之後任憑張霧安葬通學
不致異言張姓亦不致越界侵佔恐口無憑特立討字為據

外批自願出功德錢陸千文

憑 張大卯文輝
蔣先生雲簪
張貢爺進川
劉先生嘉亭
范先生名亭 仝押

道光二十二年十月初八日立討陰地人張紹程十

代筆劉朝寵押

道光二十三年二月二十五日邓功烈当田契

第捌陆号

立当田契人邓功烈，为因缺少使用，请中上门将遗分授老腾（屯）田，约种五升，齐（其）有四至，上抵邓姓田，下抵大田，左抵陈姓地，右抵凹子田，各四至分明，凭中踏清出当与崔忠林大耶（爷）名下管理。彼时凭中议着（作）当价足色银拾四两整，亲手领明应用。齐（其）田自当之后，任从崔姓耕种管理，邓姓不得异言。若有异言，系事（功）烈一力承耽（担）。恐口无凭，立当字为据。

道光贰拾叁年二月廿五日　　立当田契人邓功烈押

当字为据

凭中人　邓永光

　　　　邓永钧

代笔人　廖育才押

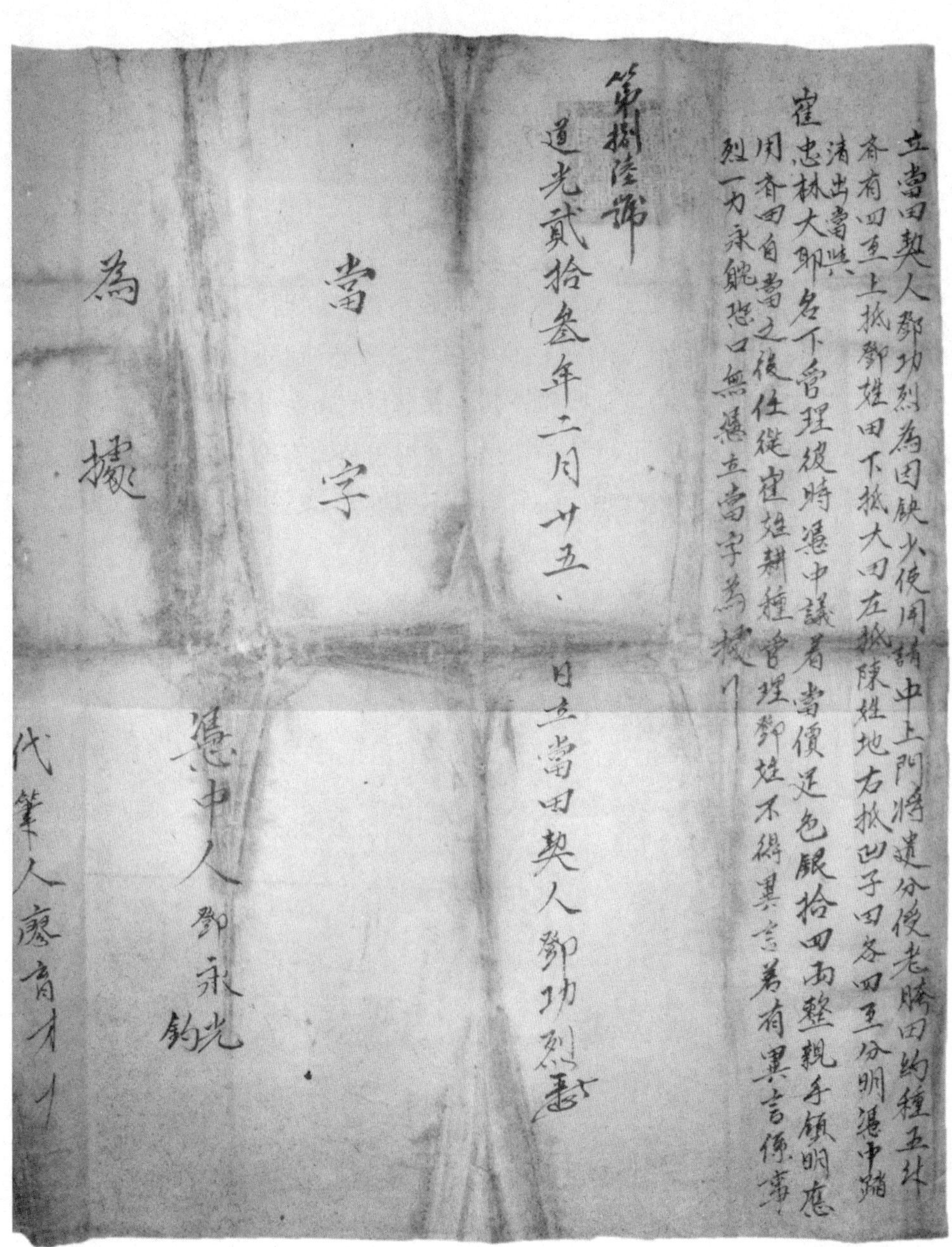

立當田契人鄧功烈為因缺少使用請中上門將遺分俵老勝田約種五升
奇有四至上抵鄧姓田下抵大田左抵陳姓地右抵凹子田各四至分明憑中踏
清出當與
崔忠林大郎名下管理彼時憑中議着當價足色銀拾四兩整親手領明應
用奇田自當之後任從崔姓耕種管理鄧姓不得異言若有異言係功
烈一力承耽恐口無憑立當字為據

第樹隆鋪

道光貳拾叁年二月廿五日立當田契人鄧功烈押

當字

為據

憑中人 鄧永光 鈞

代筆人 應育才

道光二十三年三月十五日杨玉冈卖田园屋基契

第捌捌号

立卖明田园屋基文契人杨玉冈，今将自置张官屯科田壹坋，约种柒升半，支家屯科田一坋，约种叁斗贰升，并屋基园圃在内贰处，四至经凭踏勘载明老契，出卖与通学先生名下，议作卖价足色纹银壹百贰拾陆两整。即日银契两交明白。自卖之后，认（任）随学中安佃收租。其支家屯科壹亩伍分伍厘、张官屯科米贰升柒合俱系学中上纳，不与杨姓相干。但支家屯田契内有松山贰股，因葬有坟茔数冢，未经采出，仍入杨姓管理，日后学中不得争论。欲后有凭，特立卖明文契为据。

其有买明支、陈二姓红契二张，揭交学中收存。

凭中人　刘禹门　邹隆祥

　　　　杨席亭　支有灵

　　　　黄吉旋

　　　　范畹亭

　　　　谢从之

　　　　屠礼安（庵）

　　　　金古香

　　　　张伟猷

道光二十三年三月十五日　　立卖明田园屋基文契人杨玉冈押

代字人　杨润余押

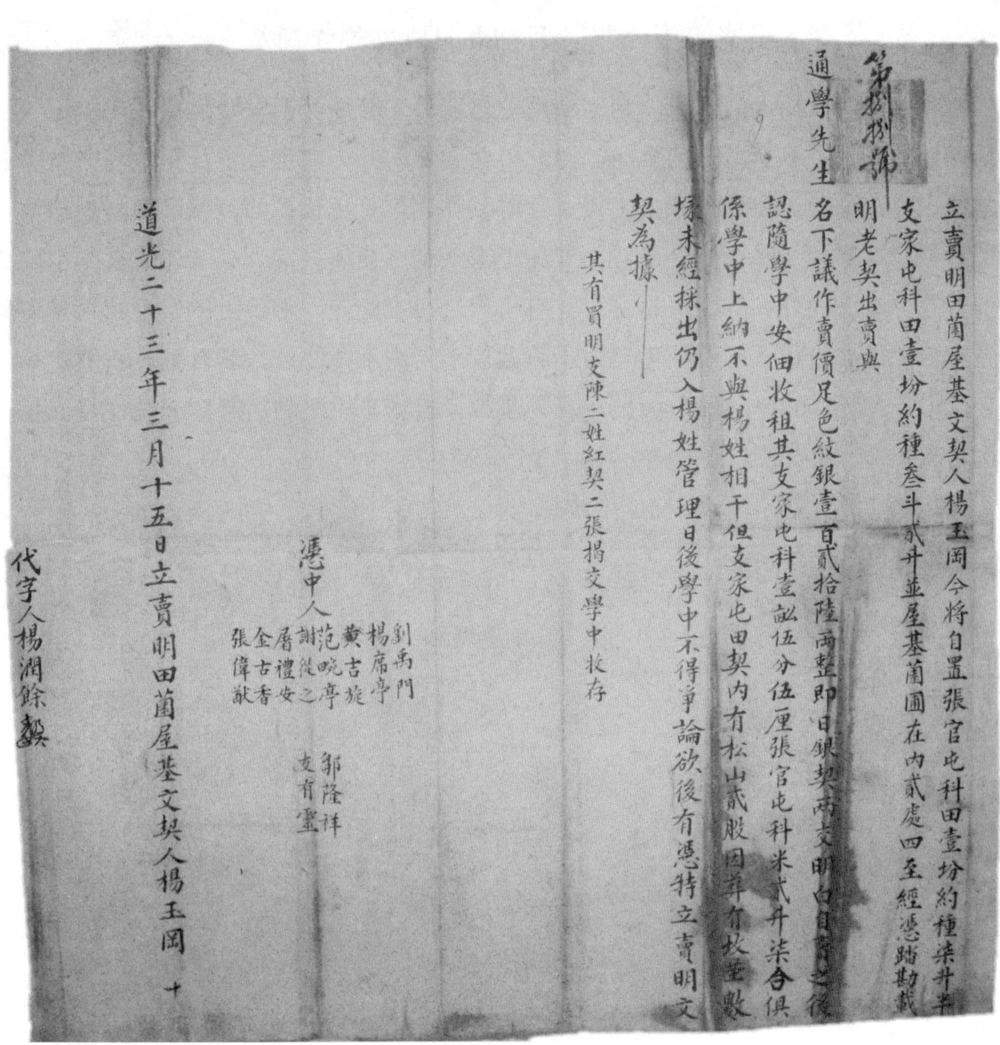

第捌捌號

立賣明田菌屋基文契人楊玉岡今將自置張官屯科田壹坵約種柒升半
支家屯科田壹坵約種叁斗貳升並屋基菌圃在內貳處四至經憑踏勘載
明老契出賣與
通學先生名下議作賣價足色紋銀壹百貳拾陸兩整即日銀契兩交明白自賣之後
認隨學中安佃收租其支家屯科壹畝伍分伍厘張官屯科米貳升柒合俱
係學中上納不與楊姓相干但支家屯田契內有松山貳股因葬有坟塋數
塚未經挨出仍入楊姓管理日後學中不得爭論欲後有憑特立賣明文
契為據

其有買明支陳二姓紅契二張揭文學中收存

憑中人
劉禹門
楊席亭
黃吉旋
范晥亭
謝從之
屠禮安
金古香
張偉猷
郭隆祥
支有璽

道光二十三年三月十五日立賣明田菌屋基文契人楊玉岡 十

代字人楊潤餘

道光二十三年三月初九日袁文焕卖田契

立卖田契文约人袁文焕，为因缺用，自愿将父分授买明陆姓何家坝尾巴田一坋，约种二斗，东至河，南至沟，西北俱至学田，并无寸土存留，凭中当官出卖与凤山书院通学先生以作膏火之资。彼时议作卖价足色银肆拾两整，即日银田两交清白，其中并无私债货物准折，亦无逼勒等情。自卖之后，认（任）从学中安佃管理，袁姓内外人等不得异言。其有何现之科米壹斗，随田上纳，不得遗累袁姓，任凭更册投税。袁姓子孙有力不致赎取，无力不得找补。其有陆姓卖契，揭交学中，并无二契。倘日后翻出，俱为废纸，自认套哄之咎。恐口无凭，特立杜卖文契一纸永远为据。

其有陆姓老契一张，揭交学中收执。

凭首事　范贡爷兴兰
　　　　谢贡爷云龙
　　　　屠先生天秩
　　　　黄先生品三　同押
　　　　张先生开疆
　　　　刘先生朝宠

凭屯邻　邓国均
　　　　袁文炳　同押

道光二十三年三月初九日　　立杜卖田契人袁文焕押

代笔人　邓希严押

立賣田契文約人袁文煥為因缺用自願將父分授買明陸姓
何家堪尾巳田一坵約種二斗東至河南至溝西北俱至學田並無
寸土存留憑中當官出賣與
鳳山書院道學先生以作膏火之資彼時議作賣價足色銀肆拾兩
整即日銀田兩交清白其中並無私債貨物準折亦無逼勒等
情自賣之後認從學中安佃管理袁姓內外人等不得異言異
有何現之科米壹斗隨田上納不得遺累袁姓任憑更冊投稅袁
姓子孫有力不敢贖取無力不得找補其有陸姓賣契揭交學
中並無二契倘日後翻出俱為廢紙自認套哄之咎恐口無憑特
立杜賣文契一紙永遠為據
其有陸姓老契一張揭交學中收執

憑首事 范育齊 典蘭 謝青齊 雲龍 属先生 天秩 黃先生 品三 張先生 開疆 刘先生 朝罷 同押

憑亞隣 鄧國鈞 袁文炳 同押

道光二十三年二月初九日立杜賣田契人袁文煥十

代筆人鄧希嚴

道光二十三年二月二十八日张汇川同子卖房产园圃地基契

123

立永远卖明房产园圃地基人张汇川同子文英，今因缺用，情愿将自置张姓瓦房九间并新造瓦房三间、园圃壹段，前后左右界址俱载老契，凭中踏明出卖与范仲华、张心园、范畹亭、谢从之四位先生并通学先生名下为业。议作时价足色银贰百壹拾两整，画字在内。彼时银房两交明白，并无逼勒货物准折等情。自卖之后，任凭通学盖造义馆，张姓子孙人等不得异言、搬找赎取。其老、红契二纸，揭交通学。欲后有凭，立此永远卖明房契一纸存照。

凭中人　黄吉旋　徐际时
屠礼庵　冯玢
刘让卿　张师灏
张舞雩　张绍清　同押
金古香
刘禹门
张伟猷

道光贰拾叁年贰月贰拾捌日　　立卖明房契人张汇川押
同子文英押

代字人　文英亲笔

立永遠賣明房產園圃地基人張滙川同子文英今因缺用
情願將自置張姓瓦房九間並新造瓦房三間園圃壹段前
後左右界址俱載老契憑中踏明出賣與
仲華范
心圃張
晚亭范
從之謝
四位先生並通學先生名下為業議作時價足色銀貳百壹
拾兩整畫字在內彼時銀房兩交明白並無逼勒貨物準
折等情自賣之後任憑通學蓋造義館張姓子孫人等不
得異言攔戎贖取其老紅契二紙揭交通學欲後有憑立
此永遠賣明房契一紙存照リ

憑中人
黃吉旋 屠禮菴 劉讓卿 張舞雩 金古香 劉禹門 張偉猷
徐際時 馮玢 張師瀏 張紹清 同押

道光貳拾叁年貳月貳拾捌日立賣明房契人 張滙川 押
同子 文英 押

代字人文英親筆

道光二十三年九月初五日邓功烈当田契

第捌柒号

立当田契人邓功烈，为因缺少银两使用，自将己名下老夸（屯）田顶上大田二丘，凹子三丘，二共伍丘，凭中踏明出当与崔大耶（爷）钟林名下。比（彼）时三面义（议）定当价足色银十两整，亲手领明应用。其田至（自）当之后，任从崔姓耕俵管理，邓姓弟兄不得异言。倘有亦（异）言，系是功烈一力承耽（担）。日后邓姓银到归赎，二比不得刁难。今恐口无凭，特立当契为据。

道光二十三年九月初五日　　立当田契人邓功烈押

当契为据

凭中人　彭彦凤

　　　　蒋中太

子先发笔押

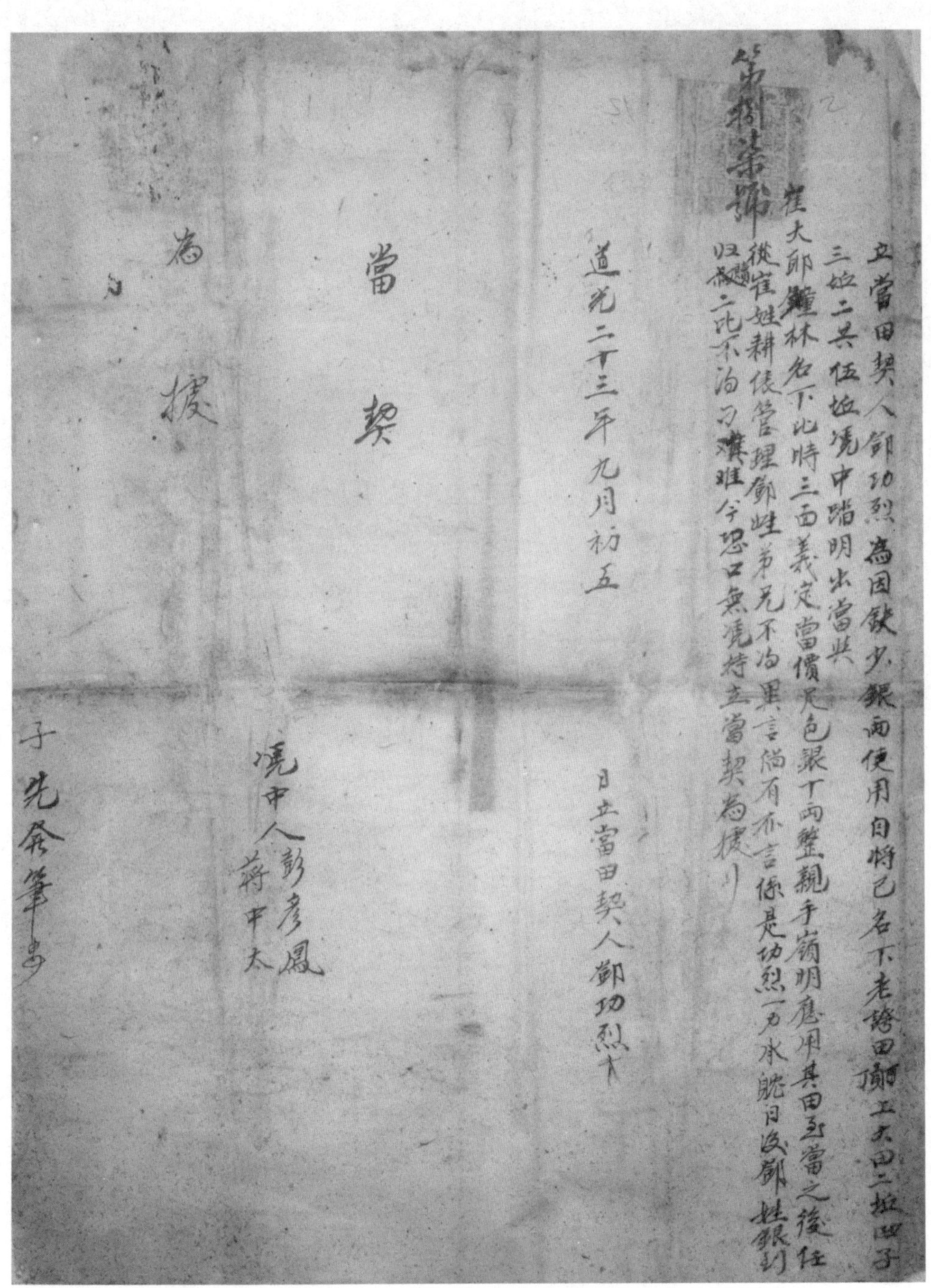
立当田契人邹功烈，为因缺少银两使用，自将己名下老塝田项，土大田二坵，田子三坵，二共伍坵，凭中踏明，出当与崔大郎、鹰林名下。比时三面义定当价足色银十两整，亲手领明应用。其田自当之后，任从崔姓耕种管理，邹姓弟兄不得异言；倘有不言，係是功烈一力承耽。日后邹姓银到归赎，二比不得刁难。今恐口无凭，特立当契为据。

凭中人　彭彦凤　蒋中太

子　先发　笔

道光二十三年九月初五日立当田契人邹功烈

当契为据

道光二十四年正月十四日王天民等讨阴地契

第叁拾号

立讨阴地人王天民、王天枢、王天成，立约讨到谢贡爷、范贡爷、屠先生、黄先生暨通学先生等卷田地界内阴地一穴，前后左右各乙丈二尺，以为丈（葬）亲之所。自讨葬之后，不敢以坟坝（霸）山，亦不得以山践坟。欲后有凭，立此讨字为据。

凭中人　刘喜亭

郭梦兰　同押

刘祥庵

道光二十四年正月十四日　　立讨阴地人王天枢押

王天民亲笔

王天成押

17

立討陰地人王天樞、民、成立約討到

謝貢齋
范貢爺
雷先生
黄先生暨通學先生等叁田地界内陰地一穴前後左右各乙丈二尺以為丈親之所
第叁拾號自討葬之後不敢以坟填山亦不得以山賤坟欲後有憑立此討字爲

據。

憑中人　劉喜亭
　　　　鄭夢蘭仝押
　　　　劉祥巷

道光二十四年正月十四日立討陰地人王天樞、民、成親筆

道光二十四年正月十九日金作梓等讨阴地契

第肆贰号

立讨阴地人金作梓、金作槐、金作梅、金作楠，立约讨到屠先生、谢贡爷、范贡爷、王先生、黄大先生暨通学先生等卷田地界内阴地乙穴，前后左右各乙丈，以为葬父之所。自讨葬之后，不敢以坟坝（霸）山。欲后有凭，立此讨字为据。

凭中人　刘良佐先生押

谢配（佩）之先生押

朱秩玉先生押

道光廿四年正月十九日　　立讨阴地契人金作梓押

金作槐押

金作梅押

金作楠押

代笔人　张蔼堂押

立討陰地人金作楠梅槐梓立约討到

屠先生

謝貢爺

范貢爺暨通学先生等眷田地界内陰

王先生地乙穴前後左右各乙丈以為

黄大先生

帝肆武爺葬父之所自討葬之後不敢以

故塿山孫後有憑立此討字

為據

憑中人 劉良佐先生十

謝配之先生十

朱秩五先生十

道光廿四年正月九日立討陰地契人金作楠十 梅十 槐十 梓十

代筆人張藹堂十

道光二十四年四月二十五日林发龙限租契

第贰拾陆号

立限字田租人林发龙，今因限到叶老先生田租谷二十一年起至二十三年止，三年共着租十二石。现完清陆石，下欠六石，限至六月内还清，不得短少欠升合。若有少欠，自任套哄之罪。恐口无凭，立限字为据。

凭中人　陈乡约
　　　　石乡约　同押

道光二十四年四月二十五日　　立限租人林发龙押

代笔人　张大善押

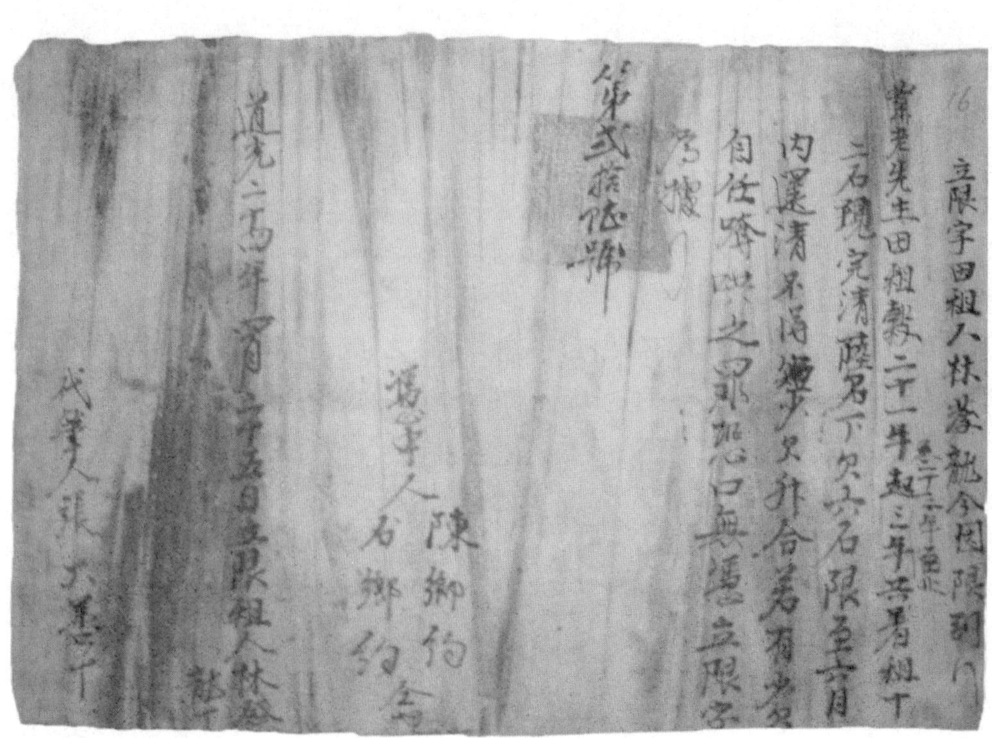

立限字田租人林登龍今因限到[illegible]
棠老先生田租穀二十一年起三年共該租下
二石隨完清除名下欠六石限至六月
内還清不得短少欠升合若有少欠
自任嗲唆之罪恐口無憑立限字
爲據
第式號依歸
道光二十四年十二月廿五日立限租人林登龍
場見人 陳鄉約
石鄉約
代筆人 張[illegible]

道光二十四年四月二十五日林发龙立出田契

第拾伍号

立承认迁坟地人林发龙，立约承认到通学先生处，因予懵浪，前年埋坟二冢在叶茔神道碑处，至今年二月，学中往叶茔祭祀方知，要将予送官。予自知罪过，认至六月内另择日另迁。若有迟延，自认奴欺主之罪。恐口无凭，立承字为据。

凭中人　陈乡约
　　　　石乡约　同押

道光二十四年四月二十五日　　立出字人林发龙押

代笔人　张大善押

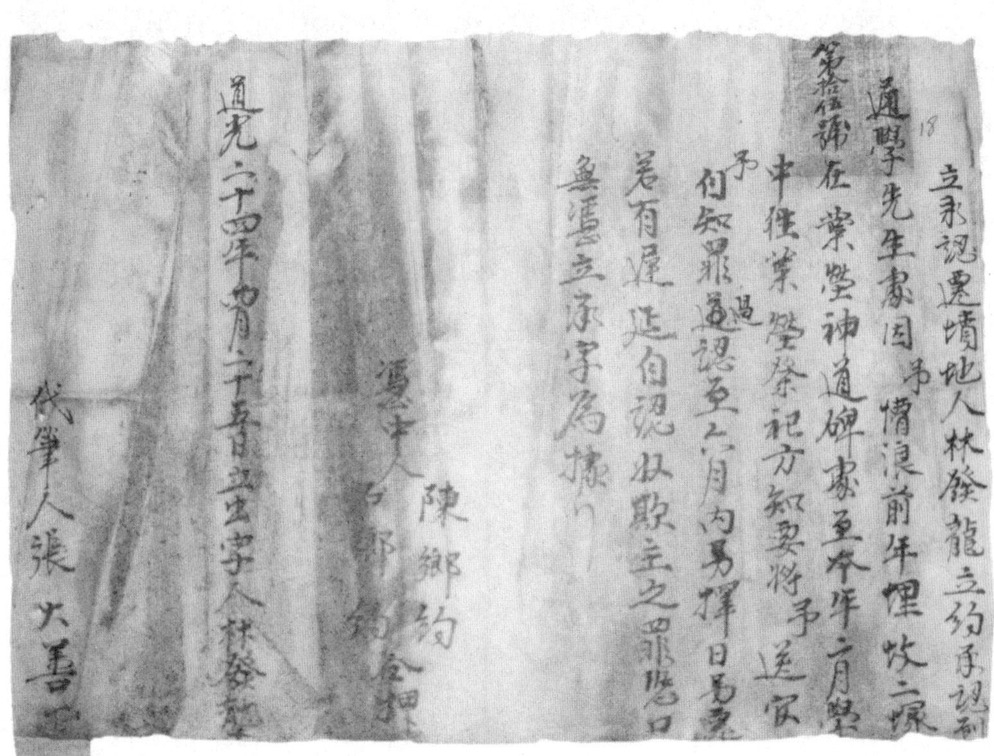

立承認還墳地人林發龍立約承認到
通學先生處因弟墳浪前年埋放二塚
第叁位瑞在業塋神道碑處至本年二月與
中往業塋祭祀方知要將弟送官
予何知罪過認至六月內另擇日另遷
若有遲延自認做欺主之罪恐口
無憑立承字為據
憑中人 陳鄉約
石鄉約 全押
道光二十四年四月二十五日立出字人林發龍
代筆人張大善

道光二十四年十二月初八日袁信宽转当田契

159

立转当田契人袁信宽，为因缺用，自愿将得当杨朝元孙官屯科田四分，约种九斗五升，其田四至地名俱载明红契，凭中出当与凤山书院以作膏伙（火）之资。彼时议作当价足色纹银壹百捌拾两整，即日银契两交明白。自当之后，任从学中收租管业。其科二亩随田上纳，日后银到归赎，不得刁难。欲后有凭，特立转当文契为据。

外批：此田揭交红契、老契，粘连袁姓当契一张。所有杨朝元当杨朝麟当契，问及袁姓从前并无此契，无从揭交，又批。

凭中人　王盛堂

黄吉旋

范畹亭

谢从之　同押

屠礼庵

王广润

张懋功

道光贰拾肆年拾贰月初捌日　　立转当文契人袁信宽押

代字人　屠达才押

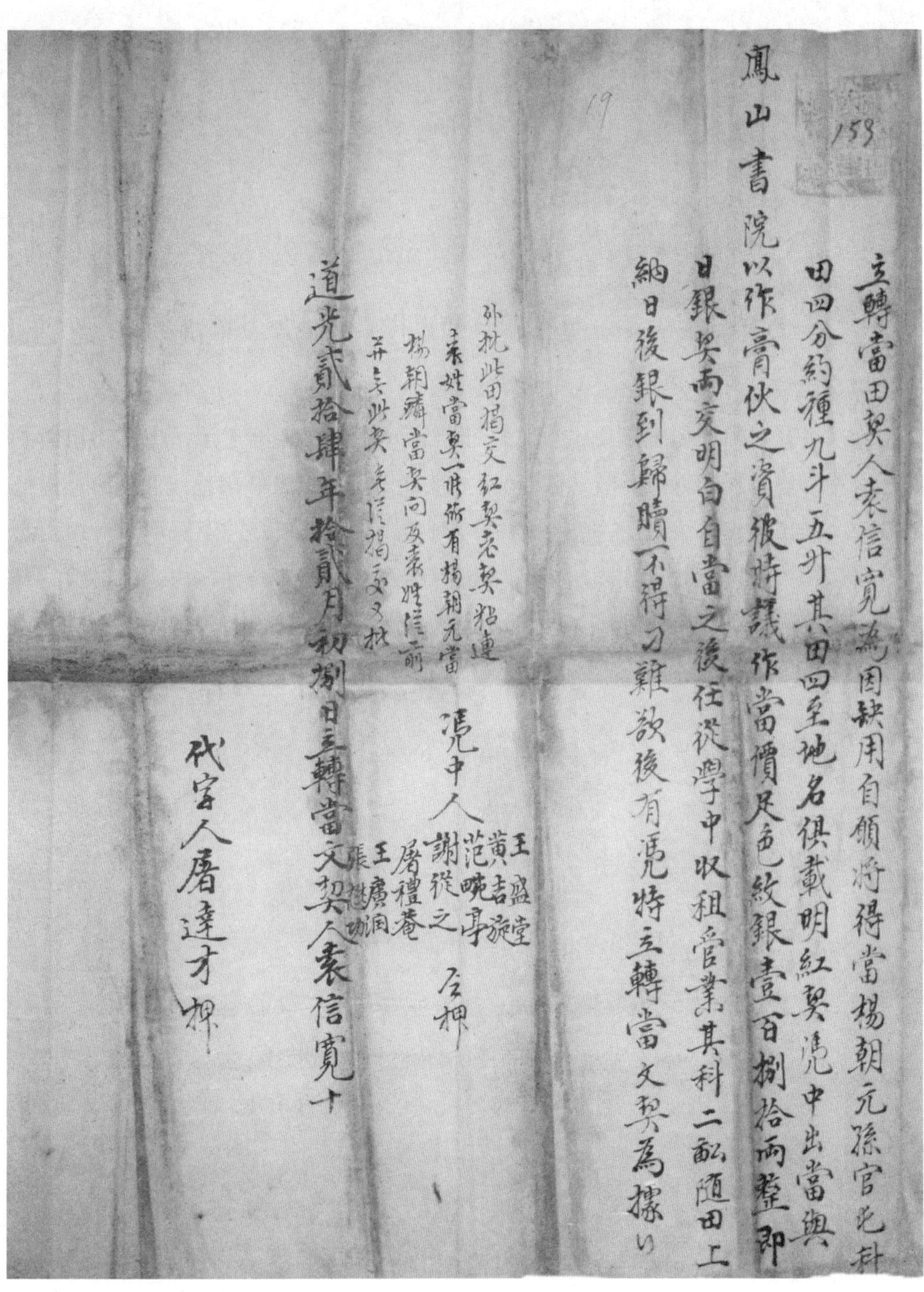

立轉當田契人袁信寬，今因缺用，自願將得當楊朝元孫官色科田四分，約種九斗五升，其田四至地名俱載明紅契，憑中出當與
鳳山書院以作膏伙之資。彼時議作當價足色紋銀壹百捌拾兩整，即日銀契兩交明白。自當之後，任從學中收租管業。其科二畝隨田上納。日後銀到歸贖，不得刁難。欲後有憑，特立轉當文契為據。

外批：此田揭交紅契老契粘連，袁姓當契一張，併有楊朝元當、楊朝積當契，向及袁姓從前并無此契，未經揭交，又批。

憑中人 王盛堂 黄吉旋 范曉亭 謝從之 屠禮菴 王廣潤 張繼功 仝押

道光貳拾肆年拾貳月初捌日立轉當文契人袁信寬 十

代字人屠達才 押

道光二十六年二月初四日陆正祥卖田地屋基园圃契

第柒肆号

立永远杜卖田地屋基园圃文契人陆正祥同子瑞科，为因乏用，情愿将祖遗龙硐任家巷右边园圃屋基田半节（截），西抵任姓田，东抵朱姓田地，北抵路，南抵陆姓田，其田圃上以大石为界，下以柳树为界，从□割断，四至分明，凭中出卖与圣宫以作岁修。彼时议作卖价足色银伍两叁钱整，画字一并在内。即日银契两交清，□并无私债货物准折，[亦无] 逼迫等情，此系二比心甘悦服，其业毫无差粮。特立杜断壹纸为据。

凭中人　黄吉旋

　　　　屠礼安（庵）同押

　　　　王盛唐

道光二十六年二月初四日　　立杜断人陆正祥押

　　　　　　　　　　　　　　同子瑞科押

代笔人　陈　盎押

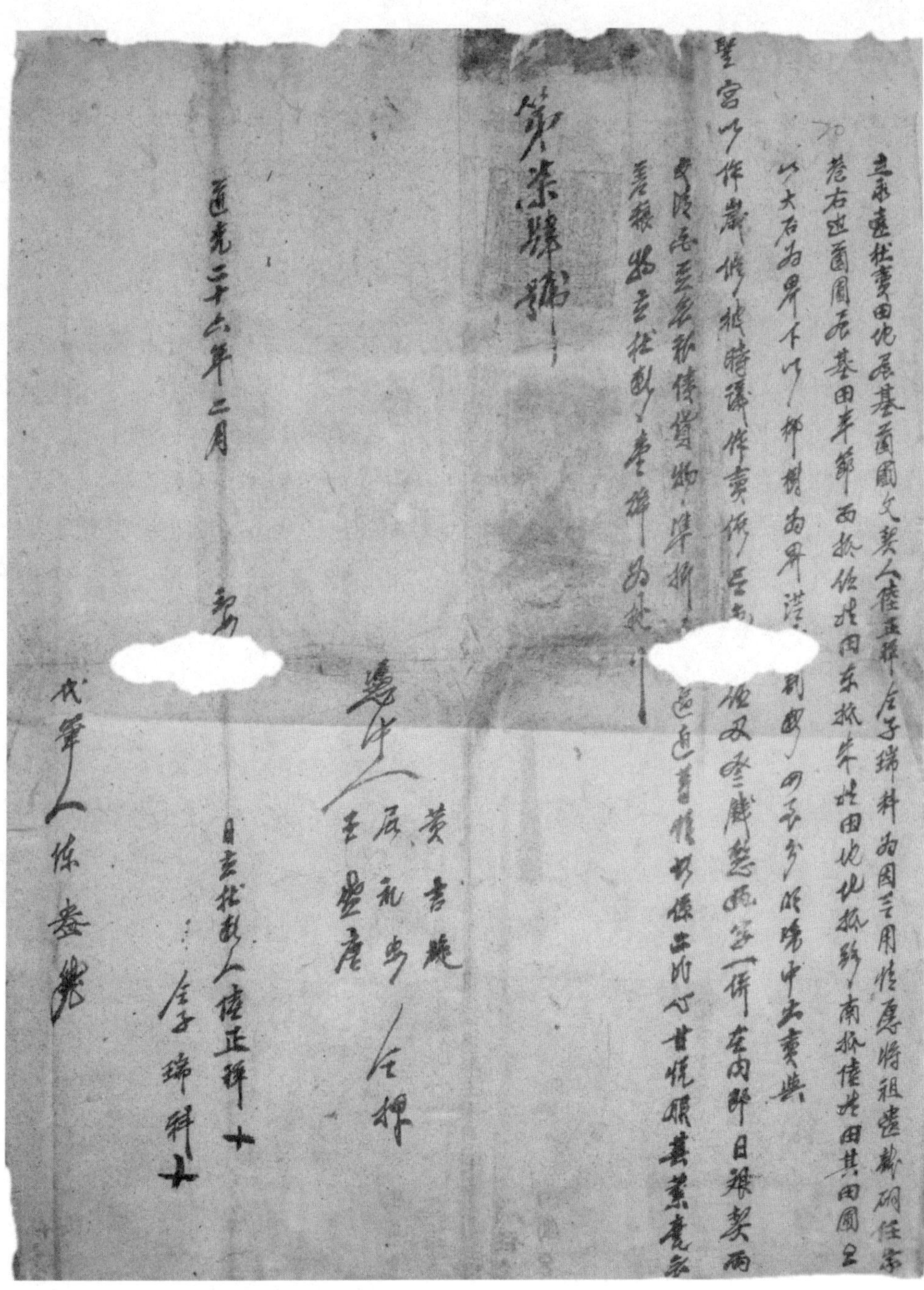
立永远杜卖田地屋基菌园文契人陆正祥仝子瑞科为因乏用情愿将祖遗载硐[illegible]
巷右边菌园屋基田半节西抵伍姓田东抵朱姓田地北抵[illegible]南抵陆姓田其田园上
以大石为界下以柳树为界[illegible]四至分明请中出卖与
[illegible]

第柒肆號

道光二十六年二月 [illegible] 日立杜契人陆正祥 十
仝子瑞科 十

凭中人 黄书魁 [illegible] 王盛唐 仝押

代笔人 陈[illegible]

道光二十六年九月初一日李谢氏同子当田契

149

立当田契文约人李谢氏同子元茂，为因缺□使用，无处出办，只得母子商议，愿将分受名下水田壹坋（分），约种贰斗，其田名阿杨田，四至俱载明□契之内，请凭中证立契当明与范、谢贡爷暨通学先生名下。足色银叁拾两整，彼即亲手领明应用，并无私债准拆（折），亦非逼勒等情。自当明之后，认（任）凭通学安佃收租，李姓族内人等不得异言争占。日后有力银到归赎，二比不得刁难。至于老契一纸，揭交通学收执。恐口无凭，特立当明田契一纸为据。

道光二十六年九月初一日　　立当田契人李谢氏押

同子元茂押

当契为据

凭族内人　李盛槐

李盛荆

李盛华　同押

李盛桂

李忠泽

代笔人　汪文洋押

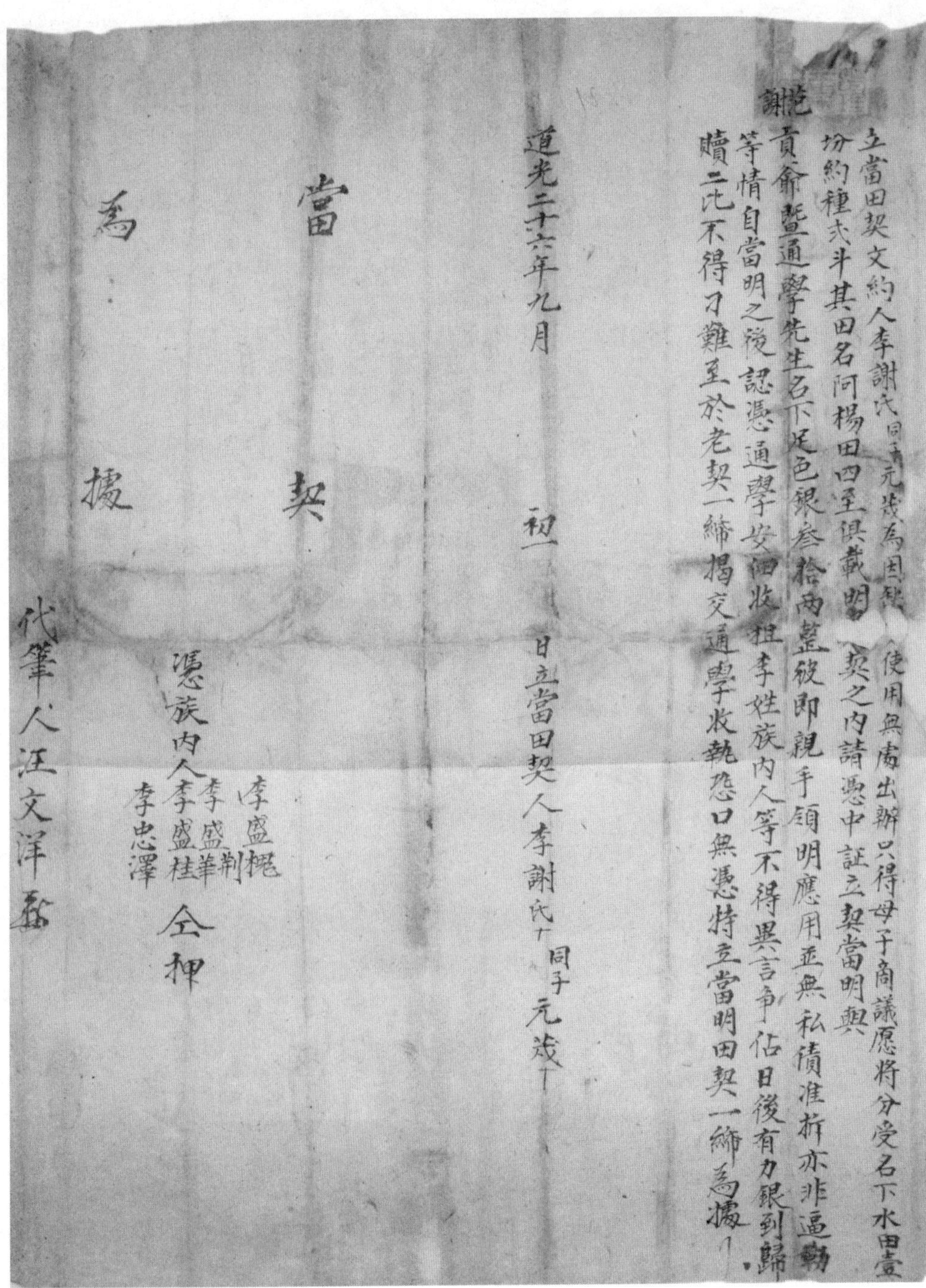

立當田契文約人李謝氏同子元茂為因缺少使用無處出辦只得母子商議愿将分受名下水田壹坵約種弍斗其田名阿楊田四至俱載明老契之内請憑中証立契當明與范謝貴爺暨通學先生名下足色銀叁拾兩整彼即親手領明應用並無私債准折亦非逼勒等情自當明之後認憑通學安佃收租李姓族内人等不得異言争佔日後有力銀到歸贖二比不得刁難至於老契一紙揭交通學收執恐口無憑特立當明田契一紙為據

道光二十六年九月初一日立當田契人李謝氏十 同子元茂十

當契為據

憑族内人 李盛槐 李盛荆 李盛桂 李忠澤 仝押

代筆人汪文洋押

道光二十七年二月初九日张应周等讨阴地契

第肆壹号

立讨阴地人张应周、张郁周、张子瑞，今讨到通学先生学地乙块，坐落地名白家坑，以作祖母生基。前齐地埂，后齐金古香坟前拜台，左右抵石包，各壹丈伍尺。自讨之后，任凭修理拜台生基，学中不得阻拦，张姓亦不得以坟霸山。恐口无凭，立讨字为据。

凭中人　谢从之　刘禹门
　　　　　　　　刘祥庵
　　　　范伯畹　王盛唐
　　　　屠礼庵　张华玉　同在
　　　　　　　　谢个臣

道光二十七年二月初九日　　立讨阴地人张应周押
　　　　　　　　　　　　　　　　张郁周押
　　　　　　　　　　　　　　　　张子瑞亲笔

立讨阴地人張郁廷、周子瑞今讨到
道学先生学地乙塊，坐落地名白家坑，以
作祖母生墓前齊地埂，後齊金古
丞墳前拜台左右抵石包各壹丈
伍尺。自讨之後，任憑修理拜台，
生登学中不得阻擱。張姓亦不得
以墳霸山。恐口無憑，立讨字為
據。

憑中人　謝從之　劉禹門
　　　　范伯晚　劉祥菴
　　　　唐禮菴　王盛唐
　　　　謝介臣　張華玉　同在

第肆壹號

道光二十七年二月朔日立讨陰地人張郁廷、周子瑞親筆　十

道光二十七年三月十八日王国明等再吐退田契

第拾壹号

立再出吐退字样人王国明、王国臣同侄王乐业、王乐坤，为因道光十五年，予堂兄国明将予等祖茔侧荒山退明学中，被（彼）时得受钱陆千文，予等未知，至道光二十七年三月，内拜扫祖茔，方知彼此叔侄争论。学中不忍，给净钱贰千文，予等叔侄领取，心甘情愿。其地界高埂与（以）上系学中管理，高埂与（以）下任（仍）归予叔侄管理。至刘姓所讨阴地，业已阡（迁）起，不得向刘姓异言。滋（此）事倘有此情，将字鸣官，自认套哄之咎无辞。恐后无凭，立此再出［吐］地退字样一纸为据，与通学收执。

凭中人　谢六斤

沈在伦　同押

钟学全

道光二十七年三月十八日　　立再出吐退字样人王国明押

王国臣押

同侄乐业押、乐坤押

代字人　张大才押

第拾壹號

立再出吐退字樣人王国明同侄王樂坤業為因道光十五年予堂兄国明將予等祖塋側荒山退明學中被時得受錢陸千文予等未知至道光二十七年三月內拜掃祖塋方知彼此叔侄爭論學中不忍給淨錢貳千文予等叔侄領取心甘情愿其地界高埂與上係學中管理高埂與下任旧予叔侄管理至刘姓衙討陰地業已阡起不得向刘姓異言滋事倘有此情將字鳴官自認噓哄之咎無辭恐後無憑立此再出地退字樣一帋為據與

通學收執

憑中人 謝六斤 沈在倫 鐘孝全 全押

道光二十七年三月十八日立再出吐退字樣人王国明十

同侄樂坤業十

代字人張大才押

道光二十七年六月初四日陈开富同子卖屋基园圃契

114

立杜卖屋基园圃文契人陈开富同子长生、小云，为因家下贫乏，无处出办，父子商议情愿将父买明杨姓屋基二间、园圃树木一并在内，坐落地名下营盘水沟硚，前抵大街，后抵官沟，左齐胞侄春生柱脚，右齐胞叔尚友墙脚，请凭中证踏明出卖与通学先生员（名）下，以作义馆。彼时议作卖价纹银贰拾壹两贰钱整，画字一并在内。即日银契两交明白，其中并无私债货物准折，亦非逼勒等情。自卖之后，任从学中修造，陈姓内外亲族人等不得异言争论。倘有此情，开富父子一力承耽（担）。恐口无凭，立杜卖文契一纸为据。

外批：此屋基老契一张、当契一张、分关二张，揭交收执。

内添贰钱两字，涂改长字。

凭中人　王盛周

屠达才

张学斗

陈文凤

张纯一　同押

谭　升

黄有能

钟用一

道光二十七年六月初四日　　立杜卖屋基园圃文契人陈开富押

同子长生押、小云押

代笔人　陈万选押

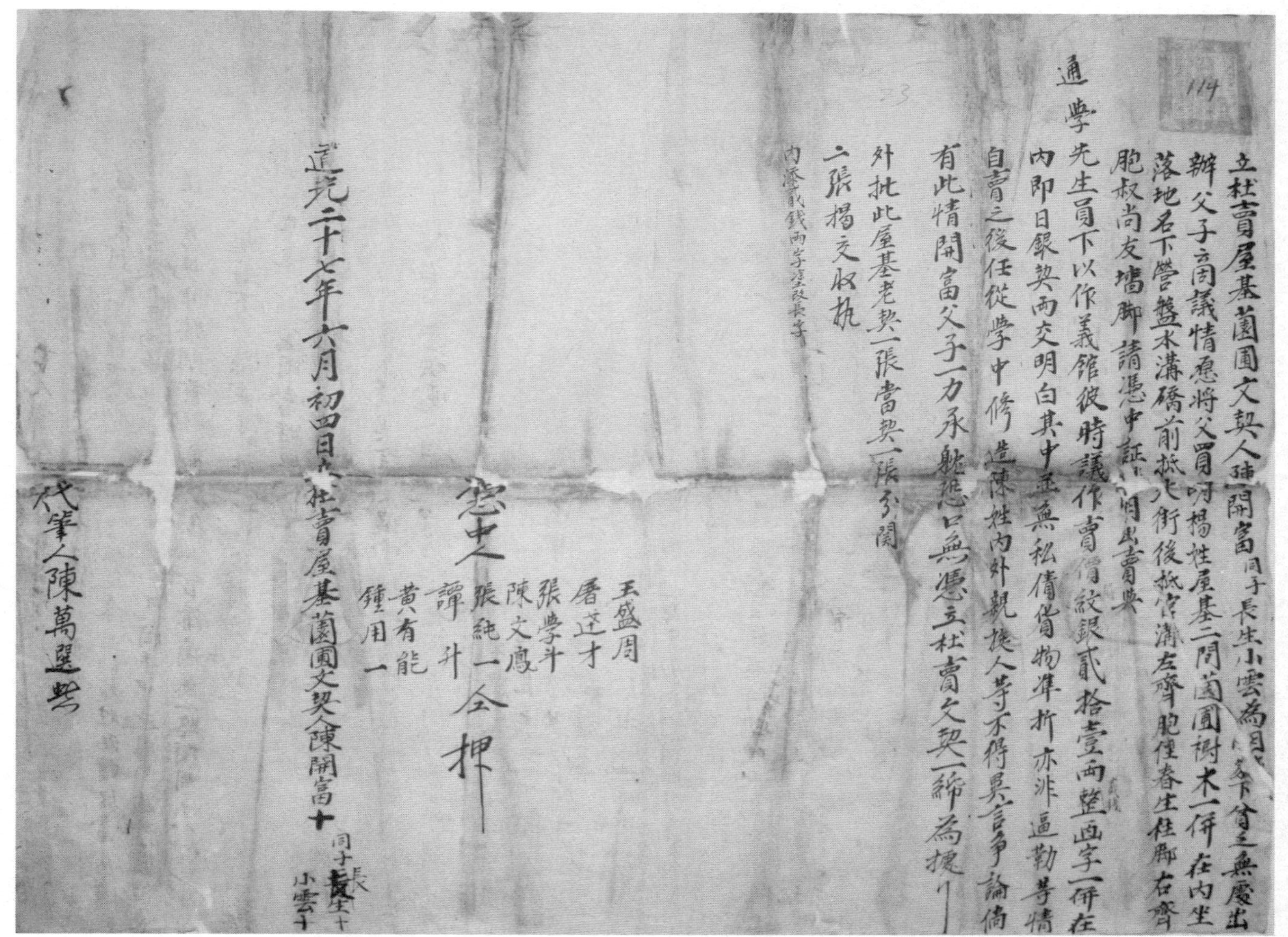

立杜賣屋基菌圃文契人陳開富同子長生小雲為因□□乏無處出
辦父子商議情愿將父買明楊姓屋基二間菌圃樹木一併在內坐
落地名下營盤木溝橋前抵大街後抵深溝左齊胞侄春生住腳右齊
胞叔尚友墻腳請憑中証□問出賣與
通學先生員下以作義館彼時議作賣價紋銀貳拾壹兩整画字一併在
內即日銀契兩交明白其中並無私債貨物準折亦非逼勒等情
自賣之後任從學中修造陳姓內外親族人等不得異言爭論倘
有此情開富父子一力承耽恐口無憑立杜賣文契一紙為據
外批此屋基老契一張當契一張分閱
二張揭交收執
內添貳錢画字及改長字

憑中人 王盛周 屠廷才 張學升 陳文慶 張純一 譚升 黃有能 鍾用一 仝押

道光二十七年六月初四日立杜賣屋基菌圃文契人陳開富十 同子長生十 小雲十

代筆人陳萬選

道光二十八年正月十五日李德昌等讨阴地契

第拾陆号

立讨阴地人李德昌、藩昌，今讨到通学先生名下唐帽山下学地内阴地一穴安葬予母，前后左右各叁丈。自讨之后，任随予兄弟安葬坟茔、修理拜台，不得以坟坝（霸）山，学中佃户亦不得践踏坟茔。恐口无凭，特立讨字为据。

长发其祥

凭中人　张抑之

王广润

张召亭　同押

杨隆春

谢数元

道光二十八年正月十五日　　立讨阴地人李德昌押

藩昌押

代字人　杨润余押

立討陰地人李德昌藩昌今討到
道學先生名下唐帽山下學地内陰地一穴安葬子母前後左右各叁丈自討
之後任隨子兄弟安葬坟塋修理拜台不得以坟垻山學中佃戶亦不得践踏
坟塋恐口無憑特立討字為據

第拾陸號

憑中人 張柳江 王廣潤 張台亭 楊隆春 謝数元 仝押

道光二十八年正月十五日立討陰地人李德昌+藩昌十

代字人楊潤銘 押

道光二十八年七月初四日董书图同子施白文书

163

立出施白人董书图同子群贤、光贤，为因道光二十年腊月二十八日，用价银叁拾两得当本城冯光前买明马蟥田四斗种，树木园子在内；二十二年二月初九日，伊复将房契向蚁抵借银拾两；六月二十八日，伊又将独田壹斗种并印姓门口秧田五升种，价银拾两，三共本利银伍拾三两，伊无银清偿，蚁情愿将伊所欠之项施入学中以作惜字功德。恐口无凭，特立施白为据。

道光二十八年七月初四日　　立施白人董书图同子群贤、光贤亲笔押

立出施白人董書圖仝子羣賢光賢為因道光二十年腊月二十八日用價銀叁拾兩得當本城馮光前買明馬蟥田四斗種樹木菌子在內二十二年二月初九日伊復將房契向敝抵借銀拾兩六月二十八日伊又將獨田壹斗種並印姓門口秧田五升種價銀拾兩三共本利銀伍拾三兩伊無銀清償敝情愿將伊所欠之項施入學中以作惜字功德恐口無凴特立施白為據

道光二十八年七月

初四日立施白人董書圖仝子羣賢光賢親筆押

道光二十八年十一月二十二日封元辅具甘结文书

188

具甘结人封元辅，今于大老爷台前，情因蚁孀母封张氏具告蚁强坝（霸）产业一案，蒙恩审讯断明门口上坋田一斗种，实系孀母封张氏之业，归伊耕管。其下坋田一斗种，断归作祭田四房公（共）同管理。今堂弟封元云、封元榜并孀母封张氏之孙封明远等，三脚业已出立施白入文昌宫惜字会内所有。蚁挪用本年上下坋田谷八石五斗，家寒无力呈缴，情愿将蚁本名下应榀下坋公田二升半种之田，捐入文昌宫抵赔蚁应缴谷石，数值相符。其田任凭学内安佃收租，蚁不敢沾染寸土，心甘悦服，所具甘结是实。

准验旧□存查

道光二十八年十一月廿二日　　具甘结人封元辅押

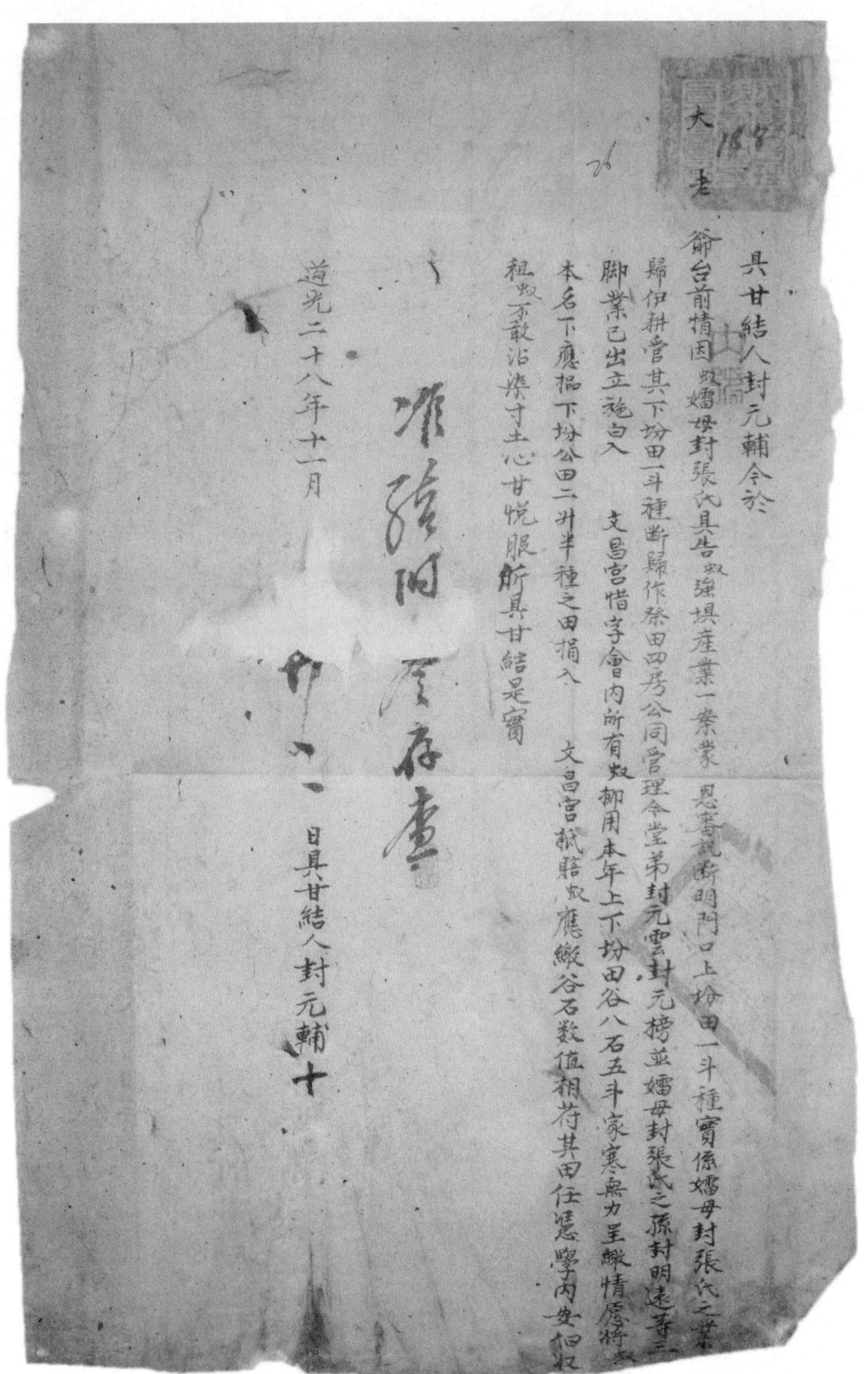
具甘結人封元輔今於
大老
爺台前情因蚁孀母封張氏具告蚁強堪産業一案蒙恩審訊斷明門口上坋田一斗種實係孀母封張氏之業
歸伊耕管其下坋田一斗種斷歸作祭田四房公同管理令堂弟封元雲封元榜並孀母封張氏之孫封明遠等三
脚業已出立施白入文昌宫惜字會内所有蚁抑用本年上下坋田谷八石五斗家寒無力呈繳情愿將蚁
本名下應摇下坋公田二升半種之田捐入文昌宫抵賠蚁應繳谷石数值相符其田任憑學内安佃収
租蚁不敢沿染寸土心甘悦服所具甘結是實
准結附卷存查
道光二十八年十二月廿二日具甘結人封元輔十

道光二十九年三月初三日杨理廷卖地契

112

立永远卖明地契人杨理廷，今将祖置南门城外地壹块，东齐大路，西齐大路，南齐木桥，北齐沟，四至分明。凭中出卖与文昌宫字纸会通学名下，议着（作）卖价叁拾壹两整，彼时亲手领明。自卖之后，学内起盖修造、安佃收租，杨姓亲族人等不得异言。倘有此情，自□咎无辞。恐后无凭，立永远卖字为据。

凭通学斋长等　黄品三

屠天秩

范畹亭　同押

谢恩一

刘朝宠

道光二十九年三月初三日　　立永远卖明地契人杨理廷亲笔

112

27

立永遠賣明地契人楊理廷今將祖置南門城外地壹塊東齊大路西齊大路南齊木橋北齊溝四至分明憑中出賣與

文昌宮字紙會通學名下議着賣價叁拾壹兩整彼時親手領明自賣之後學内起蓋修造栽佃收租取[illegible]親族人等不得異言倘有此情自[illegible]

咎三支並無[illegible]恐口無憑立永遠賣字為據

憑通學爺長等

黃品三

萬天猷

范曉亭　仝押

謝恩一

劉朝冠

道光二十九年二月初三日立永遠賣明地契人楊理廷親筆

道光三十年五月初四日周双熹讨阴地契

第贰伍号

立讨阴地人周双熹，今讨到通学先生学庄阴地一穴，地名纱帽山脚下埋葬父亲，前后左右各一丈。自讨之后，学中佃户不得践踏坟茔，周姓亦不得倚坟霸山。恐口无凭，立讨字为据。

凭中人　王运兆

黄品三

屠天秩　同押

谢恩一

刘朝宠

道光三十年五月初四日立

代字人　谢恩来亲笔

立討陰地人周双喜今討到

酉學先生學庄地一穴地名紗帽山脚下埋葬　父親前後左右

各一丈自討之後學中佃戶不得踐踏坟堂周姓亦不得倚坟

霸山恐口無凭立討字爲據

第弍拾號

憑中人　王運兆　黃品三　辰天秩　謝恩一　劉朝綱　仝押

道光三十年五月初四日　立

代字人謝恩来親筆

咸丰元年六月二十七日顾永太等讨阴地契

第拾玖号

立讨阴地人顾永太、顾永安、顾永清，今凭中讨到通学先生名下二穴阴地，坐落地名白家坑卷田，至内水井坡一穴，又一处纱帽山一穴，前后各贰丈，左右各一丈以埋葬父母。自讨之后，顾姓不得借坟霸山，学中亦不得践踏坟茔。恐后无凭，特立讨字为据。

凭中人　冯金玉

王云翘

郭廷桂　同在

雷　升

咸丰元年六月贰拾柒日　　立讨阴地人顾永太押

顾永安押

顾永清押

代笔人　李会芳押

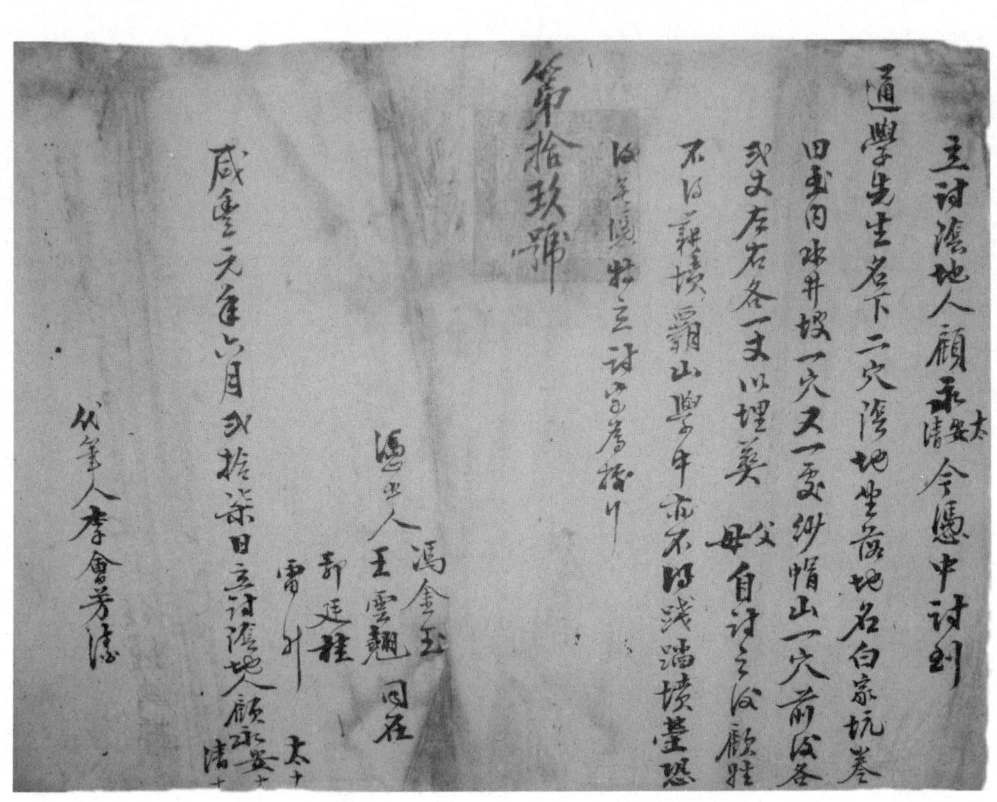

咸丰元年闰八月二十八日袁信贞等讨阴地契

第贰壹号

立讨阴地人袁信贞、袁信符、袁信芳同侄文光，讨到通学先生名下白家坑卷田，北至内阴地一穴，前后左右各一丈，四至分明。日后不得以坟霸山，学中佃民亦不得践踏坟茔。恐口无凭，立讨字为据。

凭中人　刘作霖
　　　　王盛唐
　　　　屠天秩　同押
　　　　张子瑞

咸丰元年闰八月廿八日　　立讨字人袁信贞押
　　　　　　　　　　　　　　　袁信符押
　　　　　　　　　　　　　　　袁信芳押

代笔人　许尧旦押

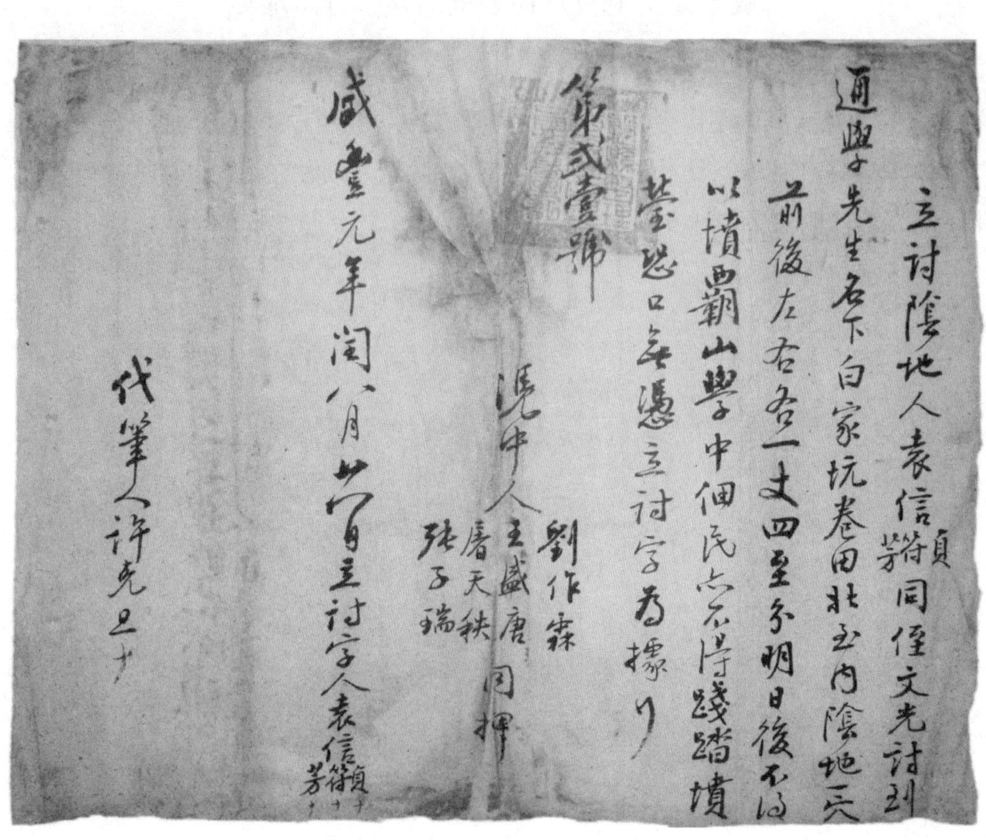
立討陰地人袁信貞芳符同侄文光討到
通學先生名下白家坑卷田北邊內陰地一穴
前後左右各一丈四至分明日後不得
以墳西霸山學中佃民亦不得踐踏墳
墓恐口無憑立討字爲據

第弍壹號

憑中人 劉作霖
王盛唐 同押
唐天秩
張子瑞

咸豐元年閏八月廿八日立討字人袁信貞十 芳符十

代筆人許先益十

咸丰元年十一月初十日刘喜亭讨阴地契

第叁柒号

立讨阴地人刘喜亭，今凭中讨到通学先生名下学中白家坑阴地壹穴，前后左右各贰丈，永作佳城。日后学中佃民不得践踏坟茔，刘姓亦不得以坟坝（霸）地。恐后无凭，立讨字为据。

凭中人　王盛唐

范畹亭

黄吉旋

屠礼庵　　暨通学同押

张俯亭

刘禹门

谢成三

杨仲华

咸丰元年十一月初十日　　立讨字人刘喜亭押

代笔　朱子裁押

第叁集帑

立討陰地人劉喜亭今憑中討到

通學先生名下學中白家坑陰地壹穴前後左右各貳丈永作佳城日

後學中佃民不得践踏坟塋劉姓亦不得以坟塡地恐後無

憑立討字為據り

憑中人　王盛唐　范畹亭　黄吉旋　屠礼菴　張俯亭　劉禹門　謝成三　楊仲華　暨通學同押

咸豐元年十一月初十　日立討字人劉喜亭十

代筆朱子裁（押）

咸丰三年七月二十四日李荣芝等讨阴地契

第贰贰号

立讨阴地文约人李荣芝、李荣棻，今讨到通学先生名下卷田，四至内向西阴地一形埋葬父骨，前后左右各叁丈。自讨之后，任随李姓起造罗圈拜台，学中不得阻拦，李姓亦不得以坟占山。恐后无凭，特立此讨字为据。

长发其祥

凭中 谢恩一

王盛棠

刘朝宠 同押

黄履元

咸丰三年七月二十四日 立讨阴地人李荣芝、李荣棻同押

代笔 蒋云簪押

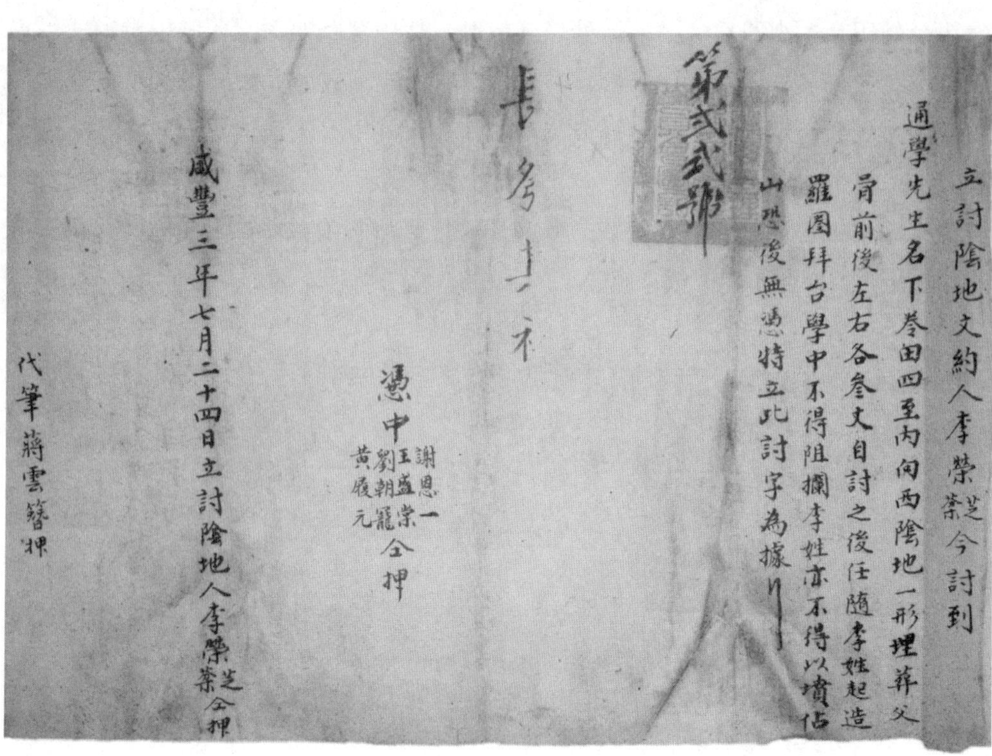

立討陰地文約人李榮棻芝今討到
通學先生名下叅田四至內向西陰地一形埋葬父
骨前後左右各叅丈自討之後任隨李姓起造
羅圍拜台學中不得阻擱李姓亦不得以墳佔
山恐後無憑特立此討字為據

第貳貳號

長房[illegible]

憑中 謝恩一 王盛崇 劉朝寵 黃展元 仝押

咸豐三年七月二十四日立討陰地人李榮棻芝仝押

代筆 蔣雲簪押

咸丰四年二月初二日储文星等卖田契

115

立卖田契文书人储文星、储文彩同母江氏，为因父储廷龙在日前将祖遗田二分，一分坐落地名马粪田，田一分约种壹斗，上下抵王姓田，左齐河埂，右齐王姓田，大小肆丘；瓦窑田田一分，约种五升，上抵储敢二田，下抵储小贵田，左右齐余姓田，大小四丘，二共约种壹斗伍升，凭中踩踏明白，立契出卖与通学斋长、通学先生名下管业。比（彼）时三面言订（定）议着（作）卖价足色纹银肆拾壹两柒钱整，亲手领明。即日银契两交清楚，其中并无私债货物准折，亦无逼勒等情。自卖之后，任凭学中管业、安佃收租，储姓内外诸色人等不得妄言议论。其田有贴站银乙钱三分七厘五毫，科粮米玖合，随学中完纳，不干储姓之事。今恐人心不古，立此卖契一纸存照。

外添踩字。

凭中人　王槐梁
张开疆
刘朝宠
蒋云占
田毓林　同押
谢恩一
王　玠
杨隆瑄

咸丰四年二月初二日　　立卖田契文书人储文星押
储文彩押
同母江氏押

代笔人　殷尚贤押

咸丰四年二月十六日施国祥卖田契

立卖明田契文书人施国祥，为因缺少应用，无处出办，情愿将父分授己名下官田壹分，坐落地名高车田，约种壹斗贰升，上抵项姓田，下抵刘姓田，左抵袁姓田，右抵秉聪田为界，四至分明，请凭中证踏清出卖与叶宗武名下为业。彼时三面言定，议作卖价足色银捌拾叁两整，画字一并在内，即日银契两交清白。其有屯粮壹分壹厘叁毫，随田上纳，不与卖主相干。车坝在内，其水系往秉聪田内放运。此系二比心干（甘）情愿。自卖之后，任随叶姓耕种管理、安佃，施姓不致异言。倘有施姓弟兄亲族人等若有异言，系卖主一力承耽（担）。今恐人心不古，特立卖契存照。

卖契存照

凭中人　祝老三押

施德仲押

施德厚押

施秉秀押

陈永元押

王大猷押

施玉亭押

施小二押

咸丰四年贰月拾陆日　　立卖田契文书人施国祥押

代字人　施永兴押

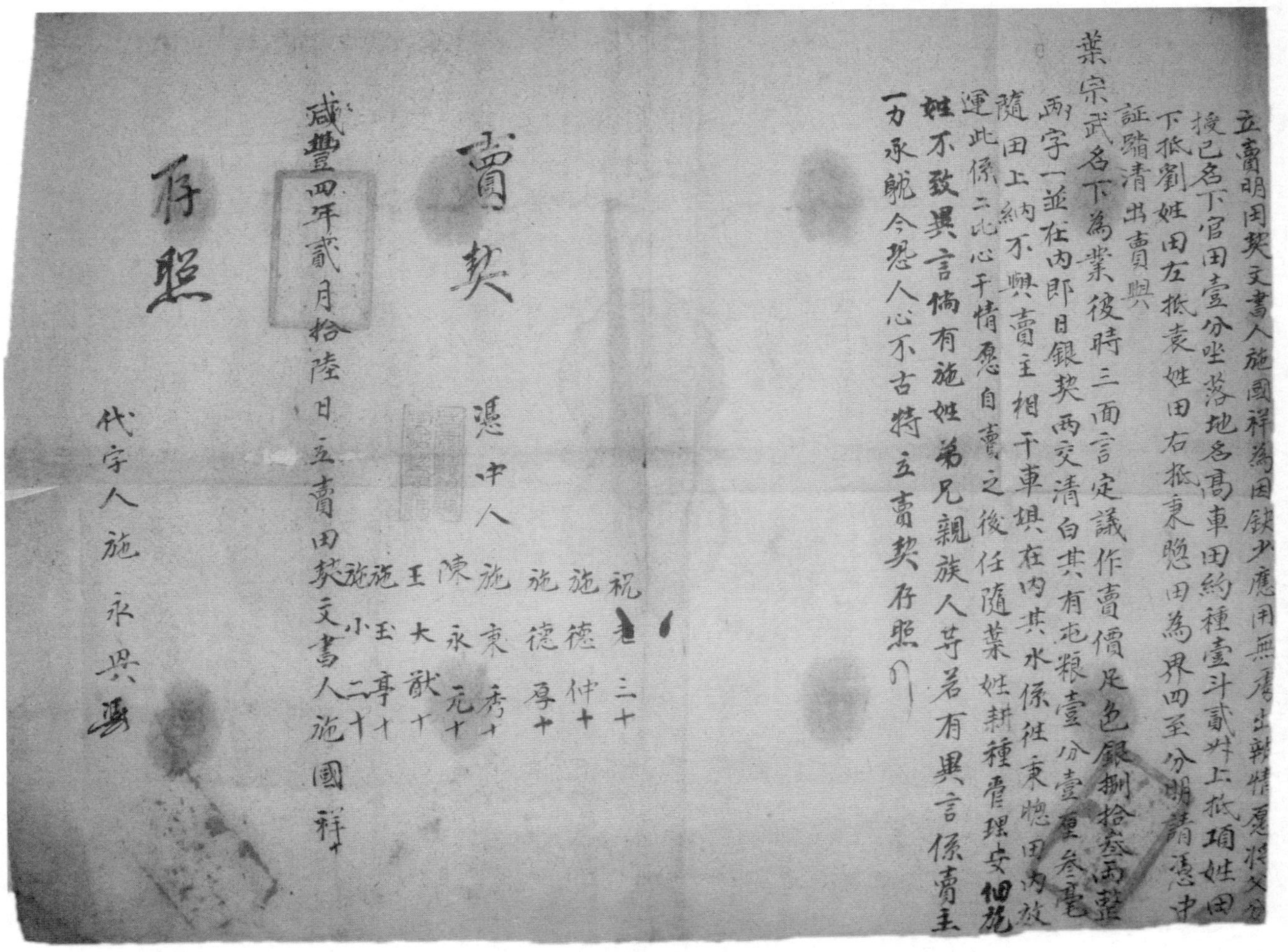

立賣明田契文書人施國祥為因缺少應用無處出辦情愿將父
授已名下官田壹分坐落地名髙車田約種壹斗貳升上抵項姓田
下抵劉姓田左抵袁姓田右抵東隐田為界四至分明請憑中
証踏清出賣與
葉宗武名下為業彼時三面言定議作賣價足色銀捌拾叁兩整
兩字一並在內即日銀契兩交清白其有屯粮壹分壹厘叁毫
隨田上納不與賣主相干車垻在內其水係往東隐田內放
運此係二比心干情愿自賣之後任隨葉姓耕種管理安佃招
姓不致異言倘有施姓弟兄親族人等若有異言係賣主
一力承躭今恐人心不古特立賣契存照

賣契

憑中人
祝老三十
施德仲十
施德厚十
施東秀十
陳永元十
王大猷十
施玉亭十
施小二十

咸豐四年貳月拾陸日立賣田契文書人施國祥十

存照

代字人施永興

咸丰四年九月二十五日杨隆暲讨阴地契

第贰叁号

立讨阴地字人杨隆暲，凭中讨到刘、蒋、张、谢斋长名下学庄阴地一穴，以作室人佳城。言定前后左右各五尺，并无酒水孝帛之资。自送之后，任凭埋葬，不得异言。恐口无凭，立讨字为据。

凭中　钟品昭

　　　马　五

咸丰四年九月二十五日立

亲笔

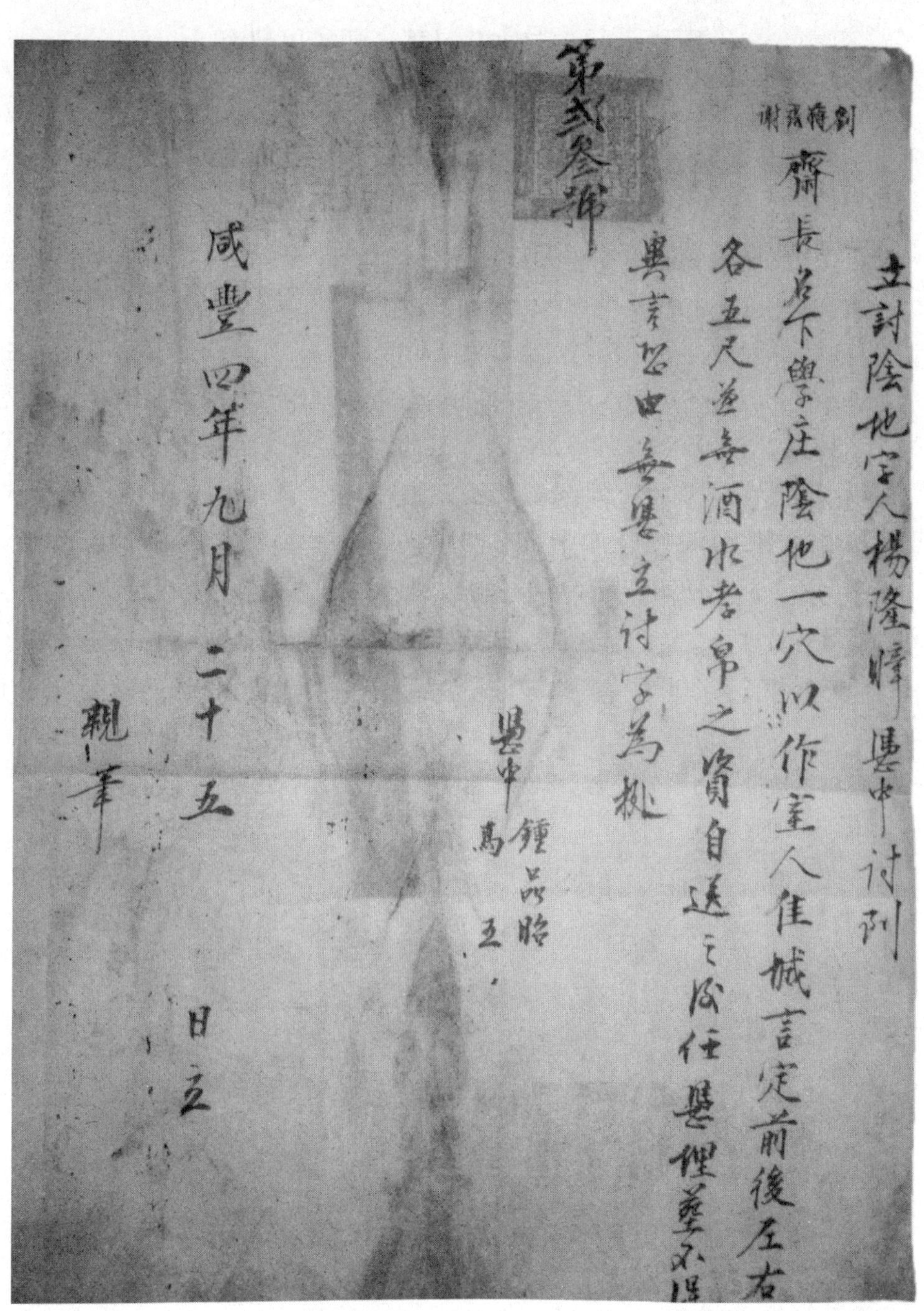

立討陰地字人楊隆煇 憑中討到
劉禧威謝
齋長名下學庄陰地一穴以作室人住城言定前後左右
各五尺並無酒水孝帛之資自送之後任憑裡葬不得
異言恐口無憑立討字為據
第貳叁號
憑中 鍾品昭
馬 五
咸豐四年九月 二十五 日立
親筆

咸丰五年十月十八日郭文任卖田契

立永远卖明田契文约人郭文任，为因家中缺用，于道光十三年将父钟鼎分授己名下之田出卖与谢姓，今因科粮无出，凭粮差将前当之田转立卖契。其田薛官屯科田乙坋，坐落地名梅家坝大田乙丘，上下俱抵陈姓田，左抵车，右抵郭毓珠秧田；河边沙田乙丘，上左右俱抵陈姓田，下齐河。干田二丘，上抵蒋姓田硬（埂），下抵郭姓田，左抵郭姓田，右抵陈姓田，约种二斗。又乙处地名薛官屯，高桥上边田乙坋，计长田、秧田、沙田共三丘，上抵尖角田，下齐河，左抵冯姓田，右抵郭姓田，约种乙斗六升。又门口长田乙丘，上下左俱抵上抵郭姓田，右抵郭小云门口。大秧田乙丘，小田二丘，上抵郭姓园硬（埂），下抵郭姓田，左抵郭姓田，右抵沟，约种乙斗四升。其长田之水由张老丙田中运放。今请凭中证立契踏明出卖与谢六耶（爷）名下为业。彼时三面议作卖价足色银贰百陆拾两整，彼时亲首（手）领明应用，及（即）日银契两交清白，其中并无私债货物准折，亦非逼勒等情，此系二比心甘情愿。自卖之后，任凭谢姓管理、安佃收租，郭姓不得异言。其科乙亩二分半，谢姓完纳。恐后无凭，特立卖契一纸，永远存照为据。

咸丰伍年拾月十八日　立永远卖字人郭文任押

凭中　徐逢春押

顾　本押

邱　生押

许　头押

谢恩一押

谢恩倍押

凭胞侄　郭毓珠押

郭毓树押

郭老三押

郭定宁押

代笔人　朱定忠亲笔押

立永遠賣明田契文約人郭文位，為因家中缺用，於道光十三年
將父壁衆分授己名下之田丟賣與謝姓，今因利糧無出，只得
將前當之田轉立賣契，其田坐落地名枸
家坪大田乙坵，上下俱抵陳姓田，左抵車，右抵郭姓田，河邊
沙田乙坵，上左右俱抵陳姓田，下齊河，乾田二坵，上抵謝姓田，硬
下抵郭姓田，左抵郭姓田，右抵陳姓田，約種三斗又乙處，地名韓
官屯高橋上邊田乙份，計長田、秧田、沙田共三坵，上抵謝角田，下齊河
左抵謝姓田，右抵郭姓田，約種乙斗六升，又門口長田乙坵，上下左俱抵
郭姓田，右抵郭小云，門口大秧田乙坵，小田二坵，上抵郭姓園，硬下抵
郭姓田，左抵郭姓田，右抵溝，約種乙斗四升，其長田之水由張老丙
田中進放。今請憑中證立契，賣明出賣與
謝六耶名下為業，彼時三面議作賣價足色銀貳百陸拾兩整，
彼時親手領明應用，及田糧契兩交清白，其中並無私債准
物準折，亦非逼勒等情，此係二比心甘情願，自賣之後，任從謝姓
管理耕佃收租，郭姓不得異言，其糧乙畝二分半，謝姓完納。
恐後無憑，將立賣契一紙，永遠存照為據。

咸豐五年拾月十六日

立永遠賣田字人郭文位（押）

謝恩信　謝恩一

憑中　郭達春　郭本　許邦定　許邦巍　郭珠

代筆人朱定達

咸丰六年二月十六日施德科等顶田契

立顶明田契文书人施德科、施德惠同侄施国珍、施国臣，为因父债无出，弟兄叔侄商议，情愿将祖遗科田壹丘，坐落地名高车田，约种乙升，东至齐本人田埂，南至齐河，西至抵施国祥田埂，北至齐沟，四至踏明，请凭中证立顶明与叶宗武名下永远为业耕种。彼时议作顶价净钱陆千文整，亲手领明应用。即日钱契两交清，并画字一并在内。其中并无逼勒等情，系是二比心甘悦服。自顶之后，认（任）随叶姓子孙永远管业耕种，施姓内外诸色人等不致异言。恐口无凭，特立顶契为据。

外批：其科壹亩，随田上纳。

顶契存照

凭中人 施德厚

施德孔

施德阳 同押

施德兰

叶宗尧

咸丰陆年二月十六日　　立顶明田契文书人施德科押

施德惠押

施国珍押

施国臣押

代字人　章连中押

立頂明田契文書人施德惠科同侄施國臣珍為因父
債無出弟兄叔侄編議情愿將 祖遺科田壹坵坐
落地名高車田約種乙升東至齊本人田埂南至齊河
西至抵施國祥田埂北至齊溝四至踹明請憑中証
立頂明與
葉宗武名下永遠為業耕種彼時議作頂價净錢陸千文整
親手領明應用即日錢契兩交清乞當字一並在
內其中並無逼勒等情係是二比心甘悅服自頂
之後認隨葉姓子孫永遠管業耕種施姓內外諸
色人等不致異言恐口無憑特立頂契為據
外批其科壹坵隨田上納

頂契

憑中人施德蘭 陽 孔厚
葉宗尭
全押

咸豐陸年二月十六日立頂明田契文書人施德科十 惠十 國珍十 臣十

存照

代字人章連中筆

咸丰八年五月二十四日王天桂佃田契

立讨田帖人王天桂，今讨到经管首事杨五先生、张大先生所管学田坝湾田、团山田二坋，言订（定）每年作租拾陆石，至秋收之日挑纳上仓，不得短少升合。倘有短少，惟予叔祖云翘是问。恐口无凭，特立讨约为据。

咸丰八年五月廿四日　　立讨田帖人王天桂押

硬保凭中人　王云翘押

代笔　王时雍押

立討田帖人王天桂今討到

經管首事楊五先生張大先生所管學田塡灣田圓山田二坵言訂每年作租拾陸石至秋收

之日挑納上倉不得短少升合倘有短少惟予叔祖雲翹是問

恐口無憑特立討約為據

咸豐八年五月廿四日立討田帖人王天桂十

硬保憑中人王雲翹

代筆王時雍

咸丰八年九月十六日王天桂佃田契

立讨田约人王天贵（桂），今讨到通学先生名下学田乙坵，坐落地名坝湾团山田贰分，共纳租贰拾伍石，秋收之日挑纳上门，不得短少。若有短少升各（合），惟硬保堂叔祖一力承耽（担），将河对门沙滩田乙坵作抵，任随学中先生佃口，不得异言。恐口无凭，特立讨字为据。

硬保堂叔祖　王楚材押

凭中　冯伟堂押

咸丰八年九月十六日　　立讨字人王天桂押

代笔　楚材亲笔押

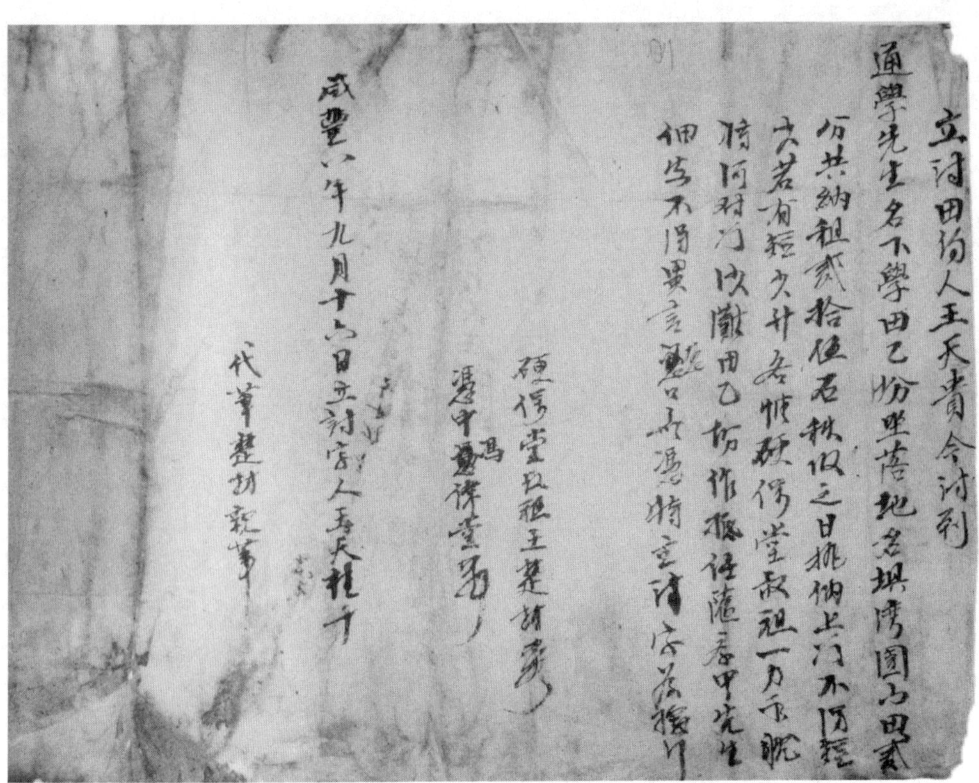

立討田約人王天貴今討到
通學先生名下學田乙坵坐落地名垻灣園山田貳
坵共納租貳拾伍石秋收之日挑納上門不得短
少若有短少升合惟保傳堂叔祖一力承耽
倘有抗欠以徹田乙坵作抵任隨另召中先生
佃生不得異言恐口無憑特立討字為據

憑保傳堂叔祖王楚材
憑中馮謙堂

咸豐八年九月十六日立討字人王天貴

代筆楚材親筆

咸丰九年十二月初四日程起高佃田契

立讨字人程起高，为因少田耕种，自愿凭中讨到通学先生所管宾兴学田一分耕种。坐落地名龙潭田，约种壹斗伍升，着租叁石。每年秋收之日，租谷凭陈燮乾掮与谭源升家收藏，不得短少。若有短少，除将春耕牛一条赔抵外，任凭扯田另俵，不得异言。恐口无凭，立讨字为据。

咸丰九年十二月初四日　　立讨字人程起高押

讨字为据

凭中人　谭源升

张开基

谭炳光

代字人　陈镇坤押

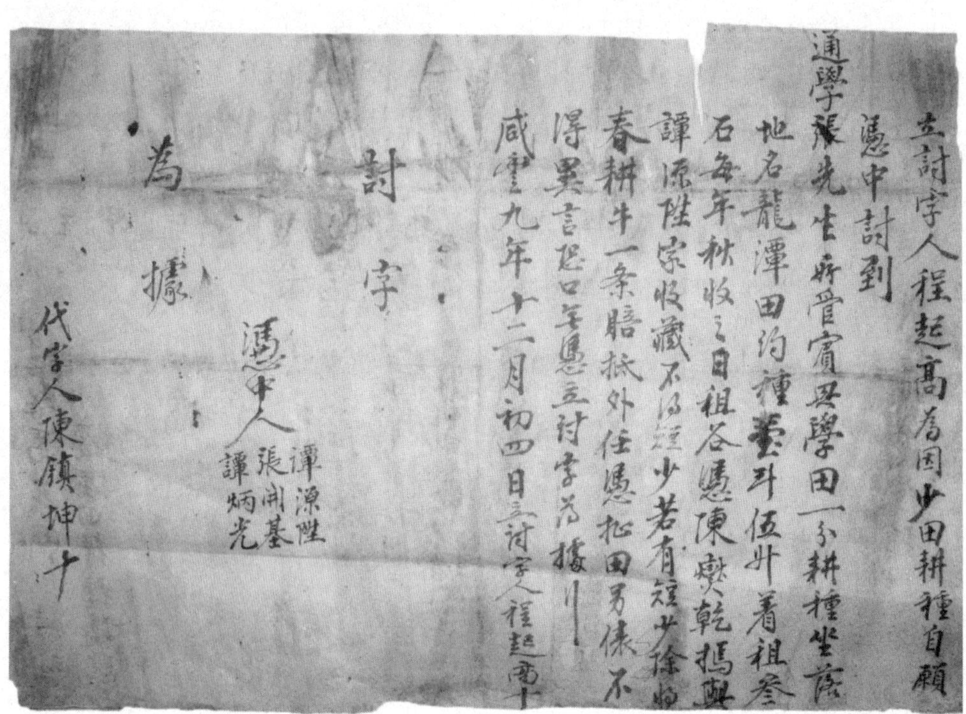

立討字人程起高為因少田耕種自願
憑中討到
通學張先生府晉賓與學田一分耕種坐落
地名龍潭田均種壹斗伍升着租叁
石每年秋收之日祖谷憑陳燮乾揭與
譚源陞家收藏不得短少若有短少除將
春耕牛一条賠抵外任憑抽田另俵不
得異言恐口無憑立討字為據
咸豐九年十二月初四日立討字人程起高十

討字

為據

憑中人 譚源陞 張開基 譚炳光

代字人陳鎮坤十

咸丰九年十二月初四日邓承纪佃田契

立讨字人邓承纪，为因少田耕种，自愿凭中讨到通学先生所管宾兴学田贰分。一分地名大松林膀子田，约种肆斗，着租捌石。一分地名洪家冲田，约种壹斗伍升，着租叁石。每年秋收之日，租谷凭陈燮乾携与谭源升家收藏，不得短少。若有短［少］，将陈镇坤名下官田三斗赔抵外，任凭扯田另俵，不得异言。恐口无凭，特立讨字一纸收存为据。

咸丰九年十二月初四日　　立讨字人邓承记押

讨字为据

凭中人　谭源升

张开基

谭炳光

代字硬保人　陈镇坤押

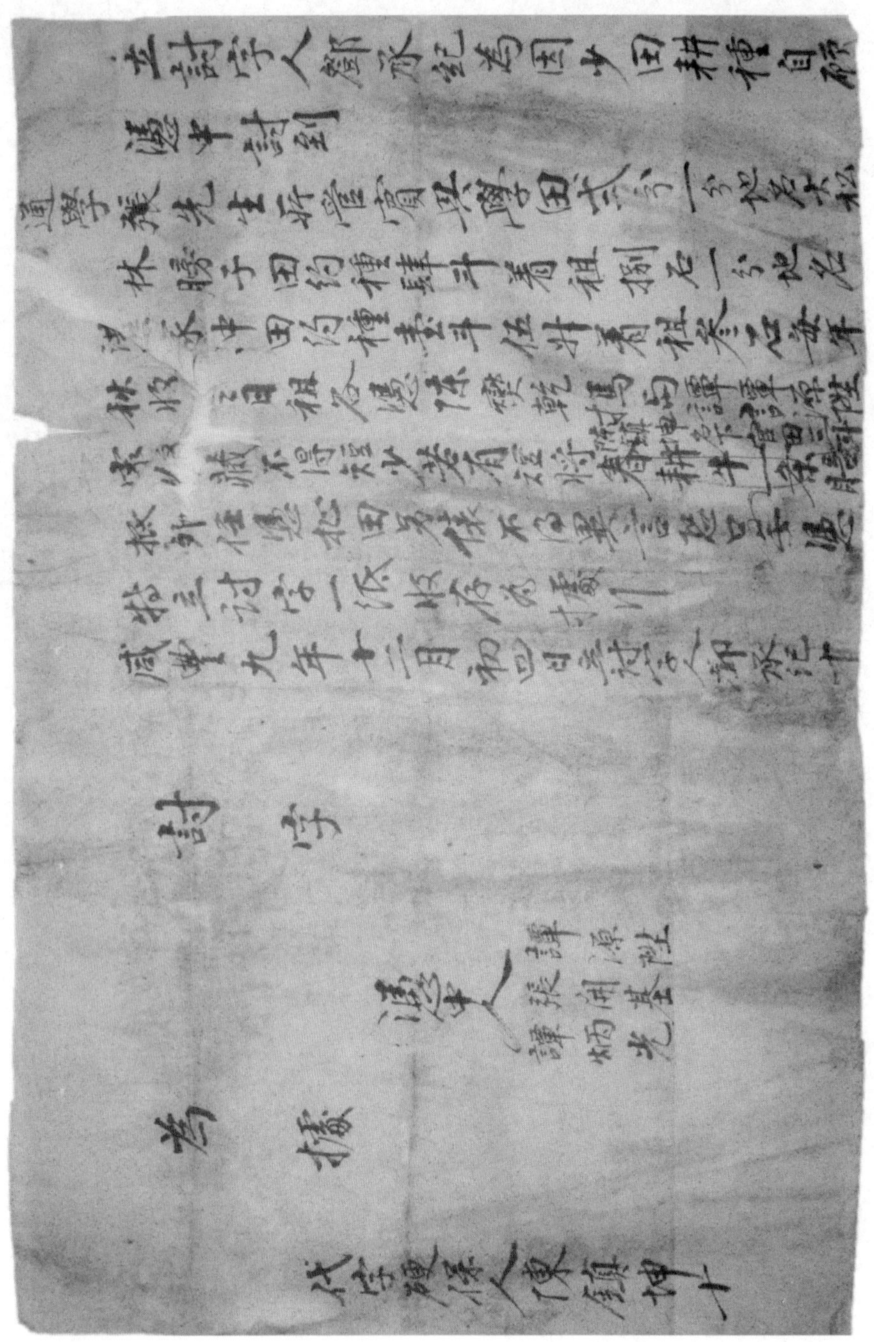

咸丰十年又三月初六日支仕高送地契

148

立施白人支仕高，为因买明支连城张官屯庙山背后荒山一段，业已开垦耕种多年，被高小龙争占，今学中踩踏，支姓愿将此地送与通学名下管理耕种。二屯土上抵本名下坑口外，地一屯下系学地，左齐张姓坟茔外高埂。日后张姓二比不准耕种，右齐山脚。恐后无凭，特立送字为据。

凭中人　刘万川

　　　　罗绍贤　同押

　　　　张永太

咸丰十年又三月初六日　　立送字人支仕高亲笔押

196

立施白人支仕高為因買明支連妹張宮廟山背後荒山一段，業已開墾耕種多年，被合學中小高龍爭佔，支姓亟將此地送與通學名下管理耕種。二至上抵本名下坑口外地，一至下係學地，左齊張姓坟塋外高坡，日後張姓亦不得異，惟耕種右齊山腳坎為憑。特立送字為據。

憑中人　羅紹賢　全押
張承太
劉茅川

咸豐十年又三月重日立送字人支仕高親筆

同治二年正月十八日王显等讨佃田契

立讨田约人王显、王质、王烈，弟兄无田耕种，请凭证讨到朱二先生、张大先生学中名下田四坋，约种玖斗伍升。言定每年上租拾贰石，秋收之日挑纳上学仓，不得短少。倘有短，将耕牛作抵。立讨为据。

凭中人　陆大爷押

同治二年正月十八日　　立讨字人王显押

王质押

王烈押

代字　王子芳押

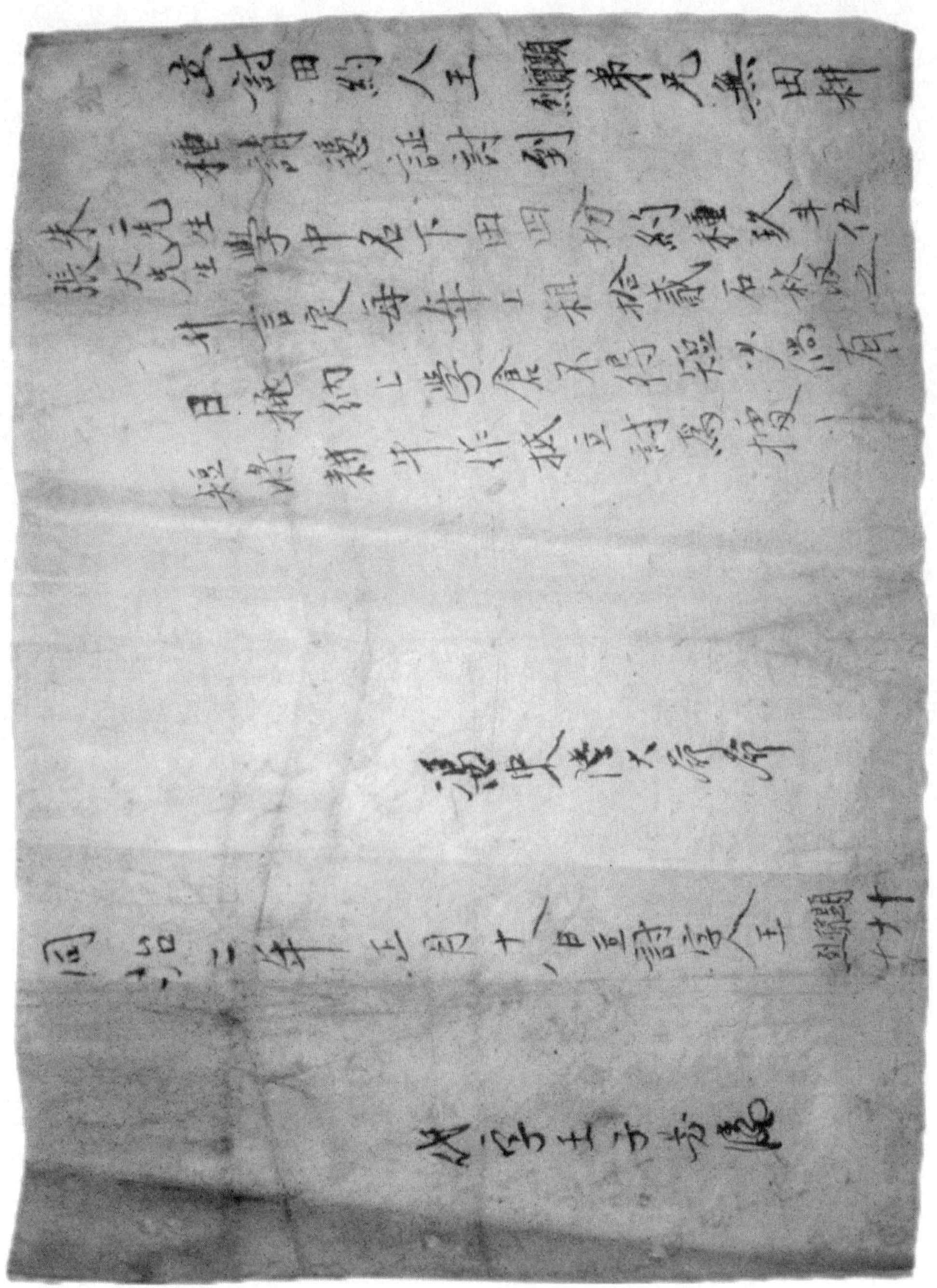

江日晶等讨阴地契

第贰拾号

立讨阴地字人江日晶、江日照、江日乾，今讨到通学先生卷田至内阴地壹穴以葬母亲，前后左右各贰丈。自讨之后，任凭安葬，学中佃户不得践踏坟茔，江姓亦不得以坟坝（霸）地。恐口无凭，特立讨字为据。

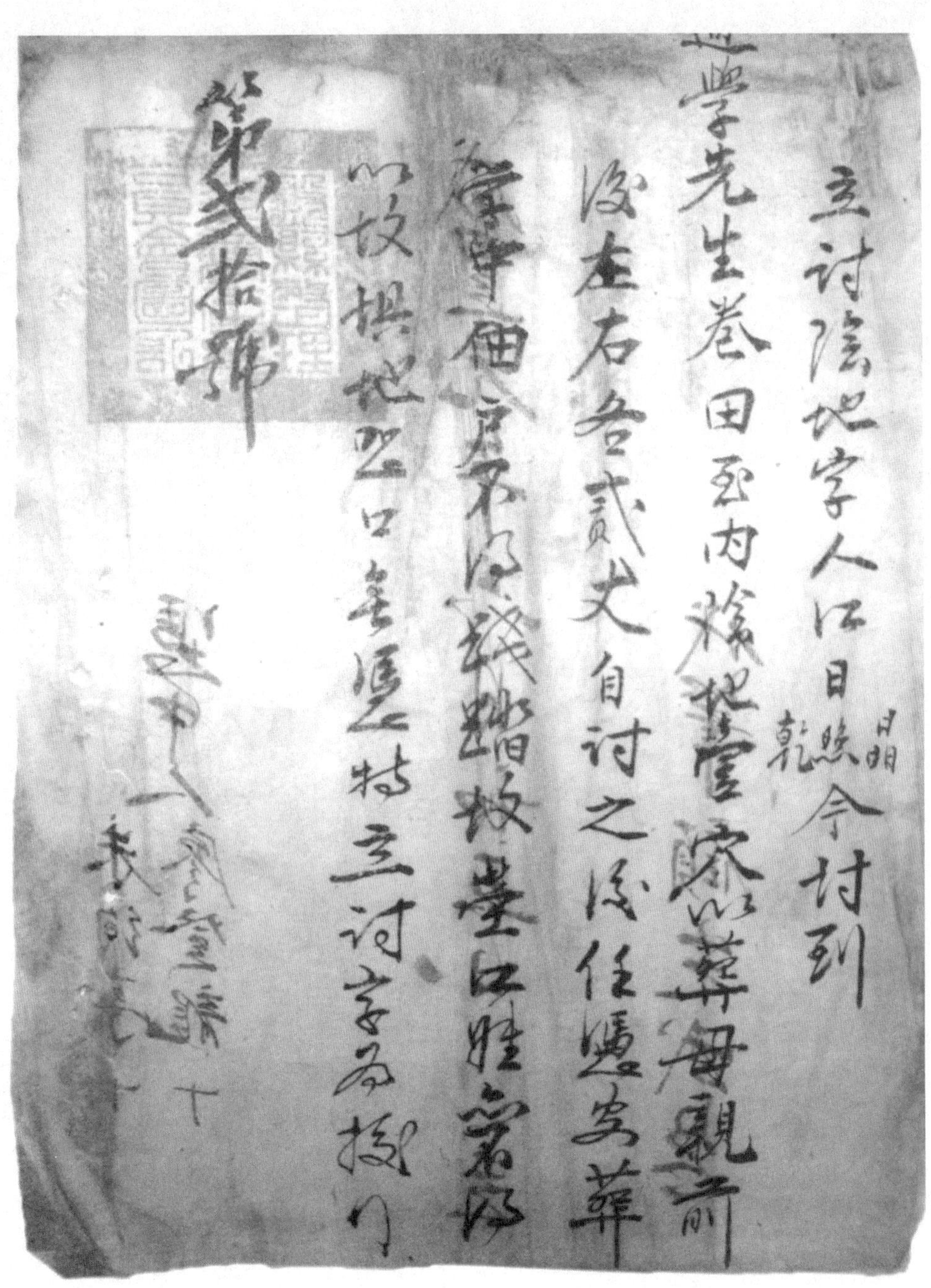
立討陰地字人江日晓乾晶今討到
遗學先生巻田丘内稼地壹穴以葬母親前
後左右各貳丈自討之後任憑安葬
遗學耕佃[illegible]不得[illegible]錢[illegible]
以故[illegible]口無憑特立討字為據
憑中人[illegible]
[illegible]親筆
第貳拾號

光绪时期官版契尾模板

尾　契

某州府厅县印号

贵州等处承宣布政使司　　为遵
旨议奏事奉
抚部院宪牌准
户部咨开河南司案呈所有本部议覆河南布政使富　条奏买卖田
产将契尾粘连用印存贮申送府州藩司查验等因一折于本年拾贰
月拾贰日奏本日奉
旨依议钦此相应抄录司班并颁发格式行文贵州巡抚钦遵办理可也等因
咨移到本部院准此合就檄行为此仰司官吏查照票内准　部咨奉
旨及粘单内事理即便钦遵刊刷酌量颁发移行遵照办理仍刷样呈送备
查毋违须至契尾者
计开
业户　买　坐落
用价银　千　百　拾　两　钱税银　拾　两　钱　分　厘
布字第陆拾号　右给与业户　准此
光绪　年　月　日
买价银　千　百　拾　两　钱税银　拾　两　钱　分　厘

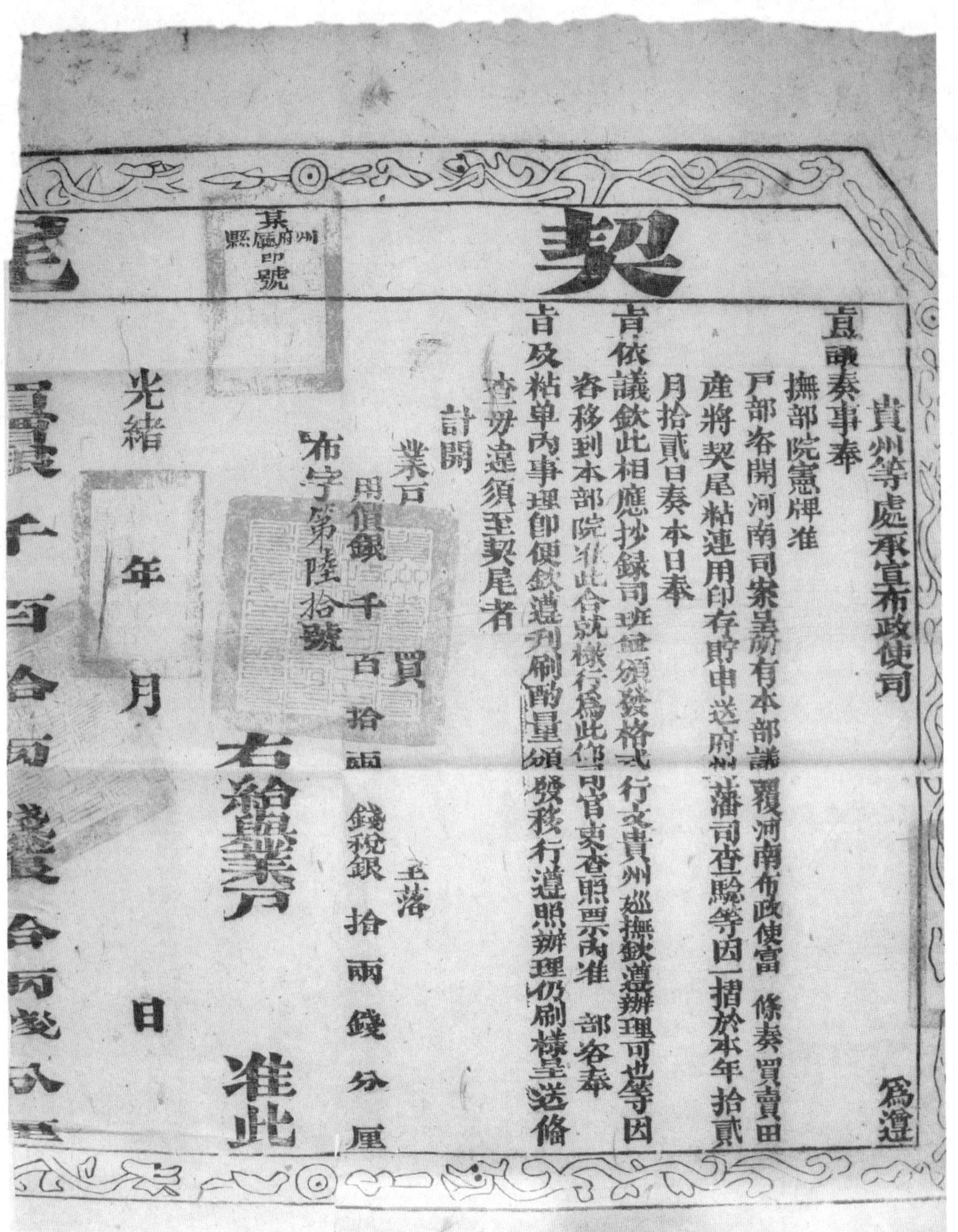

不明时间批条

外批：

其有买以松、以栗何家坝田贰斗，田上山厂（场），右至李韬坟一路到顶为界，不入所卖之数。即时批明为据。

外批 其有買以松以栗何家塅田弍斗田上山一廠右至李鞱墳一路到頂為界不入此賣之數即時批明為據

卷二

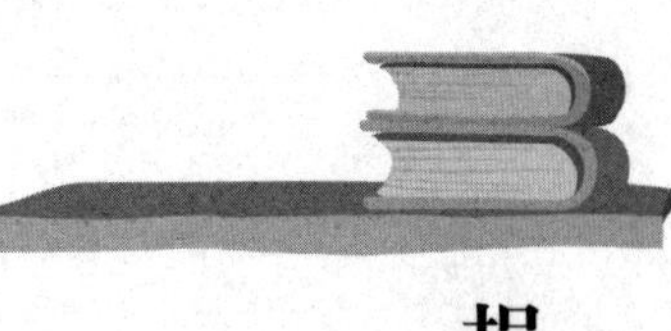

捐买品衔文书

道光二十二年六月二十四日赵君堂捐九品衔实收文书

收 实
特授普安直隶府正堂加五级纪录九次张　　为 给发实收以杜冒滥事照得案准与义府移会劝捐改建考棚 本府现在实力劝捐屡奉 宪行　部咨捐银千两议叙盐知事衔叁百两议叙八品衔贰百两 议叙九品衔现经 　抚部院贺　奏定给予　部照诚恐临时请照冒滥舛错有费稽查合先 给实收以杜弊端今该生赵君堂捐钱贰百千文业已照数上兑除俟事竣 之日照例详请议叙九品职衔外为此先出实收给该捐生俟事竣请叙得 获　部照之日即执赴府以凭换照以昭奖励毋违须至实收者 右实收给捐生　赵君堂　准此 道光贰拾贰年　六　月　廿四　日 府　　限换照日缴

特授□□直隸□府正堂加五級紀錄九次張

給發實收以杜冒濫事照得案准興義府移會勸捐改建考棚

本府現在實力勸□

憲行 部咨捐銀□百兩議叙道知事銜叁百兩議叙八品銜貳百兩

議叙九品銜現經

撫部院賀 奏定給予

部照誠恐臨時請照實屬舛錯有費稽查合先

給發實收以杜弊端今該生趙君堂捐錢貳百千文 業已照數上兌除俟

之日照例詳請議叙九品職銜外 為此先出實收給該捐生俟事竣請叙得

獲 部照之日即執赴府以憑換照以昭獎勵□遺須至實收者

右實收給捐生趙君堂 准此

道光貳拾貳年六月廿四日

府

行

限換照日繳

道光二十二年七月初五日张崇谟捐九品衔实收文书

收实

特授普安直隶府正堂加五级纪录九次张　为

给发实收以杜冒滥事照得本城凤山书院修脯既薄膏火全无

本府现在实力劝捐屡奉

宪行　部咨捐银千两议叙盐知事衔叁百两议叙八品衔贰百两

议叙九品衔现经

抚部院贺　奏定给予　部照诚恐临时请照冒滥舛错有费稽查合先

给实收以杜弊端今该生张崇谟捐钱贰百千文业已照数上兑除俟事竣

之日照例详请议叙九品职衔外为此先出实收给该捐生俟事竣请叙得

获　部照之日即执赴府以凭换照以昭奖励毋违须至实收者

右实收给捐生　张崇谟　准此

道光贰拾贰年　七　月　初五　日

府　　限换照日缴

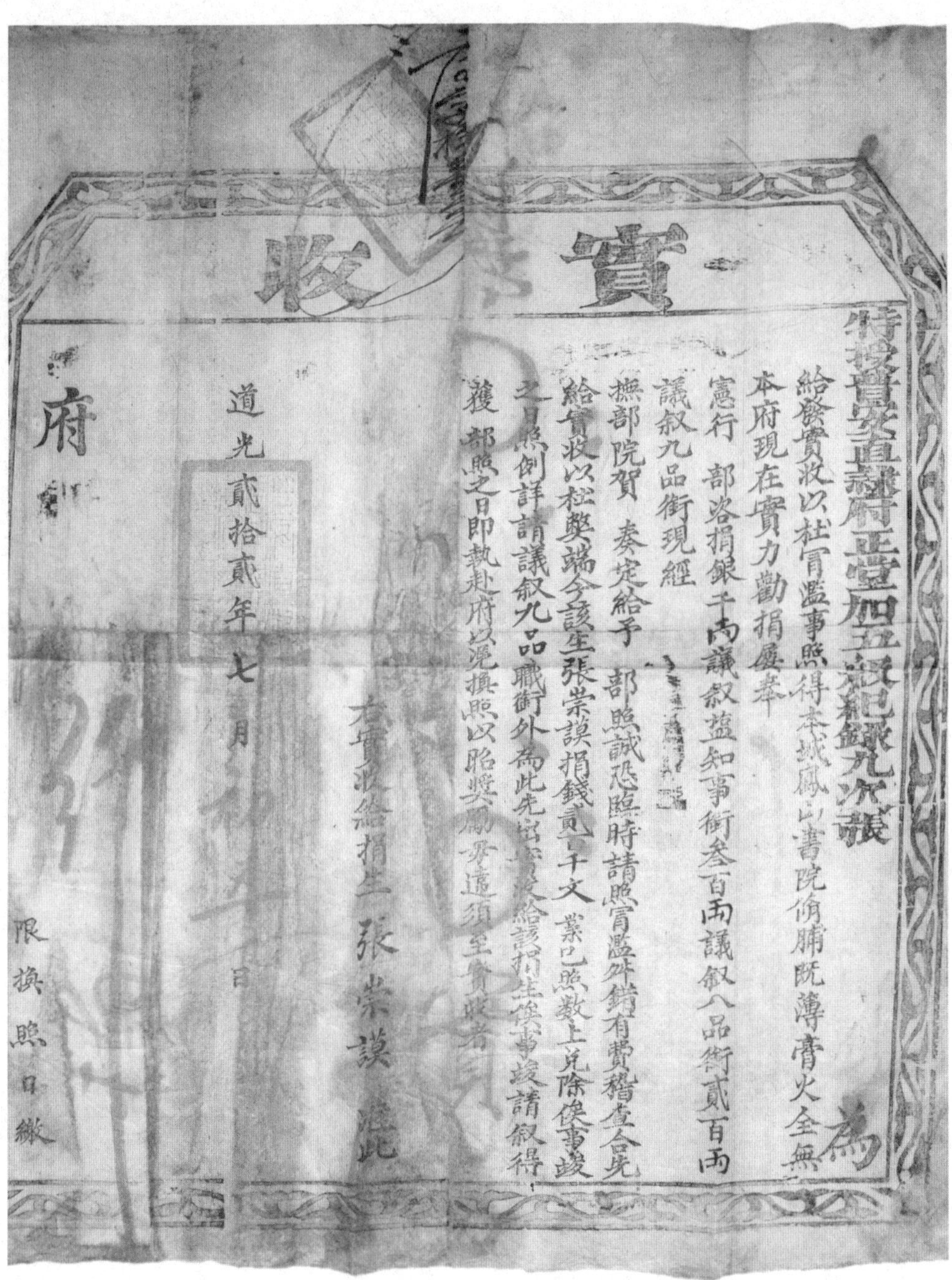

實收

特授贊善直隸府正堂加五級紀錄九次張　為

給發實收以杜冒濫事照得本城鳳山書院脩脯既薄膏火全無

本府現在實力勸捐屢奉

憲行　部咨捐銀千兩議敘監知事銜叁百兩議敘八品銜貳百兩

議敘九品銜現經

撫部院賀　奏定給予　部照誠恐臨時請照冒濫舛錯有費稽查合先

給實收以杜弊端今該生張崇謨捐錢貳[illegible]千文　業已照數上兌除俟事竣

之日照例詳請議敘九品職銜外為此先給實收給該捐生俟事竣請敘得

獲　部照之日即執赴府以憑換照以昭獎勵毋違須至實收者

右實收給捐生張崇謨准此

道光貳拾貳年七月　日

府

限換照日繳

道光二十二年□月初五日张孝先捐九品衔实收文书

收实

特授普安直隶府正堂加五级纪录九次张　为
给发实收以杜冒滥事照得本城凤山书院修脯既薄膏火全无
本府现在实力劝捐屡奉
宪行　部咨捐银千两议叙盐知事衔叁百两议叙八品衔贰百两
议叙九品衔现经
抚部院贺　奏定给予　部照诚恐临时请照冒滥舛错有费稽查合先
给实收以杜弊端今该生张孝先捐钱贰百千文业已照数上兑除俟事竣
之日照例详请议叙九品职衔外为此先出实收给该捐生俟事竣请叙得
获　部照之日即执赴府以凭换照以昭奖励毋违须至实收者

右实收给捐生　张孝先　准此

道光贰拾贰年　□　月　初五　日

府　　限换照日缴

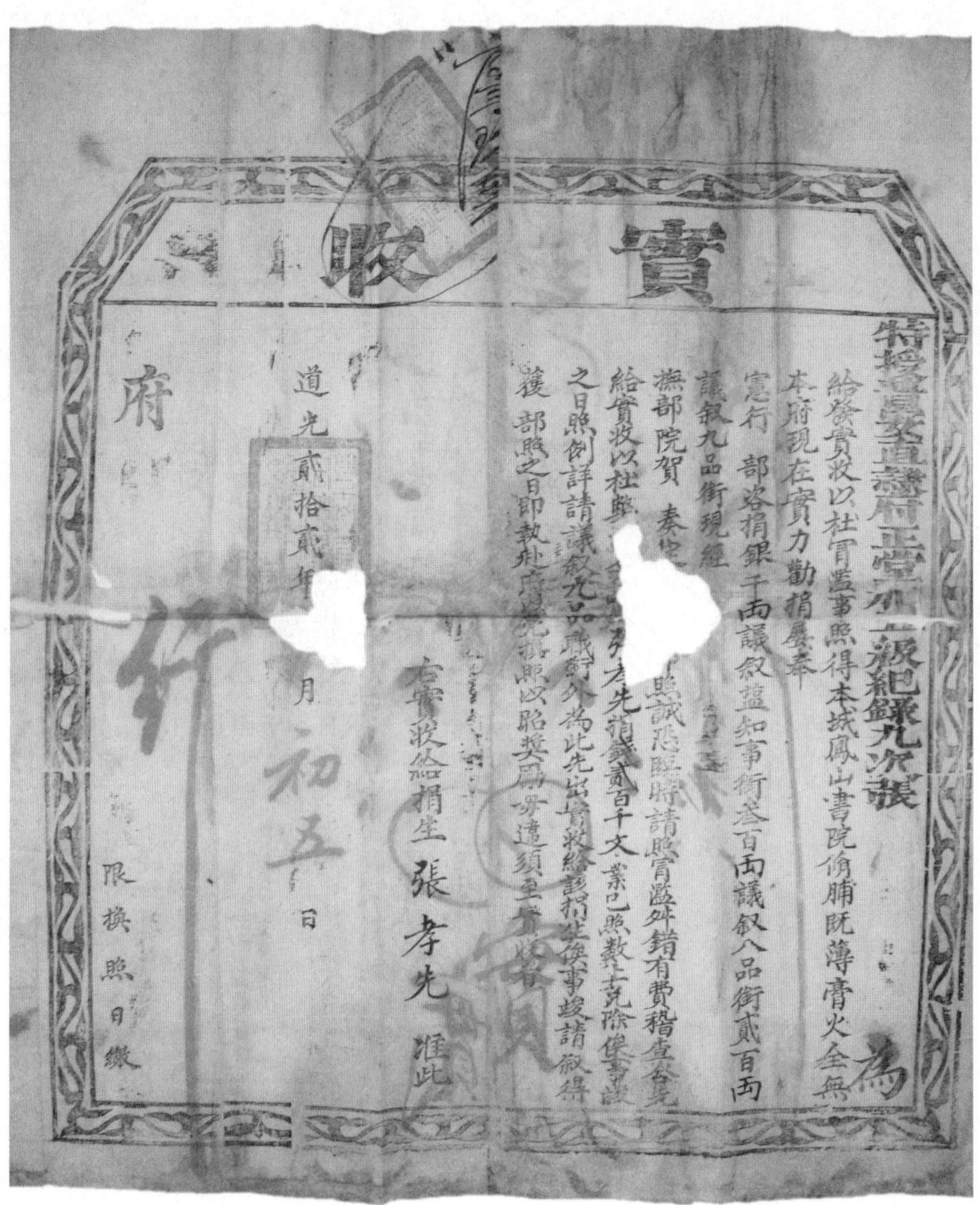

實收

特授[illegible]直隸州正堂加[illegible]級紀錄九次張　為

給發實收以杜胥蠹事照得本城鳳山書院脩脯既薄膏火全無

本府現在實力勸捐屢奉

憲行　部咨捐銀千兩議叙鹽知事銜叁百兩議叙八品銜貳百兩

議叙九品銜現經

撫部院賀　奏[illegible]照誠恐胥吏[illegible]時請照胥蠹舛錯有費稽查合先

給實收以杜弊[illegible]孝先捐錢貳百千文業已照數充除俟事竣

之日照例詳請議叙九品職銜外為此先給實收給該捐生俟事竣請叙得

獲　部照之日即赴府[illegible]以昭獎勵毋違須至實收者

右實收給捐生　張孝先　准此

道光貳拾貳年[illegible]月初五日

府　限換照日繳

道光二十二年七月十八日杨隆昆捐九品衔实收文书

收 实

特授普安直隶府正堂加五级纪录九次张　　为
给发实收以杜冒滥事照得本城凤山书院修脯既薄膏火全无
本府现在实力劝捐屡奉
宪行　部咨捐银千两议叙盐知事衔叁百两议叙八品衔贰百两
议叙九品衔现经
抚部院贺　奏定给予　部照诚恐临时请照冒滥舛错有费稽查合先
给实收以杜弊端今该生杨隆昆捐钱贰百壹拾千文业已照数上兑除俟事竣
之日照例详请议叙九品职衔外为此先出实收给该捐生俟事竣请叙得
获　部照之日即执赴府以凭换照以昭奖励毋违须至实收者

右实收给捐生　杨隆昆　准此

道光贰拾贰年　七　月　十八　日

府　　限换照日缴

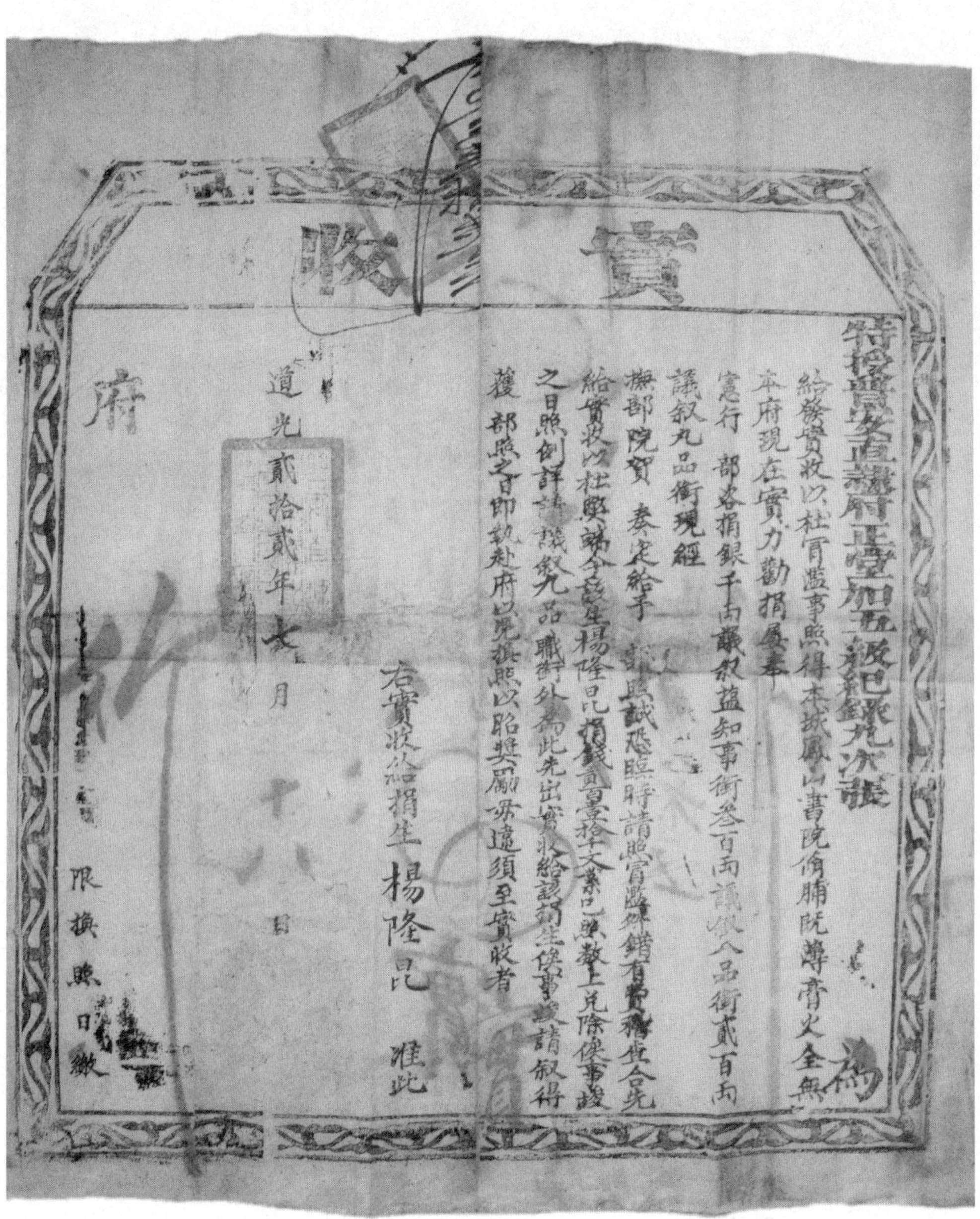

實收

特授[illegible]直隸府正堂加五級紀錄九次張 為

給發實收以杜冒濫事照得本城鳳山書院倫腈既尊膏火全無

本府現在實力勸捐屢奉

憲行 部咨捐銀千兩議叙鹽知事銜叁百兩議叙八品銜貳百兩

議叙九品銜現經

撫部院賀 奏定給予 部照誠恐臨時請照冒濫舛錯有礙稽查合先

給實收以杜弊端今該生楊隆昆捐錢貳百壹拾千文業已照數上兑除俟事竣

之日照例詳請 議叙九品職銜外為此先出實收給該捐生俟事竣請叙得

獲 部照之日即執赴府以現換照以昭獎勵毋違須至實收者

右實收給捐生 楊隆昆 准此

道光貳拾貳年七月 十八 日

府

限換照日繳

道光二十二年七月十八日杨隆春捐九品衔实收文书

收　实

特授普安直隶府正堂加五级纪录九次张　　为

给发实收以杜冒滥事照得本城凤山书院修脯既薄膏火全无

本府现在实力劝捐屡奉

宪行　部咨捐银千两议叙盐知事衔叁百两议叙八品衔贰百两

议叙九品衔现经

抚部院贺　奏定给予　部照诚恐临时请照冒滥舛错有费稽查合先

给实收以杜弊端今该生杨隆春捐钱贰百壹拾千文业已照数上兑除俟事竣

之日照例详请议叙九品职衔外为此先出实收给该捐生俟事竣请叙得

获　部照之日即执赴府以凭换照以昭奖励毋违须至实收者

右实收给捐生　杨隆春　准此

道光贰拾贰年　七　月　十八　日

府　　限换照日缴

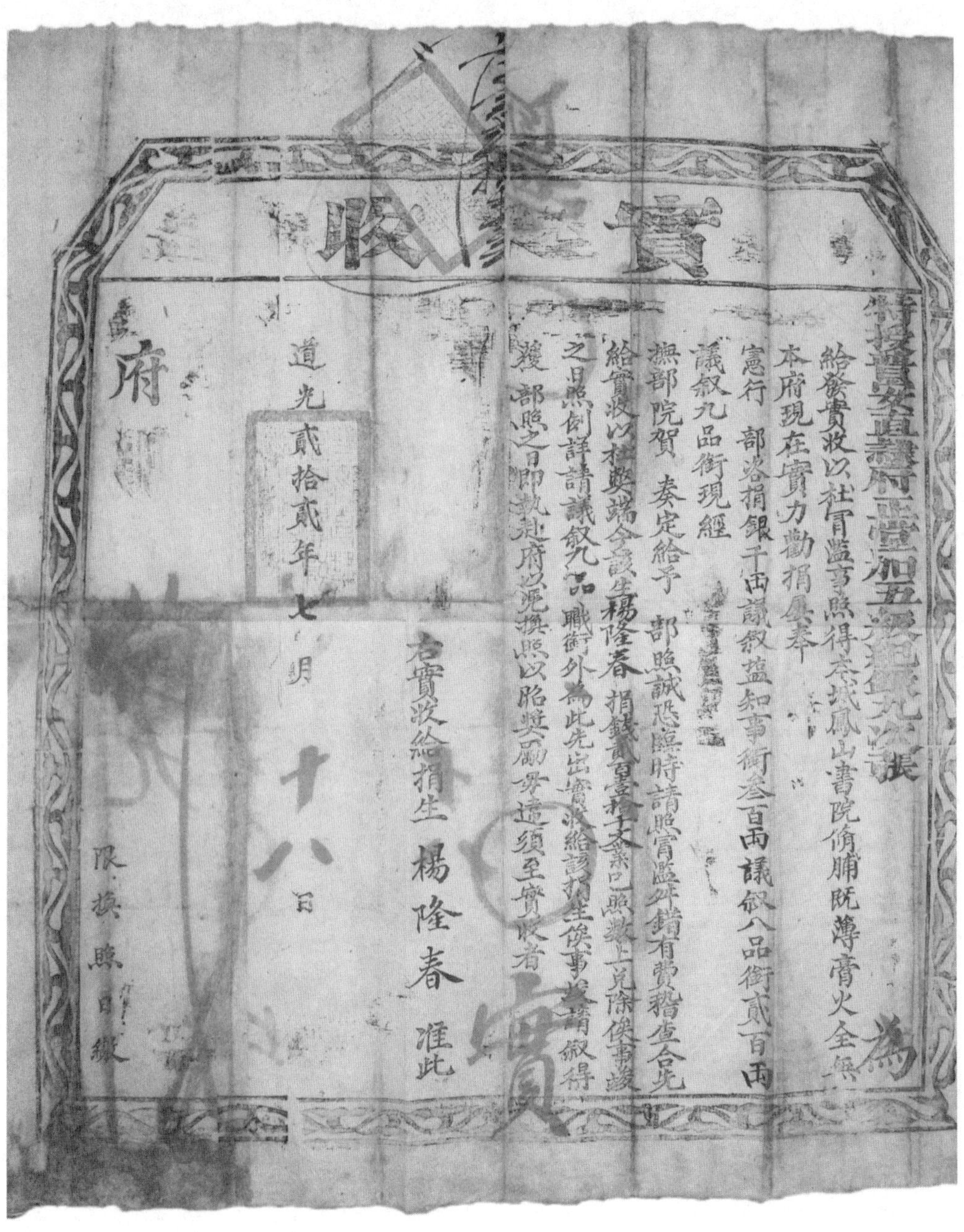

實收

特授貴州直隸府正堂加五級紀錄九次張 為

給發實收以杜冒濫事照得本城鳳山書院脩脯既薄膏火全無

本府現在實力勸捐屢奉

憲行 部咨捐銀千兩議叙鹽知事銜叁百兩議叙八品銜貳百兩

議叙九品銜現經

撫部院賀 奏定給予 部照誠恐臨時請照實難舛錯有費稽查合先

給實收以杜奸端今該生楊隆春 捐錢貳百壹拾千文業已照數上兌除俟事竣

之日照例詳請議叙九品職銜外為此先出實收給該捐生俟事竣請叙得

獲 部照之日即執赴府以憑換照以昭獎勵毋遺須至實收者

右實收給捐生 楊隆春 准此

道光貳拾貳年七月十八日

府

限換照日繳

道光二十二年七月二十二日陈明教捐九品衔实收文书

收实

特授普安直隶府正堂加五级纪录九次张　　为
给发实收以杜冒滥事照得本城凤山书院修脯既薄膏火全无
本府现在实力劝捐屡奉
宪行　部咨捐银千两议叙盐知事衔叁百两议叙八品衔贰百两
议叙九品衔现经
抚部院贺　奏定给予　部照诚恐临时请照冒滥舛错有费稽查合先
给实收以杜弊端今该生陈明教捐钱贰百壹拾千文业已照数上兑除俟事竣
之日照例详请议叙九品职衔外为此先出实收给该捐生俟事竣请叙得
获　部照之日即执赴府以凭换照以昭奖励毋违须至实收者

右实收给捐生　陈明教　准此

道光贰拾贰年　七　月　廿二　日

府　　限换照日缴

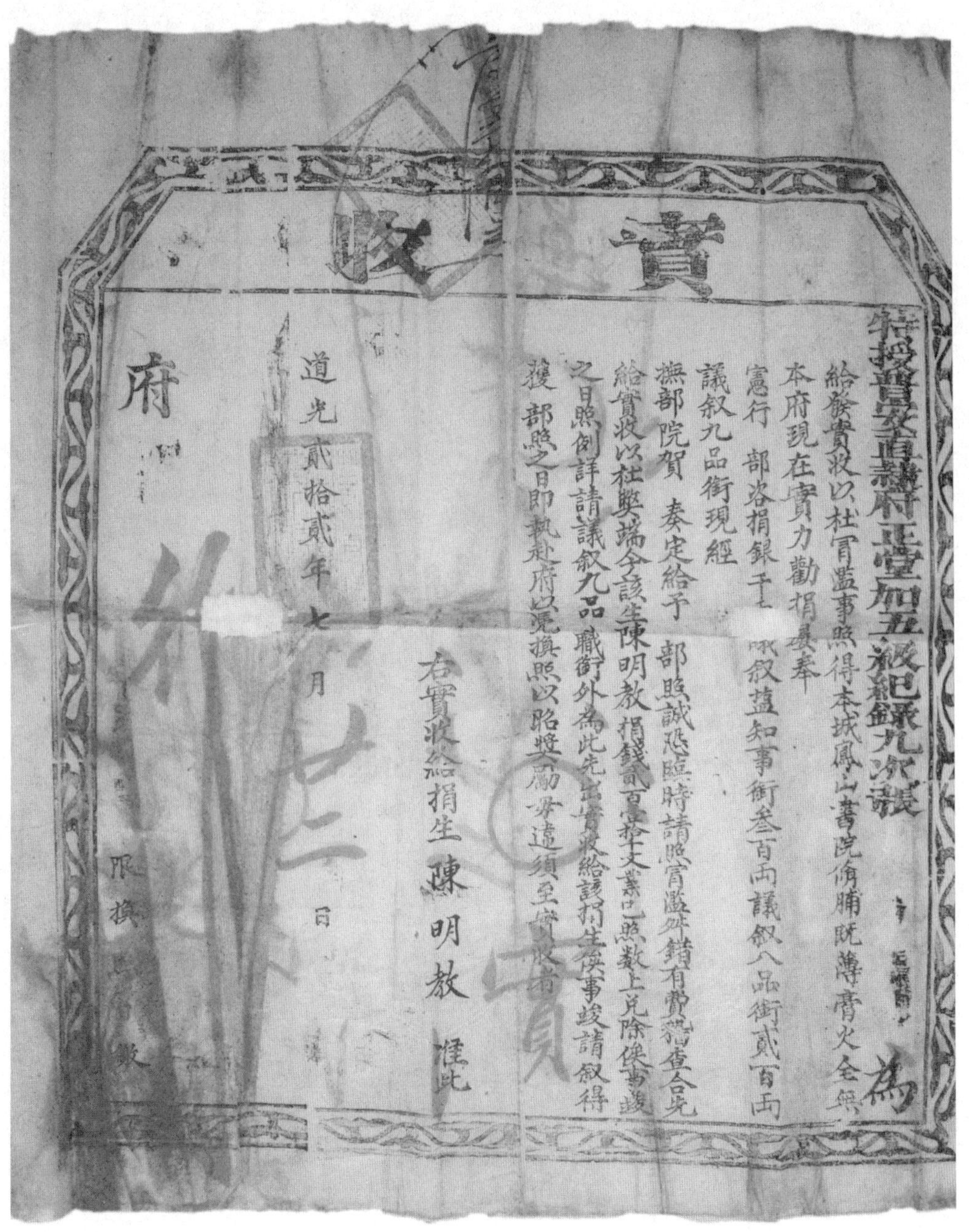

道光二十二年七月二十八日胡真溶捐九品衔实收文书

收实
特授普安直隶府正堂加五级纪录九次张　　为 给发实收以杜冒滥事照得本城凤山书院修脯既薄膏火全无 本府现在实力劝捐屡奉 宪行　部咨捐银千两议叙盐知事衔叁百两议叙八品衔贰百两 议叙九品衔现经 抚部院贺　奏定给予　部照诚恐临时请照冒滥舛错有费稽查合先 给实收以杜弊端今该生胡真溶捐钱贰百壹拾千文业已照数上兑除俟事竣 之日照例详请议叙九品职衔外为此先出实收给该捐生俟事竣请叙得 获　部照之日即执赴府以凭换照以昭奖励毋违须至实收者 右实收给捐生　胡真溶　准此 道光贰拾贰年　七　月　廿八　日 府　　限换照日缴

道光二十二年七月二十九日邓国泽捐九品衔实收文书

收 实

特授普安直隶府正堂加五级纪录九次张　为
给发实收以杜冒滥事照得本城凤山书院修脯既薄膏火全无
本府现在实力劝捐屡奉
宪行　部咨捐银千两议叙盐知事衔叁百两议叙八品衔贰百两
议叙九品衔现经
抚部院贺　奏定给予　部照诚恐临时请照冒滥舛错有费稽查合先
给实收以杜弊端今该生邓国泽捐钱贰百壹拾千文业已照数上兑除俟事竣
之日照例详请议叙九品职衔外为此先出实收给该捐生俟事竣请叙得
获　部照之日即执赴府以凭换照以昭奖励毋违须至实收者

右实收给捐生　邓国泽　准此

道光贰拾贰年　七　月　廿九　日

府　　限换照日缴

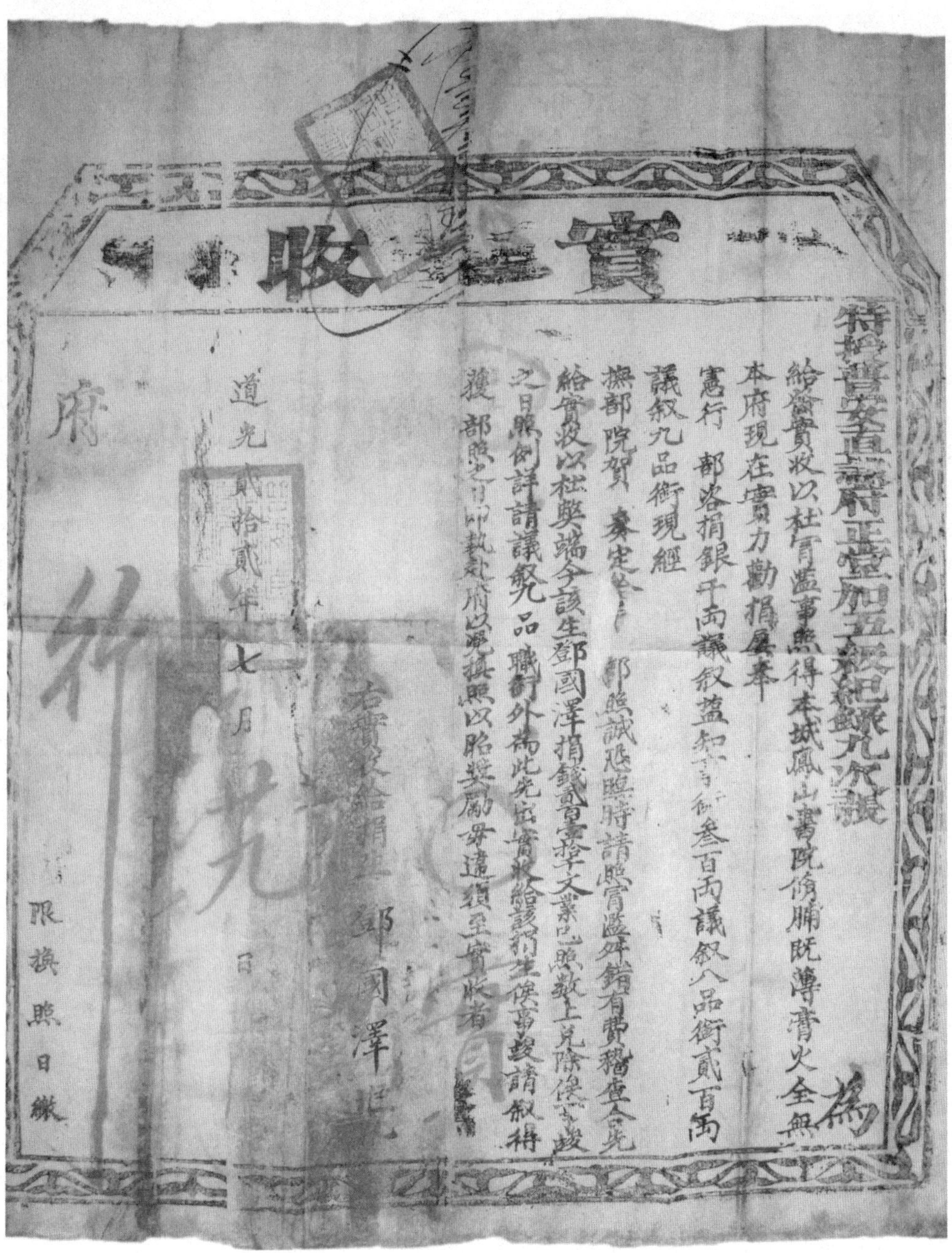

實收

特授晋安直隸州正堂加五級紀錄九次饒　為

給發實收以杜冒濫事照得本城鳳山書院修脯既薄膏火全無

本府現在實力勸捐屢奉

憲行　部咨捐銀千兩議叙鹽知事銜叁百兩議叙八品銜貳百兩

議叙九品銜現經

撫部院賀　奏定在案

部照誠恐臨時請照冒濫舛錯有費稽查今凡

給實收以杜弊端今該生鄧國澤捐錢貳百壹拾文業已照數上兑除俟部發

之日照例詳請議叙九品職銜外為此先給實收給該捐生俟奉發請叙得

獲部照之日即執赴府以憑換照以昭獎勵毋違須至實收者

右實收給捐生鄧國澤收

道光貳拾貳年七月　日

府

限換照日繳

道光二十二年七月二十九日邓地一捐九品衔实收文书

收实

特授普安直隶府正堂加五级纪录九次张　为
给发实收以杜冒滥事照得本城凤山书院修脯既薄膏火全无
本府现在实力劝捐屡奉
宪行　部咨捐银千两议叙盐知事衔叁百两议叙八品衔贰百两
议叙九品衔现经
抚部院贺　奏定给予　部照诚恐临时请照冒滥舛错有费稽查合先
给实收以杜弊端今该生邓地一捐钱贰百壹拾千文业已照数上兑除俟事竣
之日照例详请议叙九品职衔外为此先出实收给该捐生俟事竣请叙得
获　部照之日即执赴府以凭换照以昭奖励毋违须至实收者

右实收给捐生　邓地一　准此

道光贰拾贰年　七　月　廿九　日

府　限换照日缴

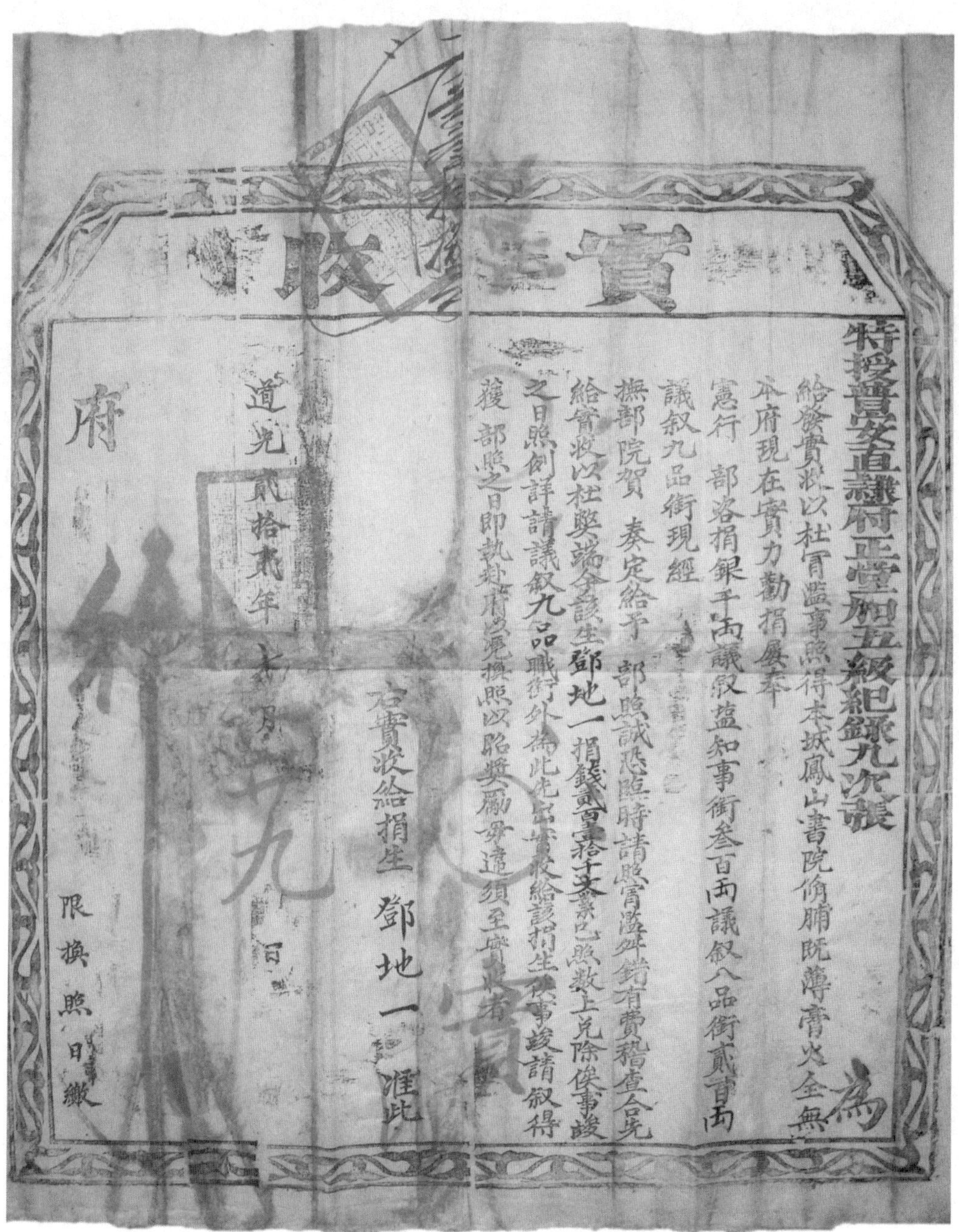

實收

特授寶安直隸府正堂加五級紀錄九次譚 為

給發實收以杜冒濫事照得本城鳳山書院脩脯既薄膏火全無

本府現在實力勸捐屢奉

憲行 部咨捐銀千兩議叙鹽知事銜叁百兩議叙八品銜貳百兩

議叙九品銜現經

撫部院賀 奏定給予 部照誠恐臨時請照冒濫舛錯有費稽查合先

給實收以杜弊端今該生鄧地一捐錢貳百叁拾千文已照數上兑除俟事竣

之日照例詳請議叙九品職銜外為此先出實收給該捐生俟事竣請叙得

獲 部照之日即執赴府以憑換照以昭獎勵毋違須至實收者

右實收給捐生 鄧地一 准此

道光貳拾貳年 七月 日

府

限換照日繳

道光二十二年七月二十九日邓国钧捐九品衔实收文书

收实

特授普安直隶府正堂加五级纪录九次张　为

给发实收以杜冒滥事照得本城凤山书院修脯既薄膏火全无

本府现在实力劝捐屡奉

宪行　部咨捐银千两议叙盐知事衔叁百两议叙八品衔贰百两

议叙九品衔现经

抚部院贺　奏定给予　部照诚恐临时请照冒滥舛错有费稽查合先

给实收以杜弊端今该生邓国钧捐钱贰百壹拾千文业已照数上兑除俟事竣

之日照例详请议叙九品职衔外为此先出实收给该捐生俟事竣请叙得

获　部照之日即执赴府以凭换照以昭奖励毋违须至实收者

右实收给捐生　邓国钧　准此

道光贰拾贰年　七　月　廿九　日

府　　限换照日缴

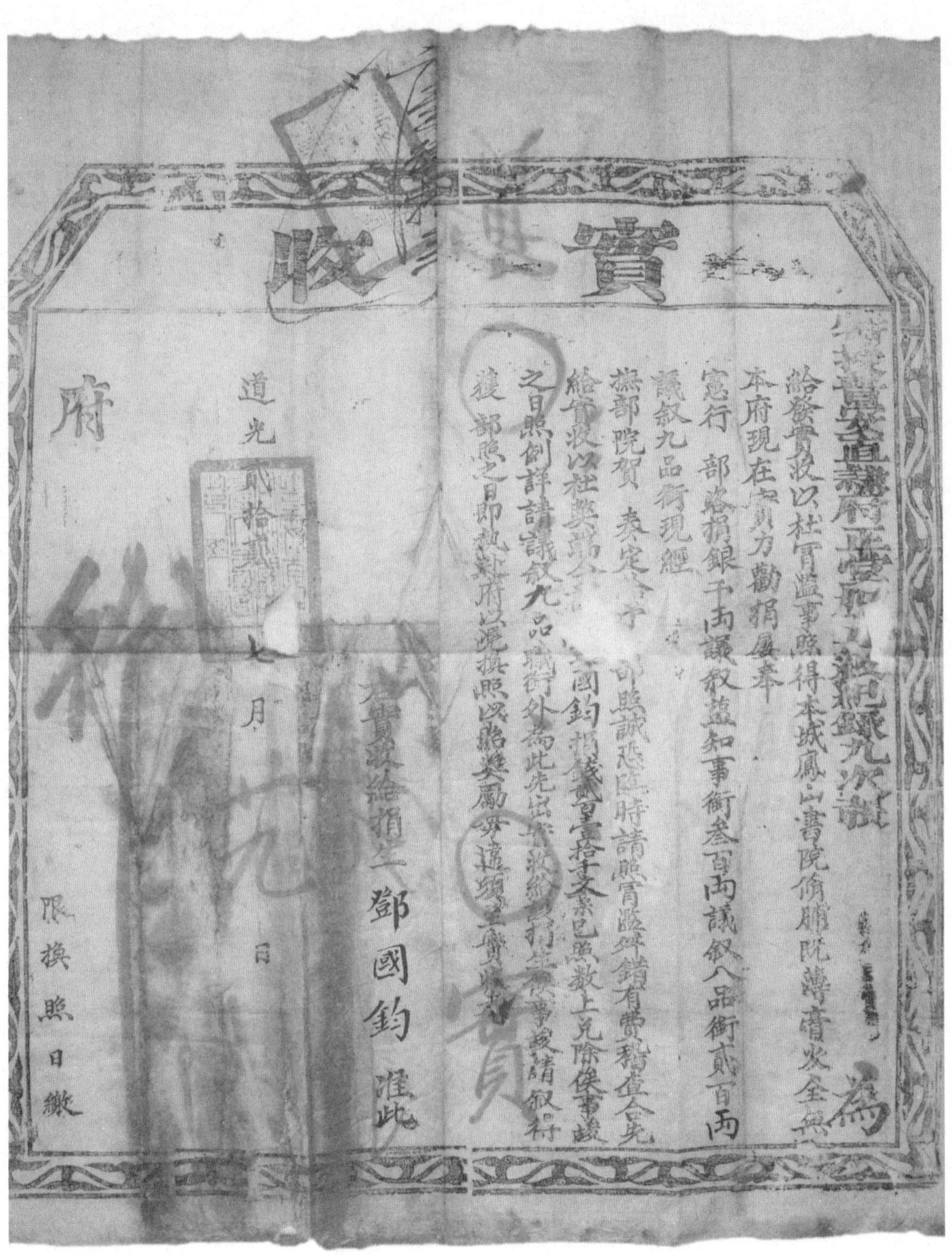

實收

□署直隸□府正堂加□級紀錄九次謝　為

給發實收以杜冒濫事照得本城鳳山書院脩脯既薄膏火全無

本府現在[illegible]力勸捐屢奉

憲行　部咨捐銀千兩議叙鹽知事銜叁百兩議叙八品銜貳百兩

議叙九品銜現經

撫部院賀　奏定今于[illegible]即照議酌量臨時請照冒濫舛錯有費稽查合先

給實收以杜弊端今[illegible]國鈞捐錢貳百陸拾千文業已照數上兌除俟事竣

之日照例詳請議叙九品職銜外為此先出[illegible]實收給[illegible]捐生俟事竣請叙銜

獲　部照之日即繳繳府以便換照以昭獎勵毋違須至實收者

右實收給捐生　鄧國鈞　准此

道光貳拾[illegible]年七月　日

府

限換照日繳

道光二十二年七月二十八日刘崇凤捐九品衔实收文书

收实

特授普安直隶府正堂加五级纪录九次张　　为
给发实收以杜冒滥事照得本城凤山书院修脯既薄膏火全无
本府现在实力劝捐屡奉
宪行　部咨捐银千两议叙盐知事衔叁百两议叙八品衔贰百两
议叙九品衔现经
抚部院贺　奏定给予　部照诚恐临时请照冒滥舛错有费稽查合先
给实收以杜弊端今该生刘崇凤捐钱贰百壹拾千文业已照数上兑除俟事竣
之日照例详请议叙九品职衔外为此先出实收给该捐生俟事竣请叙得
获　部照之日即执赴府以凭换照以昭奖励毋违须至实收者

右实收给捐生　刘崇凤　准此

道光贰拾贰年　七　月　廿八　日

府　　限换照日缴

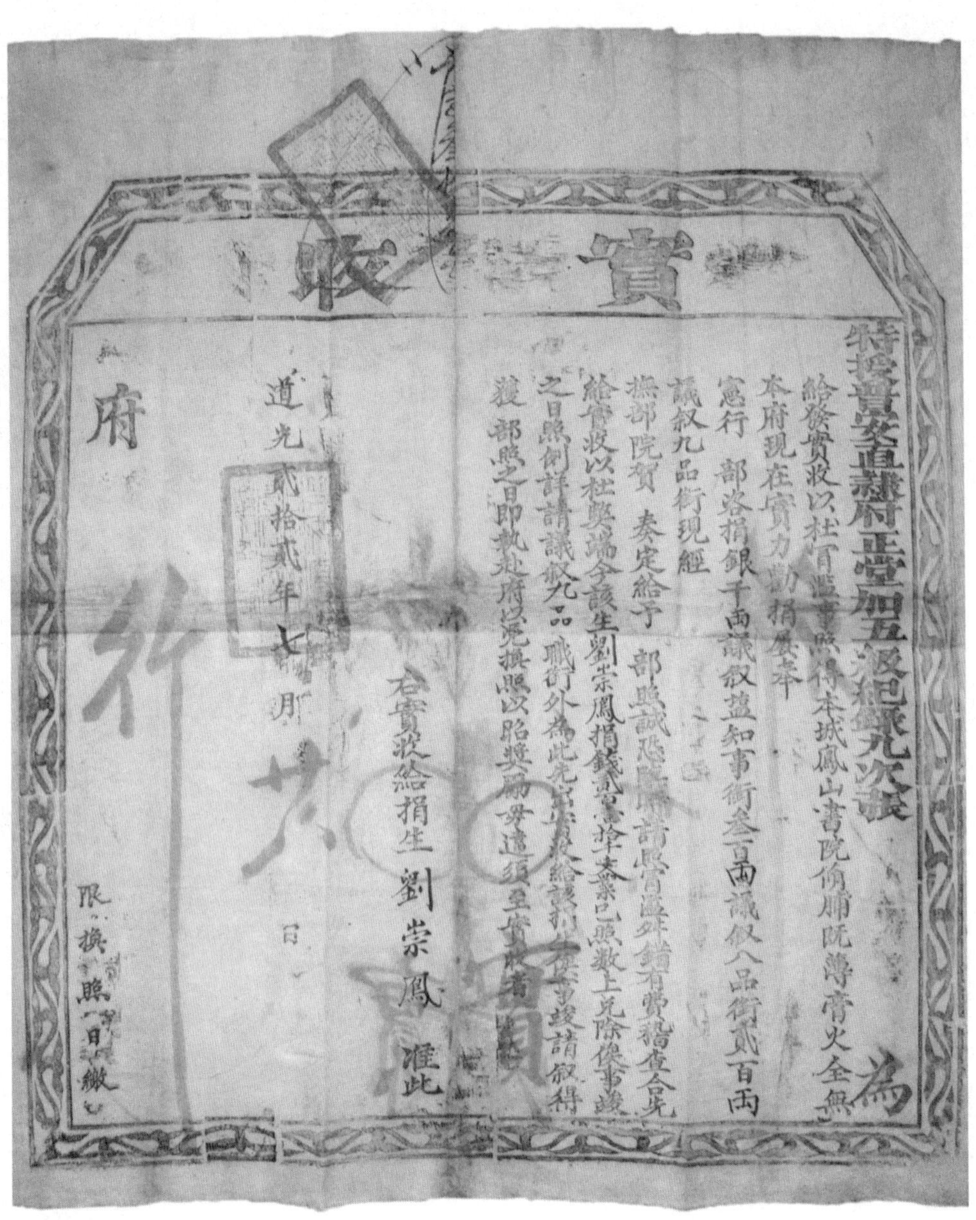

實收

特授署直隸府正堂加五級紀錄九次[illegible]　為

給發實收以杜冒濫事照得本城鳳山書院脩脯既薄膏火全無

本府現在實力勸捐欽奉

憲行　部咨捐銀千兩議敘鹽知事銜叁百兩議敘八品銜貳百兩

議敘九品銜現經

撫部院賀　奏定給予　部照誠恐[illegible]請[illegible]有費稽查合先

給實收以杜弊端今該生劉崇鳳捐錢貳[illegible]拾串[illegible]已照數上兑除俟事竣

之日照例詳請議敘九品　職銜外為此先行[illegible]給該捐生俟事竣請敘得

獲　部照之日即執赴府以憑換照以昭獎勵毋違須至實收者

右實收給捐生　劉崇鳳　准此

道光貳拾貳年七月　日

府

限　換照　日繳

道光二十二年七月二十□日胡真醇捐九品衔实收文书

收实

特授普安直隶府正堂加五级纪录九次张　　为

给发实收以杜冒滥事照得本城凤山书院修脯既薄膏火全无

本府现在实力劝捐屡奉

宪行　部咨捐银千两议叙盐知事衔叁百两议叙八品衔贰百两

议叙九品衔现经

抚部院贺　奏定给予　部照诚恐临时请照冒滥舛错有费稽查合先

给实收以杜弊端今该生胡真醇捐钱贰百壹拾千文业已照数上兑除俟事竣

之日照例详请议叙九品职衔外为此先出实收给该捐生俟事竣请叙得

获　部照之日即执赴府以凭换照以昭奖励毋违须至实收者

右实收给捐生　胡真醇　准此

道光贰拾贰年　七　月　廿□　日

府　　限换照日缴

實收

特授[illegible]直隸府正堂加五級紀錄九次張 為

給發實收以杜冒濫事照得本城鳳山書院脩脯既薄膏火全無

本府現在實力勸捐屢奉

憲行 部咨捐銀千兩議叙塩知事銜叁百兩議叙八品銜貳百兩

議叙九品銜現經

撫部院賀 奏定給 部照誠恐臨時請照冒濫舛錯有費稽查合先

給發實收以杜[illegible]生胡其醇 捐錢[illegible]百[illegible]拾千文業已照數上兑除俟事竣

之日照例詳請議叙九品職銜外為此先出實收給該捐生俟事竣請叙得

獲 部照[illegible]須至實收者

右實收給捐生胡其醇 准此

道光貳拾[illegible]年 月 日

府

限繳照日繳

道光二十二年七月三十日汪文洋捐九品衔实收文书

收　实

特授普安直隶府正堂加五级纪录九次张　　为

给发实收以杜冒滥事照得本城凤山书院修脯既薄膏火全无

本府现在实力劝捐屡奉

宪行　部咨捐银千两议叙盐知事衔叁百两议叙八品衔贰百两

议叙九品衔现经

抚部院贺　奏定给予　部照诚恐临时请照冒滥舛错有费稽查合先

给实收以杜弊端今该生汪文洋捐钱贰百壹拾千文业已照数上兑除俟事竣

之日照例详请议叙九品职衔外为此先出实收给该捐生俟事竣请叙得

获　部照之日即执赴府以凭换照以昭奖励毋违须至实收者

右实收给捐生　汪文洋　准此

道光贰拾贰年　七　月　卅　日

府　　　　限换照日缴

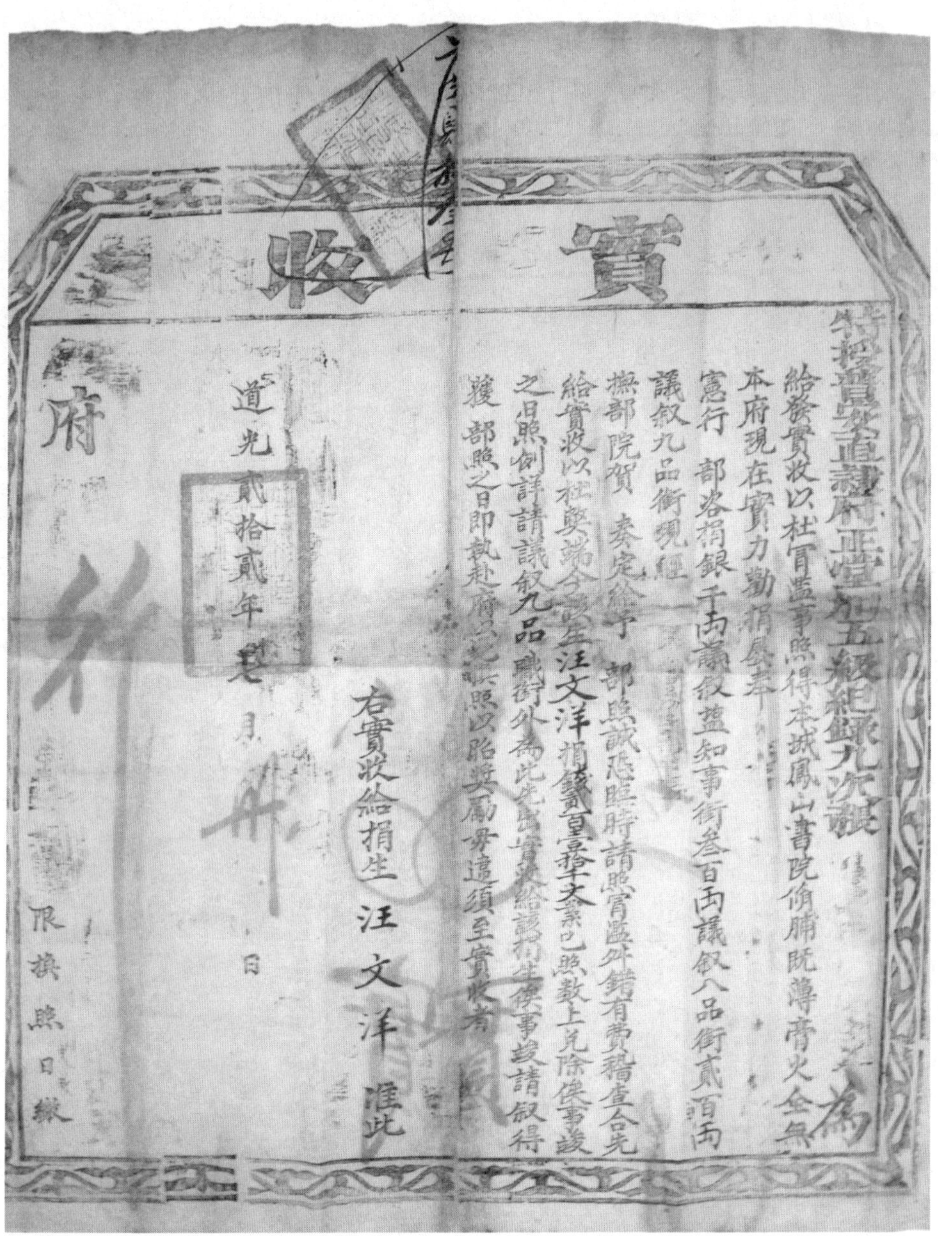

道光二十二年八月十七日周汝弼捐九品衔实收文书

收实

特授普安直隶府正堂加五级记录九次张　　为
给发实收以杜冒滥事照得本城凤山书院修脯既薄膏火全无
本府现在实力劝捐屡奉
宪行　部咨捐银千两议叙盐知事衔叁百两议叙八品衔贰百两
议叙九品衔现经
抚部院贺　奏定给予　部照诚恐临时请照冒滥舛错有费稽查合先
给实收以杜弊端今该生周汝弼捐钱贰百壹拾千文业已照数上兑除俟事竣
之日照例详请议叙九品职衔外为此先出实收给该捐生俟事竣请叙得
获　部照之日即执赴府以凭换照以昭奖励毋违须至实收者

右实收给捐生　周汝弼　准此

道光贰拾贰年　八　月　十七　日

府　　限换照日缴

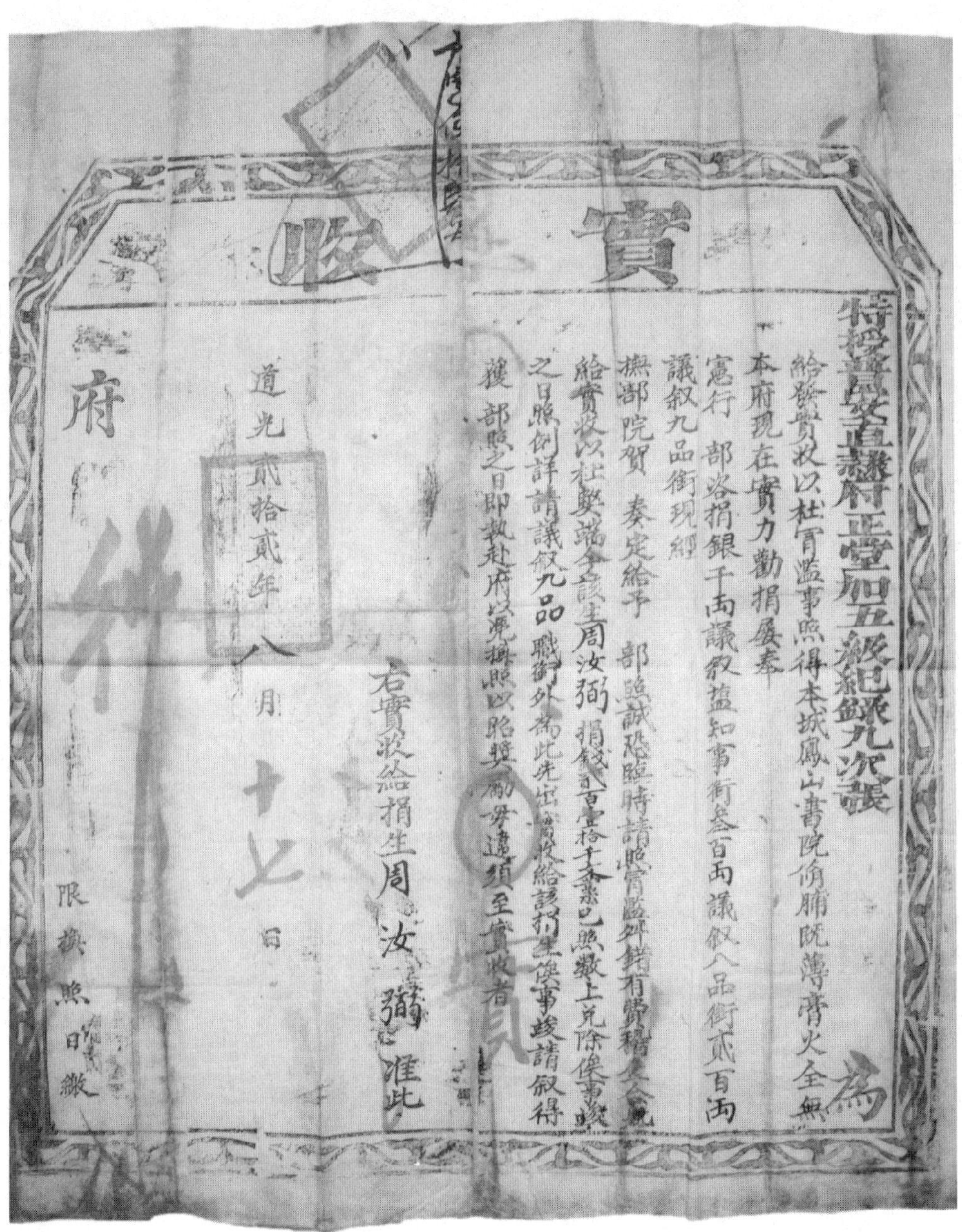

道光二十二年八月十七日周锡祺捐九品衔实收文书

收实

特授普安直隶府正堂加五级记录九次张　为

给发实收以杜冒滥事照得本城凤山书院修脯既薄膏火全无

本府现在实力劝捐屡奉

宪行　部咨捐银千两议叙盐知事衔叁百两议叙八品衔贰百两

议叙九品衔现经

抚部院贺　奏定给予　部照诚恐临时请照冒滥舛错有费稽查合先

给实收以杜弊端今该生周锡祺捐钱贰百壹拾千文业已照数上兑除俟事竣

之日照例详请议叙九品职衔外为此先出实收给该捐生俟事竣请叙得

获　部照之日即执赴府以凭换照以昭奖励毋违须至实收者

右实收给捐生　周锡祺　准此

道光贰拾贰年　八　月　十七　日

府　　限换照日缴

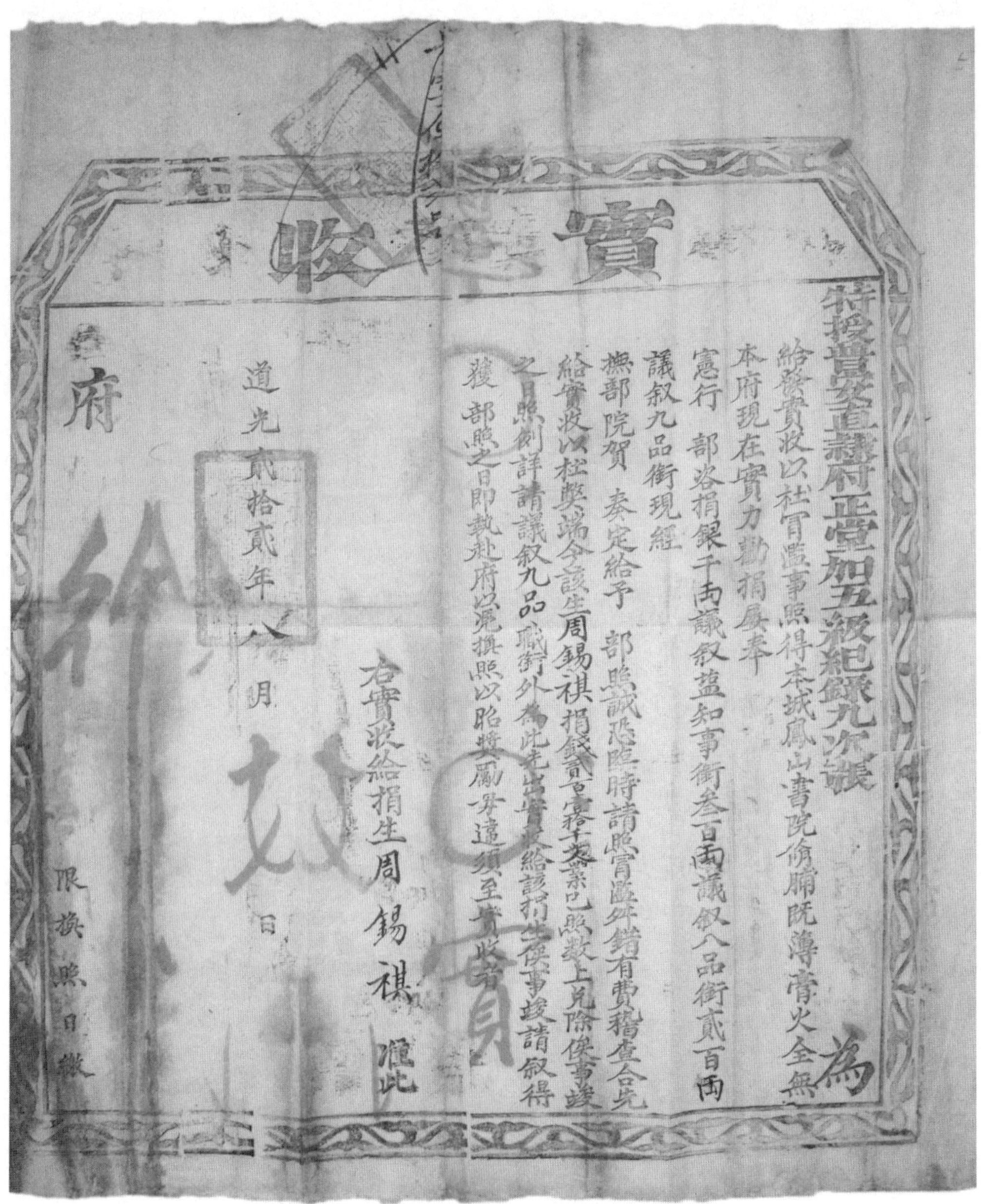

實收

特授寶[illegible]直隸府正堂加五級紀錄九次張　為
給發實收以杜冒濫事照得本城鳳山書院脩脯既薄膏火全無
本府現在實力勸捐屢奉
憲行　部咨捐銀千兩議叙鹽知事銜叁百兩議叙八品銜貳百兩
議叙九品銜現經
撫部院賀　奏定給予　部照誠恐臨時請照冒濫舛錯有費稽查合先
給實收以杜弊端今該生周錫祺捐錢貳百壹拾千文業已照數上兌除俟事竣
之日照例詳請議叙九品職銜外為此先出實收給該捐生俟事竣請叙得
獲　部照之日即執赴府以憑換照以昭獎勵毋違須至實收者

右實收給捐生周錫祺　准此

道光貳拾貳年八月　日

府

限換照日繳

卷三

纳户执照

道光十九年二月初十日文庙代杜信纳户执照[①]

照执户纳	府字第　号
普安直隶府正堂　刘　为征收事据 板桥屯文庙代　完纳　拾捌 杜信 科米肆斗贰升九合 除收明外合行给照须至执照者 道光十九年二月初十日	

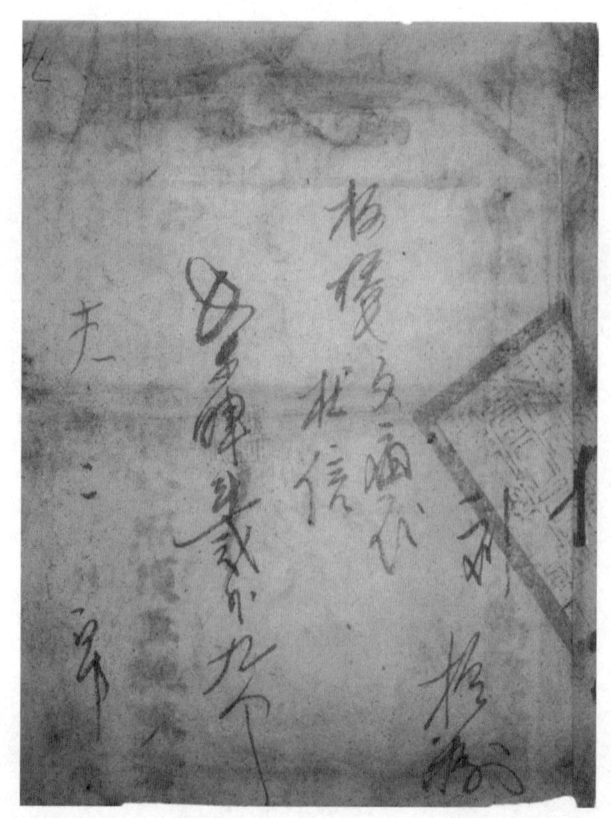

① 纳户执照年代部分不清晰者，因判断困难，根据纳税时间逻辑推理，形成录文的纳税时间。

道光十九年二月初十日文庙代杜宗尧纳户执照

照执户纳	府字第　　号
普安直隶府正堂刘为征收事据 板桥屯文庙代杜宗尧完纳拾捌 科米贰升七合 除收明外合行给照须至执照者 道光十九年二月初十日	

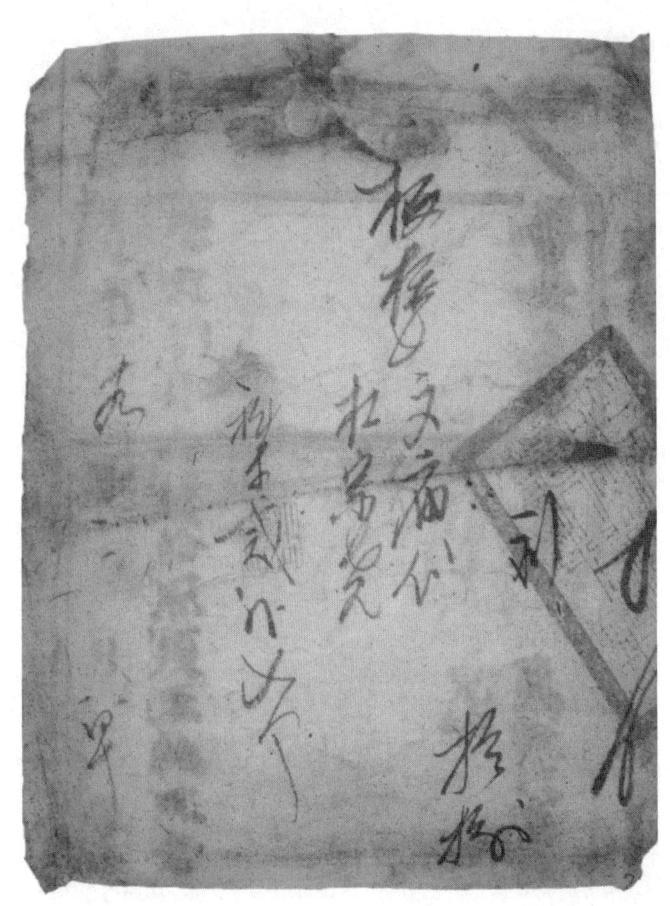

道光十九年二月初十日通学代王公士纳户执照

<table>
<tr><td>照执户纳</td><td rowspan="2">府字第　　号</td></tr>
<tr><td>普安直隶府正堂　刘　为征收事据
西冲屯通学代王公士　完纳　拾捌
科米贰升七合
除收明外合行给照须至执照者
道光十九年二月初十日</td></tr>
</table>

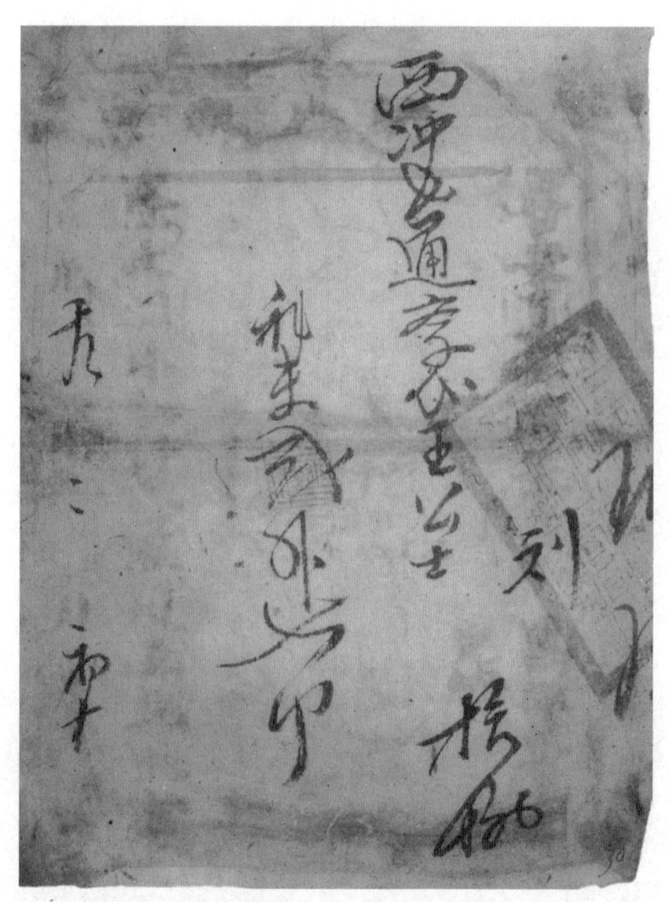

道光二十一年三月十七日王廷飏纳户执照

照执户纳

府字第　　号

普安直隶府正堂　许　为征收事据

南里本城屯王廷飏　完纳　贰拾

岁用银叁钱陆分叁厘

耗银伍分四厘四毛五□

除收明外合行给照须至执照者

道光廿一年三月十七日

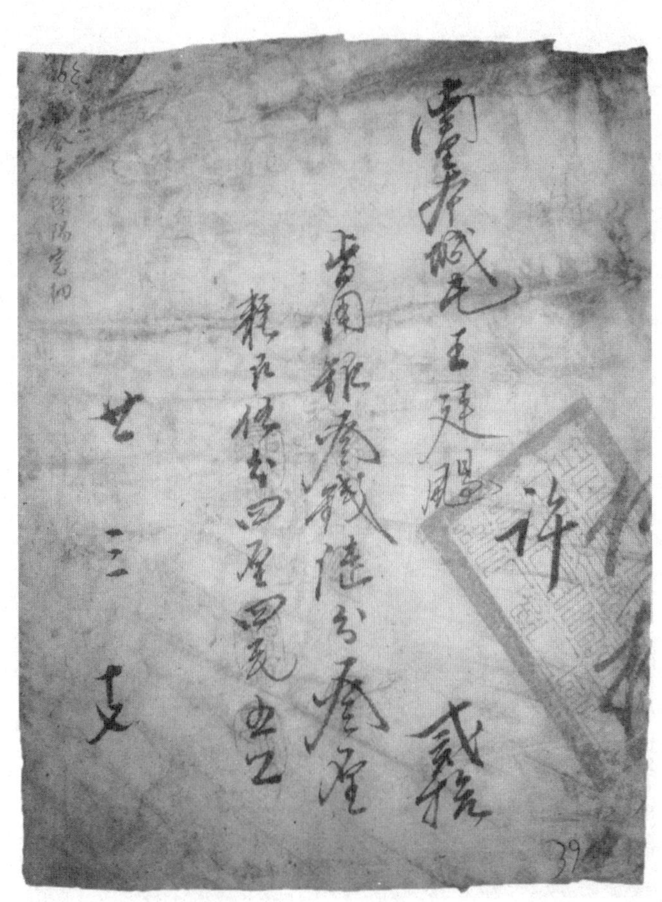

道光二十一年十一月二十六日通学代王公士纳户执照

照执户纳

府字第　　号

普安直隶府正堂　张　为征收事据

西冲屯通学代　王公士　完纳　贰壹

科米贰升柒合

除收明外合行给照须至执照者

道光廿一年十一月廿六日

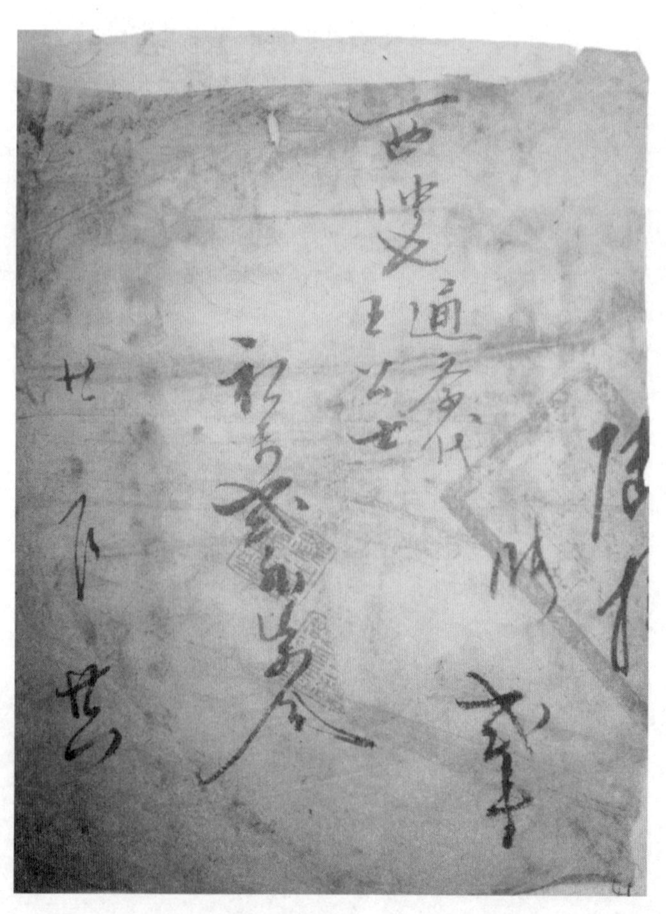

道光二十一年十一月二十六日文庙代杜宗尧纳户执照

纳户执照

府字第　　号

普安直隶府正堂　张　为征收事据

板桥屯文庙代杜宗尧　完纳　贰壹

科米贰升柒合

除收明外合行给照须至执照者

道光廿一年十一月廿六日

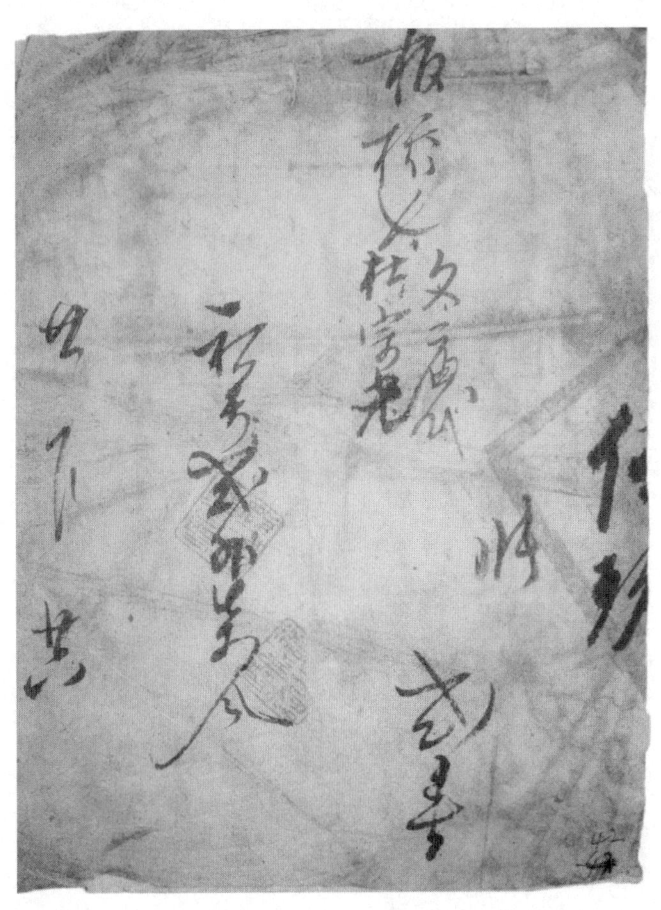

道光二十一年十一月二十六日文庙代杜佑纳户执照

府字第　　号

纳户执照

普安直隶府正堂张　为征收事据

板桥屯文庙代杜佑　完纳　贰壹

科米肆斗贰升五合

除收明外合行给照须至执照者

道光廿一年十一月廿六日

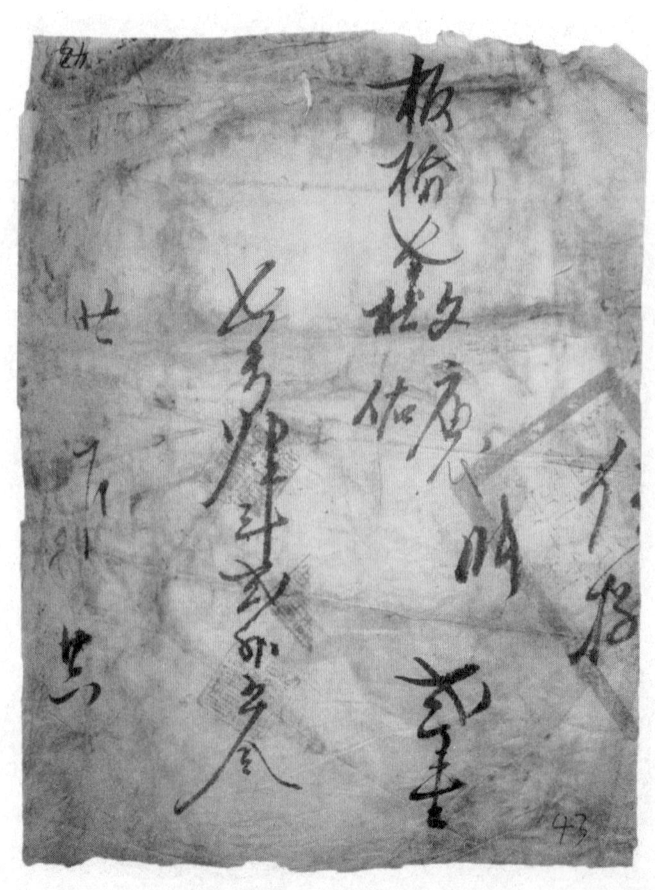

道光二十二年十二月十三日杨席亭等纳户执照

纳户执照	
普安直隶府正堂　张　为征收事据 支家屯杨席亭王允昌　完纳　贰贰 支维才 科米壹升柒合五勺 除收明外合行给照须至执照者 道光廿二年十二月十三日	府字第　　号

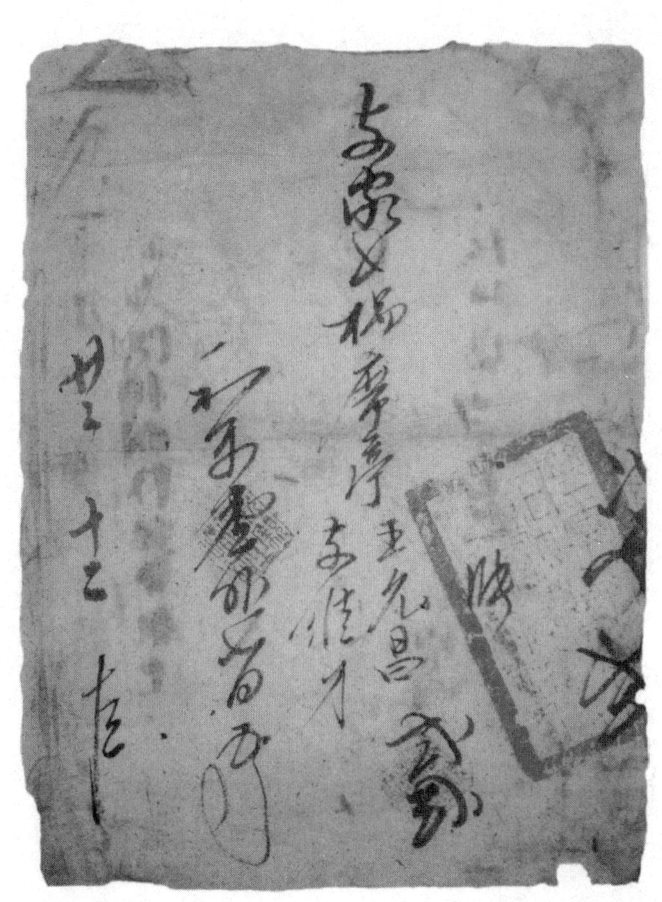

□年十一月初二日杨席亭代王永昌等纳户执照

府字第　　号

纳户执照

普安直隶府正堂　桂　为征收事据

支家屯杨席亭代王永昌　完纳　元

支为才

科米陆升七合五勺

除收明外合行给照须至执照者

□年十一月初二日

道光二十四年十一月初九日杨席亭等纳户执照

纳户执照

府字第　　号

普安直隶府正堂　张　为征收事据

支家屯杨席亭王允昌　完纳　贰肆

支维才

科米壹升七合五勺

除收明外合行给照须至执照者

道光廿四年十一月初九日

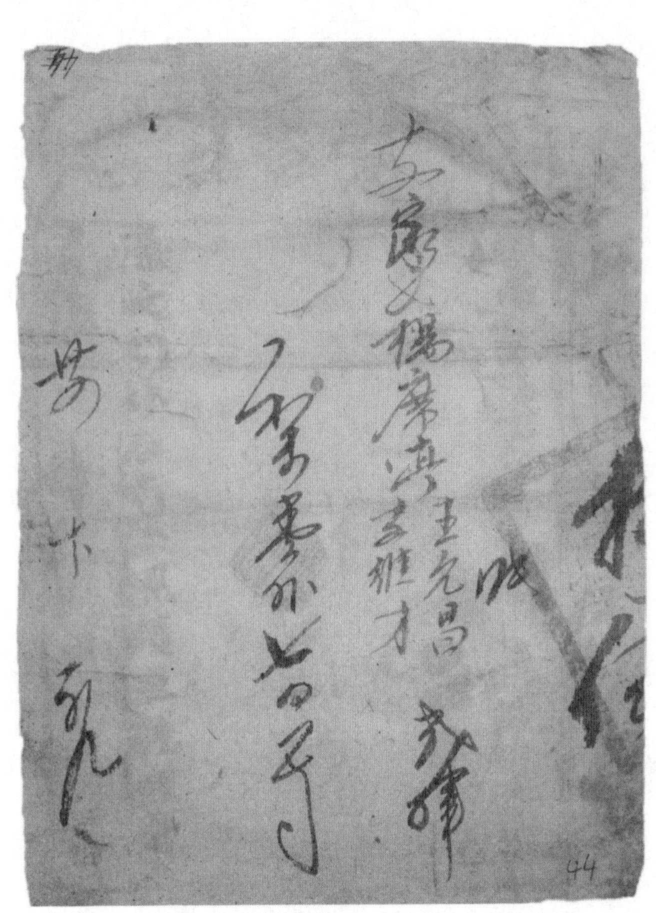

道光二十四年十一月初九日文昌阁代张正纪纳户执照

<table>
<tr><td>照执户纳</td><td rowspan="2">府字第　　号</td></tr>
<tr><td>普安直隶府正堂　张　为征收事据
本城屯文昌阁代张正纪　完纳　贰肆
科米叁升二合四勺
除收明外合行给照须至执照者
道光廿四年十一月初九日</td></tr>
</table>

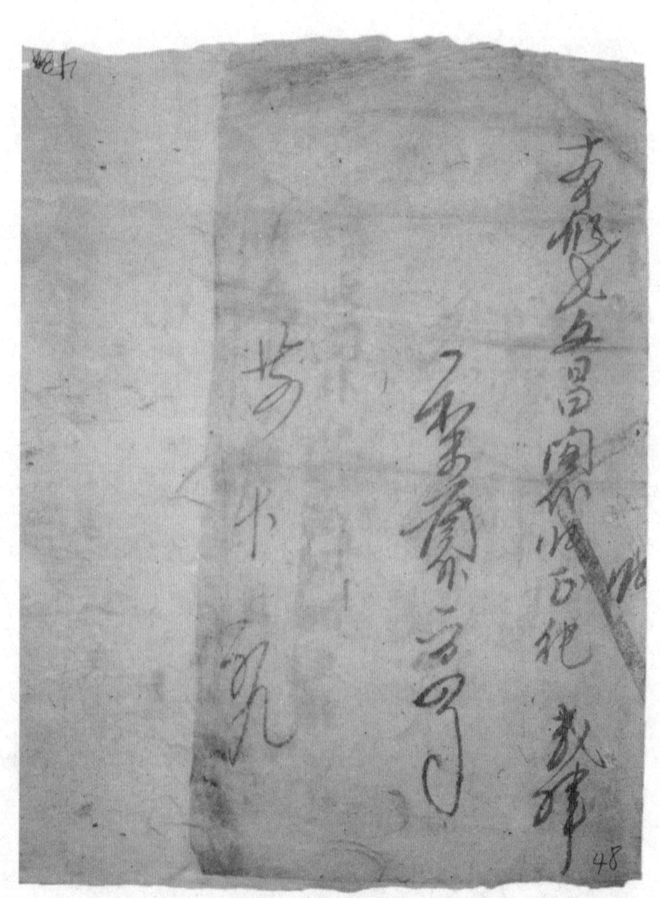

道光二十四年十二月二十七日凤山书院代范畹亭纳户执照

府字第　　号

纳户执照

普安直隶府正堂　张　为征收事据

本城屯凤山书院代范畹亭　完纳　贰肆

本城瞿黄堡

科米壹石肆斗

除收明外合行给照须至执照者

道光廿四年十二月廿七日

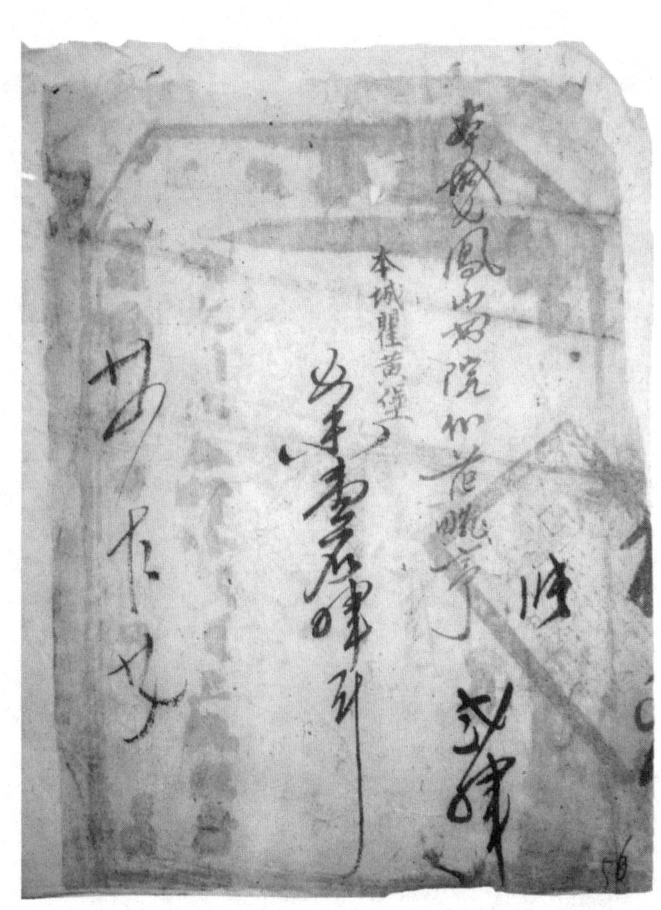

道光二十六年十月二十四日袁学全代陆宽伦纳户执照

<table>
<tr><td>纳户执照</td><td rowspan="2">府字第　　号</td></tr>
<tr><td>普安直隶府正堂　鲁　为征收事据
恰怍屯袁学全代　完纳　贰陆
陆宽伦
科米壹斗
除收明外合行给照须至执照者
道光廿六年十月廿四日</td></tr>
</table>

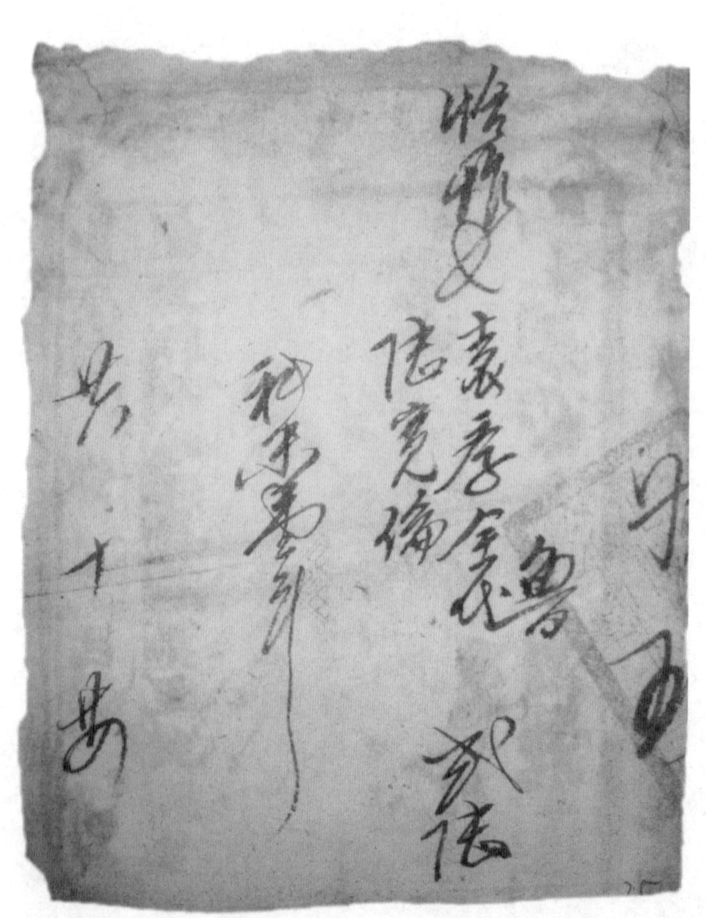

道光二十六年十月二十四日冯开勋代冯奎文纳户执照

纳户执照

府字第　号

普安直隶府正堂　鲁　为征收事据

薛官屯冯开勋代　完纳　贰陆

奎文

科米陆升四合八勺

除收明外合行给照须至执照者

道光廿六年十月廿四日

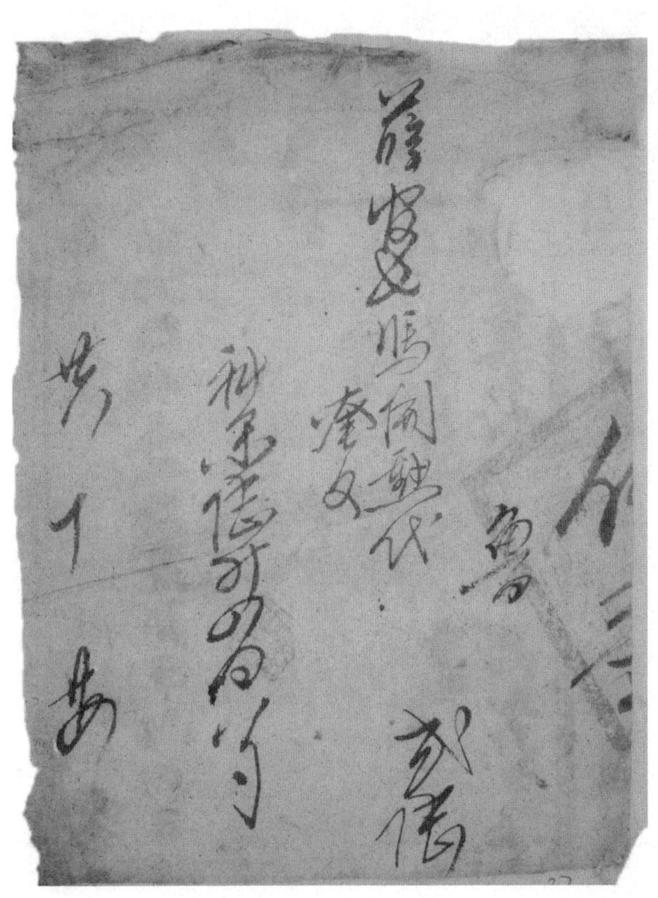

道光二十六年十月二十四日黄福文代王光灿纳户执照

纳户执照

府字第　　号

普安直隶府正堂　鲁　为征收事据
西冲屯黄福文代　完纳　贰陆
王光灿
科米捌升一合
除收明外合行给照须至执照者
道光廿六年十月廿四日

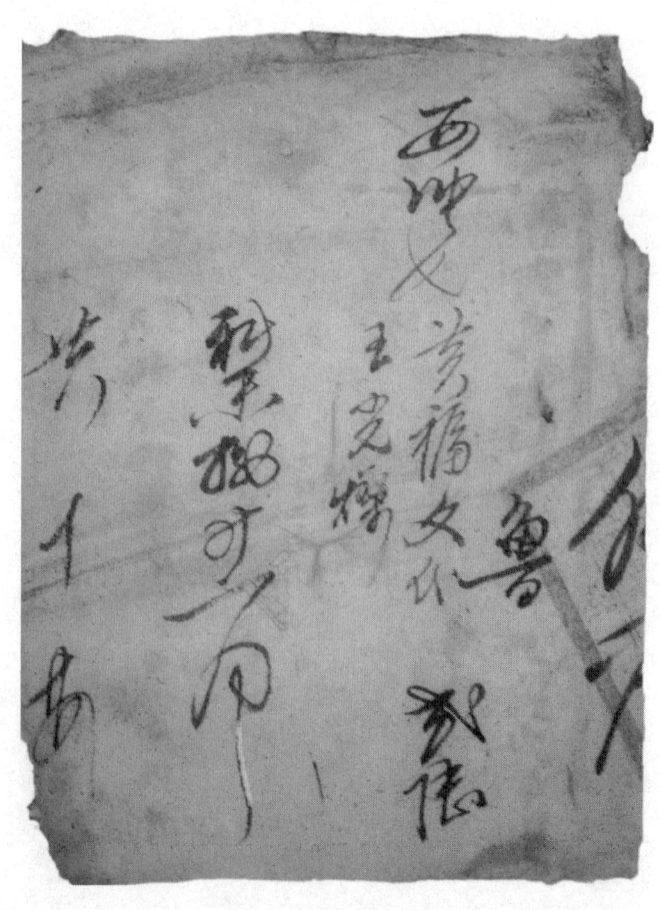

道光二十六年十月二十四日冯善长代杨士应纳户执照

照执户应	府字第　号
普安直隶府正堂　鲁　为征收事据 本城屯冯善长代　完纳　贰柒 杨士应 科米肆升三合二勺 除收明外合行给照须至执照者 道光廿六年十月廿四日	

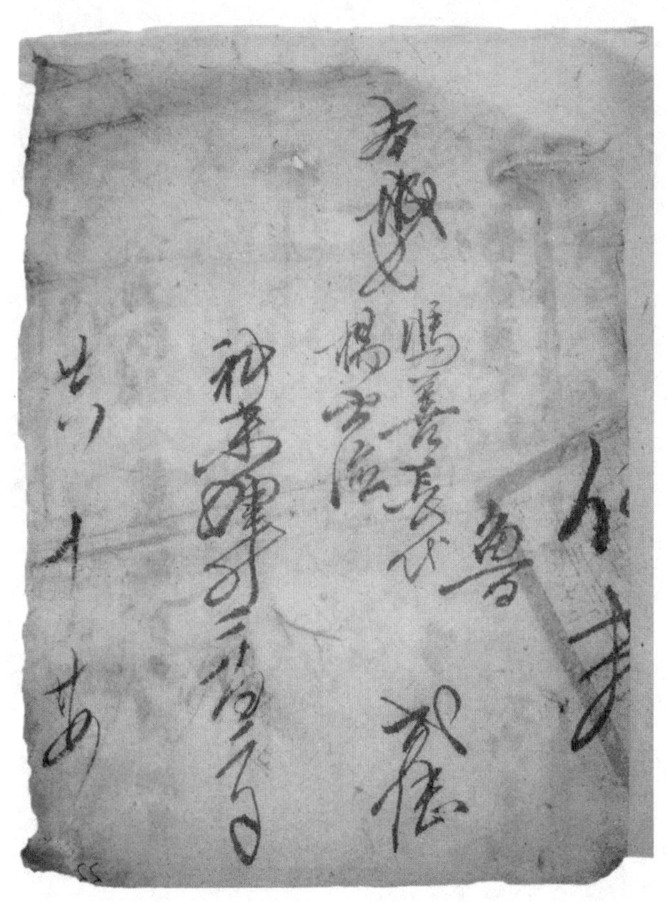

道光二十六年十一月初四日蒋百行代年奉先纳户执照

府字第　　号

纳户执照

普安直隶府正堂　鲁　为征收事据

支家屯蒋百行代年奉先　完纳　贰陆

科米贰斗壹升六合

除收明外合行给照须至执照者

道光廿六年十一月初四日

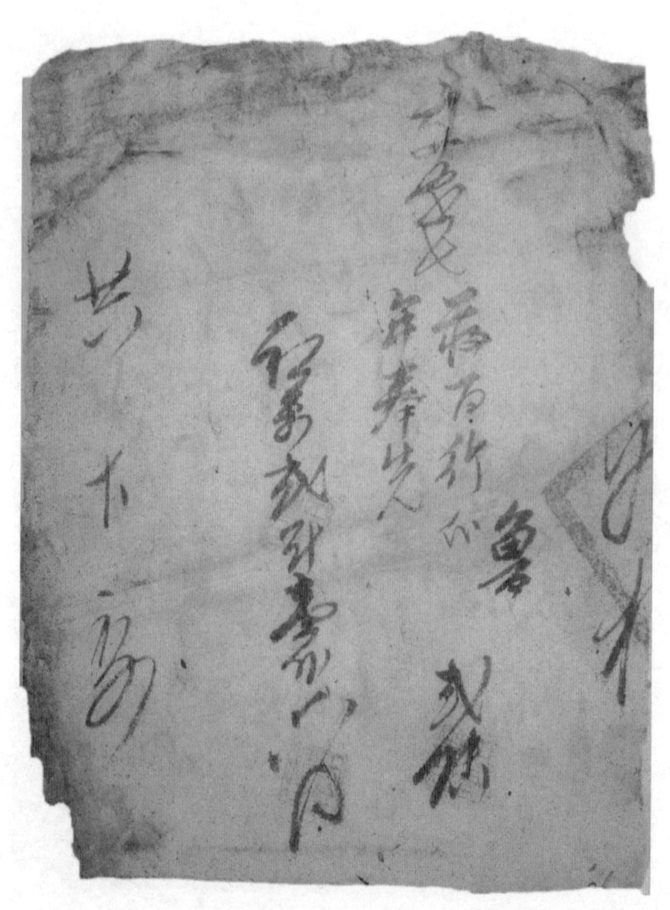

道光二十六年十一月初四日邓云官代何现之纳户执照

照执户纳	府字第　　号
普安直隶府正堂　鲁　为征收事据 恰怍屯邓云官代何现之　完纳　贰陆 科米陆斗陆升 除收明外合行给照须至执照者 道光廿六年十一月初四日	

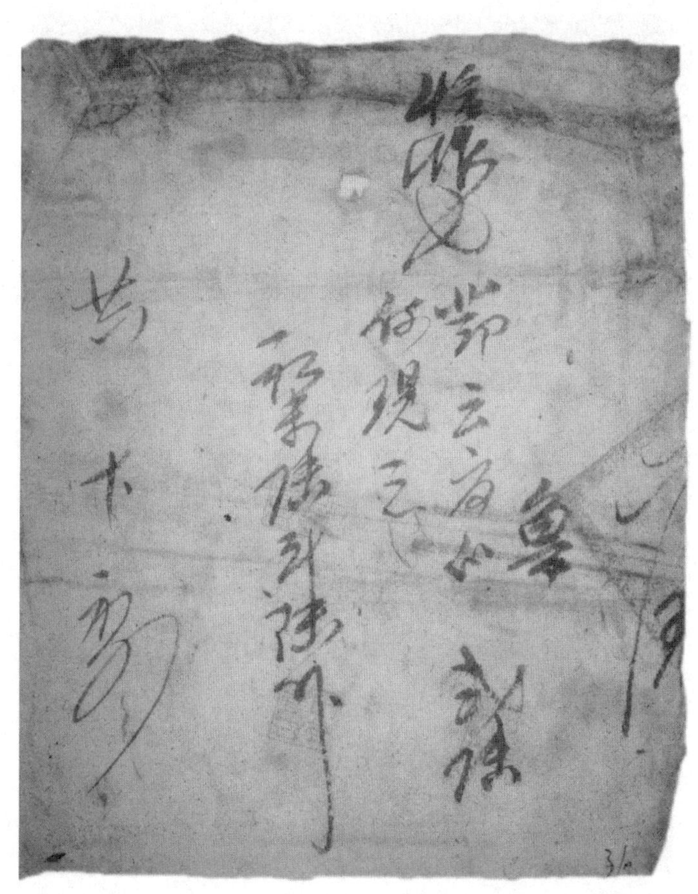

道光二十六年十二月初九日通学代王廷飏纳户执照

照执户纳	府字第　号
普安直隶府正堂　舒　为征收事据 南里本城屯通学代　完纳　□陆 王廷飏 岁用捐叁钱陆分叁厘 除收明外合行给照须至执照者 道光廿六年十二月初九日	

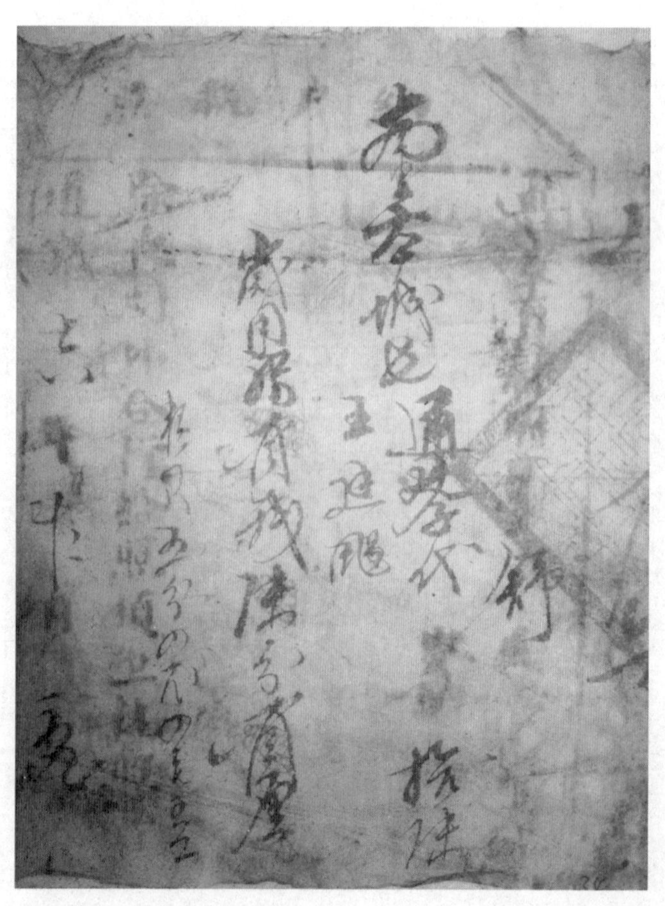

道光二十七年十一月初一日邓云官代何现之纳户执照

照执户纳	府字第　号
普安直隶府正堂　鲁　为征收事据 恰怍屯邓云官代　完纳　贰柒 何现之 科米陆斗陆升 除收明外合行给照须至执照者 道光廿七年十一月初一日	

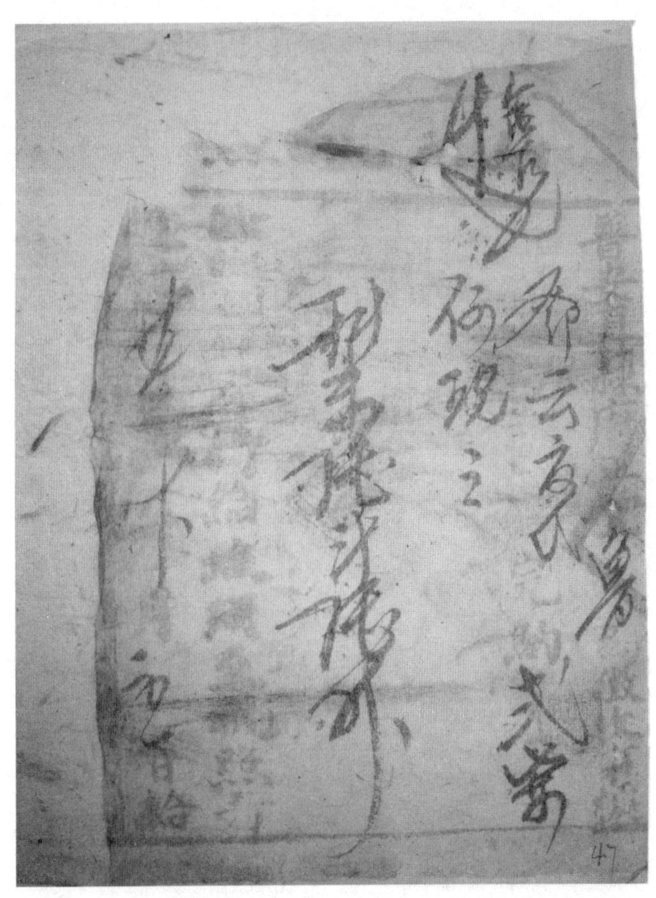

道光二十七年□□月□□日冯开勋代冯奎文纳户执照

府字第　号

照执户纳

普安直隶府正堂　鲁　为征收事据

薛官屯冯开勋代　完纳　贰柒

奎文

科米陆升四合八勺

除收明外合行给照须至执照者

道光廿七年□□月□□日

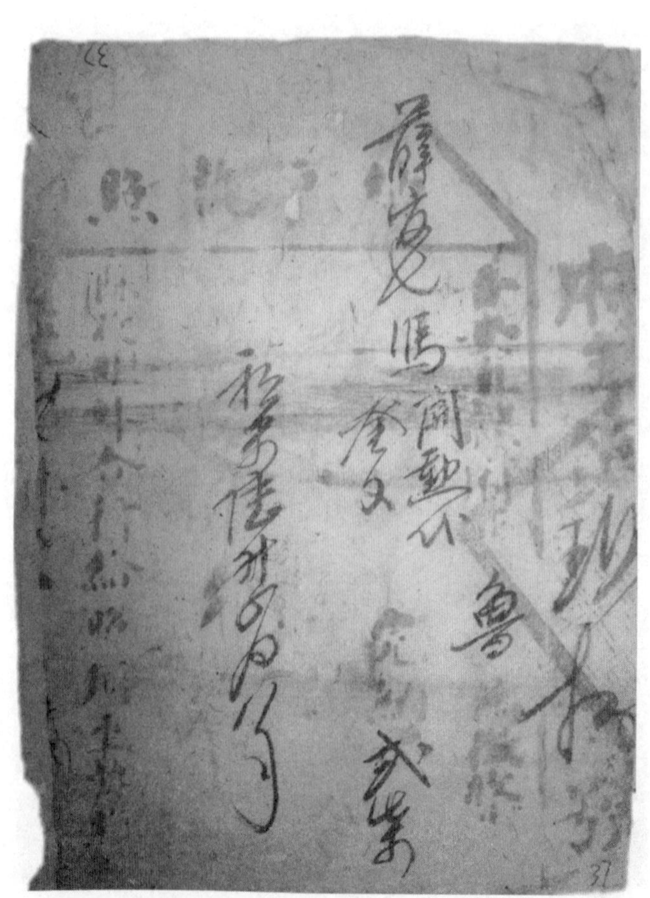

道光二十七年十一月二十四日杨席亭代王永昌等纳户执照

纳户执照	府字第　　号
普安直隶府正堂　鲁　为征收事据 支家屯杨席亭代王永昌　完纳　贰柒 支为凡 科米壹升七合五勺 除收明外合行给照须至执照者 道光廿七年十一月廿四日	

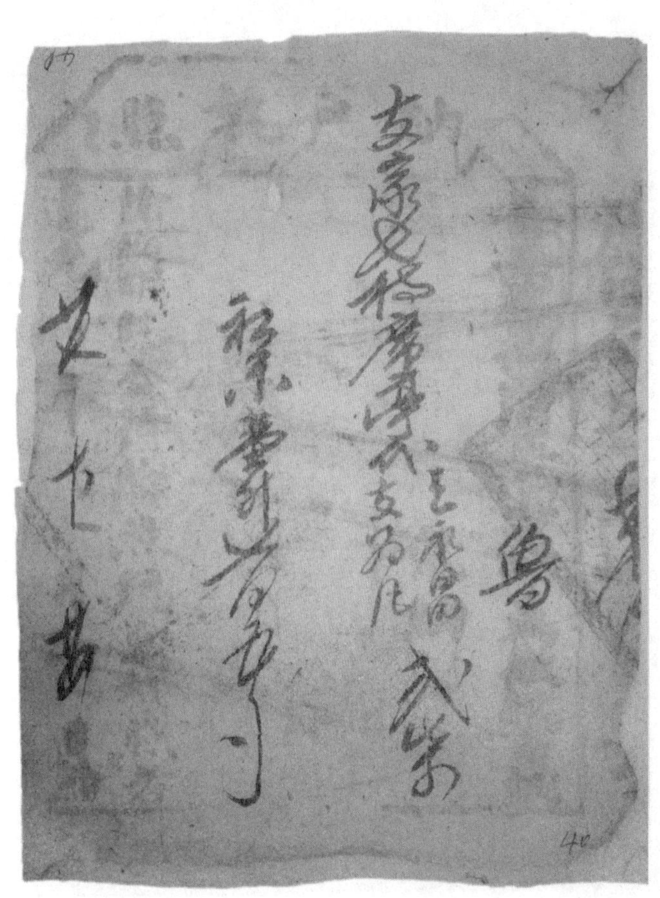

道光二十七年十一月初九日蒋百行代年奉先纳户执照

纳户执照	府字第 捌 号
普安直隶府正堂 鲁 为征收事据 支家屯蒋百行代 完纳 贰柒 年奉先 科米贰斗壹升六合 除收明外合行给照须至执照者 道光廿七年十一月初九日	

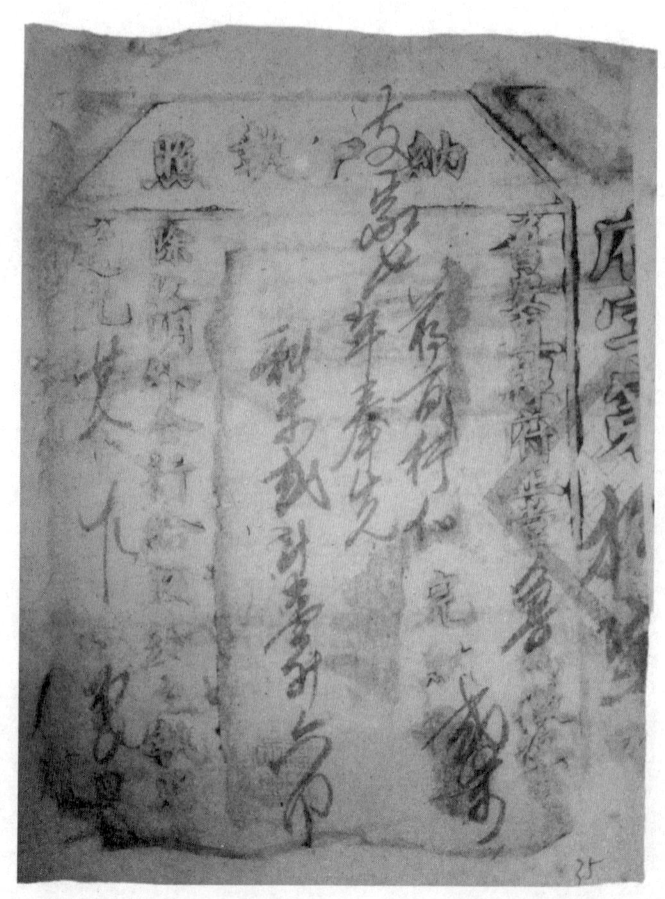

道光二十八年十一月初一日袁信宽代杨子意纳户执照

<table>
<tr><td>照执户纳</td><td rowspan="2">府字第　捌　号</td></tr>
<tr><td>普安直隶府正堂　朱　为征收事据
孙官屯袁信宽代杨子意　完纳　贰捌
科米壹斗零捌合
除收明外合行给照须至执照者
道光廿八年　十一月初一日</td></tr>
</table>

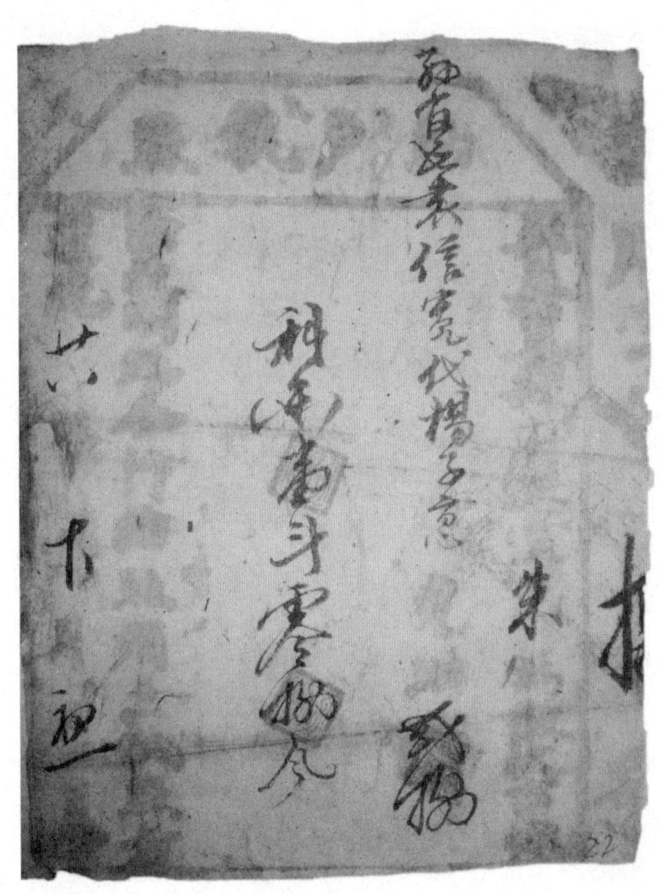

道光二十八年十一月初八日黄福文代王光灿纳户执照

<table>
<tr><td>纳户执照</td><td rowspan="2">府字第　　号</td></tr>
<tr><td>普安直隶府正堂　朱　为征收事据
西冲屯黄福文代　完纳　贰捌
王光灿
科米捌升一合
除收明外合行给照须至执照者
道光廿八年十一月初八日</td></tr>
</table>

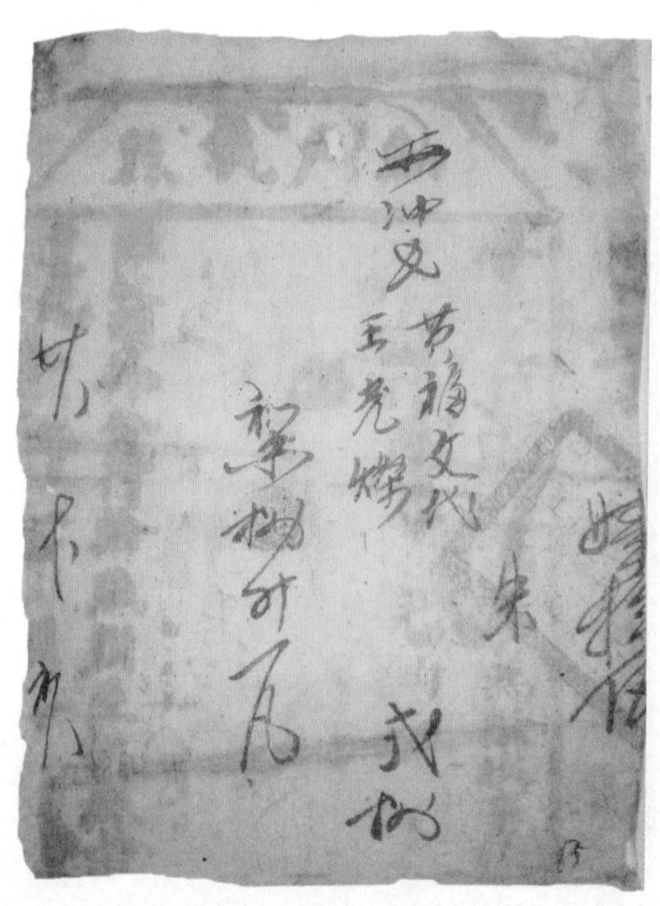

道光二十八年十一月初八日杨席亭等纳户执照

纳户执照

府字第　号

普安直隶府正堂　朱　为征收事据

支家屯杨席亭王允昌代　完纳　贰捌

支为才

科米陆升七合五勺

除收明外合行给照须至执照者

道光廿八年十一月初八日

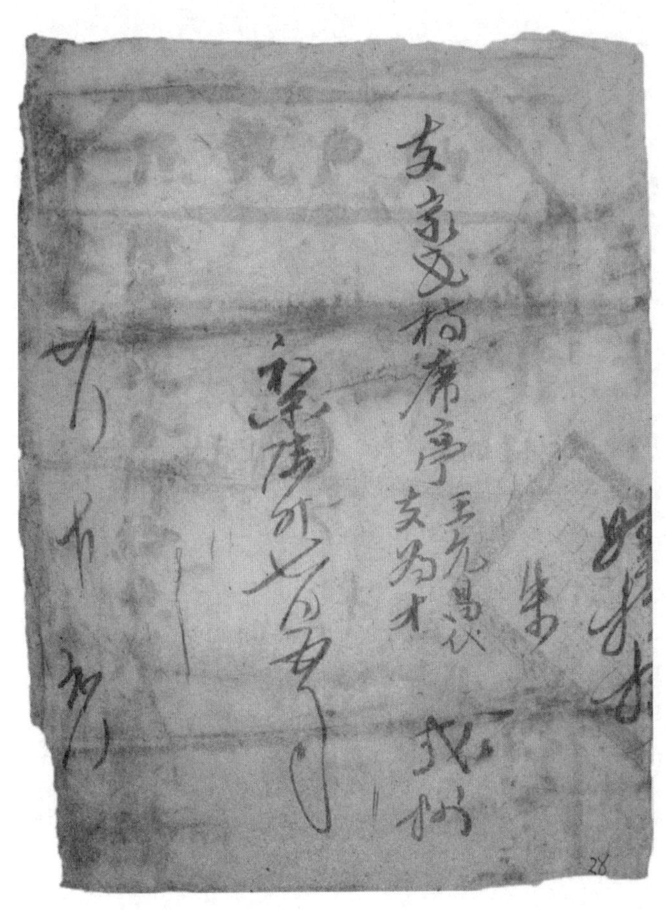

道光二十八年十一月初八日蒋百行代年奉先纳户执照

<table>
<tr><td>照执户纳</td><td rowspan="2">府字第　　号</td></tr>
<tr><td>普安直隶府正堂　朱　为征收事据
支家屯蒋百行代
年奉先　完纳　贰捌
科米贰斗壹升六合
除收明外合行给照须至执照者
道光廿八年十一月初八日</td></tr>
</table>

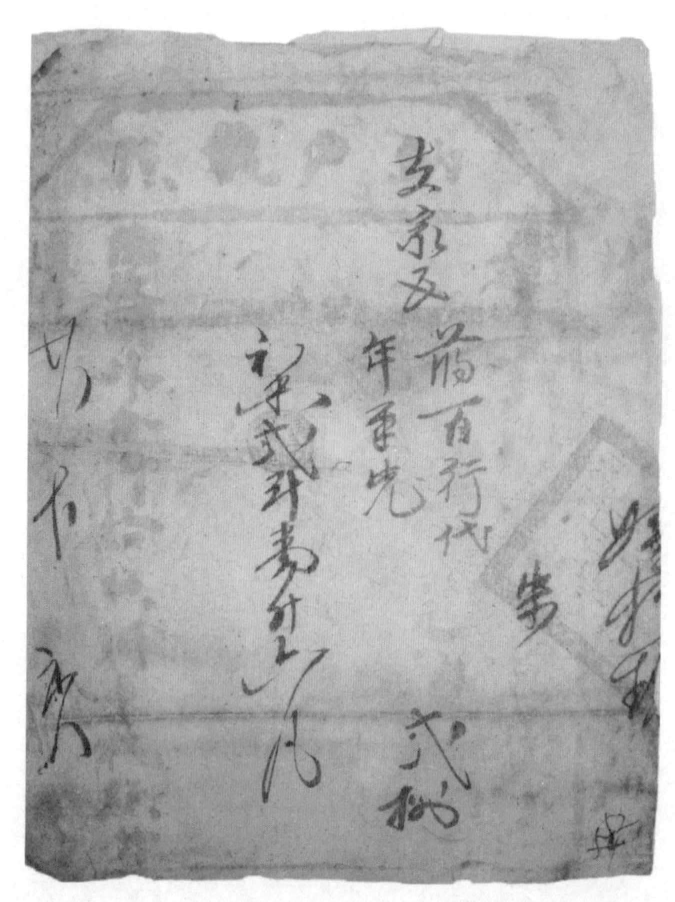

道光二十八年十一月初八日冯善长代杨士应纳户执照

<table>
<tr><td>府字第　　号</td><td>纳户执照</td></tr>
<tr><td></td><td>普安直隶府正堂　朱　为征收事据
本城屯冯善长代　完纳　贰捌
杨士应
科米肆升三合二勺
除收明外合行给照须至执照者
道光廿八年十一月初八日</td></tr>
</table>

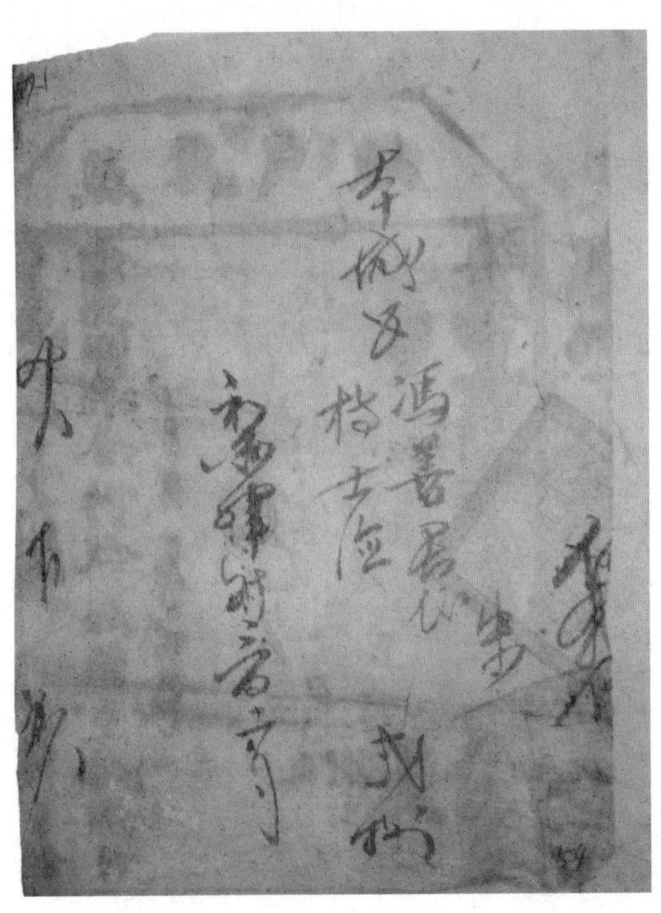

道光二十八年十一月初八日邓云官代何现之纳户执照

照执户纳	府字第　号
普安直隶府正堂　朱　为征收事据 恰作屯邓云官代　完纳　贰捌 何现之 科米陆斗陆升 除收明外合行给照须至执照者 道光廿八年十一月初八日	

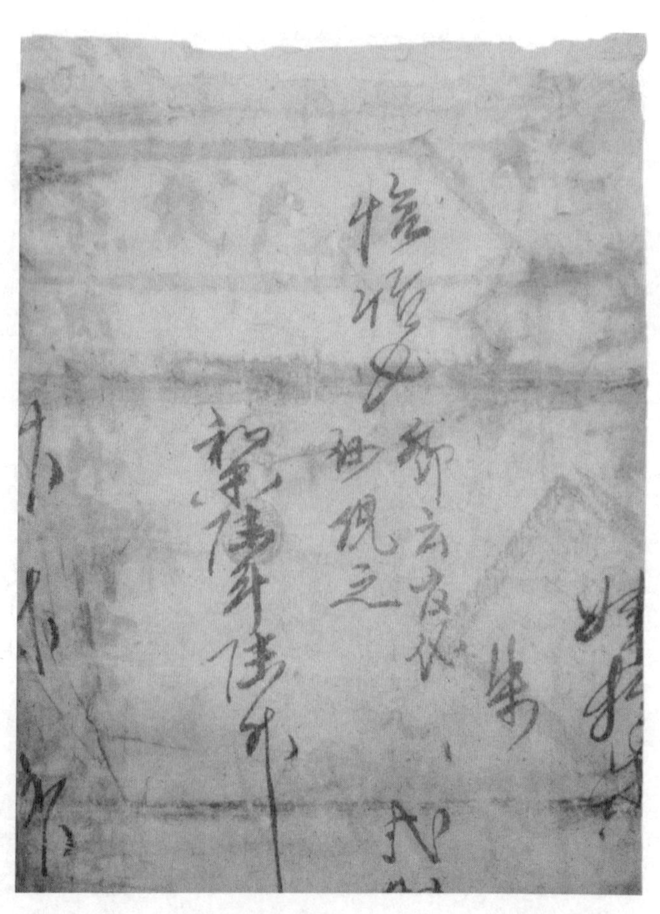

道光二十八年十一月十一日范畹亭代李象忠纳户执照

照执户纳	府字第　　号
普安直隶府正堂　朱　为征收事据 本城屯范畹亭代　完纳　贰捌 李象忠 科米壹斗〇八合 除收明外合行给照须至执照者 道光廿八年十一月十一日	

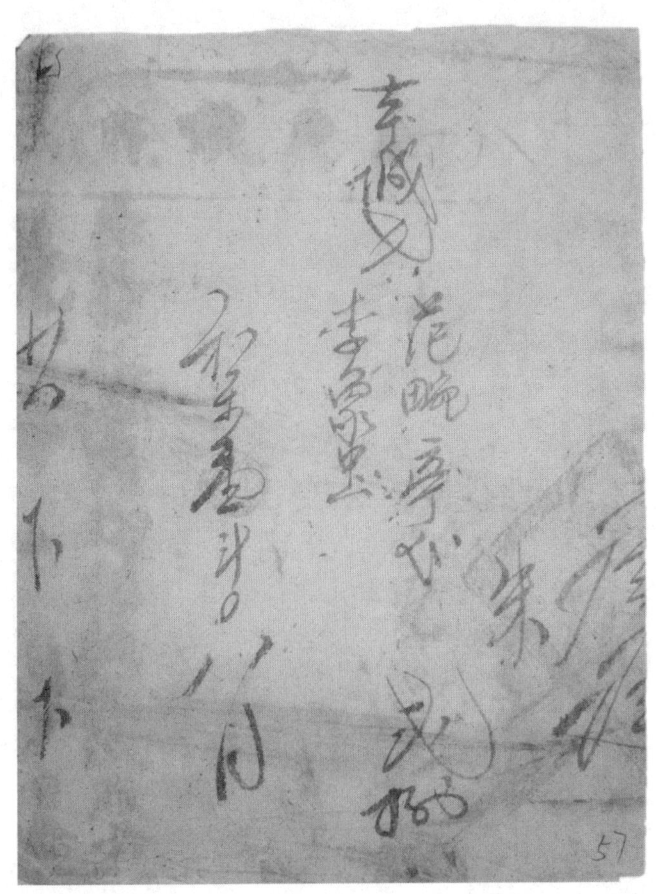

道光二十八年十一月十一日凤山书院代范畹亭纳户执照

府字第　　号

照执户纳

普安直隶府正堂　朱　为征收事据

本城屯凤山书院代　范畹亭　完纳　贰捌

科米壹石肆斗

除收明外合行给照须至执照者

道光廿八年十一月十一日

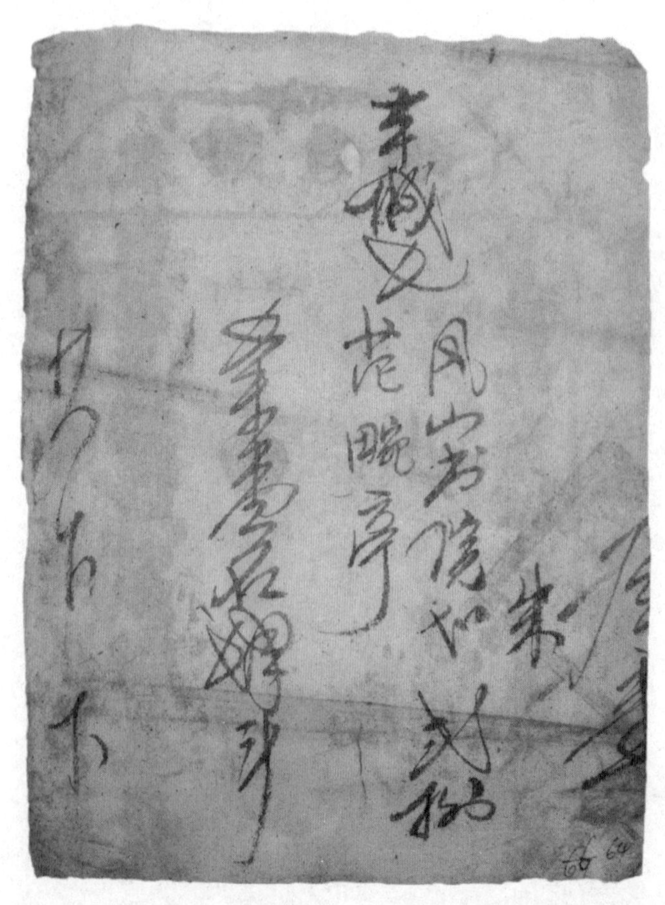

道光二十八年十一月十一日凤山书院蓝田玉纳户执照

府字第　号

照执户纳

普安直隶府正堂　朱　为征收事据

本城屯凤山书院　完纳　贰捌

蓝田玉

科米壹斗〇八合

除收明外合行给照须至执照者

道光廿八年十一月十一日

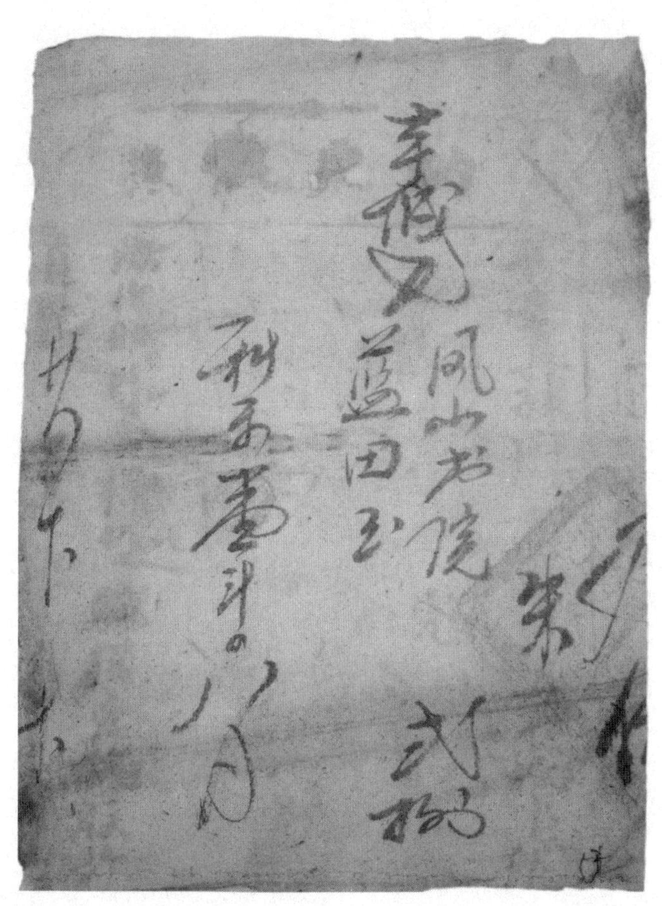

道光二十八年十一月初八日袁学全代陆宽伦纳户执照

府字第　号

照执户纳

普安直隶府正堂　朱　为征收事据

恰怍屯袁学全代　陆宽伦　完纳　贰捌

科米壹斗

除收明外合行给照须至执照者

道光廿八年十一月初八日

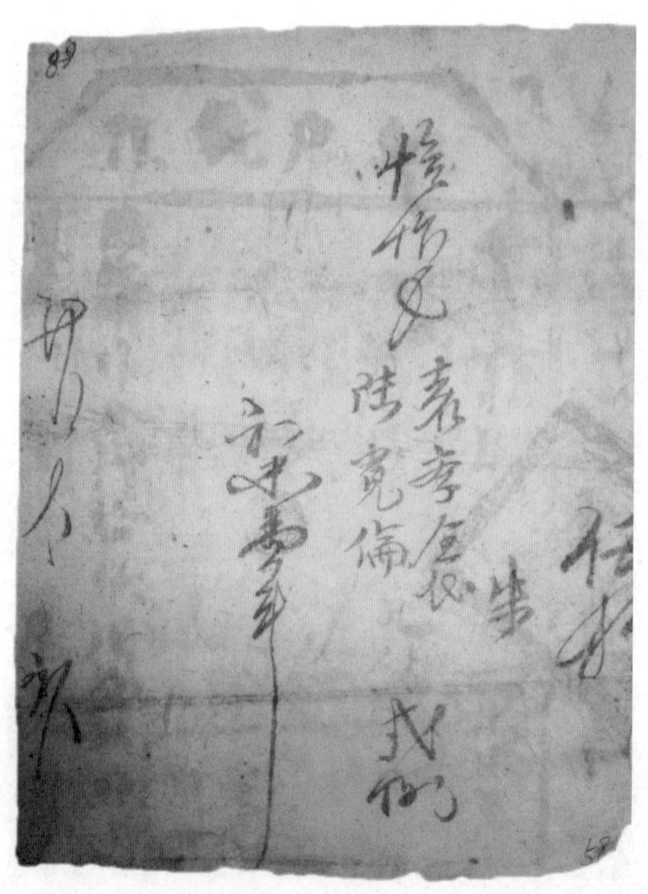

道光二十八年十一月初八日冯开勋代冯奎文纳户执照

照执户纳

府字第　　号

普安直隶府正堂　朱　为征收事据

薛官屯冯开勋代　完纳　贰捌

奎文

科米陆升四合八勺

除收明外合行给照须至执照者

道光廿八年十一月初八日

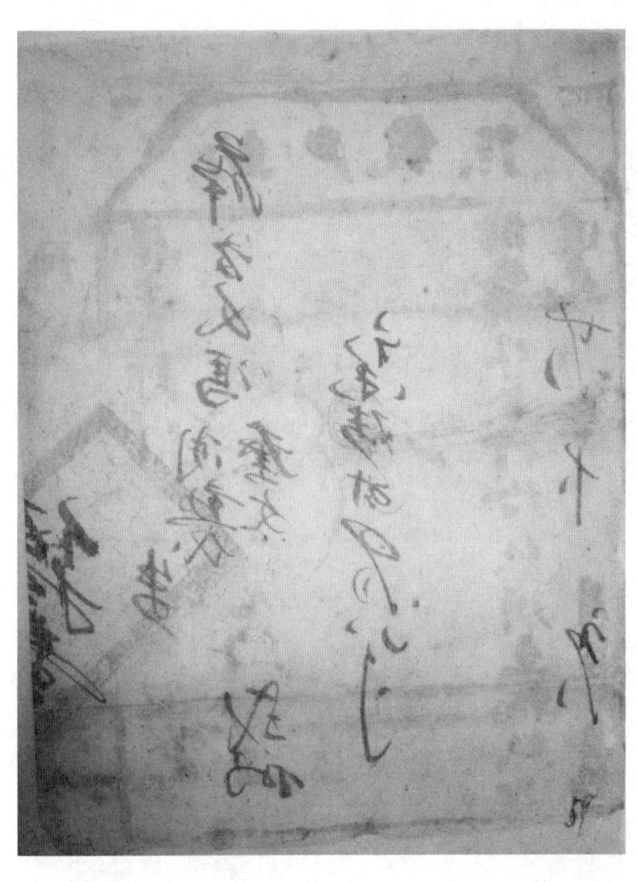

道光三十年二月初九日王明远代王焕仪纳户执照

府字第　　号

照执户纳

普安直隶府正堂　张　为征收事据

刘官屯王明远代　完纳　贰玖

焕仪

科米玖升叁合伍勺

除收明外合行给照须至执照者

道光卅年二月初九日

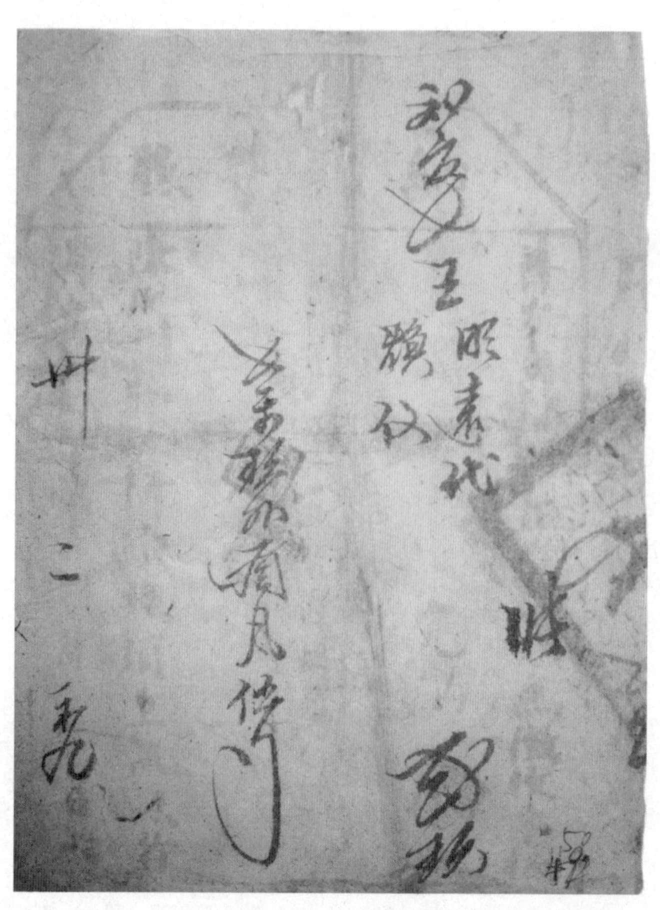

□袁信宽代杨子意纳户执照

照执户纳	府字第　　号
普安直隶府正堂　张　为征收事据 孙官屯袁信宽代杨子意　完纳　叁拾 科米壹斗〇捌合 除收明外合行给照须至执照者	

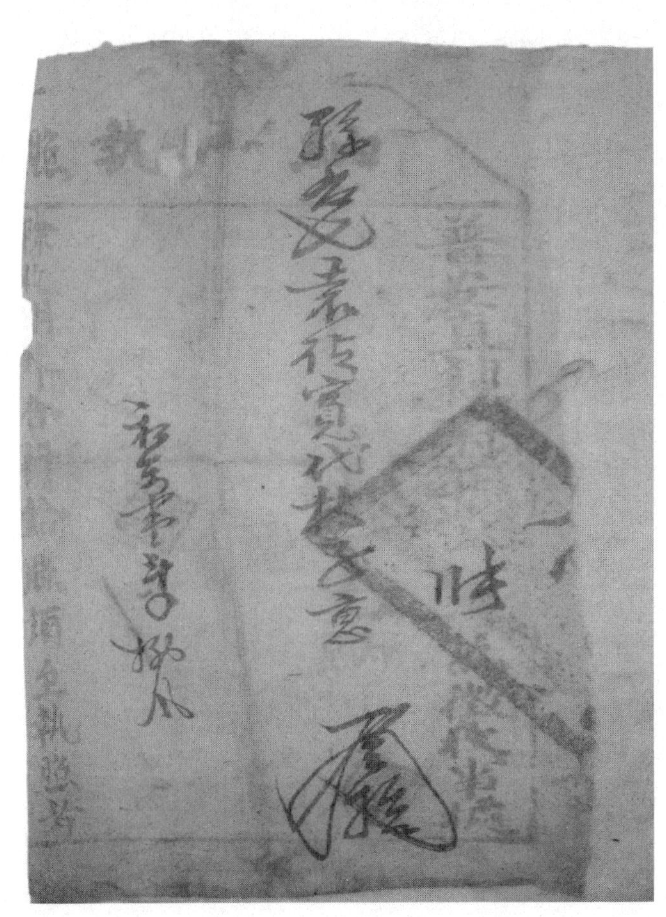

咸丰元年十一月初二日杨席亭代王永昌等纳户执照

府字第　号

照执户纳

普安直隶府正堂　桂　为征收事据

支家屯杨席亭代王永昌　完纳　元

支为才

科米陆升七合五勺

除收明外合行给照须至执照者

咸丰元年十一月初二日

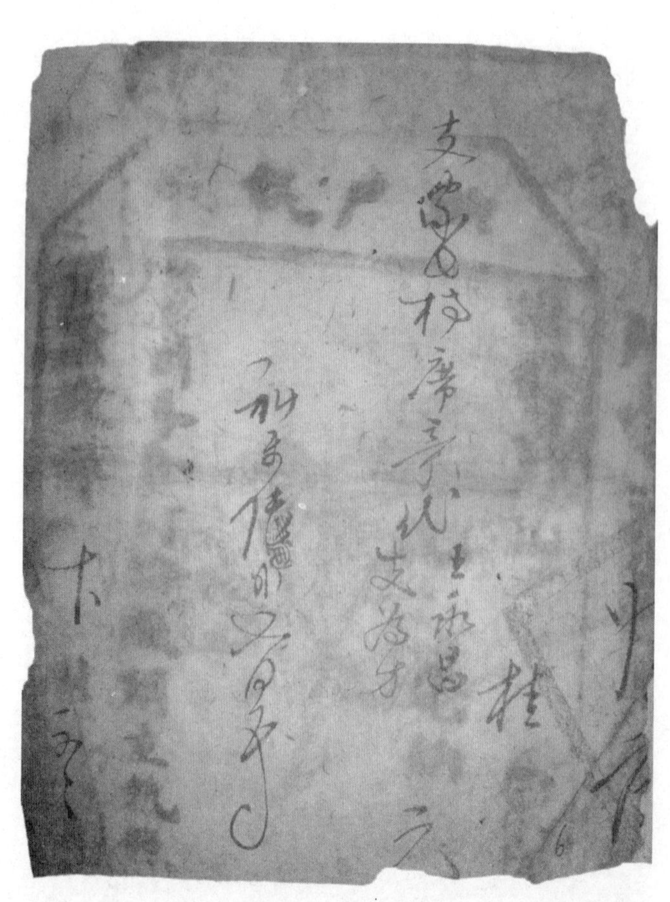

咸丰元年十一月初二日凤山书院代蒋富玉纳户执照

<table>
<tr><td>照执户纳</td><td rowspan="2">府字第　　号</td></tr>
<tr><td>普安直隶府正堂　桂　为征收事据
本城屯凤山书院代　完纳　元
蒋富玉
科米壹斗〇八合
除收明外合行给照须至执照者
咸丰元年十一月初二日</td></tr>
</table>

咸丰元年十一月初二日范畹亭代李象忠纳户执照

照执户纳	府字第　号
普安直隶府正堂　桂　为征收事据 本城屯范畹亭代　完纳　元 李象忠 科米壹斗〇八合 除收明外合行给照须至执照者 咸丰元年　十一月初二日	

咸丰元年十一月初□日冯开勋代冯奎文纳户执照

照执户纳	府字第　　号
普安直隶府正堂　桂　为征收事据 薛官屯冯开勋代　完纳　元 奎文 科米陆升四合八勺 除收明外合行给照须至执照者 咸丰元年十一月初□日	

咸丰元年十一月初二日蒋百行代年奉先纳户执照

府字第　号

照执户纳

普安直隶府正堂　桂　为征收事据

支家屯蒋百行代　完纳　元

年奉先

科米贰斗壹升六合

除收明外合行给照须至执照者

咸丰元年十一月初二日

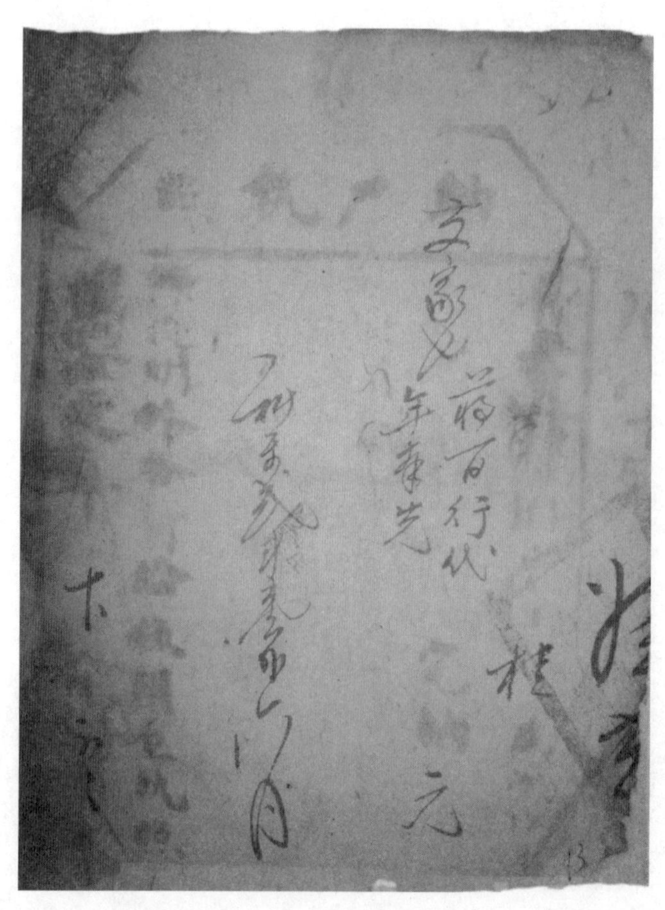

咸丰元年十一月初二日袁学全代陆宽伦纳户执照

照执户纳

府字第　　号

普安直隶府正堂　桂　为征收事据

恰怍屯袁学全代　完纳　元

陆宽伦

科米壹斗

除收明外合行给照须至执照者

咸丰元年十一月初二日

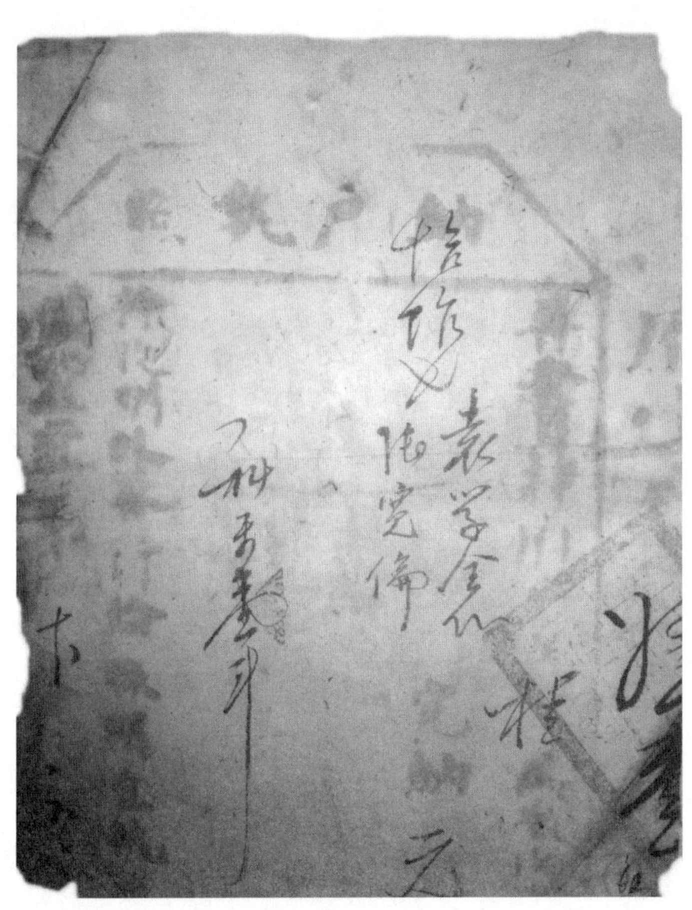

咸丰元年十一月初□日邓云官代何现之纳户执照

<table>
<tr><td>照执户纳</td><td rowspan="2">府字第　　号</td></tr>
<tr><td>普安直隶府正堂　桂　为征收事据
恰怍屯邓云官代　完纳　元
何现之
科米陆斗陆升
除收明外合行给照须至执照者
咸丰元年十一月初□日</td></tr>
</table>

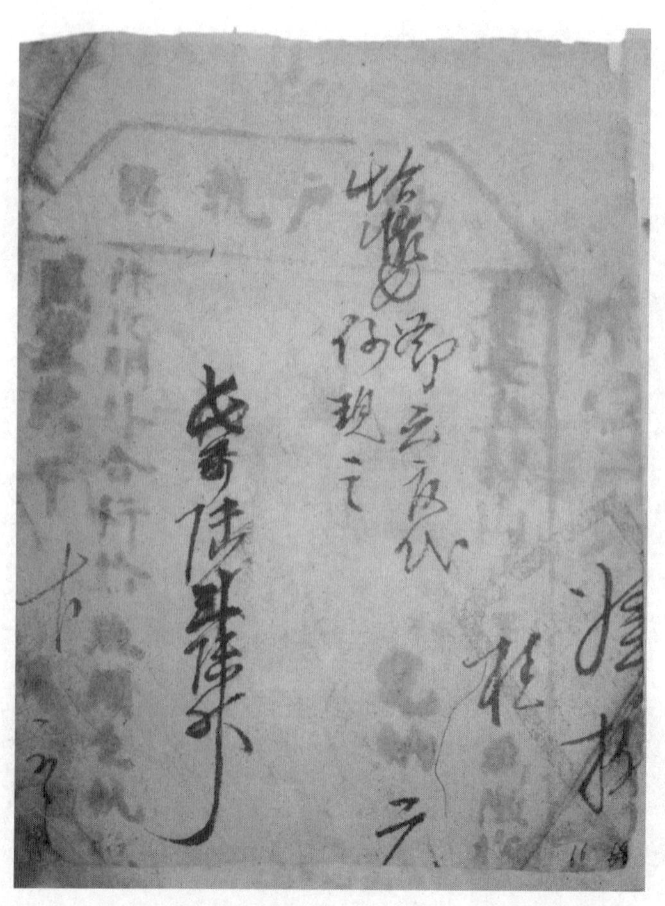

咸丰元年十二月初□日凤山书院代范畹亭纳户执照

照执户纳

府字第　号

普安直隶府正堂　桂　为征收事据

本城屯凤山书院代　完纳　元

范畹亭

科米壹石肆斗

除收明外合行给照须至执照者

咸丰元年十二月初□日

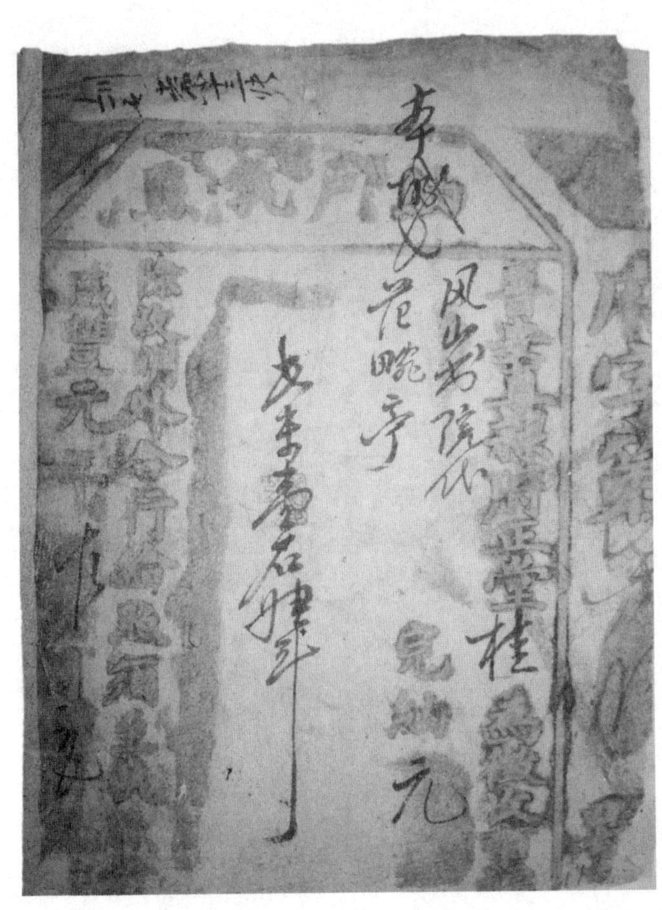

咸丰元年十一月二十一日杨席亭代王永昌等纳户执照

府字第　号

纳户执照

普安直隶府正堂　桂　为征收事据

支家屯杨席亭代王永昌　完纳　元

支为才

科米壹升柒合五勺

除收明外合行给照须至执照者

咸丰元年十一月廿一日

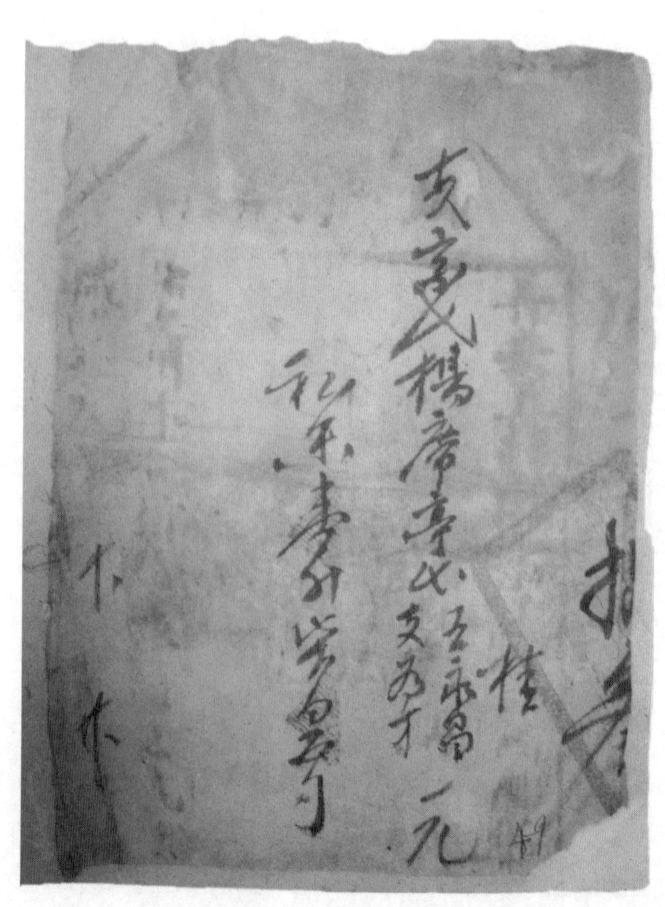

咸丰二年十月十六日蒋百行代年奉先纳户执照

照执户纳

府字第　　号

普安直隶府正堂　邵　为征收事据

支家屯蒋百行代　完纳　贰

年奉先

科米贰斗壹升六合

除收明外合行给照须至执照者

咸丰二年十月十六日

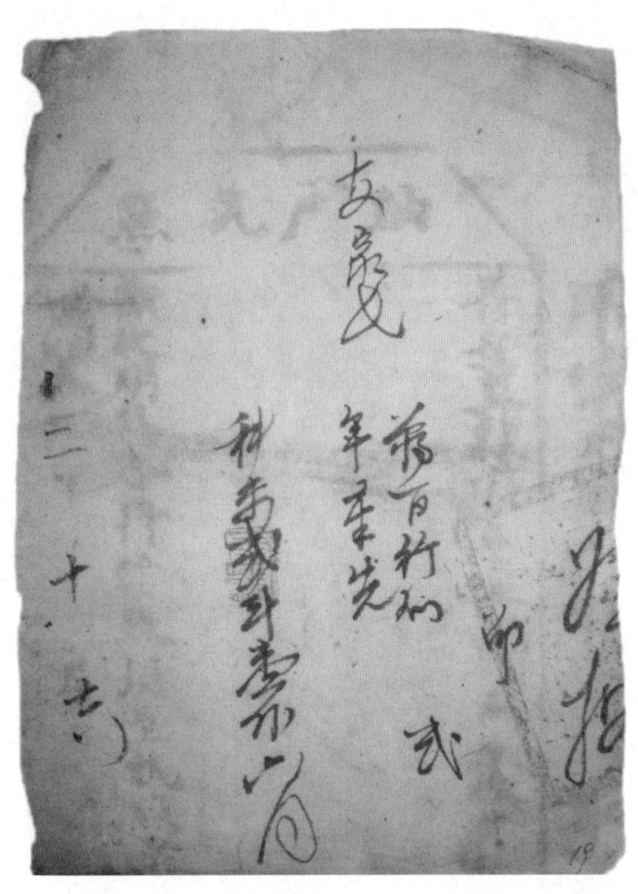

咸丰二年十月十六日冯开勋代冯奎文纳户执照

照执户纳	府字第　号
普安直隶府正堂　邵　为征收事据 薛官屯冯开勋代　完纳　贰 奎文 科米陆升四合八勺 除收明外合行给照须至执照者 咸丰二年十月十六日	

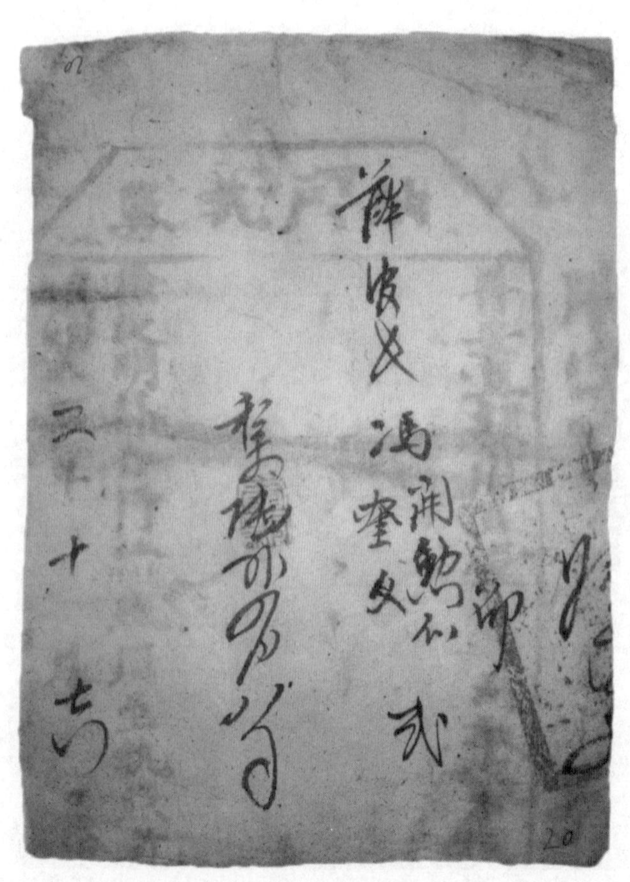

咸丰二年十月十六日邓云官等纳户执照

照执户纳	府字第　号
普安直隶府正堂　邵　为征收事据 恰怍屯邓云官　完纳　贰 何现之 科米陆斗陆升 除收明外合行给照须至执照者 咸丰二年十月十六日	

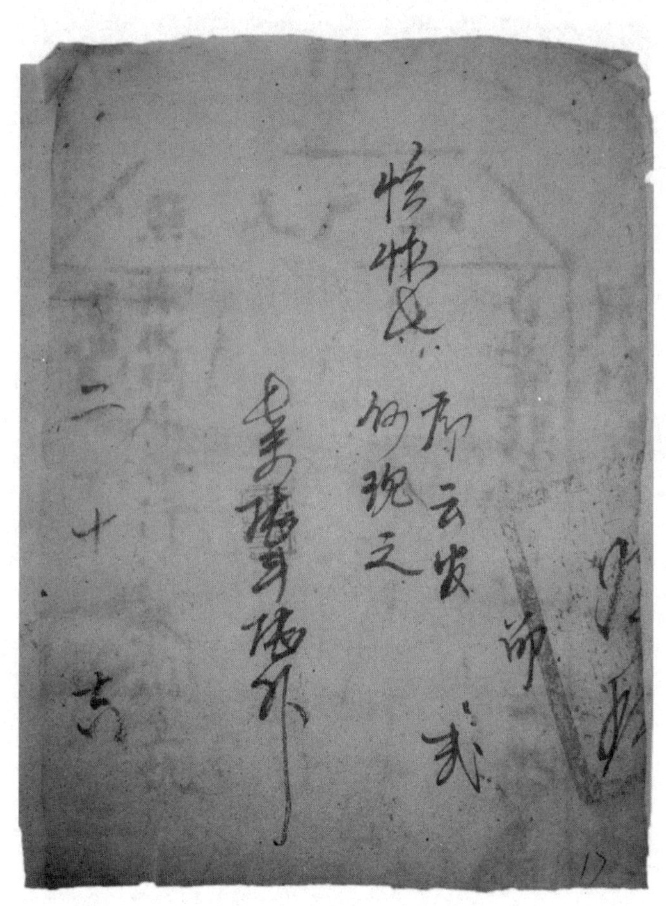

咸丰二年十月十六日袁学全等纳户执照

<table>
<tr><td>照执户纳</td><td rowspan="2">府字第　　号</td></tr>
<tr><td>普安直隶府正堂　邵　为征收事据
恰怍屯袁学全
陆宽伦　完纳　贰
科米壹斗
除收明外合行给照须至执照者
咸丰二年十月十六日</td></tr>
</table>

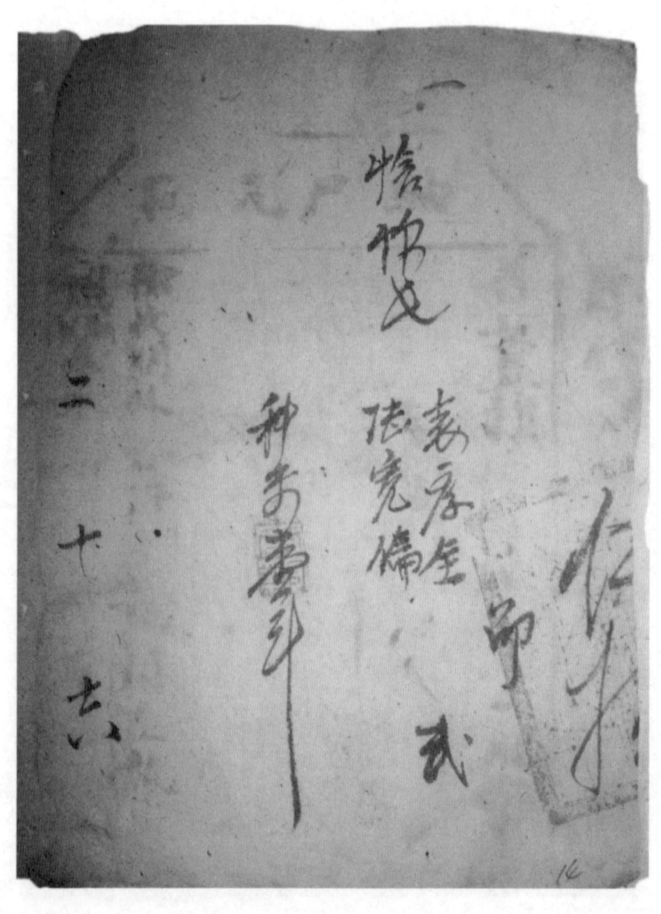

咸丰二年十月十六日黄福文等纳户执照

府字第　　号

纳户执照

普安直隶府正堂　邵　为征收事据

西冲屯黄福文王光灿公士　完纳　贰

科米捌升一合

除收明外合行给照须至执照者

咸丰二年十月十六日

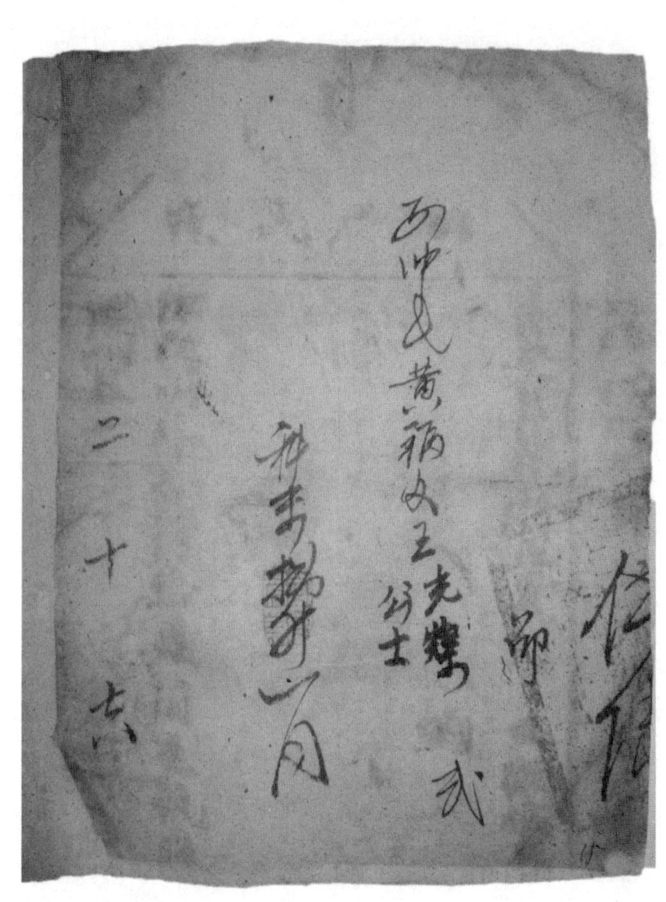

咸丰二年十月十六日杨席亭等纳户执照

纳户执照	府字第　　号
普安直隶府正堂　邵　为征收事据 支家屯杨席亭　王永忠　支为才　完纳　贰 科米壹升七合五勺 除收明外合行给照须至执照者 咸丰二年十月十六日	

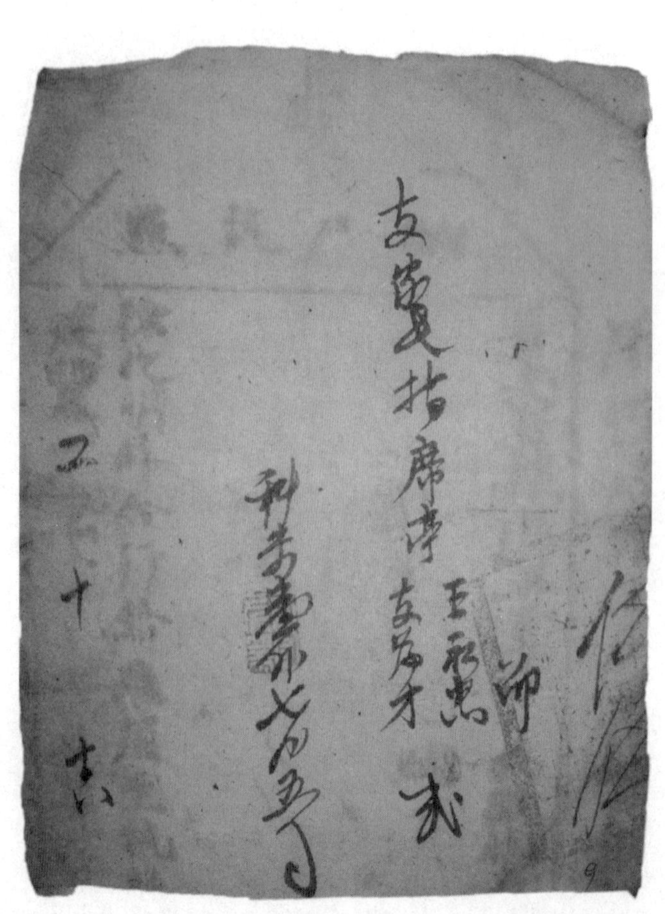

咸丰二年十月十六日杨席亭代王永忠等纳户执照

府字第　　号

照执户纳

普安直隶府正堂　邵　为征收事据

支家屯杨席廷（亭）代　王永忠　支为才　完纳　贰

科米陆升七合五勺

除收明外合行给照须至执照者

咸丰二年十月十六日

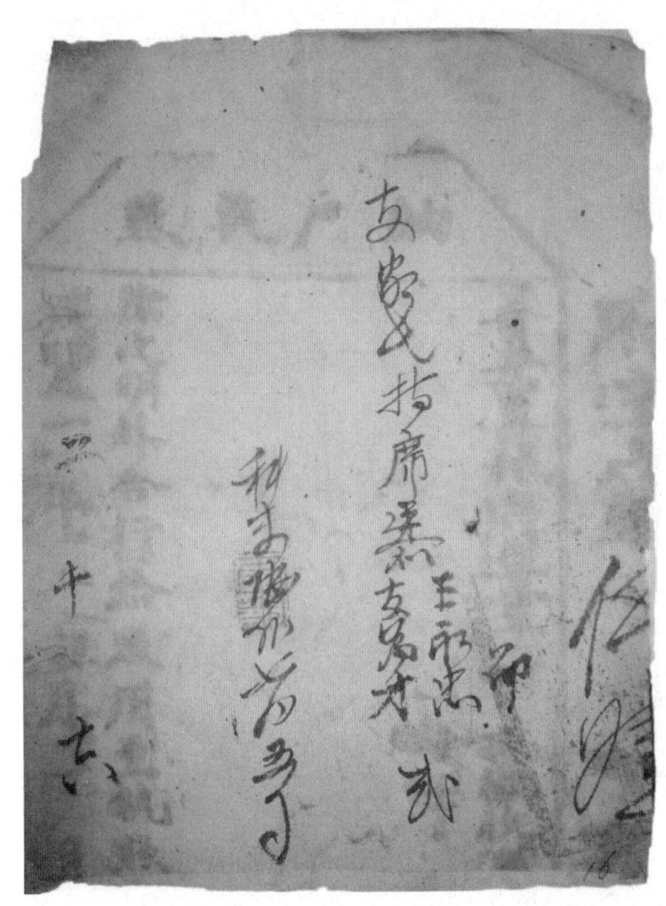

咸丰二年十月十六日蒋百行代年奉先纳户执照

照执户纳

府字第　号

普安直隶府正堂　邵　为征收事据

支家屯蒋百行代　完纳　贰

年奉先

科米贰斗壹升六合

除收明外合行给照须至执照者

咸丰二年十月十六日

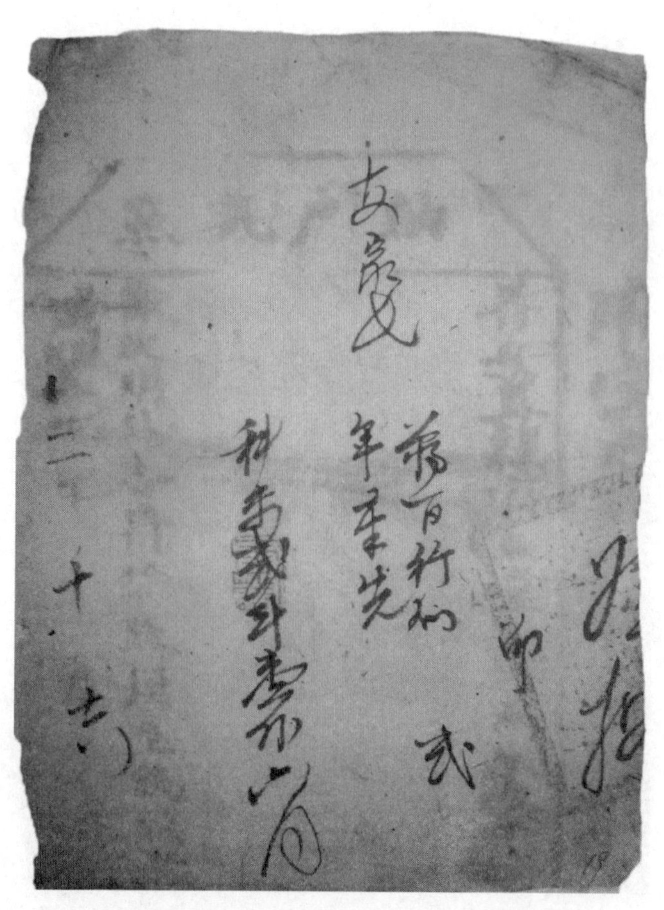

咸丰二年十月十六日冯开勋代冯奎文纳户执照

照执户纳	府字第　　号
普安直隶府正堂　邵　为征收事据 薛官屯冯开勋代　完纳　贰 奎文 科米陆升四合八勺 除收明外合行给照须至执照者 咸丰二年十月十六日	

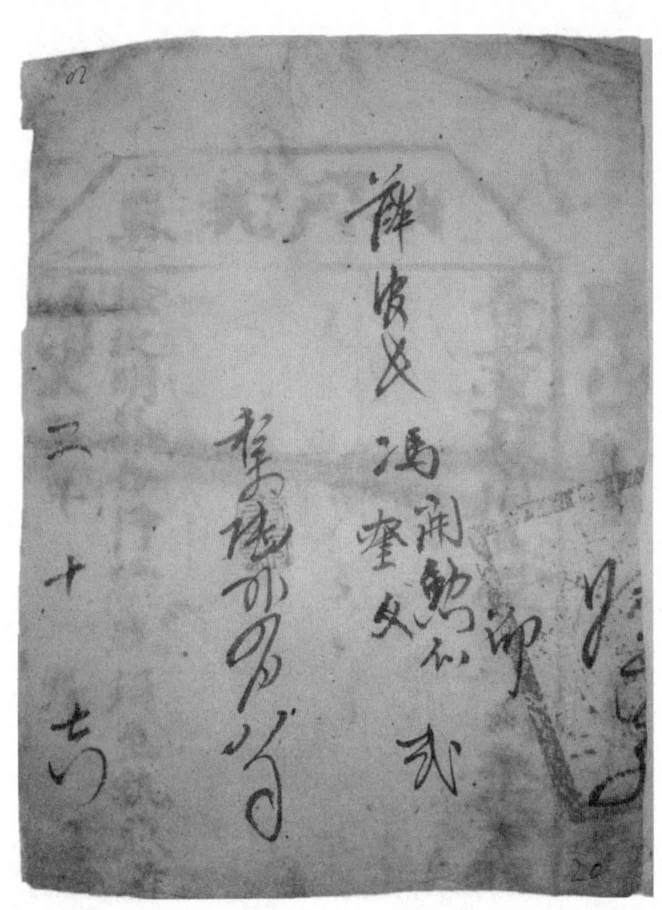

咸丰二年十月十六日凤山书院范晼亭纳户执照

府字第　号

照执户纳

普安直隶府正堂　邵　为征收事据

本城屯凤山书院　完纳　贰

范晼亭

科米壹石肆斗

除收明外合行给照须至执照者

咸丰二年十月十六日

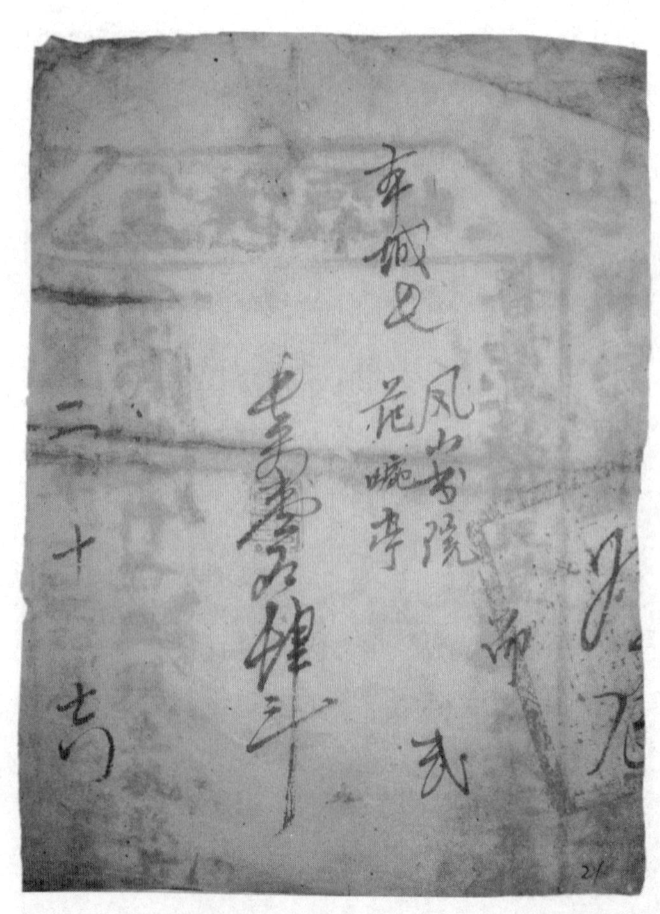

咸丰二年十月十六日冯善长代杨士应纳户执照

府字第　　号

照执户纳

普安直隶府正堂　邵　为征收事据

本城屯冯善长代　完纳　贰

杨士应

科米肆升叁合二勺

除收明外合行给照须至执照者

咸丰二年十月十六日

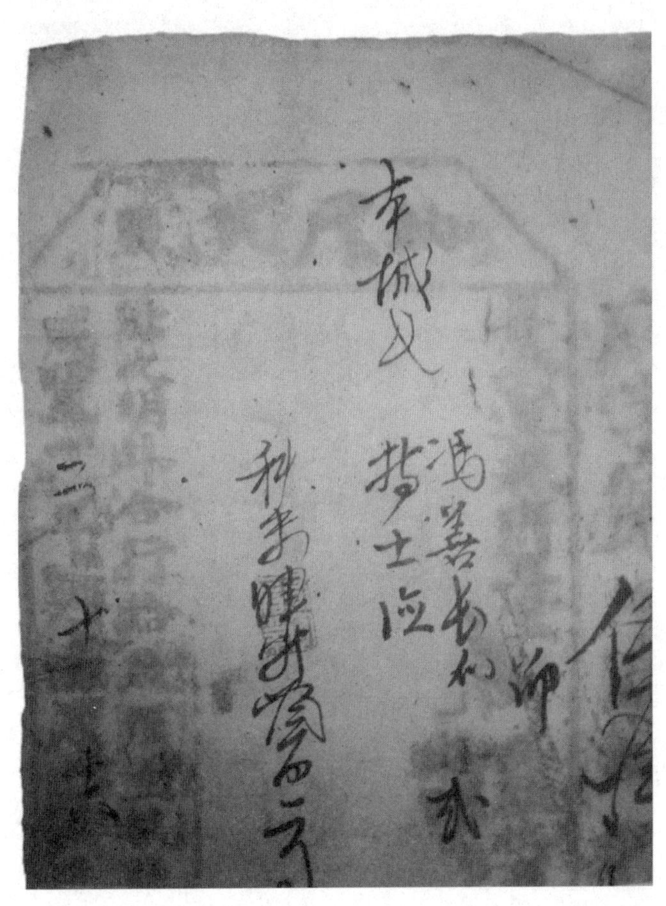

咸丰二年十月十六日凤山书院代蓝田玉纳户执照

照执户纳	府字第　　号
普安直隶府正堂　邵　为征收事据 本城屯凤山书院代　完纳　贰 蓝田玉 科米壹斗〇八合 除收明外合行给照须至执照者 咸丰二年十月十六日	

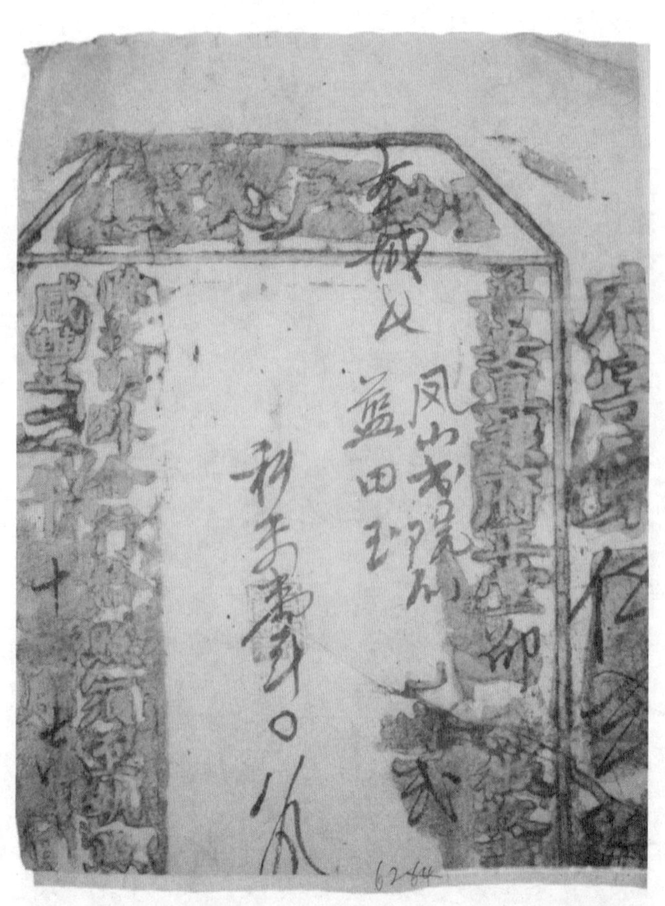

咸丰二年十月十六日范畹亭等纳户执照

纳户执照

府字第　号

普安直隶府正堂　邵　为征收事据

本城屯范畹亭　完纳　贰

李象忠

科米壹斗〇捌合

除收明外合行给照须至执照者

咸丰二年十月十六日

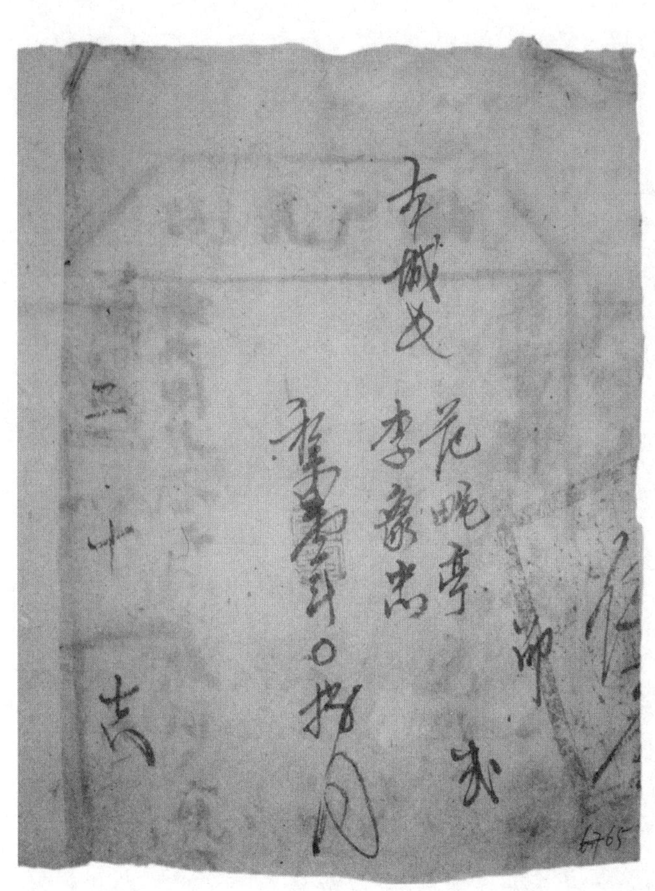

咸丰四年十一月二十日高云亭代陈会先纳户执照

<table>
<tr><td>照执户纳</td><td rowspan="2">府字第　　号</td></tr>
<tr><td>普安直隶府正堂　毓　为征收事据
张官屯高云亭代陈会先　完纳　肆
科米壹升叁合伍勺
除收明外合行给照须至执照者
咸丰四年十一月廿日</td></tr>
</table>

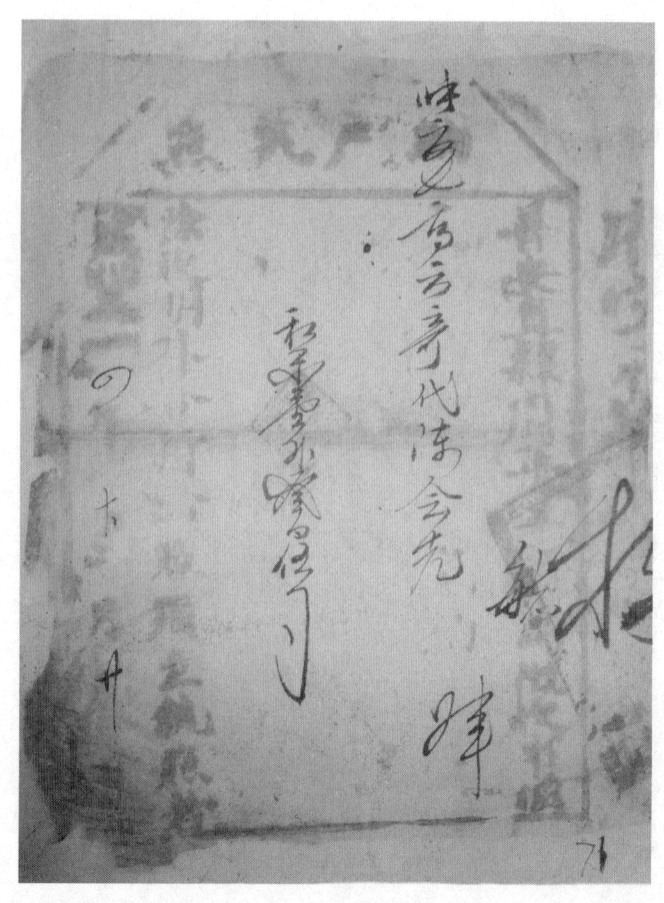

咸丰四年十一月二十日王明远代王焕仪纳户执照

府字第　号

照执户纳

普安直隶府正堂　毓　为征收事据

刘官屯王明远代　焕仪　完纳　肆

科米玖升叁合伍勺

除收明外合行给照须至执照者

咸丰四年十一月廿日

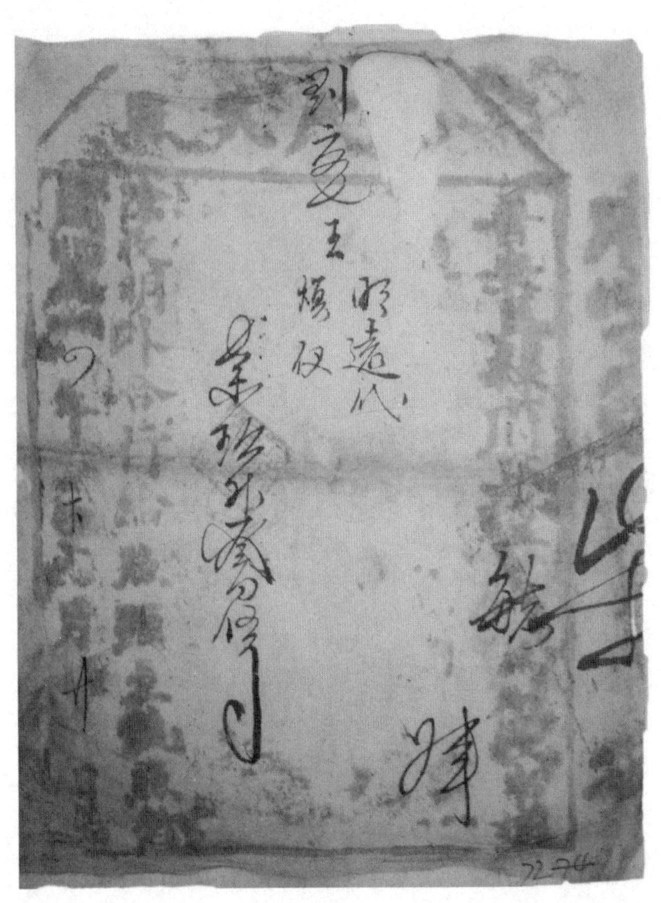

咸丰四年十一月□□□日袁信宽纳户执照

照执户纳	府字第　　号
普安直隶府正堂　毓　为征收事据 张官屯袁信宽代杨子意　完纳　肆 科米壹斗〇捌合 除收明外合行给照须至执照者 咸丰四年十一月□□□日	

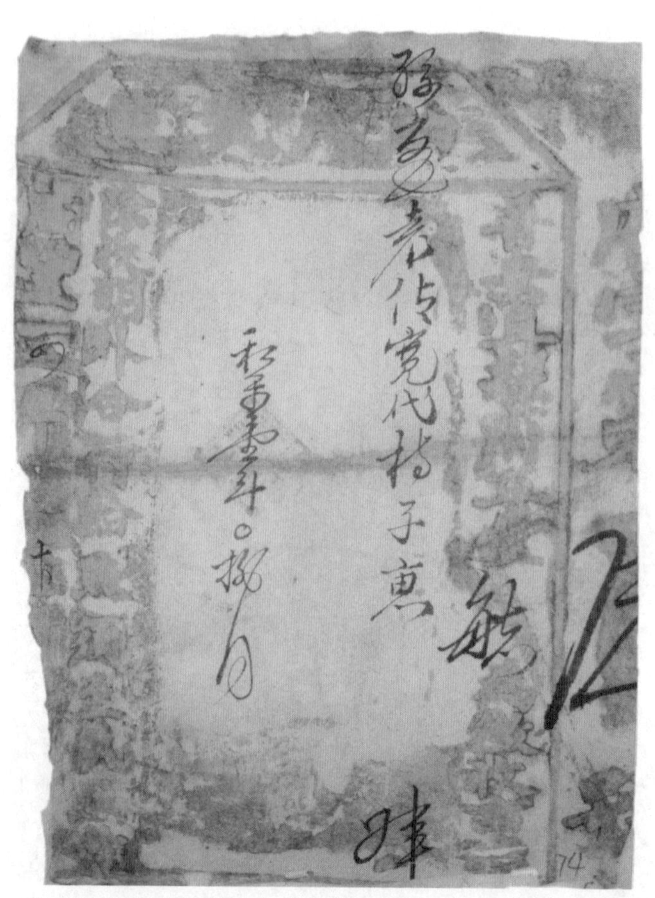

咸丰五年十月初九日杨席亭等纳户执照

纳户执照	府字第　　号
普安直隶府正堂　毓　为征收事据 支家屯杨席亭　王永中　支为才　完纳　伍 科米陆升七合五勺 除收明外合行给照须至执照者 咸丰五年十月初九日	

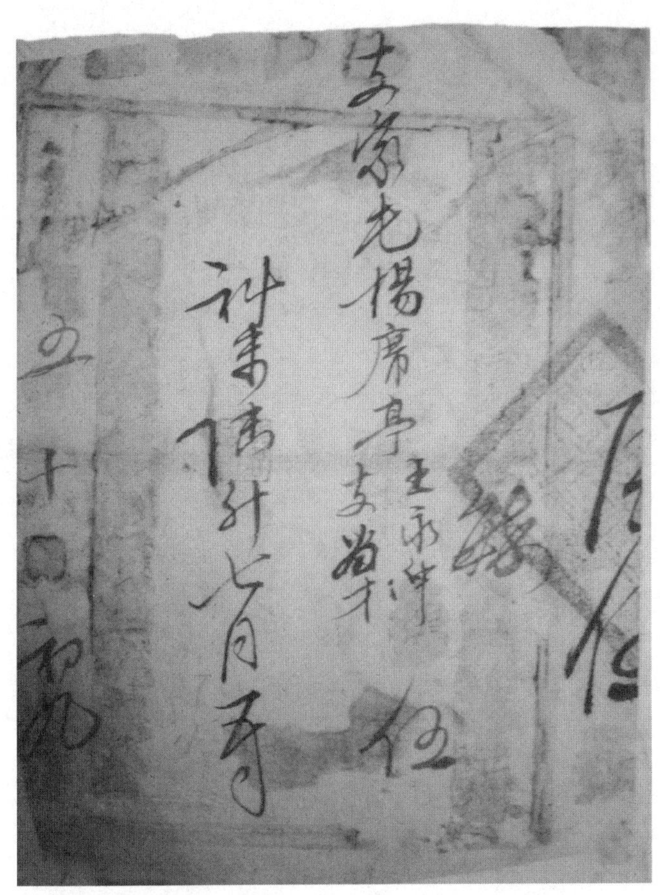

咸丰五年十月初九日凤山书院蓝田玉纳户执照

府字第　　号

照执户纳

普安直隶府正堂　毓　为征收事据

本城屯凤山书院　完纳　伍

蓝田玉

科米壹斗〇八合

除收明外合行给照须至执照者

咸丰五年十月初九日

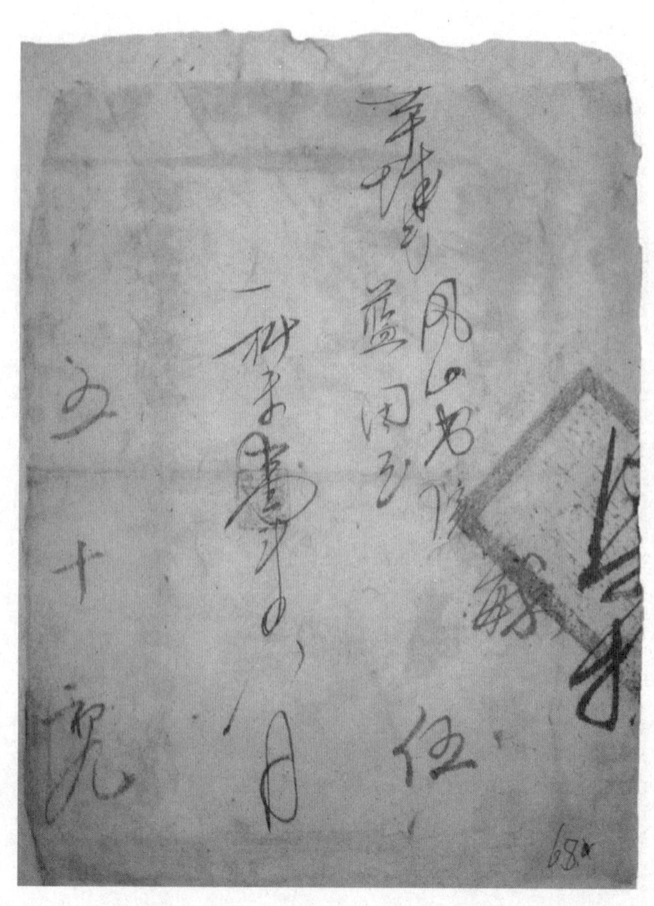

咸丰五年十月初九日冯善长代杨士应纳户执照

<table>
<tr><td>照执户纳</td><td rowspan="2">府字第　　号</td></tr>
<tr><td>普安直隶府正堂　毓　为征收事据
本城屯冯善长代杨士应　完纳　伍
科米肆升三合二勺
除收明外合行给照须至执照者
咸丰五年十月初九日</td></tr>
</table>

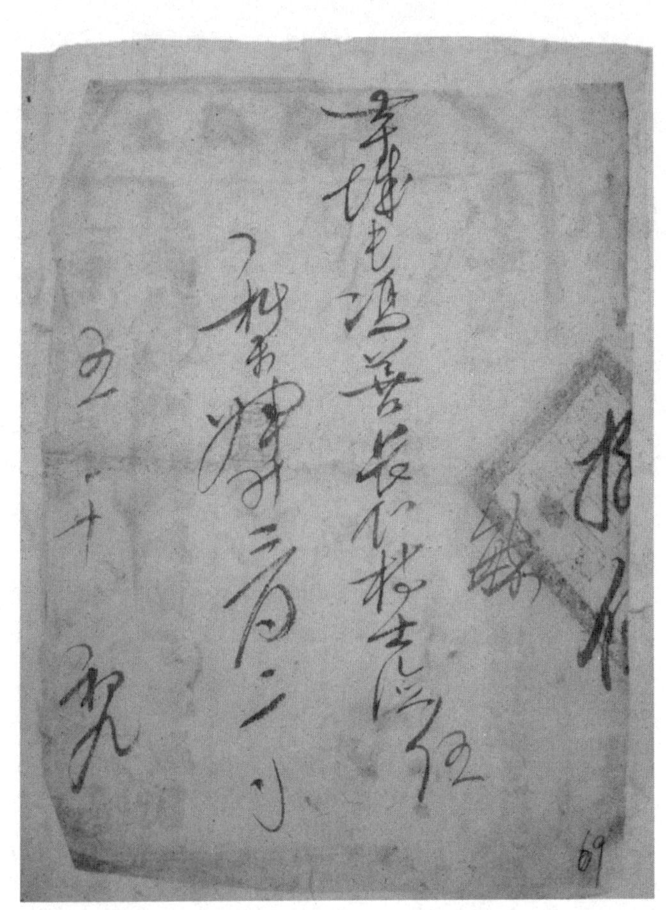

咸丰五年十月初九日杨席亭代王永中等纳户执照

照执户纳	府字第　　号
普安直隶府正堂　毓　为征收事据 支家屯杨席亭代 王永中 支维才　完纳　伍 科米壹升七合五勺 除收明外合行给照须至执照者 咸丰五年十月初九日	

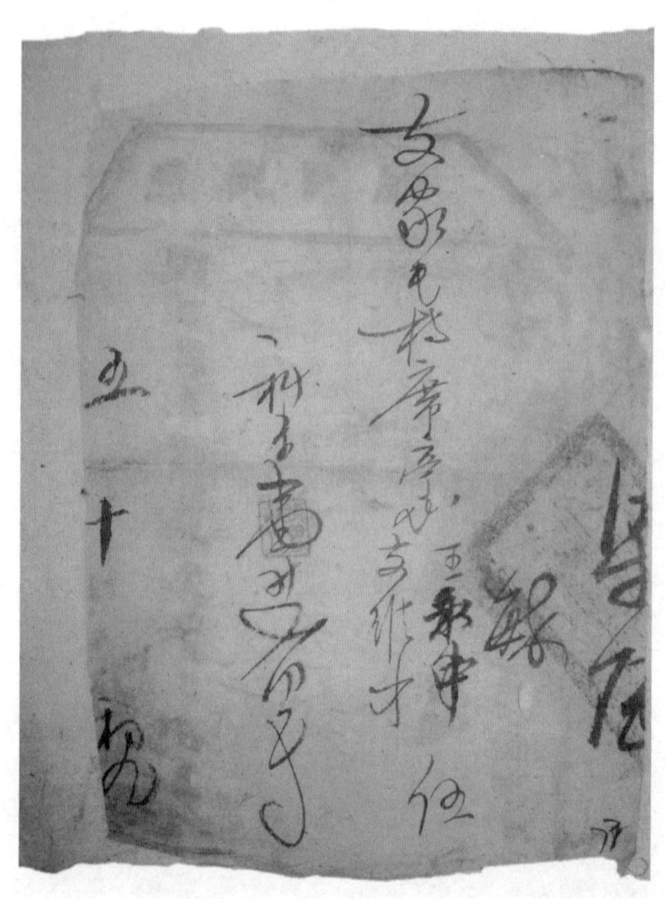

咸丰五年十月初九日黄福玫等纳户执照

照执户纳	府字第　　号
普安直隶府正堂　毓　为征收事据 西冲屯黄福玫王光灿公士　完纳　伍 科米捌升一合 除收明外合行给照须至执照者 咸丰五年十月初九日	

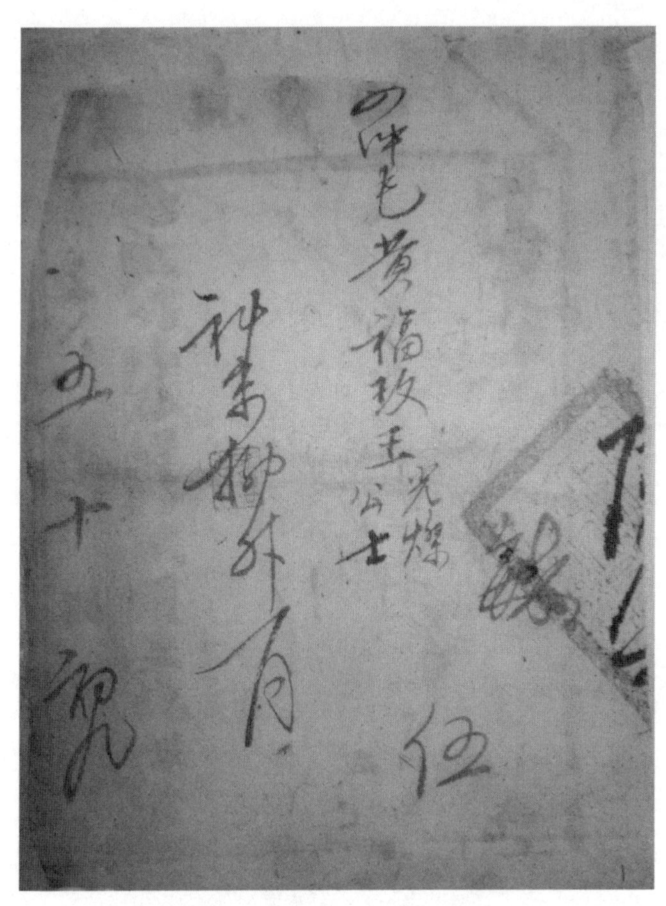

咸丰五年十月初九日冯开勋等纳户执照

纳户执照	府字第　号
普安直隶府正堂　毓　为征收事据 薛官屯冯开勋奎文　完纳　伍 科米陆升四合八勺 除收明外合行给照须至执照者 咸丰五年十月初九日	

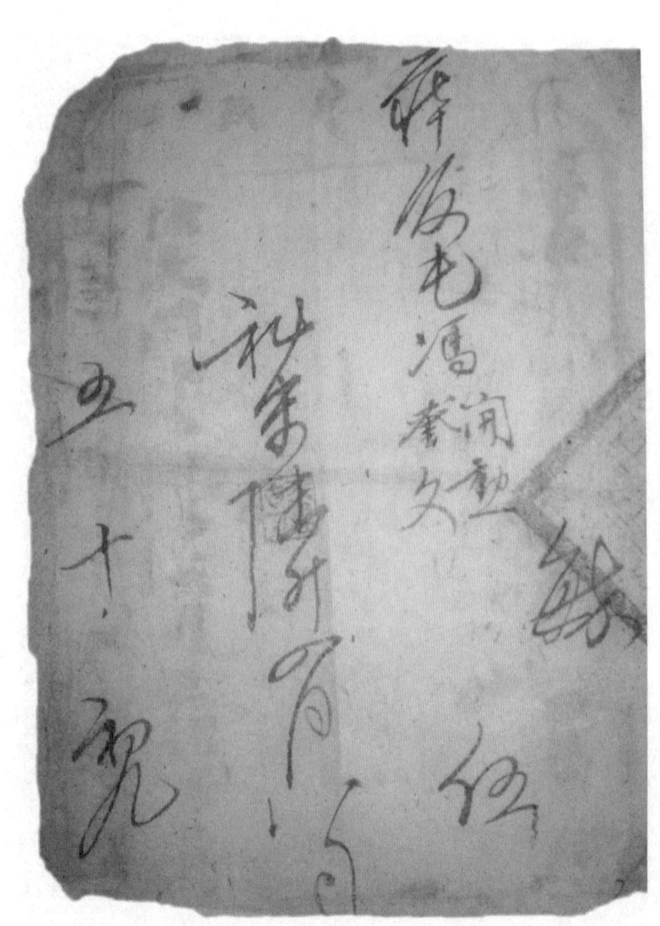

咸丰五年十月初九日蒋百行等纳户执照

纳户执照

府字第　　号

普安直隶府正堂　毓　为征收事据

支家屯蒋百行年奉先　完纳　伍

科米贰斗壹升六合

除收明外合行给照须至执照者

咸丰五年十月初九日

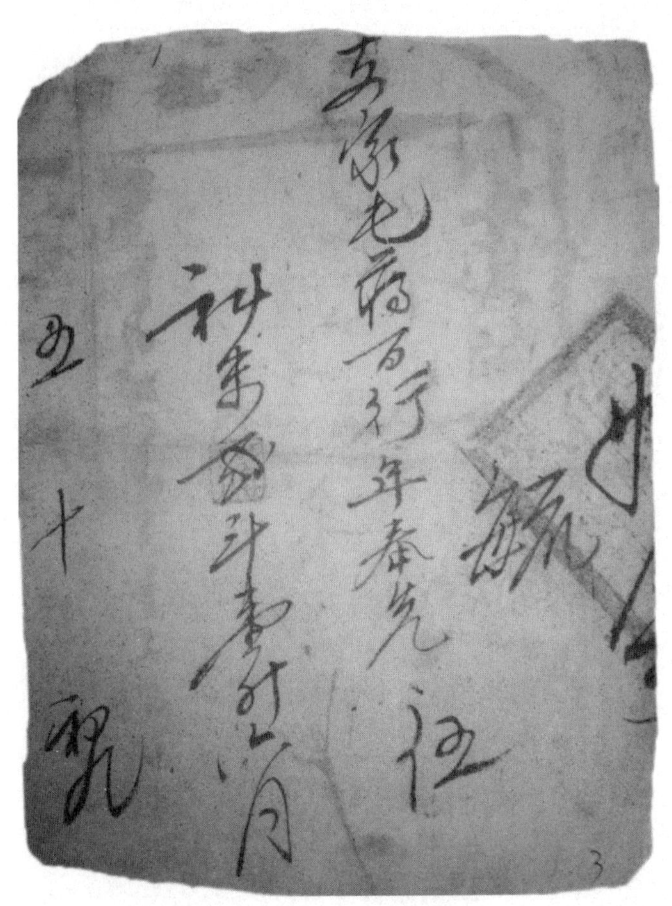

咸丰五年十月初九日邓云官代何现之纳户执照

府字第　号

纳户执照

普安直隶府正堂　毓　为征收事据

恰怍乇邓云官代何现之　完纳　伍

科米陆斗陆升

除收明外合行给照须至执照者

咸丰五年十月初九日

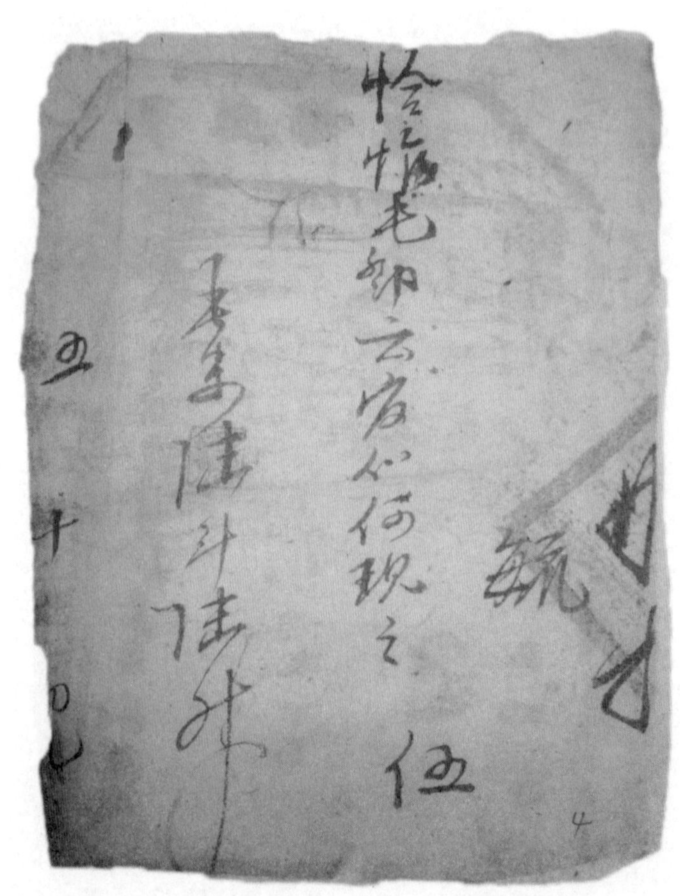

咸丰五年十月初九日袁学全代陆宽伦纳户执照

照执户纳

府字第　号

普安直隶府正堂　毓　为征收事据

恰怍屯　袁学全代
陆宽伦　完纳　伍

科米壹斗

除收明外合行给照须至执照者

咸丰五年十月初九日

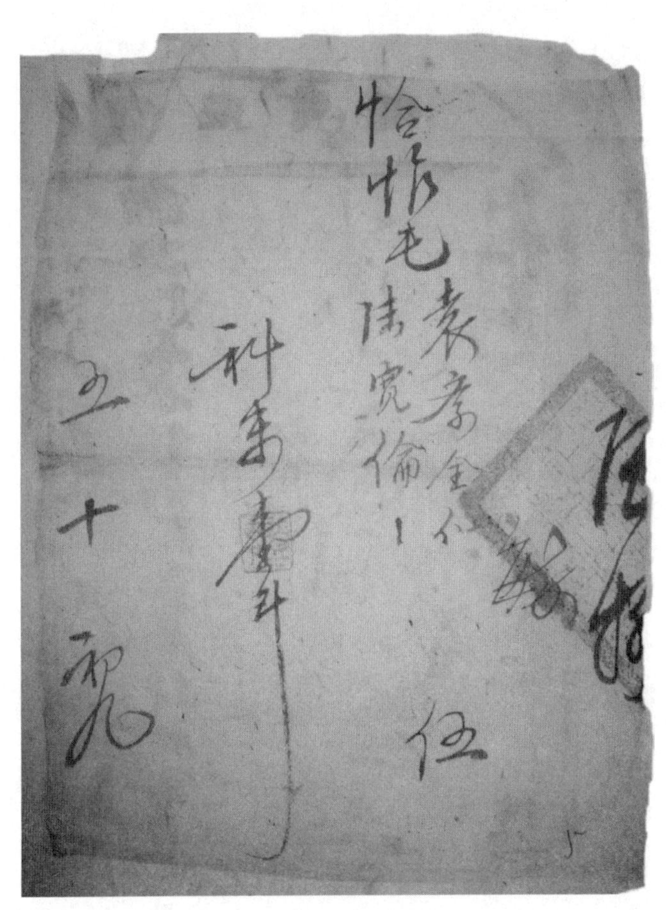

咸丰五年十月初九日凤山书院范畹亭纳户执照

照执户纳	府字第　　号
普安直隶府正堂　毓　为征收事据 本城屯凤山书院范畹亭　完纳　伍 科米壹石肆斗 除收明外合行给照须至执照者 咸丰五年十月初九日	

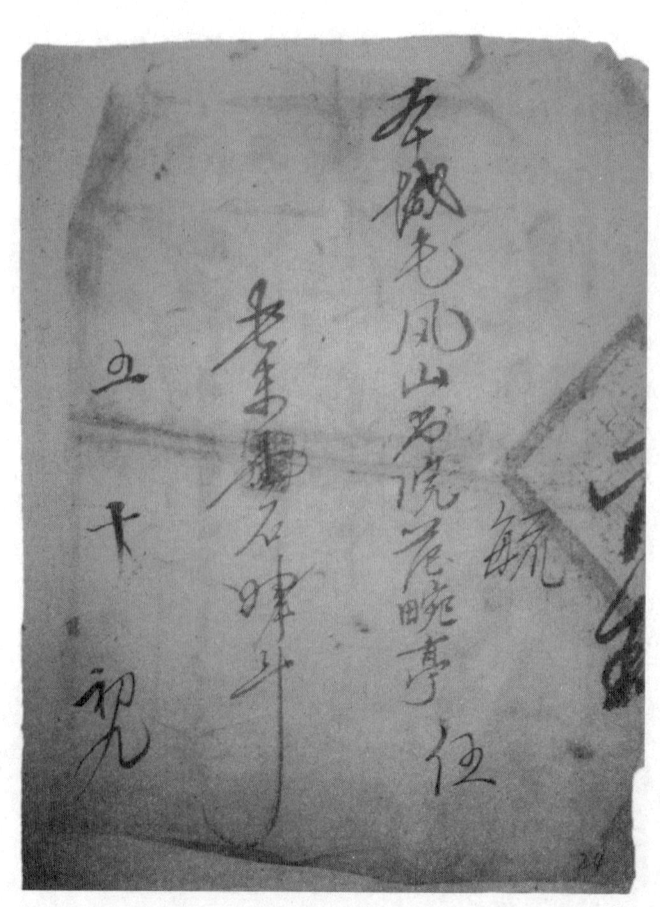

咸丰五年十月初九日范畹亭代李向忠纳户执照

府字第　　号

纳户执照

普安直隶府正堂　毓　为征收事据

本城屯　范畹亭　代　李向忠　完纳　伍

科米壹斗〇八勺

除收明外合行给照须至执照者

咸丰五年十月初九日

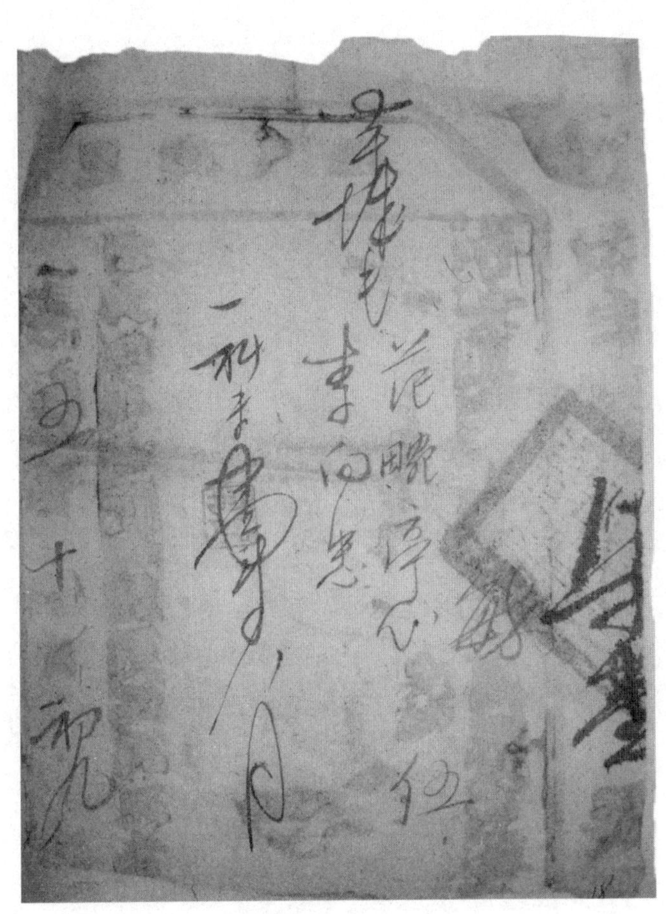

咸丰五年十二月二十九日凤山书院代林□玉等纳户执照

照执户纳

府字第　号

普安直隶府正堂　毓　为征收事据

南里西冲屯凤山书院代林□玉　完纳　伍

作纹银贰钱柒分伍厘

除收明外合行给照须至执照者

咸丰五年十二月廿九日

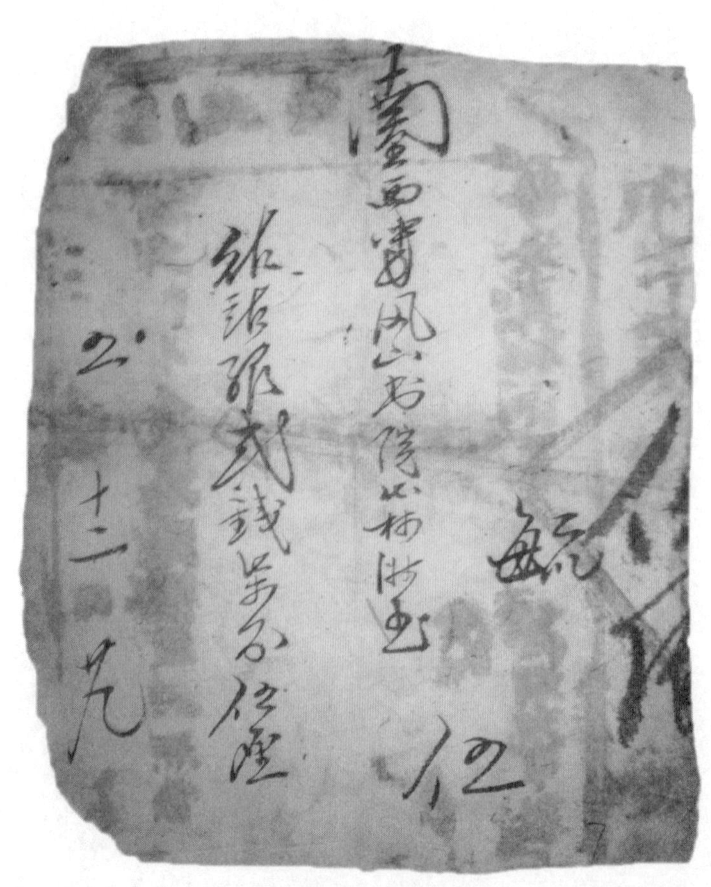

咸丰五年十二月二十九日凤山书院代狆交纳户执照

纳户执照	府字第　号
普安直隶府正堂　毓　为征收事据 南里板桥屯凤山书院代　完纳　伍 狆交 作纹银肆钱玖分伍厘 除收明外合行给照须至执照者 咸丰五年十二月廿九日	

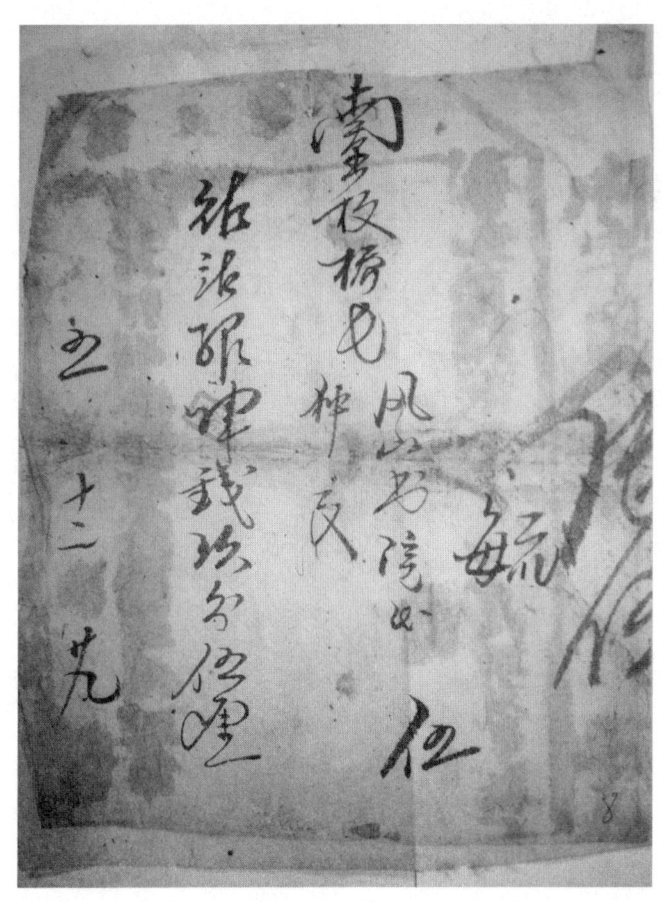

卷四

账本、佃户田租册、其他册簿

出佃田、租谷红契登记账本

第柒壹号

田亩地名租石数目列后。

计开

白家坑卷田一坵	有契	租陆拾石	佃廖登龙等
南里宾兴田一坵	有契	租粘谷拾石	佃沈明彦
对门山岁修田一坵		租捌斗捌升	佃张射斗
小观音寺膏火田一坵	有契	租粘谷柒石	佃杨开文
皆街岁修田一坵		租捌石	佃黄与明
又　　　一坵		租伍石伍斗	佃张德贵
又西门外田一坵		租贰石伍斗	佃许凌云
滥田坝膏火田一坵	有契	租拾石	佃何老三　此契未揭
狮子口膏火田一坵	有契	租拾陆石	佃余小福、余双喜

以上共租壹百壹拾玖石捌斗捌升。

共红契伍张，揭交张姓收执。除滥田坝契约未揭外，实揭契肆坵（份），三月十五日批。

第柒壹號

田畝地名租石数目列后計開

白家坑巷田一坵有契　租陸拾石佃廖登龍等

南里賓興田一坵有契　租粘谷拾石佃沈明彦

對門山歲修田一坵　租捌斗捌升佃張射斗

小觀音寺膏火田一坵有契　租粘谷柒石佃楊開文

背街歲修田一坵　租捌石佃黃興明

又　一坵　租伍石伍斗佃張德貴

又西門外田一坵　租弍石伍斗佃許凌雲

此契未揭　濫田壩膏火田一坵有契　租拾石佃何老三

獅子口膏火田一坵有契　租拾陸石佃余小福双喜

以上共租壹百壹拾玖石捌斗捌升

共紅契伍張揭交張姓收執　除濫田壩契約未揭外實揭契肆坵　三月十五日批

列三年分书院开支清单

今将三年分经管膏火谷石并出入数目列后。

四年分共收得租贰百石零伍斗，请教（交）义学罗正笏代发代收。

上粮谷捌石，上钱粮银壹两陆钱伍分，卖谷肆石。

阅七课共发膏火谷壹百肆拾石零伍斗。

教（交）义学罗正笏谷拾伍石。

看仓钟鸣岐谷捌石。

礼房卷子谷伍石。

除吃食折耗谷贰拾石零伍升外，实发谷壹百捌拾石零伍斗。

合将三年分經管膏火穀石並出入數目列启

四年分共收得租貳百石零伍斗（代收）請教義學羅正笏代發

上粮穀捌石上錢粮銀壹兩陸錢伍分賣穀肆石

閱七課共發膏火穀壹百肆拾石零伍斗

教義學羅正笏穀拾伍石

看倉鍾鳴岐穀捌石

禮房拳子穀伍石

除吃食折耗穀貳拾石零伍升外實發穀壹百捌

拾石零伍斗

账单

发抬工壹千壹百玖拾叁个，每工每日谷陆升，支谷柒拾壹石伍斗捌升。凭董飞、发飞存。

发小工叁百肆拾贰个，每工每日谷肆升，支谷拾叁石陆斗捌升。凭董飞、发飞存。

发石灰玖拾贰石伍斗，每石该谷壹斗壹升，支谷拾石壹斗柒升伍合。凭董飞、发飞存。

发四汛兵伍拾陆名，口粮每兵每日谷壹升。自十二月十五起至二十五止，计十一日支谷陆石壹斗陆升。凭刘飞、发飞存。

发西门坡站棚民柒拾名，共四棚，每人每日谷壹升。自十二月十三起至二十七止，计十五日支谷拾石伍斗。凭刘飞、发飞存。

上粮谷捌石，上钱粮银壹两陆钱伍分，卖谷伍石。

教（交）义学罗正笏支谷捌石。

看仓钟鸣岐谷捌石。

以上共发谷贰百壹拾玖石伍斗柒升伍合，长发谷陆石玖斗，系四年分周锡九还出伍石，王统成还旧欠壹石玖斗。

4

發抬工壹千壹百玖拾叁个每工每日穀陸升支穀柒拾壹

石伍斗捌升 憑董飛發飛存

發小工叁百肆拾贰个每工每日穀肆升支穀拾叁石陸斗

捌升 憑董飛發飛存

發石灰玖拾贰石伍斗每石該穀壹斗壹升支穀拾石壹

斗柒升伍合 憑董飛發飛存

發四汛兵伍拾陸名口粮每兵每日穀壹升自十二月十五起至二

十五止計十一日支穀陸石壹斗陸升 憑劉飛發飛存

發西門坡站棚民柒拾名共四棚每人每日穀壹升自十二月

十三起至二十七止計十五日支穀拾石伍斗 憑劉飛發飛存

上粮穀捌石工錢粮銀壹両陸錢伍分賣穀伍石

教義學羅正笏支穀捌石

看倉鍾鳴岐穀捌石

以上共發穀贰百壹拾玖石伍斗柒升伍合長發穀陸石玖斗

係四年分周錫九還出伍石王統成還舊欠壹石玖斗

开列收租谷账目

支士明，原租捌石，收清。

支士柏，原租拾壹石，收拾石零叁斗叁升，欠陆斗柒升。

王质，原租拾肆石，收拾叁石零柒升，欠玖斗叁升。

杜云腾，原租贰拾肆石，收拾伍石壹斗，欠捌石玖斗。

潘升保，原租伍石捌斗，未收。

杨荣贵，原租贰石贰斗，未收。

高云奇，原租贰石捌斗，收壹石陆斗，欠壹石贰斗。

林中元，原租贰石，收壹石捌斗玖升，欠壹斗壹升。

舒照，原租伍石，未收。

谢洪猷，原租拾陆石，收清，存三板桥仓。

王统成，原租捌石，收清，存三板桥仓。

李士连，原租捌石，收清，存三板桥仓。

五年分收租贰百贰拾贰石捌斗叁升。除吃食折耗谷贰拾贰石捌升外，只存谷贰百石零柒斗伍升。

上粮谷捌石，上钱粮银壹两陆钱伍分，卖谷伍石。

教（交）义学罗正笏谷柒石，还足五年分谷。

支士明　原租捌石收清

支士柏　原租拾壹石收拾石零叁斗叁升欠陸斗柒升

王　質　原租拾肆石收拾叁石零柒升欠玖斗叁升

杜雲騰　原租貳拾肆石收拾伍石壹斗欠捌石玖斗

潘升保　原租伍石捌斗未收

楊榮貴　原租貳石貳斗未收

高雲奇　原租貳石捌斗收壹石陸斗欠壹石貳斗

林中元　原租貳石收壹石捌斗玖升欠壹斗壹升

舒　照　原租伍石未收

謝洪猷　原租拾陸石收清存三板橋倉

王統成　原租捌石收清存三板橋倉

李士連　原租捌石收清存三板橋倉

五年分收租貳百貳拾貳石捌斗叁升除吃食折耗穀貳

拾貳石肆捌升外只存穀貳百石零柒斗伍升

上粮穀捌石上錢粮銀壹兩陸錢伍分賣穀伍石

教義學羅正笏穀柒石還足五年分穀

□年分经管膏火谷石账目单

支士明，原租捌石，收柒石伍斗肆升，欠肆斗陆升。

支士柏，原租拾壹石，收拾石柒斗捌升，欠贰斗贰升。

王质，原租拾肆石，收拾贰石捌斗伍升，欠壹石壹斗伍升。

杜云腾，原租贰拾肆石，收贰拾壹石壹斗柒升，欠贰石捌斗叁升。

潘升保，原租伍石捌斗，收贰石伍斗，欠叁石叁斗。

杨荣贵，原租贰石贰斗，收壹石伍斗肆升，欠陆斗陆升。

高云奇，原租贰石捌斗，未收。

林中元，原租贰石，收清。

舒照，原租伍石，收肆石，欠壹石。

谢洪猷，原租拾陆石，收拾叁石陆斗，欠贰石肆斗。

王统成，原租捌石，收柒石伍斗，欠伍斗。

李士连，原租捌石，收柒石肆斗，欠陆斗。

□年分收租贰百叁拾陆石叁斗。除吃食折耗谷贰拾叁石陆斗叁升外，只存谷贰百壹拾贰石陆斗柒升。

发石工玖百捌拾壹个，每工每日谷捌升，支谷柒拾捌石肆斗捌升。凭董飞、发飞存。

支士明 原租捌石收柒石伍斗肆升 欠肆斗陸升

支士柏 原租拾壹石收拾石柒斗捌升 欠貳斗貳升

王 質 原租拾肆石收拾貳石捌斗伍升 欠壹石壹斗伍升

清 杜雲騰 原租貳拾肆石收貳拾壹石壹斗柒升 欠貳石捌斗叁升

潘升保 原租伍石捌斗收貳石伍斗 欠叁石叁斗

楊榮貴 原租貳石貳斗收壹石伍斗肆升 欠陸斗陸升

高雲奇 原租貳石捌斗未收

林中元 原租貳石收清

舒 照 原租伍石收肆石 欠壹石

謝洪猷 原租拾陸石收拾叁石陸斗 欠貳石肆斗

王統成 原租捌石收柒石伍斗 欠伍斗

李士連 原租捌石收柒石肆斗 欠陸斗

一年分收租貳百叁拾陸石叁斗除吃食折耗穀貳

拾叁石陸斗叁升外只存穀貳百壹拾貳石陸斗柒升

發石工玖百捌拾壹个每工每日穀捌升支穀柒拾捌石

肆斗捌升 憑董飛發飛存

五年分经管膏火谷石账目单

今将五年分经管膏火谷石并出入数目列后。

计开：

王允吉，原租拾石，收清。

杨成璧，原租伍石，未收。

杨开文，原租柒石，收清。

林洪榜，原租玖石，收捌石贰斗壹升，欠柒斗玖升。

林洪友，原租捌石，收柒石伍斗柒升，欠肆斗叁升。

印志万，原租玖石，收清。

陈尚周，原租伍石，收贰石贰斗伍升，欠贰石柒斗伍升。

徐中书，原租拾玖石陆斗，收拾柒石肆斗玖升，欠贰石壹斗壹升。

范国富，原租拾陆石贰斗，收清。

李士美，原租贰拾肆石叁斗，收贰拾贰石，欠贰石叁斗。

何老三，原租拾石，收清。

余朝龙，原租拾陆石，收清。

蒋开卯，原租捌石，收清。

许德耀，原租捌石，收柒石壹斗贰升，欠柒斗捌升。[①]

---

① 此句所欠数目应当有错，应为“欠捌斗捌升”。

合將五年分經管膏火穀石並出入數目列后

計開

王允吉 原租拾石收清

楊成壁 原租伍石未收

楊開文 原租柒石收清

林洪榜 原租玖石收捌石貳斗壹升 欠柒斗玖升

林洪友 原租捌石收柒石伍斗柒升 欠肆斗叁升

印志萬 原租玖石收清

陳尚周 原租伍石收貳石貳斗伍升 欠貳石柒斗伍升

徐中書 原租拾玖石陸斗收拾柒石肆斗玖升 欠貳石壹斗壹升

范國富 原租拾陸石貳斗收清

李士美 原租貳拾肆石叁斗收貳拾貳石 欠貳石叁斗

何老三 原租拾石收清

余朝龍 原租拾陸石收清

蔣開卯 原租捌石收清

許德耀 原租捌石收柒石壹斗貳升 欠柒斗捌升

五年分经管膏火谷石账目单（一）

今将五年分经管膏火谷石并出入数目列后。

计开：

王允吉，原租拾石，收清。

杨成璧，原租伍石，收清。

杨开文，原租柒石，收清。

林洪榜，原租玖石，收捌石柒斗玖升，欠贰斗壹升。

林洪友，原租捌石，收柒石贰斗壹升，欠柒斗玖升。

印志万，原租玖石，收清。

陈尚周，原租伍石，收壹石捌斗，欠叁石贰斗。

徐中书，原租拾玖石陆斗，收拾柒石肆斗肆升，欠贰石壹斗陆升。

范国富，原租拾陆石贰斗，收拾伍石柒斗，欠伍斗。

李士美，原租贰拾肆石叁斗，收贰拾壹石玖斗，欠贰石肆斗。

何老三，原租拾石，收清。

余朝龙，原租拾陆石，收清。

蒋开卯，原租捌石，收清。

许德耀，原租捌石，收柒石伍斗捌升，欠肆斗贰升。

今將五年分經管膏火穀石並出入數目列后

計開

王允吉 原租拾石收清

楊成璧 原租伍石收清

楊開文 原租柒石收清

林洪榜 原租玖石收捌石柒斗玖升 欠貳斗壹升

林洪友 原租捌石收柒石貳斗壹升 欠柒斗玖升

印志萬 原租玖石收清

陳尚周 原租伍石收壹石捌斗 欠叁石貳斗

徐中書 原租拾玖石陸斗收拾柒石肆斗肆升 欠貳石壹斗陸升

范國富 原租拾陸石貳斗收拾伍石柒斗 欠伍斗

清

李士美 原租貳拾肆石叁斗收貳拾壹石玖斗 欠貳石肆斗

何老三 原租拾石收清

余朝龍 原租拾陸石收清

蔣開卯 原租捌石收清

許德耀 原租捌石收柒石伍斗捌升 欠肆斗貳升

五年分经管膏火谷石账目单（二）

看仓钟鸣岐谷捌石。

除钱粮上粮教（交）义学看仓谷贰拾捌石外，实存谷壹百□拾贰石柒斗伍升。

看倉鍾鳴岐穀捌石

除錢粮上粮教義學看倉穀貳拾捌石外實存穀壹百

拾貳石柒斗伍升

丹霞山杨屯田名册（一）

连壳柒张，用印肆颗。

廿七［年］四［月］廿乙［日］

丹霞山杨屯田名册

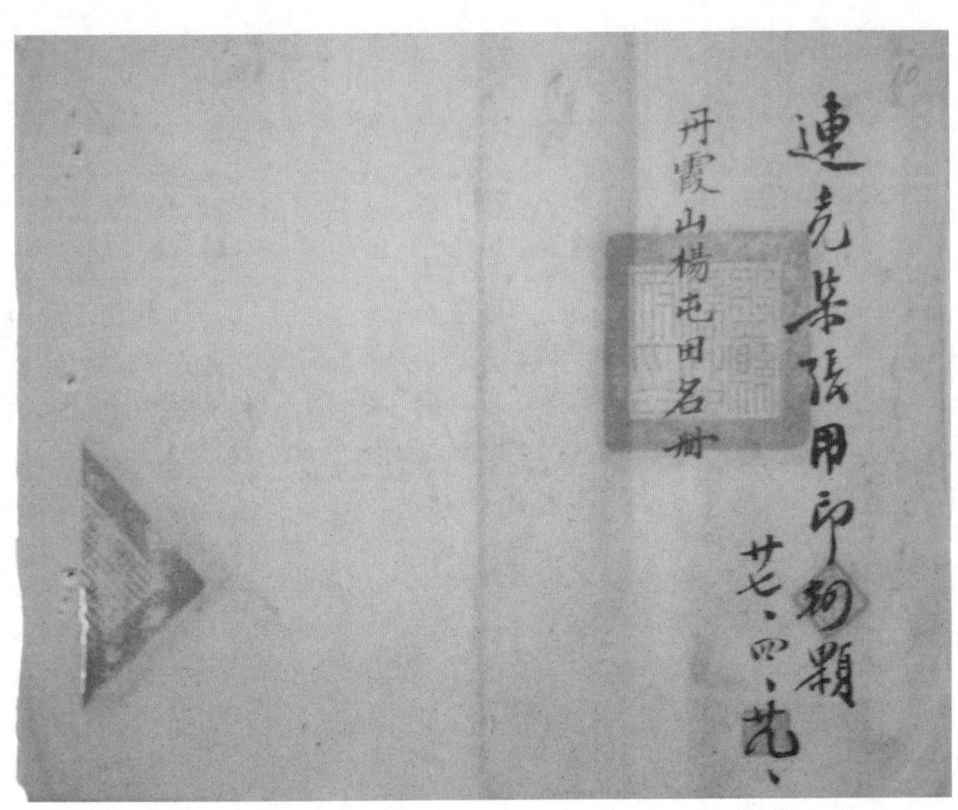

丹霞山杨屯田名册（二）

樱桃田壹坵　伍亩

白坟田壹坵　玖亩

干陆亩田壹坵　陆亩

水井田壹坵　叁亩

干伍亩田脚下田壹坵　叁亩

河边田壹坵　肆亩

亩半田壹坵　肆亩

蔡子田壹坵　肆亩

园坎脚下壹坵　贰亩

小凹田壹坵　贰亩

鱼塘田壹坵　肆亩

死人坟田壹坵　叁亩

下坵田壹坵叁亩半中坵田壹坵　叁亩

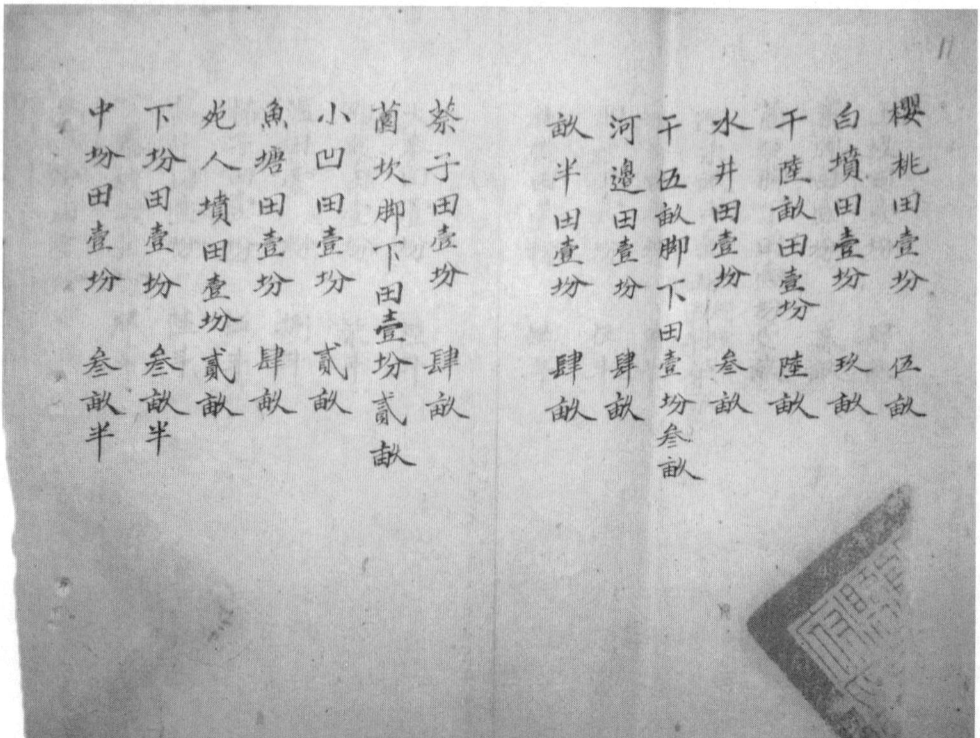

11

櫻桃田壹坵　伍畝

白墳田壹坵　玖畝

干陸畝田壹坵　陸畝

水井田壹坵　叁畝

干伍畝脚下田壹坵叁畝

河邊田壹坵　肆畝

畝半田壹坵　肆畝

蔡子田壹坵　肆畝

薗坎脚下田壹坵貳畝

小凹田壹坵　貳畝

魚塘田壹坵　肆畝

死人墳田壹坵　貳畝

下坵田壹坵　叁畝半

中坵田壹坵　叁畝半

丹霞山杨屯田名册（三）

上坟田壹坋　　肆亩
寨脚田壹坋　　贰亩
园埂脚下田壹坋　　壹亩
头柒亩田壹坋约种柒斗　　柒亩
下坋田壹坋　　陆斗
凹子田壹坋　　伍斗
桃树田壹坋　　伍斗
大麦田壹坋　　陆斗
邵家田壹坋　　柒斗
滥田壹坋　　捌斗
梯子田壹坋　　伍斗
窝子田壹坋　　陆斗
下寨坡田壹坋　　肆斗
又下坋田壹坋　　肆斗

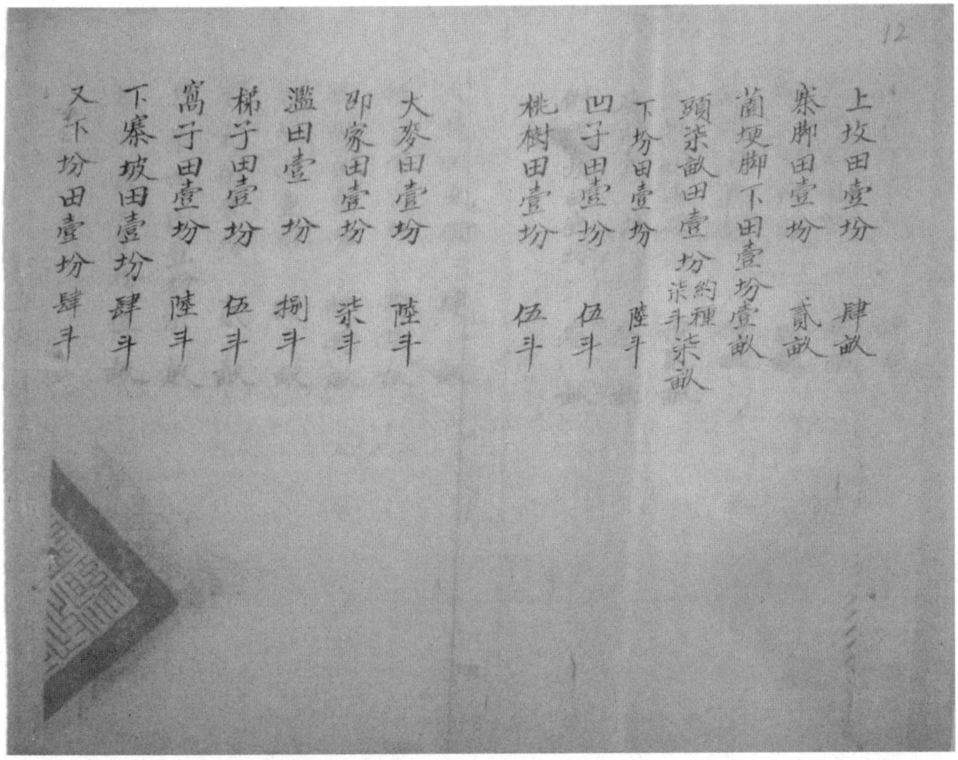
12
上坟田壹坋　肆畝
寨脚田壹坋　貳畝
蘭埂脚下田壹坋壹畝
頭柒畝田壹坋约種柒斗柒畝
下坋田壹坋　陸斗
凹子田壹坋　伍斗
桃樹田壹坋　伍斗
大麥田壹坋　陸斗
邵家田壹坋　柒斗
濫田壹　坋　捌斗
梯子田壹坋　伍斗
窩子田壹坋　陸斗
下寨坡田壹坋肆斗
又下坋田壹坋肆斗

丹霞山杨屯田名册（四）

奇腰田壹坋　　肆亩

阿湾田壹坋　　贰亩

发孔田壹坋　　伍亩

石堆田壹坋　　拾亩

大家田壹坋　　拾贰亩

庙田壹坋　　叁亩

倒马坎田壹坋　　叁亩

火烧田壹坋　　肆亩

梯子田壹坋　　拾陆亩

大坪田壹坋　　拾捌亩

高埂田壹坋　　肆亩

毡衫田壹坋　　贰亩

甘柒母田壹坋　　柒亩

甘伍亩田壹坋　　伍亩

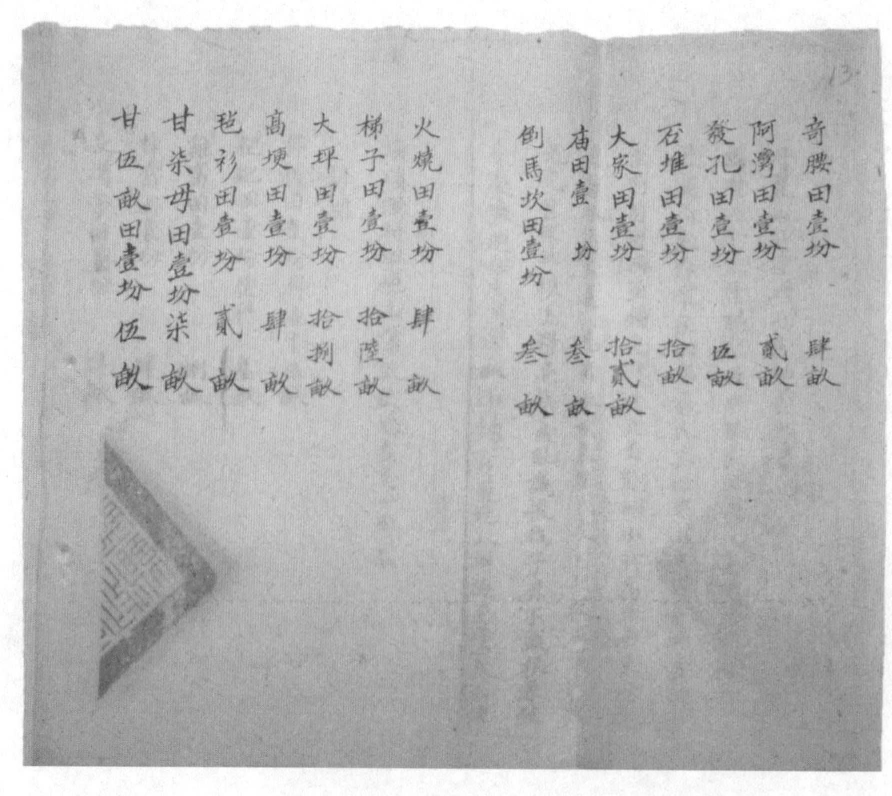

13

奇腰田壹坋　肆畝

阿灣田壹坋　貳畝

發孔田壹坋　伍畝

石堆田壹坋　拾畝

大家田壹坋　拾貳畝

庙田壹　坋　叁畝

倒馬坎田壹坋　叁畝

火燒田壹坋　肆畝

梯子田壹坋　拾陸畝

大坪田壹坋　拾捌畝

高埂田壹坋　肆畝

毡衫田壹坋　貳畝

甘柒母田壹坋　柒畝

甘伍畝田壹坋　伍畝

丹霞山杨屯田名册（五）

丹霞山所管杨屯庄科壹所系。万历四十三年，杨屯百户张云龙先生主因无嗣，施入丹霞山，永作常住，供佛香火。其田地山场，东至破当沟，南至门前河，西至杨屯河沟，北至龙硐小河为界，四至分明。因离本山窎远，先师祖以来，历代交付托彼处军民黄光先管理，纳粮上科，毫无紊乱。诚后代子孙不识根源，致令豪强越占，失落田亩山场，有负先人所施至意。故不惮烦琐，谨将田地山场亩数地名逐一列后。

计开：

排楼田壹坋　　科壹十伍亩

粑粑田壹坋　　历科叁亩

鸡窝田壹坋　　捌亩

裤当田壹坋　　肆亩

长湾子田壹坋　　肆亩

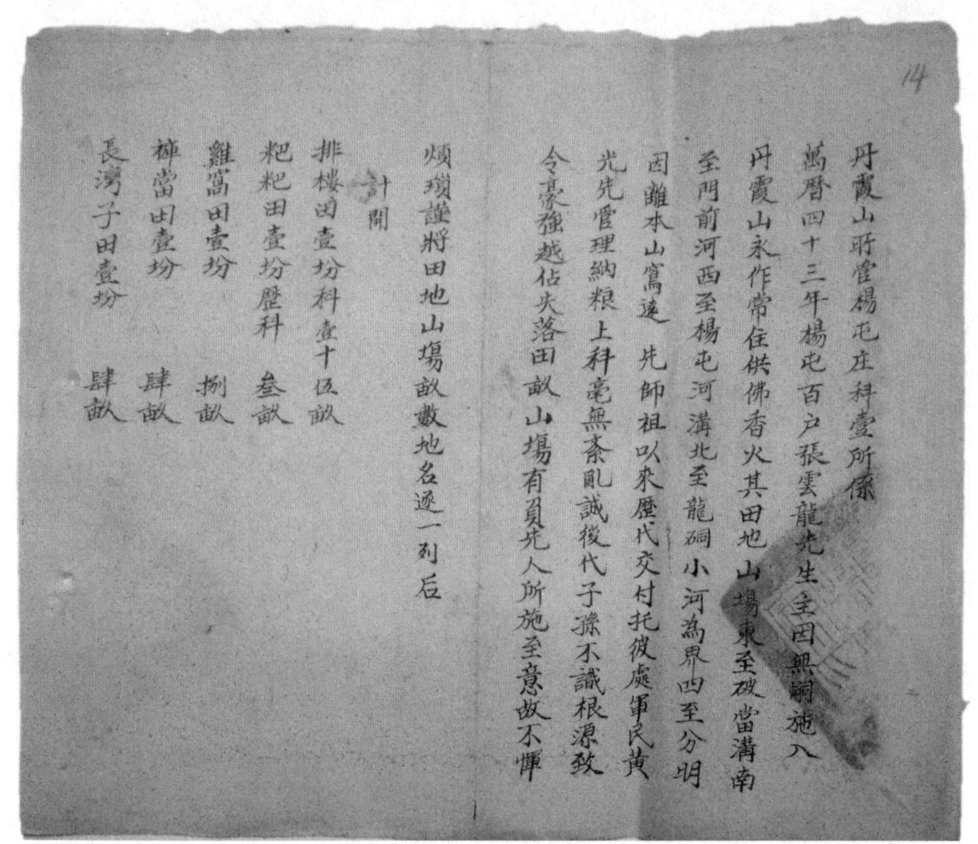

14

丹霞山所管楊屯庄科壹所係
萬曆四十三年楊屯百户張雲龍先生主因無嗣施入
丹霞山永作常住供佛香火其田地山場東至破當溝南
至門前河西至楊屯河溝北至龍硐小河為界四至分明
因離本山窎遠先師祖以來歷代交付托彼處軍民黄
光先管理納粮上科毫無紊亂誠後代子孫不識根源致
令豪強越佔失落田畝山場有負先人所施至意故不憚
煩瑣謹將田地山場畝數地名逐一列后

計開
排楼田壹坋科壹十伍畝
粑粑田壹坋歷科叁畝
雞窩田壹坋　捌畝
褲當田壹坋　肆畝
長灣子田壹坋　肆畝

丹霞山杨屯田名册（六）

以上屯科共贰百伍拾伍亩。

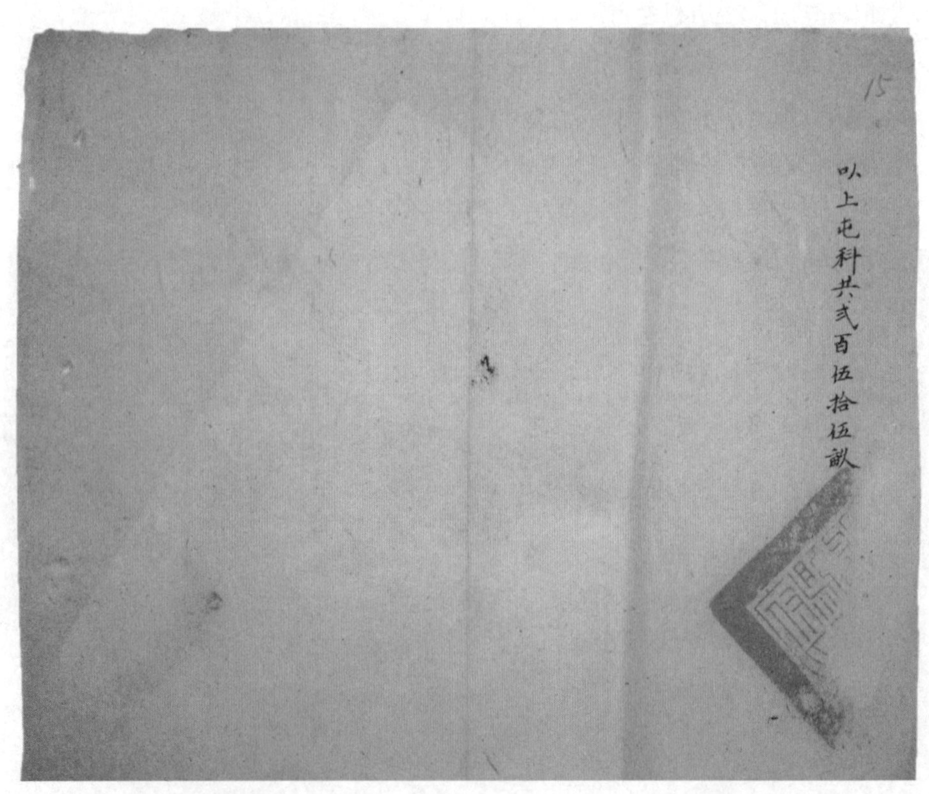

15

以上屯科共弍百伍拾伍畝

咸丰年间收领凭据（一）

咸丰二年十一月二十四日领：

陈万才市银子三 叁拾两零捌钱。

内少平头银乙钱七分。

王世元交钱三百文，少十三文，其余乙千零五十文未收。

十一月二十九日领：

龙蒸银拾两钱叁拾柒千文，内有毛钱四百八十文，少数七十文。

十二月二十八日领：

安朝珍银贰拾两，内少平头银二钱二分。

安位银拾伍两，内少平头银一钱一分。

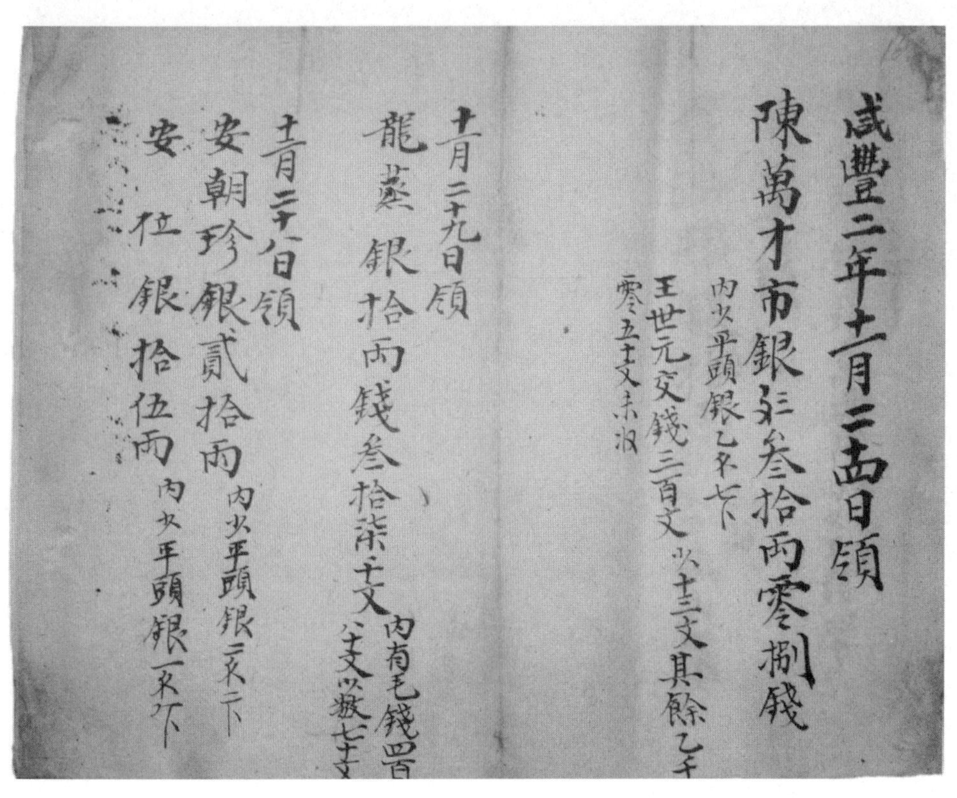

咸豐二年十一月二十四日領
陳萬才市銀子三叁拾兩零捌錢
內少平頭銀乙錢七分
王世元交錢三百文 少十三文 其餘乙千零五十文未收
十一月二十九日領
龍蒸銀拾兩錢叁拾柒千文 內有毛錢四百八十文 少數七十文
十二月二十八日領
安朝珍銀貳拾兩 內少平頭銀二錢二分
安位銀拾伍兩 內少平頭銀一錢一分

咸丰年间收领凭据（二）

邓阿卯银拾叁两陆，水色好，内少平头四分。

二月十五日领：

叶治邦银贰拾两，水色好，内少平头银二钱。

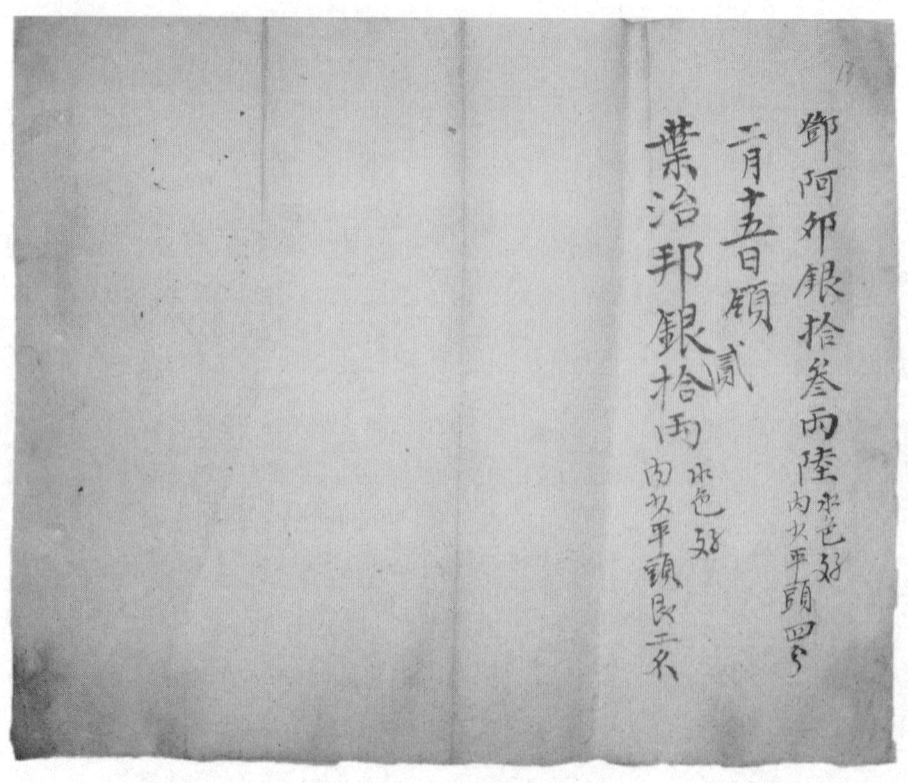
鄧阿夘銀拾叁两陸水色好
内少平頭四分
二月十五日領
葉治邦銀貳拾两水色好
内少平頭銀二钱

咸丰年间收支账单（一）

咸丰三年正月十一日发廖石匠修城工钱叁千文，十七日领银拾两。二月初一日领谢发银肆两陆钱叁分，初九日领钱拾千文，十五日领银拾两，十七日领钱乙千文。三月十一日领钱拾千文。五月十六日取钱乙千六百文，又□五百四十文；二十四日取钱拾千文；卅日取钱拾千文。四月十四领谷银贰两，四月十八日领银伍两，廿一日领谢银拾壹两。

五月初六领谢钱五千文，卅日领钱拾千文。六月初一日领钱五千文，六月廿五日领钱拾千文。七月十三日银四两。八月初二谷五石，又五石五斗，钱贰千文；初六日领钱捌千文；下脚红猪首、雄鸡杂用钱八百文。

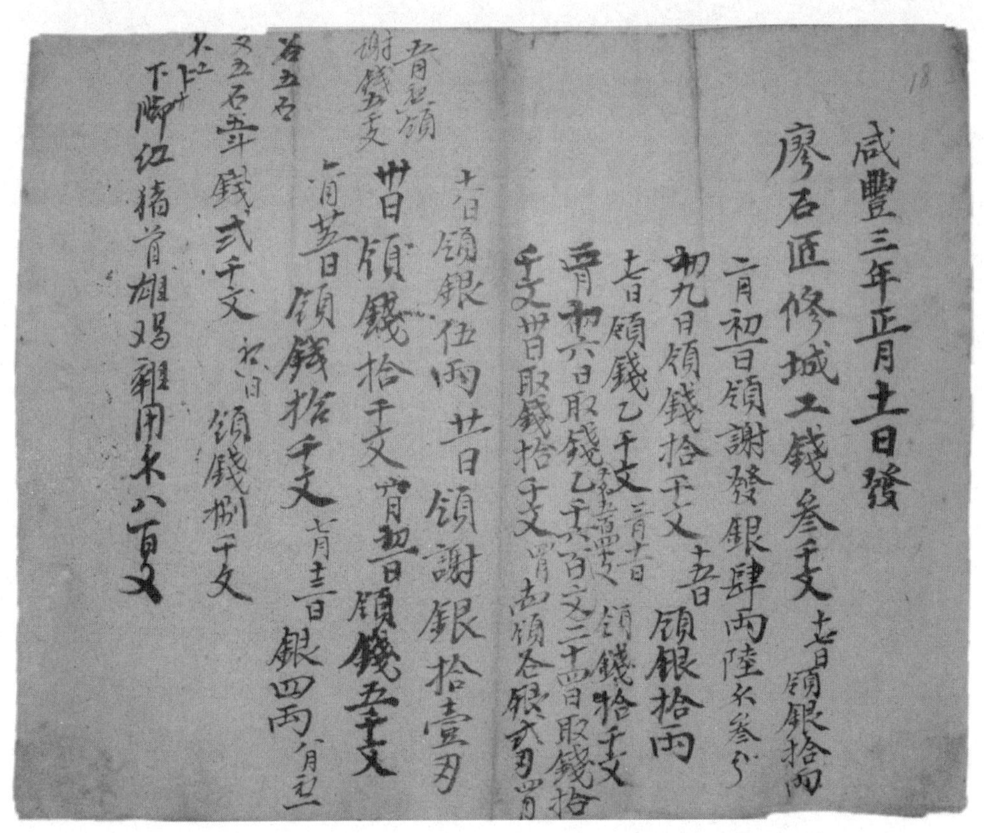

咸丰年间收支账单（二）

共修贰佰伍十六丈□墙，每丈银四钱，前后领银壹佰零贰两四钱。清。

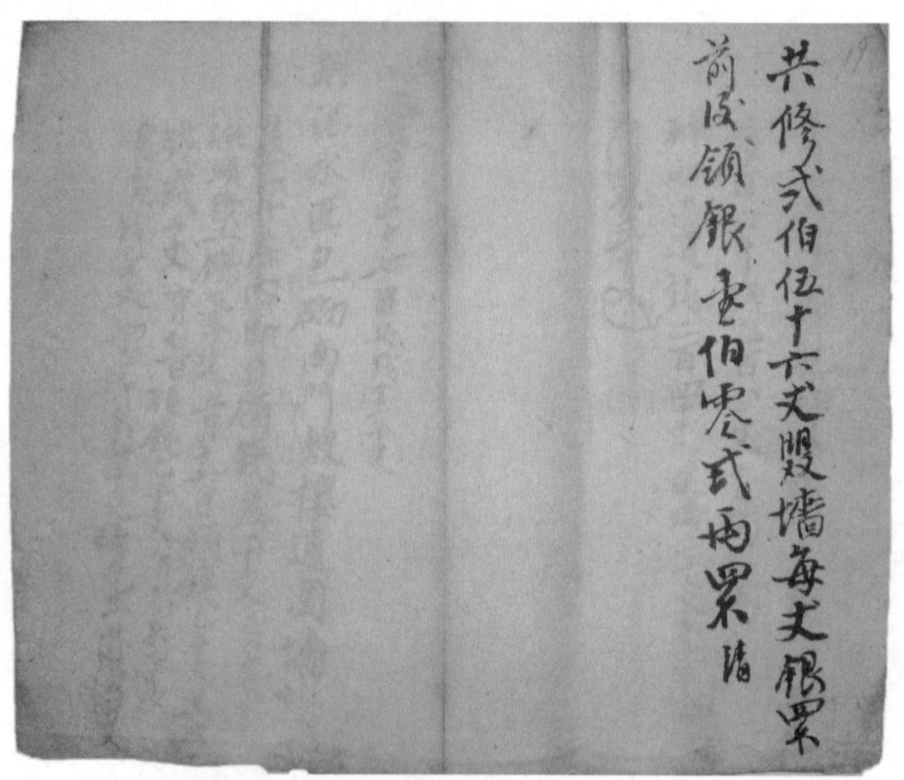

咸丰年间收支账单（三）

正月十三日下脚祀神公鸡一支（只），钱乙百五十文。

猪首六斤，钱乙百八十文。香烛钱五十文。

桃红二道，钱二百四十文。炮烛（竹）二千文（个），钱一百六十文。

米酒钱五十文。

二月二十七日共钱十二千文。

胡泥水匠包砌南门鼓楼，周围墙坦（垣）土基一并在内，即日领钱叁千文。三月初五日还徐头发工钱三千文。五月十六日领钱乙千文，廿六日钱贰千文。六月初二日领钱乙千文。八月廿一日钱乙千文。十一月初九日钱乙千文，砌石脚钱乙千文，瓦二千钱二千文。

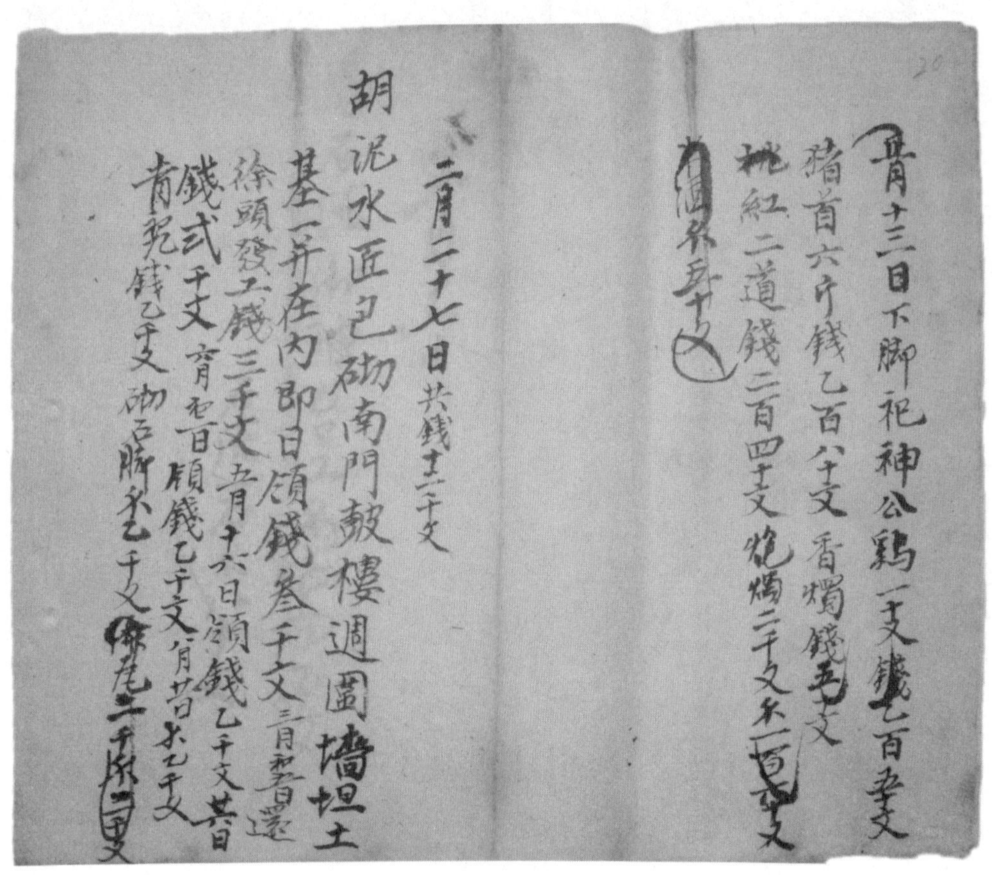

咸丰年间收支账单（四）

十二月十六日冯石匠砌神台工钱七千四百文。

石灰一石，钱八十文。

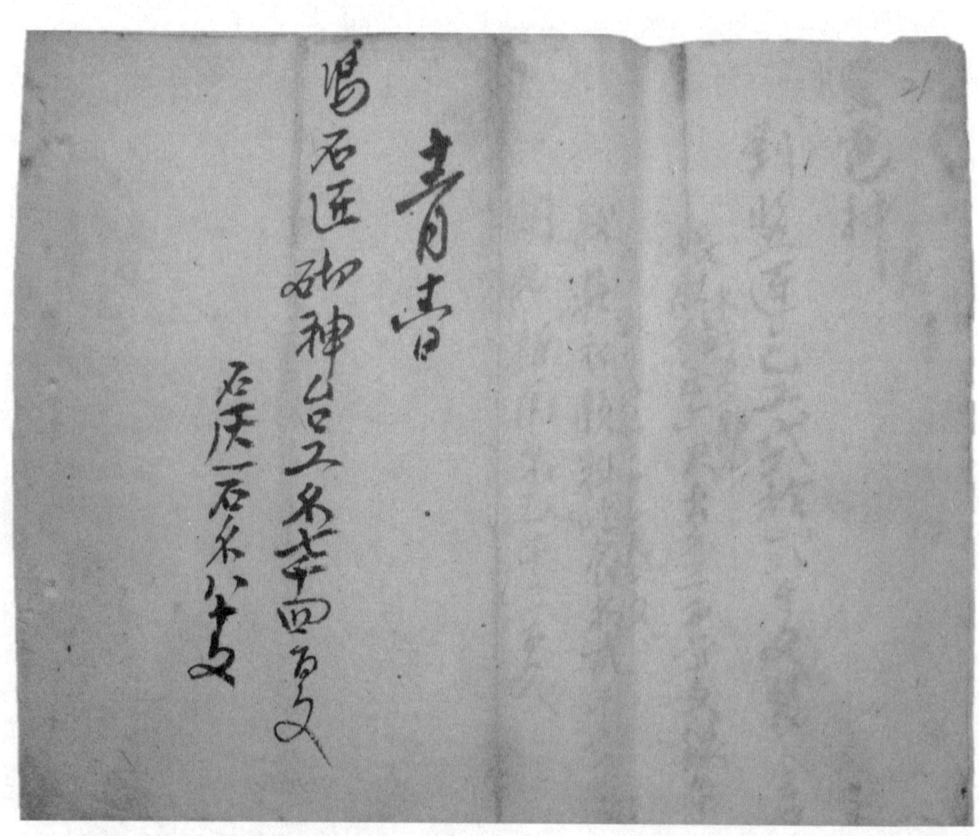

青書

冯石匠砌神台工钱七千四百文

石灰一石钱八十文

咸丰年间收支账单（五）

监□神

刘监匠包工贰拾贰千文。装金心银胆钱三百文亲用，细子六尺去钱三百六十文，铁条钱四百文，共一千一百六十文。[①]

□妆衣颜料吃食钱贰千六百文。

开光亲用钱乙千二百文。

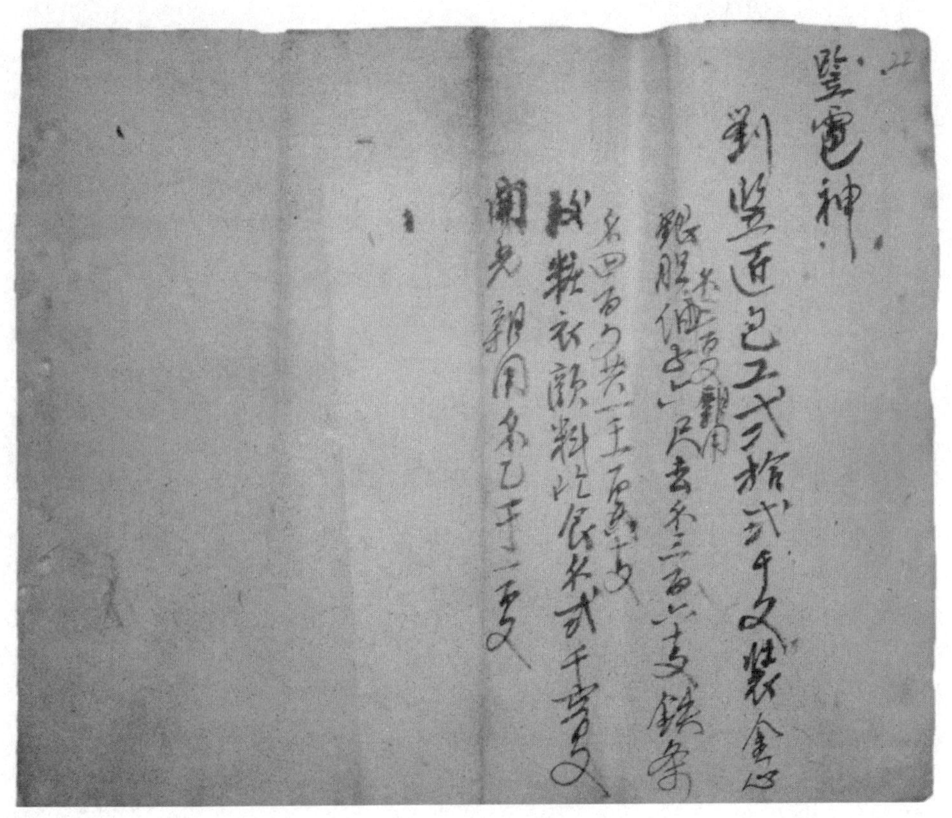

① 此计算有误，多一百文，应为“共一千零六十文”。

助银（钱）人员名册（一）

黄福祥　　捐钱贰千文
刘廷凤　　捐钱拾千文　净
项德修　　捐钱贰千文
谢云燕　　捐钱伍拾千文　净
张鹏南　　捐钱贰千文　净
张学兴　　捐银贰两
张永泰　　捐钱肆千文
杨兴业　　捐钱贰千文
李秀芳　　捐钱壹千文
牟占鳌　　捐钱伍百文
张崇高　　捐钱贰千文
谭元升　　捐钱伍百文

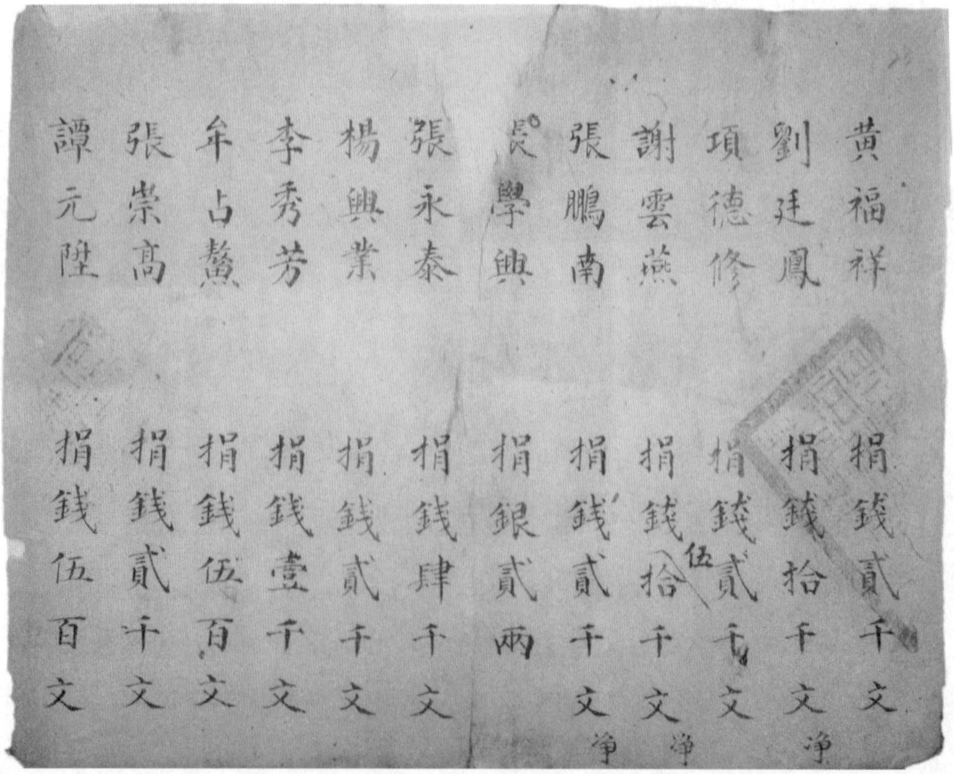
黃福祥 捐錢貳千文
劉廷鳳 捐錢拾千文 淨
項德修 捐錢貳千文
謝雲燕 捐錢伍拾千文 淨
張鵬南 捐錢貳千文 淨
張學興 捐銀貳兩
張永泰 捐錢肆千文
楊興業 捐錢貳千文
李秀芳 捐錢壹千文
牟占鰲 捐錢伍百文
張崇高 捐錢貳千文
譚元陞 捐錢伍百文

助银（钱）人员名册（二）

田世英　助银壹两贰钱
陶大邦　助银壹两贰钱
黄孔赞　助银壹两贰钱
郭仲魁　助银叁两
雷发武　助钱叁千文
严国荣　助钱叁千文
田世本　助钱贰千文
杨正选　助钱贰千文
陇起林　助银壹两
王应相　助银壹两
王朝金　助银壹两
保朝凤　助银壹两

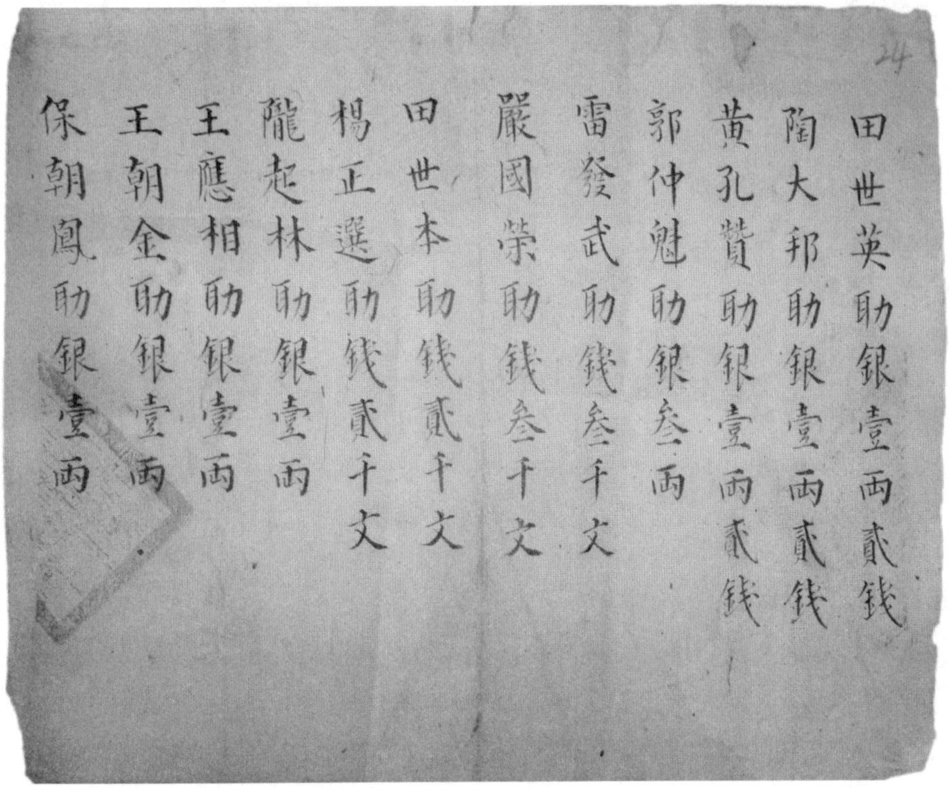
24
田世英助銀壹兩貳錢
陶大邦助銀壹兩貳錢
黄孔贊助銀壹兩貳錢
郭仲魁助銀叁兩
雷發武助錢叁千文
嚴國榮助錢叁千文
田世本助錢貳千文
楊正選助錢貳千文
隴起林助銀壹兩
王應相助銀壹兩
王朝金助銀壹兩
保朝鳳助銀壹兩

助银（钱）人员名册（三）

雷发朝　　助钱壹千贰百文
王朝海　　助钱壹千贰百文
王朝纪　　助钱壹千贰百文
陶建邦　　助钱壹千文
李枝南　　助钱壹千文
李大宗　　助钱壹千文
王朝魁　　助钱壹千文
贺占廷　　助钱壹千文
杨仁凤　　助钱壹千文
杨仪凤　　助钱壹千文
杨廷凤　　助钱壹千文
潘兆海　　助钱壹千文

雷發朝助钱壹千贰百文
王朝海助钱壹千贰百文
王朝紀助钱壹千贰百文
陶建邦助钱壹千文
李枝南助钱壹千文
李大宗助钱壹千文
王朝魁助钱壹千文
賀占廷助钱壹千文
楊仁鳳助钱壹千文
楊儀鳳助钱壹千文
楊廷鳳助钱壹千文
潘兆海助钱壹千文

助银（钱）人员名册（四）

银一百廿一两□钱，钱一百五十八千六百

谢明星　　　捐钱伍百文

谢诚忠　　　捐钱壹千文

任克端　　　捐钱壹千文

　　郑德香

　　江永贞

礼房　王天成　　捐钱贰千文

　　黄明德

　　张为正

许天培　　　捐纹银拾两

黄永裕　　　捐钱五百文

王国辅　　　捐钱五百文

张崇焜　　　捐钱壹千文

王浩霖　　　捐钱壹千文

张　扬　　　捐钱壹千文

瞿士培　　　捐银捌两、钱廿一千文

瞿东文　　　捐钱拾陆千文，少七百五十文

謝明星　捐錢伍百文
謝誠忠　捐錢壹千文
任克端　捐錢壹千文
禮房　鄭德香　江永貞　王天成　黃明德　張萬正　捐錢弍千文
許天培　捐紋銀拾两
黃永裕　捐錢五百文
王国輔　捐錢五百文
時崇焜　捐木壹千文
王浩霖　捐木壹千文
時楊　捐木壹千文
瞿士培　捐木廿一千文　佩捌月
瞿东文　捐木拾陆千文

助银（钱）人员名册（五）

姬召南　　捐银叁拾两

朱德清　　捐银肆拾玖两玖钱

张凌云　　捐银贰拾两

李忠斗　　捐银拾两

李德昌　王松亭

冯起金　冯文纪

张为昰　冯绍书　共捐钱拾陆千文

曾学礼

谭希明

林玉朝　　捐银贰两

李仲芳　　捐银贰两

习平南　　捐银贰两

侯黻乡　　捐钱壹千文

董浩堂　　捐钱贰千文

曹庆丰　　捐钱贰千文

姬°台南 捐銀叁拾两

朱°德清 捐銀肆拾玖两玖錢

时°凌雲 捐銀弍拾两

李°忠斗 捐銀拾两

李浩昌 王松亭 冯赵金 时为昆 冯文纪 曾学礼 谭希明 冯绍尧 共捐錢拾陆千文

林°玉朝 捐銀弍两

李°伴芳 捐銀弍两

習°平南 捐銀弍两

侯薇卿 捐錢壹千文

董浩堂 捐錢弍千文

曹慶豐 捐錢弍千文

助银（钱）人员名册（六）

许鸣远			捐钱伍百文
屠鼎臣			捐钱伍百文
董正心			捐钱伍百文
许成儒			捐钱伍百文
曾锦书			捐钱贰千文
王士元			捐钱壹千文
	宋德智	伍洪经	
工　房	余光荣	贺廷兰	捐钱贰千文
	方载德	朱万春	
张孝先			捐钱壹千文
陈　德			捐钱伍百文
曾廷富			捐钱伍百文
罗成锦			捐钱伍百文
王利川			捐钱贰千文

許鳴遠　捐錢伍百文
屠鼎臣　捐錢伍百文
董正心　捐錢伍百文
許成儒　書　捐錢伍百文
曾錦書　捐錢弍千文
王世士元　捐錢壹千文
工房　朱儒智　伍洪經　宋光榮　賀見顯　方霞德　朱萬春　捐錢弍千文
張孝先　捐錢壹千文
陳德　捐錢伍百文
曾廷富　捐錢伍百文
羅成錦　捐錢伍百文
王利川　捐錢貳千文

助银（钱）人员名册（七）

黄四香　　捐钱壹千文
章瑞庵　　捐钱壹千文
黄在舟　　捐钱壹千文
何振声　　捐钱壹千文
张开邑　　捐钱叁千文
左书廷　　捐钱壹千文
张岁丰　　捐钱壹千文
屠体国　　捐钱伍百文
何大观　　捐钱伍百文
章应瑞　　捐钱伍百文
张开元　　捐钱壹千文
陈家骥　　捐钱伍百文

黄四香　捐钱壹千文
章瑞菴　捐钱壹千文
黄在舟　捐钱壹千文
何振聲　捐钱壹千文
張開邑　捐钱叁千文
左書廷　捐钱壹千文
張歲豐　捐钱壹千文
屠體國　捐钱伍百文
何大觀　捐钱伍百文
章應瑞　捐钱伍百文
張開元　捐钱壹千文
陳家驥　捐钱伍百文

助银（钱）人员名册（八）

王盛周　　捐钱陆千文
刘文光　　捐银伍两
邓国栋　　捐银伍拾两
曹钦锡　　捐银壹两
冯子才　　捐银壹两
李　春　　捐银壹两乙钱
屠天培　　捐钱贰千文
张懋功　　捐钱贰千文
赵金弼　　捐钱贰千文
张为能　　捐钱贰千文
朱日升　　捐钱贰千文
张焕清　　捐钱贰千文

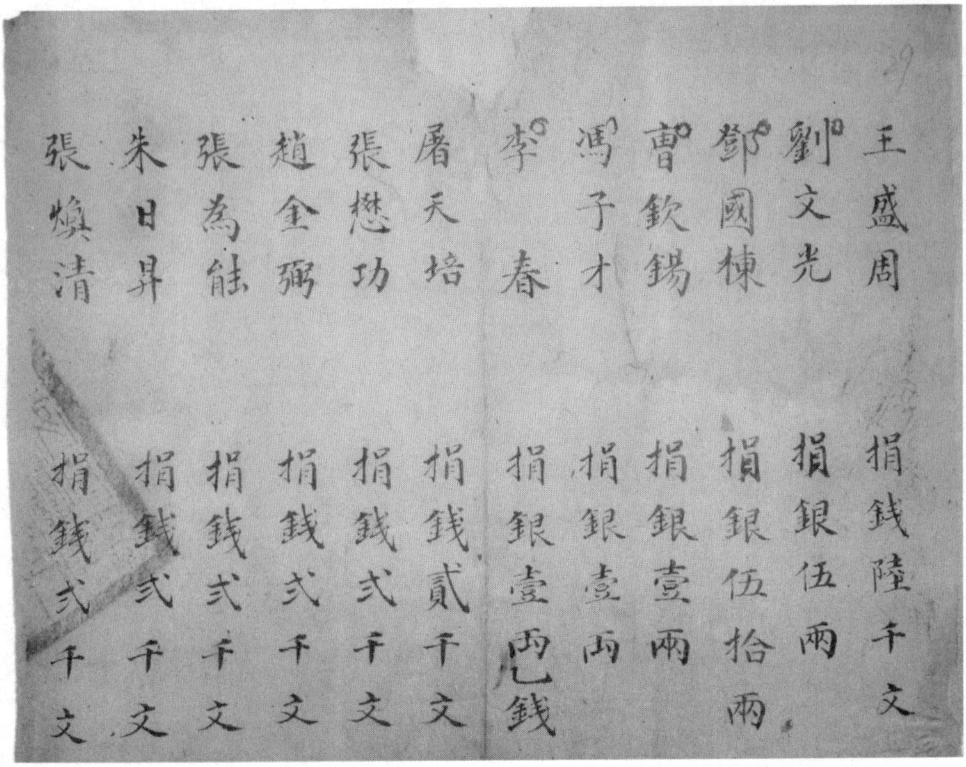
王盛周 捐錢陸千文
劉文光 捐銀伍兩
鄧國棟 捐銀伍拾兩
曹欽錫 捐銀壹兩
馮子才 捐銀壹兩
李春 捐銀壹兩乙錢
屠天培 捐錢貳千文
張懋功 捐錢弍千文
趙金弼 捐錢弍千文
張為能 捐錢弍千文
朱日昇 捐錢弍千文
張煥清 捐錢弍千文

助银（钱）人员名册（九）

张锦书　助钱贰千文
黄永富　助钱贰千文
徐逢春　助钱壹千文
李其泰　助钱伍百文
任怀德　助钱壹千文
冯　玢　助钱贰千文
朱顺训　捐钱壹千文
朱定礼　捐钱壹千文
王明荣　捐钱壹千文
何世禄　捐钱伍百文
郭梦兰　捐钱壹千文
冯　琨　捐钱壹千文

助银（钱）人员名册（十）

毛品荣	捐钱贰千文
杨隆昆	捐钱贰千文
杨隆晅	捐钱壹千文
袁信典	捐钱叁千文
金鼎三	捐钱伍百文
顾　本	捐钱壹千文
范兴兰	助银拾伍两
张国恩	助银贰两
张子瑞	助钱壹千文
蒋云簪	助银壹两
毛超鹏	助钱伍百文
罗正笏	助钱陆百文

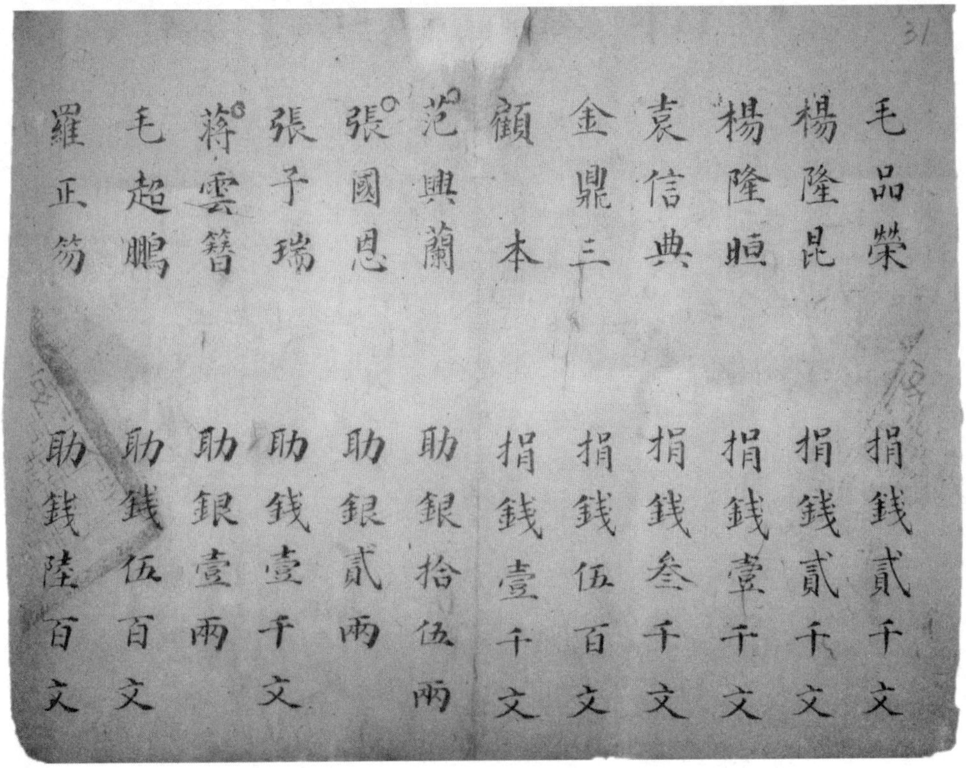
31

毛品榮 捐錢貳千文
楊隆昆 捐錢貳千文
楊隆晅 捐錢壹千文
袁信典 捐錢叁千文
金鼎三 捐錢伍百文
顧　本 捐錢壹千文
范興蘭 助銀拾伍兩
張國恩 助銀貳兩
張子瑞 助錢壹千文
蔣雲簪 助銀壹兩
毛超鵬 助錢伍百文
羅正笏 助錢陸百文

助银（钱）人员名册（十一）

	徐文茂	助钱乙千文
酒依	吴朝礼	助钱乙千文
	朱美禄	助钱四斤　合钱四百八十文
得勤寨	陈高誉	助钱乙千文
鲁土本学	周启富	助钱五百文
	陶凤趾	助钱乙百二十文
	卢华栋	助钱乙百二十文
	李洪芳	助钱乙百二十文
	姚志续	助钱乙百二十文
	□元德	助钱一百文
	汤号文	助钱一百二十文
	李大祥	助钱一百文
	肖云礼	助钱一百文
	李应龙	助钱一百文
	何　超	助钱二千文
	李发华	助钱二千文
	陈天龙	助钱二千文
	周世宏	助钱乙千五百文
	张文美	助钱二千文

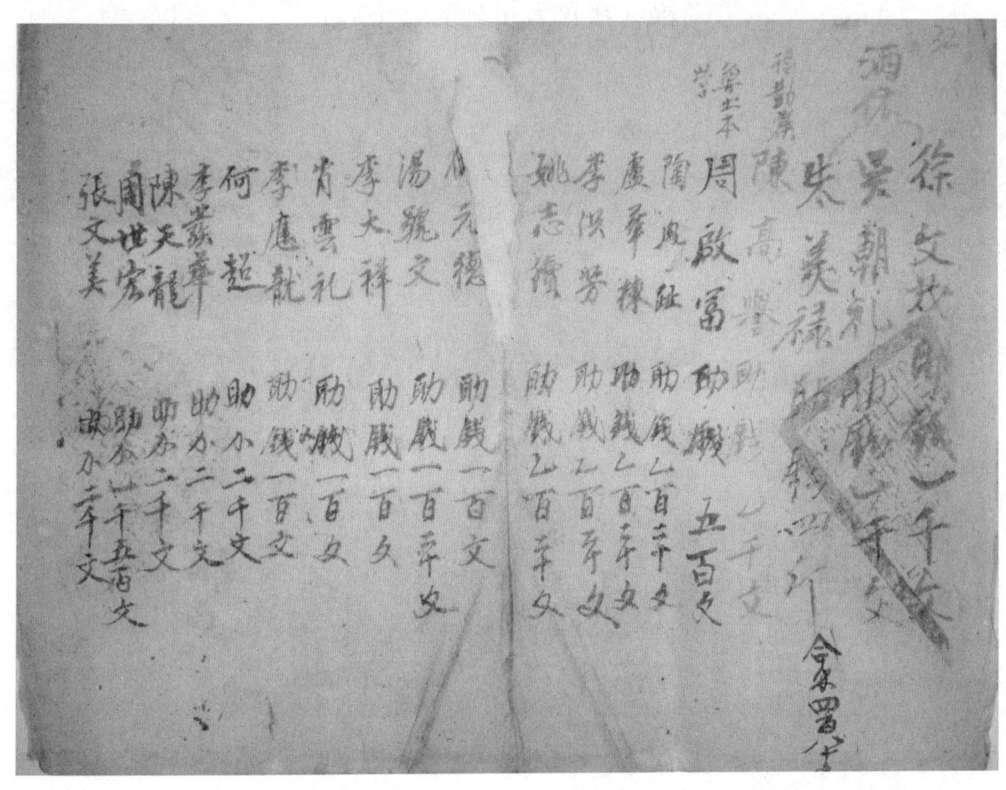

徐文[illegible]助錢一千文
吴朝礼助錢[illegible]千文
朱美禄助錢四千[illegible]
陳高譽助錢[illegible]千文
周啟富助錢五百文
簡鳳鈕助錢[illegible]百二十文
盧華棟助錢[illegible]百二十文
李洪勞助錢[illegible]百二十文
姚志積助錢[illegible]百二十文
[illegible]元德助錢一百文
湯號文助錢一百二十文
李大祥助錢一百文
肖雲礼助錢一百文
李應龍助錢一百文
何超助小二千文
李叢華助小二千文
陳天龍助小二千文
周世宏助小[illegible]千五百文
張文美助小二千文

助银（钱）人员名册（十二）

计开

长　冲	李秉元	助钱壹千贰百文
大菓朵	周人和	助钱壹千贰百文
	苏子和	助钱陆百文
杨家寨	苏永春 苏占春	助钱壹千文
	李纯儒	助钱陆百文
收	张扶瀛	助钱二千文
收	张凤山	助钱二千文
松林寨	余光耀	助钱乙千二百文
	张琼枝	助钱乙千二百文
补葱寨		共助钱乙千文
扯翅寨		共助钱乙千文
普□寨	牛文光	助钱一千文
酒依	王荣宗	助钱乙千文
	王元吉	助钱乙千文

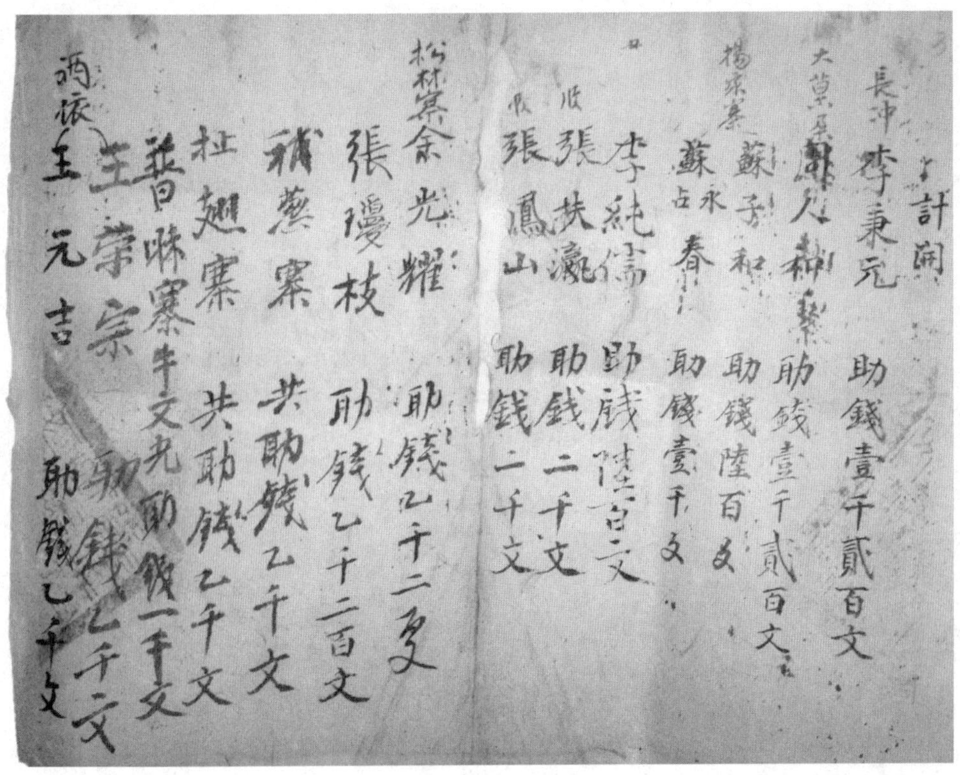
計開
長沖李秉元　助錢壹千貳百文
大菓寨[illegible]　助錢壹千貳百文
揚[illegible]寨蘇[illegible]　助錢陸百文
蘇永春　助錢壹千文
李純儒　助錢陸百文
張扶瀛　助錢二千文
張鳳山　助錢二千文
松林寨余光耀　助錢乙千二[illegible]
張瓊枝　助錢乙千二百文
稍[illegible]寨　共助錢乙千文
扯翹寨　共助錢乙千文
普[illegible]寨牛文光助錢一千文
王宗宗　助錢乙千文
王元吉　助錢乙千文

助银（钱）人员名册（十三）

	何凤仪	捐钱壹千文	
	张　泰	捐钱壹千文	
已得	黄章彦	捐钱壹千文	
	李盛云	捐钱贰千文	
	李　矩	捐钱壹千文	
	谢国泮	捐钱壹千文	
已得	萧选植	捐钱壹千文	今只收钱伍百文
	方忠献	捐钱壹千文	
	田辅世	捐钱壹千七百文	
	王国相	捐钱壹千文	

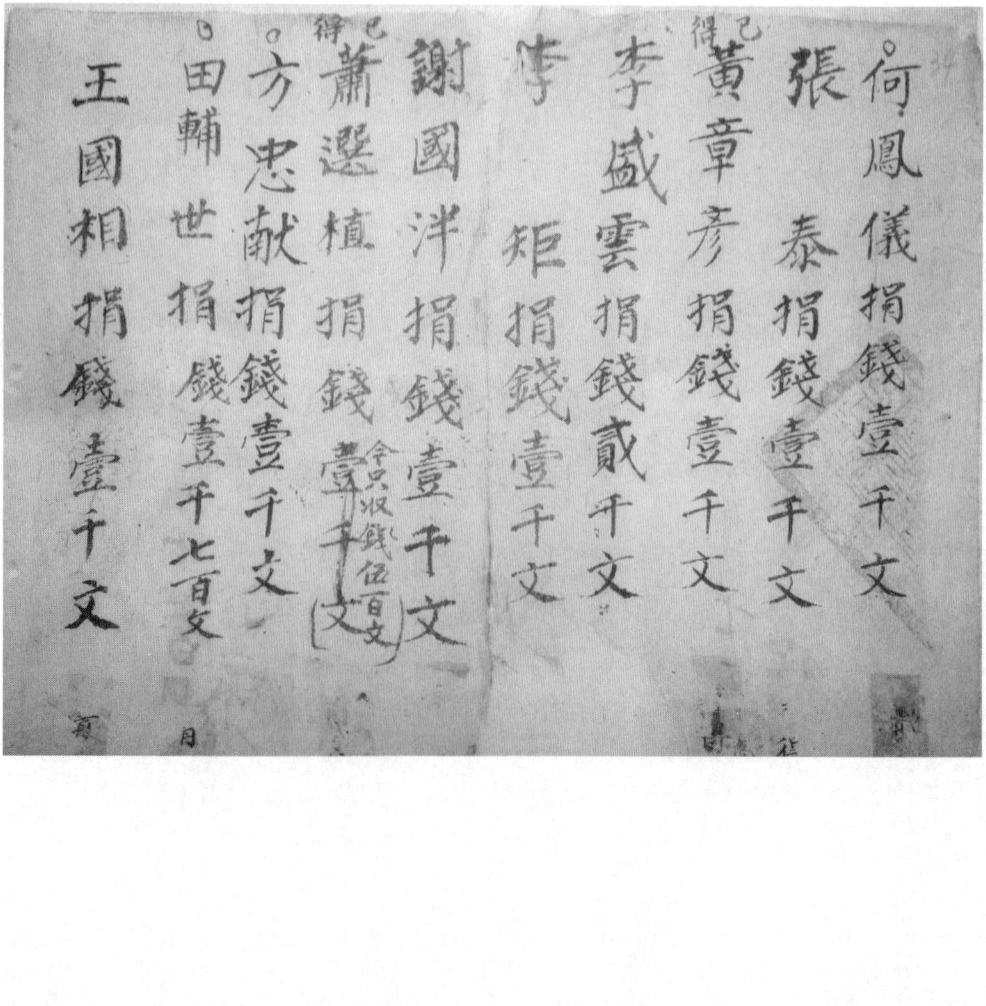
何鳳儀捐錢壹千文
張泰捐錢壹千文
已得 黃章彥捐錢壹千文
李盛雲捐錢貳千文
李矩捐錢壹千文
謝國泮捐錢壹千文
已得 蕭選植捐錢壹千文 今只收錢伍百文
方忠献捐錢壹千文
田輔世捐錢壹千七百文
王國相捐錢壹千文

助银（钱）人员名册（十四）

童　兴　　捐钱壹千文

蔡　升　　捐钱壹千文

谢云官　　捐银壹百零伍两

曾光锡　　捐银柒拾伍两伍钱

董书图　　捐银五拾两

封元榜　　捐银拾柒两

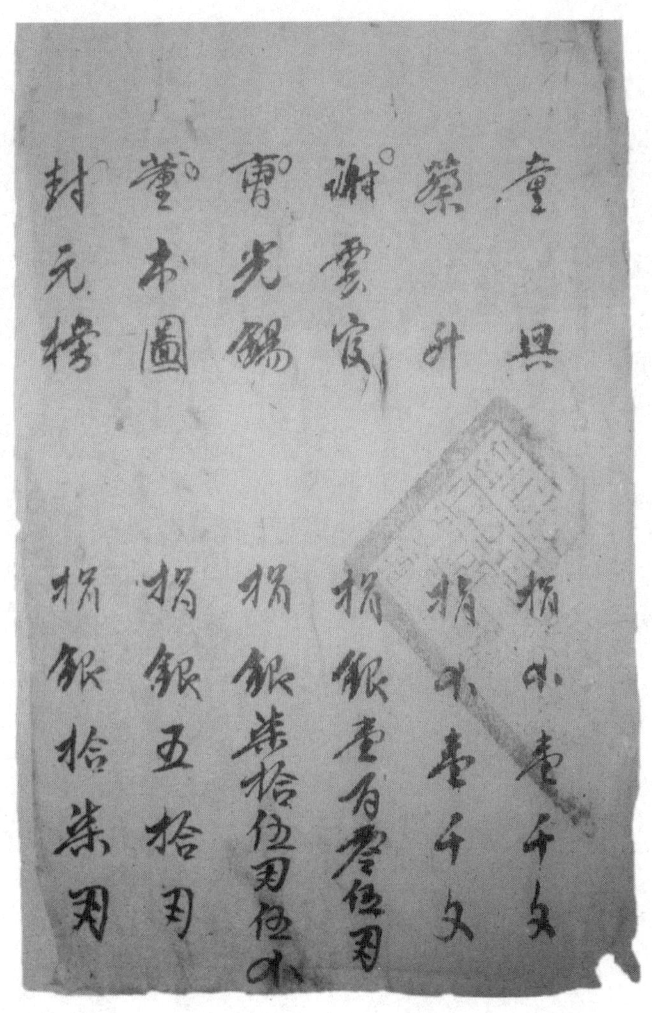
童興　捐水壹千文
蔡升　捐水壹千文
謝雲官　捐銀壹百零伍两
曾光錫　捐銀柒拾伍两伍水
董書圖　捐銀五拾两
封元榜　捐銀拾柒两

助银（钱）人员名册[①]（十五）

沙子园林姓缴谷价钱肆拾捌千柒百文。

妈依马福荣水口银拾两。

陈焕彩　　捐银捌两

郑子衡　　捐钱拾陆千文

谢云路　　捐银壹百壹拾两

林胜泉　　捐钱乙千文

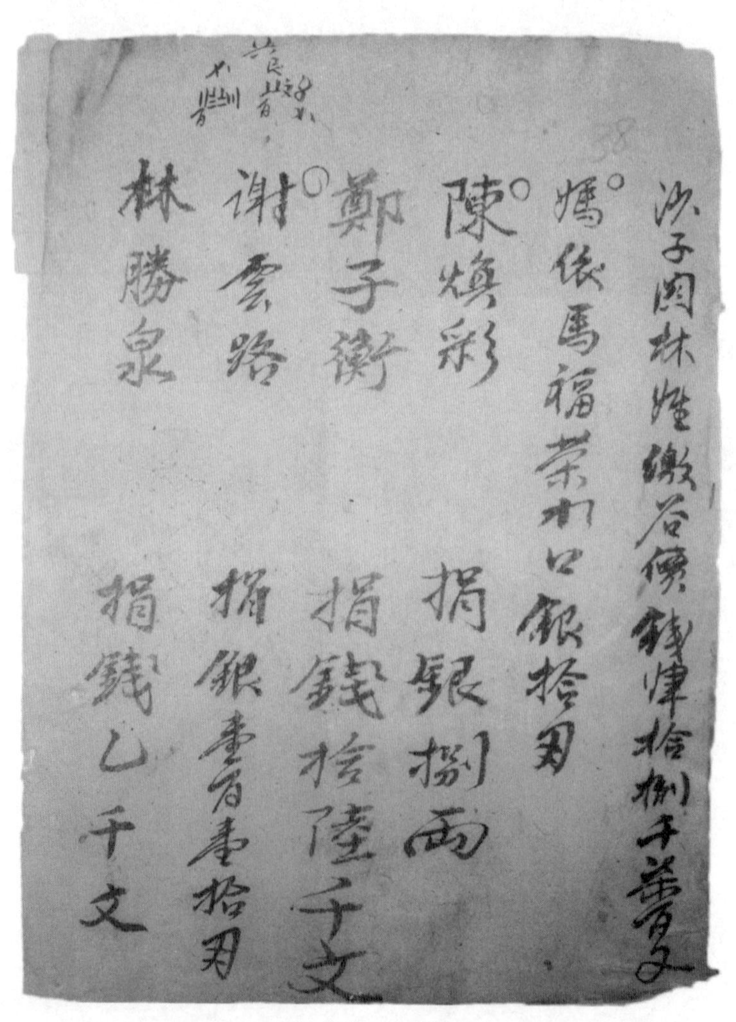

沙子园林姓缴谷價錢肆拾捌千柒百文

媽依馬福榮水口銀拾两

陳煥彩　捐銀捌兩

鄭子衡　捐錢拾陸千文

謝雲路　捐銀壹百壹拾两

林勝泉　捐錢乙千文

① 文书上端有传统码子文，未能识录。

助银（钱）人员名册（十六）

	□	千文	
已得	黄章宪	捐钱壹千文	
	张正心	捐钱壹千文	清
	张耀先	捐钱壹千文	清
	张国臣	捐钱壹千文	清

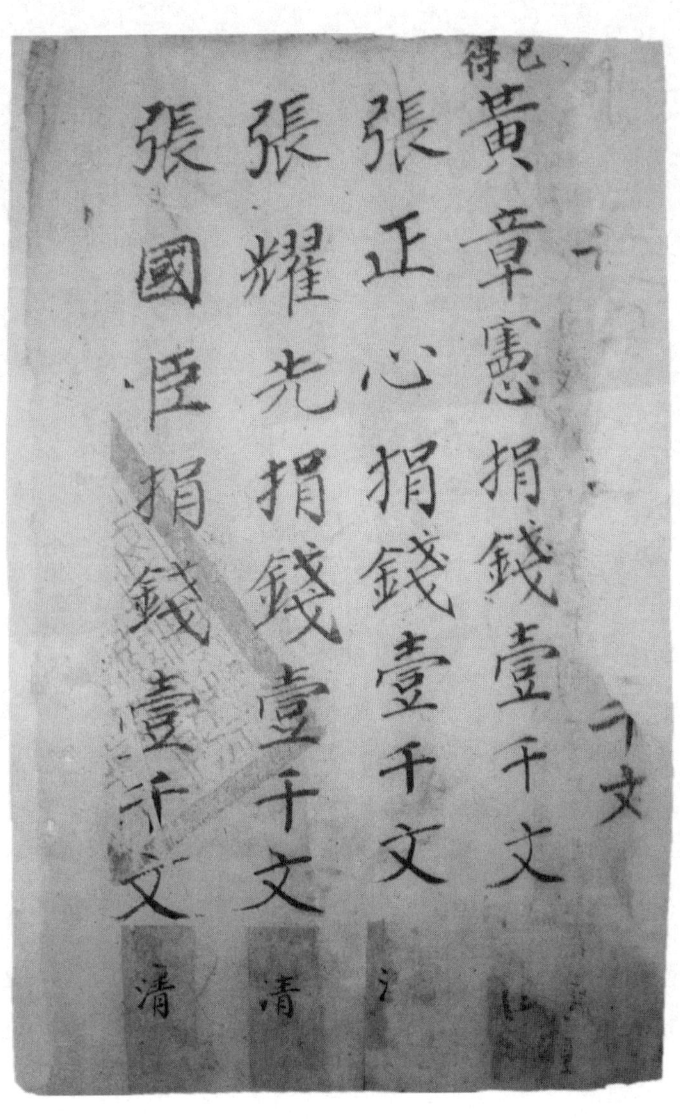

助银（钱）人员名册（十七）

以上共收钱叁拾千〇六百八十文，□合换银壹拾柒两肆钱，分□钱六百八十文，合□钱。

龙汝驭　　捐银拾两正

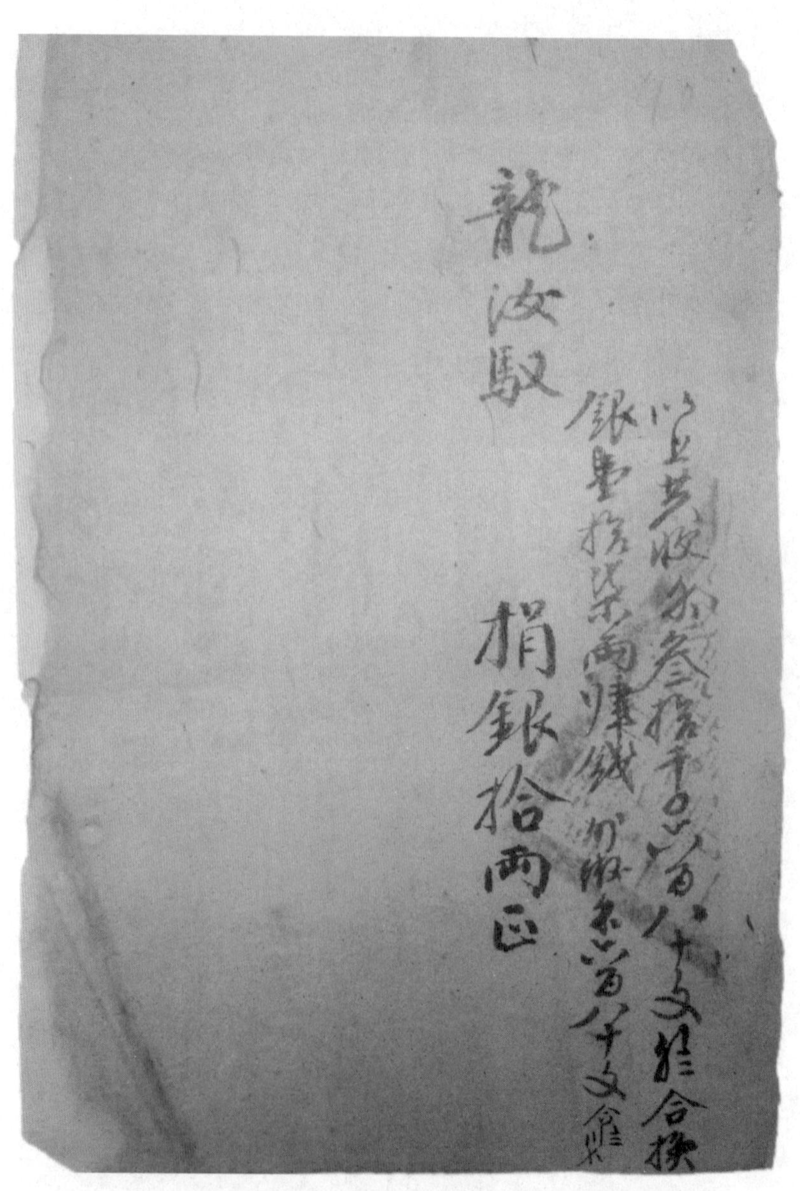

助银（钱）人员名册（十八）

张真儒	捐钱乙千文
尹执中 系王利川代缴	捐银叁拾两
玉虚观	捐银捌拾两

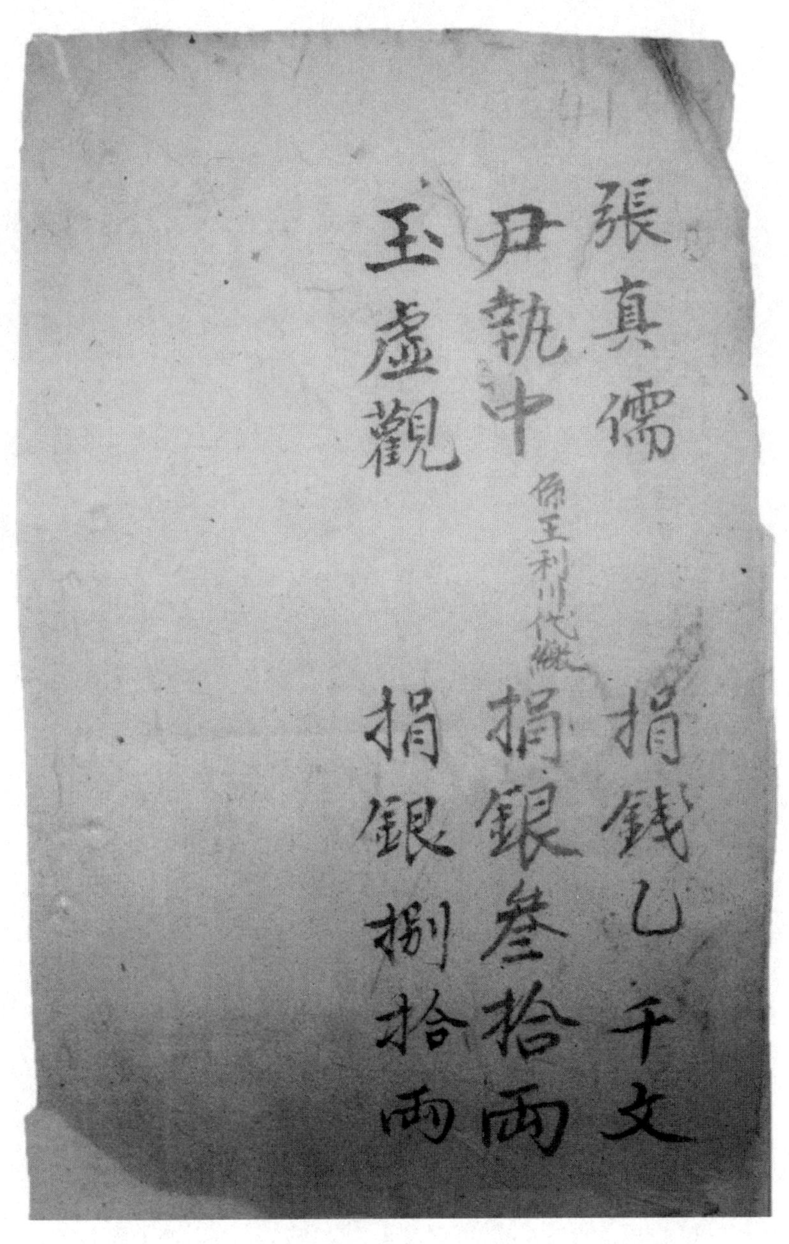

助银（钱）人员名册（十九）

方忠佐	捐钱伍百文	清
何奇馨	捐钱壹千七百文	清
杨春芳	捐钱壹千文	清
高照余	捐钱乙千文	清
杨汝杰	捐钱壹千文	清

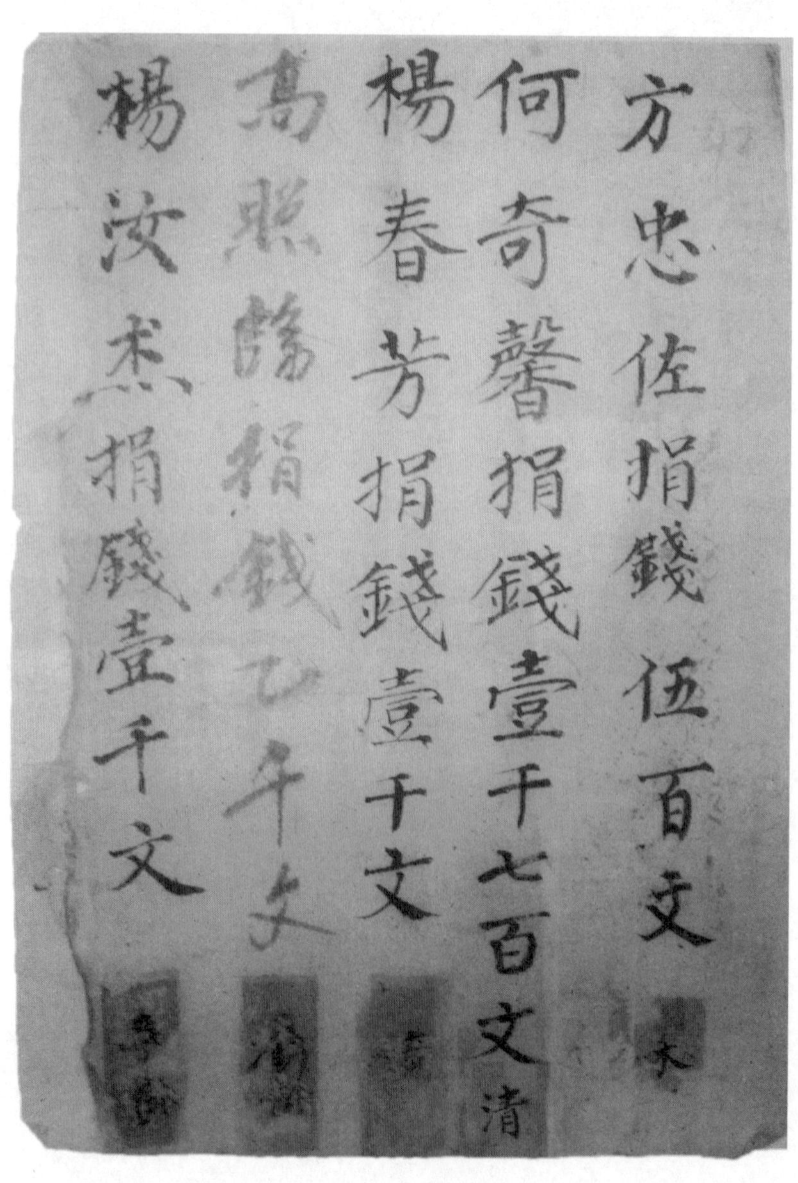

方忠佐捐錢伍百文
何奇馨捐錢壹千七百文清
楊春芳捐錢壹千文
高照餘捐錢乙千文
楊汝杰捐錢壹千文

助银（钱）人员名册（二十）

何凌云　　捐钱壹千文　　　清
何其香　　捐钱陆百文　　　□得
彭仲举　　捐钱伍千文
张耀廷　　捐钱壹千文　　　清
通共收得钱贰拾柒千捌百文，除去夫马□。

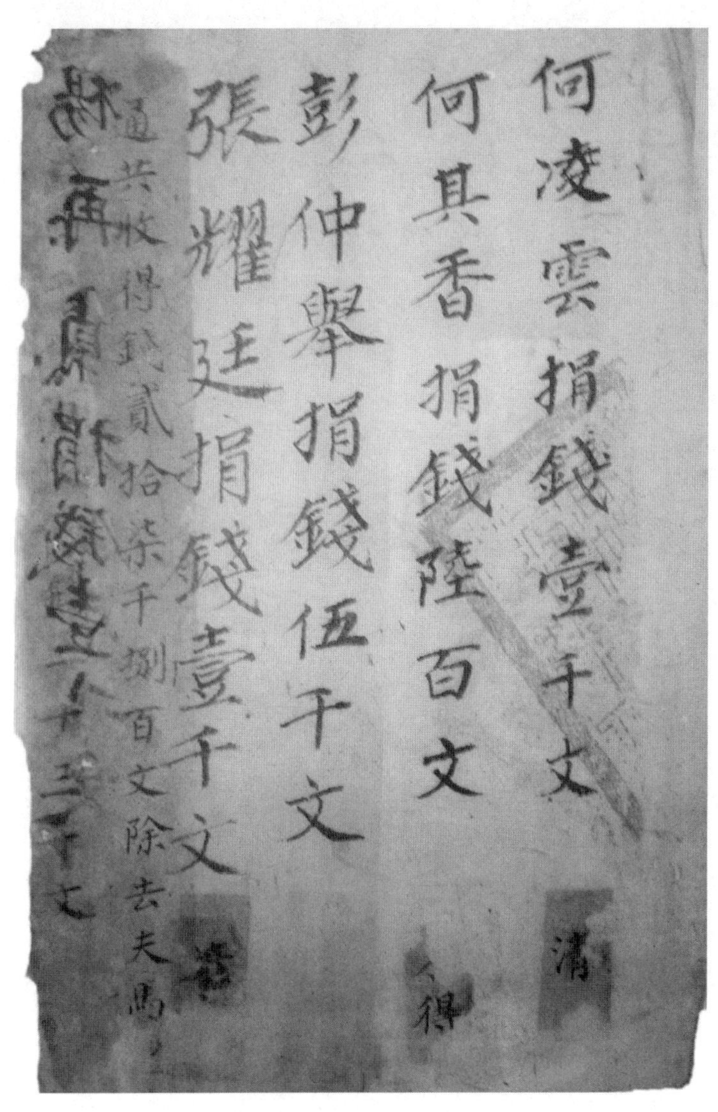
何淩雲捐錢壹千文　清
何其香捐錢陸百文　□得
彭仲舉捐錢伍千文
張耀廷捐錢壹千文
通共收得錢貳拾柒千捌百文除去夫馬□

杂类文书[①]（一）

项局长任内移交

购买游击署执照一张

张姓抄白在内

公债票一包

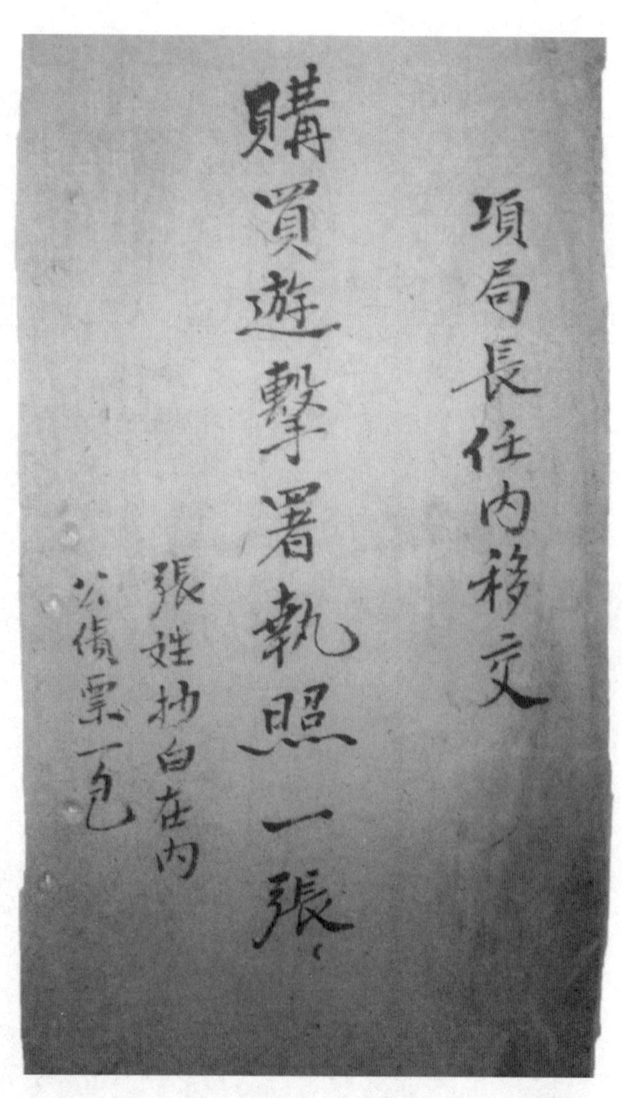

① 在盘州市档案馆，此件文书的题目是“盘县县政府关于项局长任内移交的文据”，由此可以看出该文书的时间为民国。

杂类文书（二）

狗场首事	杨连枝 龙承芳 彭　龄

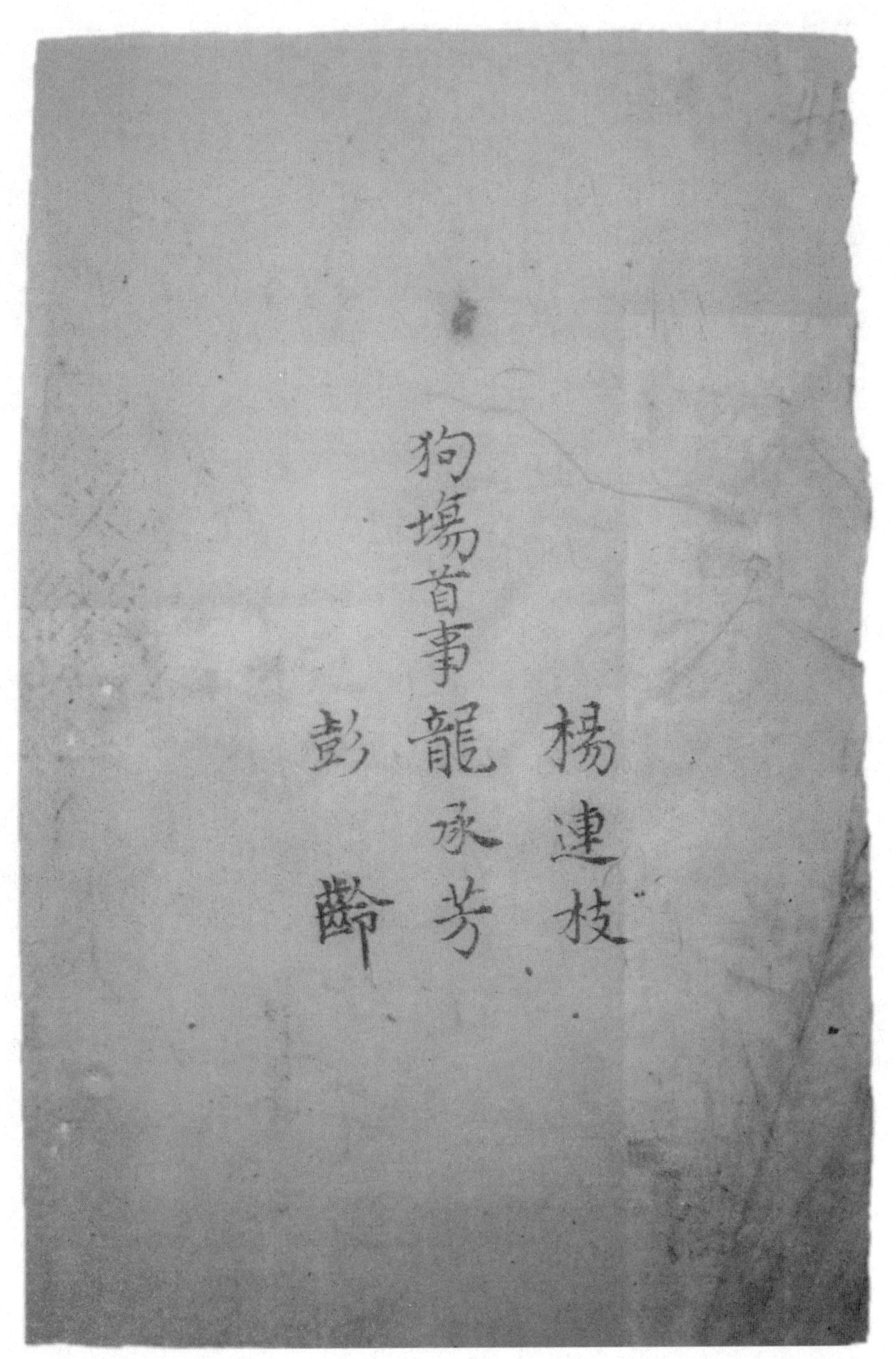

杂类文书（三）

楼下河首事　田世英
　　　　　　黄孔赞
　　　　　　陶大邦

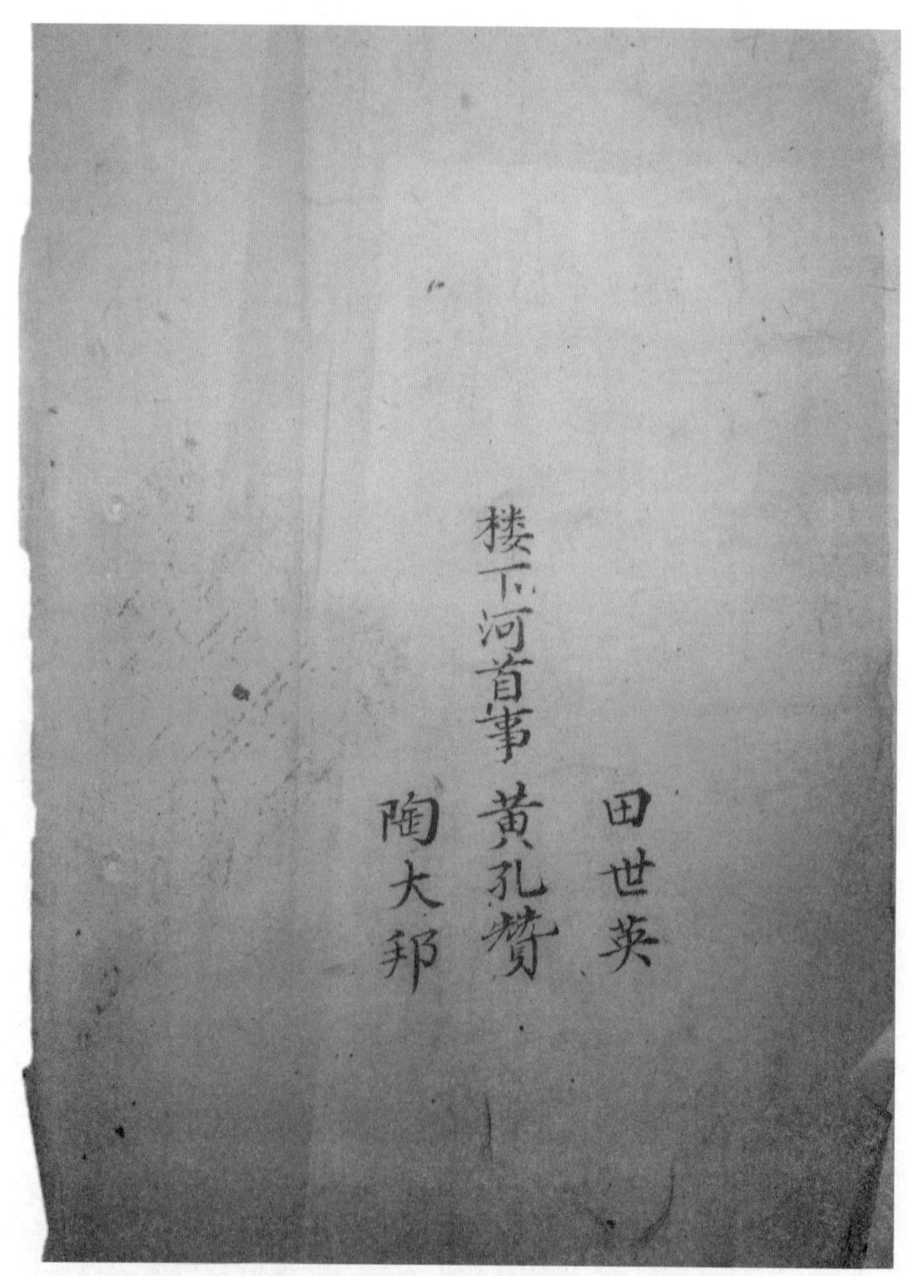

租佃田亩清单与佃户名册（一）

右□讫

光绪叁拾叁年玖月三十日置

府　　计用印贰拾六颗

租佃田亩清单与佃户名册[①]（二）

今将各项租石数目并各佃［户］姓名列后。

计开

一大坡堡社仓谷

黄德芳　叁石壹斗五升，黄发开代□斗在内

张四友　贰石贰斗七升半，本地义学租在

张连友　外，内以叁斗为催租督缴之费，实纳壹石□斗七升半

张自发

封三云　壹石柒斗六升

　　　　华桃

欧阳焕子　华李　叁石贰斗陆升，张小科代缴□斗伍升在内

　　　　华梅

周二保　贰石，内有壹斗捌升入本处义学，实纳壹石捌斗贰升

张云程　壹斗

张开甲　壹石壹斗贰升

瞿大顺　壹石伍斗

宋金祥　柒升

张正朝　壹斗捌升

刘老二　玖斗伍升

叶朝龙　壹石壹斗肆升

王德敬

　　　　贰石伍斗捌升

蒋中和

宋连生　壹石

张泰来　贰斗叁升

张小连　壹斗，地归王永安种

王永安　壹石肆斗伍升

张老五　捌斗伍升

苏云三　伍升

蹇天宾　柒斗

何老二

何老三　壹石叁斗陆升

何老四

① 该文书纸右下端残缺，有转佃田者。

今將各項租石數目并各佃姓名列右
計開
一大坡堡社倉谷
黃德芳　叁石壹斗五升　黃發潤代……斗內在
張連四友自發　貳石貳斗七升半　外內以叁斗為催租督繳之需實納壹石……　本地……　興祿……
封三云　斗七升半　壹石柒斗六升
歐陽煥子　華桃樹　叁石貳斗陸升　張小科代……斗伍升在內
周二保　貳石　內有壹斗捌升入本處義……　實納壹石捌斗貳升
張云程　壹斗
張開甲　壹石壹斗貳升
瞿大順　壹石伍斗
宋金祥　柒升
張正朝　壹斗捌升
劉老二　玖斗伍升
葉朝龍　壹石壹斗肆升
蔣王德中和敬　貳石伍斗捌升
宋連生　壹石
張泰來　貳斗叁升
張小連　壹斗　地歸王永安種
王永安媾　壹石肆斗伍升
張老五　捌斗伍升
蘇云三　伍升
蹇天賓　柒斗
何老二三四　壹石叁斗陸升

租佃田亩清单与佃户名册（三）

佃户	租额
曹连科 宋小定	伍斗
张玉贵	捌升
郑硚保	贰斗壹升
黄朝玉	叁石陆斗，义学肆升在外
黄连发	叁斗陆升
瞿金朝	壹斗壹升
周怀成	壹石陆斗叁升，曹占魁代贰斗在内
周三友	陆斗
胡登凤	壹斗
瞿六有	壹斗
黄德明	壹石陆斗捌升半
黄发开	陆斗伍升

曹連科
宋小定　伍斗
張玉貴　捌升
鄧礄保　貳斗壹升
黃朝玉　叁石陸斗 義學肆升在外
黃連發　叁斗陸升
瞿金朝　壹斗壹升
周懷成　壹石陸斗叁升 曹占魁代貳斗在內
周三友　陸斗
胡登鳳　壹斗
瞿六有　壹斗
黃德明　壹石陸斗捌升半
黃發開　陸斗在外

43

租佃田亩清单与佃户名册（四）

黄双玉		陆斗陆升
王小贵		叁斗叁升
周老七		柒斗

查执照张发政贰斗捌升在内，拨壹斗五升归本地义学。

周敢寿		贰石玖斗
张思和		肆斗陆升
李富贵		陆斗壹升

张老黑代五斗在内。

许福寿		壹石叁斗贰升
李天位		壹石零捌升
李木匠	名贵福	贰斗
李小仪		贰斗贰升半
李二成		壹石玖斗叁升
李有贵 李老祥		捌升半

黃雙玉　陸斗陸升

王小貴　叁斗叁升

周老七　柒斗

周敢壽　貳石玖斗

[illegible]

張思和　肆斗陸升

李富貴　陸斗壹升

張老里[illegible]五斗在内

許福壽　壹石叁斗貳升

李天位　壹石零捌升

李木匠[illegible]　貳斗

李小儀　貳斗貳升半

李二成　壹石玖斗叁升

李有貴 老祥　捌升半

租佃田亩清单与佃户名册（五）

瞿三贵	捌斗伍升
瞿石贵	壹石壹斗
钱金甲	陆斗
钱金祥	壹石
刘天开 张长有	陆斗柒升
何老三	壹石叁斗贰升
陆绍文	壹石
马平山	叁升
张小科 张云贵 张连发	贰石壹斗伍升
高松涛	壹石肆斗柒升半
张小贵	贰斗伍升
张小国 欧阳七斤	玖斗捌升

64

瞿三貴　捌斗伍升
瞿石貴　壹石壹斗
錢金甲　陸斗
錢金祥　壹石
劉天開　張長有　陸斗柒升
何老三　壹石叁斗貳升
陸紹文　壹石
馬平山　叁升
張小科　云貴　連發　貳石壹斗伍升
高松濤　壹石肆斗柒升半
張小貴　貳斗伍升
張小國　歐陽七斤　玖斗捌升

41

租佃田亩清单与佃户名册（六）

何老十	贰斗
李有富	玖斗
陶三元	壹斗捌升
马长有	捌升
张小庆	捌升
谭长寿	肆斗
谭尚志	
余小京	捌斗
欧阳华桃	壹石，查执照重
贺老三　小堡子	叁斗肆升
宋老云	壹斗柒升
宋石贵	肆斗肆升
许成林	贰斗伍升

7

姓名	数量
何老十	貳斗
李有富	玖斗
隴三元	壹斗捌升
馬長有	捌升
張小慶	捌升
譚長寿 尚志	肆斗
余小京	捌斗
歐陽華桃	壹石 重 查執照
賀老三 小堡子	叁斗肆升
宋老云	壹斗柒升
宋石貴	肆斗肆升
許成林	貳斗伍升

40

租佃田亩清单与佃户名册（七）

宋寿六	壹斗
何中林	陆斗陆升
张老五	壹斗壹升
胡双有	壹斗壹升
李六斤	壹斗贰升
叶小凤	壹斗伍升
邓老二	肆升
宋连生	贰升
张老云	贰升
沈性直 沈性真	干沟平地内拨捌斗柒升入华家屯义学，壹石壹斗柒升
周三毛	内拨柒斗捌升入华家屯义学，下余叁斗贰升入社仓，壹石零伍升，又五升
张继章	
张老三	伍斗
张小得	

85

宋寿六 壹斗

何中林 陆斗陆升

張老五 壹斗壹升

胡雙有 壹斗壹升

李六斤 壹斗贰升

葉小鳳 壹斗伍升

鄧老二 肆升

宋連生 贰升

張老云 贰升

沈性真 直新溝平地内撥捌斗柒升入華家庄義學 壹石壹斗柒升

周三毛 繼章 老三 内撥柒斗捌升入華家庄義學 下餘叁斗贰升入社倉 壹石零伍升 又伍升

張小得 伍斗

39

租佃田亩清单与佃户名册（八）

俞文学　　　　壹斗

沈性能　　　　拨入华家屯义学，壹石零叁升

刘光先　　　　拨入华家屯义学，壹石

以下入旧堡义学

黄朝升　旧堡　陆斗壹升半

壹石叁斗□升另入祠

李朝龙　　　　壹斗叁升半

黄小奎　　　　肆斗

瞿连芳　　　　贰斗

李朝荣　　　　贰斗叁升

刘启德　　　　叁斗

李万林　　　　壹斗柒升

黄小纪　　　　壹斗肆升

瞿发扬　　　　贰升

9

俞文學　壹斗

沈性能　撥入華家屯義學　壹石零叁升

劉光先　撥入華家屯義學　壹石

以下入舊塋義書

黃朝陞　舊僅　陸斗壹升半

壹石叁斗 升另入祠

李朝龍　壹斗叁升半

黃小奎　肆斗

瞿連芳　貳斗

李朝榮　貳斗叁升

劉啟德　叁斗

李萬林　壹斗柒升

黃小紀　壹斗肆升

瞿發揚　貳升

38

租佃田亩清单与佃户名册（九）

瞿登学　　　　贰斗壹升

方贞耀　西堡　陆斗

李长有　代李天位　壹斗

以上共柒拾壹石玖斗长贰拾石。

刘小贵　　　　干沟入华家屯义学，柒斗

谭尚志　　　　拨入华家屯义学，叁斗

石家庄新认租伍石，添入社仓谷，因干沟平地拨出肆石柒斗捌升入华家屯义学。

石发新
石发甲　　　　共肆斗肆升

石小友　　　　壹斗叁升

石小忠　　　　壹斗叁升

蒋久长　　　　叁斗

屠发友　　　　贰斗

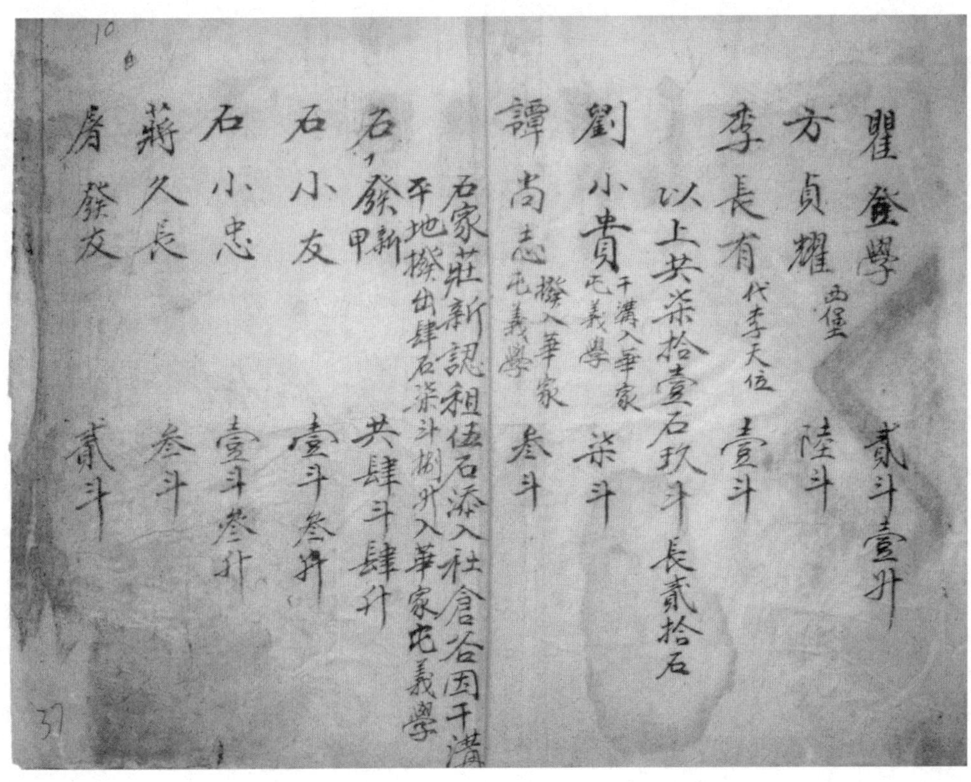

瞿登學　貳斗壹升
方貞耀　西堡　陸斗
李長有　代李天位　壹斗
以上共柒拾壹石玖斗長貳拾石
劉小貴　干溝入華家屯義學　柒斗
譚尚志　撥入華家屯義學　叁斗
石家莊新認祖伍石添入社倉谷因干溝平地撥出肆石柒斗捌升入華家屯義學
石々發新甲　共肆斗肆升
石小友　壹斗叁升
石小忠　壹斗叁升
蔣久長　叁斗
胥發友　貳斗

租佃田亩清单与佃户名册（十）　文会试宾兴租石（一）

蒋廷□ 蒋廷彦	共伍斗
胡成元 胡良才	共壹斗
石毛有 石毛丙 石小双 石万才	共柒斗
石小元 石小路	共伍斗
石小躲 石存有 石毛兰	共壹石肆斗
石云昌 石老苗	共叁斗伍升
石精元	贰斗伍升

一文会试宾兴租石

计开

此地现栽桑

王小苟　南门口　叁石

封明典　西冲羊毛田　叁石叁斗

印洪道　印家庄　伍石贰斗伍升

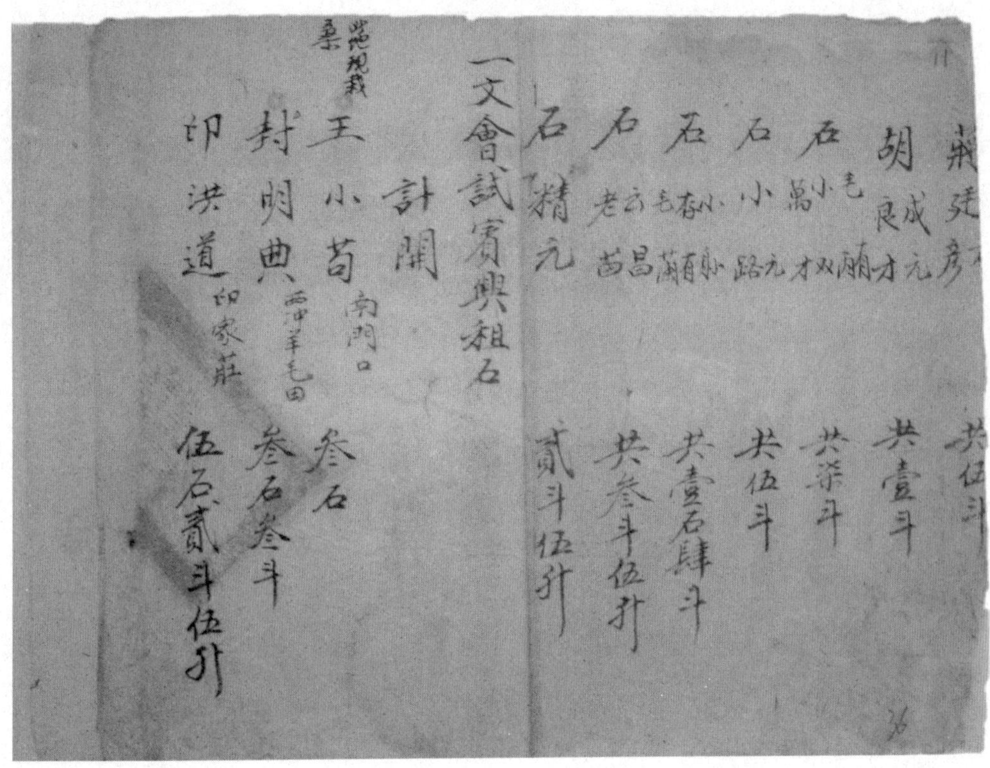

文会试宾兴租石（二）

余阿贵 徐石保	三板桥	拾叁石
胡一枝	三板桥	伍石
张世龙	小冲	壹石伍斗
张二哇		壹石
张发宪		陆斗伍升
张发华		壹石柒斗伍升
张世纪		壹石贰[①]斗伍升
张五斤		贰斗
张美成		伍斗伍升
张世彦		陆斗

□□小观音寺，每年上□石五斗。

① 从图上看，此“贰”字被划掉。

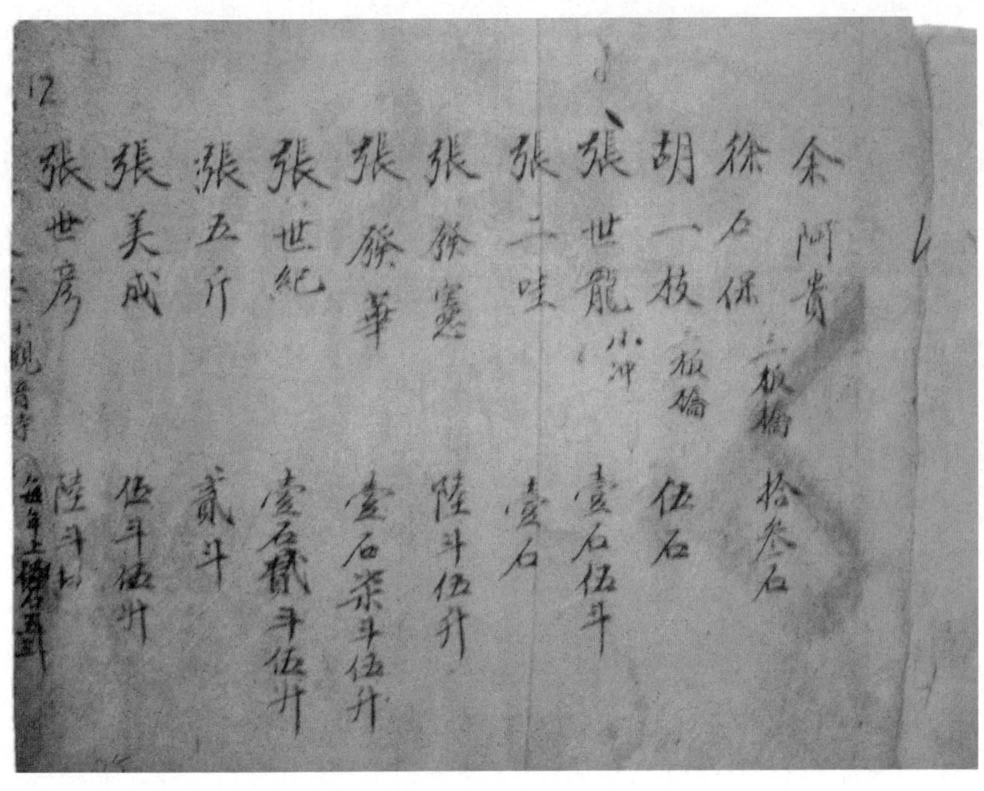

12

余阿貴 二板橋 拾叁石

徐石保

胡一枝 板橋 伍石

張世龍 小冲 壹石伍斗

張二哇 壹石

張發蹇 陸斗伍升

張發華 壹石柒斗伍升

張世紀 壹石貳斗伍升

張五斤 貳斗

張美成 伍斗伍升

張世彦 陸斗

觀音寺

文会试宾兴租石（三）

□年收租肆石。

以上原租叁拾伍石陆斗，今加成肆拾伍石零伍升，今加无□。

胡老生 华家屯 胡小学	壹石，周继高代纳叁斗柒升半
周继烈	壹石

连前共租肆拾柒石零伍升。

邓长林	肆斗
周继绪	伍斗
华超轶	伍斗
冯老举	叁斗
张家齐	贰斗捌升
华宗位	贰斗

连前共租肆拾玖石贰斗。

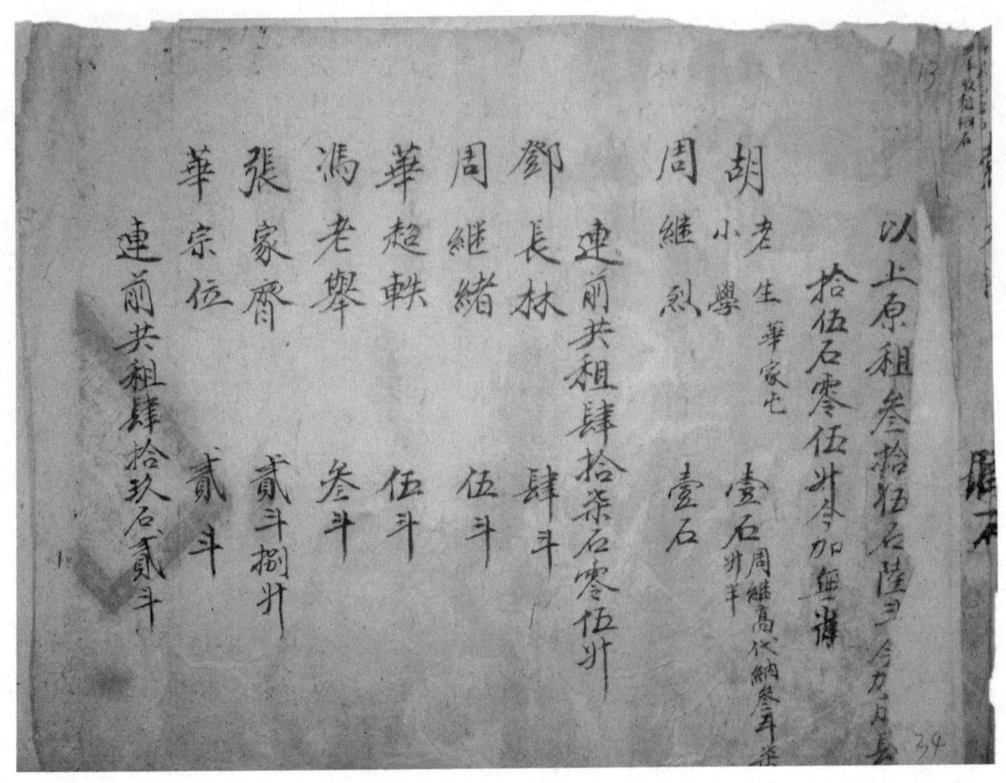

以上原租叁拾伍石陆斗今九月收
拾伍石零伍升今加無滑
胡老生 華家屯 壹石 周繼高代納叁斗柒升半
小學 壹石
周繼烈 壹石
連前共租肆拾柒石零伍升
鄧長林 肆斗
周繼緒 伍斗
華超軼 伍斗
馮老舉 叁斗
張家齊 貳斗捌升
華宗位 貳斗
連前共租肆拾玖石貳斗

武会试宾兴谷（一）

一武会诚宾兴谷

计开

陈国栋	上寨	捌石叁斗
陈国梁		
谭本兴		柒石
董连香	南里大庄	伍石贰斗伍升，只上四石五斗，李仙通批减
王钟明	沈小九代、李中友代	拾贰石
华超乘	华家屯	壹石叁斗
华老长		捌斗
华美轮		共肆斗伍升
华美昆		
华美光		肆斗伍升
华发甲		肆斗伍升

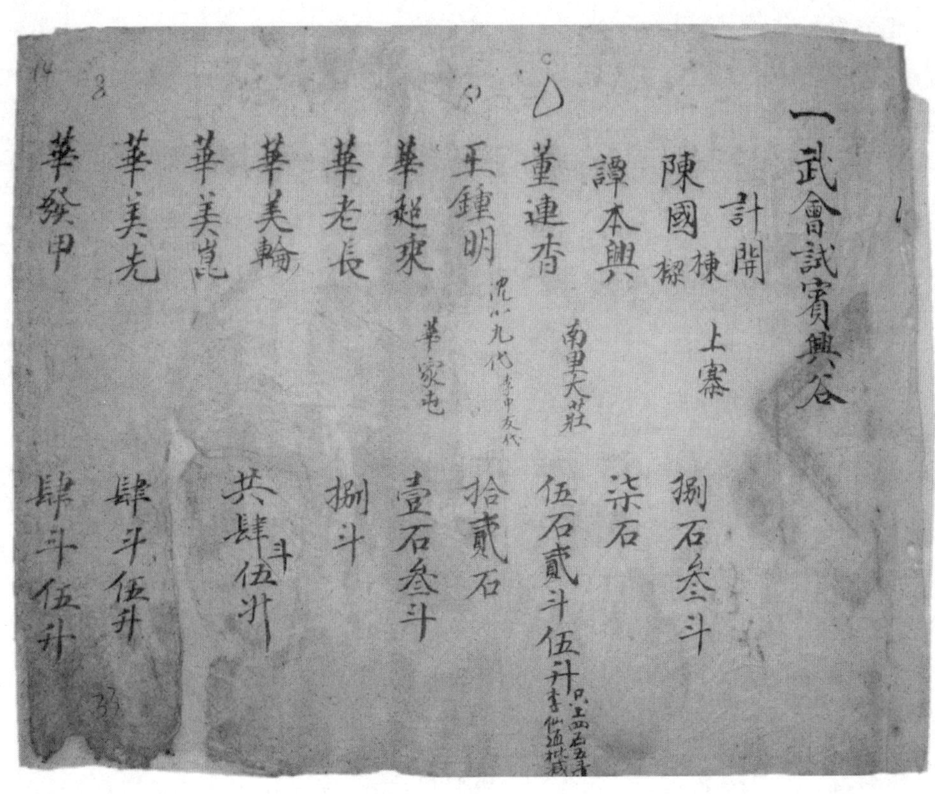

一武會試賓興谷

計開

陳國棟 上寨 捌石叁斗

譚本興 柒石

董連香 南里大莊 伍石貳斗伍升 [illegible]

王鍾明 沈心九代 李中友代 拾貳石

華超來 華家屯 壹石叁斗

華老長 捌斗

華美輪

華美崑 共肆斗伍升

華美先 肆斗伍升

華發甲 肆斗伍升

武会试宾兴谷（二）乡试宾兴谷（一）

华连贵　　　　　　　　　　　　　　贰石柒斗伍升

查原租伍拾伍石，历年只实收叁拾肆石，今加成叁拾捌石柒斗伍升。

一乡试宾兴谷

计开

董权和代　赵长寿

　　　　　郭二生代　董权喜代

　　　　　陈宗贵　　董小毛代

刘金龙
刘仕成　　西冲平田　　　　　　　　贰拾石

姜孙氏　　周春元代　　　　　　　　伍石

陶玉山　　　　　　　　　　　　　　叁石捌斗

陶正书　　西冲小屯　　　　　　　　壹石壹斗

陶正隆　　　　　　　　　　　　　　壹石壹斗

陶文虎　　　　　　　　　　　　　　柒斗

杨得意代纳，西冲三亩沟加成肆石。

董有升　　　　　　　　　　　　　　贰石伍斗

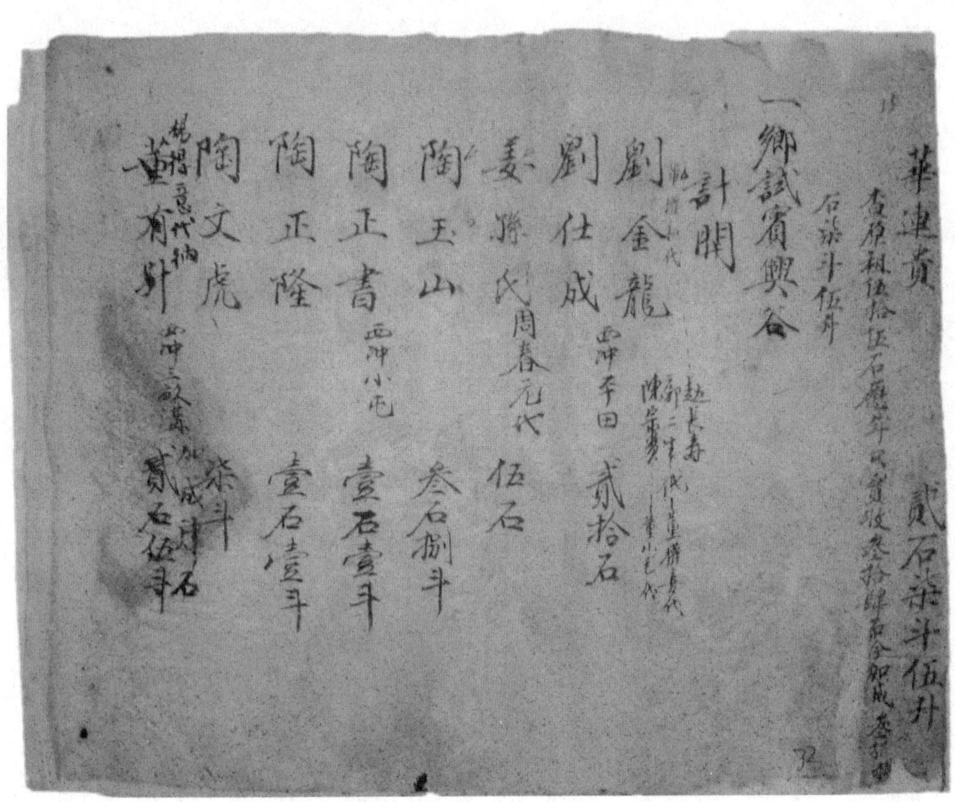

乡试宾兴谷（二）

张应科　西冲响水　贰石捌斗，张开敏代纳

张开敏　贰石捌斗

徐开祥

徐开发

徐开国　水草坪　拾叁石零捌升

徐开邦

戴六斤　玖石捌斗

故绝敖贵生[①]　玖石捌斗

余洪昌代六石六斗，徐开邦乙石六斗，刘文炳乙石六斗。

故绝敖贵生　王小乐二石四

何小狗二石四，徐二毛二石四，王小荣二石四，徐开发乙石六，罗麻子乙石六分三

敖小方　捌石贰斗

故绝　何苗子[②]　许泽民代　捌石贰斗

徐□兴　贰石四斗　□玉辉　壹石八斗

徐志寿　捌斗

王小茂

徐老四　三石贰斗

戴六斤

徐开发

故绝　何苗子

敖小方　叁石贰斗捌升

敖贵生　故绝

五人共种修沟打坝当客□□，有钱修沟打坝当客，其租仍□学仓。

敖观达　刘官老屯　伍石，入庙夫口粮

余东山　肆石壹斗，□除上皇粮陆斗

入庙夫口粮　高官屯

余老四

---

① “敖贵生”三字在原件上被划掉。

② “何苗子”三字在原件上被划掉。

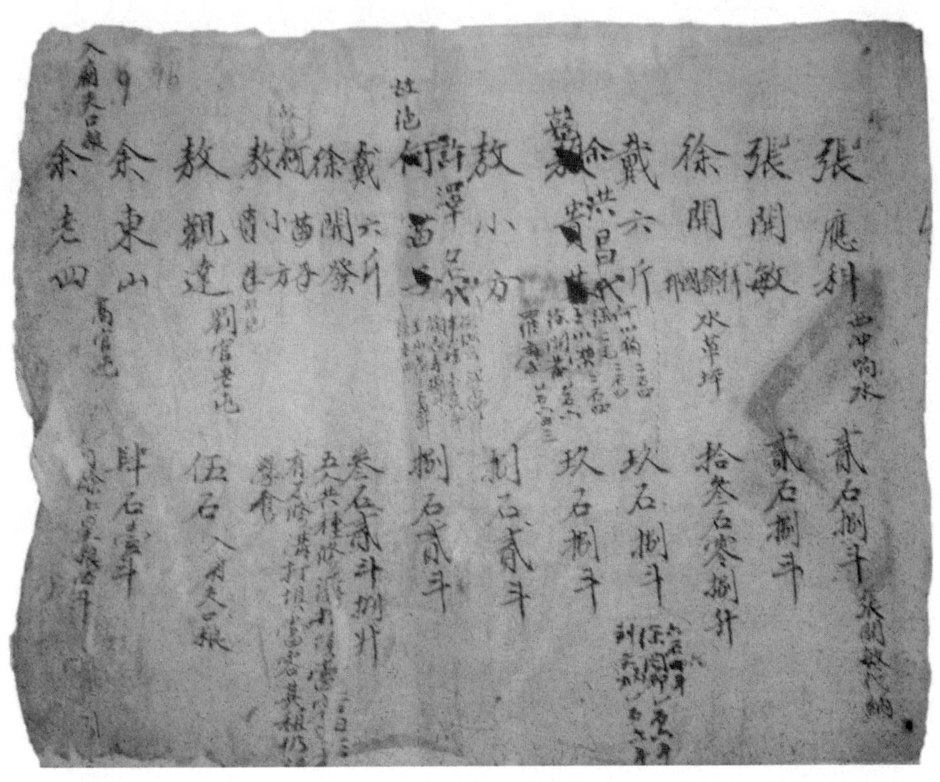

乡试宾兴谷[①]（三）

姓名	地名	租额
张永禄 张永界 张永富 张具兆	高官屯	壹石叁斗
李有贵[②]	西冲	壹石
何中华	甘家庄	陆石
王福佑[③]	小槐	贰石
蒋正高 蒋正文		叁石，正高一石四斗，正文一石六斗
许小当 许小点 许发林		叁石陆斗
陈老八[④] 陈双元 陈梦麟		叁石捌斗
黄长妹		叁石
陈自当 陈开科		壹石陆斗。开科所种一半之田，因被水冲成沙，不成田，未上租。后安给□。自赶沙成田，每年着上□□，以着（作）赶沙成田之报
黄玉发		叁石
黄老二 蒋思聪[⑤]		共壹石伍斗

---

① 原件中有“劝学所记”章印，表明劝学所取代了书院，这是光绪1905年兴学校起立的基层教育机构，说明了由书院到劝学所的变革。

② 李有贵名字眉头上的批注文：“□二十五佃发入廪田。”

③ 王福佑名字眉头上的批注文：“此系张鸣鹿已退入县中从后照收。”

④ 陈老八名字眉头上的批注文：“此系李世贞尚未退出。”

⑤ 蒋思聪名字眉头上的批注文：“此外有三斗入学中。”

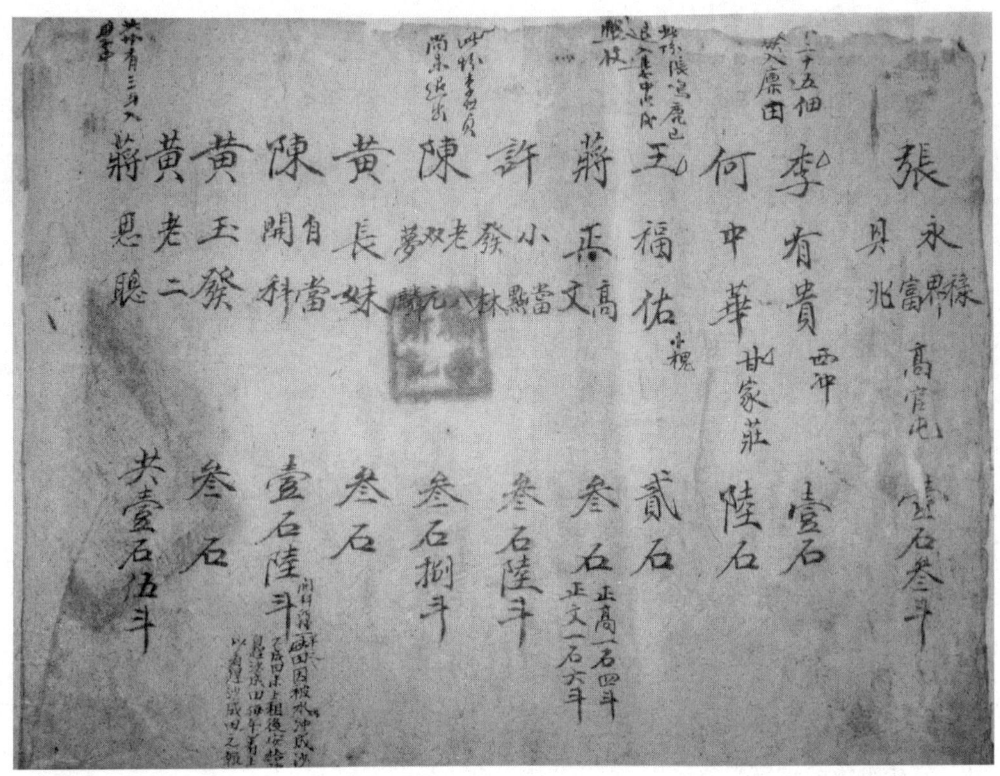
張永祿 貝兆 富界 高官屯 壹石叁斗
李有貴 西冲 壹石
何中華 甘家莊 陸石
王福佑 貳石
蔣正高 正文 叁石 正高一石四斗 正文一石六斗
許小發 當 叁石陸斗
陳老發 當 叁石捌斗
黃夢双 叁石
陳長妹 壹石陸斗
黃自開 當
黃玉發 叁石
黃老二
蔣恩聰 共壹石伍斗

乡试宾兴谷（四）　红案租谷　马脚色乡试宾兴谷（一）

王金芳　甘家庄
王金兆　王笔堂代　叁石捌斗

蒋正洪
蒋正高　叁石贰斗，蒋正洪壹石零□□，蒋正高贰石壹□

王京举
蒋正高
陈开科　共屋基壹石捌斗，给蒋□叁厘贰斗，[1] 作甘先生春秋［祭祀］
何小桂

以上原租壹百零贰石，今加成壹百肆拾石。拨甘姓春秋祭祀伍石，并修沟打坝外，实收谷贰拾贰石。

一红案租谷

张小春　西冲屯　粘谷肆石陆斗
彭定成　西冲屯　粘谷肆石陆斗
沈永泉　南里吴官屯　粘谷叁拾石

以上共租叁拾玖石贰斗，造册归学署亲收。

一马脚色乡试宾兴谷

陈达山　拾石零捌斗，内有八石六斗入马脚色义学，[2] 实上租贰石贰斗入乡试□

---

① 此句在原文中被划掉。

② 由此句可知，义学也由学田中拨出租供给。

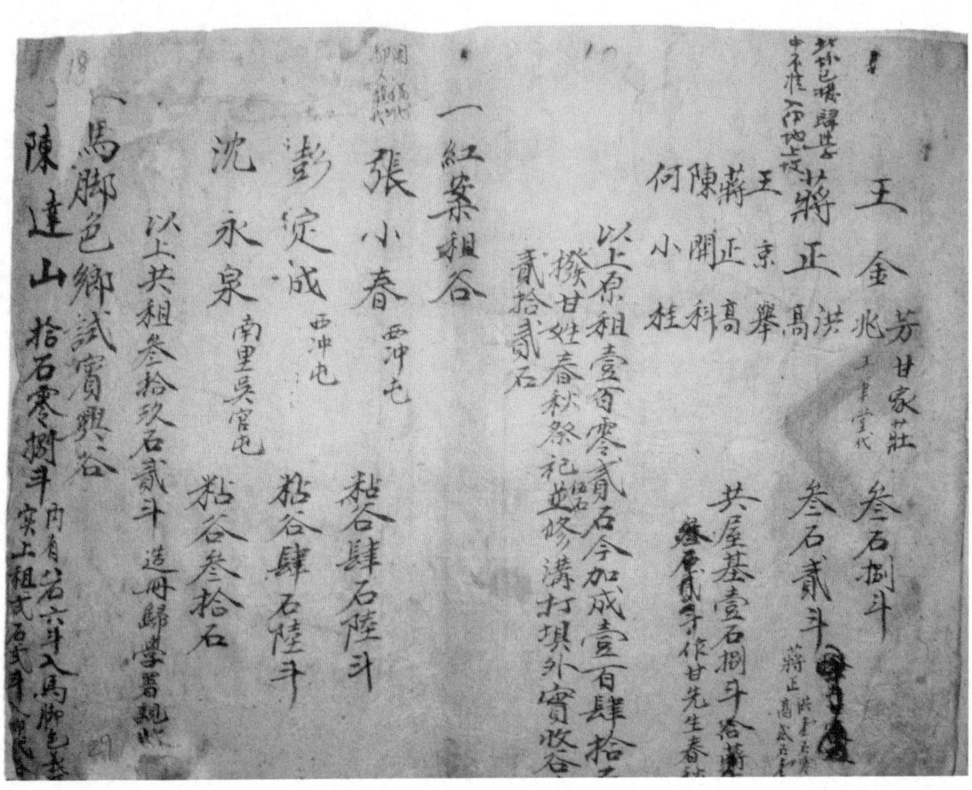

马脚色乡试宾兴谷（二）

瞿开万	肆升
瞿云祥	壹斗
李天润	壹斗
钱翠林	壹斗伍升
周秋桂	贰斗柒升
瞿兴黛	壹斗伍升
瞿廷柄	壹斗
瞿兴科	壹斗
董明亮	伍升
瞿兴发	叁斗
瞿兴和	伍升
刘连城	壹斗
瞿小苟	贰石
瞿开有	叁斗

19

瞿開萬 肆升
瞿雲祥 壹斗
李天潤 壹斗
錢翠林 壹斗伍升
周秋桂 貳斗柒升
瞿興黛 壹斗伍升
瞿廷柄 壹斗
瞿興科 壹斗
董明亮 伍升
瞿興發 叁斗
瞿興和 伍升
劉連城 壹斗
瞿小苟 貳石
瞿開有 叁斗

28

马脚色乡试宾兴谷（三）

董玉金		
董玉学		叁石肆斗
董玉合		
王小六		贰石壹斗陆升
董云丹	大白岩租	壹石
董老三		伍升
王兴朝		柒斗
李云发	中分田租	伍斗
黄登凤		壹石壹斗
瞿兴耀		玖斗伍升
瞿甲午		叁斗
瞿万成		贰斗
瞿兴鼎		壹斗捌升
瞿兴兰		贰斗
郭二贵		壹石柒斗伍升

董玉金學合　叁石肆斗

王小六　貳石壹斗陸升

董云丹　大白岩租　壹石

董老三　伍升

王興朝　柒斗

李云發　中谷田租　伍斗

黄登鳳　壹石壹斗

瞿興耀　玖斗伍升

瞿甲午　叁斗

瞿萬成　貳斗

瞿興鼎　壹斗捌升

瞿興蘭　貳斗

鄧二貴　壹石柒斗伍升

马脚色乡试宾兴谷（四）

董云丹	中分田租	叁斗捌升
王兴朝		叁斗伍升
瞿兴荣		伍斗
瞿兴诚		贰斗
许老九		肆斗
瞿兴荣	马官田租	肆斗
瞿兴耀	马官田租	肆斗
董小安		壹石贰斗
田太学		肆斗
李二定		肆斗
瞿兴甲		
瞿开甲		伍斗
李官林		
瞿兴鳌		贰石陆斗
瞿玉文		壹石叁斗捌升
瞿兴发		陆斗，外出三斗为催收火（伙）食费

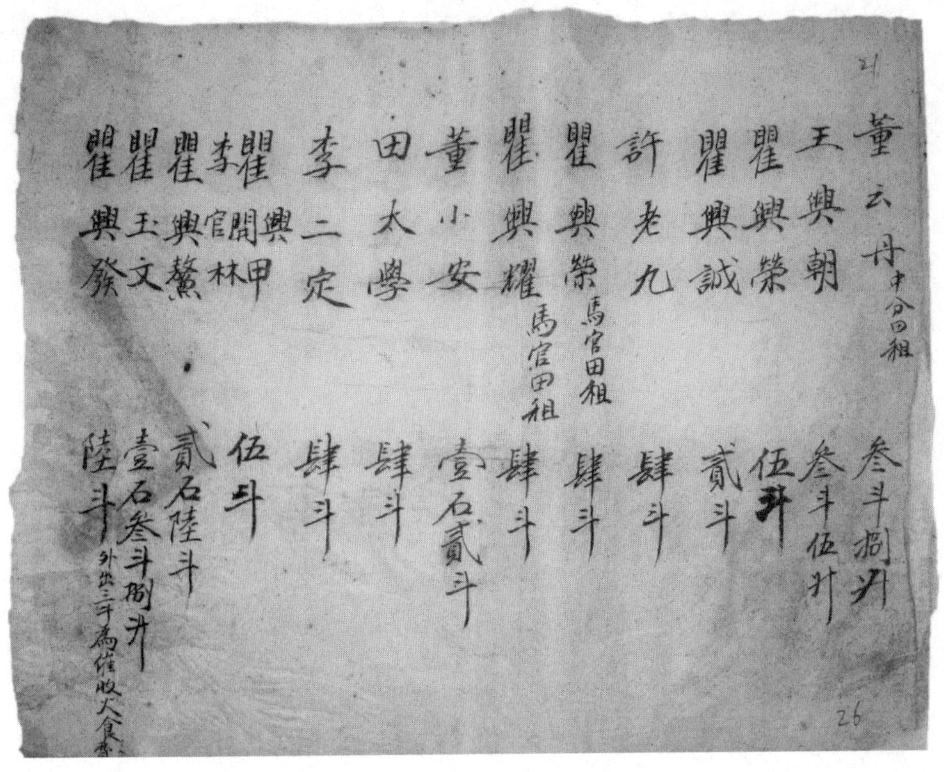

董云丹 中分田租 叁斗捌升
王興朝 叁斗伍升
瞿興榮 伍升
瞿興誠 貳斗
許老九 肆斗
瞿興榮 馬官田租 肆斗
瞿興耀 馬官田租 肆斗
董小安 壹石貳斗
田太學 肆斗
李二定 肆斗
瞿興甲 伍斗
李開林
官
瞿興鰲 貳石陸斗
瞿玉文 壹石叁斗捌升
瞿興發 陸斗 外出三斗為催收人食

马脚色乡试宾兴谷（五）

瞿金榜		壹石零柒升
周学成		壹斗
李云发	范家田租	贰斗
李小贵		叁斗
李小卯		叁斗
李正坤		伍斗
李小五		贰斗
李天昌		壹斗
李有言		贰斗
董成林		伍斗
陆大成		壹斗
瞿兴荣		贰斗贰升
董登典		
董登华		陆石贰斗伍升半
董登连		

马脚色全庄除拨刘本成、敖观虎、董钧成壹斗□傅王氏外，实共收谷叁拾陆石零伍升半。

瞿金榜 壹石零柒升
周學成 壹斗
李云發（苑家田租） 貳斗
李小貴 叁斗
李小卯 叁斗
李正坤 伍斗
李小五 貳斗
李天昌 壹斗
李有言 貳斗
董成林 伍斗
陸大成 壹斗
瞿興榮 貳斗貳升
董登華典連 陸石貳斗伍升半

馬腳色全莊除撥劉本成數觀虎董鈞成壹斗由傳王氏外實共收合叁拾陸石零伍升半

海戛租谷　膏火租谷[①]（一）

原租壹百叁拾肆石肆斗，今加成壹百陆拾柒石柒斗，拨叁拾石作九分廪谷。

一海戛租谷

唐成林	壹斗壹升
唐六斤	柒斗
敖本成	壹斗柒升
董老二	壹石叁斗伍升
董玉学	壹石叁斗

共叁石陆斗叁升，连前共壹百柒拾壹石叁斗叁升。

一膏火租谷

李春枝	花园田	陆石叁斗，今改为大富街
王允吉	花园田	拾石零伍斗，今改为大富街
刘继宗	背街河边	伍石贰斗伍升，现蒋翰卿代纳，每年只上毛谷肆石
陈　荣	滥田坝	伍石贰斗伍升
二柱王国桢代		此二柱□进周手

① 此“膏火租谷清单”原件形成之后，又经后人多次查核，将亡故承租人名字划除，将新承租人名添在亡故者。本录稿一概照原件式样录入。

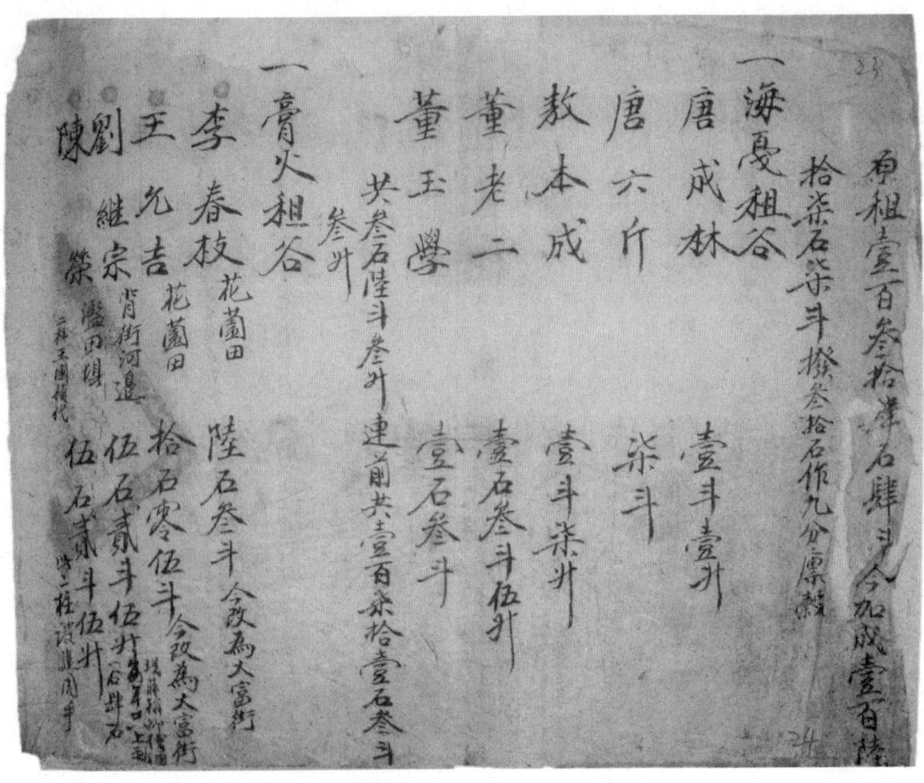

原租壹百叁拾柒石肆斗今加成壹百陸

拾柒石柒斗撥叁拾石作九分廪穀

一海憂租谷

唐成林　壹斗壹升

唐六斤　柒斗

教本成　壹斗柒升

董老二　壹石叁斗伍升

董玉學　壹石叁斗

共叁石陸斗叁升　連前共壹百柒拾壹石叁斗

叁升

一膏火租谷

李春枝　花園田　陸石叁斗　今改為大富街

王允吉　花園田　拾石零伍斗　今改為大富街　[illegible]

劉繼宗　背街河邊　伍石貳斗伍升　[illegible]

陳榮　灣田堪　[illegible]　伍石貳斗伍升　[illegible]

膏火租谷（二）

何三喜　滥田坝　　　　捌石
余六二　狮子口　　　　叁石肆斗壹升零一合
　　　　　　　　　　　共6石8［斗］2［升］
李文光[①]　　　　　　叁石肆斗壹升零一合
余小当　滥田坝　　　　陆石捌斗贰升半
张友恭　大塝　　　　　叁石叁斗
陶小牛　陶老三代　西冲　陆石捌斗　因水淌沙压，减一半。三□后仍上齐，至民国五年□[②]
封介成[③]　周小开代　　陆石叁斗　二十七年上一石，八年二石，九年三石，三十□齐
彭定成　　　　　　　　陆石　二十七年上四石，八年四石五斗，□□六石
范文卯[④]　沙沟　　　拾陆石壹斗伍升
李老定　　　　　　　　玖石壹斗伍升半
牟小甲　　　　　　　　壹石叁斗玖升
周小连　　　　　　　　贰石柒斗柒升半
徐小林　　　　　　　　贰石柒斗柒升半
徐长毛　　　　　　　　贰石柒斗柒升半

---

① “李文光”三字在原件中被划掉。
② 据这句话可判断，这份单子是民国五年时所写。
③ 封介成名字上的眉批：“宋潭波代。”
④ 范文卯名字上的眉批：“此项已经王姓赎还。”

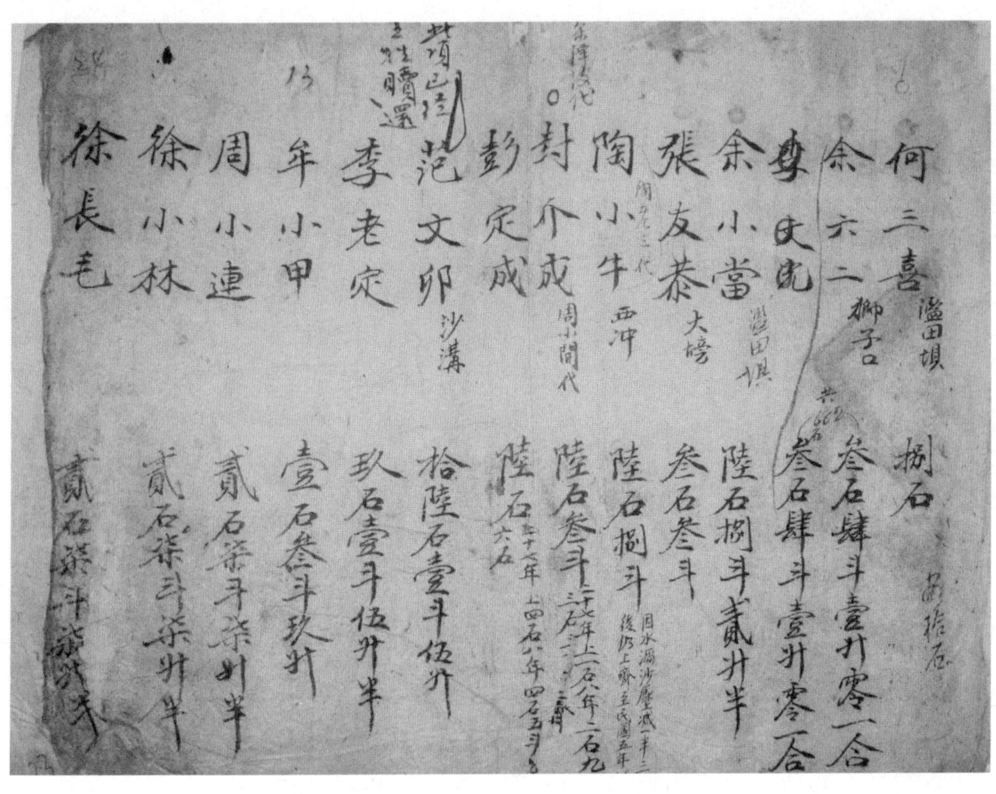

膏火租谷（三）

徐小发		贰石柒斗柒升半
李发荣		伍石捌斗叁升
李小保		壹石玖斗肆升
李长发		玖石壹斗伍升半
李发祥		壹石叁斗玖升
徐小双		贰石
王小恩	海子	陆石壹斗玖升半
王志明 王安成		柒石柒斗
印连喜 印小余	印家庄	拾石
沈为祥 沈为达 沈为吉	哈怍	贰拾壹石
支已昌	支家屯	陆石玖斗捌升
支要龙 冯乐宾		玖石壹斗肆升

黄德亮[①] 张官屯 壹石捌斗，此柱因上纳石湾，因明孟孙长□□减租□与支□书纳毛谷壹石

张开洪 马坡 陆石叁斗，李世昌种一半，作租三石三斗

① “冯乐宾”与“黄德亮”两名字间，还写有“支芳书”几字，表示田佃权的转移。

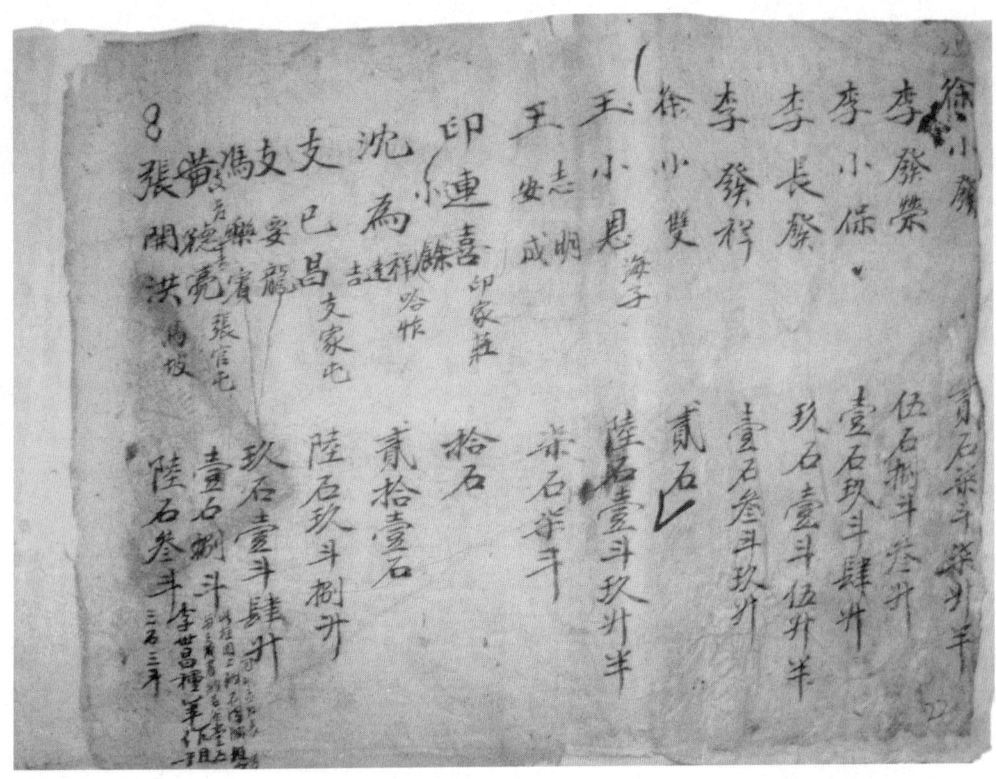

徐小發 貳石柒斗柒升半
李發榮 伍石捌斗叁升
李小保 壹石玖斗肆升
李長發 玖石壹斗伍升半
李發祥 壹石叁斗玖升
徐小斐 貳石
王小恩 海子 陸石壹斗玖升半
王志明 安成 柒石柒斗
印連喜 小餘 印家莊 拾石
沈爲祥 達 哈作 貳拾壹石
支巳昌 吉 支家屯 陸石玖斗捌升
支安龍 玖石壹斗肆升
馮樂賓 張官屯
黃德亮 壹石捌斗
8 張開洪 馬坡 陸石叁斗 三石三斗 李世昌種

膏火租谷[1]（四）　柳树湾束修租谷（一）

冯建侯　南板桥　玖石，因水冲成沙坝，冯建侯代。□□年又被水冲，二十八年上二石。□□上四石二斗

陈冬生　陈星才代　南板桥
陈小秋　陆石叁斗，前郑绍□孟安伍石伍斗

张德超　三板桥　捌石

林太平　软桥哨　壹石伍斗

卯小苟　三板桥　柒石伍斗

胡云卯　三板桥　柒石伍斗

林秀山　三板桥　拾贰石，二十七年十石，八年十□□、十二石

张汝梅　圣宫后左边地　伍斗

张汝耀[2]　管驿坡房租　肆千捌百文

王荐奎[3]　圣宫后左凹边地　陆斗

以上共租贰百叁拾叁石，□□七十五石四斗。

袁文海　小观音寺　捌石，拨入文会试宾兴

—柳树湾束修租谷

周绍海
周怀云
周发林　叁石玖斗伍升

周绍本
周怀祥
周怀唐
周富贵
周成林　陆石柒斗壹升

① 本文书右上角有眉批“张小学代种”。

② 张汝耀名字上的眉批：“栽桑。”

③ 王荐奎名字上的眉批：“栽桑。”

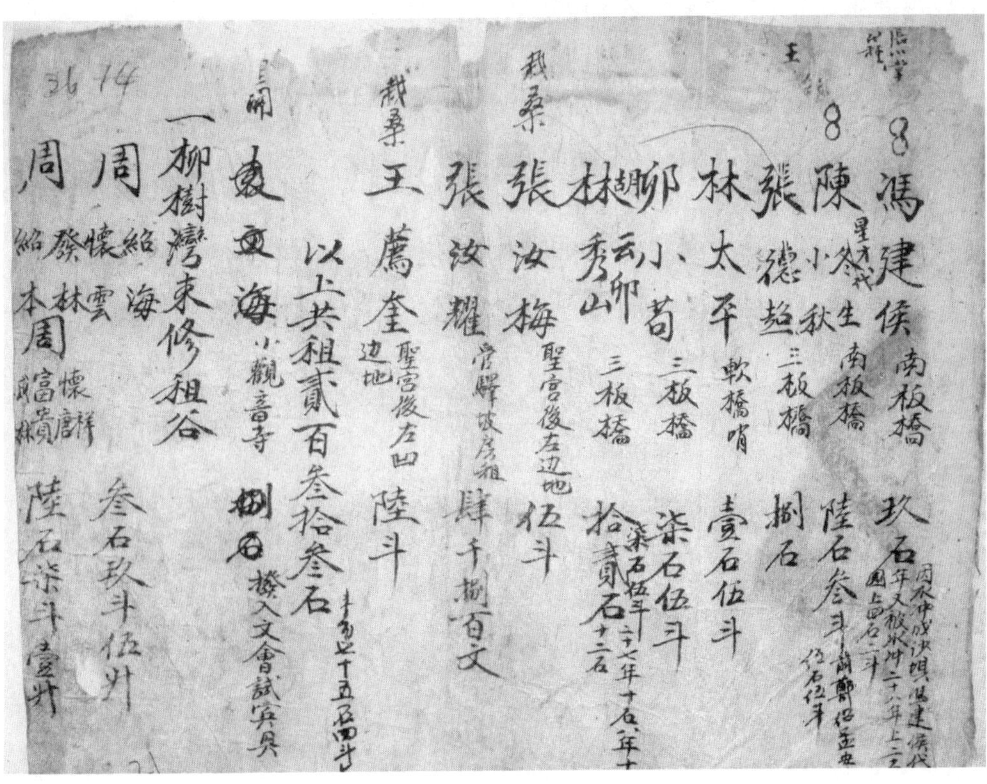

柳树湾束修租谷（二）

张洪泰	壹石玖斗捌升	
敖本祥	叁斗叁升	
张洪荣	贰石玖斗陆升	
鄢金鳌	伍斗，内有节烈祠乙斗	
李天云	肆石贰斗叁升	
瞿登能	壹石贰斗，内有节烈祠乙斗	
徐廷彦	贰斗	
韩朝玉	陆斗贰升	
张正中	柒斗贰升	
敖七十	肆斗玖升	
瞿云宽	玖斗玖升	
李天万	贰石捌斗陆升	
瞿二贵	壹石伍斗肆升	
瞿成贵 蒋玉林	共贰石捌斗陆升	内有八斗入柳树湾义学[①]，成贵纳乙石六斗二升，玉林纳四斗四升

① 这里可能是建立劝学所后的政策。支持义学的粮，内有八斗入柳树湾义学。

張洪泰 壹石玖斗捌升

教本祥 叁斗叁升

張洪榮 貳石玖斗陸升

鄢金鰲 伍斗 内有節烈祠山斗

李天雲 肆石貳斗叁升

瞿登能 壹石貳斗 内有節烈祠山斗

徐廷彥 貳斗

韓朝玉 陸斗貳升

張正中 柒斗貳升

教七十 肆斗玖升

瞿雲寬 玖斗玖升

李天萬 貳石捌斗陸升

瞿二貴 壹石伍斗肆升

瞿成貴 蔣玉林 共貳石捌斗陸升 内有八斗入柳樹塝義學成貴納山之大斗二升玉林納[illegible]斗

柳树湾束修租谷（三）

李小满		叁斗叁升
张文举		壹石玖斗叁升
张二文		壹石贰斗叁升
张世起		伍斗肆升
瞿金海		壹斗贰升
瞿大才	即云宽	柒斗
张洪道	分上乙石三斗二升	
张洪程	分七斗六升	叁石肆斗伍升
张洪亮	分乙石三斗七升	
瞿三林		贰石捌斗陆升
周怀生		柒斗壹升半
周怀相		柒斗柒升
周怀林		叁斗叁升
周怀昭		壹石贰斗壹升
周怀美		叁斗叁升
周继宽		□石肆斗

李小満　叁斗叁升

張文舉　壹石玖斗叁升

張二文　壹石貳斗叁升

張世起　伍斗肆升

瞿金海　壹斗貳升

瞿大才即雲寬　柒斗

張洪（道分上山石三斗二升　程分七斗六升　亮分山石三斗七升）　叁石肆斗伍升

瞿三林　貳石捌斗陸升

周懷生　柒斗壹升半

周懷相　柒斗柒升

周懷林　叁斗叁升

周懷貽　壹石貳斗壹升

周懷美　叁斗叁升

周繼寬　[illegible]石肆斗

柳树湾束修租谷（四）　毛政营租谷（一）

瞿敦月　　　　壹石玖斗玖升
瞿大兴　　　　叁石叁斗
李五十　　　　贰斗，入敖正纪五石内
以上总共柒拾壹石玖斗叁升半。

一毛政营租谷
赵云春　　　　壹石陆斗陆升
张六九　　　　壹石捌斗陆升
何安春　　　　壹石叁斗肆升
刘小友　　　　壹石叁斗壹升
刘成林　　　　壹石伍斗
何贵保　　　　壹石伍斗玖升
支苟哇　　　　壹石零贰升
黄　贵　　　　壹石玖斗玖升
黄　富　　　　壹石捌斗伍升

30 16

瞿敦 壹石玖斗玖升

瞿大興 叁石叁斗

李五十 貳斗 入敖正紀五房

以上總共柒拾壹石玖斗叁升半

一毛政營祖谷

趙云春 壹石陸斗陸升

張六九 壹石捌斗陸升

何安春 壹石叁斗肆升

劉小友 壹石叁斗壹升

劉成林 壹石伍斗

何貴保 壹石伍斗玖升

支茍娃 壹石零貳升

黄貴 壹石久斗玖升

黄富 壹石捌斗伍升

毛政营租谷（二）

姓名	分	数
张官福		壹石玖斗肆升
张小□		伍斗伍升
敖王保		壹石肆斗
敖花子		壹石壹斗
刘云祥		捌斗伍升
刘玉生		壹石贰斗伍升
朱长久		壹石捌斗陆升
彭奇二		伍斗壹升
关新春		叁石零壹升
刘福兴		叁石柒斗
张路保		伍升
刘国友		壹石零叁升
刘乔保	分上壹石捌斗零半升	共贰石捌斗壹升半
刘长有	分壹石零壹升	（同上）
刘吴保		贰石

31

張官福 壹石玖斗肆升

張小[illegible] 伍斗伍升

敖王保 壹石肆斗

敖花子 壹石壹斗

劉雲祥 捌斗伍升

劉玉生 壹石貳斗伍升

朱長久 壹石捌斗陸升

彭奇二 伍斗壹升

關新春 叁石零壹升

劉福興 叁石柒斗

張路保 伍升

劉國友 壹石零叁升

劉喬保 分上壹石捌斗零叁升
劉長有 分壹石零壹升
共貳石捌斗壹升半

劉吳保 貳石

16

毛政营租谷（三）

刘小长		壹石伍斗
赵三八		壹石零陆升
赵留保		壹石捌斗
刘乔寿		陆斗零半升
刘老二		捌斗
刘老十		伍斗伍升
刘官寿		玖斗捌升
王义贵		壹石玖斗壹升
谢老五		陆斗贰升
刘发林	代刘经发	壹石陆斗伍升
龙　棂		壹石肆斗伍升
赵国华	即赵六八	壹石
赵翠保		壹斗玖升
吴六九		柒斗捌升

劉小長 壹石伍斗

趙三八 壹石零陸升

趙留保 壹石捌斗

劉喬壽 陸斗零半升

劉老二 捌斗

劉老十 伍斗伍升

劉官壽 玖斗捌升

王義貴 壹石玖斗壹升

謝老五 陸斗貳升

劉發林代經發 壹石陸斗伍升

龍檽 壹石肆斗伍升

趙國華丙趙六 壹石

趙翠保 壹斗玖升

吴六九 柒斗捌升

毛政营租谷（四） 岁修租谷（一）

刘发祥　　　　　　　　柒斗肆升

以上总共伍拾壹石捌斗贰升。柳树湾毛政营共原束修租谷壹百壹拾肆石，今壹百贰拾叁石柒斗。

一岁修租谷

王小二　对门山苞谷　　　□石伍斗，周小友代

张孝纪　对门山　　　　　壹石零伍斗

施双全[①]　书院后地　　　租银肆两

蓝癸卯　小观音寺　　　　拾肆石柒斗

马祖兴[②]　小观音寺　　　拾石

黄福祥
黄福玉　对门山　　　拾石零伍斗

廖正培[③]　石柱湾　　　　肆石贰斗，每年上三石八斗

许凌云[④]　西冲大屯，即西门外　叁石，每年上贰石五斗，此柱刘福二、刘百寿、老三纳□

王正前　平蒿地　　　　　伍石贰斗

支王田　支必昌代　张官屯　　肆石贰斗，冯汝南、汝成三□，张书元换□□

① 在施双全名字的眉头上有批注文字："栽桑。"

② 在马祖兴名字的眉头上有批注文字："伍石拨为口粮□□。"

③ 在廖正培名字的眉头上有批注文字："王家楼代，只上贰石捌斗。"

④ 在许凌云名字的眉头上有批注文字："刘世超代。"

劉發祥 柒斗肆升

以上總共伍拾壹石捌斗貳升

柳樹灣毛政營共原東修租谷壹百壹拾肆石仝

壹百貳拾叁石柒斗

一歲修租谷

王小二 對門山苞谷 石伍斗 周山友代

張孝紀 對門山 壹石零伍升

施雙全 書院後地 租銀肆兩

裁柒

藍癸卯 小觀音寺 拾肆石柒斗

伍石撥出口粮

馬祖興 小觀音寺 拾石

虞大

黃福祥（玉） 對門山 拾石零伍斗

王家揆代 只上贰石捌斗

廖正培 石柱灣 肆石貳斗 每年上三石斗

許凌雲 西沖大屯即西門外 叁石 每年上贰石五斗 此挂到[illegible]

刘世超代

王正前 平蒿地 伍石貳斗

支田 少昌代 張官屯 肆石貳斗 馮次南 [illegible]

岁修租谷[1]（二）

屠太平	三板桥	贰石
唐显德	三板桥	贰石贰斗伍升
廖国亮	三板桥	壹石伍斗
廖洪信	三板桥	壹石伍斗
董权珍 董权玲	南里学庄	柒石，原租陆石仍旧
张锦和	南里吴官屯	壹石贰斗，合钱壹千肆百文
何小礼	亦资孔廖礼臣代	贰石贰斗
黄毓代	黄毓代之田于光绪二十七年已另安与黄中元、邵定有种，作租毛谷壹石，在小冲河	

以上原租陆拾贰石，今加成柒拾陆石，长拾肆石听拨。此项加长之租拨拾贰石以作城中贡谷榀为肆分，系东门义学废款，另有册存案。以上原租底簿柒拾陆石，今只算出柒拾肆石陆斗。二十七年七月十七日记。[2]

---

① 该文件是民国时期填写的。填写完之后，又不时地在其上添写与涂改，或者作新注说明。故在许多件文书的正文外，都有许多添加字迹。但这些添加字迹产生于何时，却不太清楚。

② 文书纸左上角有批注文字："□□水井唐□□租四石。张官屯高老三租六石，白家村廖德显租四石。蔡二生代纳。"

34

18

屠太平 三板橋 貳石

唐顯德 三板橋 貳石貳斗伍升

廖國亮 三板橋 壹石伍斗

廖洪信 三板橋 壹石伍斗

董權珍 南里學丕 柒石 原租陸石仍其

張錦和 南里吳宦屯 壹石貳斗合錢壹千肆百文

何小禮 赤資孔 廖礼臣代 貳石貳斗

黃毓代 黃毓代之田于光緒二十七年已另安與盖生云部定有種作租毛谷壹石在小沖河

以上原租陸拾貳石

今加成柒拾陸石 長拾肆石聽撥

此項加長之租撥拾貳石以作城中貢穀掃爲肆分係東門義學廢款另有冊存案

以上原租底簿柒拾陸石今只算出柒拾肆石陸斗

二十七年七月十七日記

[illegible]水井二原[illegible]四石

哦官屯高老三租六石

[illegible]廖德顯租四石

蔡二[illegible]代納

13

城乡各寺庙公租佃户等项细目（一）

（民国时期）

今将城乡庙租、公租等款录列于后。

计开：

本城

关圣宫[1]提租二十六石。因修后殿起，圣宫连年不上，有名无实。回明陈府主，实提租十四石。

城隍庙提租八石。准减贰石，又减去壹石，每年实上伍石。

天齐宫提租九石。准减贰石。

南极观提租八石。拨入文昌香灯。

玉阳洞提租贰石。准减壹石。

碧云洞提租四石。准免二石，段前任批准豁免。

万寿宫提租十四石。准减五石，后因两厢作学堂，首士禀官，刘官面谕减四石五斗，每年作四石五斗入周玉恒完纳。

铁树宫[2]提租三石。

文公祠提租六石。准免三石。

三楚宫[3]提租十石。李、方二任减去六层（成），又历届只上贰石。

忠烈宫提租十四石。准减四石，只完肆石。每年应完拨归潘小□□，系栽桑之地。

水星寺提租十四石。因修庙留五成。

大威寺提租十四石。因田地瘦簿，连年水冲，住持曾禀明陈府主永减四石，每年＿＿。

① 在“关圣宫”的眉头上有批注文字：“该庙提租虽减至拾肆石，历年只上八九石不等，原未上清，回明孟县长以后，准照拾石完纳。”

② 在“铁树宫”的眉头上有批注文字：“杨氏庙。”

③ 在“三楚宫”的眉头上有批注文字：“此租系上届拨田。该庙北里老坝田佃户余连山每年完纳贰石，着满拨清。”

今將城鄉廟祖公祖等款録列於后

計開

[illegible]

本城

關聖宮提祖二十六石 因修後殿起學宮連年不上有名無實

城隍廟提祖八石 准減弍石 田明涼 府主曾提租十四石 又減去壹石 每年實上伍石

天齊宮提祖九石 准減弍石

南極觀提祖八石 撥入文昌香燈

玉陽洞提祖弍石 准減壹石

碧雲洞提祖四石 准免二石 [illegible]

萬壽宮提祖十四石 准減五石 後因兩廂作學堂首士稟官刘官面諭減四石五斗 每年作[illegible]石五斗入周玉恒完單納

鐵樹宮提祖三石

文公祠提祖六石 准免三石

桃氏庙

此租係[illegible]田 該南北里[illegible]田 佃户[illegible]

三楚宮提祖十石 李方 二位減去六石又[illegible]弍石

忠烈宮提祖十四石 准減四石只完肆石每年應完 [illegible]

水星寺提祖十四石 因修[illegible]留五石

大藏寺提祖十四石 因田地[illegible]連年水[illegible]

城乡各寺庙公租佃户等项细目[1]（二）

老君庙提租三石。将所领老君庙□府主李扣除，两抵永不收租。

本城头人田佃户余小当公租三石九斗。内以四斗□。徐秉钧之粮□。

西冲

甘家庄头人田二坋（分），约种壹斗。蒋士聪完乙石二斗，蒋士义完六斗。

左麻租谷九斗。

董金和种公田种乙斗。系王小东代，董小坤完租乙石三斗六升。

老鸦箐门口公田种乙斗。王玉保种。

玄坛庙提租二十石。同海子铺一样提陆石。

小屯庙提租十石。段府主批每年只上肆石。

马脚色陈鸿猷公租十三石。系逆租，承认由三十一年起拨该处义学堂。

南里

薛官屯冯文炳、薛小定公租七石。板桥屯章小成、章小友公租六石。二屯公租均拨作该处学堂。

吴官屯沈永泉公租六石，拨作该处学堂。

水塘屯[2]李泰昌公租三石。

郭官屯黄堃公租二石。

---

① 右上角眉头上有批注文字："余小当已故，李辅元代，潘绍堂代。"其中，"李辅元代"在原件上被划掉。

② "水塘屯"的眉头上有批注文字："无着。"

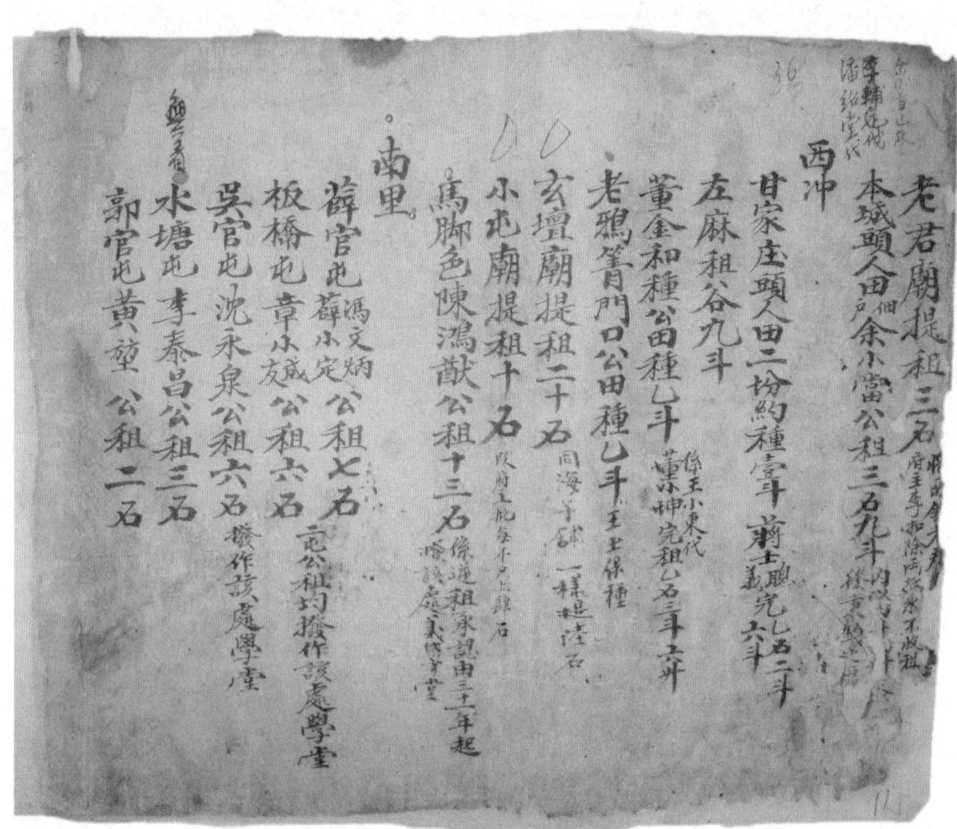

老君廟提租三石

本城頭人田佃户余小當公租三石九斗

西冲

甘家庄頭人田二坵約種壹斗 蔣士聰完乙石二斗

左麻租谷九斗

董金和種公田種乙斗 係王小東代 董小坤完租乙石三斗六升

老鴉箐門口公田種乙斗 王士保種

玄壇廟提租二十石 同海子舖 一樣堤陸石

小屯廟提租十石

馬脚色陳鴻猷公租十三石 係道租派認由三十年起 撥該處義學堂

南里

薛官屯 薛小定 馮文炳 公租七石 屯公租均撥作該處學堂

板橋屯 章小成 友 公租六石

吳官屯 沈永泉 公租六石 撥作該處學堂

水塘屯 李泰昌 公租三石

郭官屯 黃塑 公租二石

城乡各寺庙公租佃户等项细目[①]（三）

前所屯[②]蒋尚惠、蒋尚耀公租二石。又蒋定基[③]公房租三斗。

扬旗屯唐永高、唐绍爵公租四石二斗五升，拨作该处学堂。

打峰岩王文山公租六斗。

北里

猴场屯余君祥公租乙石。

孙官屯陆文仲公租乙石二斗五升。

张官屯高国顺公租乙石，高小祥代。

刘官屯王吉三公租二石，拨作该处学堂。

高官屯余学锦、袁志清公租二石。

旧普安等处

徐金福、徐金魁、徐金德公租六斗。前批准减六斗，未知所减何注。

邓乔保公租三斗。自徐姓起至沈祖华处止，均拨作该处学堂。

刘小毛公租二斗，刘玉福公租二斗。

李长有公租乙石。

陈起荣[④]公租乙石。

---

① 左侧纸残缺。

② “前所屯”的眉头上有批注文字：“无着。”

③ “蒋定基”的眉头上有批注文字：“无着。”

④ “陈起荣”的眉头上有批注文字：“提玉皇阁。”

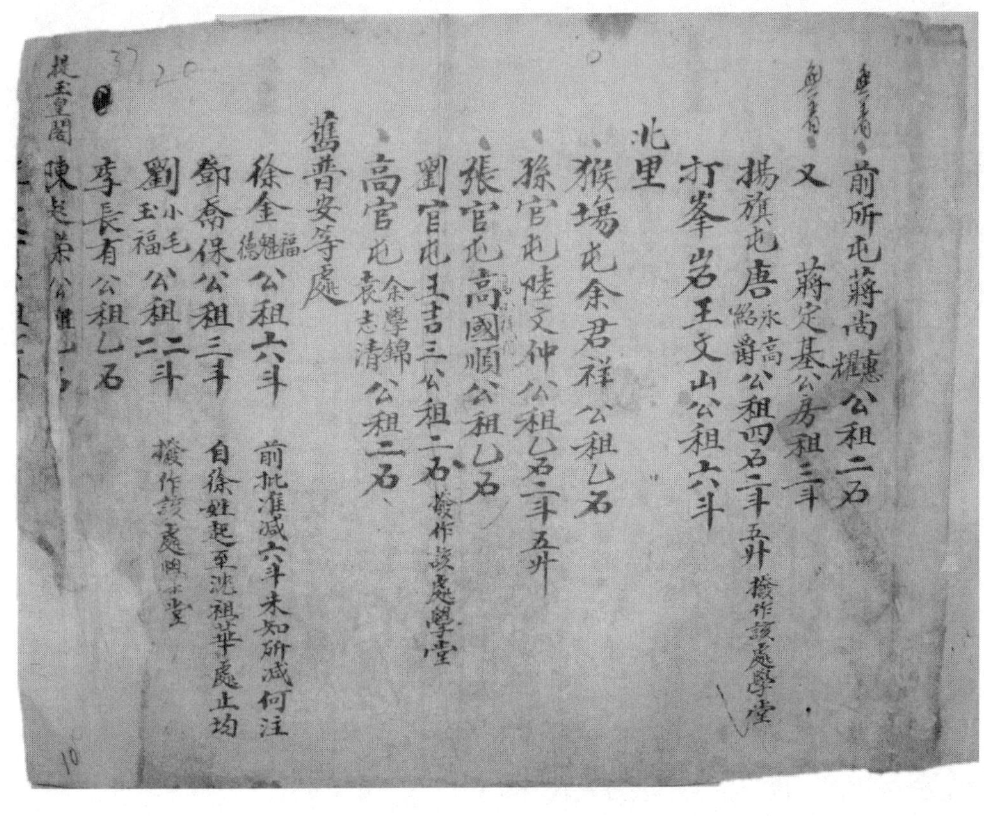
無青

前所屯蔣尚耀德公租二石

又　蔣定基公房租三斗

揚旗屯唐永高紹爵公租四石二斗五升　撥作該處學堂

打峯岩王文山公租六斗

北里

猴場屯余君祥公租乙石

孫官屯陸文仲公租乙石二斗五升

張官屯高國順公租乙石

劉官屯王書三公租二石　撥作該處學堂

高官屯余學錦袁志清公租二石

舊普安等處

徐金福魁德公租六斗　前批准減六斗未知所減何注

鄧喬保公租三斗　自徐姓起至沈祖華處止均

劉小毛玉福公租二斗　撥作該處興學堂

李長有公租乙石

提玉皇閣陳起榮公租山……

城乡各寺庙公租佃户等项细目[①]（四）

徐老云公租乙石乙斗七升。

徐小贤、刘秋林公租五升。

雷小福公租五升。

邓肇修公租三斗，即邓乔保。

沈王保[②]公租乙石三斗五升。

沈祖玉公租乙石三斗，沈祖华公租乙石二斗。每石应除运脚贰斗。

鹦哥哨鲍全品公租四斗。

以上各租均系以实谷赴公仓完纳。

西冲小岩公收乙石五斗。

海子铺庙提租六石。民国玖年十月初一日，奉县长令提叁石补□该处国民学校。

亦资孔大海子龚小洪公租五石。

平彝里王瑞棠公斗一把。每年缴银柒两。此斗息宣统二年□□月十一日刘雨祥□□承认包去。

丹霞山存公积谷七十五石。每石拆（折）银贰两四钱作两季缴，年内冬间一次，年外夏间一次。拨二十五石入水塘学堂。

---

① 文书右侧纸有残疾。

② “沈王保”的眉头上有批注文字：“提朝阳寺。”

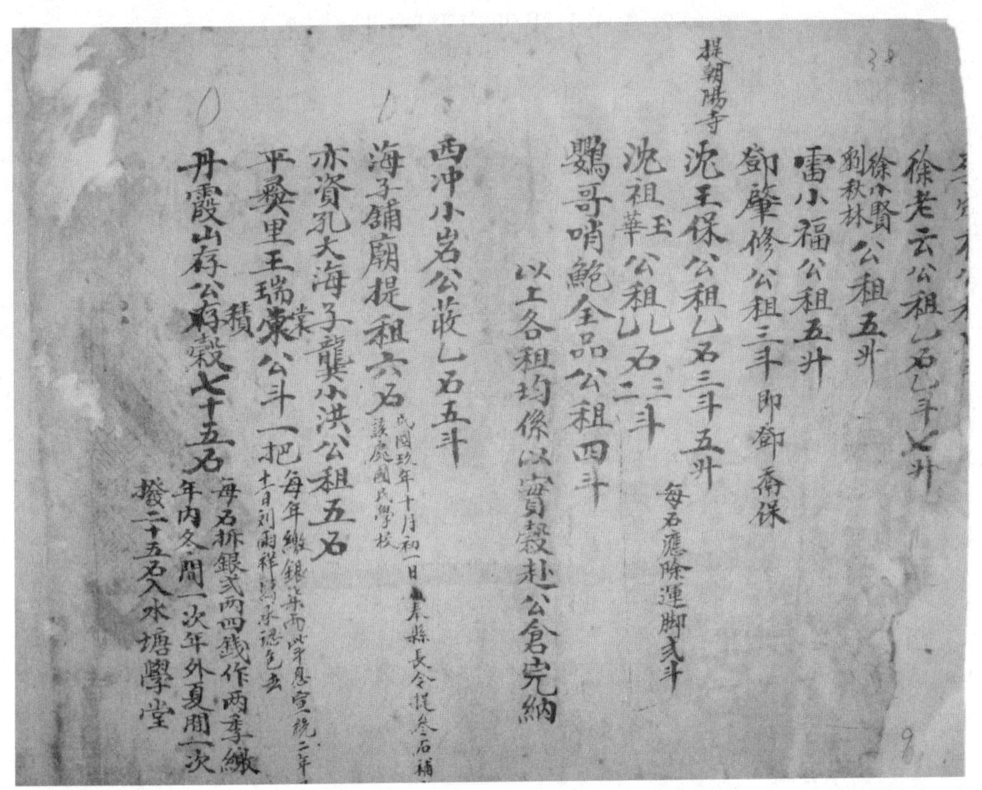

徐老云公租乚石乚斗七升
徐小賢 劉秋林 公租五升
雷小福公租五升
鄧肇修公租三斗 即鄧裔保
提朝陽寺
浣王保公租乚石三斗五升 每石應除運脚弍斗
浣祖華 浣祖玉 公租乚石二斗
鸚哥哨鮑全品公租四斗
以上各租均係以實穀赴公倉完納
西冲小岩公莊乚石五斗
海子舖廟提租六石 民國玖年十月初一日奉縣長令提叁石補該處國民學校
亦資孔大海子龔小洪公租五石
平彝里王瑞棠公斗一把 每年繳銀[illegible]兩[illegible]宣統二年十二月劉雨祥[illegible]承認包去
丹霞山存公積穀七十五石 每石折銀弍兩四錢作兩季繳 年內冬間一次年外夏間一次
撥二十五石入水塘學堂

城乡各寺庙公租佃户等项细目（五）

山岚刘雯汉公租乙石五斗，拨作该处学堂。

滥潭刘雯汉公租二石三斗，拨作该处学堂。

花椒寨刘雯汉公租二石。

古里刘雯汉公租二石。

妥乐蒋国臣、王存元公租四石。

又路四九公租二石。

乐民里四甲共客租壹百壹拾壹石五斗。除支发义学、乡共陆拾石，余租伍拾壹石五斗，每石定价拆（折）银壹两贰钱。

狗场营

章古罗、罗黄、贺头人公租八石。

品甸[①]邓大超公租乙石五斗。

滥潭王焕章公租乙石。

发滥木、雨补鲁邓头人公租四石。

乌姑谢头人公租乙石。

孔雀田王廷凯、王老□、王□□公租□□。

---

① 文书上注明章古、品甸二处公租，拨归兴义县。

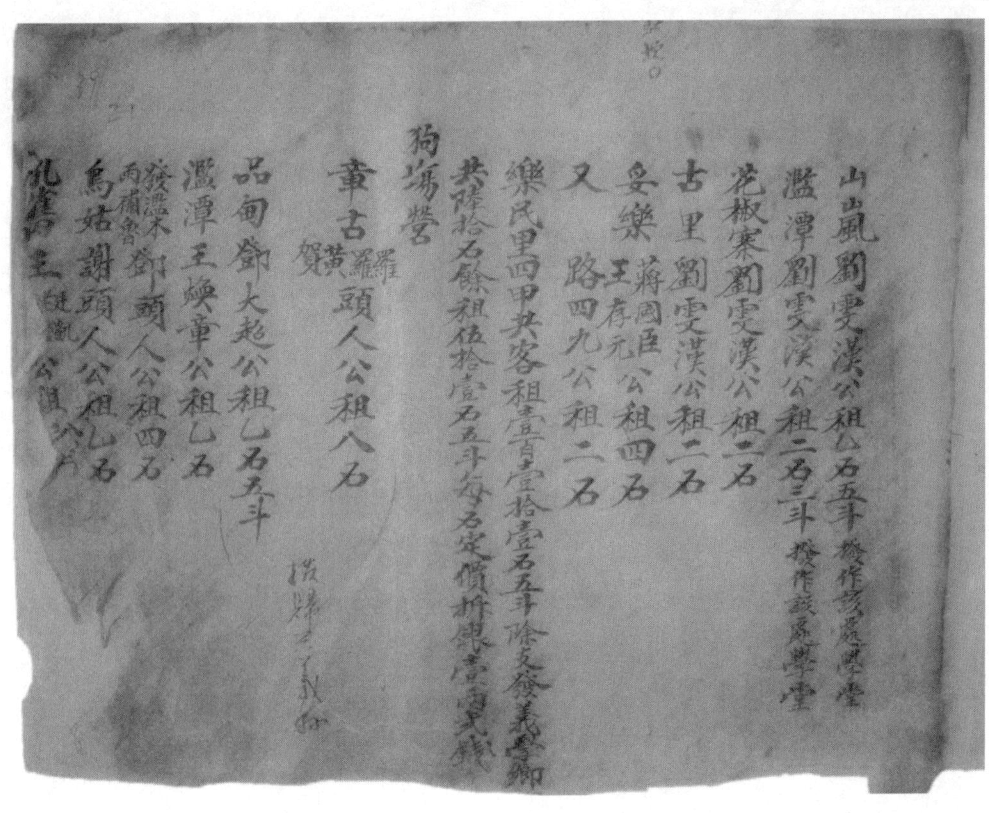
山嵐劉雯漢公祖公石五斗撥作玆邑學堂
濫潭劉雯漢公祖二石三斗撥作縣學堂
花椒寨劉雯漢公祖二石
古里劉雯漢公祖二石
妥樂蔣國臣王存元公祖四石
又路四九公祖二石
樂民里四甲共客租壹百壹拾壹石五斗除支發義學鄉
共陸拾石餘祖伍拾壹石五斗每石定價折錢壹兩貳錢
狗場營
章古羅黃賀頭人公祖八石
品甸鄧大超公祖乙石五斗
濫潭王煥章公祖乙石
鳥姑謝頭人公祖四石
鳥姑謝頭人公祖乙石

城乡各寺庙公租佃户等项细目（六）

哈马独杨光佩公租二石。

普克唐连贵公租二石五斗。

上枧槽沟黄殿臣公租二石。

下枧槽沟黄流德代黄白瑞公租二石。

独家村张连三公租乙石。

兔场河何凤升、何凤龙公租乙石。

率土吴小领[1]公租二石。

海子年头人公租乙石。

燕子窝支云霄公租八斗。

以上七处拨归兴义县。

三家六寨任开堂、彭毛贵、张国栋公租三石，林靖臣、陈天位、陈□甲、邓□甲、彭小海公租三石。

蒲客何霄汉、何保林、顾发贵、何敢生公租四石。

糯租客张应奎公租五斗。

巴茅河李成芳公租四斗。

月亮田秦尚元、秦大川、秦重开、孔庆云、林维舟公租六石。

① “率土吴小领”的眉头上有批注文字：“无着。”

40

哈馬獨楊光佩公租一石

普克唐連貴公租二石五斗

上硯槽溝黃殿臣公租二石

下硯槽溝黃白瑞流德公租二石

獨家村張連三公租乙石

兇瑪河何鳳龍升公租乙石

以上七處撥歸三義社

漁洞率土吳小領公租二石

海子年頭人公租乙石

燕子窩支雲霄公租八斗

三家六寨佳蘭堂彭毛貴 張國樑 林晴臣陳天位陳老甲 彭小海 公租三三石

蒲客 何霄漢 何保林 顧發貴 何敢生 公租四石

糯租客張應奎公租五斗

巴茅河李成芳公租四斗

月亮田秦尚元 大川 重開 孔慶雲 林維舟 公租六石

城乡各寺庙公租佃户等项细目（七）

蒲客陶兆喜、何占文公租二石。

以上自章古起至此止均系只缴□。

保爵堡贾焕廷、易本堂公租二石。

鲁处龙文运、胡占元公租四石。

革勒邓文光客租二石五斗。

雨谷坪地田炽昌、吴何云[①]公租八石，拨归该处学［堂］。

楼下河[②]

瞿玉科公租乙石五斗。

谢玉科公租乙石二斗。

马二、马玉成公租三石。[③]

吴蒋氏公租乙石七斗。

杨黄氏公租三石，杨老二代。

岑万益公租乙石。

李云芳公租乙石。

黄小敢公租乙石。

张贵□公租□乙石。

---

① “炽昌、吴何云”由“泽嘉”二字改

② 楼下河各户名中除岑姓外，其余名字的眉头上皆批一字：“胡。”

③ 文书上注明瞿、谢、马四人租“在普安县地界内猫田”。

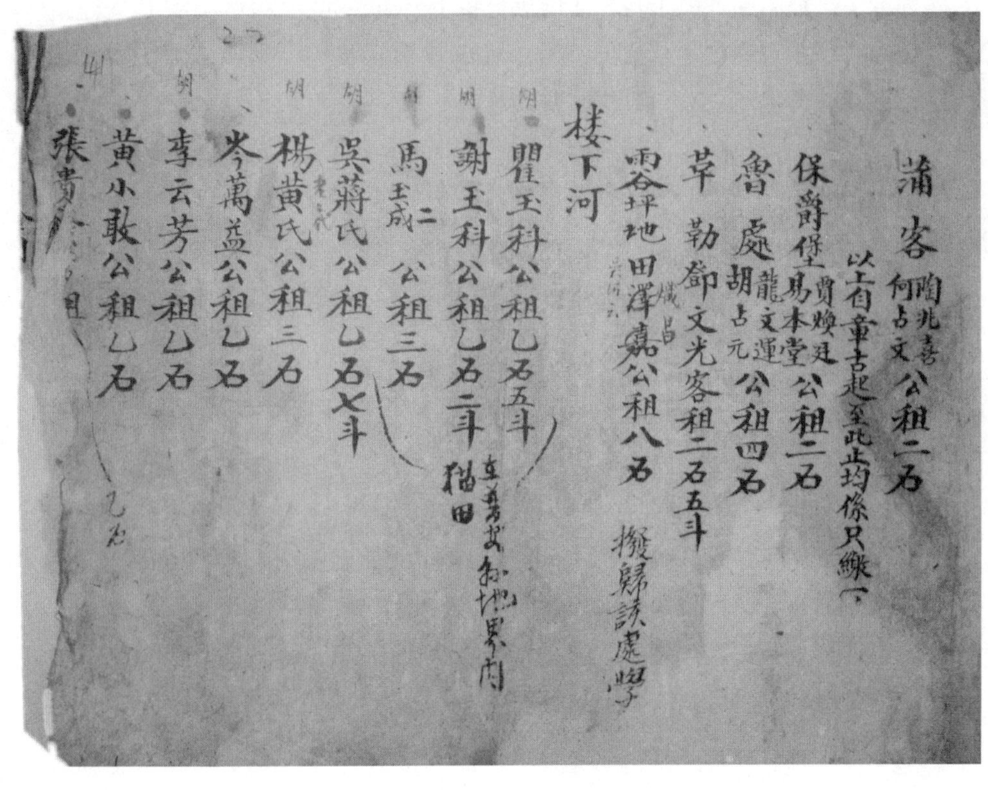
蒲客 陶兆喜 何占文 公租二石
以上自章古起至此止均係只繳一
保爵堡 贾焕廷 易本堂 公租二石
魯處 胡占元 龍文運 公租四石
草 勒鄧文光客租二石五斗
雾谷坪地田 澤嘉 熾昌 公租八石 擬歸該處學
棲下河
瞿玉科公租乙石五斗
謝玉科公租乙石二斗 猫田 查着或者和地界內
馬 玉成 二 公租三石
吳蔣氏公租乙石七斗
楊黄氏公租三石
岑萬益公租乙石
李云芳公租乙石
黄小敢公租乙石
張貴

城乡各寺庙公租佃户等项细目[1]（八）

郎云生、郎阿邦、郎小马、郎田氏公租十一石。此注□缴一□，应完▭。

曾小占、张双福抗不承认。

那照观音庙提租三石，已拨归普安县。

上屯善兴寺提租二石，拨同右。

祭山树

花椒马王兴仁、王连升、王七斤、左玉发公租乙石。

革能屯陶观生、陶家华、张老三、梅小洪公租三石。除梅姓外，陶张三人共完乙石。

打克梅正荣公租二石。即革能屯梅小洪之田也，梅正荣已故。

阿妈马吴老五、田来增、冯建章、严廷桂公租三石。

椰树李德科、于天龙公租二石。

滥潭小庙提租二石。

高武高兴科、白连科公租二石。

马乃[2]陶其美、陶仁春、张美堂、张小从公租乙石五斗。

芦塘营 扛寨猴子田

陈永滔公谷乙斗。

---

① 文书右上角的批注分别是“椰树”“普安县田界内”。

② 在高武、马乃两地名上的批注是“无着”，且注明此二处公租在“兴仁县界内”。

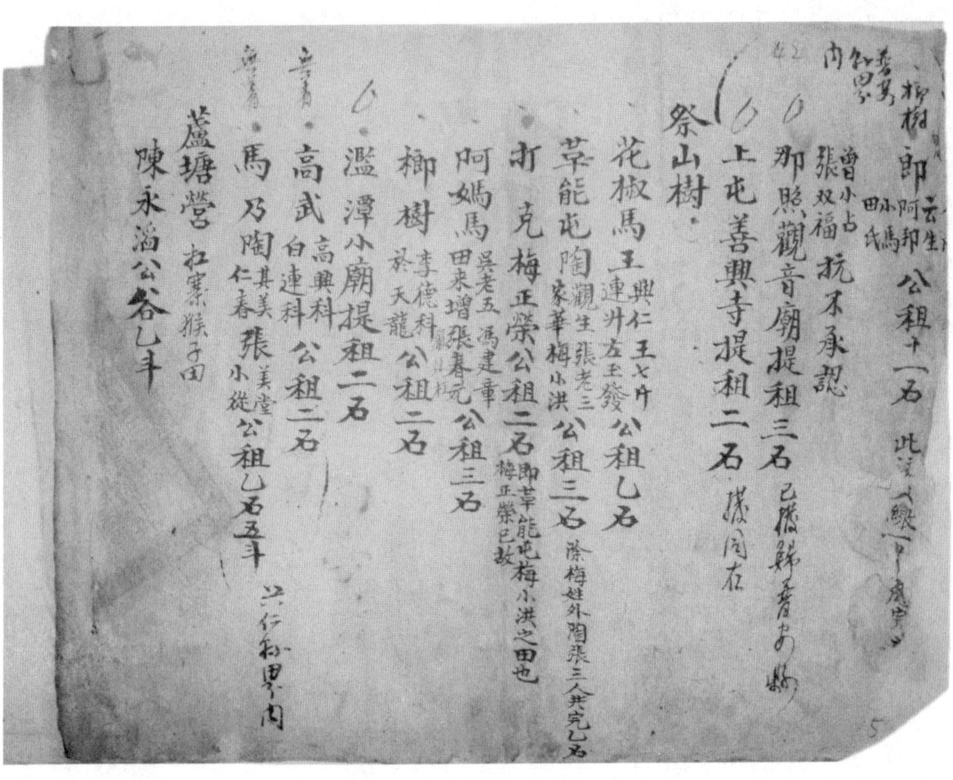

柳樹郎 云生 阿邦 小馬 田氏 公租十一石

那照觀音廟提租三石 曾小占 張双福 抗不承認

上屯善興寺提租二石

祭山樹

花椒馬 王興仁 王七斤 王連升 左王發 公租乙石

草能屯陶 家華 觀生 梅小洪 張老三 公租三石 除梅姓外陶張三人共完乙石

打克 梅正榮公租二石 即草能屯梅小洪之田也 梅正榮已故

阿媽馬 吴老五 田来增 馮建章 張春元 公租三石

柳樹 李德科 孙天龍 公租二石

濫潭小廟提租二石

高武 高興科 白連科 公租二石

馬乃陶 其美 仁春 張美堂 小從 公租乙石五斗

蘆塘營 杠寨猴子田

陳永滔公谷乙斗

城乡各寺庙公租佃户等项细目（九）

李仲道公谷二斗。

徐荣先、罗景祥公谷乙斗五升。

邓志邹公谷乙斗。

黄应安公谷乙斗。

王兆扬公谷乙斗。

刘正昌公谷乙斗。

罗卜皆公谷乙斗。

江荣榜公谷乙斗。

龙槐阶代。

箐口邓香廷斗息每年八两。

上寨落迫吴廷洪公租两石。此注收。

五里坪柏定安公租二石。拨归罐子窑学校，五里坪至□歹□。

又老莺（鹰）岩陈郁之公租三斗。自芦塘营至此从未收过。[①]

花贡段荣先客租六石。此注系只缴一半，应完三石折九。

范歹苏文龙公租五斗。

又苏文龙、郭友义、姜定安、罗玉贞、苏八二公租乙石。

下鸡场干河王少成公租八斗。

① 此句似乎说明，民国前有一件名册。

43　23

李仲道公谷二斗
徐榮先 羅景祥 公谷乙斗五升
鄧志鄉公谷乙斗
黃應安公谷乙斗
王兆揚公谷乙斗
劉正昌公谷乙斗
羅卜皆公谷乙斗
江榮榜公谷乙斗 [illegible]
箐口鄧香廷斗息每年八兩
上寨落迫吳廷洪公租二石 此注[illegible]
五里坪柏定安公租二石 撥歸[illegible]學校[illegible] 五里坪[illegible]
又[illegible]陳郁之公租三斗 自[illegible]歸學至此從未收過
花貢段榮先客租六石 此注係只繳一半應完三石折[illegible]
范歹蘇文龍公租五斗
又蘇文龍 郭友義 羅玉貞 姜定安 蘇八二 公租乙石
下雞場乾河王少成公租八斗

城乡各寺庙公租佃户等项细目（十）

兔场营□□□、车明通公租□□。

朗寨潘典亮、潘引保公租六斗。

响贡潘国科公租乙石。

细革岑元阳公租乙石。

新寨潘高升公租乙石。

细寨罗天富公租五斗。

旧寨岑化纲公租二石。

又文殊寺岑三奈提租八石，归普安县界内。

蚂螂古李安邦斗息米乙石二斗。李安邦已故□。

<table>
<tr><td rowspan="7">南俄</td><td>本寨</td><td rowspan="7">寨公租每寨三石，七寨共二十一石。</td></tr>
<tr><td>本角</td></tr>
<tr><td>天新</td></tr>
<tr><td>紫塘</td></tr>
<tr><td>达布</td></tr>
<tr><td>法楚</td></tr>
<tr><td>黑大</td></tr>
</table>

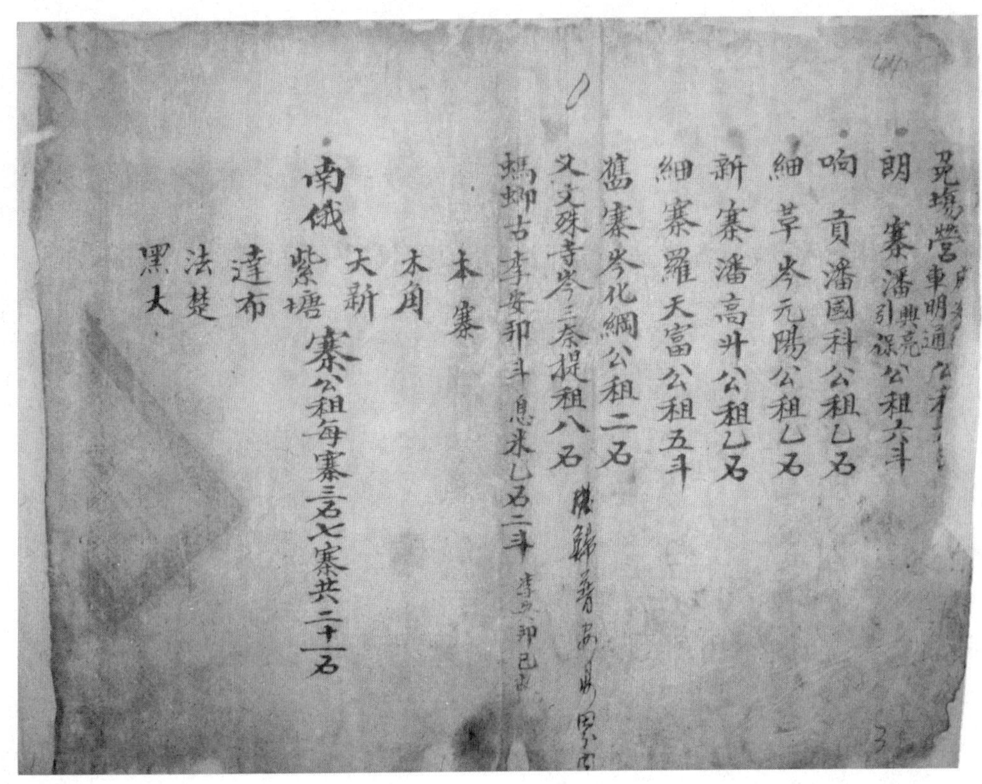

兇塲營車明通公租[illegible]

朗寨潘引保典亮公租六斗

响貢潘國科公租乙石

細草岑元賜公租乙石

新寨潘高升公租乙石

細寨羅天富公租五斗

舊寨岑化綱公租二石

又文殊寺岑三奈提租八石　撥歸普安[illegible]

螞螂古李安邦斗息米乙石二斗　李安邦已故

南饿本寨、木角、大新、紫塘、達布、法楚、黑大寨公租每寨三石七寨共二十一石

城乡各寺庙公租佃户等项细目（十一）

大　寨

定汪　乌　寨　公租每寨五斗，三寨共乙石五斗。

密纳寨

自苏文龙至此从未收得。

王官屯支、吕二头人公租二石。

上伍溪李洪恩、李洪喜公租四石。

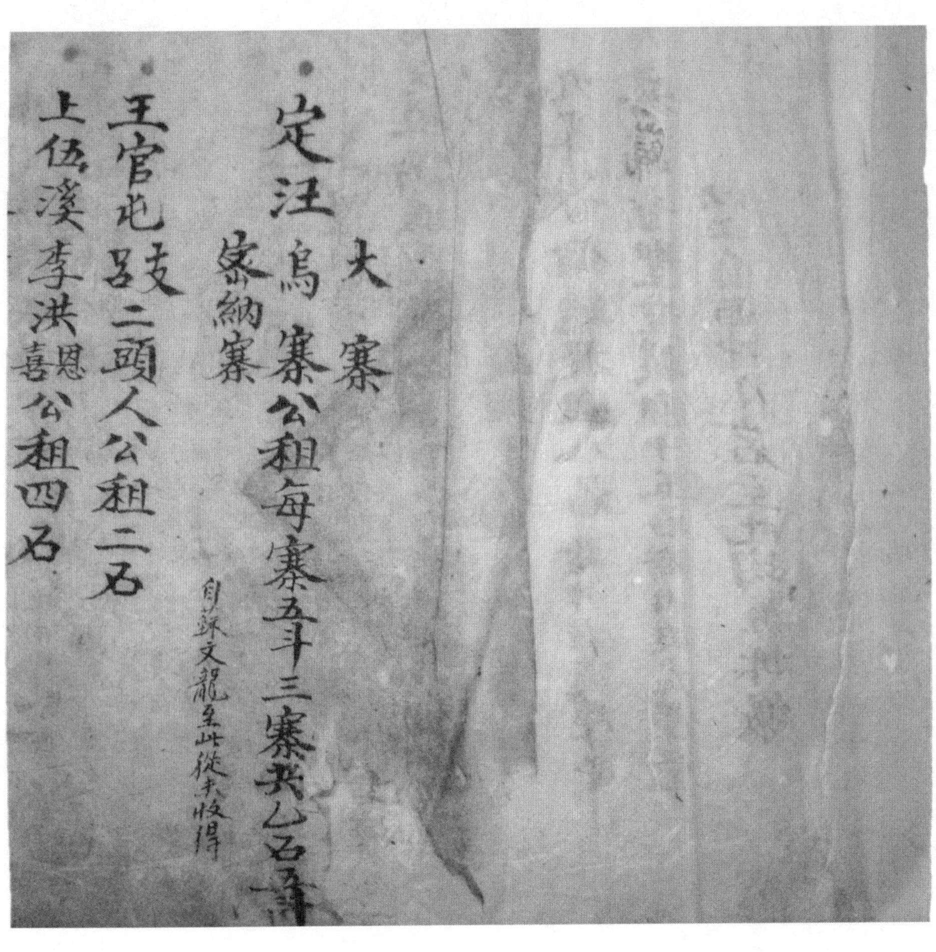
定汪 大寨
烏寨公租每寨五斗三寨共一石五斗
紧納寨
自蘇文龍至此從未收得
王官屯跂二頭人公租二石
上伍溪李洪恩喜公租四石

城乡各寺庙公租佃户等项细目（十二）

小寨谢洪恩公租乙石。此注兴讼，历未缴过。

卡舍施扬保公租三石。杜小笋代，每年只上壹石。

新寨徐朝甫公租四石。张小科代。□张小科▭，系李先生另安的。

三板桥王恩华公租三石。拨作该处学堂。

以上自王官屯至此，均系只缴一半。应完二石者，实缴一石。

三板桥城隍庙斗息米四石，拨作该处学堂。

鹦鹉寺了兴提租十石。

九峰寺伦通提租八石，拨作该处学堂。

崧岿寺圣空提租十五石，拨作该处学堂。

以上自西冲小岩至此，均系拆（折）缴。

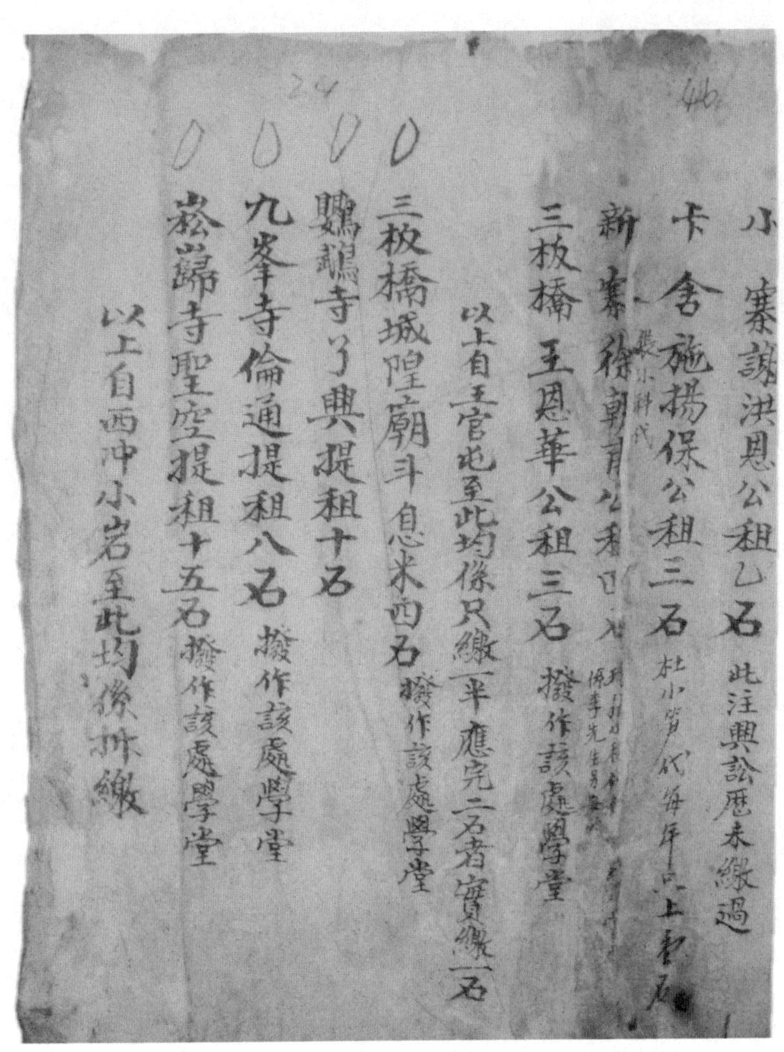

小寨諒洪恩公租乙石　此注興訟歷未繳過
卡舍施揚保公租三石　杜小节代每年只上壹石
新寨徐朝甫公租[illegible]石　[illegible]
三板橋王恩華公租三石　撥作該處學堂
以上自王官屯至此均係只繳一半應完二石者實繳一石
三板橋城隍廟斗息米四石　撥作該處學堂
鷓鴣寺了興提租十石
九峯寺倫通提租八石　撥作該處學堂
崧歸寺聖空提租十五石　撥作該處學堂
以上自西冲小岩至此均係折繳

附录一

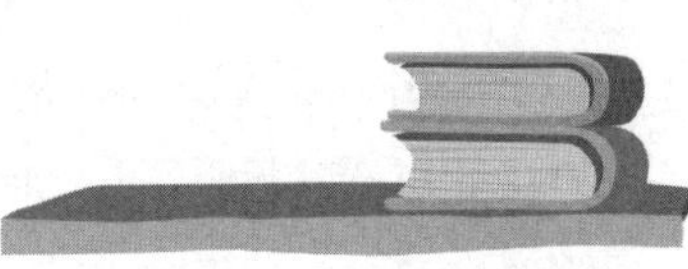

明代契约文书

洪武三年宫龙本卖赶场坡土地契

立卖总约□□□宫龙本管下赶场坡同把边，意□□管下寨分□□坡，出卖与岑阿杨承买为业。凭忠（中）议定价银陆拾五两，说定十五日银田两交，不得欠下分厘。凭忠（中）把事说明十五日银田交明。凭忠（中）踏明田土，今□田土亲自踏看，系是贰比情愿，并无有闪。若还闪悔，罚银十两入官。今有田名座（坐）落赶场坡坡脚田、半坡田、冲紫田、纳歪田、树脚田、洞口田、歪脚田、白毛田、长枧田、小滥田、□大田。阿杨老历□。东至下寨义河，南至□为界，西至青□为界，北至河边沟□。凭忠（中）人踏明，交与岑阿杨□管买明□，不得别耕种。如有此，另认承□拿重究。今恐无凭，立此卖［契］，子孙永远存照。

洪武三年正月廿二日立总契卖田地山场寨分土官宫龙本押

天理人心

永□□据

凭把事四人　张安然押　银壹两

李如白押　银壹两

柳冯春押　银壹两

□□□押　布一件

代笔　□□□

注释

1. 该契约现藏于盘州市羊场布依族白族苗族乡赶场坡村坪地组岑标家。持有人岑标为布依族。据其家庭收藏的另一件文献记载，该家族的前辈岑仕贵、仕澜，在同治七年（1868 年）曾因“打仗奋勇”被赏给五品军功顶戴。

2. 该契约也刊载于 1998 年出版的《盘县特区志》（贵州省盘县特区地方志编纂委员会编《盘县特区志》，方志出版社，1998 年版）内的图版。该图版的题名是“明洪武三年的契约”，未注明契约来源。将其与岑标持有的契约比较，所载契约文字差别较大。两相比较，《盘县特区志》所刊的契约文书大致是民国三年（1914 年）时的一个重抄整理本。

3. 为便于理解岑标家藏文书，现将《盘县特区志》所刊的契约文书也刊载于此：

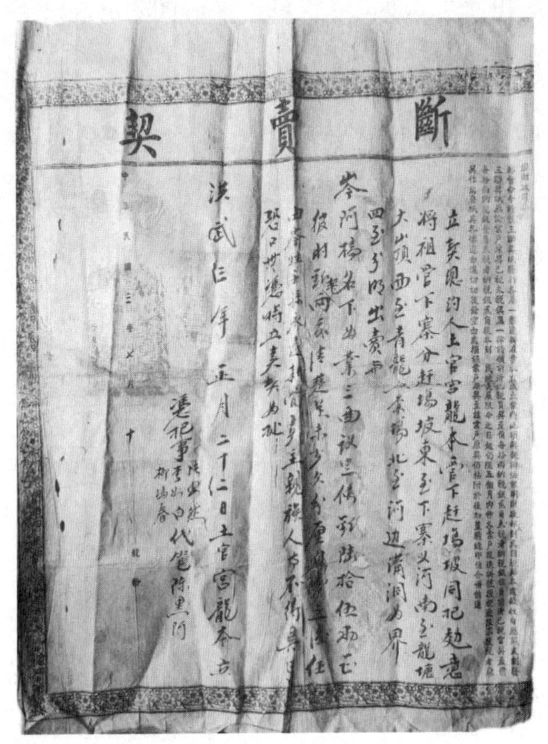
斷賣契

该契约是写在一张民国三年（1914 年）的官版“断卖契”纸上，而非是洪武三年（1370 年）的原契。所以只能认为是洪武三年（1370 年）的契约的一个抄件。

为何将契约重新抄写在新的官版“断卖契”纸上呢？原来，在民国三年（1914 年），贵州新政府将清代产生的契约（老契）进行重新登记，并换发了新契，可能就是在这时候，原契所有者将契约抄写在了新官版的契纸上。由此可认为，该契约虽然不是在洪武三年（1370 年）的原契纸上，但其内容的真实性是得到政府认可的，并加盖印章（贵州盘县之印）以确认文书内容的真实性。

4. 关于立契时间——洪武三年（1370 年）的疑点。该契约书写的时间是洪武三年（1370 年），地点是在赶场坡下寨。赶场坡下寨属今天盘州市羊场布依族白族苗族乡，在盘州市东部，与普安县龙吟镇接壤。盘州元代末为普安路总管府，属云南行省。据《明实录》记载，明军在洪武十四年（1381 年）才夺取普安路取代元朝统治，似乎签订卖地契约的时间不可能是洪武三年（1370 年）。但是，据民间的几部家谱所载，明洪武元年（1368 年），龙吟镇一带已被明军占领，洪武二年（1369 年）还发生了当地民众抵抗明军的普纳山之战事，由此明军征服了这一地区的 48 寨，1999 年版的《普安县志》中对此有所叙述（贵州《普安县志》编委会编《普安县志》，贵州人民出版社，1999 年版，第 344 页）；在明军征服的 48 寨中，赶场坡即其中之一。由此可以断定，契约产生时间为洪武三年（1370 年）也是有依据的。

明太祖二十年十月二十日陈应芝分关书

立出分书父陈应芝娶妻邓氏，所生二男，长子思廉，次子思孝，俱已成丁，时某年高不能料理家务，欲退桑榆之福，方请族长将祖人所遗之业并及自置之产，除提上坟连同供膳外，配搭均分二子管理。欲（恐）后无凭，立分书二纸，各执一张为据。

今将田地森林房屋开列于后：

张家湾田地同平田之祖以作供膳，俟父母寿终，弟兄再分。

仙人桥下坋田，大箐头地、青龙小地提作每年上坟。

仙人桥上坋干田，鱼水田、四龙地、小箐地分授思廉为业。

门前田、对门山干田、屋后地、鸛鸹岩地分授思孝为业。

房子照原住各一所，树木公用。

右付次男思孝收执。

明太祖二十年十月廿日　　父陈应芝立

族长　陈勇烈

　　　陈应德

表叔　朱兴榜

代笔　杨开贤

陈光庆□□卅二年七月廿六日

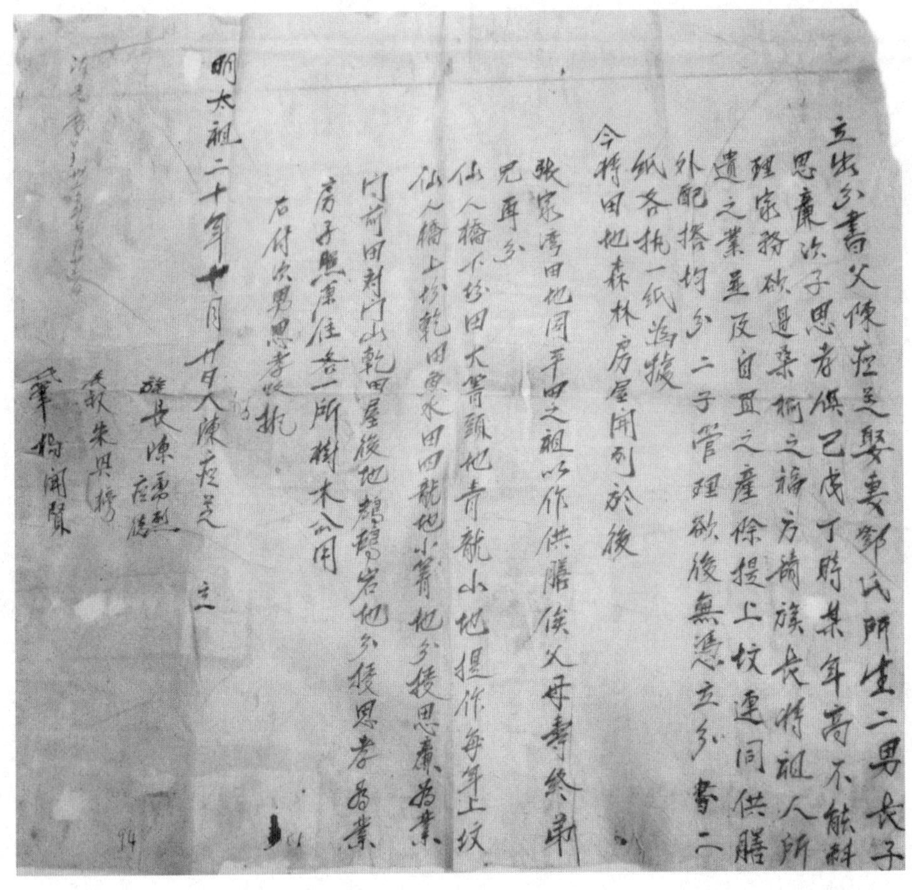

立出分書父陳應昱娶妻鄧氏所生二男長子思康次子思孝俱已成丁時某年高不能料理家務欲退桑榆之福方請族長將祖人所遺之業並及自置之產除提上坟連同供膳外配搭均分二子管理欲後無憑立分書二紙各執一紙為據

今將田地森林房屋開列於後

張家湾田地同平田之祖以作供膳俟父母壽終則兄弟分

仙人橋下秧田大箐頭地青龍山地提作每年上坟

仙人橋上秧乾田魚水田四龍地小箐地分授思康為業

門前田對門山乾田屋後地翹翹岩地分授思孝為業

房子照宗住各一所樹木公用

右付次男思孝收执

明太祖二十年十月廿日 陳應昱 立

族長陳應烈

注释

1. 该契约所书写的立契时间为“明太祖二十年十月廿日”。用“明太祖”为立契时间不合规制，因为“明太祖”是庙号，是朱元璋身后才予以的称呼，生前只能以年号记年，即应写作“洪武二十年”；显然，该契约以庙号记年是在朱元璋身后补写的。

2. 契纸上尾端另有一个时间：“陈光庆□□卅二年七月廿六日。”因年号部分缺损而无法确定是哪一年。并且，该字迹与契约内容字迹有明显差异，似乎也表明这不是洪武二十年（1387 年）立契约时所书写的文字。同时也表明，该契约的所有者是陈光庆。

3. 从其他档案资料可以判定“陈光庆□□卅二年七月廿六日”是民国三十二年（1943 年）七月廿六日，因为该契约由盘州市档案馆收藏在一宗民国时期民事案件档案卷宗内。该案是县民陈绍芝家族诉李树臣侵害案，立案方是盘县地方法院。该契约是诉方提交给法院的证据，为此法院开具了收条以确认。收条如图 1 所示：

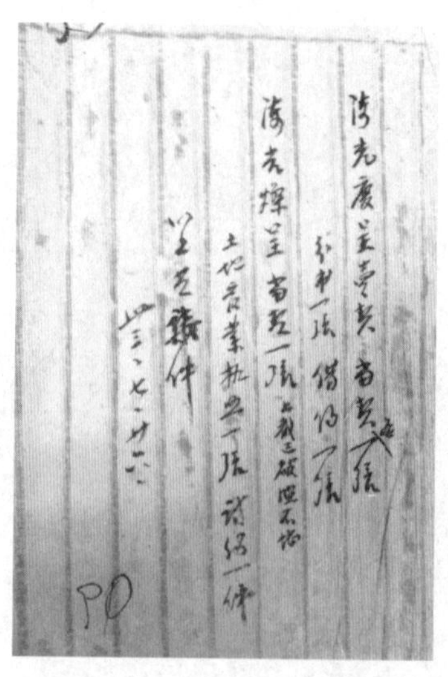

图1 法院收条

法院收条中写明“陈光庆呈卖契、当契各一张，分书一张，借约一张”。文中所言分书一张，即指“明太祖二十年十月二十日父陈应芝分关书”。据该卷宗文件显示，立案时间为民国三十三年（1944年）七月二十六日，那么可以肯定“陈光庆□□卅二年七月廿六日”是民国三十二年（1943年）七月二十六日。

4. 编者在翻阅该件文书时，该文书书写在细宣纸上，已磨损严重，不仅纸张“薄如蝉翼”，纸张背后有几处还打上了补丁，如图2所示，说明这是一件珍藏许久的文书。

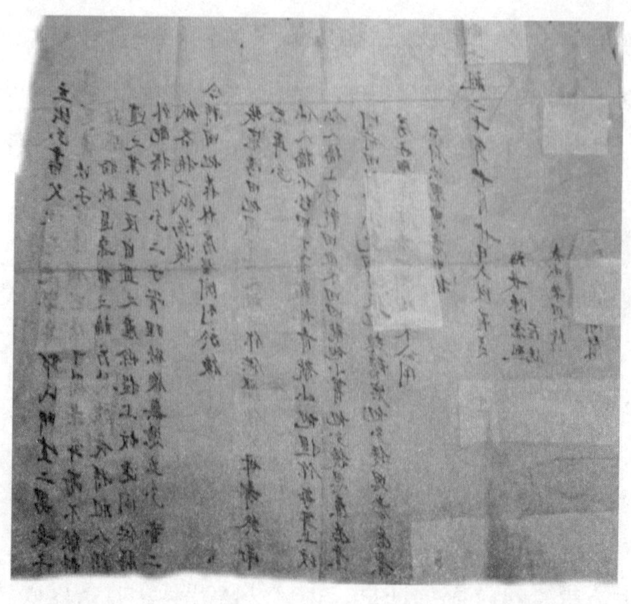

图2 “明太祖二十年十月二十日陈应芝分关书”纸张背后

综上所述，可形成如下判断以确定该文书产生的年代久远。首先，该契约是家族所藏，说明其家族对文书所记载的发生于洪武年间的家庭分家事实确信不疑；其次，作为官司凭证，并得到法院认可，也说明该契约内容的真实性得到社会认可；最后，从契约纸张现状看，该文书似乎也是一件年代久远的文书，如果与该馆所藏的康熙时的文书纸质磨损比较，虽然不能就此认定该文书产生于明洪武二十年（1387 年），但也能判断其产生于康熙时代前。

附录二

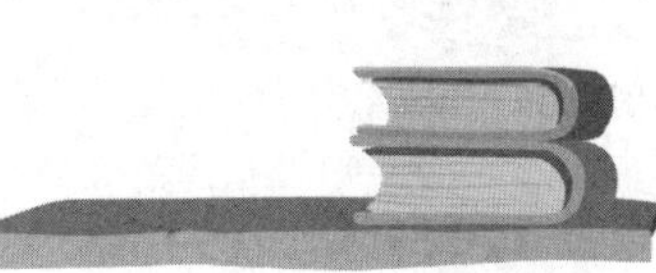

从凤山书院学田契约论书院的经济活动

◆ 林芊

一、清代普安州直隶厅凤山书院与书院学田来源

清代普安直隶厅，即今天的贵州省盘州市。元朝至正十二年（1352 年），由于矢万户府更置为普安路总管府，属云南曲靖等处宣慰司辖。明洪武十四年（1381 年），明军征服云南，更普安路总管府为普安军民府。永乐十一年（1413 年），贵州设省，划普安为贵州。先设普安府，旋改置为州，领黄草坝等十四营，悉用流官，安抚司降为土判官，于此也完成了改土归流。清嘉庆十四年（1809 年），升直隶州。

1. 普安州凤山书院

凤山书院创建于清嘉庆十二年（1807 年），因设置于普安州州城西门内凤凰山半山上，故名凤山书院。凤凰山，“山自滇宣威迤逦而入”，“州镇山也”！从书院的地理位置看，普安州一开始就给予了凤山书院极高的地位。

中国古代书院是讲学、藏书、刻书、祭祀等的重要场所，是中国古代教育与文化传播的重要机构。尤其是在清代，县级书院还承担科举各项事务。从国家的视角看，普安与贵州的多数州县一样，是少数民族地区，其书院的教育有特殊作用。元普安路总管府由彝族于矢万户为主体。明初置府时，土官那邦之妻适恭为知府。实际上是由少数民族“自治”地区，如明知州沈勖于永乐十六年（1418 年）所言，“地方本西南荒服之表，蛮夷部落，元世始拔土豪，更置官署……羁縻而已”，[①] 自明代起“城守屯戍……垦田编户……渐拟于华郡”[②]。除屯守的军民外，当地居民中“土酋号十二营，部落有罗罗、仲家、仡僚、僰人”[③]。仡僚即仡佬族，罗罗、僰人即今天的彝族，仲家即布依族；这里现在仍然是彝族、布依族的主要聚居区之一。因此，凤山书院除作为科举场所外，它又是为少数民族地区传播文化、培养人才的重要场所，因而在普安的社会发展中有着特别重要的作用。

在论述非常周详的《贵州书院史》一书中，凤山书院仅被列入清代贵州书院一览表[④] 中，作者没有对其做进一步的解释。因此，在这里借助凤山书院档案文献，对其进行逐一研究，着重揭示凤山书院的经济事务活动。

① 沈勖：嘉靖《普安州志·普安旧志序》，收入《中国地方志集成·贵州府县志辑》第 15 册，巴蜀书社，2006，第 5 页。以下凡引《中国地方志集成·贵州府县志辑》，皆简称《贵州府县志辑》。

② 同上书，第 6 页。

③ 嘉靖《普安州志》，收入《贵州府县志辑》第 15 册，巴蜀书社，2006，第 15 页。

④ 张羽琼：《贵州书院史》，孔学堂书局有限公司，2017，第 161 页。

2. 凤山书院学田来源

对于书院学田，一般研究都关注其来源，以著名的岳麓书院为例，其学田的来历大致有三类：私人捐助、清复故田、地方政府拨入公田。其中，公田比重达74.1%，私人捐助占14.7%，清复故田占11.2%。[①]贵州明清书院学田的来源基本相同，不同的是除官方投入外，个人捐资也是书院经济的一个重要来源，在书院首创时尤其重要。贵州自创建书院时，就有官员捐助的记载。如明代弘治十七年（1504年）建的文明书院、嘉靖十三年（1534年）建的阳明书院，都得到了提学、巡抚等的捐资。[②]再如，从普安厅分离新建的普安县在道光二十二年（1842年）创建盘水书院时，官民捐银1600两。[③]但凤山书院创建时所得的捐资，现无资料可以查询。

盘州市档案馆全宗号149内的学田契约表明，官方的方式，其中一种是官府将没收的“逆产”转给儒学或者书院做学田，这在贵州是很平常的行为。这里所谓的“逆产”，即大都为起义军阵亡或者逃亡人员的田产，如例契1就是一件将没收的逆产转给书院的契约文书：

例契1

立安田地通学王化雨、袁敦化、方绍周、张行玉、任侣瑷、史廷柱、谢华峰、黄际阳、张君泰等，为因黄正友具□，陈瑾霸耕黄正廉逆产，经府主徐审断，归学管理安佃，不准陈、黄二姓耕讨及隐匿侵占。□契当即会同踏勘四至后，开载明安佃与张臣恩亲耕。议作每月租谷叁石伍斗外，得受水口九八色银伍两，过张华玉铺四平码。秋成之日，该佃挑纳书院，不拘年岁丰欠，如数清完，不得短少升合。若有差欠，除将水口银两扣除外，扯田另安。其田地系官断归，理应遵依。今该佃张臣恩亲讨，自应亲耕，毋得讨后仍归陈、黄二姓耕种情弊。倘有此情，日后查出即将水口银两□官，罚入充公，扯退另安，勿谓言之不先也。此据。

内添会同、每年、伍两六字。

计开：

小冲河田一分，大小一十四丘。山地一分，四至列后。

上底（抵）团山下□，黄姓出当与石家地脚下。下底（抵）黄正和田上高埂。

---

① 邓洪波、王胜军、兰军等编著《书院学档案》，武汉大学出版社，2017，第82页。

② 参见嘉靖《贵州通志》，贵州人民出版社，2015，第272—275页。

③ 贵州省文史研究馆点校《贵州通志·学校选举志》，贵州人民出版社，2008，第99页。

左齐山梁，左下齐黄毓翠田地高埂。右齐沟，右下齐黄正和田高埂。又山顶上左边岩子下四方地一大块，又左沟外地两小块，又桐子林路上地一块，四至内柿花树两大株。

凭原差　张天潮押

　　　　徐开学押

嘉庆二十四年四月十六日　　立安佃通学押

张君泰笔押

“因黄正友具□，陈瑾霸耕黄正廉逆产，经府主徐审断，归学管理安佃，不准陈、黄二姓耕讨及隐匿侵占。”书院由此获得小冲河田大小 14 丘，山地 1 分。

官方的另一种方式是出售官职为书院筹措资金。据法定，凡出资 200 两者，给官九品。

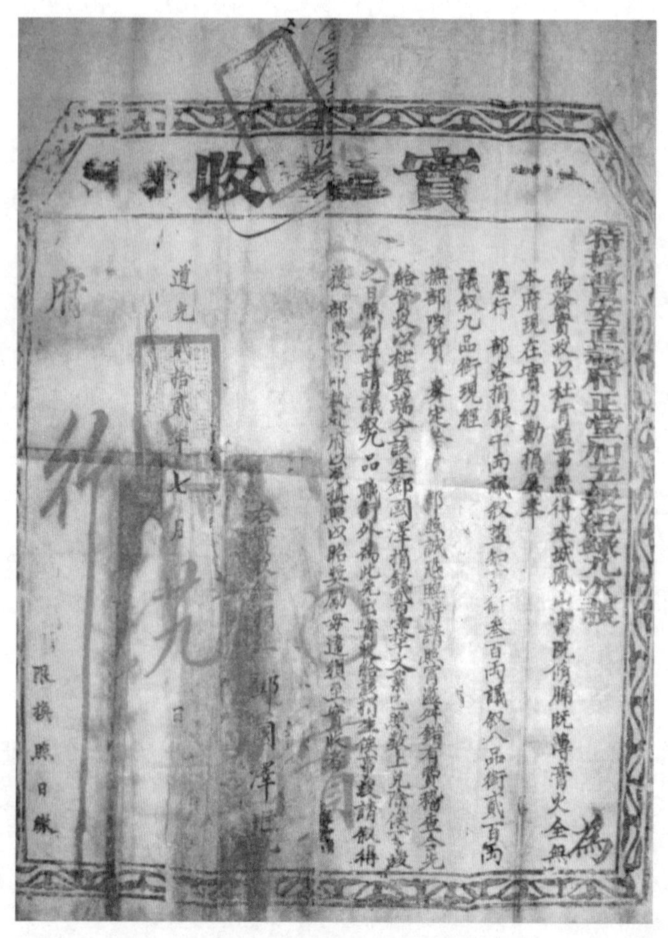

實收

特授普安直隸州正堂加五級紀錄九次 為
給發實收以杜[illegible]事照得本城鳳山書院膏火全無
本府現在實力勸捐廣奉
憲行 部落捐銀千兩議叙[illegible]三百兩議叙八品銜貳百兩
議叙九品銜現經
撫部院賀 奏定[illegible] 部照議[illegible]
給實收以杜[illegible]今該生鄧國洋捐銀貳百[illegible]
之日照例詳請議叙九品職銜外為此先給實收[illegible]
發 部照之日[illegible]以憑[illegible]

右實收給[illegible]鄧國洋[illegible]

道光貳拾貳年七月　日

府

限換照日繳

图 1　捐买品衔文书（实收）

图1就是邓国泽捐银200两获得九品官衔的证书。通过书院档案可知，共有15人捐官，每人捐资200两，书院共得3000两银。

更多的是民间捐赠方式。书院档案中还保存有数件捐赠文书。例契2就是一件道光十六年（1836年）何世清、何世禄以“功德田”名义捐助十三丘田给书院的契约：

例契2

立义助功德田亩人何世清、何世禄，因乾隆伍拾陆年有张金玉将伊父分授粮壹亩，约种壹斗，大小十三丘，地名金家榜，凭中当与予父为业，去当价纹银贰拾捌两整，每年收租叁石二斗。今予弟兄情愿将此田亩义助文昌宫，以为修理焚献之费。自义助之后，任随通学先生管理、安佃收租、永远管业。恐口无凭，特立此义助之字为据。

凭通学斋长先生　李贵繁
张应魁
谢云龙　同押
屠天秩
范兴蕙
刘廷彩

外批：其有张姓当契、老契并字角共肆张，接（揭）交六位斋长先生收执。

道光拾陆年十月初十日　　立义助功德田亩人何世清、何世禄亲笔

类似的还有乾隆五十六年（1791年）正月初十日黄文会等送田契、嘉庆二年（1797年）七月二十八日王宏声送田契、嘉庆七年（1802年）四月十八日谢梁氏等再卖田契。凤山书院建立后，作为儒学的实际运行机构，也是上述田产权的实际所有者。

民间捐赠除捐赠田产外，还捐钱。图2中记载的是书院首士范兴兰代表书院接受唐德寿捐予书院钱二百一十千文。按照清代折率，每千钱等值银1两，该捐助银两为20余两。

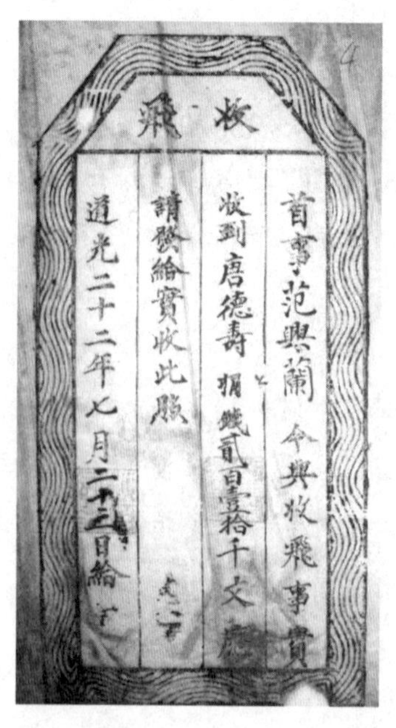

收飛

首事范興蘭今與收飛事實
收到唐德壽捐錢貳百壹拾千文
請發給實收此照
道光二十二年七月二十三日給

图 2　唐德寿捐予书院钱文书

档案馆全宗号 149 更多的是田地买卖契约，这表明置买田产是书院积累学田最常用的方式。如例契 3、例契 4 所示，书院同一天连续两次购进田产。

例契 3

立永远杜卖田契人李盛传、李盛荣、李盛观同侄发万，今因负债无出，兄弟叔侄商议，情愿将曾祖父自置白家坑新田、乔家田、筲箕田、茅草旁五处田地山场共为一产，请凭中证及李姓亲族人等踏明四至界址，其四至业经载明老契，原租伍拾叁石，出卖与普安直隶厅合属通学列台先生名下永作卷田。彼时三面议作时价足色银柒百零伍两，外画字银伍两。即日银田老契两交明白，其中并无私债货物准折，其科粮四亩一分六厘随田上纳，不与李姓相干。其田系曾祖父手置，吾祖父与叔祖父二人均分，叔祖乏嗣，例应归荣弟兄叔侄顶受，凡李姓亲族人等俱各无分。若有异言争论，系荣弟兄叔侄四人一力承当。自卖之后，任从通学永远管业、安佃收租、开垦投税。嗣后李姓子孙无力不得搬找，有力不得赎取。特立此杜卖田契存照。

此项功德系合厅士庶捐助。

（后略）

嘉庆二十一年十一月十五日　　立永远杜卖田契人李盛传、李盛荣、李盛观

盛观亲笔

例契4

立卖山场田地人周熊氏率子应元、应魁、老三，为因缺少使用，情愿将祖置白家坑山场荒地并开垦田一丘出卖与学中众位先生名下永远管业。彼时议作卖价足色银贰拾贰两整，画字一并在内。即日银田老契两交明白。其山场四至均在老契载明，内有周姓祖茔三冢，后至山顶，左齐黑石头，右齐高埂黑石头，前齐祖坟月台下，学中不得侵占。其余山场田地均入学中管耕，周姓宗族人等不得异言争论，而佃户不得借地践踏坟茔。恐口无凭，立此卖契为据。

其有周姓所买杨姓老契，交明学内存照。

（后略）

嘉庆二十一年十一月十五日　　立卖山场田地人周熊氏率子老三押、应元押、应魁押

代笔人　郑堪与押

在同一年中两次购置田产的再如道光二十二年（1842年），在七月和九月两次买田，前者田一石二升种，后者屯田、大榜科田二分。

实际上，凤山书院自筹建起即开始自己购置田产，主要在嘉庆与道光时期最为密集，在档案馆全宗号149内文件中，购置产田的契约嘉庆时期有30件，道光时期有23件。

通过官方授田（其中有继承州学田）、民间捐赠、书院自购等方式，书院不断积累起一定数量的学田，以保证自己的日常开销。凤山书院到底有多少学田，各时期的记载有所不同，光绪《普安直隶厅志》记载有书院学田，可看作到此时凤山书院学田的总量：

束修田租：在柳树湾、毛政营两处，每年定收折租银壹百叁拾捌两。戊子年加押佃银，今收银一百贰拾两。

膏火田租：本城花园租拾叁石，复新桥租肆石，滥田坝租拾贰石，四里牌租伍石，狮子口租拾石，小观音寺租贰拾壹石，对门山租拾贰石叁斗伍升，对门山地租壹石伍升，文庙后地租伍斗，贺家沟租陆石，西冲屯租陆石，张官屯租五石零壹斗，支家屯租拾伍石，印家庄租玖石，沙沟租伍拾捌石五斗，恰怍屯租拾捌石，海子头租拾贰石，龙洞租伍石，马坡租捌石，吴官屯租壹石贰斗，三板桥叁拾柒石贰斗伍升，软桥哨租贰石，小冲河租叁斗，妥乐屯租贰石，亦资孔租贰石贰斗，小桥租贰石，学庄租陆石，妈侬租肆石。已（以）上每年共收租谷贰百柒拾柒石玖斗。

附乡试宾兴田租：西冲屯租叁拾壹石柒斗柒升，响水田租肆石贰斗，三亩沟租贰石，甘家庄租贰拾壹石零肆升，高官屯租叁石捌斗壹升，水草坪租肆拾石，华家屯租叁拾贰石捌斗叁升。已（以）上每年共收租谷壹百叁拾伍石陆斗伍升。

附文会试宾兴田租：哒喇河租拾叁石，三板桥租拾陆石，印家庄租柒石伍斗，西冲屯租肆石，本城租叁石，华家屯租捌石捌斗，马脚色租叁石。已（以）上每年共收租谷伍拾伍石叁斗。

附武会试宾兴田租：大庄田租叁石捌斗，东冲田租拾石，上寨田租拾贰石，兔场营租叁石，华家屯租捌石贰斗。已（以）上每年共收租谷叁拾柒石。

书院、考棚、文庙、文昌庙岁修田租，每年共收租谷伍拾陆石。①

几项租谷，每年共收561.85石，收银一百贰拾两。而在一件光绪三十三年（1907年）“各租石数目并各佃姓名”文书中的记载是356.18石，另有约191石。由此可见，书院文献与官方方志记载的数目出入不大。

3. 凤山书院学田的经营

凤山书院学田及资金的经营，主要有以下几种形式。

（1）出租经营

出租经营即书院通过招佃，将自己所有的田地出租给佃户耕种，然后收取租谷。这是书院经营田产的基本方式。例契5表明，早在书院建立前，州学田产就是以此种方式经营的：

例契5

立讨旱地人孔小鸡、赵阿伯，今讨到王二老爹名下老虎箐旱地一形耕种。彼时言定每年作旱粮乙石，秋收之日挑送上门，不得短少。如若短少，将二人耕牛作抵，不得异言。恐后无凭，立约为据。

乾隆十五年正月十一日　　立讨帖人孔小鸡押

赵阿伯押

凭中人　叶大耶（爷）押

梁姑爹押

代字人　楮化南押

① 光绪《普安直隶厅志》，收入《贵州府县志辑》第14册，巴蜀书社，2006，第378—379页。

例契1更是在契约中详细地写明了租佃过程。

佃户是一家人的，如同治二年（1863年）正月十八日的佃田契：

立讨田约人王显、王质、王烈，弟兄无田耕种，请凭证讨到朱二先生、张大先生学中名下田四坵，约种玖斗伍升。言定每年上租拾贰石，秋收之日挑纳上学仓，不得短少。倘有短，将耕牛作抵。立讨为据。

凭中人　陆大爷押

同治二年正月十八日　　立讨字人王显押、王质押、王烈押

代字　王子芳押

出租田是有类别区分的。在档案馆全宗号149的“府”字簿内的“佃户田租”册簿中记载了书院学田各项田租项目：文会试宾兴租石、武会试宾兴谷、膏火租谷、乡试宾兴谷、岁修租谷、束修租谷。表1即是各类型租田与相对应的承佃户数。

表1　各类型租田与相对应的承佃户数

田租类别	文会试宾兴	武会试宾兴	乡试宾兴	膏火	束修	社仓
租户数（户）	29	10	53	77		108

（2）出售书院地产

从凤山书院买卖契约文书中可以看到，书院有许多“讨阴地”契约。从内容上可知，书院经营着一座山场，大概因为风水好而成为理想墓地，本地居民往往向书院购置穴位以安葬亡人。如例契7所示：

例契7

立讨阴地人张绍程，今请中证讨到通学王、范、谢、张、屠列台先生卷田界内大路下阴地壹穴，以为母亲身后之地。前齐地埂，后抵高埂，左右各一丈。自讨之后，任凭张处安葬，通学不致异言，张姓亦不致越界侵占。恐口无凭，特立讨字为据。

外批：自愿出功德钱陆千文。

（后略）

道光二十二年十一月初八日　　立讨阴地人张绍程押

代笔　刘朝宠押

该契约外批“自愿出功德钱陆千文”，实际上就是支六两银给代表书院的通学先生，购置书院“阴地壹穴”。因此，出售阴地也成为书院经营院产的一个方式。

实际上，书院创建后，就开始有此经营事项。如嘉庆十四年（1809 年）二月十一日郭仲连等“讨到通学列位贡爷先生尊前，头寨宾兴学地界内阴地一形”。在档案馆全宗号 149 中，共有该类契约 33 件，时间从嘉庆十四年（1809 年）到咸丰三年（1853 年）。

（3）书院典当田产

档案馆全宗号 149 有典当契约 5 件，表明书院也从事典当经营活动。其实，与土地买卖一样，典当田产也是土地经营中常用的方式，书院也与个人一样，通过典当的形式来扩展经营。如嘉庆十七年（1812 年）十月二十二日林以升同子林可举当田契，等等。

在典当方式中，书院还采取转当方式。例契 8 就是书院众多典当田产行为中的一次田地转典：

例契 8

立转当田契人刘元吉、元辅弟兄等，今将祖当李姓科田一段，地名狮子口，约种叁斗，东至山顶，南至沟，西至河，北至坝，四至载明，请中转当与范兴兰名下。彼时议作当价足色银贰百两整，即日银田两交明白，并无私债货物准折，亦无逼勒等情。自转当之后，认（任）凭当主管业、安佃收租。日后银到归赎，二比不得刁难措勒。今欲有凭，立转当契为据。

外批：刘元吉外借足色银叁拾两，李姓赎田之日一并清还，不致短少，此据。

系贵平法（砝）码。其科两亩随田上纳。

其有李姓老契一张、当契一张，交范姓收存。

凭中　张郁亭押

　　　张抑之押

　　　朱子休押

　　　张师灏押

道光二十一年十一月十六日　　立转当人刘元吉、刘元辅等押

元吉亲笔押

据此契约可知，刘元吉、元辅等弟兄，将承佃李姓约种叁斗的科田一段，转当与范兴兰名下。从契约文书中可知，范兴兰是书院的通学先生。类似情形如道光二十二年（1842 年）八月二十四日张抑之将承当林国荣面积约种三斗田一坋，

转当与通学先生范贡爷、谢贡爷名下管理。这些只是书院众多转当事例中的两例。无论是直接典当还是转当，它们不外是书院为扩展经营而采用的一种方式。

（4）书院借贷

借贷也是凤山书院经营院产的一种方式。例契 9 就是关于放贷的契约文书：

例契 9

立借约人张甫，今因家下缺少费用，请中借到张十先生名下净钱乙千六百文整。妻张李氏同子张长寿清（亲）手领明应用。言定每年二分行利，不拘远近，本利清还。恐口无凭，立借约为据。

道光元年九月初七日　　立借约人张甫押

凭中人　袁二耶（爷）押

冯大耶（爷）押

马四耶（爷）押

许六耶（爷）押

代笔人　金占三押

凤山书院在经营田产及收租过程中会积累一定的资本。书院购置田产已显示出书院有相当的资金储备，如道光二十二年（1842 年）七月和九月分别出足色银价 360 两和 370 两用于购置田产，出资额度都不是小数目。这些资金储备不仅使书院具备了强大的购置能力，同时也使书院有能力进行放贷，促进资产增值。

书院在经营院产过程中，对于损害自己产权的行为都据理力争，以保全自己的利益。例契 10 就是书院遭遇产权纠纷，与侵害院产者做斗争的典型事件：

例契 10

立出吐退字样人王国明，今因予所种龙潭口岭冈地一脚，系在卷田学地至内。经今查出，情愿出立吐退与通学先生台前，除先年当卖周、桑二姓熟地之外，并送伍姓野墓以冢，一切荒土概行退出，任凭学中管理。彼时得蒙先生等念予寒苦，义掷铜钱陆千文，即日钱字两交明白。自退之后，予不得再行越界争站（占）。倘有此情，自愿请官重究无辞。欲后有凭，立此吐退字样为据。

凭中人　陈金龙押

朱经魁押

道光十五年二月十六日　　立出吐退字样人王国明押

代字人　张大才押

该契约表明，书院追回了长期被隐匿的田、地与阴地等院产，同时又给予对方一定的补偿，显示了书院人道的一面。

二、从学田看普安州凤山书院与州学的关系

1. 凤山书院与州学的关系

阅读凤山书院遗存下来的众多契约文书，一个显著特征摆在眼前：代表书院进行田产买卖的“法人”，往往是通学先生、首事或者斋长。这不仅在书院创建前的学田买卖中有所体现，而且书院创建后也基本上由他们中的某一人或者数人代理。如买卖契约文书中代表书院经常出现的通学先生范贡爷、谢贡爷，首事屠先生天秩、黄先生品三、张先生开疆、刘先生朝宠等。

通学先生或者首事、斋长皆是对书院中的教学人员或者管理人员的称呼，也是对州儒学教师的称呼。如在嘉庆二十一年（1816 年）十一月十五日的买卖田产事务中，李盛荣等将田卖与普安直隶厅合属通学列台先生名下；在道光二十三年（1843 年）二月二十八日的买卖事务中，张汇川父子将“瓦房九间并新造瓦房三间、园圃一段”卖与范畹亭等四位通学先生名下为业，“任凭通学盖造义馆”。“普安直隶厅合属通学列台先生”的称谓，显然是对州学（儒学）通学先生的称谓，范畹亭等四位通学先生又是书院职员。这样，他们既是书院职员，又是州学职员。这似乎表明，书院与州学关系紧密，呈现出你中有我、我中有你的现象。

明清时期，地方的官办学校包括府、州、县学（儒学），学校每年组织生童的学习与科举。官办教育（儒学）有相应的管理与教学机构，儒学由国家委任的流官教谕主持，儒学教育在学宫进行，由教谕、训导或教授授课。普安州有州儒学，据明嘉靖时编纂的《普安州志》记载，州儒学于洪武十三年（1380 年）创建，嘉靖二十五年（1546 年）增修。[①] 儒学学政署在官井上，署圮基存。[②] 儒学在清代的情况，据乾隆《普安州志》记载，明州学后毁于兵，康熙七年（1668 年）重修，二十年（1681 年）至二十三年（1684 年）增修，四十二年（1701 年）复修；乾隆七年（1742 年）补修，二十三年（1758 年）修葺。[③] 学基在官井西北，署圮，今学正僦居民房。[④] 又据光绪刻本《普安直隶厅志》记载，书院“自训导移设兴义县，余教谕署曰即坍塌。道光二十八年，同知朱右贤与教谕王辂张钧以学署基址太高，

① 嘉靖《普安州志》，收入《贵州府县志辑》第 15 册，巴蜀书社，2006，第 104 页。
② 嘉靖《普安州志》，收入《贵州府县志辑》第 15 册，巴蜀书社，2006，第 100 页。
③ 乾隆《普安州志》，收入《贵州府县志辑》第 15 册，巴蜀书社，2006，第 105 页。
④ 乾隆《普安州志》，收入《贵州府县志辑》第 15 册，巴蜀书社，2006，第 113 页。

于礼未协，改建于山麓，与明伦堂相接”①。

综合上引志书所载可知，州学（儒学）作为国家的基本行政体制，自明至清都是常设机构，但作为州学官邸的“学署”及教学场地的“学宫”却是时有时无或时好时坏的。如在乾隆《普安州志》中可以看到，州学署曾经设在州城外营盘山的文庙内，但“又圮”。而据上引光绪《普安直隶厅志》所言，道光二十八年（1848年），厅学署设置在明伦堂内，并且教学也改在明伦堂；这个明伦堂是书院的一部分。这无疑说明州学署与州儒学的教育场地皆在书院，实际上州学及儒学教育与书院连成了一体。因此，书院既是讲学、藏书、文化传播的场所，又承担起了儒学教育的日常工作。

上述表明，嘉庆十二年（1807年）创建的凤山书院，要具备儒学与书院双重功能。当然，凤山书院也就成了儒学学田的继承者。这就可以解释，为何凤山书院保存有许多书院创建前的契约文书，同样也就明白了之后儒学的膏火、宾兴等田租为何皆由书院经营管理。

2. 凤山书院与文庙及其他庙宇的关系

与上述情况相似，阅读凤山书院遗存下来的众多契约文书，也可看到书院与庙宇的关系，如例契11所示：

例契11

立杜卖田契文约人黄文惠同子成儒、本儒、品儒，率外孙郑育桃、育禧、小四等，为因女婿郑先睿先前得受黄姓奁田二斗，今不幸先睿夫妇双故，埋费无出，公孙商议情愿将所授奁田壹坋，地名落水坑田壹丘，约种壹斗；又大窝子、石窝子田贰丘，约种壹斗，东至山梁，南至花尔草塘了口，西至张家田，北至齐埂，四至分明，请凭中证踏明出卖与通学先生以为文魁二阁焚献之资。彼时三面议定作正价九八色银陆拾两零四钱整，画字在外。即（彼）时文契银两相交领讫清白，其中并无私债货物准折，亦无逼勒等情，此系二比情愿。自卖之后，任从通学先生永远管业、安佃收租、税契拨册，黄郑内外亲族人等不得异言争论。如有争论，卖主一力耽（担）。恐口无凭，立杜卖永远为据。

其有科粮共壹亩四分，随田上纳。

外有老契二纸、送字一纸，共叁纸一并揭交。

水源系由古坝老沟流入田中。

---

① 光绪《普安直隶厅志》，收入《贵州府县志辑》第14册，巴蜀书社，2006，第358页。

嘉庆十五年七月二十日　　立卖田契人黄文惠押

（后略）

该次买卖行为中的买方是书院的“通学先生”，所买田产是“以为文魁二阁焚献之资”。所谓“文魁二阁献”，即文昌阁（又称文昌庙、文昌宫）和魁星阁的祭祀活动。如嘉庆十八年（1813 年）十月十四日的一件契约，就写明将西门坡书院后房屋地基、园圃树木“卖与通学先生以为文魁二阁起造之基”。上述契约说明了书院在扩建时文魁二阁的起造情况。可见，文昌阁、魁星阁皆是书院的组成部分。

文魁二祭也是书院的重要活动，因此书院有专门的经营，书院的许多契约文书皆与文魁二祭有关联。如道光十六年（1836 年）十月初十日何世清、何世禄，将大小十三丘田，约种壹斗，每年收租叁石二斗，“义助文昌宫，以为修理焚献之费”。再如道光二十八年（1848 年）十一月二十二日封元辅将田一斗种“施白入文、昌宫惜字会内所有”，又将下坋田谷八石五斗捐入文昌宫。

据乾隆《普安州志》载：“文昌阁，祀文昌帝君……每岁二月初三日，州儒学官及绅士祭祀，其费支销祭田租价。魁星阁，礼魁神，在钟鼓楼，每岁七月初七日州儒学官及绅士祭祀，其费支销祭田租价。”[①] 上述表明，书院与社庙联为一体；通过“文魁二祭”，书院也与州学联为一体。

与文昌宫一样，书院与文庙也有密切关系。一般而言，春秋孔子祭在文庙，是庄重的大祭，由州官员出席，“每岁仲春秋上丁日……文庙行香，众官穿朝服。”[②] 例契 12 就表明了书院与文庙的密切关系：

例契 12

立送明水田文契生王宏声，祖籍洪都，寄居滇南，自金马坊平彝里落业盘州，由来旧（久）矣。今生叨列衣冠，略知福果，久欲隆祀典于庙堂，奈蓄积无多，嗣男俱已成名，谨将自顶岁用田壹分、大小肆丘，约种贰斗伍升，坐落潘家冲，东南至王世远田，西至张姓官田，北至沟，原租壹拾伍石，内拨拾石，凭中立契送入至圣文庙。拨两石入文阁，拨两石入魁阁，永作焚献之资，其余壹石以为岁用之费。自送之后，任从通学轮派管理，生系心甘情愿，一送永送，凡诸后辈子孙再无异言。倘有情欲退悔，自甘认咎。恐口无凭，立此送明文契为据。

实计原契贰纸，壹并揭附送字收存。

---

① 乾隆《普安州志》，收入《贵州府县志辑》第 15 册，巴蜀书社，2006，第 118 页。

② 乾隆《普安州志》，收入《贵州府县志辑》第 15 册，巴蜀书社，2006，第 110—111 页。

嘉庆贰年柒月贰拾捌日　　立送字生王宏声押

同子珩押、珺押

孙世远押

（后略）

该契约是一件捐赠契约。王宏声将大小 4 丘、约种 2 斗 5 升、收租谷 15 石的田，分别送给文庙、文阁、魁阁“永作焚献之资”，而“永作焚献之资”是“任从通学轮派管理”。据捐赠契约上约定的使用及管理规定，虽然使用田租的分别是文庙、文阁、魁阁，但管理者却统一为通学先生。这表明文庙与书院的文阁、魁阁皆有一个共同的管理人，即后来的书院通学先生。在一件康熙四十六年（1707 年）十月十一日陈先生卖地契的契纸上，有一个附注：“此田系本学廪生朱建章、父鸣廷帮助。每年春秋二祭之费。”文中的“本学廪生”显然是在馆儒学生，该田是其父捐赠给儒学作为每年春秋大典的费用的。只是无法确定该附注的书写时间，但既然由书院保存，那么显然是在书院住读的生员。文阁、魁阁本来是书院的组成部分，这样书院与文庙由此建立起了密切关系，也因此书院承担起了主持一州每年的文化大祭的职责。

三、凤山书院学田的收益与其使用

清代书院的收益形态有两种：一种是从租谷收入，一种是从利息银两中获得。同时，它们也是书院经费的主要来源。大致能从凤山书院出租学田的收益中算出每年的租谷，尤其是其中的一件“各租石数目并各佃姓名”文书，就直接写出了租谷数量。当然，虽然这些还不能够说明整个书院的租谷收益，但根据契约文书所载的信息也能从侧面看出书院经营学田的收益与使用情形。

1. 书院学田的收益

凤山书院买田契约文书只到咸丰元年（1851 年）。这些文书表明，在书院创建前，即嘉庆十二年（1807 年）之前，契约上有田面积总合约种 64.2 斗。嘉庆十二年（1807 年）后，契约上总面积约种 114.1 斗。两项总合 178.3 斗。如果以面积 1 亩约种 1 斗[①]，那么总面积有 178.3 亩。这是到咸丰元年为止的拥有量。

有一件文书记载了咸丰四年（1854 年）、五年（1855 年）、六年（1856 年）

① 盘州市档案馆收藏的一件买卖田契对种与田亩关系有说明：1 亩约种 1 斗。

这三年的田租收益。其中咸丰四年（1854 年）收租谷 200.5 石、五年（1855 年）228.3 石、六年（1856 年）收租谷 236.3 石。此外，又注明另有契谷 119.88 石。如果以咸丰六年（1856 年）收租谷为基础，那么总计收租谷 356.18 石。这个数量应当是 178.3 亩学田租谷的年入量。

以上只是从契约文书上对所购置田产计算得出的收益。实际上，普安州从明代建立儒学起，就有官方给予学田，直到清代，似乎一直是个定额不变的常数，如嘉靖《普安州志》中记载，宾兴 200 两，分别来自弘治元年（1488 年）苗银 100 两，正德三年（1508 年）100 两，这样州学经费共 200 两。当时是将 200 两借贷给殷实之家流水生放，每两月取息两分。而到清乾隆时，有学田“原额一百三十七亩五分”[①]，通过佃租收取租谷。这些银钱及田亩，在书院成立后也用于书院的经营，它们与书院自购的田亩共同产生书院的年度收益。

2. 书院学田收益的使用

书院学田的收益，除用于购置学田外，还用于支付教育文化活动经费，如讲学、藏书、刻书、祭祀，还有建筑维修等事项，但主要还是用于教学。教学有多个环节，相应支出也不相同，主要有束修、膏火、宾兴的支出。盘州档案馆全宗号 149 中有一份“各租石数目并各佃姓名”文书，表 2 即是据此文书做出的分类，以及各类每年的租谷收入。表中显示的各项收入，从另一个角度理解，也是书院每年各项的可支出数量。此外，还有生童考课的课卷费用。

表 2　凤山书院学田分类以及各类每年的租谷收入

学田项目	文会试宾兴谷	武会试宾兴	乡试宾兴	膏火	束修	社仓
学田租谷收入（石、两）	49.2 石	34.75 石	36.055 石	176.7 石	120 两	70.9 石

束修、膏火、宾兴的支出，实际上也是“人头费”，即教谕、书院山长、通学先生、斋长及生员的开支。如老师每月一次的堂课费，一件文书中记载，“阅七课共发膏火谷壹百肆拾石零伍斗”。在以上各种支出中，一些“人头费”是有定额的。据《普安州志》记载，“人头费”支出大致有以下三类：

第一，生员 7 名，教官 1 员，每月支苗银 8 钱为灯油之费。

第二，科举生员每名支苗银 1 两作路费。中举每名支苗银 15 两作路费。岁贡生每员支 25 两作路费。具于利银内支给。

第三，廪生 30 名，每名年给廪米 4 石，膳银 5 钱。增生 30 名，附生 12 名，

① 乾隆《普安州志》，收入《贵州府县志辑》第 15 册，巴蜀书社，2006，第 113 页。

贡生拔贡1名。[1]额进岁科考各取文童10名，廪生24名、增生24名，岁贡3年2名，拔贡12年1名。廪生每名年给廪米4石，廪糈银5钱。[2]

3. 书院的其他开支

盘州市档案馆全宗号149内有几件文书是对各种支出的记录。下面是对这几件文书做整理后得出的各项项目的支出费用：

第一，年度常支的项目及支出：上粮谷8石，上钱粮银1.65两，义学谷15石、看仓谷8石、礼房卷子谷5石。

第二，书院杂支。一件咸丰年间的“账单”文书也记载了此支出的项目费用：

> 共修贰佰伍十六丈口墙，每丈银四钱，前后领银壹佰零贰两四钱。清。正月十三日下脚祀神公鸡一支（只），钱乙百五十文。猪首六斤，钱乙百八十文。香烛钱五十文。桃红二道，钱二百四十文。炮烛（竹）二千文（个），钱一百六十文。米酒钱五十文……十二月十六日冯石匠砌神台工钱七千四百文。石灰一石，钱八十文。

从这件“账单”来看，这应当是书院建筑及相关庙宇的维修费、各种祭祀费的开支。

第三，非经常性的支出。凤山书院有几件文书记载了一些非经常性支出的项目及支出费用情况。它们是：各种“吃食”，折耗谷20.05石；“抬工”1193个，每工每日谷6升，支谷71.58石；“小工”342个，每工每日谷4升，支谷13.68石；使用石灰92.5石，每石支谷1.1斗，总支谷10.175石；“四汛兵”56名，口粮每兵每日谷1升，自12月15日起至25日止，共支谷6.16石。

从书院上述支出费用情况看，书院除支出正常的教学、讲学活动外，还不时有各项社会性支出，社会性开支累积起来也是一笔不小的支出。从支出方式看，使用现金（银钱）支出少，主要是通过实物（谷）用以支付书院产生的各项费用，反映出书院的经营手段比较单一。社会性支出不少，而支付方式单一，折射出凤山书院整个经济处在并不宽裕的境况，这也与当地的社会经济发展水平相关联并受其制约；在一些经济环境较好的地方，书院可通过其他途径获得现金收入，比

---

① 据乾隆《普安州志》载：“（康熙）十二年举行一次……准六年举行一次。”乾隆七年（1742年）准行“十二年之例。举行岁贡三年贡二名。”参见乾隆《普安州志》，收入《贵州府县志辑》第15册，巴蜀书社，2006，第108—109页。

② 光绪《普安直隶厅志》，收入《贵州府县志辑》第14册，巴蜀书社，2006，第376页。

如咸丰时期兴义府（安龙）知府张锳就将棉花行厘金、铜铅行捐出毫金，“令专供书院、义学经费”①。

四、凤山书院与贵州其他书院的经济条件相比较

古代书院的经费，因书院具有的民间性质，不能像官学那样有固定的、按分级所予以的年度费用，书院的运行基本上以自筹资金为主，因而各地书院的经费也会不一样。如著名的湖南岳麓书院，晚清时其膏火田就有159535亩；普安州凤山书院自筹田205亩，加上原官学学田137亩，总数在342亩，与岳麓书院相比望尘莫及，贵州各书院显然也是不能与之相比的。在贵州，府州县级书院的经济状况也有较大差异，至晚清时贵州的最大书院贵山书院，除书院学田外，仅常年经费每年银1100余两。②凤山书院仅银247.66两，也是相形见绌。但是，凤山书院自嘉庆十二年（1807年）建立至光绪三十四年（1908年）朝廷明令停办，100年间一直能稳健地发展，在贵州也实属不易，其背后必是依靠经济实力支持，经济实力可从书院建筑规模、人员开支等中体现出来。那么，凤山书院100年间的经济实力在贵州处于何地位，通过与贵州其他书院比较可以大致看出来。

1. 与贵州部分书院建筑规格的差异

首先，书院的建筑规制就能体现出书院的经济实力。关于凤山书院的建筑格局的记载是：

有头门、二门、讲堂三楹。上有楼，正中祀仓圣，颇极轩敞。两旁翼室为斋房。讲堂右折为山长内室，三楹。右偏为厨湢，对面有亭翼然……院后有井泉。③

我们将凤山书院与相同行政级别的兴义笔山书院来比较：

（笔山书院）讲堂三楹，中为文昌殿，左右斋房十间，头门一间，二门楼一楹，门外有池，楼上有魁星像。左厅一间，右厅一间……山长内室三间，东西厢

---

① 张锳：《详请变通书院章程稿》，载贵州省文史研究馆点校《贵州通志·学校选举志》，贵州人民出版社，2008，第74页。

② 张羽琼：《贵州书院史》，孔学堂书局有限公司，2017，第167页。

③ 光绪《普安直隶厅志》，收入《贵州府县志辑》第14册，巴蜀书社，2006，第378页。

房四间，厨房一间。[①]

兴义笔山书院建造于嘉庆十八年（1813年），只稍晚普安州凤山书院6年。但从它们的建筑格局看，大体一致。建筑格局与经济条件相关联，目前还没有找到凤山书院建造所花费用的资料，但笔山书院建造时，“费二万余金”[②]。兴义县本身就是从普安州分出所设，且农业生产条件与普安也相差无几，因此，也可从笔山书院推测出凤山书院的建造费用。大致相同规格的平远州书院的建造费用为“共银一万七千五百四十两”[③]。

从另一方面看，国家也可能对州县级书院有基本规制。普安州处于贵州西部边境，与云南接壤，天柱县地处贵州东部边界，与湖南接壤；晚清时天柱县书院也名“凤山书院”，据记载：

凤山书院，旧设开化书院，在城东学宫之前，明朱梓所建。……道光二十四年知县俞汝本倡捐重修，增置田亩以资修脯（补）膏火卷……光绪三年署县张济辉筹款重修，更名凤山书院。头门北向，二门东向，屏墙立焉。正中讲堂三楹，左右斋房各五楹，字藏一座，内室五间，左右厨舍各一间。[④]

将两“凤山书院”的建筑相比较，几乎如出一辙，建设格局的高度雷同表明县级书院的建筑有一定的规制。府级书院也可证实这一点。如安顺府的“凤仪书院”，据记载：

道光二十二年，副榜杨春发承修……上房七间、讲堂五间、两厢斋房十四间、二门五间、头门五间，两旁各三间、槽门三间，木坊一座，仓圣殿五间。内祀仓圣、汉尹、道真、明王阳明牌位……两厢八间……二十八年，知府胡林翼添建二门两厢之斋房十四间，仓二间。[⑤]

显然，“凤仪书院”的整体规模较兴义笔山书院与两“凤山书院”的规模有明

① 贵州省文史研究馆点校《贵州通志·学校选举志》，贵州人民出版社，2008，第99页。

② 贵州省文史研究馆点校《贵州通志·学校选举志》，贵州人民出版社，2008，第99页。

③ 乔用迁：《请议叙官民捐修平远书院祠宇疏》，载贵州省文史研究馆点校《贵州通志·学校选举志》，贵州人民出版社，2008，第75页。

④ 光绪《天柱县志》，收入《贵州府县志辑》第22册，巴蜀书社，2006，第220页。

⑤ 《安顺府志》，贵州人民出版社，2007，第427页。

显差别。相同的府级书院如遵义府“湘川书院”，乾隆五十三年（1788年）仲秋落成。该书院的规格是“大门、二门各三楹，由二门内历阶升讲堂三楹……后建屋三楹，掌教居之。东厢房五间，讲堂东西二斋，各屋九间，以居肄业诸生”[①]。“凤仪书院”与“湘川书院”的建筑格局又几乎一致；它们都比州县级书院的规模明显大许多。上述情况似乎说明，府县两级书院的规模实际上是有差别的，这种差别似乎与不同行政级别相一致，但无疑经济条件也是一个重要因素。

2. 与贵州部分书院日常经费的差异

书院年度支出项目基本相同。除山长束修（薪水）、值年斋长（首士、总理）考课、请题、散卷、收卷发给管理费外，还开支文武生童生活费用的膏火，应用于廪膳生贡生等的乡试或会试的宾兴，用于书院设施每年的维修、春秋二祭。此外就是书院经常性的教学开支，如官师的堂课、特课、超课，印制每岁试卷的课卷等费用。这些费用基本上就是从书院的学田年租及出租金收益内开出。表3是凤山书院与其他书院教学年度开支情况。

表3 凤山书院与其他书院教学年度开支情况

	凤山书院	笔山书院	（天柱）凤山书院	凤仪书院	湘川书院
学田年租谷	356石（205亩）	143石	55.7亩	115.74石	268亩
书院年租金（银/两、钱）	247.66两	32两，钱29千文	523.8千文	257.26两	—

注：凤山书院的支出，载于盘州市档案馆全宗号149内；凤仪书院、湘川书院、笔山书院的资料转引自《贵州通志·学校选举志》，贵州人民出版社，2008，第221、429、430页。天柱凤山书院引自光绪《天柱县志》，收入《中国地方志集成·贵州府县志辑》第22册，巴蜀书社，2006，第220、224—232页。

表中的笔山书院、（天柱）凤山书院、凤仪书院、湘川书院分别是同一时期兴义县、天柱县、安顺府、遵义府的最大书院。天柱县凤山书院学田年租谷是折银收取；道光时期天柱县谷一石折钱一千二三百文。[②]从岁入学田租谷看，凤山书院的拥有量明显高于其他书院。从银钱支出看，凤山书院高于笔山书院，与安顺府凤仪书院不相上下。尽管凤山书院的经济环境并不宽裕，但上述情况又表明，与其他书院相比

① 刘诏升：《建修湘川书院记》，载贵州省文史研究馆点校《贵州通志·学校选举志》，贵州人民出版社，2008，第79页。

② 光绪《天柱县志》，收入《贵州府县志辑》第22册，巴蜀书社，2006，第221页。

较，甚至与上一级的府级书院相比较，凤山书院运行的常费还是较为优裕的。

结语

普安直隶厅凤山书院创建于嘉庆十二年（1807 年），其遗留下来的学田买卖契约及相关文献，为了解中国古代书院学田经营及管理情况提供了真实可靠的资料。笔者对凤山书院学田文献进行研究发现，凤山书院的学田除官民捐赠外，书院还自主购置学田，这是其保持经济持续稳定的主要方式。书院经营学田，除购置外，主要将学田出佃收取地租。此外，还通过放贷或将每年盈余交商经营而收取利息，这成为其收益的途径，同时也是其每年经费支出的基本来源。书院的社会性支出不少，但支付方式单一，折射出凤山书院整个经济处在并不宽裕的境况。如果将书院学田及其经营对书院运行所做出的经济保障与其他书院相比较，甚至与上一级的府级书院相比较，凤山书院作为中国古代最底层的书院，其运行的经费还是较为优裕的。

附录三

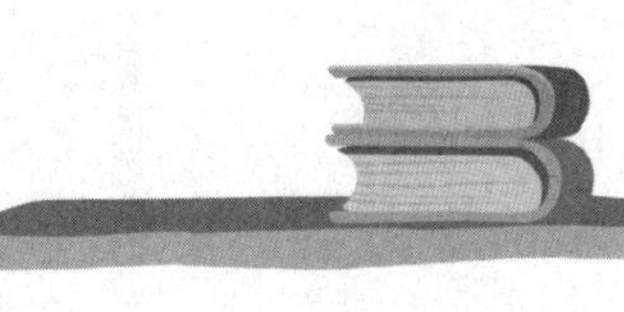

『洪武三年宫龙本卖地契』考释及本契的文献价值

林芊

一、一件被长期漠视的明初土地买卖契约文书

1998 年出版的《盘县特区志》的内图版中刊载了一件契约文书，刊引者为其题名为“明洪武三年的契约”(图 1)。由于该契约是宫龙本将一份田地出卖与岑阿杨，因此本文将该契约文书简称为“洪武三年宫龙本卖地契”。

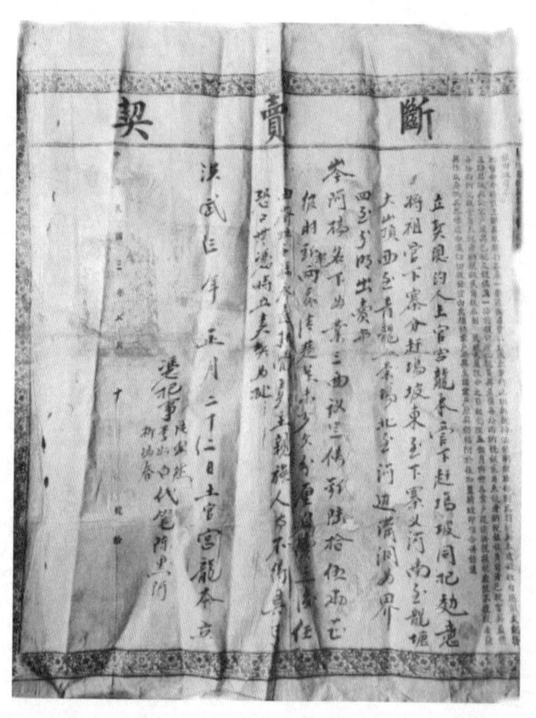

图 1　明洪武三年的契约

《盘县特区志》所载契约文书（图 1）录文如下：

立契总约人土官宫龙本管下赶场坡同把边，意将祖管下寨分赶场坡，东至下寨义河，南至龙塘大山顶，西至青龙□茶场，北至河边沟涧为界，四至分明，出卖与岑阿杨名下为业，三面议定价银陆拾伍两正。彼时银契两交清楚，并未少欠分厘。自卖之后，任由岑姓子孙永远耕管，卖主亲族人等不得异言，恐口无凭，特立卖契为据。

洪武三年正月二十二日　　土官宫龙本立

凭把事　张安然

李如白

柳冯春

代笔　　陈黑阿

目前，西南地区已公开出版发行的古代土地买卖及相关契约文书，时间最早的是发现于贵州清水江流域的成化二年（1466 年）的契约文书；①《云南博物馆馆藏契约文书整理与汇编》收录了明代到民国间云南的契约文书 1128 件，时间最早的是嘉靖二十七年（1548 年）；已刊载的广西与四川的古代契约，其时间则相对更晚。就上述情形而言，《盘县特区志》所载宫龙本卖土地契约，立契时间在洪武三年（1370 年），比清水江流域成化二年（1466 年）的契约文书早 96 年。"洪武三年宫龙本卖地契"可以说是目前西南地区现存时间最早的契约文书。

近 20 年来，由徽州契约文书研究所带动起来的中国古代契约文书研究蔚然成风。其中，清水江文书研究、浙江浙南契约文书研究洋洋大观，徽州文书研究形成了专门的徽学。后起的清水江文书研究也促成了清水江学的成形，已然成为中国古代史研究的一个独特领域。

查阅学术研究文献，至今还没有一篇专门对"洪武三年宫龙本卖地契"进行研究的论述。显然，这件契约文书并未引起人们的注意，尤其是未进入到研究者的视野。相对研究成果丰硕的贵州清水江文书而言，产生于彝族与布依族地区的、极具研究价值的"洪武三年宫龙本卖地契"却长期被漠视，实在是贵州契约文书研究的一个缺憾。在这里，笔者就所掌握的一点信息对该文献的来龙去脉及历史文献价值作一简要解读。

二、"洪武三年宫龙本卖地契"的来龙去脉

《盘县特区志》对"明洪武三年的契约"有一个简要叙述。在人口、民族篇第四章"少数民族"第二节"布依族"下，引该契约例证境内布依族多系明洪武年间辗转迁移而来，为此写道："洪武三年，岑阿杨向当地土官龙本购买土地并立下契约，至今赶场坡一岑姓村民仍收藏着那份契约。"② 这里所说地名赶场坡，即是今盘州市羊场布依族白族苗族乡赶场坡村。《盘县特区志》设置有"民间收藏文物"内容，却未将"明洪武三年的契约"列入。显然，该志编纂时只是将其作为民族源流的例证史料，而并未视作珍贵的经济历史文献，因而也未对该契约的来龙去脉做进一步说明。

① 贵州省天柱县档案馆藏，文书全宗号 WS，目录号 TZ，合号 50，件号 1，简写成 WS-TZ-50-1。

② 贵州省盘县特区地方志编纂委员会编《盘县特区志》，方志出版社，1998，第 168 页。

2020年1月，笔者在盘州市档案馆阅读文献时，看到《盘县特区志》"明洪武三年的契约"的图版，于是立刻向该档案馆工作人员请教。工作人员回复说，该馆现收藏有部分清代契约文书，而对"明洪武三年的契约"很陌生。于是笔者就该契约文书进行了一些调研，才发现这是一件很有"故事"的契约文书。

首先，《盘县特区志》所载文书并非该契约文书的原件。由于《盘县特区志》上的版图[①]不甚清晰，笔者于是想亲睹契约文书的真面目。通过了解知道，该契约现藏于盘州市羊场布依族白族苗族乡赶场坡村坪地组岑标家。经多次与其家人及文书收藏者联系，终于见到该契约的原貌（图2）。这本是一件令人很兴奋的事情，然而让而匪夷所思的是，《盘县特区志》图版所刊载的"明洪武三年的契约"并非原件，岑标家还珍藏着另一件内容与其基本一致的契约（图2），当是"明洪武三年的契约"的原件。

图2　羊场布依族白族苗族乡赶场坡村坪地组岑标家藏文书原件

① 本文图1不是取自《盘县特区志》。因为《盘县特区志》所载图版，可能是因为印刷技术问题致使照片不清晰。本文图1是在契约文书现收藏者家内拍摄的照片，与《盘县特区志》图版是同一件契约文书。

羊场布依族白族苗族乡赶场坡村坪地组岑标家藏文书原件录文如下：

立卖总约□□□宫龙本管下赶场坡同把边，意□□管下寨分□□坡，出卖与岑阿杨承买为业。凭忠（中）议定价银陆拾五两，说定十五日银田两交，不得欠下分厘。凭忠（中）把事说明十五日银田交明。凭忠（中）踏明田土，今□田土亲自踏看，系是贰比情愿，并无有闪。若还闪悔，罚银十两入官。今有田名座（坐）落赶场坡坡脚田、半坡田、冲紫田、纳歪田、树脚田、洞口田、歪脚田、白毛田、长枧田、小滥田、□大田。阿杨老历▭。东至下寨义河，南至▭为界，西至青▭为界，北至河边沟▭。凭忠（中）人踏明，交与岑阿杨□管买明□，不得别耕种。如有此，另认承▭拿重究。今恐无凭，立此卖[契]，子孙永远存照。

洪武三年正月廿二日立总契卖田地山场寨分土官宫龙本押

天理人心

永□□据

凭把事四人　张安然押　银壹两

李如白押　银壹两

柳冯春押　银壹两

□□□押　布一件

代笔　□□□

比较对勘图 1 与图 2 两件契约录文，虽然基本内容一样，但在许多重要地方文字、文意的表述出入较大。这是很令人费解的事情！为此笔者曾请教过收藏者岑标，他的解释是：“这是祖传下来的东西，传到他手上的就是一式两件。”显然，收藏者的回答对解释疑问无济于事。

经笔者参阅其他历史文献初步探索，大致可以对“洪武三年宫龙本卖地契”做出如下推测。图 1 非是洪武三年（1370 年）的原契，只能认为是洪武三年（1370 年）的契约的一个抄件，但该契约是复写在一张民国三年（1914 年）官版的“断卖契”纸上的，这就提供了一个线索。考诸史事，原来在民国三年（1914 年），贵州新政府将前朝（清代）产生的契约（老契）重新进行了登记，并换发了新契。可能就是在这一次重新登记中，“洪武三年宫龙本卖地契”原契所有者将契约抄写在了新官版契纸上。由此可认为，图 1 契约虽然不是洪武三年（1370 年）的原契纸，但在抄写时，其内容的真实性是得到政府的认可的，并加盖印章（“贵州盘县之印”）以证实文书内容的真实性；而作为一件政府认可的土地权凭证，自然有其历史渊源并普遍地得到当地群众的认可，民国三年（1914 年）重抄件同样具有其法定权威性。这就是为何要将契约重新抄写在新的官版“断卖契”纸上。

这样，“洪武三年宫龙本卖地契”存在着两个版本，一个是原件，一个是抄本。只是在抄写时，在不改变原契约基本内容的前提下，重新对契约的文字表述等进行了调整，譬如对土地四至方位的描述，对标的物、支付行为、约定等段落的排序进行了调整，契约文书格式更规范。《盘县特区志》所刊的契约文书是民国三年（1914 年）时的重抄整理本，为何选择民国三年（1914 年）的版本，而不直接采用原件？笔者曾就此请教现盘州市方志办相关研究人员，其回复是，《盘县特区志》是前任的工作，从启动编纂至成书历时 10 多年，成书出版至今又已 20 余年了，为何不刊载原件也不知所以然。这样，仍然留下了一个未解之谜。

三、“洪武三年宫龙本卖地契”的重要文献价值

目前在西南地区发现的古代契约文书，立契时间最早的是成化二年（1466 年），重视“洪武三年宫龙本卖地契”的研究并公之于世，了解它的历史文献价值，对研究中国古代契约文书有重大意义。就贵州而言，在契约文书研究的热潮下，除已出版的上万件“清水江契约文书”汇编外，还有《吉昌契约文书汇编》《大屯契约文书汇编》《道真契约文书汇编》等。契约文书研究的一个课题就是探明契约文书在贵州开始行用的时间，它涉及汉文字契约文书在少数民族地区的应用、背后承载的文化等历史重大问题。

“洪武三年宫龙本卖地契”是土官宫龙本将自己所管辖区域内的一片土地出售给岑姓家族时，双方签订的买卖契约。它不单见证了一次土地买卖事件，作为一件历史文献，它对于了解少数民族地区契约文书的使用情况、了解该地区所发生的历史事件都有重要意义。

第一，它是研究西南少数民族地区“契约文书史”的重要史料。首先，“洪武三年宫龙本卖地契”是西南地区已公开出版的土地买卖契约文书中时间最早的一件。本文所指的西南地区，不仅包括贵州，还包括了四川、重庆、云南与广西等省、市、区。涉及西南地区已公开出版物及笔者所见内部编制刊载的各地契约文书，产生于明代的契约文书不上 30 件；目前刊载发表的相关土地买卖契约文书，最早的是成化二年（1466 年）。“洪武三年宫龙本卖地契”，不仅增加了明代现存契约文书的储量，在时间上也无疑成为目前西南所见时间最早的土地契约文书，因而在历史上具有重要的地位。

更重要的是，它是少数民族地区契约文书由“初制”向成熟文书过渡的见证。成熟的契式主要体现在两个方面：一方面，在契约的要件化程度上，稳定成熟的

契式都满足了标准契约的各种要件；另一方面，在使用契约的时间上，即在相对长时间内一个地区的契约都有相对稳定的契式。在今天的中国古代契约研究中，已形成的一个基本共识是，徽州契约制式在宋代已固定化，明代的徽州契约呈现出的契约要件化程度表明其已是中国古代成熟的契约样式。作为中国古代契纸样板，徽州契纸要件的书写顺序是：立契人→成契理由→交易标的→买受人→交易价格→税契过割→权利瑕疵担保→上手契处理→立契时间→契末署押→契末批领。虽然“洪武三年宫龙本卖地契”具备了契约文书的众多要素，但与成熟契约文书的契式表述相比较，各要素的排序较为混乱，如标的物的地点与四至的表述；交代事项方面叙述也较混乱，如其中的四次“凭中”的强调，就比较含混。

“洪武三年宫龙本卖地契”的不成熟，实际表明元末时少数民族地区并不经常使用契约文书，或者才开始逐步使用契约文书。于是在少数民族地区契约文书史上，一个重要问题就出现了，什么时间由成熟到不成熟？如果以贵州为例，目前所见最早的一件土地买卖契约是订立于嘉靖三十五年（1556 年），契文如下：

贵州黎平府湖耳司蛮夷长官管辖地崩寨苗人吴王保同弟吴艮保、吴老二、吴老关、吴老先等，为因家下缺钱使用，无从得处，情愿将到自己祖业管耕一处，土名石榴山冲旷野荒地一冲，请中问到亮寨司九南寨民人龙稳传名下承买为业。当日三面言定议值价钱，吴王保、吴艮保名下银壹两柒钱，吴老二、吴老关名下一股壹两柒钱，一共叁两肆钱整，入手回家应用去讫外。其荒地东抵石榴山，南抵大王坡，西、北抵溪，四至分明为界。断粮（根）浚卖，任从买主子孙开荒修砌管业，再不干卖主之事，亦无房族弟男子侄争论，二家各不许憣（翻）悔。如有一人先行憣（翻）悔者，甘罚生金三两、白水牛一只入官公用，仍旧承（成）交。今恐人心难凭，立此父卖子绝文约永远子孙收照用者。

吴王保名下多银叁钱正。

嘉靖叁拾伍年十一月廿三日

堂亲　　龙阳保押

立约人　吴王保押

同弟　　吴艮保押

同侄　　吴老贰押、吴老关押

同男　　吴老先押

引进、[凭] 中　尚金台押

中证　　　　　龙传勇押

寨老　　　　　龙传亮押

代笔人　　　　陆国用押

同见人　　　　陆进银押、杨正富押

吴王保、吴艮保共［出］画字钱一钱七分

吴老二、吴老关、吴老先共［出］画字［钱］一钱七分

龙祥保［领］画字［钱］壹钱正

天理人心永远子孙收执用者[①]

"洪武三年官龙本卖地契"与嘉靖三十五年（1556 年）的契约相比较，后者无论在契约文书要件上，还是在行文格式上，都比前者规范，是一件成熟的契约文书；前者应当是少数民族地区初步使用契约文书时的文书制式。虽然这不能说明代贵州少数民族地区的成熟文书到嘉靖才成熟，但在契约文书史上，"洪武三年宫龙本卖地契"是少数民族地区契约文书由初制向成熟文书过渡的见证。

第二，从历史研究的视角看，"洪武三年宫龙本卖地契"不仅是一件单独的土地买卖事件，它本身带有许多历史信息，对于研究西南少数民族地区的历史有重要价值。首先，可补官方文献记载本地事务不详细之处。宫龙本卖田地契约文书订立于洪武三年（1370 年），如果从官方文献及正史来看，其洪武三年（1370 年）的时间令人生疑。契约产生地赶场坡下寨，属今天盘州市羊场布依族白族苗族乡，在盘州市东部，与普安县龙吟镇接壤。盘州市元代末为普安路总管府，属云南行省。据《明实录》或嘉靖时编纂的《普安州志》记载，明军在洪武十四年（1381 年）才夺取普安路取代元朝统治，似乎签订卖地契约时间不可能是洪武三年（1370 年）。这也是一些学者在阅读到该契约文书时产生的疑问。

笔者也带着此困惑查阅了一些相关文献。据民间的《盘江陈氏家谱记》《贵州邓氏家谱记》等几部家谱所载，明洪武元年（1368 年），龙吟镇一带即被明军占领，洪武二年（1369 年）还发生了当地民众抵抗明军的普纳山之战事，由此明军征服了这一地区的 48 寨。1999 年版的《普安县志》对此进行了叙述。[②] 普纳山即在赶场坡东北部，48 寨统属于元代普安路总管府，赶场坡即 48 寨之一。由洪武二年（1369 年）普纳山之战事及明军征服 48 寨一事可断定，契约产生时间为洪武三年（1370 年）也是有依据的。

《明实录》及《明史》只录入大事，"小事"往往不载，"洪武三年宫龙本卖地契"补充了历史的细节与真相。《明实录》及《明史》等录入的大事是洪武十四年

---

① 高聪、谭洪沛主编《贵州清水江流域明清土司契约文书・九南篇》，民族出版社，2013，第 99 页。

② 参见贵州普安县志编纂委员会编的《普安县志》，贵州人民出版社，1999，第 344 页。

后　记

本书所收录的普安州凤山书院学田及相关文献、附录一所收“明太祖二十年十月二十日陈应芝分关书”等，皆由盘州市档案馆提供。附录一所收“洪武三年宫龙本卖地契”原件及复制件，由贵州大学历史系毕业生、现贵州省盘致火腿产业开发投资有限公司总经理许斌斌在收藏者家中拍摄。在此对盘州市档案馆和许斌斌先生表示特别感谢。本书所辑全部契约及相关文书的文字录入工作由林芊完成，“前言”及附录研究论文也由林芊撰写。

本书责任编辑文桂芳老师对契约文书录入文字及论文进行了精编细校，纠正了书稿中的许多错漏，在此对她付出的辛勤劳动表示感谢。本书能纳入出版社年度选题计划并顺利出版，得益于葛静萍老师的推荐和策划，在此也深表感谢。

编　者

2021 年 11 月 30 日